职业教育·通用课程教材
全国交通运输职业教育教学指导委员会路桥专指委规划教材

Jiaotong Tumu Gongcheng Lixue

# 交通土木工程力学

李昆华　卢光斌　主　编
孔七一　主　审

人民交通出版社股份有限公司
北　京

## 内 容 提 要

本教材为职业教育·通用课程教材、全国交通运输职业教育教学指导委员会路桥专指委规划教材。全书共分11章,分别介绍了力和受力图,平面力系的平衡,直杆轴向拉伸和压缩,直梁弯曲,受压构件的稳定性,直杆的强度、刚度、稳定性,结构的几何组成分析,静定结构的内力,静定结构的位移,超静定结构分析,移动荷载下梁的受力分析的内容。

本教材注重力学与数学之间、力学内容之间的贯通融合,使得内容简明扼要。书中采用大量生活中常见图片和生活实例,分析其力学原理,增强学生感性认识,从而逐步掌握力学知识。同时,**将力学小实验引入力学课程,是本书的一大特点**。小实验与理论分析有机结合,使在有限的教学时间内较多地提高力学素养成为可能。小实验以二维码的方式嵌入教材相应内容,可为师生操作做参考,也可在课堂上有选择地放映。

本教材可作为高等职业院校道路桥梁工程、建筑工程、市政工程、铁道、水利等土木工程相关专业的力学教材,也可供相关专业工程技术人员借鉴参考。

**图书在版编目(CIP)数据**

交通土木工程力学/李昆华,卢光斌主编. —北京:人民交通出版社股份有限公司,2021.6

ISBN 978-7-114-17308-0

Ⅰ.①交… Ⅱ.①李…②卢… Ⅲ.①道路工程—土木工程—工程力学—高等职业教育—教材 Ⅳ.①U41

中国版本图书馆CIP数据核字(2021)第085647号

职业教育·通用课程教材
全国交通运输职业教育教学指导委员会路桥专指委规划教材

**书　　名:** 交通土木工程力学
**著 作 者:** 李昆华　卢光斌
**责任编辑:** 岑　瑜
**责任校对:** 孙国靖　龙　雪
**责任印制:** 张　凯
**出版发行:** 人民交通出版社股份有限公司
**地　　址:** (100011)北京市朝阳区安定门外外馆斜街3号
**网　　址:** http://www.ccpcl.com.cn
**销售电话:** (010)59757973
**总 经 销:** 人民交通出版社股份有限公司发行部
**经　　销:** 各地新华书店
**印　　刷:** 北京鑫正大印刷有限公司
**开　　本:** 787×1092　1/16
**印　　张:** 20.75
**字　　数:** 456千
**版　　次:** 2021年6月　第1版
**印　　次:** 2021年6月　第1次印刷
**书　　号:** ISBN 978-7-114-17308-0
**定　　价:** 49.00元

# 前　言

“交通土木工程力学”是交通土建工程类专业（如道桥梁工程、铁道工程、城市轨道交通工程、港航工程、管道工程等专业）一门重要的必修专业基础课程。本教材回应高等职业教育“三教改革”要求，认真分析“交通土木工程力学”在交通土建类各专业课程体系中的地位和作用，按照“交通土建工程力学”的四大任务：工程构件受力分析、工程构件承载能力分析、受压构件稳定性分析和工程构件承载能力优化分析，整合传统工程力学和结构力学的基本内容，以及影响线的应用，将教材分为上下两篇。上篇内容：力和受力图，平面力系的平衡，直杆轴向拉伸和压缩，直梁弯曲，受压构件的稳定性；下篇内容：直杆的强度、刚度、稳定性，结构的几何组成分析，静定结构的内力，静定结构的位移，超静定结构分析，移动荷载下梁的受力分析。这样地处理，有助于学生在学习开始就了解到“交通土木工程力学”这门课程的任务是什么？从而明确学习的目的，增强学好这门课程的动力；有助于对经典教材编排上的传承和创新的统一；有助于打通传统工程力学与结构力学相关知识的衔接，避免传统工程力学与结构力学在教学内容上的重复。

本教材自始至终体现了以学生为中心的教学理念，并具有如下特点：

(1)教材在教学内容和习题上引入了不少我国交通土建工程领域的案例（如贵州坝陵河大桥实验模型、肋拱式输水渡槽受力分析、高速铁路无缝线路、无砟轨道采用原理、铁轨的疲劳断裂、天兴洲大桥索塔稳定性分析等），体现了教材服务交通土建类专业的特征。

(2)教材每章均从知识体系和能力培养上进行小结，知识体系与能力培养小结不采用文字叙述的方式，而是以框图或表格的形式将知识间的关系连接或概括；能力培养小结聚焦每章的建模识模能力、作图识图能力、计算能力和认知能力的提升方法，体现了学习知识“由薄到厚，又由厚到薄”的方法引领。

(3)教材每章均配有实验与讨论，以体现“做中学、学中做”“理实一体化”“知行合一”的职业教育理念与属性特征。

(4)教材每章均配有分析示范,分析示范不仅是例题讲解,同时引导学生如何规范地书写作业,培养学生严谨、认真的工作态度,这种态度正是从事交通土建工作工程技术人员必须具备的。

(5)教材中配有认知工程构件受力分析、承载能力分析、承载能力优化分析的小实验演示视频,师生可扫描相关章节中的二维码观看,并从中得到启发,仿制一些成本低廉的教具和学具,亲身体验小实验的乐趣,深化对工程力学基本理论的认识。

本教材由云南交通职业技术学院李昆华、武汉铁路桥梁职业学院卢光斌主编,参加编写的还有云南交通职业技术学院刘丽思、刘兴顺,武汉铁路桥梁职业学院屈劲松,广东交通职业技术学院徐凯燕,河北交通职业技术学院张亚琴。成都航空职业技术学院高新红老师担任小实验演示和主讲并录制了相关视频。

本教材可作为高等职业院校交通土建工程类专业教材,亦可供公路、铁路、城轨、港航、机场及其他土建部门的设计和施工技术人员参考。

由于编者水平有限,书中不妥之处在所难免,恳请读者评判指正,以便修订完善。

**编　者**

**2021年5月**

# 力学小实验视频列表

为便于同学们进一步理解工程力学中抽象的力学原理，本书配套了12个力学小实验视频，同学们可以在学习了解相关力学知识时，扫描相应二维码，观看视频加深认知。

二维码匹配于正文相应知识点处，本列表列出12个力学小实验视频的页码，便于同学们检索。

| 序号 | 视 频 名 称 | 来 源 | 页 码 |
| --- | --- | --- | --- |
| 1 | 集中荷载与分布荷载 | 自制 | P8 |
| 2 | 合力与分力 | 自制 | P10 |
| 3 | 固定铰支座 | 自制 | P13 |
| 4 | 力对轴之矩的简化 | 自制 | P38 |
| 5 | 杆件的基本变形形式 | 自制 | P60 |
| 6 | 轴向拉压杆横截面上的应力分布 | 自制 | P69 |
| 7 | 外伸梁的受力特点 | 自制 | P84 |
| 8 | 薄壁圆筒在径向均布荷载下失稳 | 自制 | P125 |
| 9 | 失稳及提高临界压力实验 | 自制 | P127 |
| 10 | 改变横截面形状提高梁的抗弯能力 | 自制 | P168 |
| 11 | 组合结构 | 自制 | P218 |
| 12 | 合理的结构形式 | 自制 | P226 |

# 目　录

## 下　篇

# 绪论

1. 土木工程与力学

土木工程是用建筑材料(土、石、砖、木、混凝土、钢、铝、聚合物、钢筋混凝土、复合材料等)建造房屋、道路、铁路、桥梁、隧道、堤坝、港口等工程的统称。

力学是研究**宏观物质机械运动规律**的科学。机械运动指物体之间或物体内部各部分之间相对位置的变动,包括物体相对于地球的运动、物体的变形、流体的流动等。平衡是机械运动的特殊状态。如果物体相对于地球保持静止,或做匀速直线平移,物体便处于平衡状态。

土木工程是力学最重要的发展源泉和应用园地之一,**力学是土木工程重要的理论基础**。人类早就会建造房屋了,直到掌握了丰富的力学知识以后,各种各样的摩天大楼、跨海大桥、特大跨度的公共建筑、水下隧道、高速公路才得以建成。

2. 本课程的研究对象

建筑物或构筑物中承受外部作用的骨架称为结构。可能出现的外部作用包括荷载作用(恒载、风载、水压力、土压力等)、变形作用(地基不均匀下沉、材料胀缩变形、温度变化引起的变形、地震引起的地面变形等)、环境作用(阳光、风化、环境污染引起的腐蚀、火灾等)。

组成结构的基本部件称为构件。按照几何特征,构件可分为杆件、板壳和块体。本课程研究杆系结构及其构件(图0-1)。

3. 本课程的任务

结构和构件必须具备安全、适用、耐久的功能。例如支承教室楼盖的钢筋混凝土梁,在设计使用期内务必安全。结构和构件抵抗破坏的能力称为承载能力。其中,材料抵抗破坏的能力称为**强度**。在荷载作用下,楼盖梁如果弯曲变形过大,就会引起表面开裂、脱落,影响正常使用。工程中须保证梁具有抵抗变形的能力,并将变形限制在允许的范围之内。结构和构件抵抗变形的能力称为**刚度**。图0-2所示为现浇钢筋混凝土梁的模板支设情况,模板的支设须保证模板在浇筑混凝土时具有足够的刚度。竖向支承模板的顶撑为细长直杆,承受压力,存在能否保持直线平衡形态的问题。图0-3所示的小实验显示,当压力增加到一定大小时,锯条会突然变弯而丧失承载能力。结构和构件保持原有平衡形态的能力称为稳定性。

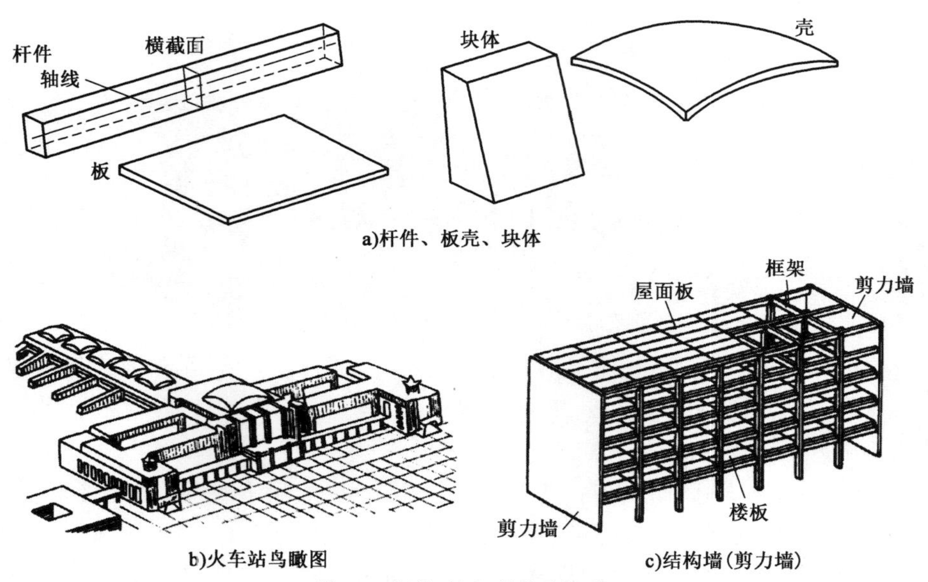


图0-1 杆件、板壳、块体及杆系

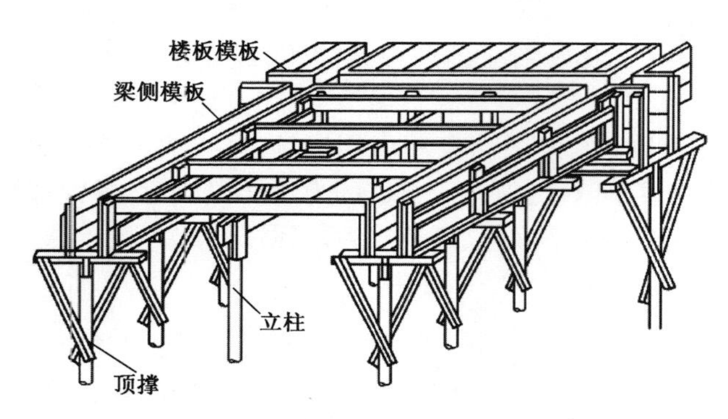


图0-2 现浇钢筋混凝土梁的模板支设情况

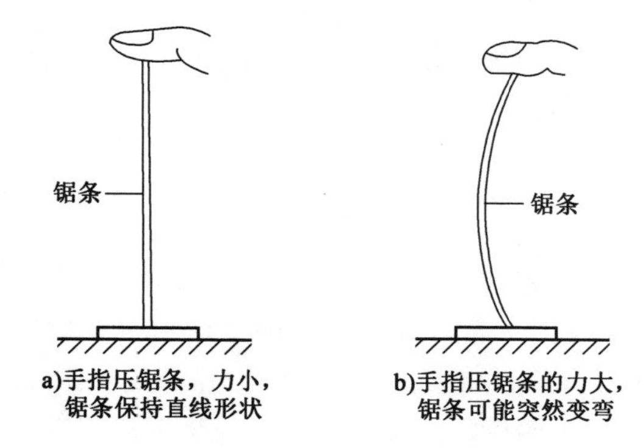


图0-3 小实验:压杆

可以采用优质材料,改变截面的形状,增大截面的尺寸,增强约束,来提高构件的强度、刚度和稳定性,但这会涉及提高工程造价的问题,进一步的研究我们将在后面展开。对于构件,如何做到既经济又安全适用,学习解决这一问题的力学方法,是本课程的任务之一。

改善结构的受力形式,也能做到既经济又安全适用,因此,学习结构的合理形式,也是本课程的一项任务。为了完成上述任务,需要学习相关的力学概念,学习结构的力学模型,学习结构的几何组成分析方法,学习结构受力分析的方法,学习结构在动力荷载下的反应,学习移动荷载对结构影响等。

4.本课程的学习方法

本课程贴近交通土木工程实际,教材以图片的形式列举了大量交通土木工程结构和构件的实例。**注意学习将实际结构和构件简化为力学模型(计算简图和实验模型)的方法,并在多次分析中培养建立力学模型的能力**。

在依据计算简图进行理论分析时,注意学习和应用等效、平衡等力学的基本方法。注意用受力分析、强度分析、刚度分析、稳定性分析等方法解决实际中的简单力学问题。

不论是建筑结构,还是处于施工过程中的构件、处于工作状态的构件,不论是施工设施,还是实际生活中的对象,同类型的力学问题都蕴含着相同的力学原理。因此,本书精选了一些生活实例。在分析这些实例时,注意细微的力学现象,探究根本的力学原理。

本课程用**二维码的形式**在相关章节中设置了大量**力学小实验**,用来**模拟构造**,显示**力学现象**。同学们扫描二维码可看到**多项力学小实验**,有助于同学们理解和掌握所学的知识,并建立起相关的能力。

本课程作为交通土木工程专业的重要基础课程,是为后续专业技能课程(如路基路面工程技术、结构设计原理、桥梁工程技术等)打好基础、为同学们的就业创业能力和继续学习打好基础的课程。应认真学习力学的基本概念、基本理论,认真完成力学的基本训练,并在学习过程中形成严谨、敬业的作风。

# 上　篇

# 第1章 力和受力图

## 1.1 力的基本知识

### 1.1.1 力

**力是物体之间相互的机械作用**。这种作用的效应是,改变物体的运动状态(称为力的外效应,也称力的运动效应),使物体变形(称为力的内效应,也称力的变形效应)。例如,踢足球时脚与球接触的过程,就同时反映出力的两种效应,反映出力与变形一致,力与运动状态的改变一致(图1-1):力作用的部位和方向,决定变形的形状和运动状态改变的方向,力的大小对应着变形的大小和运动状态改变的强弱。

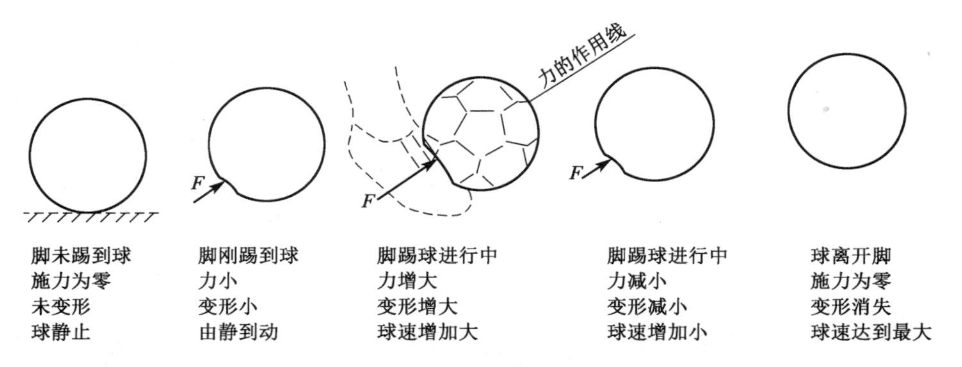


图1-1 力与变形、与运动状态改变的一致性

在分析力的运动效应时,可以不考虑物体的变形,将实际变形的物体抽象为受力而不变形的物体——刚体。

### 1.1.2 集中力和分布力

如图1-1所示,脚踢球的力作用在球的一定部位、一定范围,并且有一定的方向和大小。在研究力的运动效应时,常把力抽象为作用在一个点上,并用矢量表示力的方向和大小。这种将起点或终点置于一点上的力矢量,是力的一种模型,称为**集中力**。通过集中力的作用点,沿力方位的直线,称为力的作用线。在刚体上,无论力的作用点在作用线的什么位置,力对刚体的效应都是相同的,因此常常强调力的作用线。这样,集中力的三要素就有两种表示:一种是用作用点、方向、大小表示,另一种是用作用线、指向、大小表示,如图 1-2 所示。

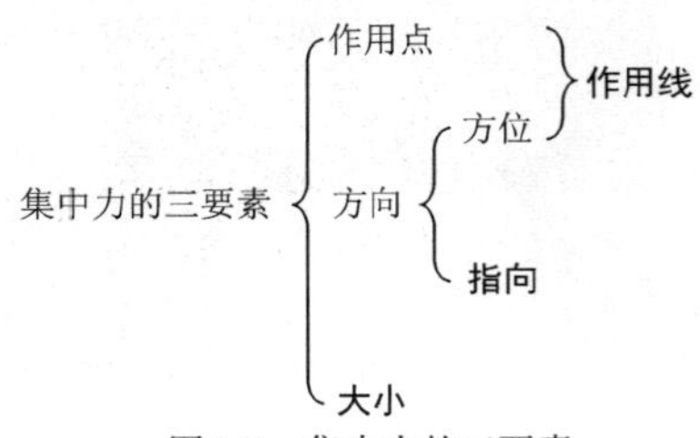


图 1-2　集中力的三要素

力矢量用黑体字 **F** 表示,白体字的 $F$ 表示力的大小。在国际单位制中,力的单位是 N(牛),工程中常用 kN(千牛)。通过体验重力的大小,可以形成对 1N、1kN 大小的经验认知(图 1-3)。

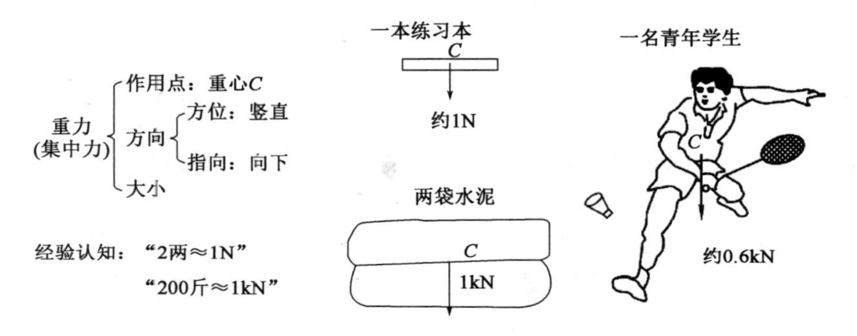


图 1-3　对力的单位的体验

观察楼盖梁,它的所有部分都有质量,都受到地球引力的作用,因此梁的自重属于体积力。只是在研究梁的平衡(研究力的运动效应)时,将自重当成集中力,作用在梁的重心。在研究梁的变形(或与变形相关的问题)时,梁的自重必须表示为沿梁轴线分布的力[图 1-4a)]。力在一定范围内连续分布,用力的分布集度矢量表示力的作用,这类力的模型称为分布力。分布力集度矢量的方向与作用在该处微小范围的集中力矢量 $\Delta \boldsymbol{F}$ 的方向相同。

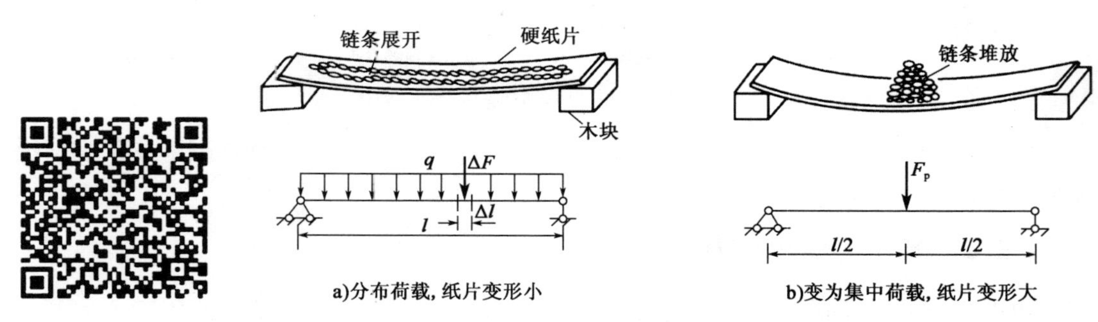


集中荷载与分布荷载

图 1-4　小实验:分布力、集中力的变形效应不同

力沿线的集度 $q$ 称为力的**线集度**(单位:kN/m)[图 1-4a)]:

$$q = \frac{\Delta F}{\Delta l}$$

力在面上的集度 $p$ 称为力的**面集度**(单位:$kN/m^2$):

$$p = \frac{\Delta F}{\Delta A}$$

式中,微小线段 $\Delta l$ 无限趋近于零;微小面积 $\Delta A$ 无限趋近于零。

## 1.2 静力学公理

如图 1-5a)所示的高空踩钢丝,表演者一只脚踩在钢丝上,手握平衡竿调整自身的平衡。以表演者连同平衡竿为研究对象,只受重力和钢丝的支持力二力作用。一般来说,作用在物体上的一组力称为力系。一个力系作用在物体上使物体平衡,这个力系称为平衡力系。静力学主要研究力系的平衡问题。

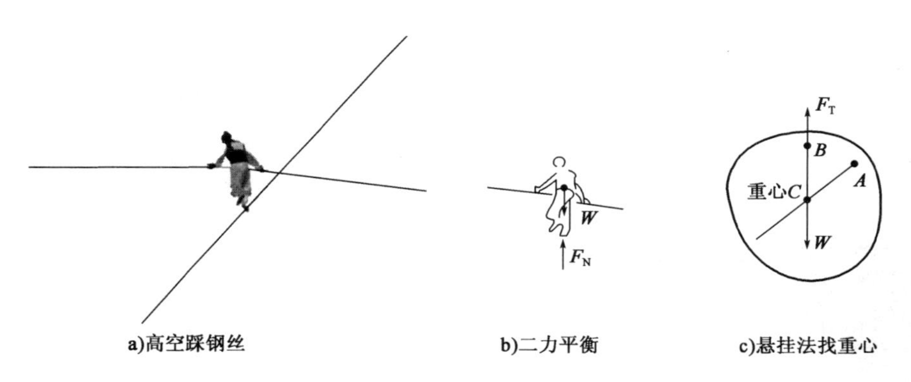


图 1-5 平衡

公理是人们在生活和生产实践中长期积累的经验总结,又经实践反复检验,被确认是符合客观实际的最普遍、最一般的规律,也就说公理是不证自明的。

### 1.2.1 二力平衡公理

作用在刚体上的两个力,使刚体保持平衡的必要和充分条件是,这两个力在同一直线上,指向相反,大小相等。二力平衡公理也称二力平衡条件。

如图 1-5b)所示,踩钢丝的表演者处于静止状态时,用集中力表示的重力与钢丝绳的支持力就在同一条直线上。重力 $W$ 作用在表演者的重心,竖直向下,支持力 $F_N$ 就在通过重心的竖直线上,指向朝上,且 $F_N = W$。假设表演者被吊绳悬挂在空中处于平衡状态,依据二力平衡公理,重心一定在吊绳所在的竖直线上。依据这个道理可以得到寻找重心的悬挂法[图 1-5c)]:将不规则的平板按不同的悬挂点悬挂两次,作吊绳的延长线,其交点就是重心。

### 1.2.2 作用与反作用公理

**作用力和反作用力总是同时存在，分别作用在相互作用的两个物体上，沿同一直线，指向相反，大小相等。**

与二力平衡公理比较，都是两力共线、反向、等值，然而本质区别在于，作用与反作用公理说的是两个刚体相互间的作用关系，二力平衡公理说的是一个刚体上二力平衡的条件。如图1-6所示，物块与桌面间的作用关系符合作用与反作用公理，物块的平衡符合二力平衡公理。

### 1.2.3 平行四边形法则

如图1-7所示，一只手提起旅行包可以替代两只手提起旅行包，力 $F$ 可以替代力系 $(F_1, F_2)$。如果一个力与一个力系等效，这个力就称为该力系的合力，该力系的各力则称为这个力的分力。用合力等效替换力系的过程称为力系的合成，用力系等效替换单个力的过程称为力的分解。

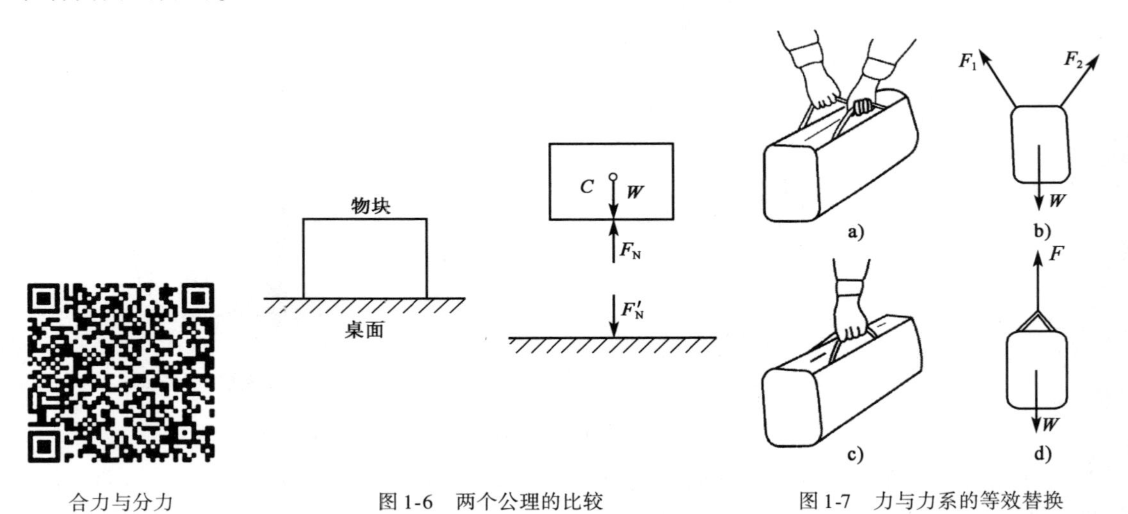


合力与分力　　图1-6　两个公理的比较　　图1-7　力与力系的等效替换

力抽象为矢量，符合矢量合成的法则。力的平行四边形法则为：**作用在刚体同一点的两个力可以合成一个力。** 合力也作用在该点，方向和大小由这两个力为边所构成的平行四边形的对角线确定［图1-8a)］。

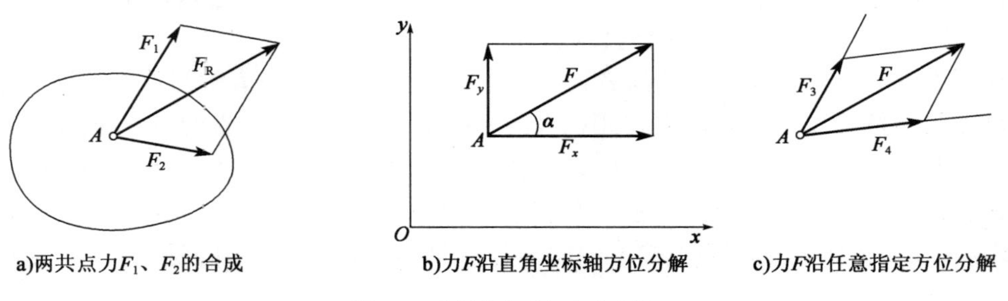


图1-8　力系的合成与力的分解

力系的合成与力的分解,是力学分析的基本方法之一。欲将已知的力矢量沿指定的两个方位分解,通过矢量的起点或终点分别作指定方位线的平行线,即得相应的平行四边形[图1-8b)、c)]。

### 1.2.4 加减平衡力系公理

在已知的力系上,加上或减去任意的平衡力系,不改变原力系对刚体的作用效应。如图1-9所示,$F_2 = F_1 = F$,在力 $F$ 作用线的任一点 $B$ 处增加平衡力系($F_1$,$F_2$),不改变力 $F$ 对刚体的作用;在图1-9b)的力系上,减去平衡力系($F$,$F_1$),也不改变原力系($F$,$F_1$,$F_2$)对刚体的作用。

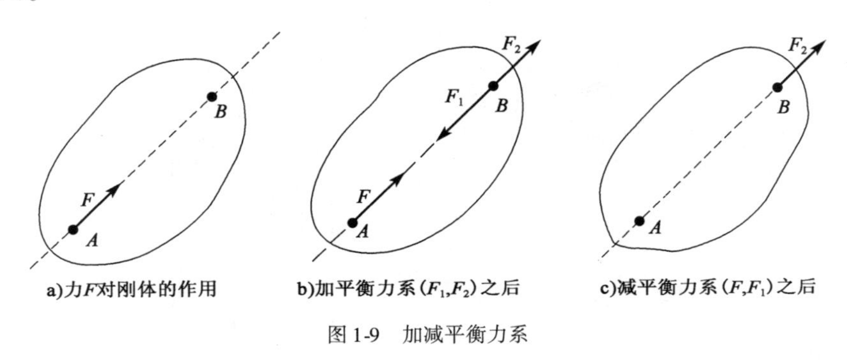


图1-9 加减平衡力系

图1-9a)、b)、c)所示3种状况的力、力系对刚体的作用均等效。比较图1-9a)、c),相当于将力 $F$ 沿着作用线移到了 $B$ 点,从而可得力的可传性:**作用在刚体上的力,可以沿着它的作用线任意移动,不改变力对刚体的作用效应。**

## 1.3 结构的计算简图与实验模型

实际结构往往是比较复杂的,完全按照结构的实际情况进行力学分析,相当烦琐困难,也没有必要。因此,在对结构进行力学分析之前,须对结构进行简化:略去次要因素,表现主要特点。用简化的图形作为模型,替代实际结构进行力学分析计算,这样的模型称为**计算简图**(图1-10);用简化的实物作为模型,替代实际结构进行力学分析测试,这样的模型称为**实验模型**。

### 1.3.1 计算简图

1. 结构的简化

(1)**将空间杆系结构简化为平面杆系结构,一般的杆系结构都是空间结构**[图1-10a)]。当某一平面内的杆系可以简化为独立承受该平面内的荷载时,可将这个平面杆系分离出来,按平面杆系结构分析计算[图1-10b)]。

(2)用杆件的轴线代替杆件[图1-10c)、d)]。

(3)用符号表示杆件之间理想化的节点杆件结构中,杆件之间的连接区称为节点。按

杆件的位移、受力特点,经常将实际的节点简化为理想化的节点:

①铰节点。被连接的杆件在连接处可以相对转动,但不能相对移动。铰用小圆圈作为符号。

装配式钢筋混凝土门架的顶铰就是铰节点[图 1-11a)、b)、c)]。工程中还根据被连接杆件的受力变形特点而将节点抽象为铰节点[图 1-10a)、c)]。两端铰接中间不受力的直杆称为链杆。

②刚节点。被连接杆件在连接处既不能相对移动,又不能相对转动。刚节点用深色小块作为符号,也可用线段相接的形状表示[图 1-11d)、b)]。

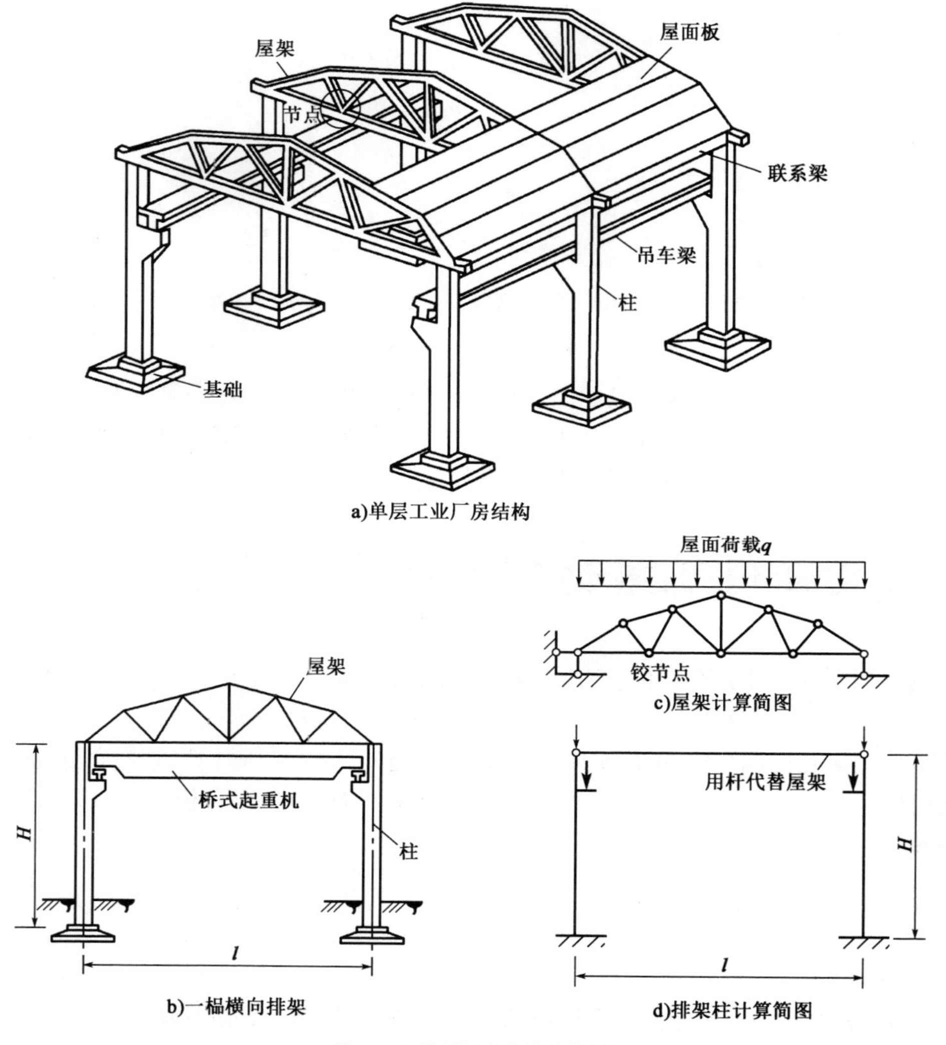


图 1-10　单层厂房的计算简图

(4)用符号表示理想化的支座。结构与基础或其他支承物的连接区称为支座。按照被连接杆件的位移、受力特点,平面杆系结构的实际支座被简化为 3 种理想化的支座:

①固定铰支座。被支承的部分在该处可以转动,不能移动。常用两根在端部相交的短

链杆作为符号(图 1-12)。

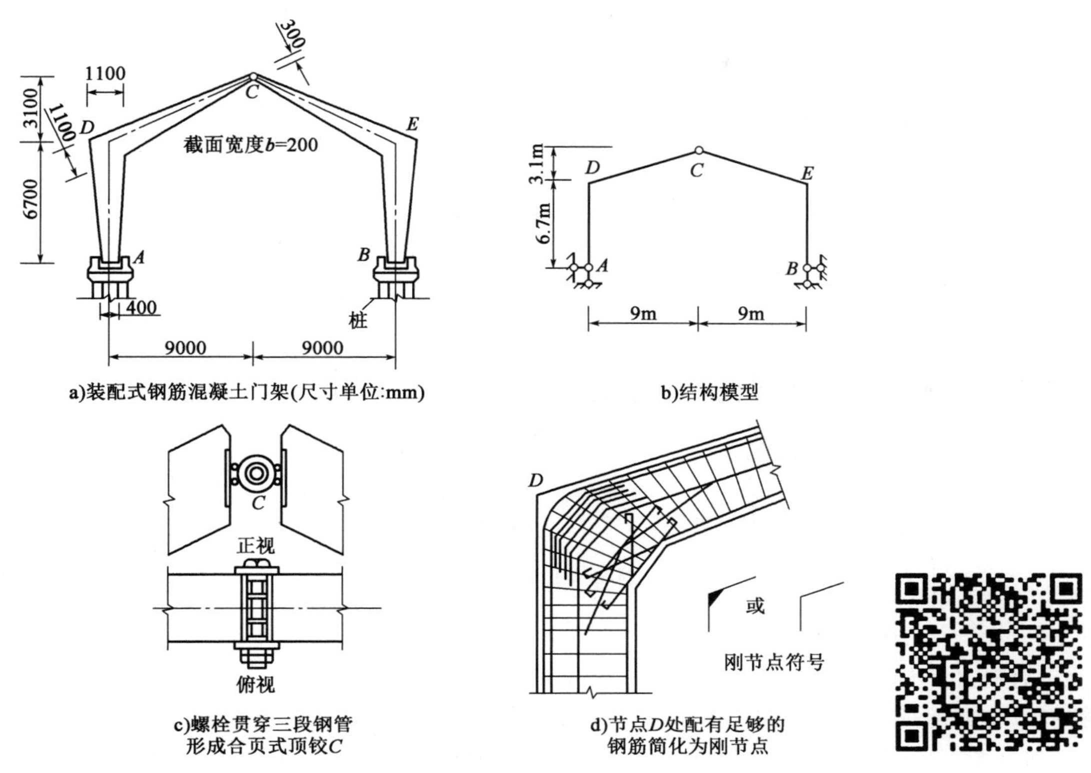


图 1-11　装配式门式刚架

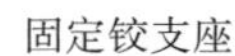

固定铰支座

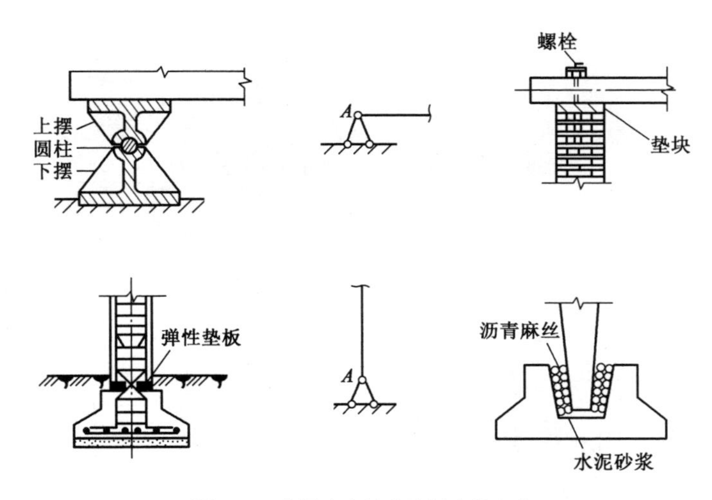


图 1-12　实际支座抽象为固定铰支座

②可动铰支座。被支承的部分在该处可以转动,可以沿支承面的方位作微小移动,但不能在垂直于支承面的方位移动。常用垂直于支承面的短链杆作为符号(图 1-13)。

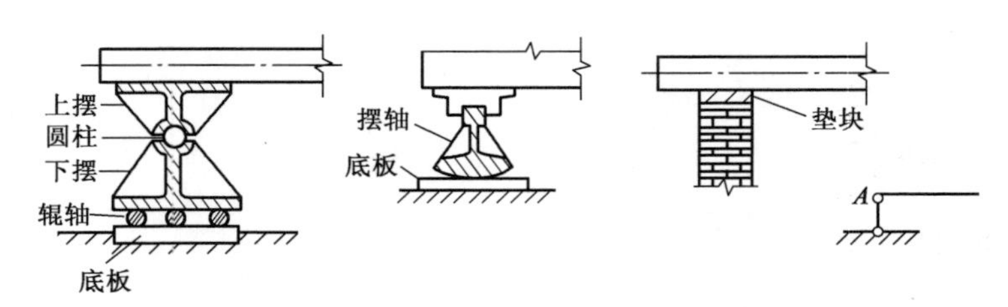


图 1-13 实际支座抽象为可动铰支座

③固定端支座。被支承的部分在该处被完全固定。常用“ ”作为符号(图 1-14)。

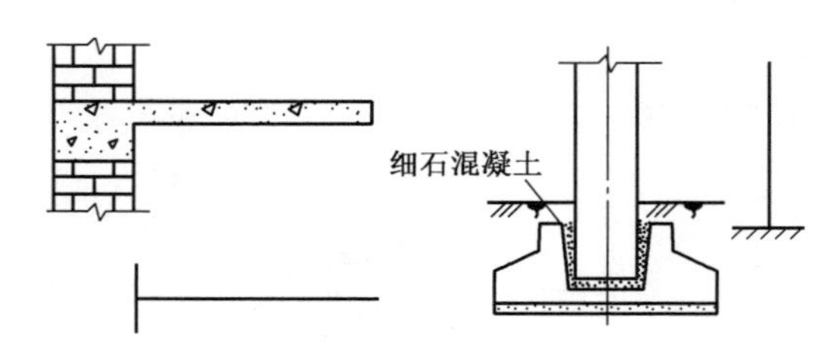


图 1-14 实际支座抽象为固定端支座

2. 荷载的简化

结构构件的自重、楼面上人群或物品的重量、厂房中设备的重量、水压、风压、雪压、车轮的轮压等,都是以力的形式直接作用在结构上的,称为直接作用,习惯上称为荷载。

荷载按其作用的范围或分析的条件,可以简化为分布荷载和集中荷载。在杆系结构的计算简图中,杆件用轴线代替,分布荷载则表现为沿着一条线段分布[图 1-15c)、f)]。

a)渡槽-高架水渠

b)肋拱式输水渡槽

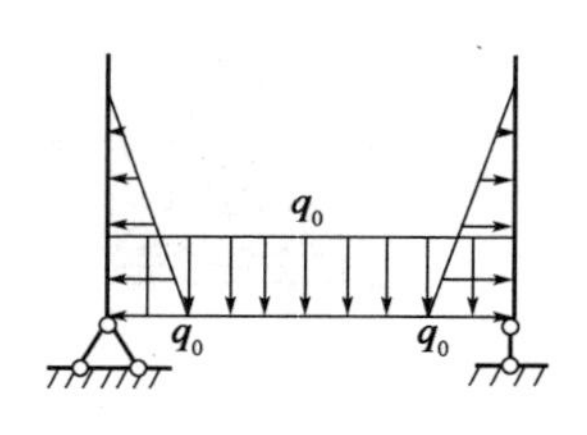


c)单位长渡槽横向计算简图

图 1-15

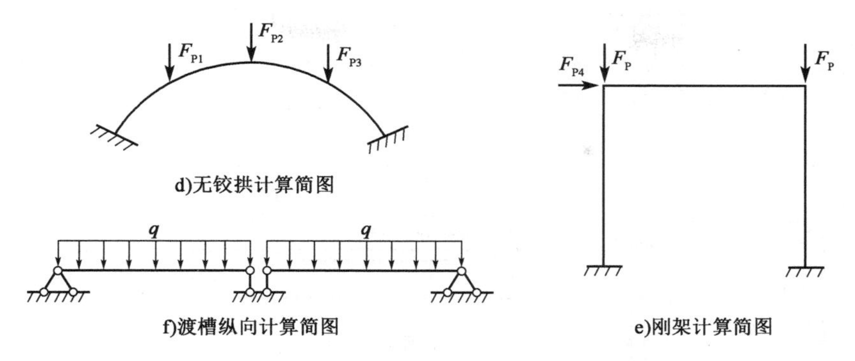


图 1-15　肋拱式输水渡槽计算简图

## 1.3.2　实验模型

一些重大工程,要建立实验模型进行模拟测试,检验工程计算的精度。图 1-16 展示的是按 1:100 比例做成的贵州巴陵河大桥的实验模型。

图 1-16　中铁大桥局桥科院展示的贵州巴陵河大桥的实验模型

在本课程中,会经常建立简便的实验模型,模拟构造,显示力学现象,用实验分析的方法定性地分析一些力学问题。为此,常用一些实验元件拼装模型。

1. 杆件

采用容易变形的钢锯条、塑料条、硬纸条做杆件。在实验中观察结构的变形,依据力与变形一致的关系,推断杆件内部的受力。

2. 节点

将几根钢锯条端部的圆孔对齐,插入螺栓,即形成铰节点[图 1-17a)]。

在 12mm 厚的小木块的不同侧面上锯出锯缝,插入钢锯条,即形成刚节点[图 1-17b)]。

3. 支座

将两根塑料短链杆的一端用螺栓拼到木条的两个孔上,另一端孔对孔穿螺栓再与锯条端孔相连,形成固定铰支座;在木条上开一个 V 形槽,限制锯条的端部左右移动和向下移动,容许转动,也可模拟固定铰支座[图 1-17c)]。

将塑料短链杆的一端用螺栓拼到木条的孔上，另一端用螺栓与锯条端孔相连，形成可动铰支座；用笔杆支承杆端，限制向下移动，容许转动和水平移动，即可模拟可动铰支座[图 1-17d)]；用手固定小木块，将锯条插进锯缝中，则形成固定端支座[图 1-17e)]。

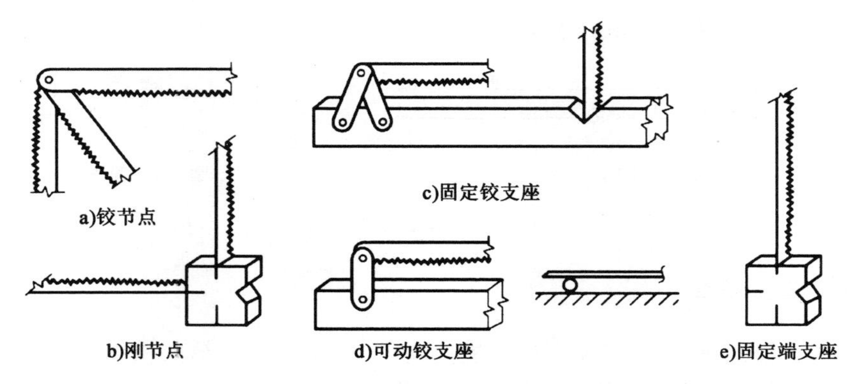


图 1-17　结节与支座的模型

4. 荷载

链条展开，模拟分布荷载；链条集中，模拟集中荷载(图 1-4)。周围的许多物品，都可以用来模拟荷载。

## 1.4　受力图

结构承担的荷载在计算简图中已经准确地表示出来了。在荷载作用下，结构或构件有运动的趋势。其之所以平衡，是因为它的运动受到基础或其他支承物的限制。对物体运动预加限制的其他物体，称为约束。主动改变物体的运动状态或使物体有运动趋势的力，称为主动力；约束限制物体运动的力，称为约束力。对结构进行力学分析的一项基本内容，是对研究对象进行受力分析，如图 1-18 所示。

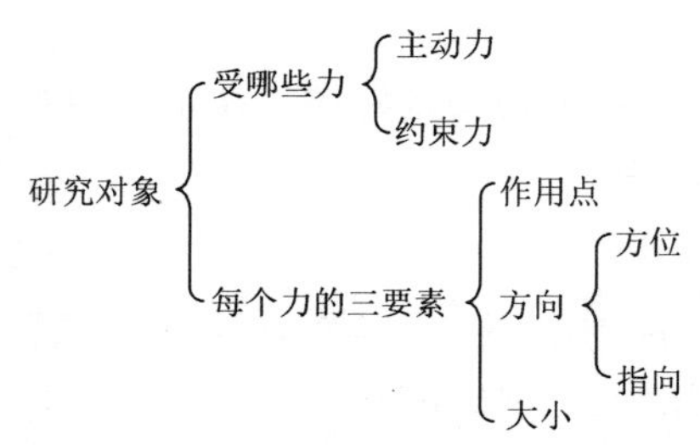


图 1-18　研究对象受力分析

结构的荷载或其他构件传给研究对象的力是主动力，一般为已知。约束对研究对象运动的限制作用，如果用集中力表示，约束力的作用点应在约束与研究对象的接触处，它的方向与所限制的运动方向相反。至于约束力的大小，将采用一定的方法确定。

### 1.4.1 几种理想约束的约束力

1. 柔性约束

由绳索、钢丝束、链条、胶带等形成的约束称为柔性约束。柔性约束的约束力作用在与研究对象的连接点,**沿柔性约束的中心线,为拉力**[图1-19a)]。

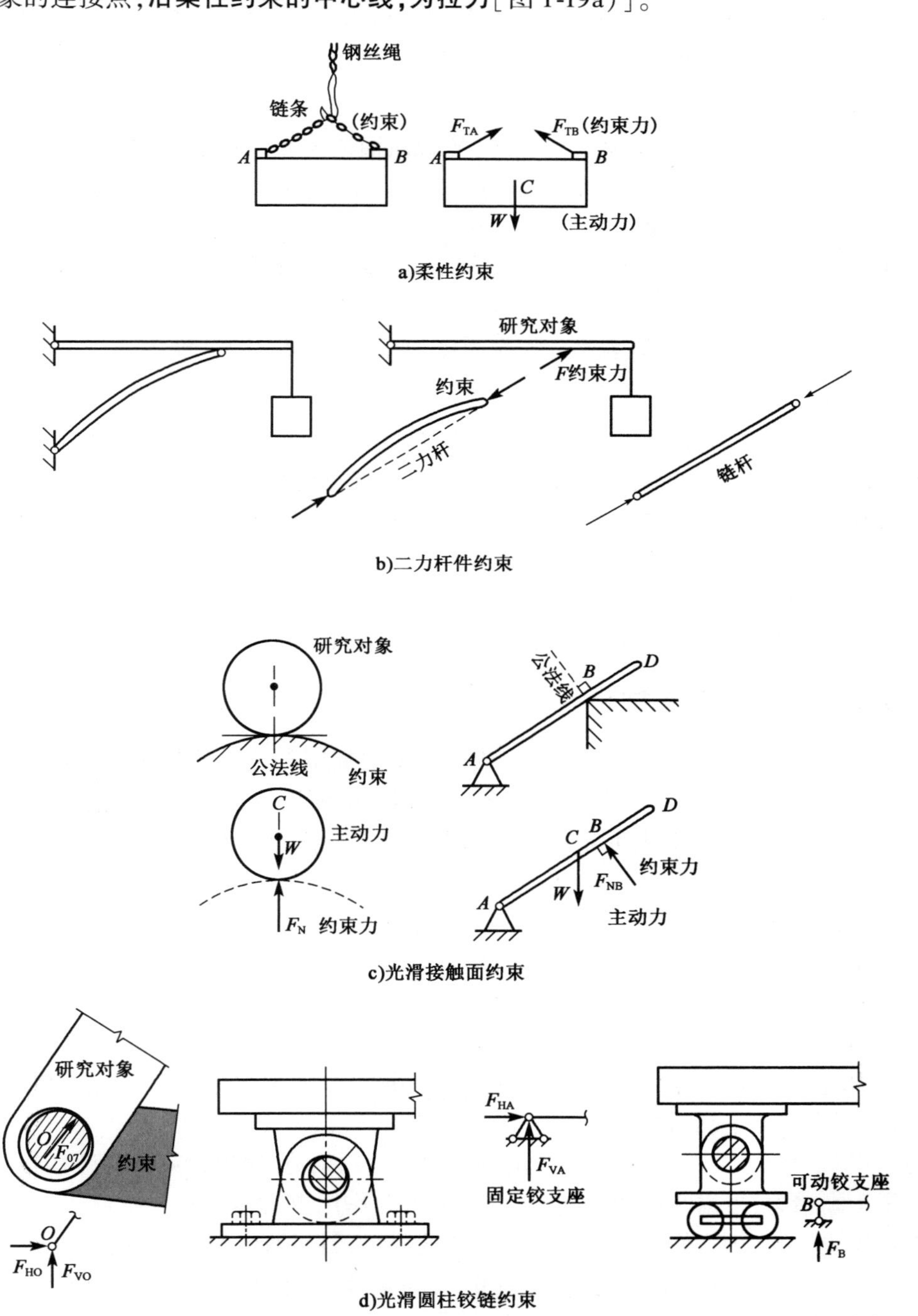


图1-19 几种理想约束的约束力

2. 二力杆件约束

只受二力作用且处于平衡状态的杆件称为二力杆件。依据二力平衡条件，这两个力必在连接两作用点的直线上。因此，二力杆件约束的约束力作用在与研究对象的连接点，沿连接二力作用点的直线，指向由研究对象的平衡确定[图 1-19b)]。

链杆的两端铰接、中间不受力(包括略去自重)，是二力杆件的特例。当链杆成为约束时，称为链杆约束[图 1-19b)]。

3. 光滑接触面约束

当约束与研究对象的接触略去摩擦时，接触面抽象为光滑接触面，此时的约束称为光滑接触面约束。光滑接触面约束的约束力作用在与研究对象的接触处，沿接触面的公法线，指向研究对象[图 1-19c)]。

**约束力的字符常采用双注脚：第一注脚表示约束力的性质，或分力的作用线方位**。如图 1-19 中，第一注脚 T 表示柔性约束的拉力，N 表示光滑面约束的法向力，V 表示竖直方位，H 表示水平方位；第二注脚表示力的作用点，或同类约束力的序号。

4. 光滑圆柱铰链约束

一个光滑的圆柱销钉插入两构件的光滑圆孔，形成光滑圆柱铰链。将销钉与一个构件看成一体，作为对另一构件的约束，则约束力作用在钉与孔的接触点(用平面图形表示)，作用线通过孔的圆心，指向孔壁。接触点的位置由研究对象上的力系决定，往往不易判定，因而约束力的方位也就不易判定。无论方位如何，约束力都通过孔的圆心。当铰链用小圆圈作符号时，光滑圆柱铰链的约束力，总是作用在铰上。**约束力的方位能够判断时用一个力表示；方位不能判断时用相互垂直的两个分力表示**[图 1-19d)]。

## 1.4.2 隔离体与受力图

分析结构或构件的受力，需要把结构或构件从与周围相连的物体中隔离出来，从而明确研究对象，准确显示其他物体对研究对象的作用。这种从与其他物体连接中隔离出来的研究对象称为隔离体。用以显示隔离体全部受力的图形称为受力图。

画受力图的步骤为：

(1)取隔离体；

(2)画主动力；

(3)画约束力。

为了不多画力，每画一力都应当思考施力的物体是谁。例如图 1-20 中，在画斜面上物块的主动力时，有人除画重力外，还要画一个“下滑力”。只要思考这个“下滑力”的施力物体是谁，就不难作出正确的判断。

为了不漏画力，按与周围物体相连的顺序逐一画约束力：撤出约束，代以约束力。

为了不画错力，根据约束的类型，画准约束力的作用点、方位，甚至指向。例如图 1-20 中斜面给物块的约束力，如果没有“考虑摩擦”的提示，斜面抽象为光滑约束，只有接触面公法线方位的约束力——正压力 $F_N$[图 1-20b)]；如果提示了考虑摩擦，斜面对物块的约束力除正压力外，还有摩擦力 $F$[图 1-20c)]。

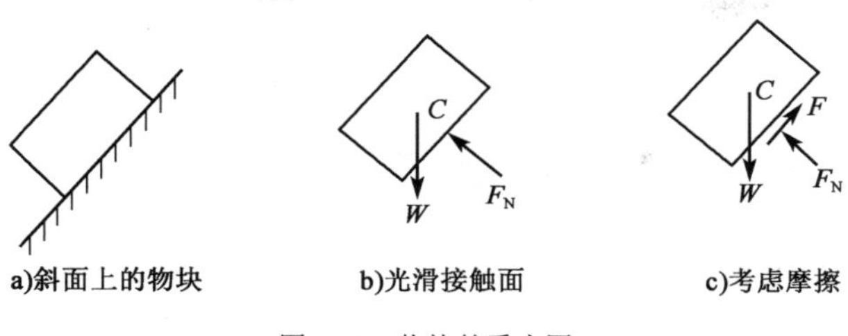


图 1-20　物块的受力图

### 1.4.3　单个物体的受力图

如图 1-10a)所示,单层厂房在建造时,预制的钢筋混凝土柱是怎样吊装到位的?其中各阶段的受力如何用图形表示出来?

## 分析示范

**【例 1-1】**　图 1-21a)、b)所示为起吊钢筋混凝土柱的两种绑扎方法。试画柱在此时的受力图。

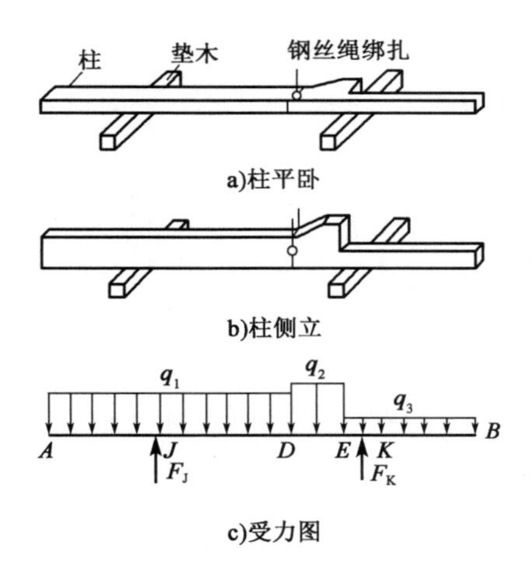


图 1-21　起吊钢筋混凝土柱的两种绑扎方法

**解:**柱水平搁置在垫木上,用水平直线段 $AB$ 代表柱[图 1-21c)]。柱的自重为主动力。因涉及柱在起吊的过程中是否会发生破坏的问题,柱的重量应表示为分布荷载。各柱段的横截面积不同,单位长度的重量则不同,分别用 $q_1$、$q_2$、$q_3$表示均布荷载集度。垫木对柱的约束视为光滑接触面约束,约束力用集中力 $F_J$、$F_K$表示,作用在接触部分的中点,沿竖直方位,指向柱。

**【例 1-2】**　图 1-22a)、b)所示为起吊初期柱刚刚脱离垫木,下端支于地面的状态。试画此时柱的受力图。

**解:**用倾斜的直线段 $AB$ 代表柱。重力为主动力,用竖直向下的均布荷载表示;起重绳

的拉力 $F_T$为主动力，竖直向上。地面对柱端的约束视为光滑接触面约束，约束力 $F_A$垂直于地面，指向柱。

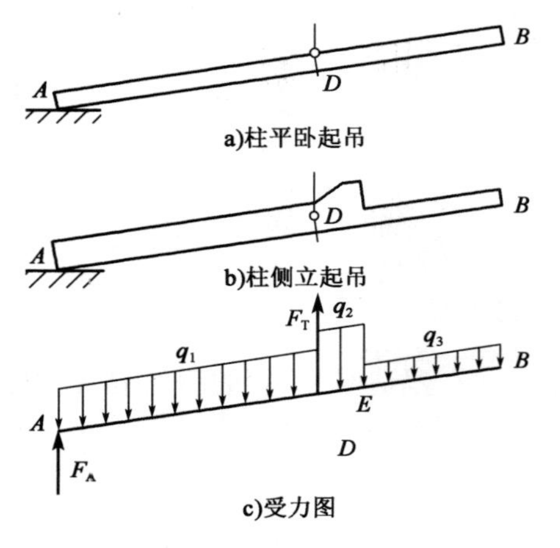


图 1-22　起吊初期柱的受力图

**【例 1-3】**　图 1-23 所示为起吊过程中柱完全脱离地面的状态。起吊点在柱的一个侧面，柱是倾斜的[图 1-23a)]，由此命名当初的绑扎方法为“斜吊绑扎法”[图 1-23a)]；起吊点对称于柱的两侧，柱是竖直的[图 1-23b)]，由此命名当初的绑扎方法为“直吊绑扎”[图 1-23b)]。试分别画斜吊和直吊状态下柱的受力图。

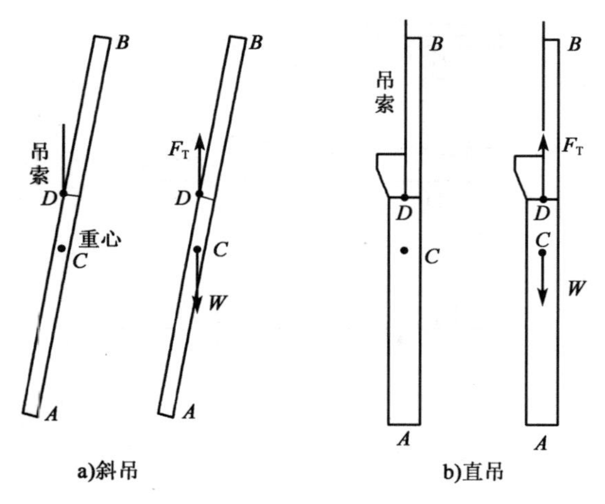


图 1-23　斜吊、直吊状态下柱的受力图

**解：**此处涉及柱悬吊在空中的方位，隔离体用柱的轮廓线表示。柱的重量用集中力 $W$ 表示，作用在柱的重心，竖直向下。吊索的拉力 $F_T$视为约束力，作用在起吊点，竖直向上。根据二力平衡公理，重力与吊索的拉力在同一直线上。由重心、起吊点在同一竖直线上决定柱的方位。

**【例 1-4】**　图 1-24a) 所示为某教学楼楼盖结构的布置图，大梁搁置在纵墙上[图 1-24b)]。用梁的轴线代替梁墙对梁的支撑，分别用固定铰支座和可动铰支座表示。按设计规范计算了大梁的恒载、满布活载，计算简图如图 1-24c) 所示。试依据计算简图画梁的受力图。

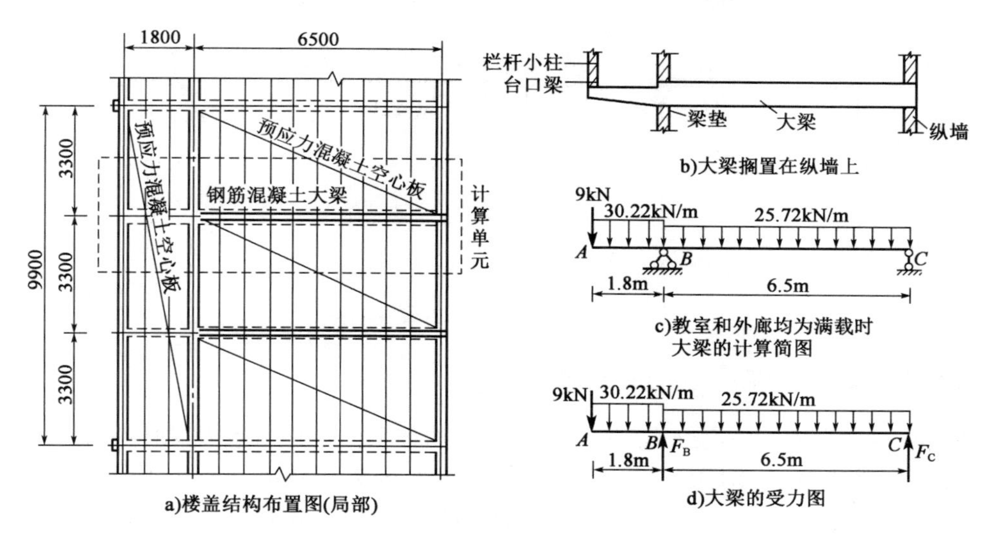


图 1-24　楼盖大梁的受力图

**解**:取梁为隔离体,用轴线代表梁。分布荷载、集中荷载为主动力,支座反力为约束力:可动铰支座 $C$ 的支座反力 $F_C$ 沿链杆方位指向梁;固定铰支座 $B$ 因为没有水平力需要平衡,则判断支座反力的方位竖直,用字符 $F_B$ 表示[图 1-24d)]。

**【例 1-5】**　图 1-25a)为屋架的计算简图,屋面传来的竖直荷载和风压力简化在屋架的节点上。试画屋架的受力图。

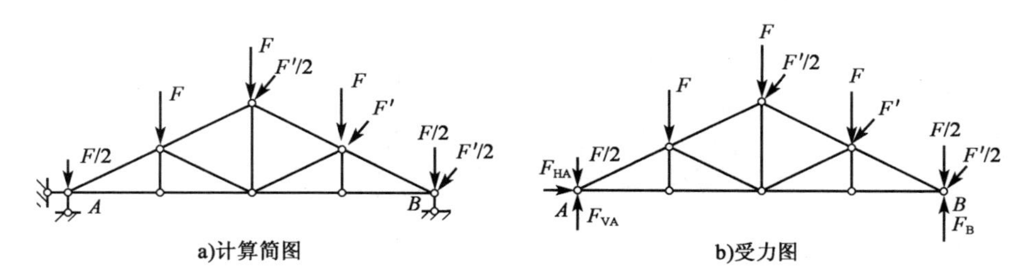


图 1-25　屋架的受力图

**解**:取屋架为隔离体,画主动力竖向荷载和风荷载。画约束力:可动铰支座 $B$ 的约束力 $F_B$ 沿链杆方位;固定铰支座 $A$ 的约束力需要平衡风载的水平分力,故用水平分力 $F_{HA}$、竖直分力 $F_{VA}$ 代替。

**【例 1-6】**　图 1-26a)所示为管道支架,承受荷载为 $F_{P1}$、$F_{P2}$,试画梁 $AB$ 的受力图。

**解**:取梁 $AB$ 为隔离体,画主动力 $F_{P1}$、$F_{P2}$。再画约束力:杆 $CD$ 为链杆约束,对梁的约束力 $F_{DC}$ 作用在 $D$ 点,沿链杆方位。如果撤除链杆,梁会绕铰 $A$ 顺时针转动。链杆阻止这一转动,因此约束力应当指向梁;铰 $A$ 的约束力方位不便确定,用竖直方位、水平方位的两个分力 $F_{VA}$、$F_{HA}$ 代替。它们是同一个力的两个分力,力矢量的起点(或终点)应当一致。

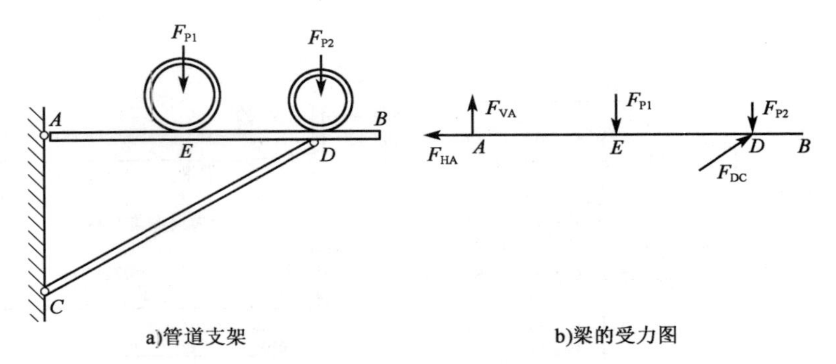


图1-26 管道支架梁的受力图

### 1.4.4 简单物体系统的受力图

两个或多个物体按一定方式连接的系统称为物体系。在物体系内，物体间相互的作用力称为内力。在以整个物体系为隔离体画受力图时，内力不显示出来；在取个别部分为隔离体画受力图时，物体系的内力则显示为隔离体的“外力”。此时，须注意作用与反作用关系：一对作用力与反作用力，应当共线、反向，标相同的字符表示相同的大小。

## 分析示范

**【例1-7】** 如图1-27a)所示，用滑轮组起吊重物，重物处于上升阶段。滑轮、吊索、吊钩的自重不计，分别画滑轮Ⅰ、滑轮Ⅱ的受力图。

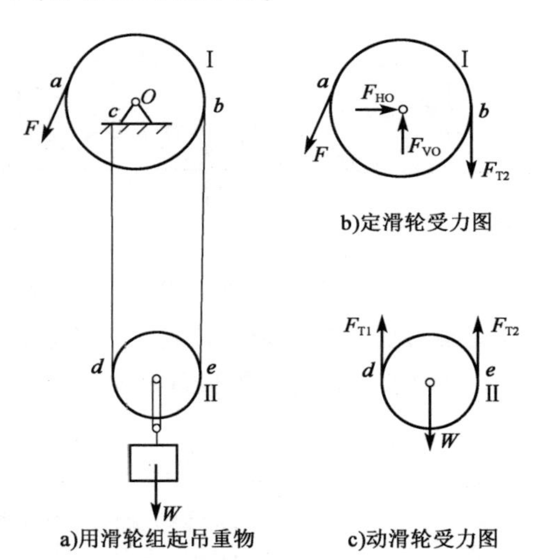


图1-27 滑轮的受力图

**解**：整个系统的主动力有吊重 $W$ 和拉力 $F$。

(1)先画动滑轮Ⅱ的受力图。

①取滑轮Ⅱ连同接触的绳段 $de$ 为隔离体[图1-27c)]。

②画主动力：重物通过吊钩将重力 $W$ 传到滑轮Ⅱ的轴孔处，使滑轮有向下运动的趋势。绳段 $be$ 的拉力 $F_{T2}$ 作用在绳与滑轮的切点 $e$ 处，使滑轮上升。

③画约束力：$cd$ 绳段拉住滑轮的力 $F_{T1}$ 作用在绳子与轮的切点 $d$ 处，沿绳索背离滑轮。

(2)再画定滑轮Ⅰ的受力图。

①取滑轮Ⅰ连同接触的绳段 $ab$ 为隔离体[图1-27b)]。

②画主动力：滑轮Ⅱ通过绳段 $eb$ 传给滑轮Ⅰ的力为主动力，使滑轮Ⅰ有顺时针转动的趋势。

根据二力平衡条件，滑轮Ⅱ、Ⅰ作用在绳段 $eb$ 两端的力大小相等。根据作用与反作用公理，绳段 $eb$ 作用在轮Ⅱ、轮Ⅰ的力也大小相等。因此，这两个力用同一字符 $F_{T2}$ 表示力的大小。$a$ 处的拉力 $F$ 使滑轮逆时针转动。

绳段 $dc$ 的上端拴在支座上，对滑轮Ⅰ没有作用。

③画约束力：固定铰支座 $O$ 对滑轮Ⅰ的约束力方位不便判定，用相互垂直的分力 $F_{VO}$、$F_{HO}$ 表示[图1-27b)]。

**【例1-8】** 画图1-28a)所示三铰拱的左半拱、右半拱及整拱的受力图。

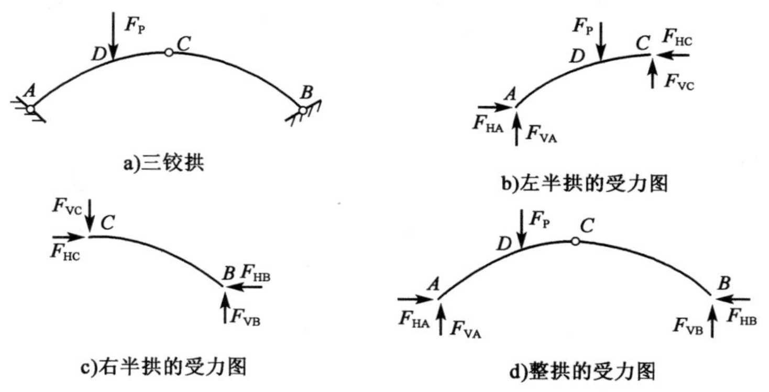


图1-28 三铰拱的受力图

**解：**整拱只有一个主动力 $F_P$，作用在左半拱上，所以先画左半拱的受力图。拱在竖向荷载作用下产生水平支座反力，因此固定铰支座的约束力用竖直、水平两个方位的分力表示。

(1)左半拱：主动力 $F_P$。固定铰支座 $A$ 的支座反力为 $F_{VA}$、$F_{HA}$。中间铰 $C$ 的约束力也用竖直分力 $F_{VC}$ 和水平分力 $F_{HC}$ 表示[图1-28b)]。

(2)右半拱：左半拱通过中间铰传给右半拱的力为主动力，相应的作用力、反作用力用相同的字符 $F_{VC}$、$F_{HC}$ 表示[图1-28c)]。

(3)整拱：不显示内力[图1-28d)]。

**【例1-9】** 图1-29a)所示为3根钢筋混凝土管靠墙角堆放，每根管重 $W$。地面水平，墙竖直，$E$ 处有一木块防止Ⅱ管滚动。管与墙、地面、木块光滑接触。画各管的受力图。

**解：**Ⅱ管、Ⅲ管对Ⅰ管的约束力 $F_C$、$F_D$ 分别作用在接触点 $C$、$D$ 处，沿接触面的公法线(两圆圆心的连线)指向Ⅰ管[图1-29b)]。

Ⅱ管的主动力除了重力 $W$ 外，还有Ⅰ管传来的力 $F_C$。木块对Ⅱ管的约束力 $F_E$ 作用在 $E$ 点，沿圆周的法线指向圆心 $O_2$。地面对Ⅱ管的约束力 $F_A$ 作用在接触点 $A$，沿接触面的公法线指向Ⅱ管。Ⅱ管与Ⅲ管看似接触,却没有朝Ⅲ管运动的趋势,因此Ⅲ管对Ⅱ管没有约束力。

Ⅲ管上的主动力有自重 $W$ 和Ⅰ管传来的力 $F_D$。墙、地面的约束力为 $F_H$、$F_B$。

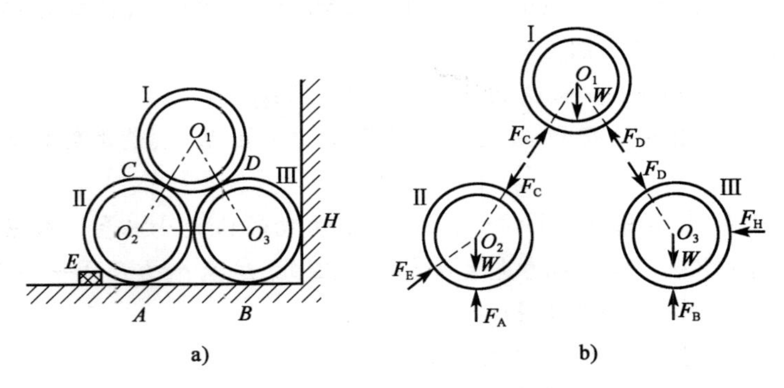


图 1-29 钢筋混凝土管的受力图

## 本 章 小 结

**知识体系**

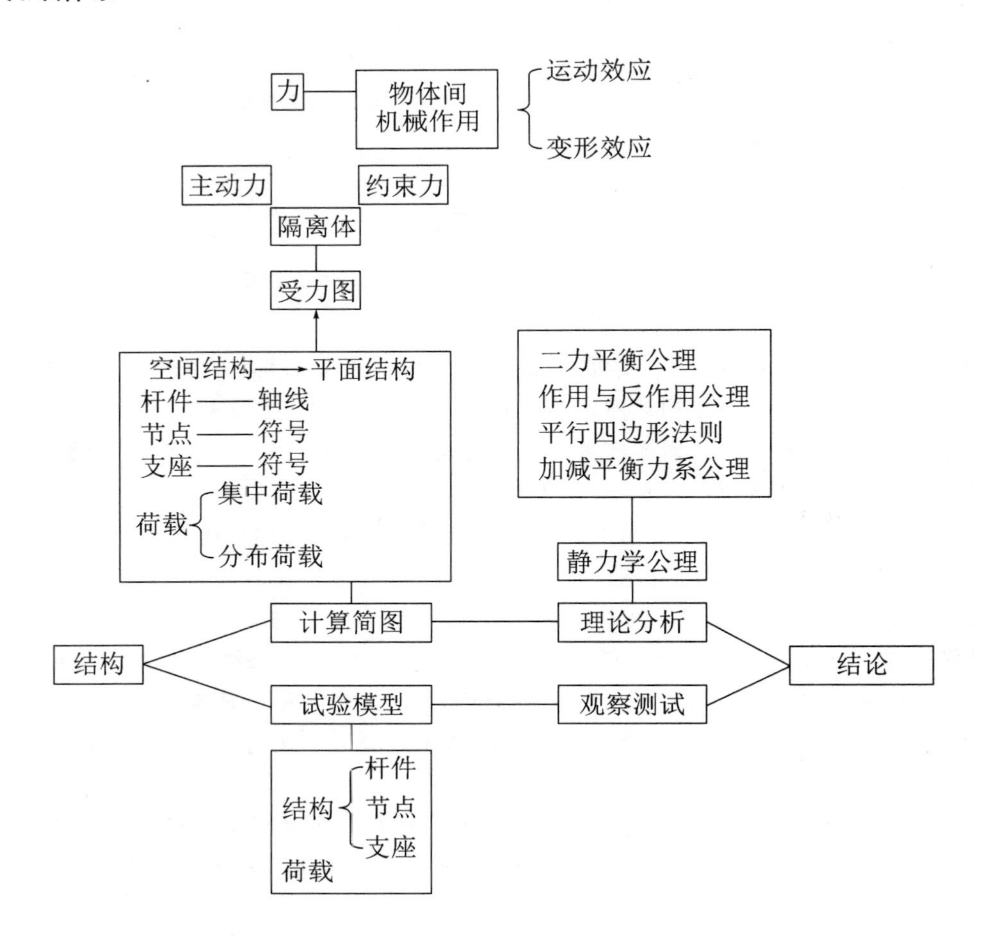

**能力养成**

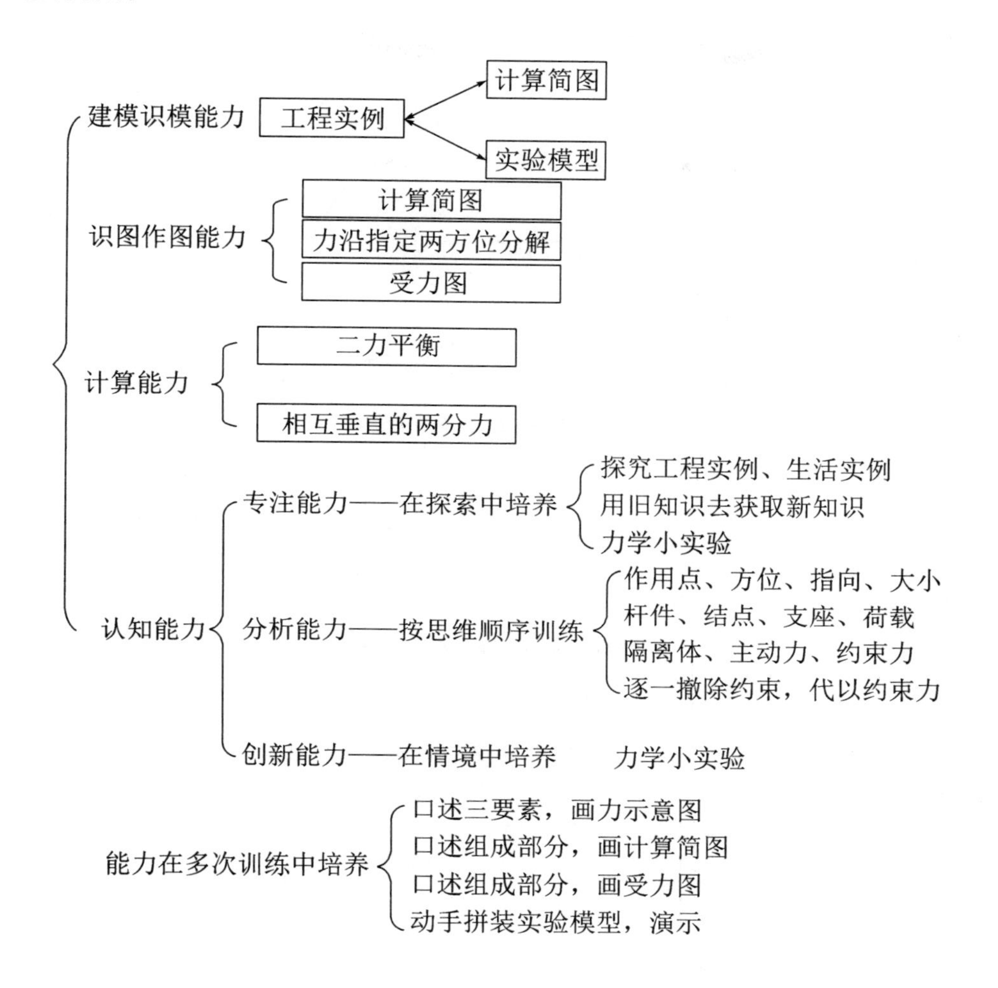


## 实验与讨论

1-1-1　试用气球做实验，左手持气球，用右手背逐渐施力，模拟图1-1所示的在脚与球接触的“1/1000s”之内，力与变形的关系、力与运动状态改变的关系，注意这一基本关系，它是一类力学问题定性分析的基础。

你能在理解的基础上表述这一基本关系吗？

1-2-1　**小实验**　用悬挂法找不规则形状硬纸片的重心。你能说出依据是什么吗？

1-2-2　你能找一个物体放在桌面上，比较作用与反作用公理与二力平衡公理吗？

1-2-3　**小实验**　用力的平行四边形模型演示图1-30a)所示的分力与合力的关系。你能回答“合力大还是分力大”的问题吗？

1-3-1　找力学小实验元件演示铰节点和刚节点，画出它们的符号。

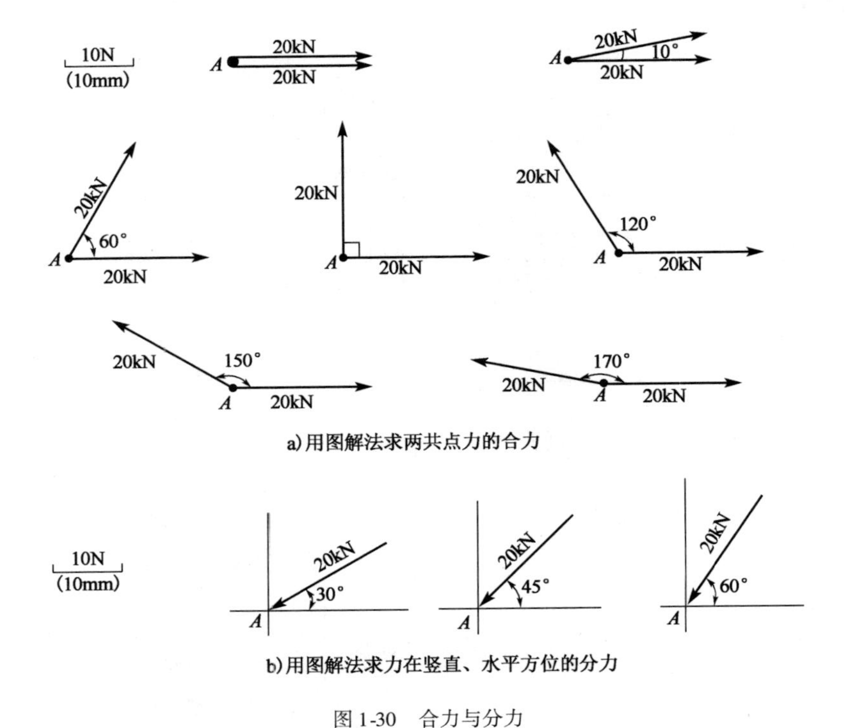


图1-30　合力与分力

1-3-2　找力学小实验元件演示固定铰支座、可动铰支座和固定端支座，画出它们的符号。

1-3-3　**小实验**　沿纯净水瓶子的高度等距离钻几个小孔，将瓶装满水，观察发生的现象，并说出道理。图1-31表示盛有水的游泳池，试沿池壁、池底画出水压力的分布图。

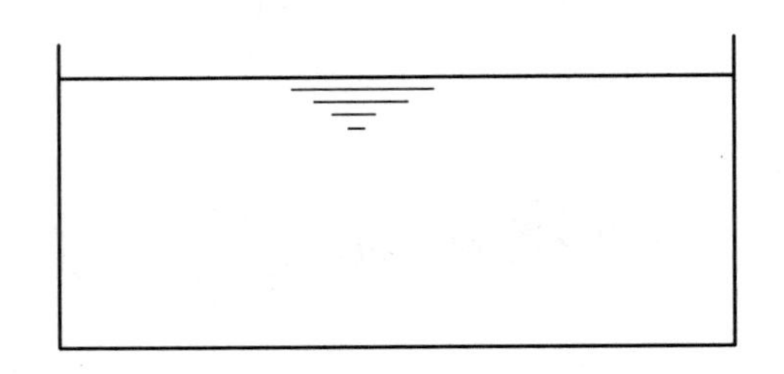

图1-31　水压力分布

1-4-1　**小实验**　如图1-32a)所示，让一根火柴伸出桌面，将铁丝的一头弯成钩挂上手表，另一头弯成小圈套在火柴的悬出段上，要求小圈不能进入桌面范围。你能松开手让手表挂在火柴上吗？试从图1-32b)中得到启发，做成这个实验。再以火柴、铁丝一起为隔离体画受力图[图1-32b)]，并分别以火柴、铁丝为隔离体画受力图[图1-32c)]。

1-4-2　用力学小实验元件“厂房排架柱”、绳和线做图1-21、图1-22、图1-23所示排架柱的绑扎、起吊实验。试依据图1-10读懂排架柱在厂房结构中的作用，设想如何将柱安装到位，你能依据二力平衡公理勾画出柱斜吊、直吊时悬在空中的方位吗？

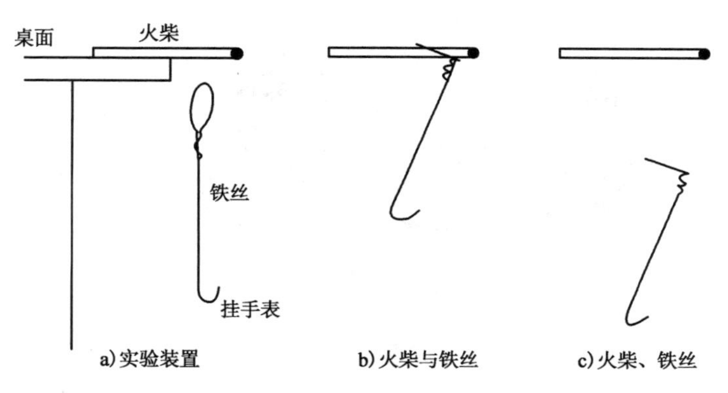


图 1-32　小实验:火柴挂手表

## 习题

1-1-1　试从力的运动效应和变形效应分析足球赛罚角球进球的全过程(图 1-33)。思考足球为什么不用木头做成。

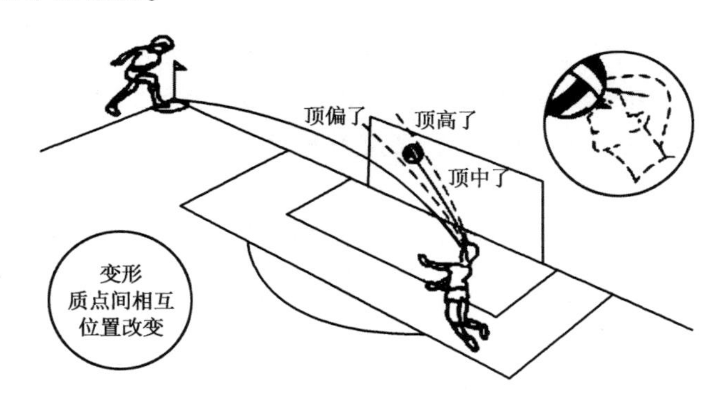


图 1-33　力的两种效应

1-2-1　图 1-34 中各杆的自重不计,试在 $A$、$B$ 两点各画一力,使杆处于平衡状态。标出其中的链杆。

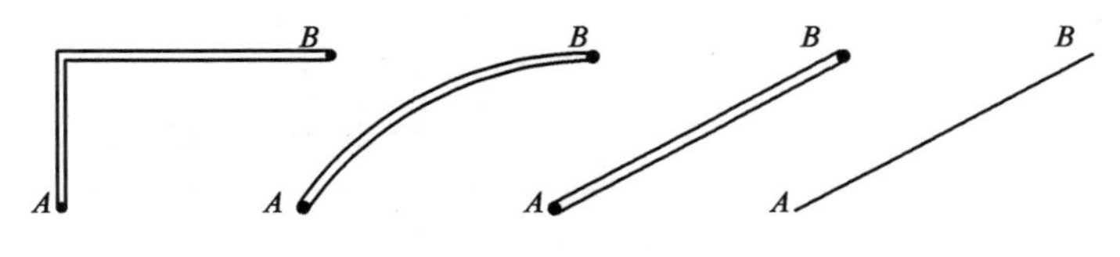


图 1-34　二力杆件

1-2-2　简述作用与反作用公理。试画图表示图 1-35 中运动员脚蹬地的力与地撑脚的力的关系。

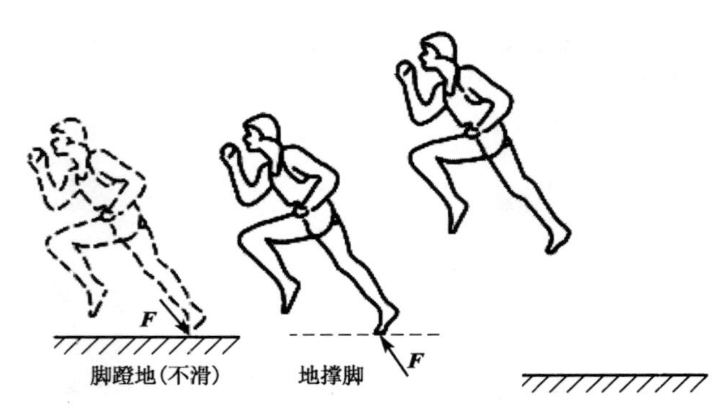

图 1-35　作用力与反作用力

作用力与反作用力:

作用线________,

指向________,

大小________,

分别作用在________。

1-2-3　用一个力等效替代一个力系的过程叫作________;用一个力系等效替代一个力的过程叫作________。将两个共点力合成一个力,或者将一个力分解为两个力的法则是________法则。

1-2-4　有人问"合力大还是分力大?"试完成下列作业,自己寻求答案。

(1)在图 1-30a)中,按照给定的比例尺,用画平行四边形的方法求合力。

(2)在图 1-30b)中,按照给定的比例尺,用画平行四边形的方法求力沿水平、竖直方位分解的分力。

1-3-1　如图 1-36 所示,试按杆件、支座、荷载的顺序画出梁的计算简图,在图上用汉字标注各部分的名称,并用力学小实验元件拼出梁的模型。

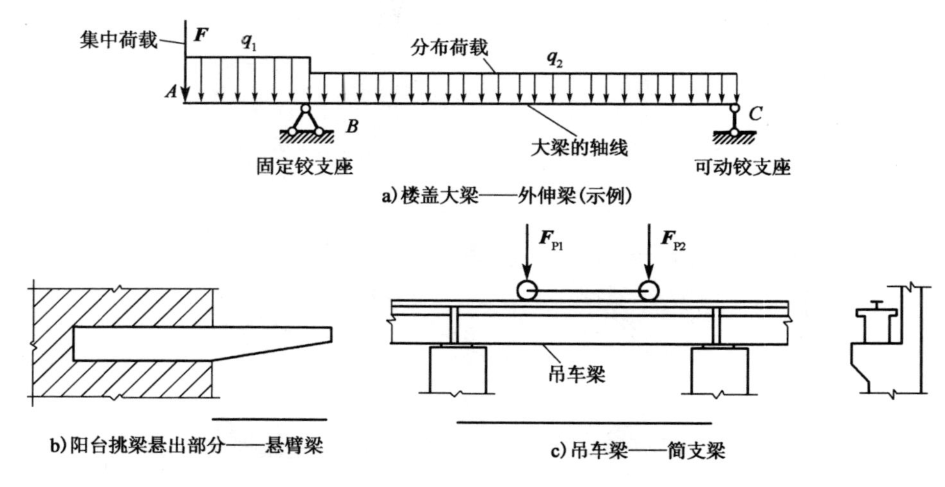

图 1-36　计算简图

1-4-1　试指出图 1-37 中各物体受力图的错误，请改正（或重画）。

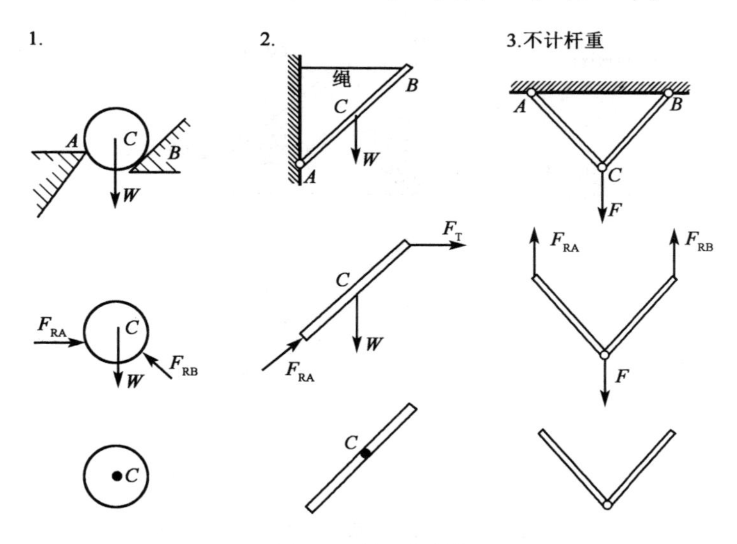


图 1-37　约束力改错

1-4-2　图 1-38 所示悬臂式吊车的 $A$、$B$、$C$ 三处均为铰链，$AB$ 杆、$BC$ 杆的重量不计。试画重物在图示位置时横梁（用轴线代替）$AB$ 的受力图。

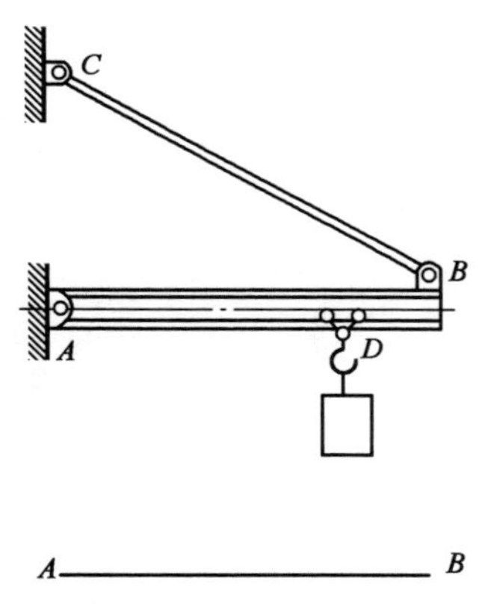


图 1-38　梁的受力图

1-4-3　画图 1-39 所示塔桅结构（包括人字架 $OA$）的受力图。该塔桅结构正在起扳中，塔身连同人字架 $OA$ 重 $W$，$O$ 为铰链，$AD$ 为拉索。

1-4-4　画图 1-40 所示连续梁的受力图。

1-4-5　画图 1-40 所示两铰拱的受力图。

1-4-6　画图 1-42 所示简支刚架的受力图。

1-4-7　画图 1-43 所示桁架的受力图。

1-4-8　设梁上承受均布荷载，试画图 1-44 所示组合结构的受力图。

1-4-9　如图 1-45 所示，各杆的自重不计，地面光滑。作人字梯 $ABC$、杆件 $AC$、$BC$ 及绳 $DE$ 的受力图。

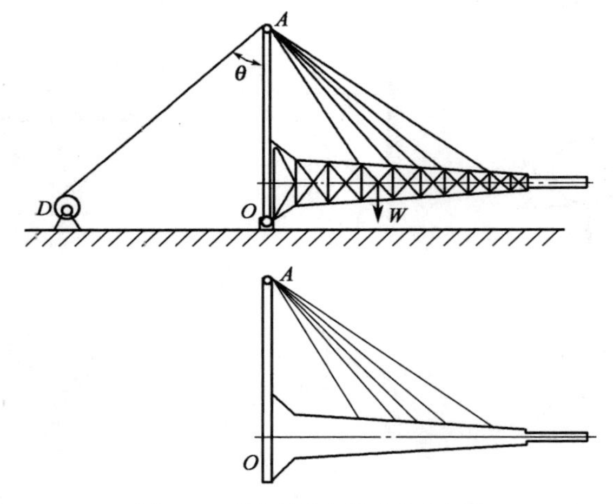


图 1-39　塔桅结构起扳时的受力图

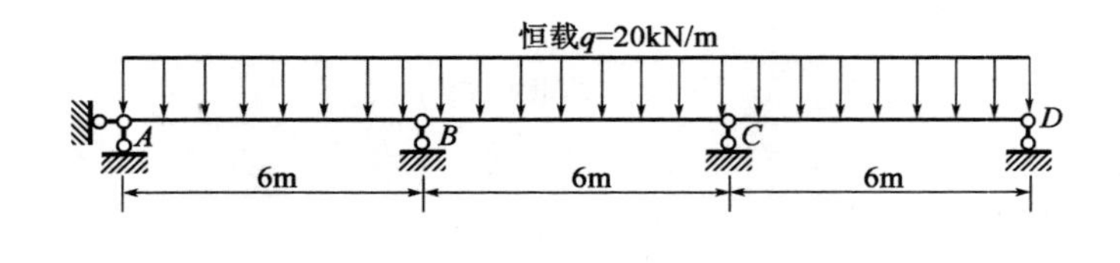


图 1-40　连续梁的受力图

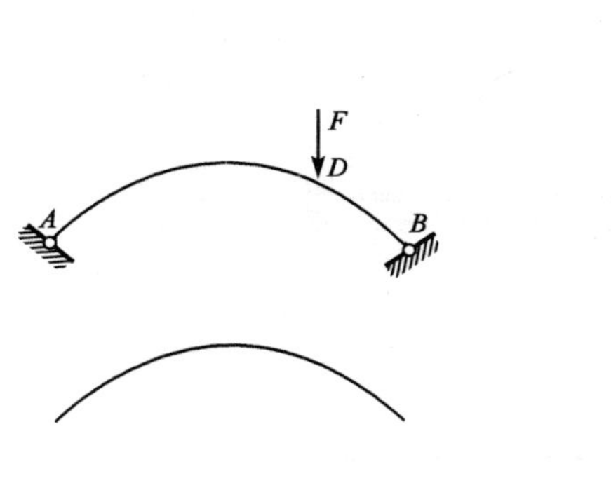


图 1-41　拱的受力图

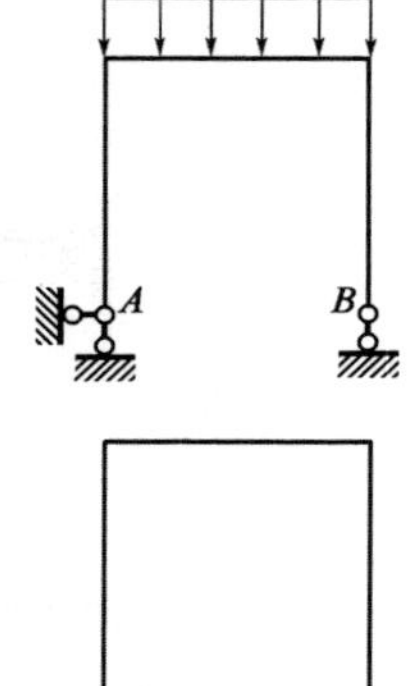


图 1-42　刚架的受力图

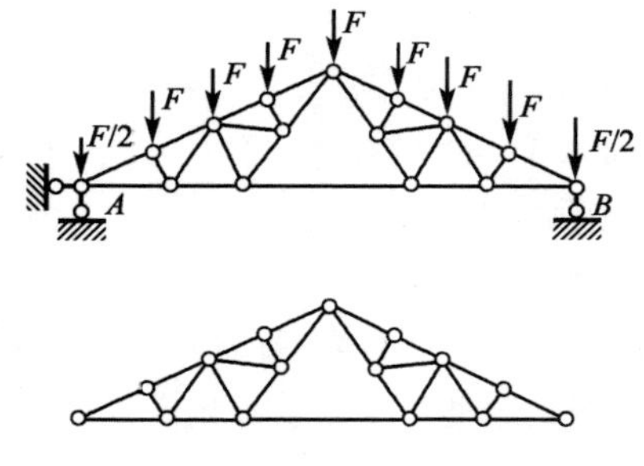


图 1-43　桁架的受力图

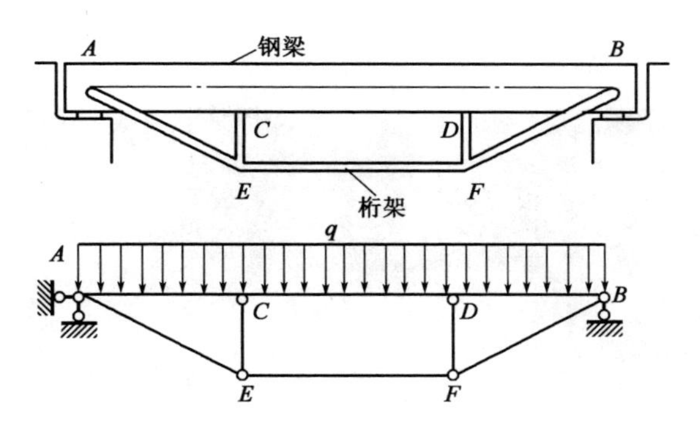


图 1-44　组合结构的受力图

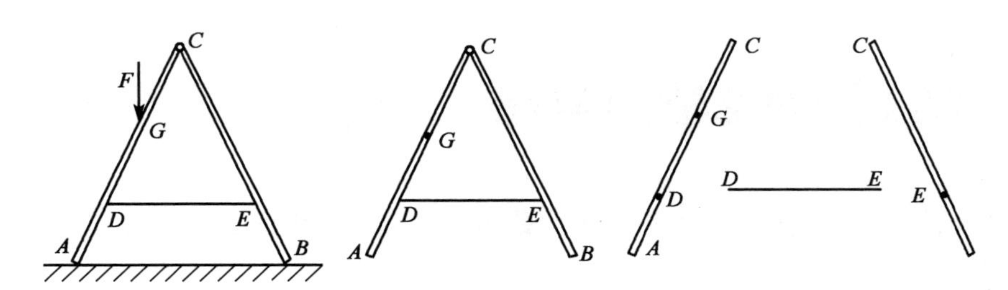


图 1-45　人字梯的受力图

# 第2章 平面力系的平衡

## 2.1 力在直角坐标轴上的投影

在力学的定量分析中,需要大量应用代数运算的方法。因此,需要借助坐标系将力的矢量转换为代数量。

在图2-1a)所示的平面内,有一个力矢量 $F$ 和给定的坐标轴 $x$。假设一束垂直于 $x$ 轴的平行光照射力矢量,则力矢量 $F$ 投在 $x$ 轴上的"影子"为矢量 $F_x$。该矢量的方位与坐标轴相同,只可能有两个截然相反的指向,可以用正负号来区分:**指向坐标轴正向的为正,指向坐标轴负向的为负**。此正负号连同表示矢量 $F_x$ 长短的数,形成一个代数量。这个代数量可以表示力矢量 $F$ 投向坐标轴"影子"的方向和大小,称为力在坐标轴上的投影。力在 $x$ 轴上的投影用 $F_x$ 表示,在 $y$ 轴上的投影用 $F_y$ 表示。

在实际运用中,是先由力矢量的起点、终点向坐标轴作垂线,用垂足间的有向线段代表力矢量投在坐标轴上的"影子"[图2-1b)、c)]。坐标轴是参考轴,方位及正负向可以随意设置。同一力矢量在不同坐标轴上的投影是不同的。让坐标轴垂直于力矢量,力在该轴上的投影为零[图2-1c)]。

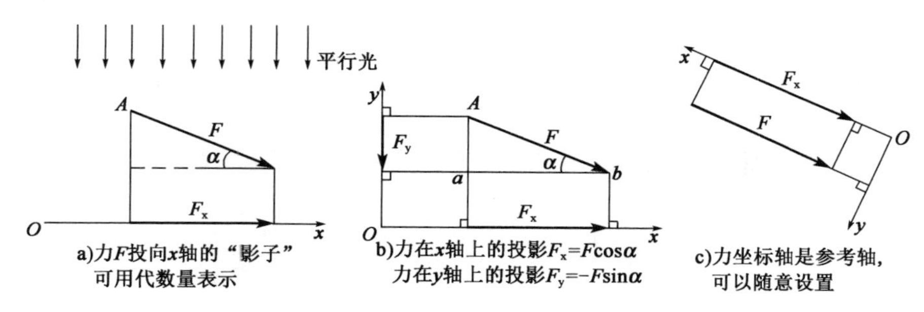


图2-1 力在坐标轴上的投影

通常用锐角表示力矢量与坐标轴的夹角,用锐角三角函数计算力在坐标轴上的投影的绝对值。例如图2-1b)中:

$$|F_x| = ab = F\cos\alpha \quad F_x = F\cos\alpha$$

$$|F_y| = Aa = F\sin\alpha \quad F_y = -F\sin\alpha$$

在图2-1c)中,

$$F_x = -F \quad F_y = 0$$

### 分析示范

**【例2-1】** 图2-2所示各力 $F_1$、$F_2$、$F_3$、$F_4$ 的大小分别用 $F_1$、$F_2$、$F_3$、$F_4$ 表示,试求各力在图示直角坐标轴上的投影。

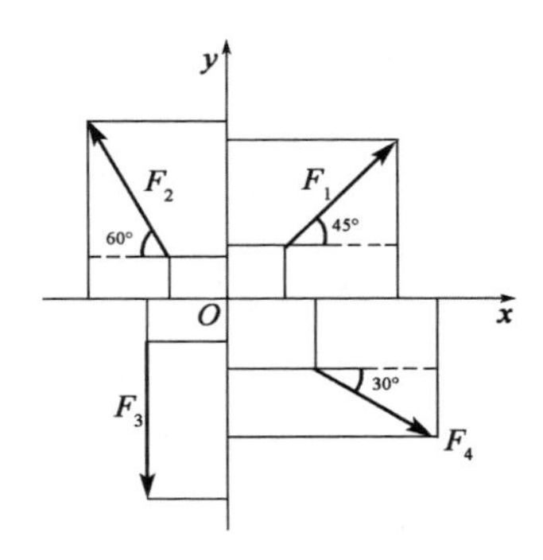


图2-2 力在坐标轴上的投影

**解:** 先由力的起点、终点向坐标轴作垂线,在轴上截得有向线段。依据指向是否与坐标轴的正向相同,判断投影的正负号;线段的长度表示投影的绝对值,可在力的附近找与之等长的线段,用锐角三角函数计算。

$$F_{1x} = F_1\cos 45^\circ = 0.707F_1$$

$$F_{1y} = F_1\sin 45^\circ = 0.707F_1$$

$$F_{2x} = -F_2\cos 60^\circ = -0.5F_2$$

$$F_{2y} = F_2\sin 60^\circ = 0.866F_2$$

$$F_{3x} = 0 \quad F_{3y} = -F_3$$

$$F_{4x} = F_4\cos 30^\circ = 0.886F_4$$

$$F_{4y} = -F_4\sin 30^\circ = -0.5F_4$$

## 2.2 平面汇交力系的平衡

### 2.2.1 平面力系的分类

图2-3a)所示两台起重机正在起吊一个圆柱形构件。一台起重机只承受半根构件的重量。在左侧吊钩处钢丝绳所在平面内,用圆表示左边的半根构件。它的重力 $W/2$ 作用在圆心。以吊钩、钢丝绳、半根构件为隔离体画受力图[图2-3c)]。略去钢丝绳、吊钩的重量,隔离体只受两个力作用。根据二力平衡原理,这两个力作用在通过重心的竖直线上。如果力

系各力的作用线在同一直线上,则这个力系称为**共线力系**。

以吊钩为隔离体画受力图[图 2-3d)]:吊钩承受两绳段的拉力及动滑轮的拉力,这 3 个力的作用线汇交于一点。如果力系各力的作用线汇交一点,则这个力系称为**汇交力系**。

以构件为隔离体画受力图[图 2-3e)]:构件用轴线表示,承受的重力用均布荷载表示。两端吊绳的支承力竖直向上,与分布荷载平行。如果力系各力的作用线相互平行,则这个力系称为**平行力系**。

以起重机的吊臂为隔离体画受力图[图 2-3b)]:吊臂的自重作用在重心处,顶端承受吊重。液压变幅杆视为链杆,支承力沿链杆指向吊臂。下端铰支,支座反力用竖直、水平方位的两个分力表示。这个力系的各力不共直线,不完全汇交,不完全平行,称为**一般力系**。

图 2-3 中,所取的隔离体都能简化为平面图形,作用在隔离体上的外力都位于这个平面内。如果力系各力的作用线位于同一平面内,则这个力系称为**平面力系**。

平面力系
- 共线力系
- 平面汇交力系
- 平面平行力系
- 平面一般力系

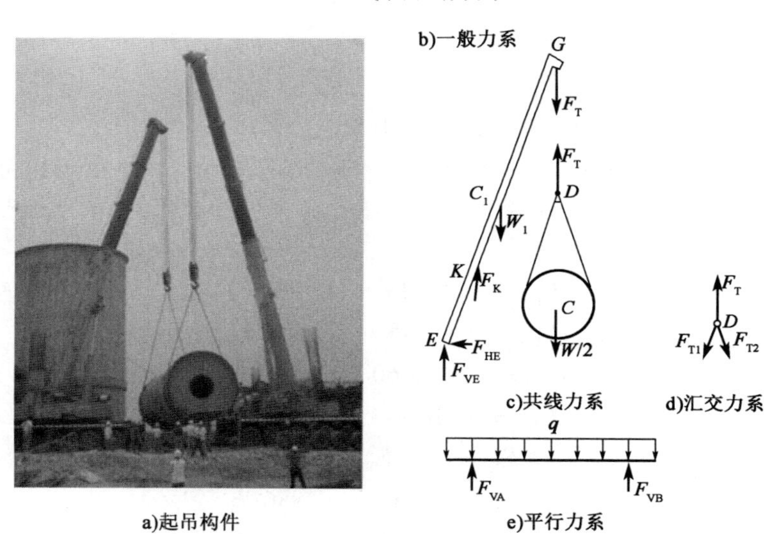


图 2-3　平面力系分类

### 2.2.2　平面汇交力系的平衡方程

图 2-4a)所示的平面汇交力系($F_1$,$F_2$,$F_3$)中,力 $F_1$、$F_2$可以用合力 $F_{R1}$代替,$F_{R1}$的大小和方向由平行四边形的对角线确定;图 2-4b)中,力 $F_{R1}$、$F_3$可以用合力 $F_R$代替,$F_R$的大小和方向由平行四边形的对角线确定。这样,汇交力系($F_1$,$F_2$,$F_3$)就可用一个力代替,这个力 $F_R$为该汇交力系的合力[图 2-4c)]。

作用在物体上的力系的合力不等于零,物体的运动状态就要发生改变。要求物体平衡,合力必须为零;只要汇交力系的合力为零,物体就能处于平衡状态。合力由力系的各力合成,用力在直角坐标轴上的投影表示这一关系,并且令合力为零,则有:

$$\left.\begin{aligned} F_{Rx} &= F_{1x} + F_{2x} + F_{3x} = 0 \\ F_{Ry} &= F_{1y} + F_{2y} + F_{3y} = 0 \end{aligned}\right\}$$

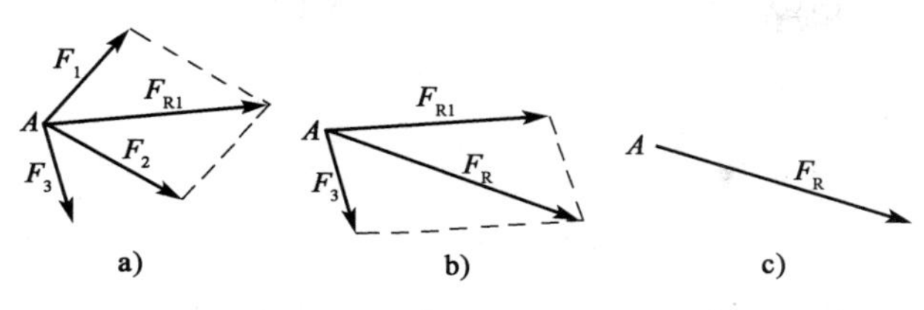


图 2-4 平面汇交力系的合成

写成常用的方程形式，则为：

$$\left.\begin{aligned} F_{1x} + F_{2x} + F_{3x} = 0 \\ F_{1y} + F_{2y} + F_{3y} = 0 \end{aligned}\right\}$$

写成一般形式，平面汇交力系的平衡方程为：

$$\begin{cases} \sum F_x = 0 \\ \sum F_y = 0 \end{cases} \tag{2-1}$$

方程(2-1)读作"力系各力在 $x$ 轴上投影的代数和等于零"；"力系各力在 $y$ 轴上投影的代数和等于零"。

用平衡方程可以求解受力图上的未知力。

## 分析示范

**【例 2-2】** 在图 2-5a) 中，重力 $W = 30\text{kN}$，钢丝绳的 $AB$ 段、$AC$ 段与竖直线的夹角 $\alpha = 30°$，求钢丝绳所受的拉力。

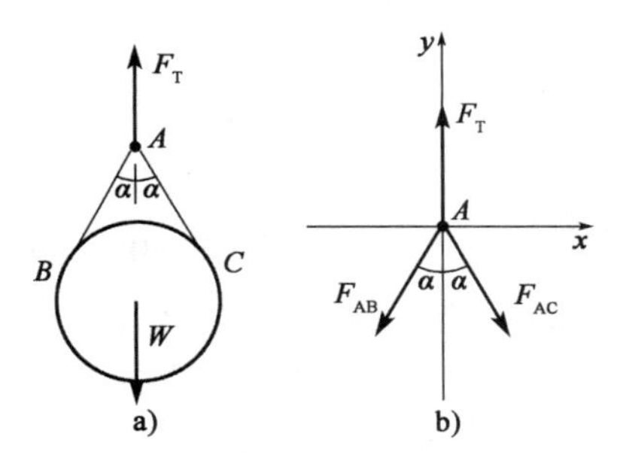


图 2-5 求钢丝绳所受的拉力

**解：** 在受力图 2-5a) 中，根据二力平衡原理：

$$F_T = W$$

以 $A$ 点为隔离体画受力图，设坐标系[图 2-5b)]。

$$\sum F_x = 0$$

$$F_{AC}\sin\alpha - F_{AB}\sin\alpha = 0$$

$$F_{AC}=F_{AB}$$

$$\sum F_y=0$$

$$F_T-F_{AC}\cos\alpha-F_{AB}\cos\alpha=0$$

$$F_T-F_{AC}\cos\alpha-F_{AC}\cos\alpha=0$$

$$F_{AC}=\frac{F_T}{2\cos\alpha}=\frac{W}{2\cos\alpha}=\frac{30\text{kN}}{2\cos 30^\circ}=17.32\text{kN}$$

$$F_{AB}=17.32\text{kN}$$

根据作用与反作用公理,*AB* 段、*AC* 段钢丝绳受拉力 17.32kN。

**【例 2-3】** 在图 2-6a)所示管道支架中,支架两杆夹角 60°,管对支架的压力 $F_P=2\text{kN}$,作用在两杆轴线的交点 *C* 处。试分析两杆的受力。

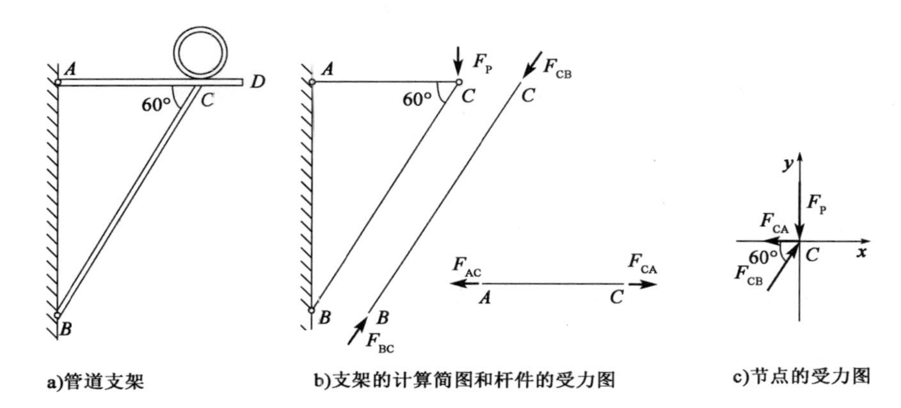


图 2-6 管道支架杆件的受力分析

**解:**管在图 2-6a)位置,水平杆的 *CD* 段不受力,支架受力部分的计算简图如图 2-6b)所示。在计算简图中,两杆皆为链杆,*AC* 杆受拉,*CB* 杆受压,拉力的大小、压力的大小用平衡方程计算确定。

(1)取点 *C* 为隔离体。

(2)画 *C* 点的受力图[图 2-6c)]。

(3)列平衡方程解未知力:

$$\sum F_y=0 \quad F_{CB}\sin60^\circ-F_P=0 \quad F_{CB}=\frac{F_P}{\sin60^\circ}=\frac{2\text{kN}}{\sin60^\circ}=2.309\text{kN}$$

$$\sum F_x=0 \quad F_{CB}\cos60^\circ-F_{CA}=0$$

$$F_{CA}=F_{CB}\cos60^\circ=2.309\text{kN}\times0.5=1.155\text{kN}$$

**【例 2-4】** 在图 2-7a)中,支架的 *AB*、*AC* 杆简化为链杆,在节点 *A* 处悬挂重 20kN 的重物。求 *AB*、*AC* 杆所受的力。

**解:**(1)取隔离体:取节点 *A* 为隔离体。

(2)画受力图:主动力为重物的重力。链杆 *AB* 受拉,约束力 $F_{AB}$为拉力,作用在 *AB* 线上;链杆 *AC* 受压,约束力 $F_{AC}$为压力,作用在 *AC* 线上[图 2-7b)]。

(3)列平衡方程求解:平面汇交力系有两个独立的平衡方程,能够确定两个未知力。为了计算简便,设坐标轴垂直于力 $F_{AC}$。这样,在对 *y* 轴投影的方程中,力 $F_{AC}$的投影为零。

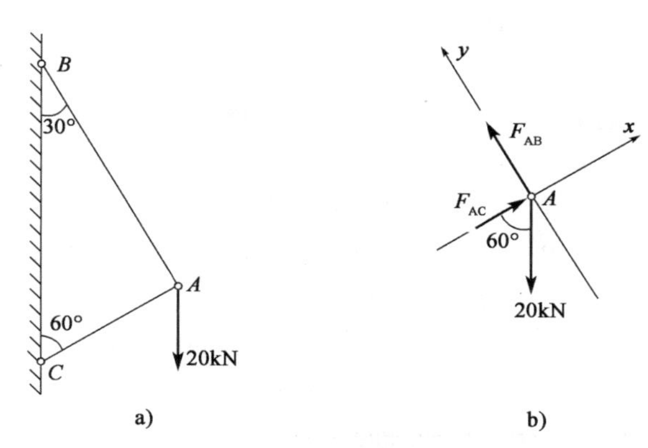


图 2-7　求杆所受的力

$$\sum F_y = 0 \quad F_{AB} - 20\text{kN} \times \sin60^\circ = 0 \quad F_{AB} = 20\text{kN} \times \sin60^\circ = 17.32\text{kN}$$

$$\sum F_x = 0 \quad F_{AC} - 20\text{kN} \times \cos60^\circ = 0 \quad F_{AC} = 20\text{kN} \times \cos60^\circ = 10\text{kN}$$

根据作用与反作用公理,杆 $AB$ 受拉力 17.32kN,杆 $AC$ 受压力 10kN。

**【例 2-5】**　图 2-8a)所示桁架各杆的长度相同,$C$ 处作用荷载 20kN。(1)求 $AD$ 杆、$AC$ 杆所受的力;(2)求其余各杆所受的力。

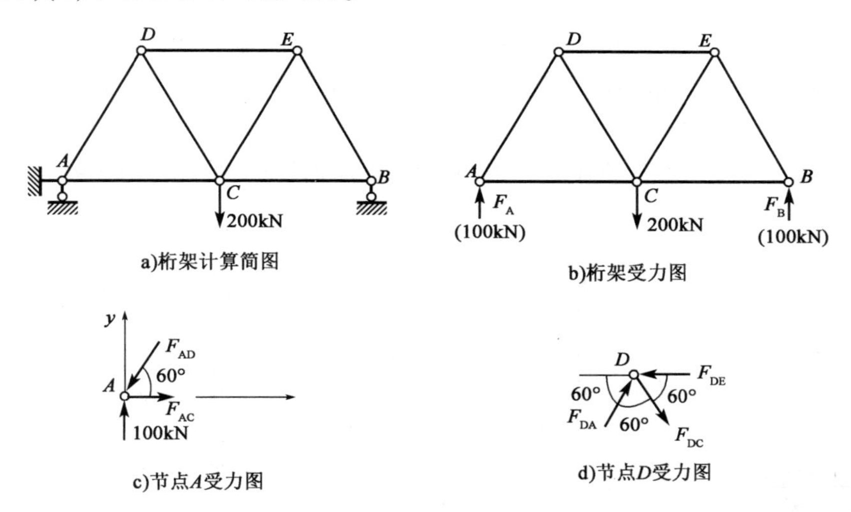


图 2-8　桁架各杆的受力

**解:**(1)计算支座反力:取桁架为隔离体画受力图[图 2-8b)]。可动铰支座 $B$ 的约束力 $F_B$竖直向上,固定铰支座 $A$ 的约束力由桁架的平衡判定竖直向上,用 $F_A$表示。因为结构对称,荷载对称,支座反力也就对称:$F_A = F_B = 20\text{kN}/2 = 100\text{kN}$。将计算结果加括弧标在支座反力处,便于继续计算。

(2)节点 $A$ 的平衡:取节点 $A$ 为隔离体画受力图[图 2-8c)]。力 $F_A$已知,由节点 $A$ 的竖直方位的平衡分析,链杆 $AD$ 的作用力 $F_{AD}$应当指向铰 $A$;随之,由节点 $A$ 水平方位的平衡分析,链杆 $AC$ 的作用力 $F_{AC}$应当背离点 $A$。由于各杆的长度相同,相邻杆件的夹角为 60°。

$$\sum F_y = 0 \quad 100\text{kN} - F_{AD}\sin60^\circ = 0$$

$$F_{AD} = \frac{100\text{kN}}{\sin60^\circ} = 115.5\text{kN}$$

由作用与反作用关系,链杆 $AD$ 承受压力 115.5kN。

$$\sum F_x = 0 \quad F_{AC} - F_{AD}\cos 60° = 0$$

$$F_{AC} = F_{AD}\cos 60° = 115.5\text{kN} \times 0.5 = 57.75\text{kN}$$

链杆 $AC$ 承受拉力 57.75kN。

(3)节点 $D$ 的平衡:取节点 $D$ 为隔离体画受力图[图 2-8d)]。力 $F_{DA} = F_{AD} = 115.5\text{kN}$,指向 $D$ 点。由竖直方位的平衡分析,链杆 $DC$ 的作用力 $F_{DC}$ 应当背离铰 $D$;随之,由水平方位的平衡分析,链杆 $DE$ 的作用力 $F_{DE}$ 应当指向点 $D$。

$$\sum F_y = 0 \quad F_{DA}\sin 60° - F_{DC}\sin 60° = 0$$

$$F_{DA} = F_{DC} = 115.5\text{kN}$$

$$\sum F_x = 0 \quad F_{DA}\cos 60° + F_{DC}\cos 60° - F_{DE} = 0$$

$$F_{DE} = 2F_{DA}\cos 60° = 2 \times 115.5\text{kN} \times 0.5 = 115.5\text{kN}$$

链杆 $DC$ 承受拉力 115.5kN,链杆 $DE$ 承受压力 115.5kN,其余各杆与对称的杆件受力相同。

## 2.3 力矩

**小实验**:图 2-9a)中用到力的平行四边形模型,力 $F$ 在一般位置,可以使门绕门轴转动。将力 $F$ 分解为平行于门轴的力 $F_z$ 和垂直于门轴的力 $F_{xy}$。试用手握住门轴向下施力,力 $F_z$ 不论多大都不会使门绕门轴转动,使门转动的是垂直于门轴的分力 $F_{xy}$。因此,往往可以将物体绕轴的转动,抽象为在垂直于轴的平面内,平面图形绕点的转动[图 2-9b)]。

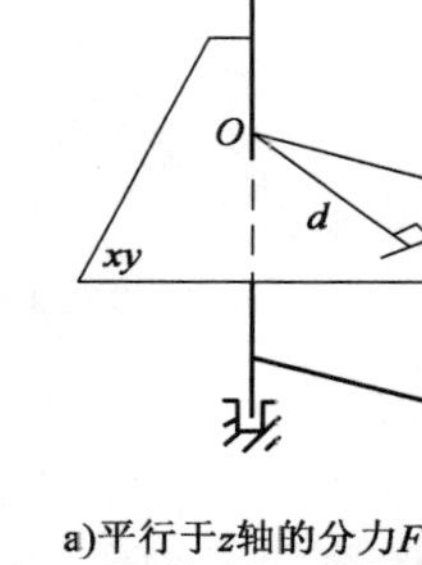


a)平行于z轴的分力$F_z$不能使门绕z轴转动,力F转动门,是门垂直于轴的分力$F_{xy}$的作用

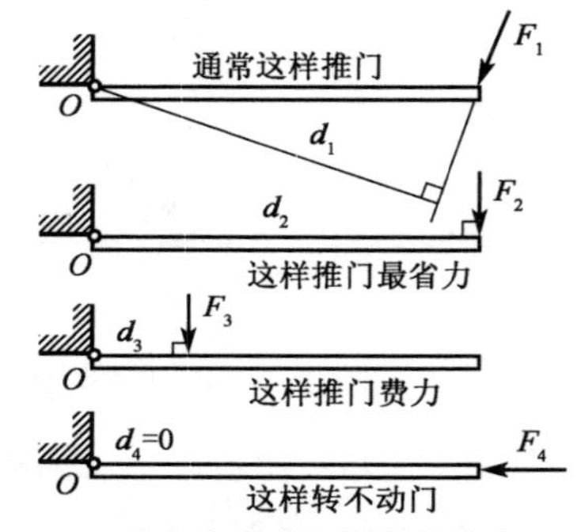


b)抽象为平面图形绕点的转动

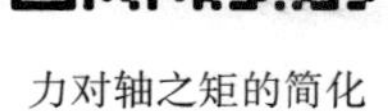

力对轴之矩的简化

图 2-9　力对轴之矩与力对点之矩

**力使物体绕轴转动的效应,用力对轴之矩量度**。力使物体绕点转动的效应,用力对点之矩量度,该点称为力矩中心。力对轴之矩、力对点之矩都简称力矩。

在平面内,力矩包括两个要素(图 2-10):

(1)转动效应的大小。它取决于力的大小 $F$ 与力臂 $d$ 的乘积。力臂指力矩中心到力作用线的距离。点到直线的距离这样确定:过点作直线的垂线,该点到垂足的距离即点到直线的距离。

(2)转向。在平面内,力使物体绕点转动,只有两种截然相反的转向,可以用正负号来区别:**规定逆时针转向为正,顺时针转向为负**。用笔尖指着力矩中心,不难依据力矢量 $F$ 的指向判断绕力矩中心的转向。

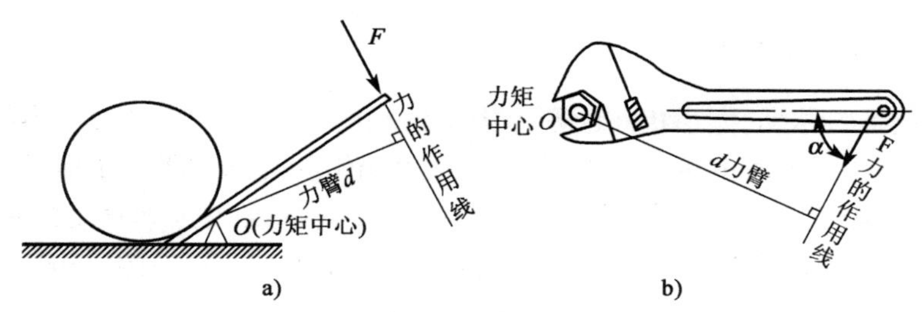


图 2-10 力矩

这样,在平面内力 $F$ 对 $O$ 点之矩就可表示为代数量:

$$M_O(F) = \pm Fd \tag{2-2}$$

## 分析示范

**【例 2-6】** 每 1m 长的挡土墙所受土压力的合力为 $F_R$。$F_R = 150\text{kN}$,作用点和方向如图 2-11 所示,求土压力使墙倾覆的力矩。

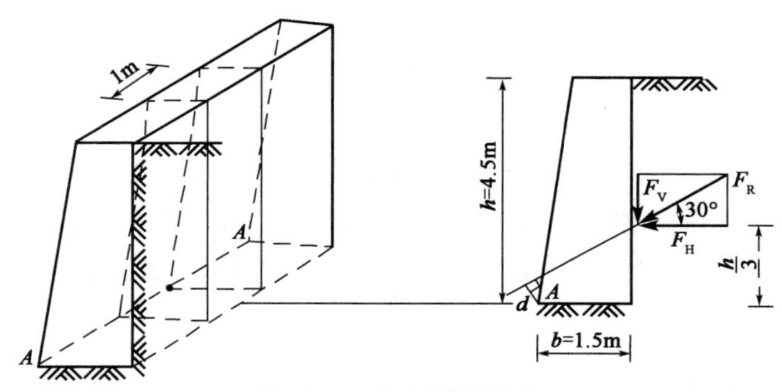


图 2-11 土压力的倾覆力矩

**解:** 挡土墙如果倾覆,会绕 $A$ 点($AA$ 边)逆时针向转动,倾覆力矩为土压力的合力 $F_R$ 对 $A$ 之矩。在 $M_A(F_R) = F_R d$ 中,力臂 $d$ 不易求出,可将 $F_R$ 沿水平、竖直方位分解,用分力 $F_H$、$F_V$ 作等效替换计算。以逆时针转向的力矩为正。

$$\begin{aligned}
M_A(F_R) &= M_A(F_H) + M_A(F_V) \\
&= F_H \times \frac{h}{3} - F_V \times b \\
&= F_R\cos30° \times \frac{h}{3} - F_R\sin30° \times b \\
&= 150\text{kN} \times \cos30° \times \frac{4.5}{3} - 150\text{kN} \times \sin30° \times 1.5\text{m} \\
&= 82.4\text{kN} \cdot \text{m}
\end{aligned}$$

## 2.4 力偶

### 2.4.1 力偶、力偶矩

相互平行、指向相反、大小相等的两个力所组成的力系($F$,$F'$)称为**力偶**[图 2-12a)]。力偶的两力 $F$、$F'$所在的平面称为力偶作用面,两力作用线之间的距离 $d$ 称为力偶臂。两平行线的距离这样确定:过一直线的任一点作另一直线的垂线,该点到垂足的距离即为两平行线的距离。驾驶员双手给转向盘的两个力如果正好作用线平行、指向相反、大小相等,这一对力就是力偶[图 2-12b)]。

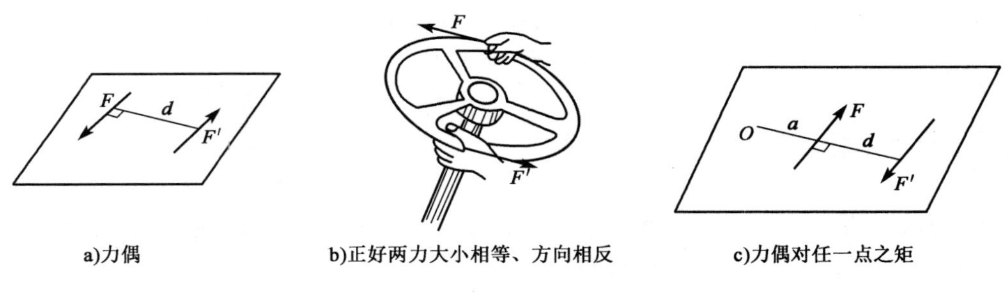


图 2-12 力偶

力偶($F$,$F'$)对任一点的转动效应等于力 $F$、$F'$对同一点转动效应的总和。在图 2-12c)中,力偶($F$,$F'$)对力偶作用面内 $O$ 点之矩。

$$M_O(F,F') = M_O(F) + M_O(F') = Fa - F'(a + d) = - F'd = - Fd$$

式中 $F' = F$,负号表示顺时针转向。可见,力偶对作用面内任一点之矩为一个确定的代数值,这个值用来度量力偶对刚体的转动效应,称为**力偶矩**,用 $M$ 表示。

$$M = \pm Fd \tag{2-3}$$

### 2.4.2 力偶的性质

**性质 1 力偶无合力**

力偶不能用一个力代替,力偶在坐标轴上的投影为零(图 2-13)。力偶对刚体只产生转动效应。力和力偶是表示物体相互机械作用的两个基本元素。

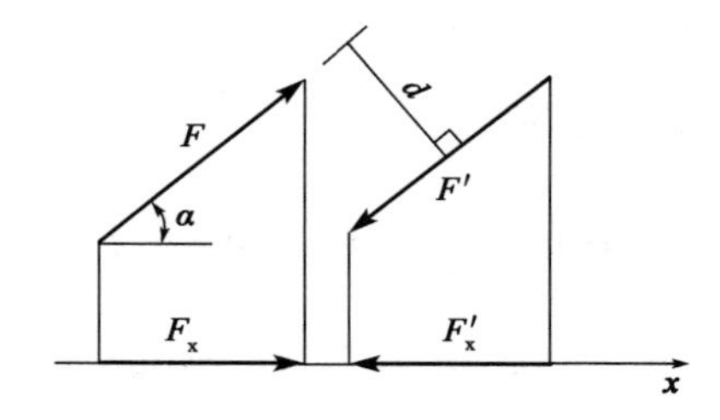


图 2-13 力偶在坐标轴上的投影为零

**性质 2　力偶对刚体的作用效应完全决定于力偶矩**

力偶对任一点之矩等于力偶矩。

在同一平面内，两个力偶的力偶矩相等，这两个力偶便等效。因此，表示一个力偶，往往不标组成力偶的力有多大，沿什么方位，力偶臂有多大，只标力偶矩 $M$[图 2-14a)]，或者画弯曲的箭头，标力偶矩的名称 $M$ 或数量[图 2-14b)]。

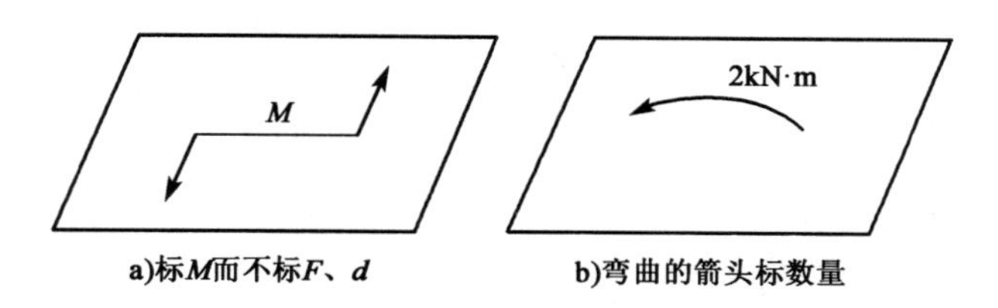


图 2-14　力偶的常见表示

## 2.4.3　力的平移定理

如图 2-15a)所示，在刚体的 $A$ 点处作用有力 $F$，点 $O$ 为刚体上的任意一点，该点到力作用线的距离为 $d$。在 $O$ 点处加一对共线、反向、等值的平衡力系($F'$,$F''$)，不改变刚体的运动状态[图 2-15b)]。力系($F$,$F'$,$F''$)与力 $F$ 等效。在所加的平衡力系中，让 $F' /\!/ F$(即 $F'' /\!/ F$)，$F' = F'' = F$。将力 $F$、$F''$视为力偶，力偶矩 $M = Fd$，则力 $F'$、力偶 $M$ 可以等效替代力系($F$、$F'$、$F''$)，等效替代力 $F$。由于力 $F'$与力 $F$ 的方向相同、大小相等，就像力 $F$ 由 $A$ 点平行移动到了 $O$ 点[图 2-15a)和 c)]。

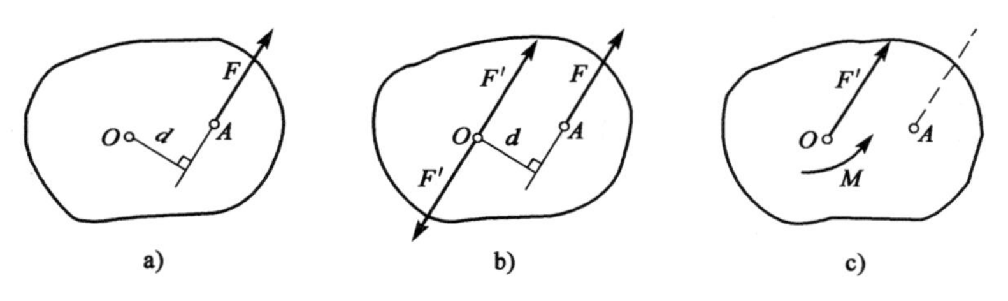


图 2-15　力的平移定理

图 2-15a)中的力 $F$ 与图 2-15c)中的力 $F'$和力偶 $M$ 等效的关系称为力的平移定理，叙述为：作用在刚体上的力可以平行移动到刚体的任意一点，但必须附加一个力偶，力偶矩等于原力对新作用点之矩。

力的平移定理与力的平行四边形法则一样，是力学分析常用的手段。

**【例 2-7】**　图 2-16b)所示厂房排架柱，牛腿上作用有吊车梁传来的荷载 $F$，$F = 50\text{kN}$，力的作用线偏离 $AB$ 柱段轴线 0.4m。求使柱段 $AB$ 压缩的力和使柱段弯曲的力偶。

**解：**研究的是柱段 $AB$ 的变形，将力 $F$ 向轴线 $AB$ 平移，有力 $F'$、附加力偶 $M_A$[图 2-16c)]。

使 $AB$ 柱段压缩的力：

$$F' = F = 50\text{kN}$$

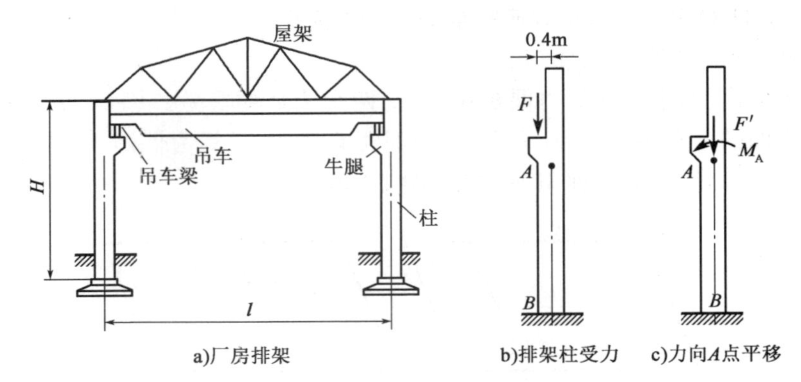

图 2-16　偏心压缩受力变形的分解

使 $AB$ 柱段弯曲的力偶为 $M_A$，力偶矩：

$$M_A = M_A(F) = 500\text{kN} \times 0.4\text{m} = 20\text{kN} \cdot \text{m}$$

### 2.4.4　平面力偶系的平衡条件

作用在物体上的一组力偶称为力偶系。如果力偶系的各个力偶都在同一平面内，则这个力偶系称为平面力偶系。一个力偶如果能够等效替代一个力偶系，这个力偶便是力偶系的合力偶。在平面力偶系中，合力偶矩等于各力偶矩的代数和。

$$M_R = M_1 + M_2 + \cdots + M_n = \sum M$$

平面力偶系的平衡条件为，合力偶矩为零。平衡方程为：

$$\sum M = 0 \tag{2-4}$$

叙述为力偶系各力偶矩的代数和等于零。

## 2.5　平面一般力系的平衡

### 2.5.1　平面一般力系的平衡方程

如图 2-17a）所示平面一般力系，各力向任意点 $A$ 平移，得一平面汇交力系和一平面力偶系[图 2-17b）]。汇交力系合成一个力 $F_R$，力偶系合成一个力偶 $M_A$[图 2-17c）]。

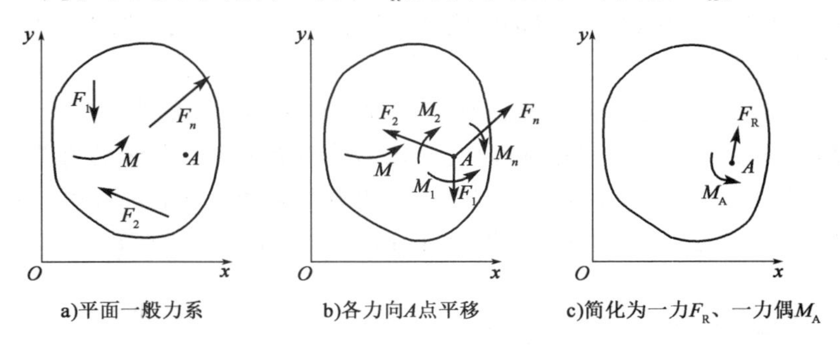

图 2-17　平面一般力系向一点简化

平面一般力系的平衡条件是，合力 $F_R$ 等于零，合力偶矩 $M_A$ 等于零。表现为代数式，即为平面一般力系的平衡方程：

$$\begin{cases} \sum F_x = 0 \\ \sum F_y = 0 \\ \sum M_A(F) = 0 \end{cases} \tag{2-5}$$

式(2-5)各方程分别读作力系各力在 $x$ 轴投影的代数和等于零，力系各力在 $y$ 轴投影的代数和等于零，力系各力对 $A$ 点之矩的代数和等于零。

式(2-5)为平面一般力系平衡方程的基本形式。还可表现为有两个力矩方程的二力矩式、三个方程都为力矩方程的三力矩式(表 2-1)。无论用哪种形式，对于一个刚体，都只能是三个独立方程解三个未知数。

平面力系特殊类型的平衡方程也列入表 2-1 内。

**平面力系的平衡方程** 表 2-1

| 力系 | | 基本形式 | | 其他形式 |
|---|---|---|---|---|
| 平面一般力系 | | 三个独立方程 | $\left.\begin{array}{l} \sum F_x = 0 \\ \sum F_y = 0 \\ \sum M_A(F) = 0 \end{array}\right\}$ | 二力矩式 $\left.\begin{array}{l} \sum F_x = 0 \\ \sum M_A(F) = 0 \\ \sum M_B(F) = 0 \end{array}\right\}$ （$A$、$B$ 连线与 $x$ 轴不垂直）<br>三力矩式 $\left.\begin{array}{l} \sum M_A(F) = 0 \\ \sum M_B(F) = 0 \\ \sum M_C(F) = 0 \end{array}\right\}$ （$A$、$B$、$C$ 三点不共线） |
| 平面汇交力系 | 各力作用线在同一平面内汇交于一点 | 两个独立方程 | $\left.\begin{array}{l} \sum F_x = 0 \\ \sum F_y = 0 \end{array}\right\}$ | |
| 平面平行力系 | 各力作用线在同一平面内相互平行 | 两个独立方程 | $\left.\begin{array}{l} \sum F_y = 0 \\ \sum M_A(F) = 0 \end{array}\right\}$ | 二力矩式 $\left.\begin{array}{l} \sum M_A(F) = 0 \\ \sum M_B(F) = 0 \end{array}\right\}$ （$A$、$B$ 连线不平行于各力作用线） |

续上表

| 力　系 | | 基本形式 | | 其他形式 |
|---|---|---|---|---|
| 平面力偶系 | 各力偶在同一平面内 | 一个独立方程 | $\sum M = 0$ | |
| 共线力系 | 各力作用在同一直线 | 一个独立方程 | $\sum F_x = 0$ | |

### 2.5.2 单个构件的平衡问题

(1)应用平面力系的平衡方程解单个刚体的平衡问题,其步骤为:

①**取**　取隔离体。

②**画**　画受力图。

③**平衡**　列平衡方程求解。

(2)选用平衡方程的技巧在于:

①尽量不解联立方程,即用一个方程解一个未知量。

②为减少错误的传递,方程中尽量不出现已解出的“未知量”。

具体方法为:

让坐标轴垂直于其他未知力,列投影方程;选其他未知力作用线的交点为力矩中心,列力矩方程。

## 分析示范

**【例 2-8】**　图 2-18a)所示悬臂梁的荷载 $F_P = 10\text{kN}$, $l = 5\text{m}$,求支座反力。

**解:**(1)取:取梁 $AB$ 为隔离体。

(2)画:画梁的受力图:主动力 $F_P$。将 $F_P$ 沿水平、竖向分解,得 $F_{PH}$、$F_{PV}$。固定端支座的约束力有平衡荷载竖向分力的竖向约束力 $F_{VA}$、平衡荷载水平分力的水平约束力 $F_{HA}$、平衡荷载转动效应的约束力偶 $M_A$。

(3)平衡:列平衡方程求解。

$$\sum F_x = 0 \quad F_{HA} - F_{PH} = 0$$

$$F_{HA} = F_{PH} = F_P\cos60° = 10\text{kN} \times \cos60° = 5\text{kN}$$

$$\sum F_y = 0 \quad F_{VA} - F_{PV} = 0$$

$$\sum F_{VA} = F_{PV} = F_P\sin60° = 10\text{kN} \times \sin60° = 8.66\text{kN}$$

$$\sum M_A(F) = 0 \quad M_A - F_{PV} \times l = 0$$

$$M_A = F_{PV} \times l = F_P\sin60° \times l = 10\text{kN} \times \sin60° \times 5\text{m} = 43.3\text{kN} \cdot \text{m}$$

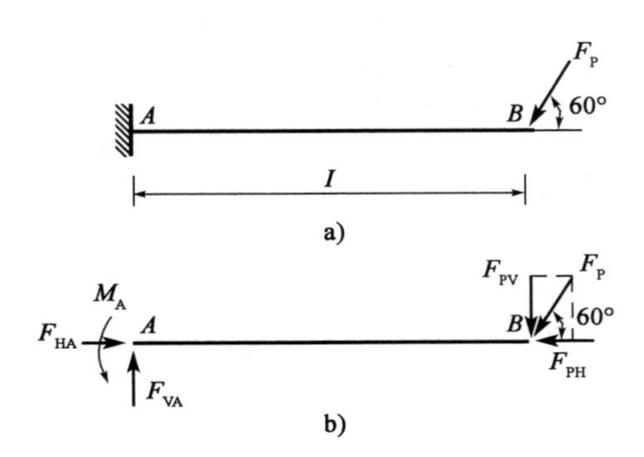


图 2-18　求悬臂梁的支座反力

从例 2-8 的分析中可见,固定端支座的支座反力一般表示为相互垂直的两个分力和一个力偶。将倾斜的荷载分解为竖直、水平的两个分力,常会使计算简便。

**【例 2-9】**　图 2-19 所示外伸梁承受均布荷载,集度 $q = 10\text{kN/m}$,求梁的支座反力。

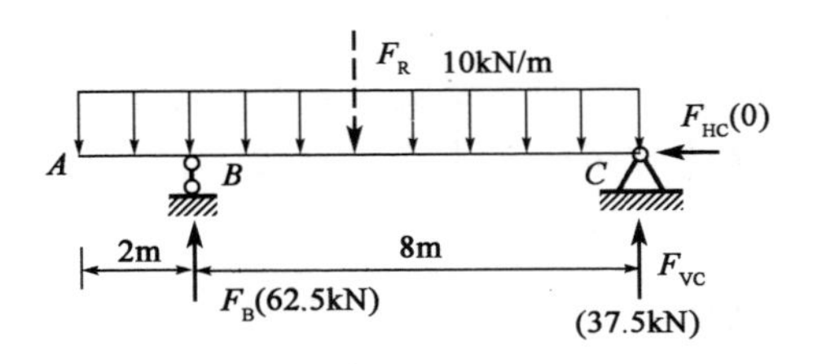


图 2-19　求外伸梁的支座反力

**解:**土木工程常见结构的支座一般比较典型,支座反力的形式容易确定。为简便起见,常把支座反力画在支座的旁边(支座反力的作用线通过铰或者通过杆端面的形心),而不另取隔离体画受力图。

在列平衡方程求解未知力的时候,是在分析力的外效应,把物体视为刚体。这时,均布荷载可用合力替代进行计算。合力位于均布荷载的中点。

$$\sum F_x = 0 \quad -F_{HC} = 0 \quad F_{HC} = 0$$

$$\sum M_B(F) = 0 \quad F_{VC} \times 8\text{m} - F_R \times 3\text{m} = 0$$

$$F_{VC} = \frac{F_R \times 3\text{m}}{8\text{m}} = \frac{10\text{kN/m} \times 10\text{m} \times 3\text{m}}{8\text{m}} = 37.5\text{kN}$$

$$\sum M_C(F) = 0 \quad -F_B \times 8\text{m} + F_R \times 5\text{m} = 0$$

$$F_B = \frac{F_R \times 5m}{8m} = \frac{10kN/m \times 10m \times 5m}{8m} = 62.5kN$$

将计算结果加括号标在受力图支座反力的旁边，便于下一步计算。采用两个力矩方程分别计算竖向支座反力，可以避免计算错误的传递，还可用不独立的投影方程来校核：

$$\sum F_y = 62.5kN - 10kN/m \times 10m + 37.5kN = 0\text{，计算无误}$$

**【例 2-10】** 图 2-20a）所示简支梁承受集中荷载 $F_P$，作用点 $C$ 到梁 $A$ 端、$B$ 端的距离分别为 $a$ 和 $b$，求梁的支座反力。

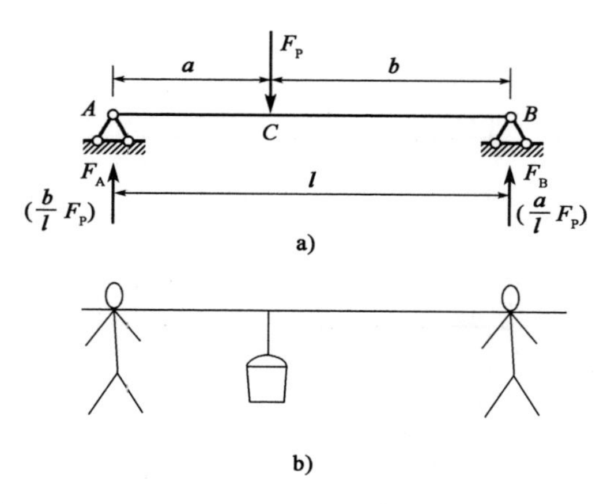


图 2-20 求简支梁的支座反力

**解**：可动铰支座 $B$ 的支座反力的方向确定，用字符 $F_B$ 表示。固定铰支座的支座反力的方位一般未知，用相互垂直的两个分力表示：竖直分力加脚标 $V$，如 $F_{VA}$，以及水平分力加脚标 $H$，如 $F_{HA}$；当固定铰支座反力的方位可以判定时，就用一个力表示。图 2-20a）所示简支梁，因无其他水平力或水平分力，判定固定铰支座无水平支座反力，判定 $A$ 处的支座反力的方位竖直向上，标字符 $F_A$。梁上作用的是平面平行力系，宜用二力矩式计算支座反力，用不独立的投影方程校核。

$$\sum M_B(F) = 0 \quad -F_A \times l + F_P \times b = 0$$

$$F_A = \frac{F_P \times b}{l} = \frac{b}{l}F_P$$

$$\sum M_A(F) = 0 \quad F_B \times l - F_P \times a = 0$$

$$F_B = \frac{F_P \times a}{l} = \frac{a}{l}F_P$$

校核：$\sum F_y = \frac{b}{l}F_P + \frac{a}{l}F_P - F_P = \left(\frac{b}{l} + \frac{a}{l}\right)F_P - F_P = 0$，计算无误。

今后，对于简支梁在单一竖向集中荷载作用下的支座反力，可以在理解【例 2-10】的计算过程和理解图 2-20b）的基础上，**记忆结论，快速计算**。集中荷载若在梁的中点，则两个支座反力相等，且等于荷载的一半。简支梁承受均布荷载，用其合力替代，按合力的位置计算支座反力。有兴趣的同学，可以探讨简支梁在力偶作用下支座反力的快速计算。

**【例 2-11】** 图 2-21a）所示为厂房排架柱。左侧的均布荷载为风压力，屋架、左侧牛腿上的托墙梁、右侧台阶上吊车梁传来的荷载及柱段的自重等，均用集中力表示。柱的下端视为固定端支座。图 2-21b)仅分析屋架、托墙梁、吊车梁的竖向荷载的作用。求图 2-21b)情况下柱的支座反力。

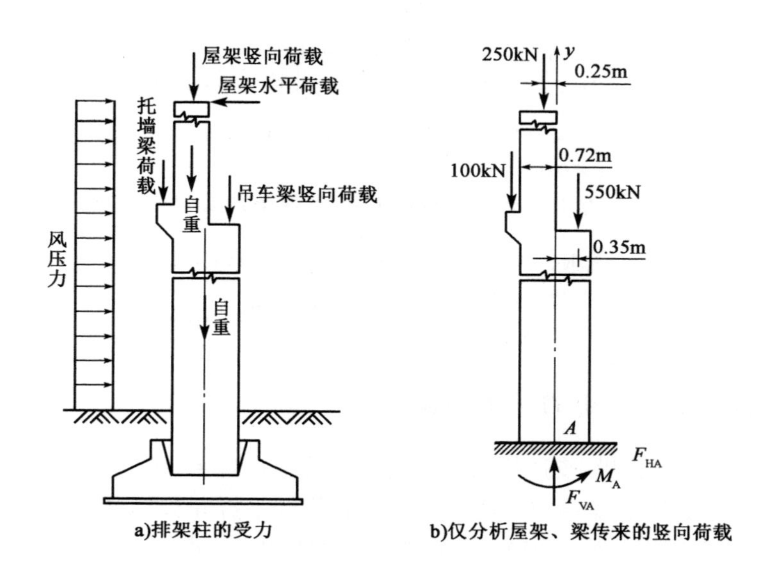


图 2-21　求固定端支座的支座反力

**解**：固定端支座的支座反力一般为水平分力、竖直分力和反力偶。作用在截面形心 $A$ 处。

$$\sum F_x = 0 \quad -F_{HA} = 0 \quad F_{HA} = 0$$

$$\sum F_y = 0 \quad F_{VA} - 550\text{kN} - 100\text{kN} - 250\text{kN} = 0$$

$$F_{VA} = 900\text{kN}$$

$$\sum M_A(F) = 0 \quad M_A + 250\text{kN} \times 0.25\text{m} + 100\text{kN} \times 0.72\text{m} - 550\text{kN} \times 0.35\text{m} = 0$$

$$M_A = 58\text{kN} \cdot \text{m}$$

**【例 2-12】**　求图 2-22 所示简支刚架在风荷载作用下的支座反力。

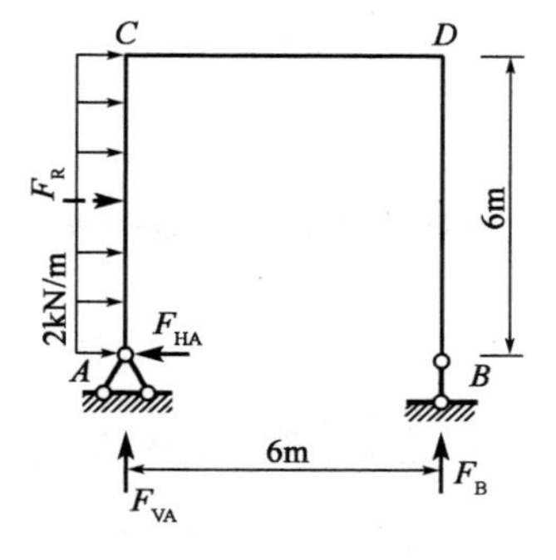


图 2-22　简支刚架

**解**:固定铰支座的支座反力用水平、竖直分力表示。力系向 $x$ 轴投影,方程中不会出现竖直的未知力;对 $A$ 点取矩,方程中不出现点 $A$ 处的未知力;对 $B$ 点取矩,方程中不出现通过 $B$ 点的未知力。

$$\sum F_x = 0 \quad -F_{HA} + F_R = 0$$

$$F_{HA} = F_R = 2\text{kN/m} \times 6\text{m} = 12\text{kN}$$

$$\sum M_B(F) = 0 \quad -F_{VA} \times 6\text{m} - F_R \times 3\text{m} = 0$$

$$F_{VA} = \frac{-F_R \times 3\text{m}}{6\text{m}} = -\frac{F_R}{2} = -\frac{2\text{kN/m} \times 6\text{m}}{2} = -6\text{kN}$$

计算结果为“-”,表示力 $F_{VA}$的实际指向与受力图上所设的指向相反。

$$\sum M_A(F) = 0 \quad F_B \times 6\text{m} - F_R \times 3\text{m} = 0$$

$$F_B = \frac{F_R \times 3\text{m}}{6\text{m}} = \frac{F_R}{2} = \frac{2\text{kN/m} \times 6\text{m}}{2} = 6\text{kN}$$

### 2.5.3 简单物体系统的平衡问题

如图 2-23a)所示三铰拱,支座反力有 4 个未知量。以杆系 $ACB$ 为研究对象,平面一般力系 3 个独立平衡方程,无法确定全部未知力。若将杆系拆开分别画受力图[图 2-23b)],在中间铰 $C$ 处,根据作用与反作用关系,画相互间的作用力:水平力的指向相反,因大小相等,用相同的字符表示;竖直力的指向相反,大小相等,也用相同的字符表示。这样,两个研究对象总共 6 个未知量。每个研究对象提供 3 个独立的平衡方程,6 个方程能够完全确定 6 个未知量。

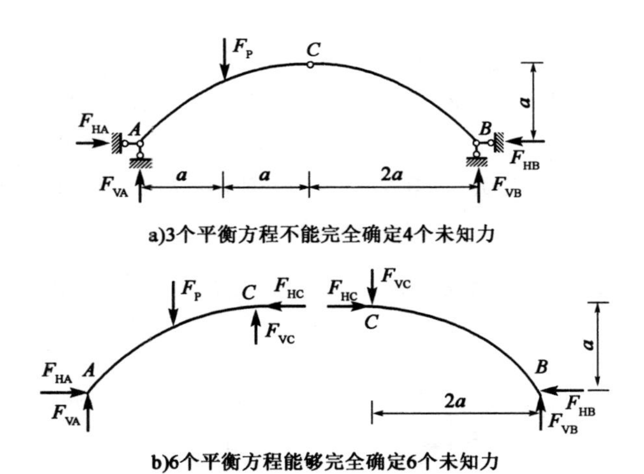


图 2-23 三铰拱的受力分析

**解**:当只求 4 个支座反力的时候,遵照一定顺序列平衡方程,可以简便地进行计算。

整体 $\sum M_B(F) = 0 \quad -F_{VA} \times 4a + F_P \times 3a = 0 \quad F_{VA} = \frac{3}{4} F_P$

$$\sum M_A(F)=0 \quad F_{VB}\times 4a-F_P\times a=0 \qquad F_{VB}=\frac{1}{4}F_P$$

$CB$ $\quad \sum M_C(F)=0 \quad -F_{HB}\times a+F_{VB}\times 2a=0 \quad F_{HB}=\frac{1}{4}F_P$

整体 $\quad \sum F_x=0 \quad F_{HA}-F_{HB}=0 \quad F_{HA}=F_{HB}=\frac{1}{2}F_P$

从以上分析可见,在分析物体系的平衡时,须注意两个方面:

(1)解除物体间的约束,在画单个物体的受力图时,画准作用力、反作用力的方位、指向,标相同的字符表示大小相等。

(2)依据需求的未知力,选择计算顺序——按一个方程解一个未知力且计算简便的原则,选择隔离体与平衡方程。

**【例 2-13】** 求图 2-24a)所示静定多跨梁的支座反力。

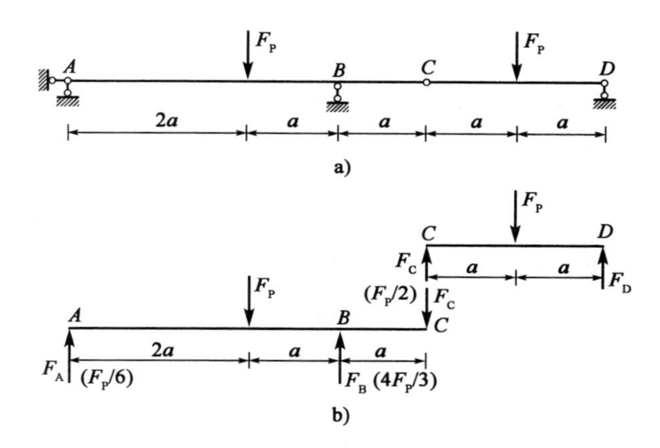


图 2-24 静定多跨梁的受力分析

**解:**外伸梁 $AC$ 自身能够维持平衡,称为基本部分;简支梁 $CD$ 须依赖基本部分才能维持平衡,称为附属部分。解除铰 $C$ 的约束画两部分的受力图:依据梁 $CD$ 的平衡可以判断点 $C$ 处的约束力在竖直方位[图 2-24b)]。将反作用力画在 $AC$ 梁上,标同样的字符。

先由附属部分的平衡依据对称性计算支座反力。

附属部分传给基本部分的力,成为基本部分的主动力。依据外伸梁 $AC$ 的平衡,可以判定固定铰支座 $A$ 的支座反力在竖直方位。

$$\sum M_B(F)=0 \quad -F_A\times 3a+F_P\times a-\frac{F_P}{2}\times a=0 \quad F_A=\frac{1}{6}F_P$$

$$\sum M_A(F)=0 \quad F_B\times 3a-\frac{F_P}{2}\times 4a-F_P\times 2a=0 \quad F_B=\frac{4}{3}F_P$$

校核:$\sum F_y=\frac{F_P}{6}+\frac{4}{3}F_P-\frac{F_P}{2}-F_P=0$,计算无误。

## 知识拓展

工程中有些构件是靠摩擦力来维持平衡的。图 2-25 所示为用小实验模拟摩擦在工程中的应用。

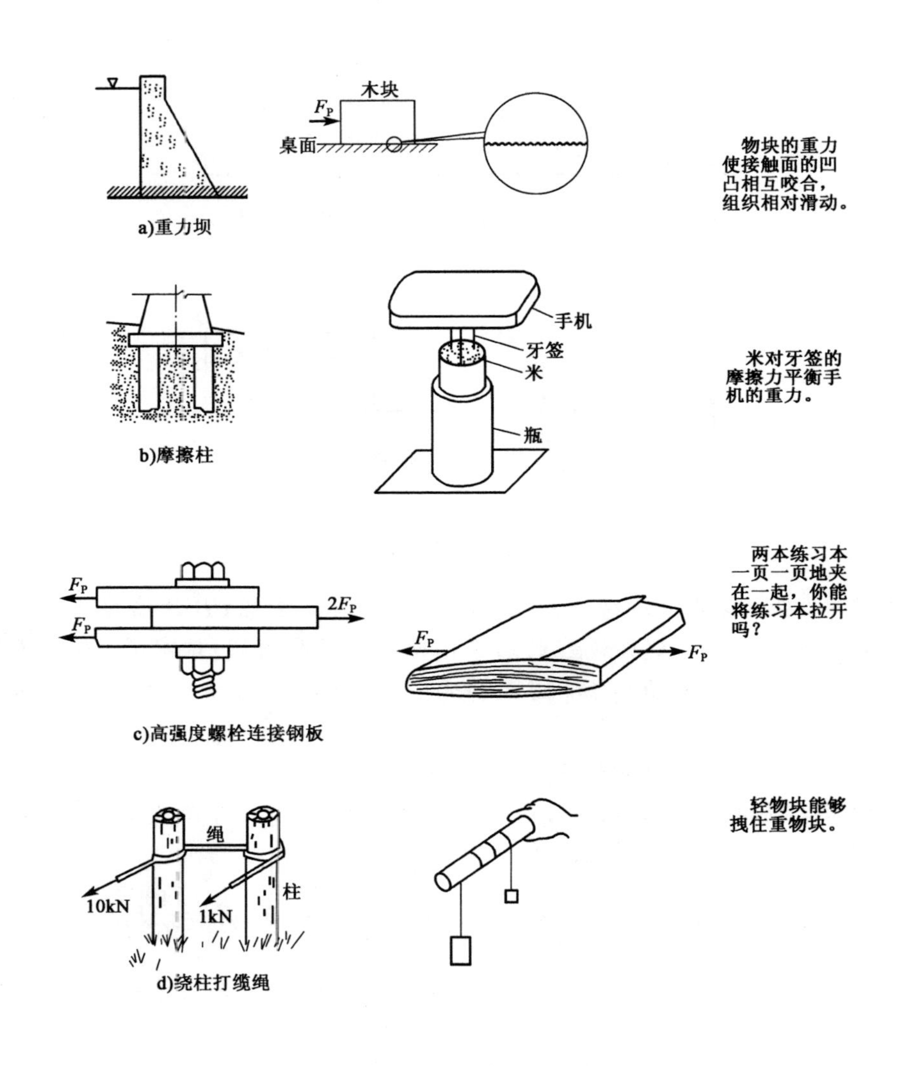


图 2-25　用小实验模拟摩擦在工程中的应用

# 本章小结

## 知识体系

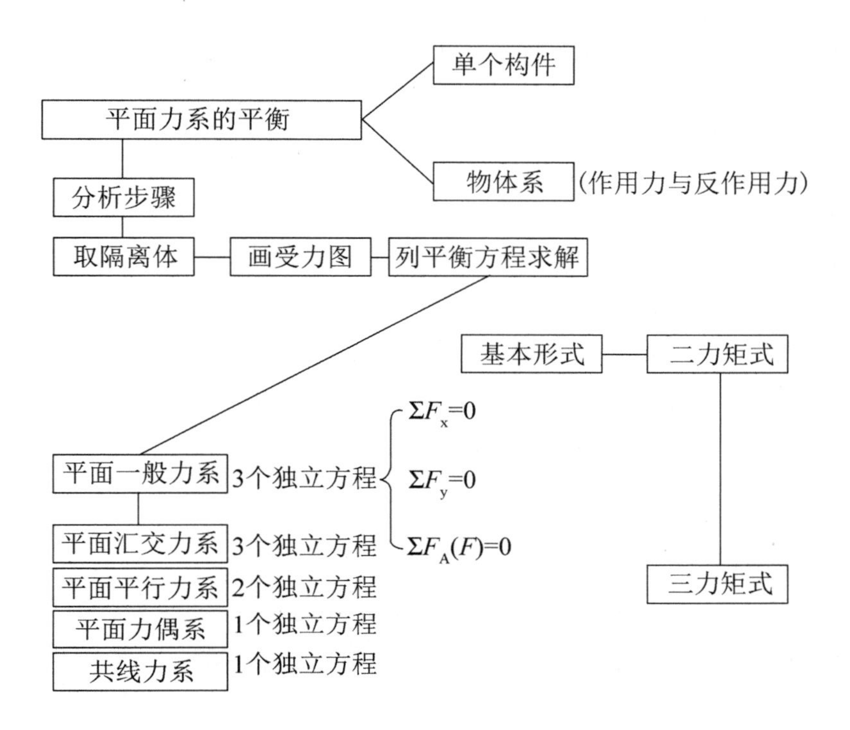


## 能力养成

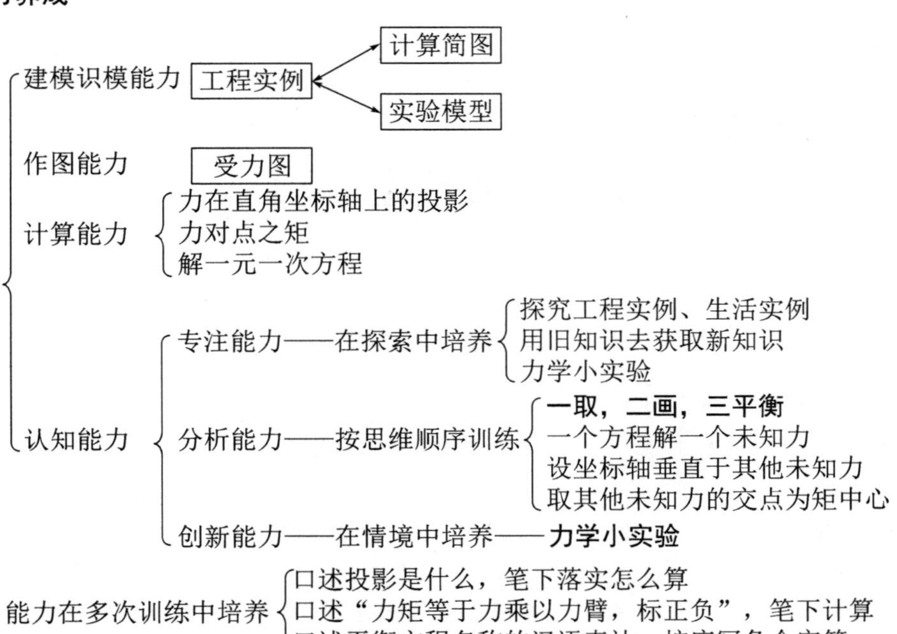


能力在多次训练中培养
- 口述投影是什么，笔下落实怎么算
- 口述“力矩等于力乘以力臂，标正负”，笔下计算
- 口述平衡方程名称的汉语表达，按序写各个字符

## 实验与讨论

2-2-1　**小实验**　如图2-26所示,在辞典的中央捆一根绳,在绳上拴两根细线。让细线分别挂在左右手的食指上,使辞典平衡。两食指对称地逐渐分开,看细线什么时候拉断。设辞典重量为$W$,以$\theta$表示拉力$F$的倾角,用平衡方程求出每根细绳拉力$F$的大小。然后,代入指定的$\theta$值计算,并分析结果。

$\theta=90°$,$F=$________$W$

$\theta=45°$,$F=$________$W$

$\theta=30°$,$F=$________$W$

$\theta=15°$,$F=$________$W$

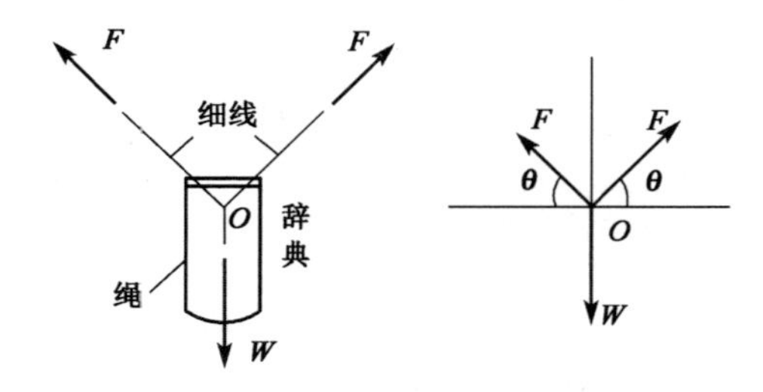


图2-26　$F$随$\theta$变化

2-3-1　三人一组做图2-9a)所示的推门实验:一人用平行四边形模型沿一般方位推门。力按竖直、水平方位分解。第二人只施加竖向力,看门能不能绕门轴转动;第三人沿水平分力方位推门,看门能不能绕门轴转动。比较一下,三人中哪两人的动作等效?叙述将空间的力对轴之矩简化成平面的力对点之矩的道理。

2-3-2　**小实验**　如图2-27所示,要求利用合力、分力的等效替换计算力对$O$点之矩。

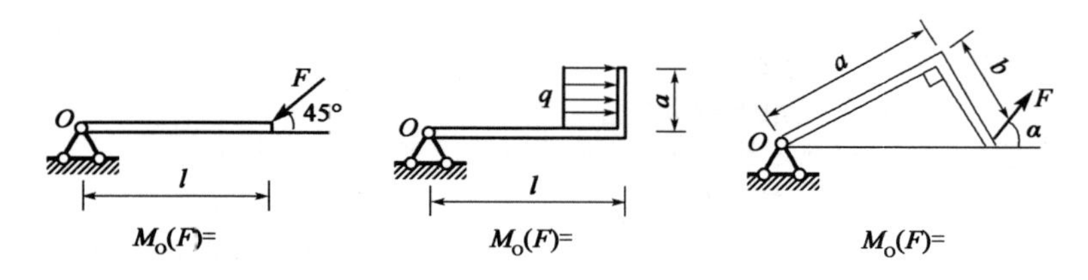


图2-27　计算力矩时的等效替换

2-3-3　**小实验**　图2-28所示两头都可点燃的蜡烛,中间穿针支承在两只水杯上。蜡烛未点燃时,平衡于水平位置。点燃蜡烛的两头之后,你会发现一种惊人的现象。你能解释这种现象吗?

2-4-1　**小实验**　如图2-29所示,细绳的一端拴住金属环,另一端捏在右手的拇指、食指上,让金属环下垂。拇指、食指搓动绳端施加力偶,金属环开始绕绳子转动。加速搓动,甚至用双手手掌搓动,金属环所在的平面会变为水平,跟飘起来一样。像玩魔术一样表演给大家看,再将力偶画在图示环上,从力学的角度解释其中的奥妙。

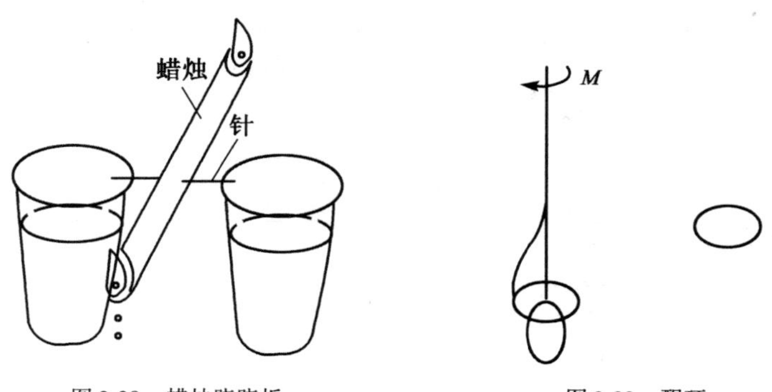


图 2-28　蜡烛跷跷板　　　　图 2-29　飘环

2-5-1　找材料做图 2-25 所示的“摩擦在工程中的应用”实验。你还能做一些关于摩擦力参与平衡的实验吗？

## 习题

2-1-1　在图 2-30 中画出力投向坐标轴的“影子”，并计算力在坐标轴上的投影。

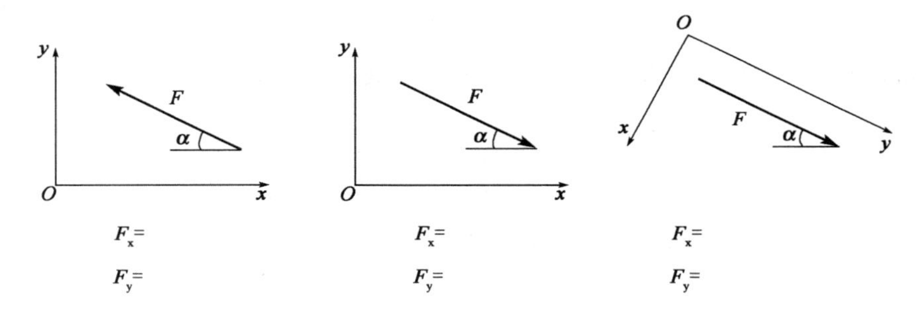


图 2-30　求力在坐标轴上的投影

2-1-2　试计算各力在坐标轴上的投影，并求力系各力在该坐标轴上投影的代数和。

| | | $F_x$ | $F_y$ |
|---|---|---|---|
| | $F_1=10\text{kN}$ | | |
| | $F_2=10\text{kN}$ | | |
| | $F_3=10\text{kN}$ | | |
| | $F_4=10\text{kN}$ | | |
| | | $\Sigma F_x=$ | $\Sigma F_y=$ |

续上表

| | | $F_x$ | $F_y$ |
|---|---|---|---|
| | $F_1=10\text{kN}$ | | |
| | $F_2=20\text{kN}$ | | |
| | $F_3=30\text{kN}$ | | |
| | $F_4=40\text{kN}$ | | |
| | | $\Sigma F_x=$ | $\Sigma F_y=$ |

2-2-1　简述什么是物体平衡、什么是平衡力系。

2-2-2　参照示范，按先后顺序书写平衡方程名称中的字符。

示范：力系各力　在$x$轴上的投影　的代数和　等于零　：

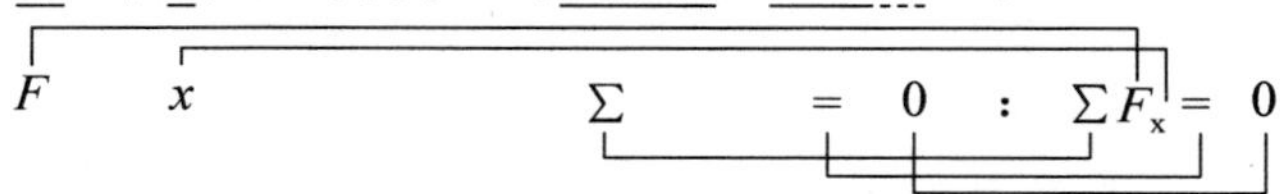


力系各力　在$y$轴上的投影　的代数和　等于零：

力系各力　在$x$轴上的投影　的代数和　等于零：

今后，在写平衡方程的名称时，都按此顺序边念边写。渐渐地，平衡方程的意义便印在脑海中。

2-2-3　你对解一元一次方程熟悉吗？试解如下方程：

$$x+a=0 \quad b-x=0 \quad 2x+b=0 \quad -d+3x=0$$

2-2-4　求图2-31所示三脚架中$AB$杆、$AC$杆所受的力，要求标明拉压。

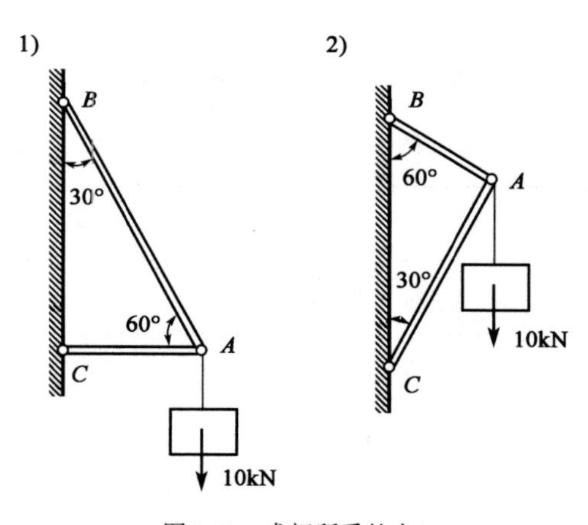


图2-31　求杆所受的力

2-3-1　计算图2-32所示各图中力$F$对$O$点之矩。要求用汉字标“力矩中心”，画力的作用线并标汉字，画力臂并标汉字，然后计算力矩。

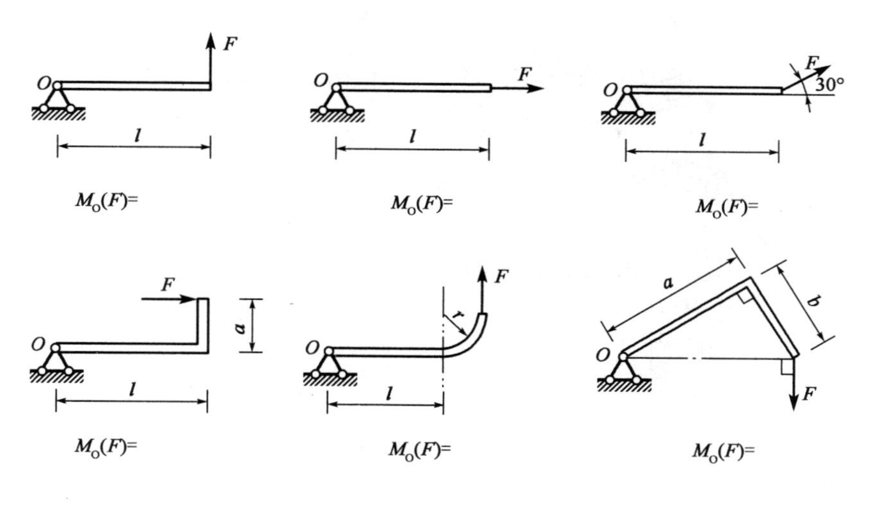


图 2-32　力对点之矩

2-3-2　如图 2-33 所示，要求利用分力、合力计算力对 $O$ 点之矩。

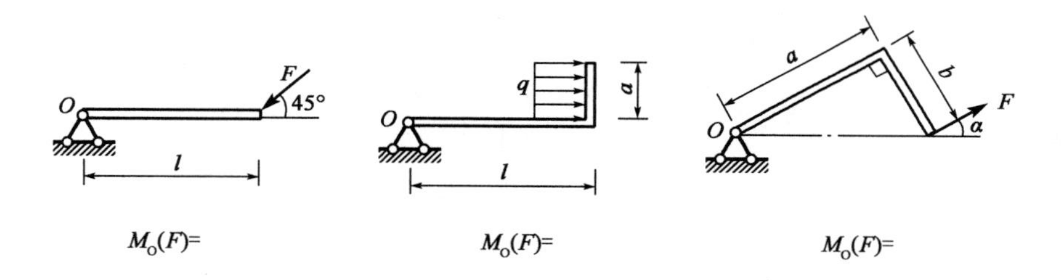


图 2-33　计算力矩时的等效替换

2-3-3　计算图 2-34 所示分布荷载对指定点的力矩。要求画合力，标合力的大小；左手指着力矩中心判断转向和力臂。

图 2-34a)：$M_A(F)=$________

$M_B(F)=$________

$M_C(F)=$________

$M_D(F)=$________

图 2-34b)：$M_A(F)=$________

$M_B(F)=$________

$M_C(F)=$________

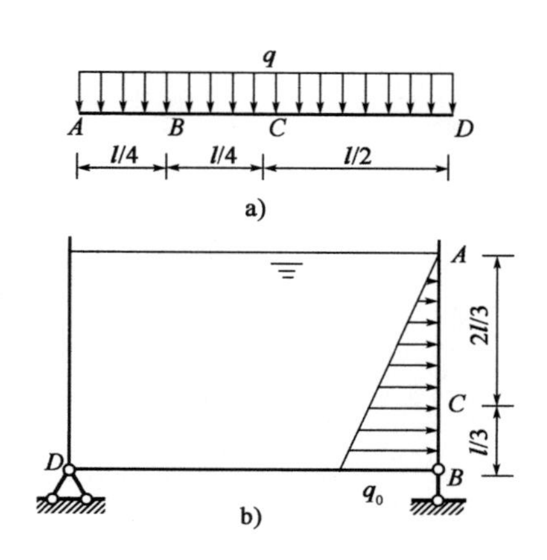


图 2-34　求分布荷载对点之矩

2-4-1　假设将图 2-35 所示雨篷板简化为悬臂梁，试依据它的计算简图画受力图。

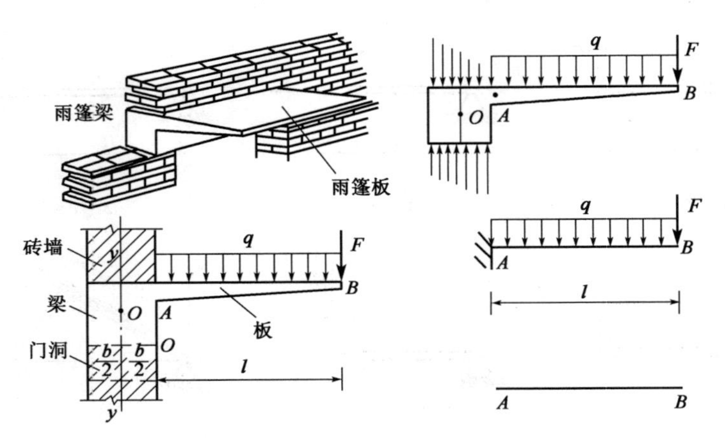


图 2-35　悬臂梁的受力图

2-4-2　在平面内,力偶对任一点之矩等于________。计算图 2-36 所示梁上荷载对指定点之矩的代数和。

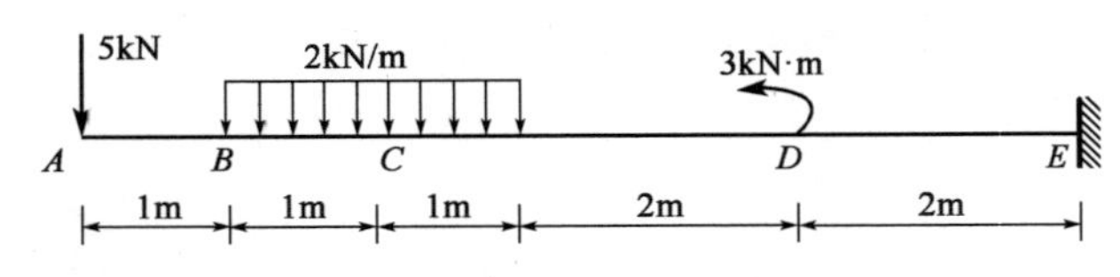


图 2-36　求力对点之矩的总和

$\sum M_A(F)=$________　　$\sum M_D(F)=$________

$\sum M_B(F)=$________　　$\sum M_E(F)=$________

$\sum M_C(F)=$________

2-4-3　求图 2-37 所示平面力偶系的合力偶,要求将结果标在图上。

2-4-4　图 2-38 所示厂房的排架柱,承受屋架传给柱顶的力和左侧托墙梁、右侧吊车梁传来的力。试将各力向柱下段轴线上的 $A$ 点平移,计算使下段压缩的力和使下段弯曲的力偶矩。

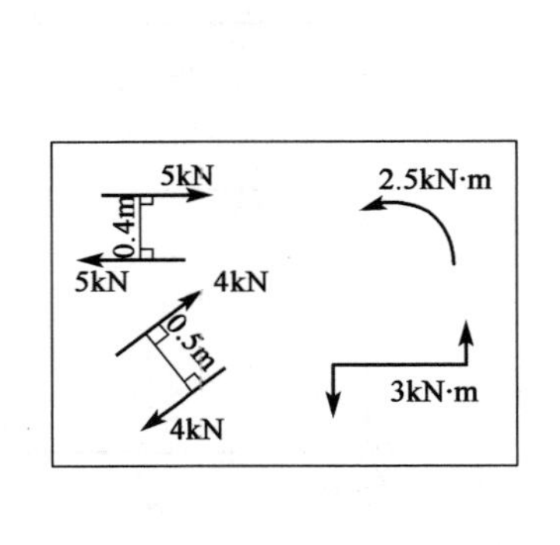


图 2-37　力偶的合成

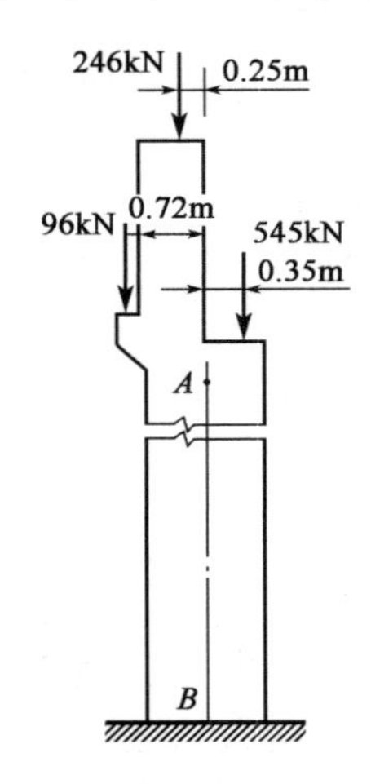


图 2-38　$AB$ 柱段的受力与变形

2-5-1　参照示范，按先后顺序书写平衡方程名称中的字符。

示范：力系各力　在$x$轴上的投影　的代数和　等于零　：

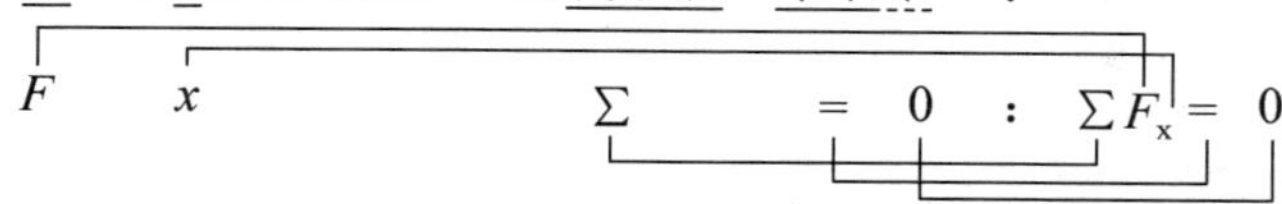


力系各力　对$A$点之矩　　的代数和　　等于零：

在写平衡方程名称的时候，都按此顺序边念边写。

2-5-2　你熟悉列平衡方程时特殊的投影与取矩吗？试书写图2-39中指定的投影与力矩，并口述所依据的定义定理或规律。

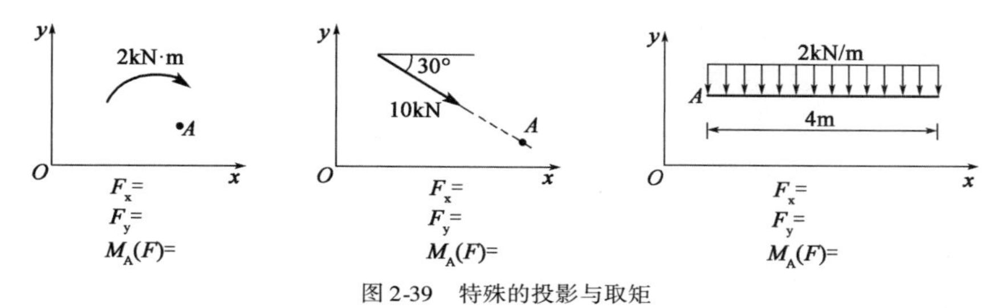


图2-39　特殊的投影与取矩

2-5-3　求图2-40所示悬臂梁的支座反力。

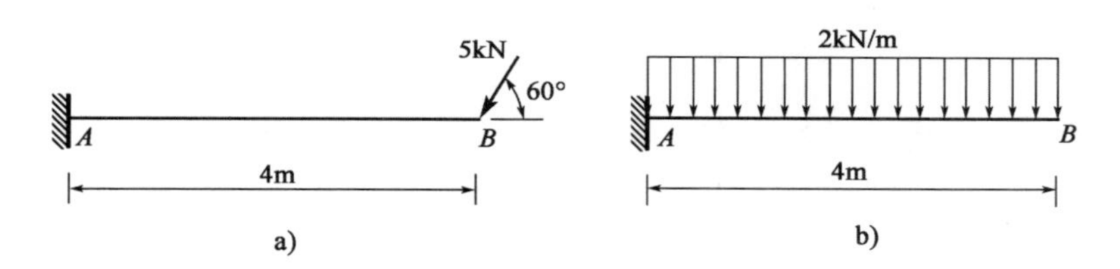


图2-40　求悬臂梁的支座反力

2-5-4　求图2-41所示简支梁的支座反力。

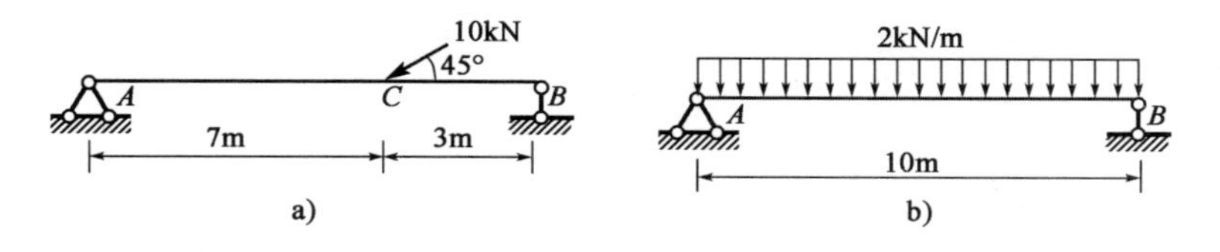


图2-41　求简支梁的支座反力

2-5-5　求图2-42所示外伸梁的支座反力。

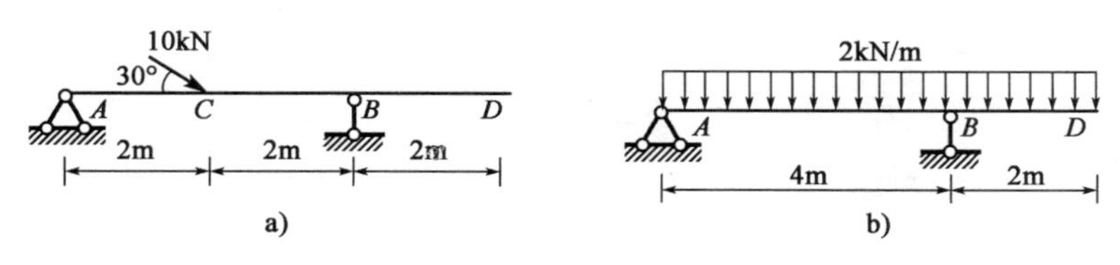


图2-42　求外伸梁的支座反力

2-5-6　如图 2-43 所示，塔式起重机的最大起重量 $F_P = 50\text{kN}$，平衡重 $F_Q = 30\text{kN}$，机身总重 $W = 20\text{kN}$。求：(1) 满载时(左图)轨道对起重机的约束力；(2) 空载时(右图)轨道对起重机的约束力。

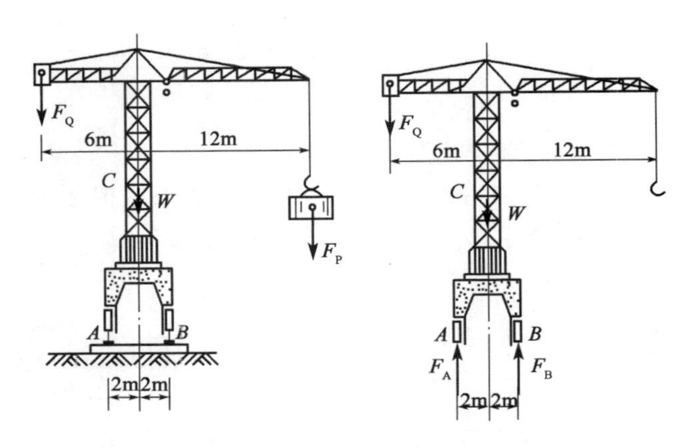


图 2-43　求塔式起重机的约束力

2-5-7　求图 2-44 所示三铰刚架的支座反力。

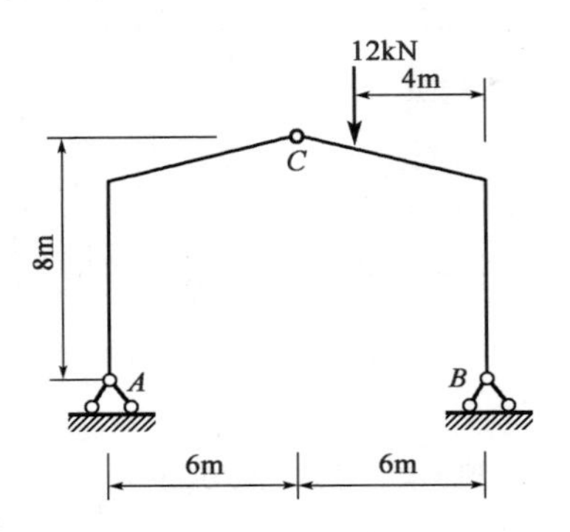


图 2-44　求三铰刚架的支座反力

2-5-8　图 2-45 中，$a = 2\text{m}$，$q = 10\text{kN/m}$，$F_P = qa$，$M = \frac{1}{2}qa^2$，求梁的支座反力。

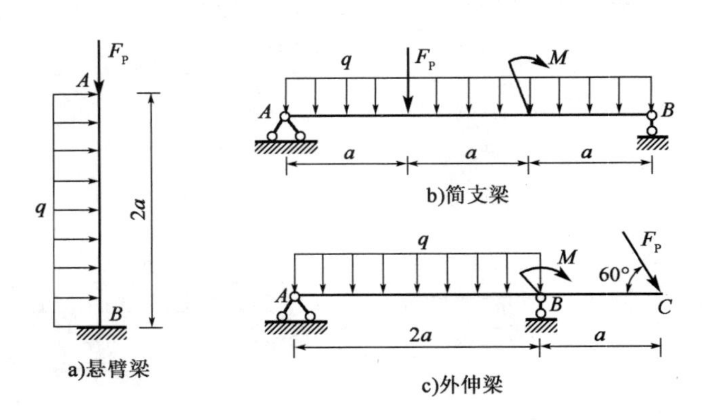


图 2-45　求多个荷载作用下梁的支座反力

2-5-9　求图2-46所示屋架$A$、$B$处的支座反力，以及系杆$AB$的拉力和铰链$C$处的内约束力。

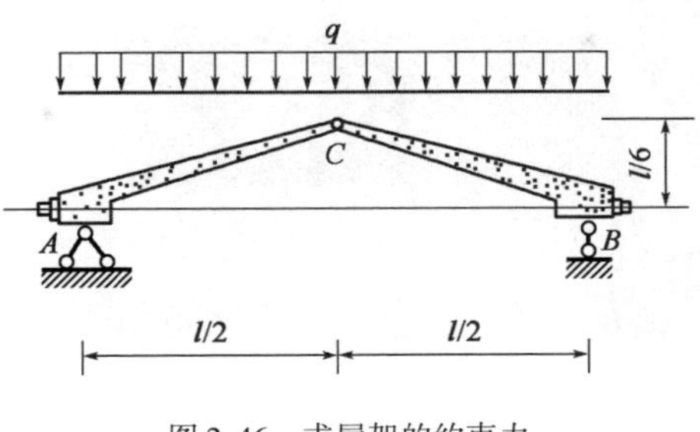


图2-46　求屋架的约束力

# 第3章 直杆轴向拉伸和压缩

## 3.1 杆件的基本受力变形形式

杆件的受力形式由杆上各力的作用点和方向决定,受力形式决定了杆件的变形形式,杆件的基本受力变形形式有4种。

1. 轴向拉伸或轴向压缩

如图3-1a)和b)所示,一对作用线与直杆轴线重合的外力 $F_P$作用在杆的两端,直杆的主要变形是轴向伸长或缩短。

杆件的基本变形形式

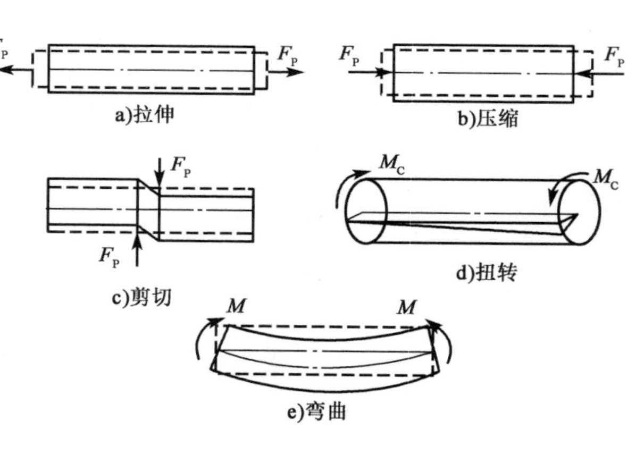


图3-1 杆件的基本受力变形形式

2. 剪切

如图3-1c)所示,在一对相距很近、指向相反的横向外力 $F_P$的作用下,直杆的主要变形是横截面沿外力方向发生错动。

3. 扭转

如图3-1d)所示,一对作用面垂直于直杆轴线的转向相反的外力偶 $M_e$,作用在圆截面直杆的两端，直杆的变形是横截面绕轴线发生相对转动。

4. 弯曲

如图 3-1e）所示，一对位于直杆纵向平面（即包含轴线的平面）内的外力偶 $M$，作用在杆的两端，直杆变弯。

## 3.2　杆件的组合变形

工程实际中杆件的变形形式多种多样，但不外乎是 4 种基本变形形式之一，或者可以看成是几种基本变形形式的组合，后者称为组合变形。可用力学的方法，将组合变形分解为基本变形。

图 3-2a）为单梁楼梯，计算简图、受力图如图 3-2b）所示。将各力沿斜梁的轴向、横向分解，则横向力系对应剪切弯曲变形，轴向力系对应拉伸压缩变形［图 3-2c）］。可见，楼梯梁的受力变形形式为轴向拉压、剪切和弯曲组合。

图 3-2d）所示为厂房排架的立柱。仅考虑屋架荷载、吊车梁的竖向荷载时，计算简图如图 3-2e）所示。分析柱的下段受力变形形式时，将各纵向荷载向柱段的轴线平移［图 3-2f）］，则轴线上的压力对应轴向压缩变形，附加外力偶对应弯曲变形。柱下段的受力变形形式为轴向压缩与弯曲的组合。

a）单梁楼梯

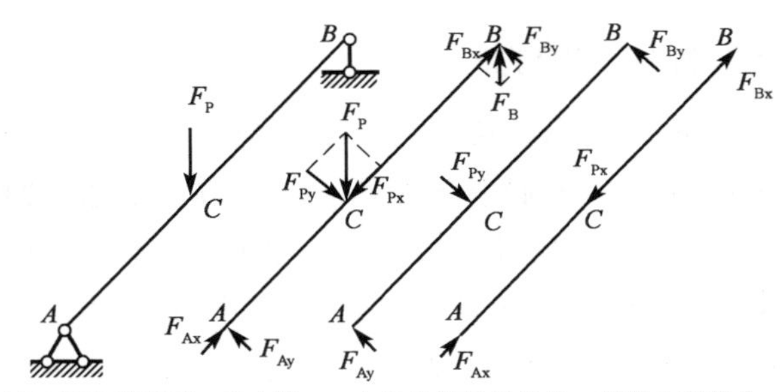


b）斜梁的计算简图、受力图　c）力系按斜梁的轴向、横向分解组合

d）厂房排架立柱

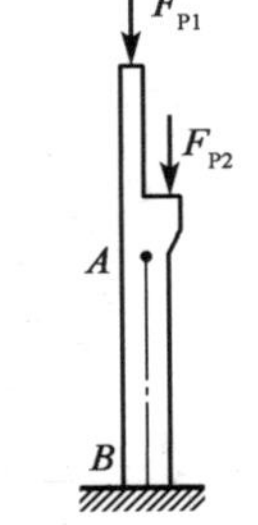


e）柱的计算简图

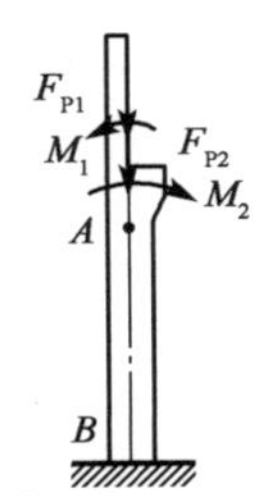


f）偏心力向柱段的轴线平移

图 3-2　组合变形

## 试一试

如图3-3a)和b)所示,用海绵直杆当柱,用食指沿柱的轴线施加压力,柱只产生压缩变形;用拇指、食指施加力偶,端面转动,柱弯曲[图3-3c)];用食指偏离轴线竖向施加压力,柱则既压缩,又弯曲[图3-3d)]。

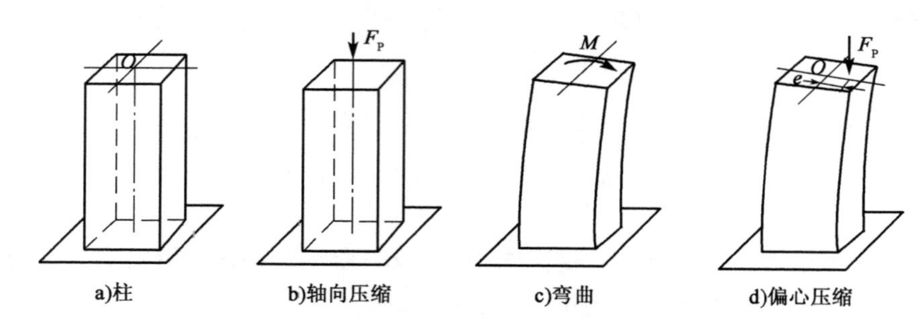


图3-3 柱的受力变形形式

弯曲与压缩的组合变形可能使柱的一侧受拉。对于用脆性材料做的柱,可能在受拉侧的边缘开裂。

# 3.3 直杆轴向拉伸和压缩时的内力

## 3.3.1 杆件的内力

如图3-4所示,用力拉橡皮筋的$A$、$B$两端,橡皮筋会伸长。橡皮筋内的$CD$段伸长了,必然有拉力作用在它的两端[图3-4c)]。力$F_{NC}$是$AC$段橡皮筋给的,力$F_{ND}$是$DB$段橡皮筋给的。同样,使微段$EG$伸长的力$F_{NE}$是$CE$段给的[图3-4d)],或者说是$AE$段给的;力$F_{NG}$是$GD$段给的,或者说是$GB$段给的。这种由于外部作用,伴随变形所产生的杆件内部的相互作用力,称为杆件的内力。

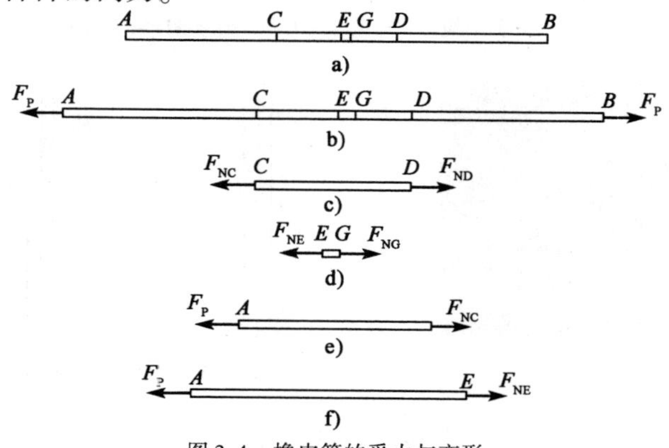


图3-4 橡皮筋的受力与变形

### 3.3.2 显示和计算内力的方法——截面法

为了计算内力,须用一个假想的截面将杆件截为两部分,使构件的内力显示出来,然后,取其中一部分为研究对象,用静力平衡方程计算内力。这种显示内力、计算内力的方法,称为截面法。截面法的步骤如下:

(1)**截** 在需求内力的横截面处,假想地用平面将杆件截开。

(2)**取** 取截面一侧的杆段为隔离体。

(3)**画** 画隔离体的受力图。

(4)**平衡** 列平衡方程解未知力。

### 3.3.3 轴力

**分析示范**

【**例 3-1**】 求图 3-5a)所示轴向拉压杆 1-1、2-2 截面的内力。1-1 截面在力的作用点 $B$ 的左侧,无限邻近点 $B$。

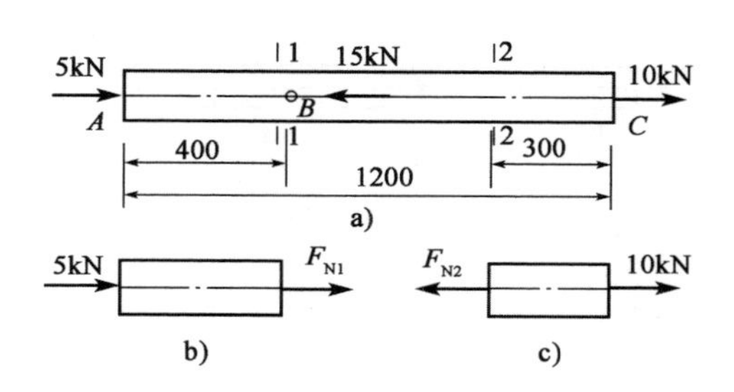


图 3-5 求指定截面的内力

**解**:(1)1-1 截面的内力。

①截:在 1-1 截面处将杆截开。

②取:取 1-1 截面以左杆段为隔离体[图 3-5b)]。

③画:画隔离体的受力图。荷载位于杆段的轴线,从平衡的角度看,1-1 截面的内力应当在这条轴线上。为了以后用正负号表示内力的拉压,受力图上的未知内力一律设为拉力(背离截面)。

④平衡:列平衡方程求解。

$$\sum F_x = 0 \quad F_{N1} + 5\text{kN} = 0 \quad F_{N1} = -5\text{kN}$$

计算结果为负值。从平衡的角度看,1-1 截面内力的实际指向与受力图所设的指向相反;从用代数量表示内力拉压的角度看,"-"号表示压力。

(2)2-2 截面的内力。

①截:在 2-2 截面处将杆截开。

②取:取 2-2 截面以右杆段为隔离体较为简便[图 3-5c)]。

③画：画隔离体的受力图。2－2截面的内力在杆段的轴线上，设为拉力。

④平衡：列平衡方程求解。

$$\sum F_x=0 \quad 10\text{kN}-F_{N2}=0 \quad F_{N2}=10\text{kN}$$

计算结果为正值，表示2－2截面的内力为拉力。

一般来说，轴向拉压杆的外力或外力的合力与杆的轴线重合，从平衡的角度看，杆的内力的作用线也在杆的轴线上。因此，轴向拉压杆的内力称为轴力。

轴力矢量的箭头背离截面为拉力，对应杆段伸长；轴力矢量的箭头指向截面为压力，对应杆段缩短。**用代数量表示轴力时，规定拉力为正，压力为负。**用截面法求轴力，在画受力图时，一律将未知轴力设为拉力。用平衡方程计算出的轴力如果为正值，则表示轴力的指向为受力图上的指向，又表示轴力为拉力；如果为负值，则表示轴力的实际指向与受力图的设向相反，又表示轴力为压力。

**【例3-2】** 求图3-6a)所示轴向拉压杆任意截面的轴力。

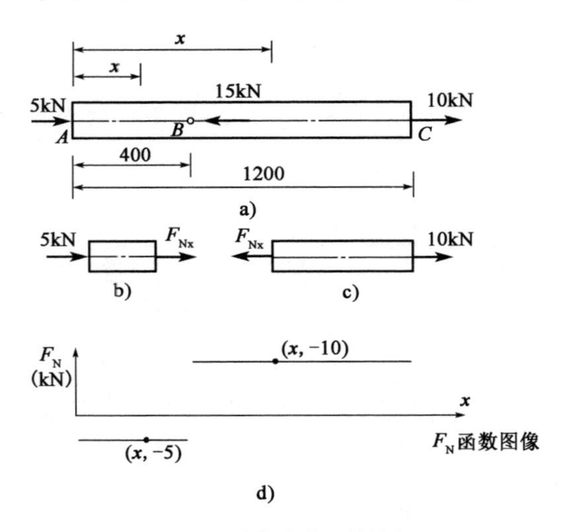


图3-6 求任意截面的轴力

**解：**由于点$B$处有轴向集中荷载，需分别分析$AB$段和$BC$段。区段不含集中荷载的作用点。

(1)$AB$段任意截面的轴力。

①截：在$AB$段任意截面处将杆截开，用$x$表示截面的位置。

②取：取截面以左杆段为隔离体[图3-6b)]。

③画：画隔离体的受力图。未知轴力设为拉力。

④平衡：列平衡方程求解。

$$\sum F_x=0 \quad F_{Nx}+5\text{kN}=0 \quad F_{Nx}=-5\text{kN}$$

$AB$段任意截面的轴力为常数。如果在图3-6d)所示直角坐标系中用函数图像表示，则为一条水平线段。$AB$段内所有截面的轴力相等，都为－5kN。

(2)$BC$段任意截面的轴力。

①截：在$BC$段任意截面处将杆截开，用$x$表示截面的位置。

②取:取截面以右杆段为隔离体较为简便[图 3-6c)]。

③画:画隔离体的受力图。未知轴力设为拉力。

④平衡:列平衡方程求解。

$$\sum F_x = 0 \quad 10\text{kN} - F_{Nx} = 0 \quad F_{Nx} = 10\text{kN}$$

$BC$ 段任意截面的轴力为常数。在图 3-6d) 中用函数图像表示,为一条水平线段;段内所有截面的轴力相等,都为 10kN。

**【例 3-3】** 图 3-7a) 所示等截面钢筋混凝土柱,柱高 $h = 12\text{m}$,正方形横截面的边长 $a = 850\text{mm}$,钢筋混凝土的重度 $\gamma = 25\text{kN/m}^3$。柱顶作用轴向压力 $F_P = 50\text{kN}$。求柱内任意横截面的轴力并画轴力函数图线。

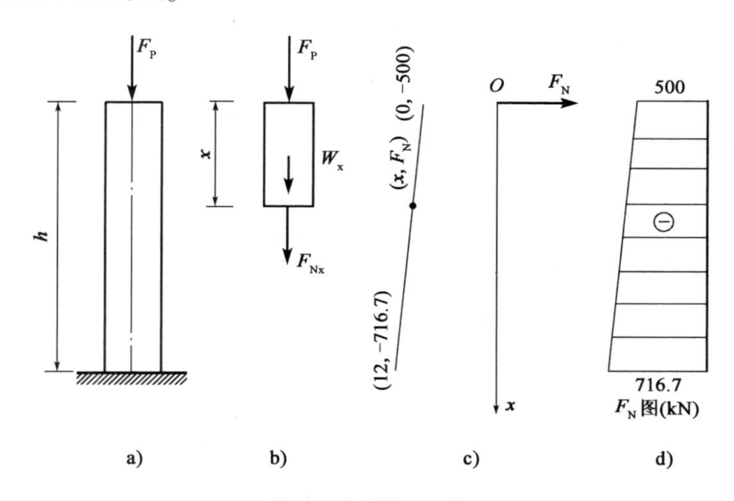


图 3-7 柱的轴力函数

**解**:(1) 截:在任意横截面处将杆截开,用 $x$ 表示截面的位置。

(2) 取:取截面以上杆段为隔离体[图 3-7b)]。

(3) 画:画隔离体的受力图。未知轴力 $F_{Nx}$ 设为拉力。题中条件给了材料的重度及柱的尺寸,则须计自重。隔离体的长度为 $x$(m),自重用 $W_x$ 表示:

$$W_x = \gamma V_x = \gamma a^2 x = 25 \times (0.85)^2 \times x = 18.06x \text{ kN}$$

(4) 平衡:列平衡方程求解。

设 $x$ 轴平行于柱的轴线,原点与柱顶齐平,向下为正。

$$\sum F_x = 0 \quad F_{Nx} + W_x + F_P = 0 \quad F_{Nx} = -W_x - F_P \quad F_{Nx} = (18.06x - 500)\text{kN}$$

(5) 轴力函数图线:

设 $F_N$-$x$ 坐标系[图 3-7c)]。柱的轴力 $F_{Nx}$ 为横截面位置 $x$ 的一次函数,图线为斜直线。两点控制斜直线的位置:

柱顶处($x \to 0$),$F_N = -500\text{kN}$;

柱脚处($x \to 12\text{m}$),$F_N = (-18.06 \times 12 - 500)\text{kN} = -716.7\text{kN}$,描控制点绘直线段。

### 3.3.4 轴力图

图 3-7c) 以数学的形式表现轴力的函数图像,略加改造即得工程实用的轴力图

[图 3-7d)]:用 $x$ 轴上与梁对齐的线段代替 $x$ 轴,这一线段称为**基线**;轴力函数图线上的点到基线的垂直线段称为**纵坐标线**。画纵坐标线,标正负号,而不画 $F_N$ 轴;仅标轴力函数图线控制点的纵坐标值,而不标控制点的横坐标。图名及单位标在图的旁边。

绘轴力图的主要工作是绘轴力函数图线。轴力图线的作图步骤为:

(1)画基线,分区段(轴向外力突变为标志,区段暂不含外力作用点)。

(2)逐段绘图线。

①判断图线类型:

竖杆斜杆计自重斜直线;一般杆段平行线(平行于基线)。

②确定图线位置(截面法算控制点的纵坐标值,描控制点绘图线):

平行线定一点;斜直线定两端点。

## 分析示范

**【例 3-4】** 图 3-8a)、b)表示几个力气相当的学生拉同一根绳子,试问哪一种拉法绳子更为危险。请画轴力图来解释自己的猜想。

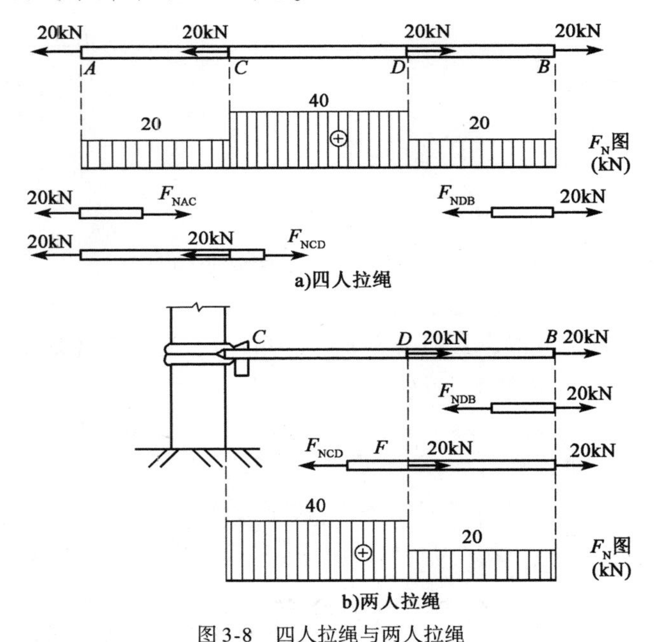


图 3-8　四人拉绳与两人拉绳

**解**:(1)画绳的轴力图:

①画基线,分区段(区段不合集中力作用点)。

②逐段绘图线。

(2)判断图线类型:各段均为无荷区段,轴力图线为基线的平行线。

(3)确定图线位置:用截面法计算段内任意截面的轴力,描控制点,画基线的平行线。

图 3-8a):$AC$ 段内所有截面的轴力相等,因此可以说成"$AC$ 段的轴力",用字符 $F_{NAC}$ 表

示。在 $AC$ 段内任意截面处“截”,取左侧杆段为隔离体。

$$\sum F_x = 0 \quad F_{NAC} - 20kN = 0 \quad F_{NAC} = 20kN$$

$CD$ 段的轴力:在 $CD$ 段内任意截面处“截”,取左侧杆段为隔离体。

$$\sum F_x = 0 \quad F_{NCD} - 20kN - 20kN = 0 \quad F_{NCD} = 40kN$$

$DB$ 段的轴力:在 $BD$ 段内任意截面处“截”,取右侧为隔离体。

$$\sum F_x = 0 \quad -F_{NDB} + 20kN = 0 \quad F_{NDB} = 20kN$$

图 3-8b):$CD$ 段的轴力:在 $CD$ 段内任意截面处“截”,取右侧为隔离体。

$$\sum F_x = 0 \quad -F_{NCD} + 20kN + 20kN = 0 \quad F_{NCD} = 40kN$$

$DB$ 段的轴力:在 $BD$ 段内任意截面处“截”,取右侧为隔离体。

$$\sum F_x = 0 \quad -F_{NDB} + 20kN = 0 \quad F_{NDB} = 20kN$$

结论:比较绳的两个轴力图,最大轴力都发生在 $CD$ 段,而且大小相同。因此,对于这两种情形,绳受力的最不利状态是一样的。

## 3.4 直杆轴向拉伸和压缩时横截面的正应力

### 3.4.1 应力

图 3-9 表示受力变形较为复杂的杆件,假想地在某个横截面处截开,杆段之间相互的作用力实际上是连续分布在横截面上的[图 3-9b)]。连续分布在截面上的内力称为分布内力。

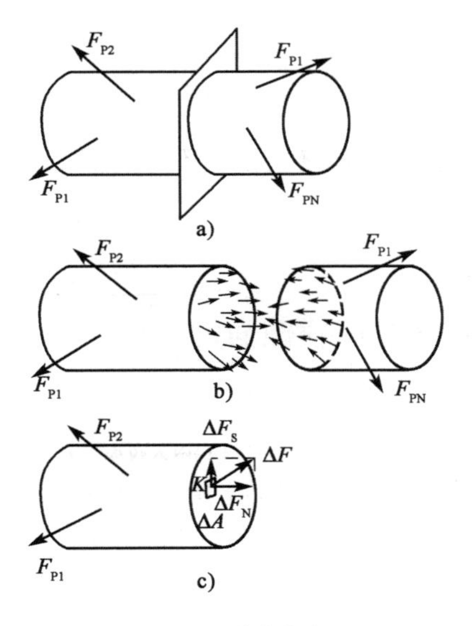


图 3-9 分布内力

通常所指的“内力”,是横截面上所有分布内力的合力。考察横截面 $K$ 点处的一个微小面积 $\Delta A$[图 3-9c)],上面的分布内力很小,用 $\Delta F$ 表示。将 $\Delta F$ 除以 $\Delta A$,当 $\Delta A$ 相当小时，用这个比值来表示分布内力在 $K$ 点处的密集程度：

$$p = \lim_{\Delta A \to 0} \frac{\Delta F}{\Delta A} \tag{3-1}$$

分布内力在一点处的面集度称为应力。在突出该点处分布内力的方向时，用矢量 $\Delta F$ 表示。将 $\Delta F$ 沿截面的法向和截面上的相应方位分解，得 $\Delta F_N$、$\Delta F_S$。它们的面集度分别用 $\sigma$、$\tau$ 表示：

$$\sigma = \lim_{\Delta A \to 0} \frac{\Delta F_N}{\Delta A}$$

$$\tau = \lim_{\Delta A \to 0} \frac{\Delta F_S}{\Delta A}$$

法向分布内力 $\Delta F_N$ 在一点处的面集度 $\sigma$ 称为正应力，切向分布内力 $\Delta F_S$ 在一点处的面集度 $\tau$ 称为切应力。

为表现该点处分布内力的方向，可用矢量表示正应力、切应力。$\sigma$ 垂直于截面，表示该处法向分布内力 $\Delta F_N$ 的方向：拉应力 $\sigma$ 表示 $\Delta F_N$ 背离截面；压应力 $\sigma$ 表示 $\Delta F_N$ 指向截面。在用代数量表示正应力的拉压时，规定拉应力为正，压应力为负；切应力矢量 $\tau$ 位于截面内，它的方向表示该处分布剪力 $\Delta F_S$ 的方向。

应力的单位为 Pa（帕斯卡），$1\text{Pa} = 1\text{N/m}^2$。工程中多用 MPa（兆帕）。

$$1\text{MPa} = 10^6\text{Pa} = 10^6\text{N/m}^2 = \frac{10\text{N}}{10^6\text{mm}^2} = 1\text{N/mm}^2$$

在有关应力的计算中，**长度单位**用 mm，**力的单位**用 N，**应力单位**则为 MPa。

进行实验，体会应力单位的大小（图 3-10）。

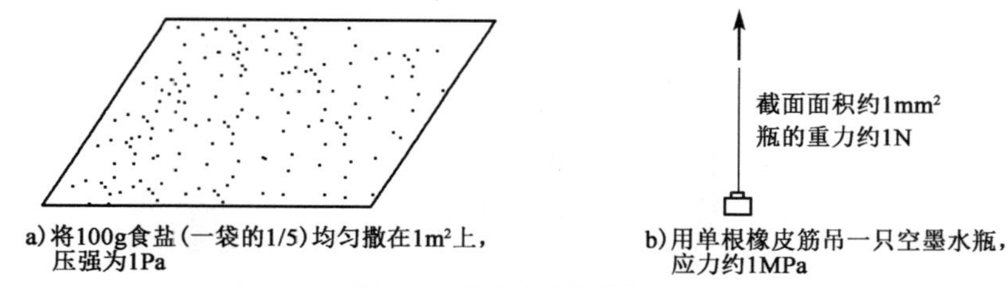


图 3-10　体会应力的单位

## 3.4.2　直杆轴向拉伸压缩时横截面的应力

当外力（外力的合力）与直杆轴线重合时，杆发生伸长或缩短。在图 3-11a）所示海绵直杆的表面画两圈横线表示横截面，横线间画平行的纵线表示纵向纤维段。直杆轴向拉伸之后，横截面各纵向纤维段只有伸长，而且伸长量相同[图 3-11b）]。

各纵向纤维段的变形程度相同，表明各纤维段端面上分布内力的密集程度相同。可见，在轴向拉压杆的横截面上，各点处的正应力 $\sigma$ 相同。而杆件横截面上的轴力 $F_N$，是横截面上所有法向分布内力 $\Delta F_N$ 的合力[图 3-11c、d）]。

$$F_N = \sum \Delta F_N = \sum \sigma \Delta A = \sigma \sum \Delta A = \sigma \cdot A$$

$$\sigma = \frac{F_N}{\text{A}}$$

在轴向拉压杆的横截面上,各点处的正应力相等,大小等于轴力除以该截面的面积。图3-11e)为轴向拉压杆横截面上的正应力分布图。

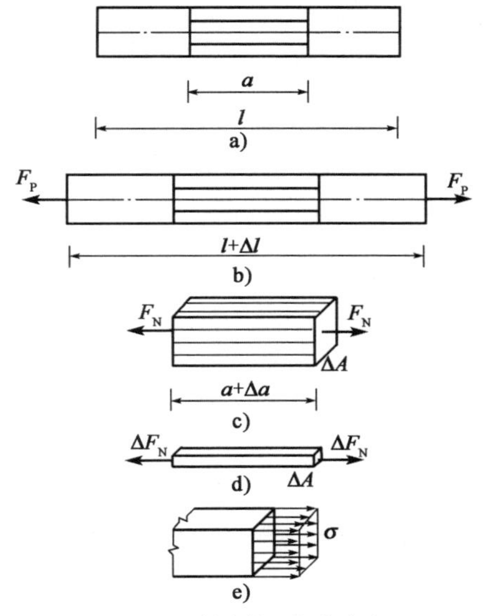


图3-11　轴向拉压杆的应力

轴向拉压杆横截面上的应力分布

## 3.5　直杆轴向拉伸和压缩时的强度计算

### 3.5.1　轴向拉压杆的强度条件

杆件材料抵抗破坏的能力称为杆件的强度。材料的破坏发生在分布内力密集程度最大的地方,因此用应力来标志杆件的强度是否足够。轴向拉压杆的强度条件为:

$$\sigma_{max} = \frac{F_N}{A} \leqslant [\sigma] \tag{3-2}$$

$\sigma_{max}$为杆件的最大工作应力。发生最大工作应力的截面称为危险截面。式(3-2)中的$F_N$、$A$分别为该截面的轴力和面积。$[\sigma]$称为许用应力,也称容许应力,由设计规范给定。因许用应力$[\sigma]$用绝对值表示,式中的$\sigma$、$F_N$取绝对值。表3-1为《铁路桥梁钢结构设计规范》(TB 10091—2017)对钢材基本许用应力的规定。

钢材基本许用应力　　表3-1

| 应力种类 | 单位 | 钢材牌号 | | | | | | |
|---|---|---|---|---|---|---|---|---|
| | | Q235qD | Q345qD<br>Q345qE | Q370qD<br>Q370qE | Q420qD<br>Q420qE | ZG230<br>-450Ⅱ | ZG270<br>-50Ⅱ | 35号锻钢 |
| 轴向应力$[\sigma]$ | MPa | 135 | 200 | 210 | 240 | — | — | — |
| 弯曲应力$[\sigma_w]$ | MPa | 140 | 210 | 220 | 250 | 125 | 150 | 220 |

续上表

| 应力种类 | 单位 | 钢材牌号 | | | | | | |
|---|---|---|---|---|---|---|---|---|
| | | Q235qD | Q345qD<br>Q345qE | Q370qD<br>Q370qE | Q420qD<br>Q420qE | ZG230<br>-450 Ⅱ | ZG270<br>-50 Ⅱ | 35 号锻钢 |
| 切应力[$\tau$] | MPa | 80 | 120 | 125 | 145 | 75 | 90 | 110 |
| 端部承压(磨光顶紧)应力 | MPa | 200 | 300 | 315 | 360 | — | — | — |
| 销孔承压应力 | MPa | — | — | — | — | — | — | 180 |
| 辊轴(摇轴)与平板自由接触的径向受压 | kN/cm | — | — | — | — | 0.55$d$ | 0.61$d$ | 0.60$d$ |
| 铰轴放置在铸钢铰轴颈上时的径向受压 | kN/cm | — | — | — | — | — | — | 8.4$d$ |

注:表中符号 $d$ 为辊轴、摇轴或铰轴的直径,以厘米计。

### 3.5.2 强度计算的三种类型

应用强度条件,可以进行 3 个方面的强度计算。

(1)强度校核:已知杆件的形状尺寸、荷载、许用应力,校核危险截面的应力是否满足强度条件。

(2)截面设计:已知外力、许用应力、截面形状,确定截面的尺寸或型钢的型号。

(3)确定许可荷载:已知截面的形状尺寸或型钢型号、许用应力,确定杆件或结构能够承受的最大荷载。

## 分析示范

**【例 3-5】** 图 3-12a)所示的铆连接中,钢板的宽度 $b=10\text{mm}$,厚度 $t=10\text{mm}$,钉孔直径 $d=20\text{mm}$,许用应力$[\sigma]=160\text{MPa}$。$F_P=10\text{kN}$,校核钢板的强度。

**解:**(1)受力分析。铆钉对钢板的作用力用 $F$ 表示,作用在钉与孔接触边沿的中点。由钢板的平衡得:

$$2F - F_P = 0 \quad F = F_P/2 = 50\text{kN}$$

(2)画轴力图[图 3-12b)]。

(3)危险截面的强度校核由式(3-2)知,最大工作应力 $\sigma_{max}$ 可能发生在横截面面积最小的截面。1－1、2－2 截面削弱最严重,是可能的危险截面;若这两个截面的面积相同,则最大工作应力发生在轴力较大的 1－1 截面。

$$\sigma_{max} = \frac{F_{N1}}{A_1} = \frac{F_P}{(b-d)t}$$

$$= \frac{10 \times 10^3 \text{N}}{(100\text{mm} - 20\text{mm}) \times 10\text{mm}}$$

$$= 125\text{MPa} < [\sigma] = 160\text{MPa}$$

钢板的强度足够。

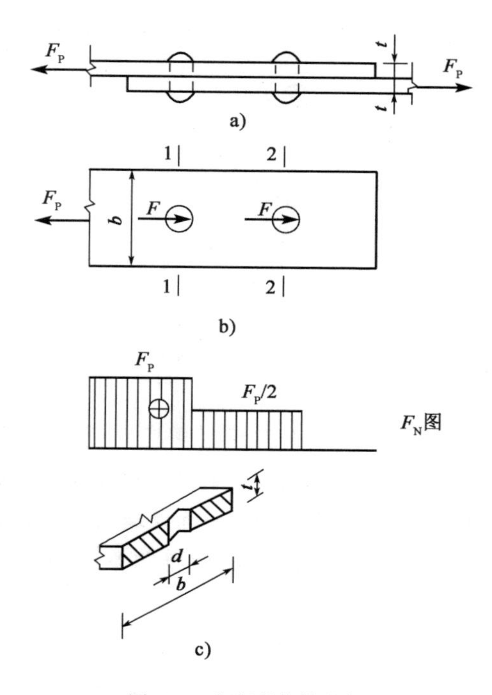


图 3-12　钢板的拉伸强度

**【例 3-6】**　由例 3-5 的计算结果看,钢板的强度有一定富余。试由钢板的强度确定铆连接的许可荷载。

**解:**钢板的形状尺寸、许用应力已知。虽然许可荷载未知,但受力形式已知,在平衡的条件下,轴力与荷载的比例关系是确定的。例 3-5 题解中的轴力图用字符表示大小,就是为了突出这种关系。

对危险截面进行强度计算:

$$\sigma_{\max} = \frac{F_{N1}}{A_1} = \frac{F_P}{(b-d)t} \leqslant [\sigma]$$

$$F_P \leqslant (b-d)t[\sigma] = (10-20)\text{mm} \times 10\text{mm} \times 160\text{MPa} = 12800\text{N}$$

铆接的许可荷载$[F_P] = 128\text{kN}$。

**【例 3-7】**　图 3-13a)所示三角支架,$AB$ 为圆截面钢杆,许用应力$[\sigma] = 160\text{MPa}$;$BC$ 为正方形截面木杆,许用应力$[\sigma] = 10\text{MPa}$。荷载 $F_P = 30\text{kN}$,试由强度条件设计钢杆、木杆的尺寸。

**解:**(1)轴力绕节点 $B$ 截断杆件,取隔离体,画受力图:两杆不计自重,中间无荷载,均为链杆,为轴向拉伸压缩杆。链杆内各截面的轴力相等。受力图上的未知轴力设为拉力[图 3-13b)]。选择使用投影方程的顺序可以不解联立方程。

$$\sum F_y = 0 \quad -F_{NBC}\sin 30° - F_P = 0$$

$$F_{NBC} = \frac{-F_P}{\sin 30°} = \frac{-30\text{kN}}{\sin 30°} = -60\text{kN}$$

$$\sum F_x = 0 \quad -F_{NBA} - F_{NBC}\cos 30° = 0$$

$$F_{NBA} = -F_{NBC}\cos 30° = -(-60\text{kN})\cos 30° = 51.96\text{kN}$$

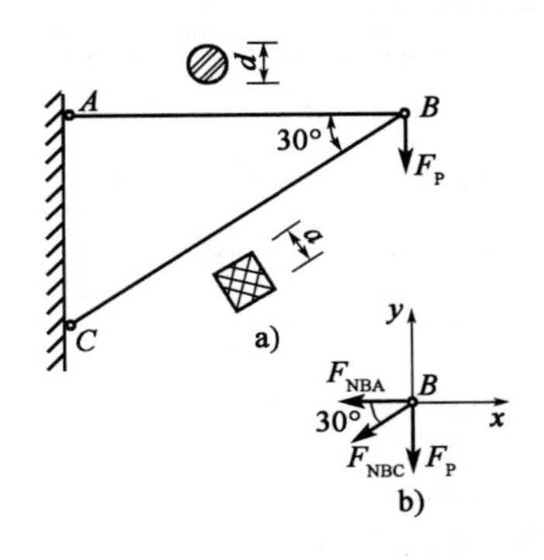


图 3-13 设计杆件截面

(2)应力、强度条件:两杆均为等截面链杆,杆内各截面的轴力相等、面积相等,因此各处的正应力相等。在强度条件中,[$\sigma$]用绝对值,所以轴力、应力也用绝对值。在有关应力的数值计算中,采用“力-N,长度-mm,应力-MPa”的单位系。

钢杆 $BA$:

$$\sigma = \frac{F_{NBA}}{A} = \frac{F_{NBA}}{\pi d^2/4} = \frac{4F_{NBA}}{\pi d^2} \leqslant [\sigma]$$

取钢杆的直径 $d = 20.4\text{mm}$。

木杆 $BC$:

$$\sigma = \frac{F_{NBC}}{A} = \frac{F_{NBC}}{a^2} \leqslant [\sigma]$$

$$a \geqslant = \sqrt{\frac{F_{NBC}}{[\sigma]}} = \sqrt{\frac{60\times 10^3\text{N}}{10\text{MPa}}} = 77.46\text{mm}$$

取木杆正方形截面的边长 $a = 78\text{mm}$。

强度计算的一般步骤为:

①画受力图,确定需求的未知外力。

②画轴力图,判断危险截面,提供危险截面的内力值。

③应力计算、强度条件。

强度校核:计算出最大应力,与许用应力比较。

设计截面、确定许可荷载:应力计算的过程用字符表示,待出现未知几何量或未知荷载之后,便建立强度条件解未知量。

强度计算的一般步骤可以简记为“外力-内力-应力-强度条件”。

## 3.6 直杆轴向拉伸和压缩时的变形

### 3.6.1 弹性变形和塑性变形

固体在外力作用下可能产生两种不同性质的变形：一种是弹性变形——当外力撤除时变形随着消失的变形[图3-14a)]；外力较大时，固体除了产生弹性变形之外，还会产生塑性变形——外力撤除之后残留下来的变形[图3-14b)]。在工程中，许多构件的变形均限制在弹性范围之内。力学中将在弹性范围内工作的固体称为弹性体。

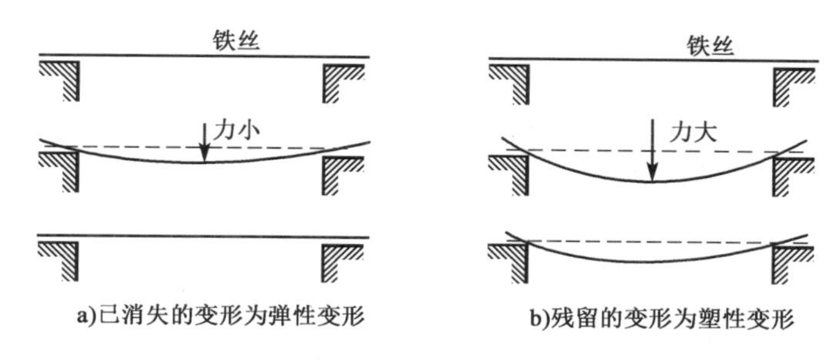


图3-14 弹性变形和塑性变形实验

### 3.6.2 虎克定律

在图3-15所示的实验中，用钢垫圈给橡皮筋加载。荷载不大时，橡皮筋的变形也不大。测得两个垫圈引起的变形 $\delta_2$ 大约是一个垫圈引起的变形 $\delta_1$ 的两倍，三个垫圈引起的变形 $\delta_3$ 大约是一个垫圈引起的变形 $\delta_1$ 的三倍，反映出荷载的大小与变形的大小成正比。

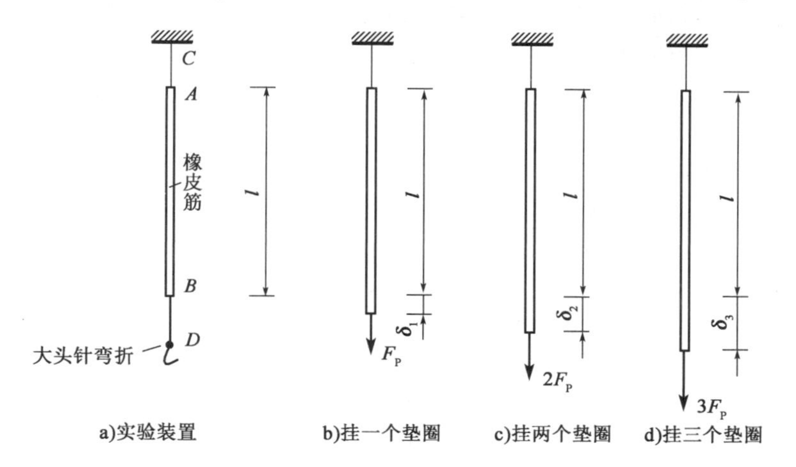


图3-15 力与变形成正比实验

工程中的直杆在轴向拉伸压缩时也产生弹性变形，只是不像图3-15所示变形实验那样容易察觉。在图3-16a)中，直杆的原长为 $l$，横截面面积为 $A$。直杆的两端承受轴向外力 $F_P$

之后，变形量为 $\Delta l$。在弹性范围内，变形量 $\Delta l$ 与拉力 $F_P$ 成正比，与直杆原长 $l$ 成正比，与横截面面积 $A$ 成反比：

$$\Delta l = \frac{F_P l}{EA} \tag{3-3}$$

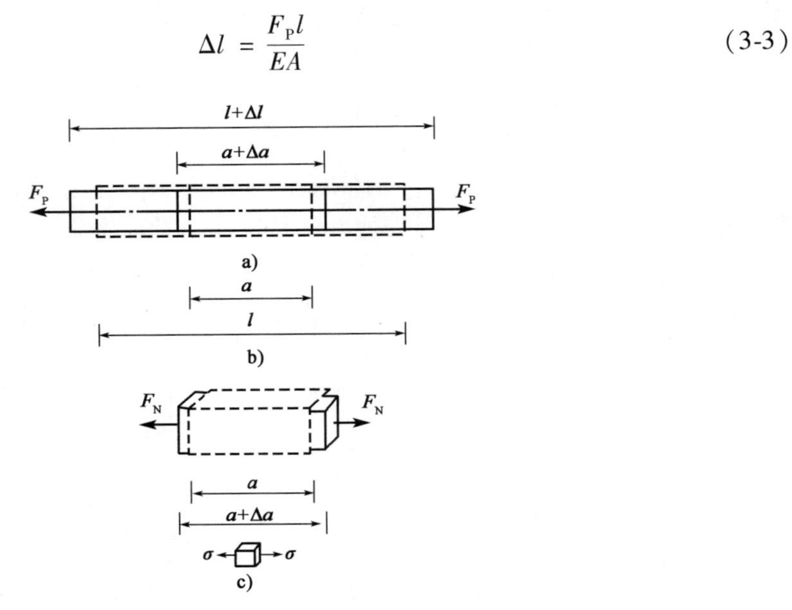


图 3-16　虎克定律

这一力与变形成正比的关系称为**虎克定律**。$E$ 为材料的**弹性模量**。

直杆中间的杆段原长为 $a$，段内各截面的轴力均为 $F_N$，杆段的变形量为 $\Delta a$ [图 3-16b)]，则：

$$\Delta a = \frac{F_N a}{EA} \tag{3-4}$$

式(3-4)为虎克定律的内力-变形形式。轴力用正负号表示拉压，则变形量 $\Delta a$ 为代数量：正值为伸长，负值为缩短。

变换式(3-4)，则有：

$$\frac{\Delta a}{a} = \frac{1}{E} \cdot \frac{F_N}{A}$$

$\Delta a/a$ 表示杆段的变形程度，比值用 $\varepsilon$ 表示，称为线应变：

$$\varepsilon = \frac{\Delta a}{a} \tag{3-5}$$

而

$$\sigma = \frac{F_N}{A}$$

则有：

$$\varepsilon = \frac{\sigma}{E}$$

$$\sigma = E\varepsilon \tag{3-6}$$

式(3-6)为虎克定律的应力-应变形式。$\sigma$、$\varepsilon$ 的符号相同,**拉伸为正,压缩为负**。虎克定律的这种形式不仅用于轴向拉伸压缩直杆的等轴力等截面杆段,还可用于局部微小的单元体[图 3-16c)]。

虎克定律定量地反映了**弹性体的外力与变形成正比,内力与变形成正比,分布内力集度与变形程度成正比**。在式(3-4)中,轴力 $F_N$、变形 $\Delta a$ 为代数量。符号相同,表示"拉"与"伸"一致,"压"与"缩"一致。在式(3-6)中,正应力 $\sigma$、正应变 $\varepsilon$ 的符号相同,也表示"拉"与"伸""压"与"缩"一致的关系。对于弹性模量 $E$,可以通过小实验,做进一步认识:

(1)将一段橡皮筋拉长为原长的两倍,此时橡皮筋的线应变:

$$\varepsilon = \frac{\Delta a}{a} = \frac{a}{a} = 1$$

橡皮筋的拉伸正应力为 $\sigma$,假若橡皮筋仍然在弹性范围内工作,由式(3-6)知:

$$E = \sigma$$

可见,弹性模量 $E$ 的单位与正应力 $\sigma$ 的单位相同。

(2)用弹簧秤将橡皮筋拉到原长的两倍,测此时橡皮筋的横截面面积,算得正应力 $\sigma$ 的大小约为 1MPa。钢的弹性模量 $E = 2 \times 10^5$MPa,将钢丝拉长到原长的两倍(假设没有破坏,而且还在弹性范围内工作),则对应的应力需 $2 \times 10^5$MPa,约为橡皮筋的 20 万倍。可见,**弹性模量反映材料抵抗拉压弹性变形的能力**。

表 3-2 列出了几种材料弹性模量的大约值。

**弹性模量的大约值** 表 3-2

| 材料名称 | $E$(MPa) |
|---|---|
| 钢 | $(200 \sim 210) \times 10^3$ |
| 铝合金(2A12) | $71 \times 10^3$ |
| 灰口铸铁 | $(60 \sim 162) \times 10^3$ |
| 混凝土 | $(15.2 \sim 36) \times 10^3$ |
| 木材(顺纹) | $(9 \sim 12) \times 10^3$ |

## 3.7 直杆轴向拉伸和压缩在工程中的应用

### 3.7.1 工程中的轴向拉伸压缩直杆

轴向拉伸压缩直杆的横截面上正应力均匀分布,材料得到充分利用。因此,轴向拉伸压缩直杆在土木工程中应用广泛。

图 3-17a)中,屋盖为网架结构,各杆简化为轴向拉伸压缩直杆。网架结构是由多根杆件按照一定的网格形式通过节点联结而成的空间结构。网架结构具有空间受力、重量轻、刚度大、抗震性能好等优点,广泛用作体育馆、展览馆、俱乐部、影剧院、食堂、会议室、候车

厅、飞机库、车间等的屋盖结构。同时，它还具有工业化程度高、自重轻、稳定性好、外形美观的特点。

图3-17b)所示为单层厂房的屋架，属于平面桁架结构，大部分杆件都简化为轴向拉伸压缩直杆。当相连两片屋架传给柱顶的力对称时，柱为轴向受压直杆。

图3-17c)中，高强度柔性薄膜靠压杆支撑，拉杆维持张拉。膜结构造型自由、轻巧，制作简易，安装快捷，适用于大型体育场馆、展览会场、公众休闲娱乐广场、廊道。

图3-17d)中，晴川桥为下承式钢管混凝土系杆拱桥。它的吊索及系杆(位于桥面两侧)为拉杆；远处的龟山电视塔在无风的情况下简化为中心受压柱。

a)屋盖的网架结构

b)单层厂房的屋架

c)膜结构

d)晴川桥、龟山电视塔

图3-17　工程中的轴向拉伸压缩直杆

### 3.7.2　动荷载下的轴向拉伸压缩直杆

**小实验**　图3-18a)中，白纸放在桌面上，上面压一只手表。轻轻拖动白纸，手表会跟着白纸移动；如果突然将白纸拉出桌面，手表会大致停留在原来的位置。物体具有惯性，即具有保持自身原有运动状态(包括静止状态)的性质。要改变物体原有的运动状态，必须施加外力。白纸缓慢移动能够带动手表，是因为手表从静止到缓慢移动，运动状态改变不大，白纸对手表的摩擦力足以实现这一改变；白纸迅速移动，手表要在较短的时间内从静止状态到获得与白纸一样大的速度，需要很大的力。白纸对手表的最大摩擦力不够大，致使白纸滑走,手表基本上停留在原处。

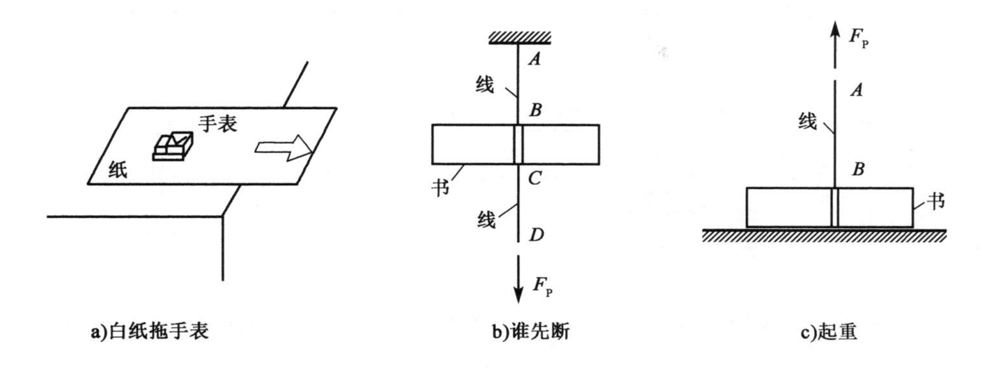


图 3-18　动荷载小实验

图 3-18b)中,细线 $AB$ 悬挂书卷,用手拉同样的细线 $CD$ 再加载。如果手拉线的力由零缓慢增加,书卷基本上处于静止状态。线 $CD$ 只承受手的拉力,而线 $AB$ 除承受手的拉力外,还承受书卷的重量。因此,假若线被拉断,应该断在 $AB$ 线上;如果手迅速向下拉线 $CD$,书卷要在很短的时间由静止状态变化到与手一样的速度,需要很大的力。线 $CD$ 在尚未达到这样大的拉力的时候,已被拉断。而线 $AB$ 的长短则因书卷的惯性没有多大变化,线的受力也就没有多大变化。图 3-18c)中,书卷放在桌面上,用细线可以缓慢提起书卷。如果手挽细线急速向上运动,细线断了,书卷还会留在桌面上。可用这个实验模拟一项工程实际——起重机起吊构件,如果过猛,钢丝绳可能被拉断。

以上实验表明,要迅速改变物体的运动状态,须加很大的外力。

**小实验**　图 3-19 中,用螺母给松紧带加载。在托盘处手持螺母,缓慢松开,荷载逐渐加到托盘上去。随着荷载增大,松紧带逐渐伸长。荷载加完,松紧带的伸长量最大[图 3-19a)]。缓慢加上去,不改变运动状态的荷载称为静荷载。松紧带的一端固定,在静荷载下托盘的位移等于松紧带的变形,用 $\delta_{st}$ 表示,称为静位移;螺母从高于托盘 $H$ 的地方自由下落,冲击托盘,松紧带的变形急剧加大,最大伸长量为 $\delta_d$[图 3-19b)]。螺母自由下落,在接触托盘时具有一定的速度。螺母继续下落,带动松紧带伸长,与伸长量相应的弹力通过托盘作用在螺母上,减小螺母的速度。松紧带的伸长量越大,弹力就越大,螺母的速度减小则加剧。在弹力最大的时候,螺母的速度减小为零,托盘的位移最大。弹力继续改变螺母的运动状态,向上增加速度,螺母向上运动。这类急剧加上去的,伴随运动状态改变的荷载,称为动力荷载,简称动荷载。动荷载下的位移 $\delta_d$ 称为动位移。

从实验中不难看出,最大动位移远大于最大静位移($\delta_d << \delta_{st}$)。定量分析为:

$$\delta_d = K_d \delta_{st} \tag{3-7}$$

$K_d$ 称为动荷因数。自由落体冲击的动荷因数

$$K_d = 1 + \sqrt{1 + \frac{2H}{\delta_{st}}} \tag{3-8}$$

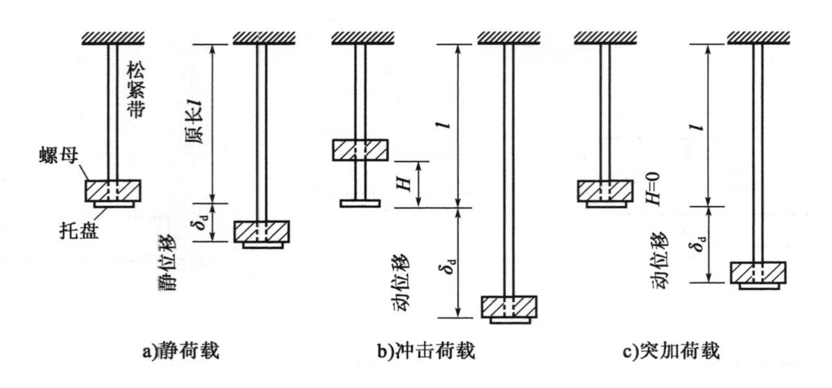


图 3-19　松紧带承受静荷载、动荷载

图 3-19c) 中，手持螺母与托盘接触($H=0$)，突然松手，螺母对松紧带加载。此时的动荷因数：

$$K_d = 1 + \sqrt{1 + \frac{2H}{\delta_{st}}} = 1 + \sqrt{1 + \frac{2 \times 0}{\delta_{st}}} = 2$$

此时：

$$\delta_d = K_d\delta_{st} = 2\delta_{st}$$

图 3-20a) 所示起重机起吊构件，在起动的瞬间，钢丝绳及构件都承受动荷载；图 3-20b) 中，桩锤冲击桩头，桩承受动荷载。将静荷载作用下的荷载值、内力值、应力值、位移值乘以动荷载因数，就可以得到动荷载作用下的相应量值。在施工中，须按规程操作，防止冲击对构件造成伤害。在估计起重量时，注意给定的动荷因素。

a) 起吊构件

b) 打桩

图 3-20　施工中直杆的动荷载

# 本章小结

## 知识体系

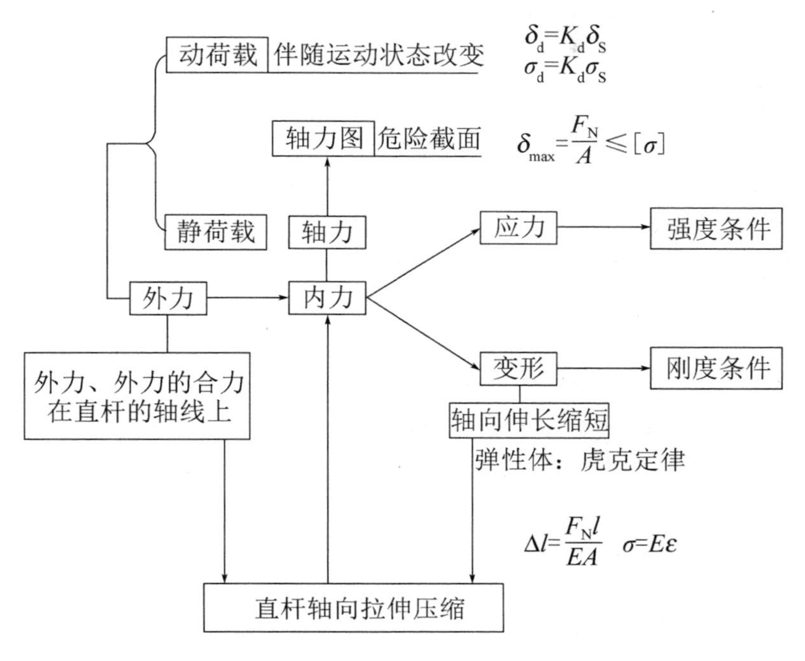


## 能力养成

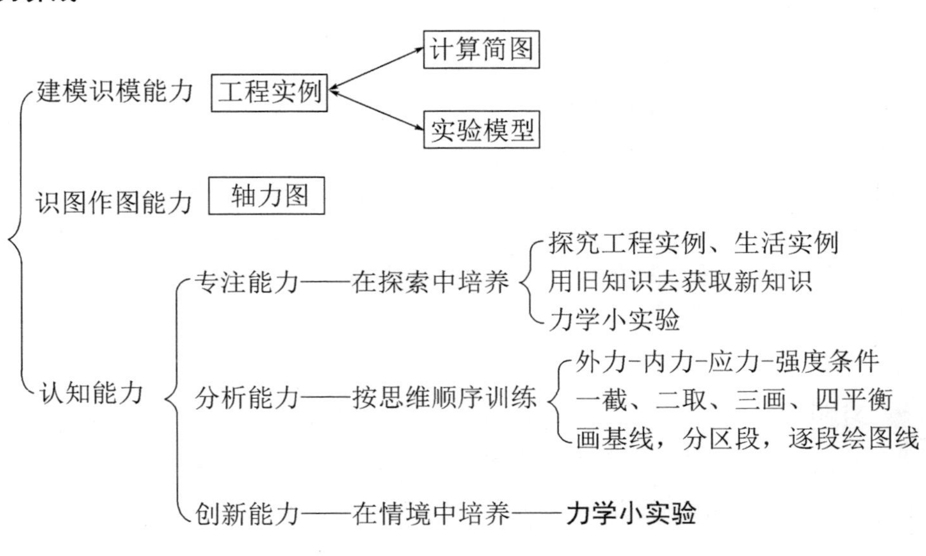


能力在多次训练中培养：
- 口述内力图的作图步骤，笔下计算、作图。
- 手画内力图的纵坐标线，口述它的含义。
- 构思实验，选料做模型，演示。

## 实验与讨论

3-1-1 **小实验** 用海绵直杆演示杆的轴向拉伸压缩、扭转、弯曲;用钢丝钳的侧面剪铁丝,观察两个小铁块如何对铁丝施力,铁丝的左右两段如何相对错动。取下未断的铁丝,观察残留的变形。

3-2-1 **小实验** 用海绵直杆演示图3-3所示的轴向压缩、弯曲和偏心受压杆的变形,并用力的平移定理将组合变形分解为基本变形。

3-3-1 用橡皮筋做图3-4所示的受力、变形实验,分析杆件横截面上的内力是谁给的。体会内力与变形同步发生。

3-4-1 用食盐和橡皮筋、练习本做图3-10所示的压强、应力实验。认识二者的概念不同,单位却相同。体验1Pa、1MPa的大小。

3-4-2 用海绵直杆做图3-1所示的轴向拉伸压缩杆的受力和变形实验。观察两横截面的位置变化,观察各纵向纤维段的长短变化。

3-4-3 设计一个小实验,体会1Pa、1MPa的大小,以形成对应力单位的认知经验。

3-5-1 用木条、螺栓做图3-12所示的铆连接实验。图示连接方式称为“搭接”,你能利用盖板”进行“对接”吗?

3-6-1 用铁丝做图3-14所示的弹性变形和塑性变形实验。你能造成一种变形,既包含弹性变形,又包含塑性变形吗?

3-6-2 用橡皮筋、金属垫圈做图3-15所示的“外力与变形成正比”的实验。你能设计一个实验,反映内力与变形成正比吗?

3-6-3 用橡皮筋做实验,理解“3.6.2 虎克定律”中关于对弹性模量的进一步认识。记住弹性模量的单位,记住弹性模量反映材料的什么能力。

3-7-1 用手表、白纸做图3-18a)所示的惯性实验。你能设计出一些关于惯性的实验吗?

3-7-2 用绳将书捆成卷,栓两条细线。一根细线挂在钉子上,另一根细线套在手指上,做图3-18b)所示的实验。你能用力的运动效应解释实验的结果吗?

3-7-3 手持上述题3-7-2中未断的细线做图3-18c)所示的实验猛地起吊重物。

3-7-4 用松紧带、螺母做图3-19所示的拉杆冲击实验。注意“动荷因数”这个概念,在起重机起吊构件时会有用。

## 习题

3-1-1 杆件的基本受力变形形式有:①________;②________;③________;④________。

图3-21为直杆受力变形前的形状,试参照图3-1画出杆件的受力变形特点。

3-3-1 用截面法显示、确定内力,其步骤可以简记为:“一、________,二、________,三、________,四、________。”在画受力图时,未知轴力一律设为正向,即画成________力。

试分别求图 3-22 所示杆 1－1 截面、2－2 截面的轴力。

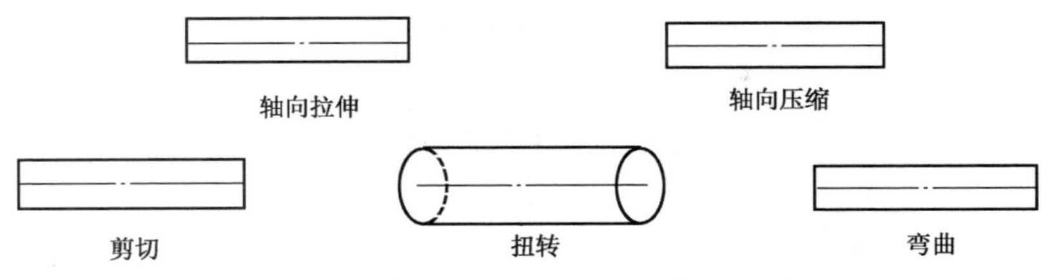


图 3-21　画图表示杆件各基本受力变形的特点

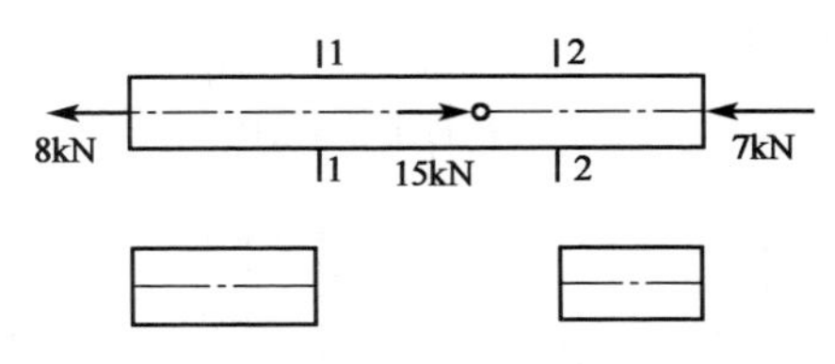


图 3-22　求轴力

3-3-2　试标出图 3-23 所示阶梯柱的轴力图各组成部分的名称(选填基线、图线、纵坐标线、纵坐标值、正负号、图名、单位),并根据图示阶梯柱的轴力图填空。

示范:$F_{NAB}$ 读为<u>AB 杆段 A 截面的轴力</u>,等于<u>－50kN</u>;

$F_{NBA}$ 读为________________,等于__________;

$F_{NBC}$ 读为________________,等于__________;

$F_{NCB}$ 读为________________,等于__________;

绝对值最大的轴力发生在________________截面。

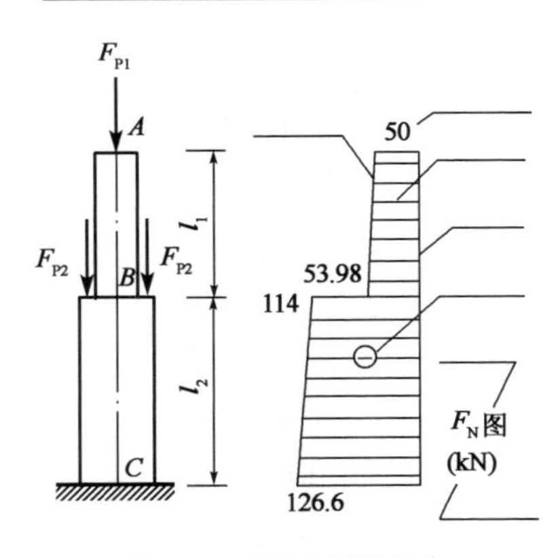


图 3-23　标轴力图的组成

3-3-3　试画图 3-24 所示柱的轴力图。自重不计。

3-3-4　试画图 3-25 所示杆的轴力图。

3-3-5　图 3-26 所示吊杆的横截面面积为 $A$,材料的重度为 $\gamma$。考虑自重,画吊杆的轴力图。

3-4-1　应力是分布内力在一点处微小面积上的密集程度。因此我们不说一点的应力,而说"一点________的应力。"

3-4-2　轴向拉压直杆的受力特点是________,变形特点是________。内力称为________,横截面上的应力是________应力。

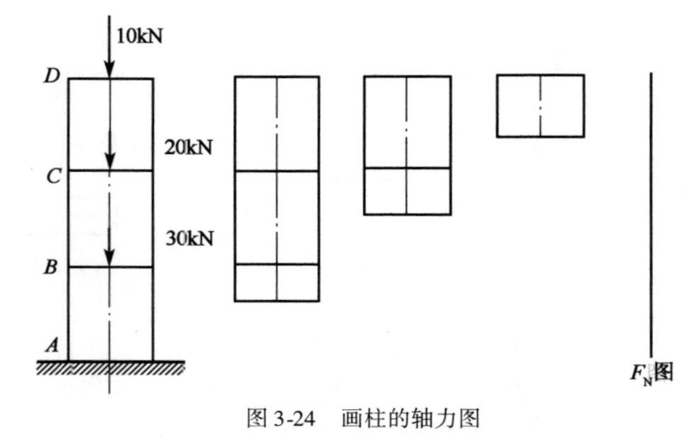

图 3-24 画柱的轴力图

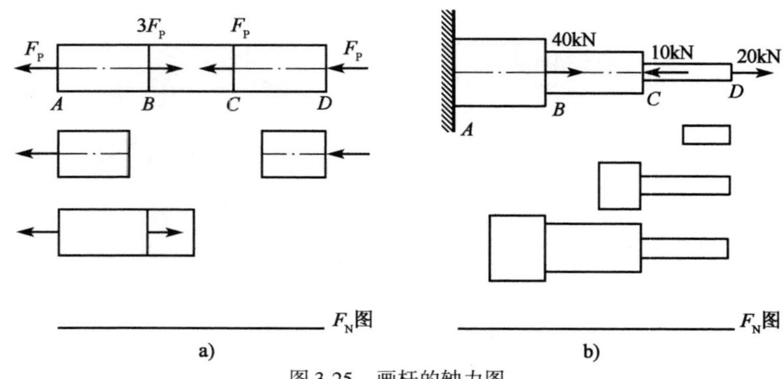

图 3-25 画杆的轴力图

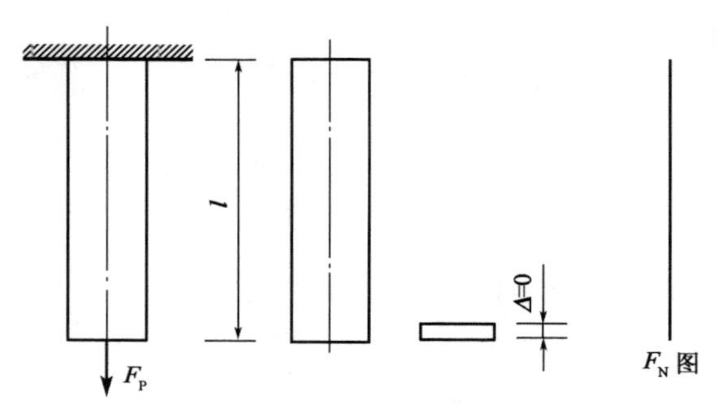

图 3-26 画吊杆的轴力图

一点处的正应力若用矢量表示，它的方向表示此处分布内力的方向。指向截面的正应力为________应力，背离截面的为________应力；正应力若用代数量表示，拉应力的符号为________，压应力的符号为________。（选填“正”“负”“拉”“压”“+”“-”等）。

3-4-3 应力的单位是 Pa（读作________），1Pa = 1 __/__。工程中常用 MPa（读作____）作单位。试完成下列单位的演变：

1MPa = ____ Pa = ____ N/m² = ____ N/mm²。

今后，在有关应力的计算中，常用 N、mm、MPa 单位系。即：

力以 N 为单位，长度以 mm 为单位，计算结果应力的单位为________；

力以 N 为单位，应力以 MPa 为单位，计算结果长度的单位为________；

应力以 MPa 为单位，长度以 mm 为单位，计算结果力的单位为________。

3-5-1 轴向拉压杆的强度条件为____________。标出图3-27所示拉杆的危险截面位置，用板宽 $b$、板厚 $t$、孔径 $d$ 表示危险截面的面积 $A$。

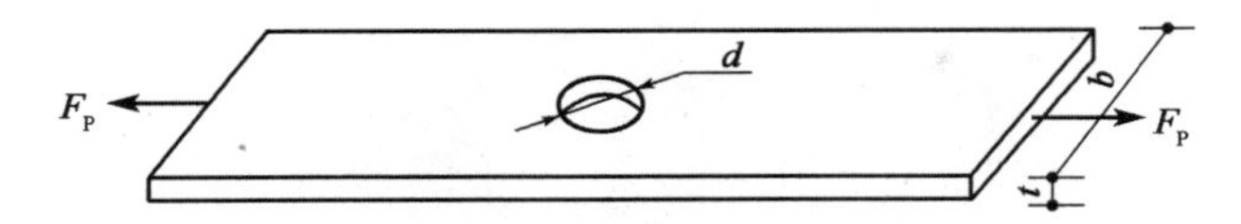


图3-27 表示危险截面的面积

3-5-2 图3-28a)所示为可以安装在墙壁或柱子上的旋转式起重机，用电动葫芦提升或移动重物，旋臂的转动由人力操作。设电动葫芦与吊重共重 $F_P=5\text{kN}$，并在图3-28b)所示位置，钢拉杆 $BC$ 的直径 $d=10\text{mm}$，许用应力 $[\sigma]=160\text{MPa}$。①校核拉杆的强度；②确定拉杆容许承受的拉力；③暂由拉杆的强度确定起重机的许可荷载。

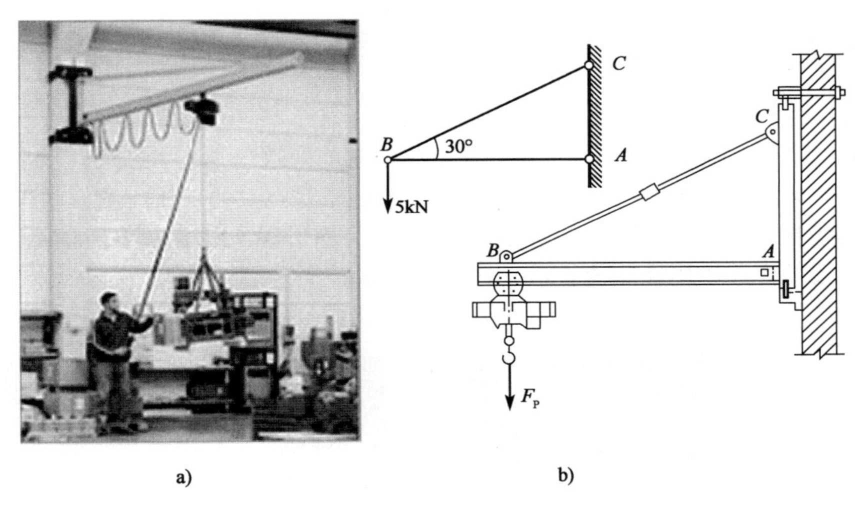


图3-28 旋转式起重机

3-5-3 钢拉杆的两端承受拉力100kN，$[\sigma]=160\text{MPa}$，它的横截面假若为如下形状，试设计截面：①现有圆钢 $\phi27$、$\phi28$、$\phi30$、$\phi32$ 可供选择，试选择圆钢型号；②拉杆由两根等边角钢组成，试选角钢型号（查附录B型钢规格表）；③拉杆为钢丝束，每根钢丝的直径 $d=2\text{mm}$，试确定钢丝束中钢丝的根数。

# 第4章 直梁弯曲

## 4.1 梁的形式

图 4-1a)所示为福厦铁路施工架设的简支梁。它的两端分别支承在固定铰支座和可动铰支座上。在未通过火车时,仅承受梁体及桥面系的重量。它的计算简图如图 4-1d)所示:梁体用轴线代替,支座用符号表示,荷载为均布荷载,图中的曲线表示梁弯曲后的轴线,称为挠曲线。梁的弯曲常用挠曲线表示。在力学小实验中,可采用图 4-1g)所示的简支梁模型:硬纸条作梁体,笔杆作支座,将链条展开当均布荷载。

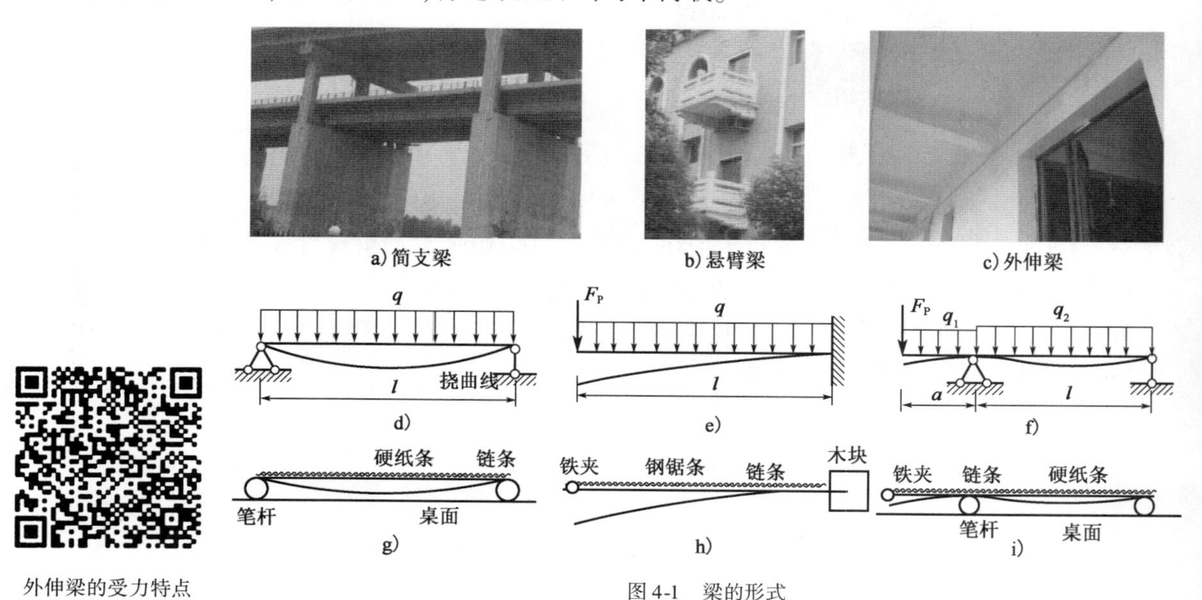


外伸梁的受力特点

图 4-1　梁的形式

图 4-1b)所示为某大楼阳台的挑梁。它的一端埋入墙内,另一端自由。挑梁的悬臂部分为悬臂梁,承受阳台面板传来的荷载及栏杆的重量。它的计算简图如图 4-1e)所示:梁体用水平直线段代替,用符号表示固定端支座。面板传来的力和纵向栏杆的重量用均布荷载表示,横向栏杆传来的力用集中荷载表示。在力学小实验中,可采用图 4-1h)所示的模型:

钢锯条作梁体,一端插入开了缝的木块中为固定端支座。将链条展开当均布荷载,铁夹当集中荷载。

图4-1c)所示的外伸梁为某教室装配式楼盖的大梁。它支承在两面纵墙上,外伸部分承受走廊传来的荷载,在两墙之间承受楼盖自重和桌椅、人群等荷载。它的计算简图如图4-1f)所示:梁体用轴线代替,两墙的支承简化为一个固定铰支座和一个可动铰支座。走廊的均布荷载集度与教室内的均布荷载集度不同,栏杆小柱、台口梁传来的力用集中荷载表示。将图4-1g)所示简支梁模型的左支座向里移,即得外伸梁的模型[图4-1i)]。

梁,通常指一种结构形式。它的梁体为杆件,主要承受横向荷载,以弯曲为主要变形。作为结构,除梁体之外,还有支座。梁在两支座间的部分称为跨。在另外一些结构(比如刚架)中,也有一些杆件主要承受横向荷载,以弯曲为主要变形。工程中将这样的杆件也称为梁。因此,凡是以弯曲为主要变形的杆件,通称为梁。

大多数梁都可以抽象成轴线为直线的梁——直梁。在受力变形之前轴线就为曲线的梁称为曲梁。

简支梁、悬臂梁、外伸梁是土木工程中常用的3种基本形式的静定梁。它们可以组成连续几跨的静定多跨梁。

## 4.2 梁的内力

### 4.2.1 平面弯曲

工程中常见梁的弯曲有如下特征:

(1)几何特征梁的横截面有对称轴。所有横截面的对称轴集合成纵向对称平面[图4-2a)]。

(2)受力特征梁上的外力垂直于梁的轴线;外力、外力偶(包括荷载和支座约束力)作用在纵向对称平面内。

(3)变形特征梁轴线在纵向对称平面内弯成一条曲线。

这种弯曲称为对称弯曲。由于梁变形后的轴线在外力所在的平面内,因此也称平面弯曲。

### 4.2.2 梁的剪力和弯矩

1.梁横截面的内力

用截面法显示梁横截面的内力[图4-2b)]。由于梁上的外力垂直于轴线且在纵向对称平面内,从平衡的角度看,梁横截面的内力只能位于纵向对称平面内:横向集中内力对应剪切变形,称为剪力,用 $F_S$ 表示;内力偶对应弯曲变形,其力偶矩称为弯矩,用 $M$ 表示。

常用轴线上的线段代表截取的梁段,画隔离体的受图4-2 平面弯曲与弯曲内力力图[图4-2c)]。

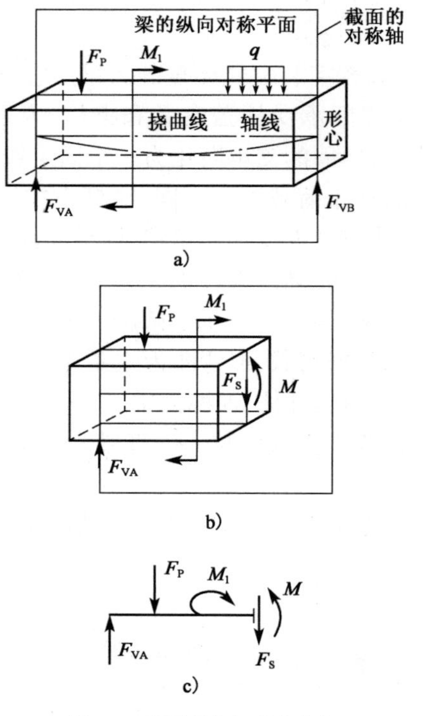


图 4-2　平面弯曲与弯曲内力

2. 剪力和弯矩的正负号规定

剪力和弯曲内力偶的方位确定[图 4-2b)、c)],可以用正负号来区别截然相反的两种指向。依据内力与变形一致的关系,用横截面附近梁段的变形方向来规定剪力、弯矩的正负号:对应横截面附近梁段顺时针向错动的剪力为正,反之为负[图 4-3a)];对应横截面附近梁段下凸弯曲(下侧受拉)的弯矩为正,反之为负[图 4-3b)]。从此,梁的剪力、弯矩可以用代数量表示。

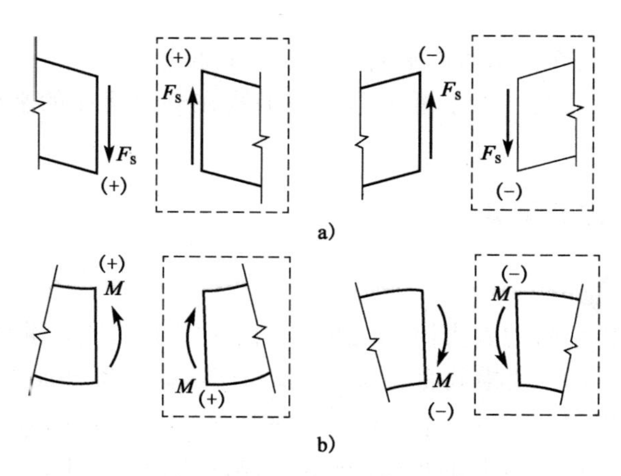


图 4-3　剪力、弯矩正负号的规定

3. 用截面法计算梁的剪力和弯矩

在计算内力之前,应求出须用的支座反力。截面法的步骤如下:

(1)**截** 假想地在欲求内力的横截面处将梁截为两段。

(2)**取** 取便于计算的一段为隔离体。

(3)**画** 画隔离体的受力图。未知内力须设为正向。

(4)**平衡** 列平衡方程求解未知力。

## 分析示范

**【例 4-1】** 求图 4-4a)所示简支梁指定截面的剪力和弯矩。其中,截面 1 无限靠近跨中 $C$ 截面,截面 2 无限靠近 $B$ 支座。

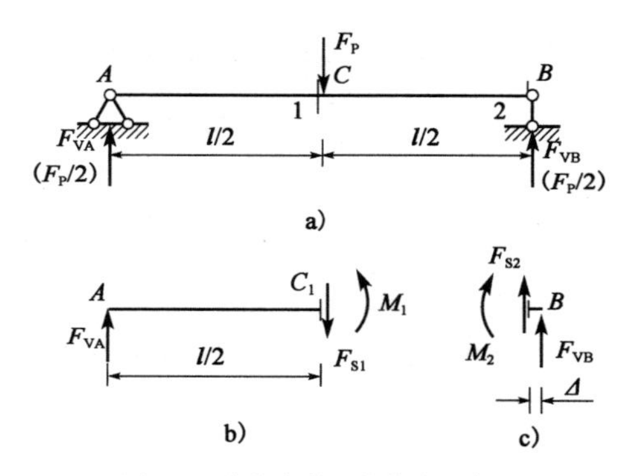


图 4-4 求指定截面的剪力和弯矩

**解:**可将支座反力画在支座的下面,力的作用线通过固定铰或可动铰,标上力的字符[图 4-4a)]。梁受力对称,判断两端的竖向支座反力的大小等于荷载的一半。将支座反力的大小标在字符的旁边并加括号与已知荷载区别。

(1)截面 1 的剪力和弯矩。取截面 1 以左梁段为隔离体画受力图,未知内力设为正向[图 4-4b)]。

$$\sum F_y = 0 \quad F_{VA} - F_{S1} = 0 \quad F_{S1} = F_{VA} = \frac{F_P}{2}$$

列力矩方程计算弯矩时,取截面 1 的形心 $C_1$ 为力矩中心,方程中可以避开剪力出现:

$$\sum M_{C1}(F) = 0 \quad M_1 - F_{VA} \cdot \frac{l}{2} = 0$$

$$M_1 = F_{VA} \cdot \frac{l}{2} = \frac{F_P}{2} \cdot \frac{l}{2} = \frac{F_P l}{4}$$

(2)截面 2 的剪力和弯矩。取截面 2 以右梁的微段为隔离体画受力图,未知内力设为正向,微段长度 $\Delta \to 0$[图 4-4c)]。

$$\sum F_y = 0 \quad F_{S2} + F_{VB} = 0 \quad F_{S2} = -F_{VB} = -\frac{F_P}{2}$$

剪力为负值,从平衡的角度看,表示实际的剪力与受力图所设剪力的指向相反;从变形的角度看,梁在此处逆时针向错动。

$$\sum M_{C2}(F)=0 \quad F_{VB}\cdot\Delta-M_2=0 \quad M_2=F_{VB}\cdot\Delta=0$$

**【例 4-2】** 求图 4-5a)所示悬臂梁指定截面的剪力和弯矩。其中截面 2 无限靠近 $B$ 支座。

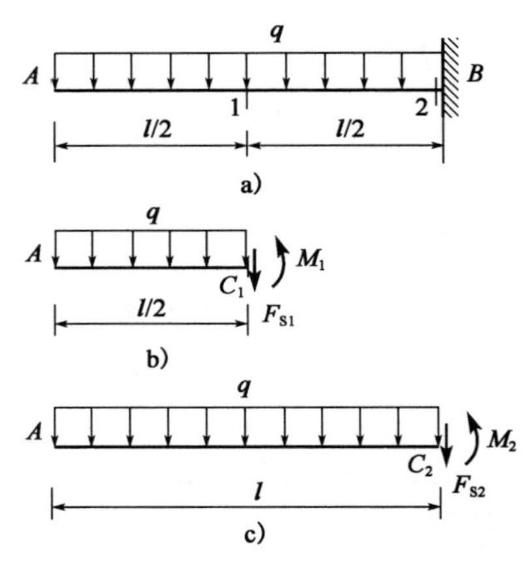


图 4-5 求指定截面的剪力和弯矩

**解:**用截面法计算悬臂梁的内力,总可以截取包括自由端的梁段为隔离体。因此,不用画支座反力。

(1)截面 1 的剪力和弯矩。取截面 1 以左梁段为隔离体画受力图,未知内力设为正向[图 4-5b)]。

$$\sum F_y=0 \quad -q\frac{l}{2}-F_{S1}=0$$

$$F_{S1}=-q\frac{l}{2}=-ql$$

列力矩方程计算弯矩时,取截面 1 的形心 $C_1$ 为力矩中心:

$$\sum M_{C1}(F)=0 \quad M_1+q\cdot\frac{l}{2}\cdot\frac{l}{4}=0 \quad M_1=-q\cdot\frac{l}{2}\cdot\frac{l}{4}=-\frac{ql^2}{8}$$

弯矩为负值,从平衡的角度看,表示实际的弯曲内力偶的指向与受力图上所设的指向相反;从变形的角度看,梁在此处为上凸弯曲,即梁段的上侧受拉。

(2)截面 2 的剪力和弯矩。取截面 2 以左梁段为隔离体画受力图,未知内力设为正向[图 4-5c)]。

$$\sum F_y=0 \quad -ql-F_{S2}=0 \quad F_{S2}=-ql$$

$$\sum M_{C2}(F)=0 \quad M_2+ql\frac{l}{2}=0 \quad M_2=-ql\frac{l}{2}=\frac{-ql^2}{2}$$

**【例 4-3】** 求图 4-6a)所示外伸梁任意横截面的剪力和弯矩。支座反力已经求出。

**解:**设 $K$ 点为坐标原点,画 $x$ 坐标轴[图 4-6a)]。任意横截面的位置用 $x$ 表示。

(1)$KA$ 段内任意截面的剪力和弯矩截取任意截面以左梁段为隔离体画受力图,未知内力设为正向[图 4-6b)]。

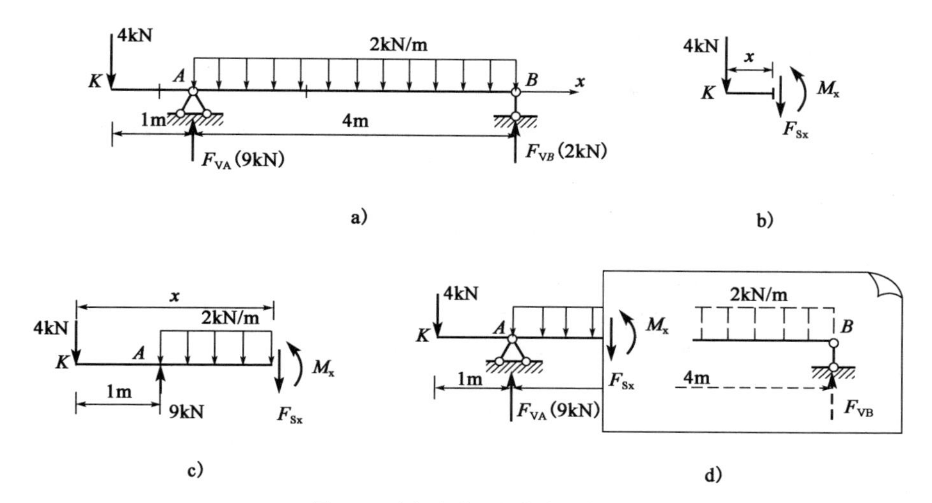


图 4-6 求任意截面的剪力和弯矩

$$\sum F_y = 0 \quad -4\text{kN} - F_{Sx} = 0 \quad F_{Sx} = -4\text{kN}$$

列力矩方程计算弯矩时,取 $x$ 截面的形心 $C_x$ 为力矩中心:

$$\sum M_{Cx}(F) = 0 \quad M_x + 4\text{kN} \cdot x\text{m} = 0 \quad M_x = -4x\text{kN} \cdot \text{m}$$

(2)$AB$ 段内任意截面的剪力和弯矩截取任意截面以左梁段为隔离体画受力图,未知内力设为正向[图 4-6c)]。

$$\sum F_y = 0 \quad -4\text{kN} + 9\text{kN} - 2\text{kN/m} \times (x-1)\text{m} - F_{Sx} = 0$$

$$F_{Sx} = -4\text{kN} + 9\text{kN} - 2\text{kN/m} \times (x-1)\text{m} = (7-2x)\text{kN}$$

$$\sum M_{Cx}(F) = 0 \quad M_x + 2\text{kN/m} \times (x-1)\text{m} \times \frac{(x-1)\text{m}}{2} - 9\text{kN} \times (x-1)\text{m} +$$

$$4\text{kN} \cdot F_{S4} = -4\text{kN} \times x\text{m} = 0$$

$$M_x = -2\text{kN/m} \times (x-1)\text{m} \times \frac{(x-1)\text{m}}{2} + 9\text{kN} \times (x-1)\text{m} - 4\text{kN} \cdot x\text{m}$$

$$= (-x^2 + 7x - 10)\text{kN} \cdot \text{m}$$

用截面法求 $AB$ 梁段内任意截面的剪力和弯矩,已经显得麻烦。今后,还要大量计算截面的内力。有必要对截面法进行简化。如图 4-6d)所示,在题图上用纸片盖住截去的部分,只在截面处画上正向的未知内力,即可省去画隔离体的受力图;如 $AB$ 段的计算过程所示,可以略去写平衡方程的名称及平衡方程,直接写剪力表达式、弯矩表达式,即直接写有波浪线的部分。

### 4.2.3 截面法的简化

截面法简化后的记法如下:

(1)梁横截面的剪力等于截面一侧梁上横向外力的代数和。各项的正负号这样取定:假想固定截面,外力单独作用使截面附近梁段顺时针方向错动取正。

(2)梁横截面的弯矩等于截面一侧梁上外力对截面形心之矩的代数和。各项的正负号这样取定:假想固定截面,外力单独作用使截面附近梁段下凸弯曲取正。

## 分析示范

【例 4-4】 用截面法的简化方法计算图 4-7 所示指定截面的剪力和弯矩,各截面无限接近集中力、力偶的作用点,接近均布荷载的起始点,接近支座,即图中所标的$\Delta \to 0$。

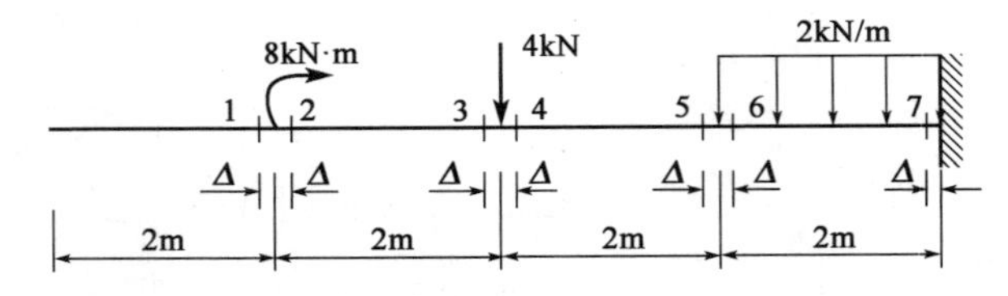


图 4-7 用截面法的简化方法求内力

**解**:计算悬臂梁的内力时,选含自由端的梁段为隔离体,可以避开求支座反力。

截面 1:

$$F_{S1}=0$$

$$M_1=0$$

截面 2:

$$F_{S2}=0$$

$$M_2=8\text{kN/m} \text{ (放长}\Delta\text{段看弯曲方向,判断正负)}$$

截面 3:

$$F_{S3}=0$$

$$M_3=8\text{kN}\cdot\text{m}$$

截面 4:

$$F_{S4}=-4\text{kN}$$

$$M_4=8\text{kN}\cdot\text{m}-4\text{kN}\cdot\Delta=8\text{kN}\cdot\text{m}$$

截面 5:

$$F_{S5}=-4\text{kN}$$

$$M_5=8\text{kN}\cdot\text{m}-4\text{kN}\times2\text{m}=0$$

截面 6:

$$F_{S6}=-4\text{kN}-2\text{kN/m}\cdot\Delta=-4\text{kN}$$

$$M_6=8\text{kN}\cdot\text{m}-4\text{kN}\times2\text{m}-2\text{kN/m}\cdot\Delta\cdot\Delta/2=0$$

截面 7:

$$F_{S7}=-4\text{kN}-2\text{kN/m}\times2\text{m}=-8\text{kN}$$

$$M_7=8\text{kN}\cdot\text{m}-4\text{kN}\times4\text{m}-2\text{kN/m}\times2\text{m}\times1\text{m}=-12\text{kN}\cdot\text{m}$$

比较计算结果,可见集中荷载作用点左右邻近截面的剪力不相等,相差集中荷载的大小;力偶作用点左右邻近截面的弯矩不相等,相差力偶矩的大小。

# 4.3 梁的内力图

## 4.3.1 梁的剪力图和弯矩图

将例 4-3 的计算结果列在对应的梁段下[图 4-8a)]。可见段内任意截面的剪力表现为剪力函数式,任意截面的弯矩表现为弯矩函数式,代入自变量(表示横截面位置的)$x$ 值,即可算出该截面的内力值。

可以借助坐标系,将内力函数式转化为函数图形[图 4-8b)、c)]。$F_S$轴以向上为正;依据土木工程的有关规定，$M$ 轴向下为正。函数图线上点的横坐标为截面的位置，纵坐标为该截面的剪力值或弯矩值。$KA$ 梁段（不含力 $F_P$、$F_{VA}$ 作用点）无荷载，剪力函数为常数，剪力图线为水平线（确定图线上的任一点即可控制水平线的位置）；弯矩为一次函数，弯矩图线为斜直线（确定图线的两个端点即可控制斜直线的位置）。$AB$ 梁段（不含 $F_{VA}$、$F_{VB}$ 的作用点）承受均布荷载，剪力为一次函数，剪力图线为斜直线；弯矩为二次函数，弯矩图线为抛物线（确定图线的两个端点和极值点即可控制抛物线的位置）。

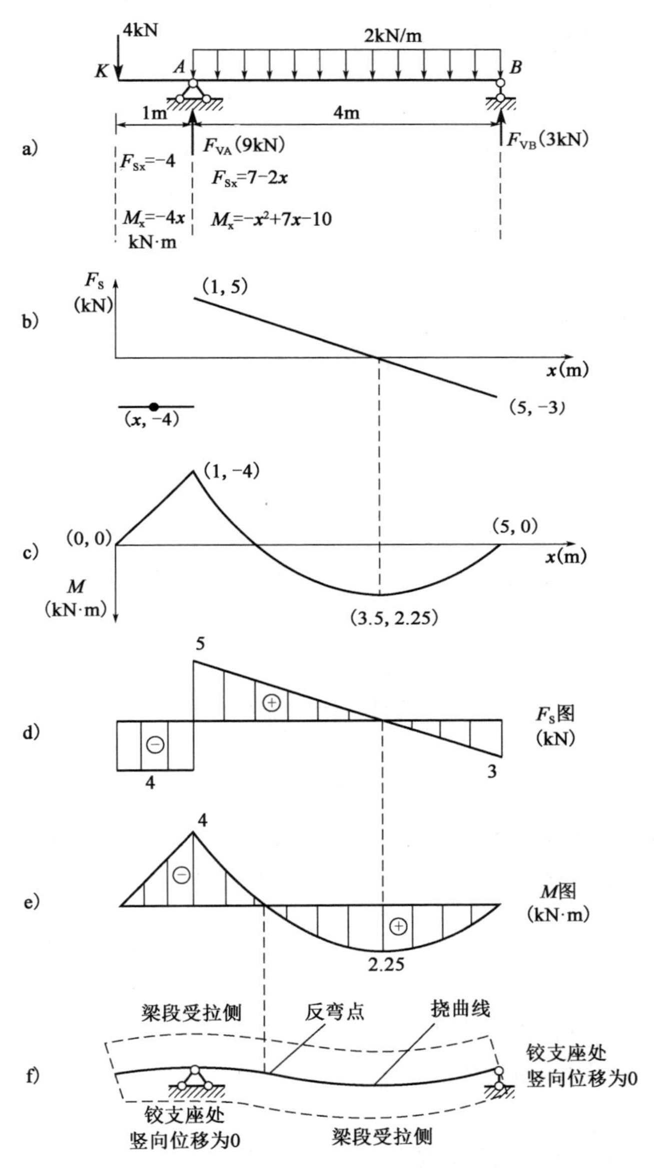


图 4-8　剪力函数和弯矩函数

用 $x$ 轴上与梁对齐的线段代替 $x$ 轴，这一线段称为基线［图 4-8d）、e）］。内力函数图线上的点到基线的垂直线段称为纵坐标线。画纵坐标线、标上正负号，而不画 $F_S$ 轴、$M$ 轴。再标内力函数图线控制点的纵坐标值,即形成工程应用中的内力图。图名及单位标在图形的旁边。

梁的内力图一目了然地展示了所有截面的内力及其变化规律。由于规定了对应梁段下凸弯曲(下侧受拉)的弯矩为正,规定了正值弯矩画在基线的下侧,梁段的弯矩图则画在梁段受拉的一侧[图4-8f)]。因此,从弯矩图的侧向即可知道梁段的哪侧受拉。能识读内力图,能绘到直梁的剪力图和弯矩图,是土木工程工作者的基本素养。

### 4.3.2 简捷法绘剪力图和弯矩图

1. 步骤

绘内力图的主要工作是绘内力函数图线。按几何作图的步骤绘内力函数图线比较简便:

(1)画基线,分区段(外力突变为标志,区段暂不含外力作用点)。

(2)逐段绘图线。

①判断图线类型(表4-1)。

判断图线类型　　表4-1

| 区　段 | 无荷区段 | 均布荷载区段 |
| --- | --- | --- |
| $F_S(x)$图线 | 水平线 | 斜直线 |
| $M(x)$图线 | 斜直线<br>[$F_S(x)=0$时为水平线] | 抛物线 |

②确定图线位置(截面法算控制点的纵坐标值,描控制点绘图线)。

水平线:定一点。

斜直线:定两端。

抛物线:一般定三点,即两端点和极值点(段内存在极值时)。

2. 说明

(1)利用相邻梁段内力函数的连续性,可以共用控制点,减少计算量:

剪力图线只在集中力作用处不连续,弯矩图线只在力偶作用处不连续。

(2)均布荷载梁段剪力为零的截面有弯矩极值。弯矩极值截面的位置这样计算简便(图4-9):

$$a = \frac{F_{S端}}{q}$$

式中:$a$——弯矩极值截面到均布荷载端部的距离;

$F_{S端}$——均布荷载端部截面剪力的大小;

$q$——均布荷载集度。

(3)为了训练对梁段受拉侧的判定,并为学习“梁的位移”做准备,要求每次绘弯矩图之后,都勾画梁的挠曲线。勾画挠曲线只要求画准3个方面[图4-8f)]:

①梁在支座处的位移与支座的约束特性相符。

②挠曲线的凸向与弯矩图的侧向相同;图4-9 弯矩极值截面位置的计算。

③挠曲线是连续、平滑的曲线。它的拐点与弯矩图线与基线的交点对齐。

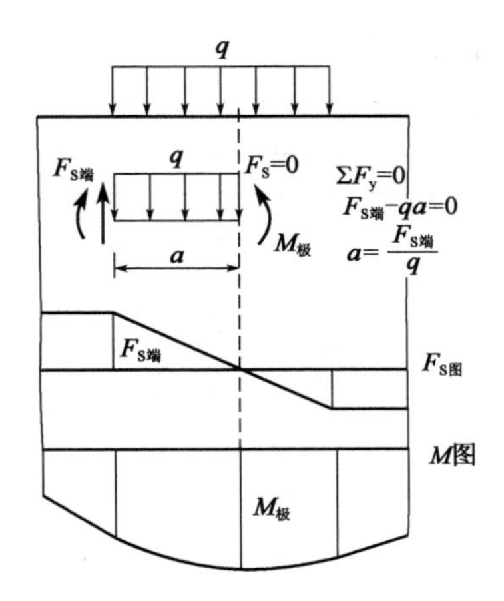


图4-9　弯矩极值截面位置的计算

(4)在区段暂不包含外力作用点的前提下,用双脚标标注杆端截面的内力。前一脚标表示内力所在的截面,后一脚标表示梁段的远端截面。比如,在图4-8d)中$F_{SAK}=-4\text{kN}$、$F_{SAB}=5\text{kN}$,表明$AB$梁段上$A$截面的剪力不等于$AK$梁段上$A$截面的剪力;$AB$梁段$A$截面的剪力$F_{SAB}=5\text{kN}$,$AB$梁段$B$截面的剪力$F_{SBA}=-3\text{kN}$。在图4-8e)中,弯矩图线连续,$M_{AB}=M_A=M_{AK}=4\text{kN}\cdot\text{m}$。

## 分析示范

**【例4-5】**　图4-10a)所示简支梁承受集中荷载。试绘梁的剪力图和弯矩图并勾画梁的挠曲线。

**解:**求梁的支座反力,将大小标在图上。

(1)画基线,分区段。在集中荷载处分段,梁段暂不包含外力作用点。

(2)逐段绘图线[图4-10b)、c)]。

①判断图线类型:无荷载区段。剪力图线为水平线,弯矩图线为斜直线。

②确定图线位置:用截面法的简化方法计算控制截面的内力值,描点,绘图线。

$$F_{SAC}=\frac{b}{l}F_P\quad F_{SBC}=-\frac{a}{l}F_P$$

$$M_{AC}=0\quad M_{CA}=M_{CB}=\frac{a}{l}F_P\times b=\frac{ab}{l}F_P\quad M_{BC}=0$$

可见,梁端若无外力偶作用,则梁端处的弯矩为零。

(3)勾画梁的挠曲线。支座处的竖向位移为零;弯矩图全在基线的下侧,则挠曲线全向下凸。

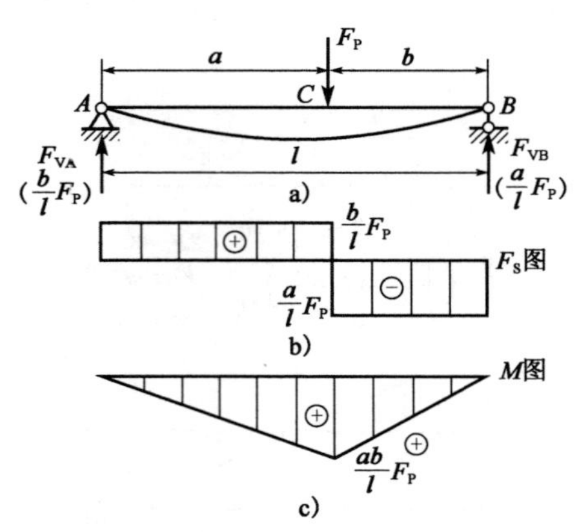


图 4-10　画简支梁的内力图

**试一试**:绘图 4-11a)、b)所示简支梁的剪力图和弯矩图,勾画梁的挠曲线

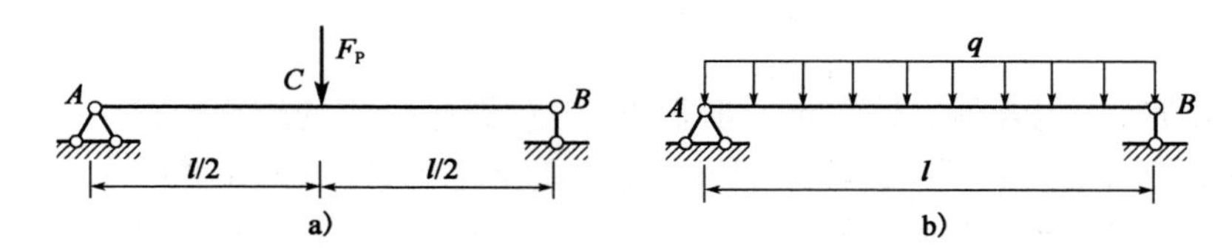


图 4-11　画简支梁的内力图

**【例 4-6】**　图 4-12 所示悬臂梁承受均布荷载。试绘梁的剪力图和弯矩图,并勾画梁的挠曲线。

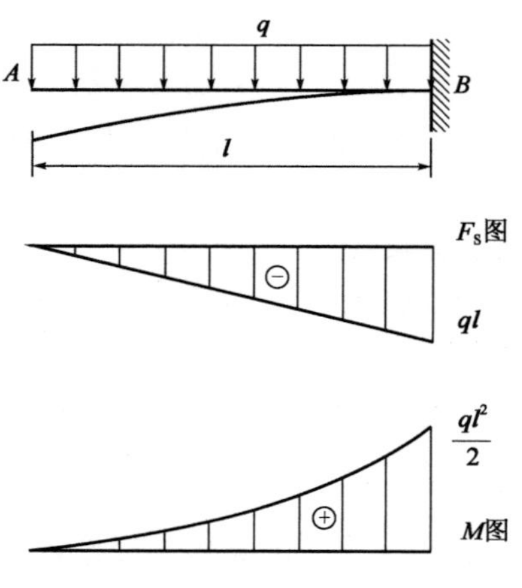


图 4-12　画悬臂梁的内力图

**解**:对于悬臂梁,宜取包括自由端的梁段为隔离体计算内力,不用求支座反力。

(1)画基线,分区段。梁上荷载无变化,为一个区段。

(2)绘图线。

①判断图线类型:均布荷载区段,剪力图线为斜直线,弯矩图线为抛物线。

②确定图线位置:用截面法的简化方法计算控制截面的内力值,描点,绘图线。

$$F_{SAB} = -q\Delta = 0 \quad F_{SBA} = -ql$$

弯矩图线需定3个控制点。从剪力图可见,自由端处截面的剪力等于零,弯矩的极值就发生在这个截面,因此形成由两点判定抛物线位置的状况。由于抛物线在自由端处与基线相切,只有向上凸和向下凸两种可能。根据弯矩图线画在梁的受拉一侧,即可确定抛物线的走向,或者由固定端处的控制点控制抛物线的走向。

$$M_{AB} = M_{极} = -q\Delta \times \frac{\Delta}{2} = 0 \quad M_{BA} = -ql \times \frac{l}{2} = -\frac{ql^2}{2}$$

悬臂梁只承受满布的均布荷载时,弯矩图线在自由端处与基线相切,画在梁的受拉一侧。固定端处弯矩的绝对值为$\frac{ql^2}{2}$。

**【例4-7】** 试绘图4-13所示外伸梁的剪力图和弯矩图,并勾画梁的挠曲线。

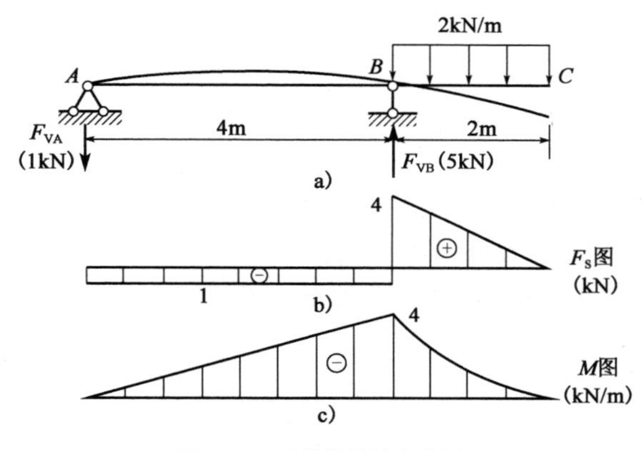


图4-13　画外伸梁的内力图

**解:**(1)计算支座反力。支座反力宜设真实指向,避免带负值计算内力。由梁上外力对$B$点之矩可以判断,$F_{VA}$的指向朝下。

$$\sum M_B(F) = 0 \quad F_{VA} \times 4m - 2kN/m \times 2m \times 1m = 0 \quad F_{VA} = 1kN$$
$$\sum M_A(F) = 0 \quad F_{VB} \times 4m - 2kN/m \times 2m \times 5m = 0 \quad F_{VB} = 5kN$$

校核:$\sum F_y = 5kN - 1kN - 2kN/m \times 2m = 0$,计算无误。

(2)作$F_S$图。画基线,在$B$支座的反力处分段。

$AB$段无荷载,图线为平行线,$F_{Sx} = -1kN$。描点绘图线。

$BC$段均布荷载,图线为斜直线,$F_{SBC} = 4kN$,$F_{SCB} = 0$。描点绘图线。

(3)作$M$图。画基线,在$B$支座的反力处分段。

$AB$段无荷载,图线为斜直线,$M_{AB} = 0$,$M_{BA} = -1kN \times 4m = -4kN \cdot m$。描点绘图线。

$BC$段的受力相当于悬臂梁,上侧受拉。弯矩图线在$C$端处与基线相切。$B$截面处无外力偶,弯矩函数连续,共一个控制点[图4-13c)]。

挠曲线通过铰$A$、铰$B$。弯矩图全在基线的上侧,则挠曲线全向上凸。

**【例4-8】** 图4-14所示外伸梁的支座反力已经求出,剪力图已经作出[图4-14a)、b)],

试作梁的弯矩图勾画挠曲线。

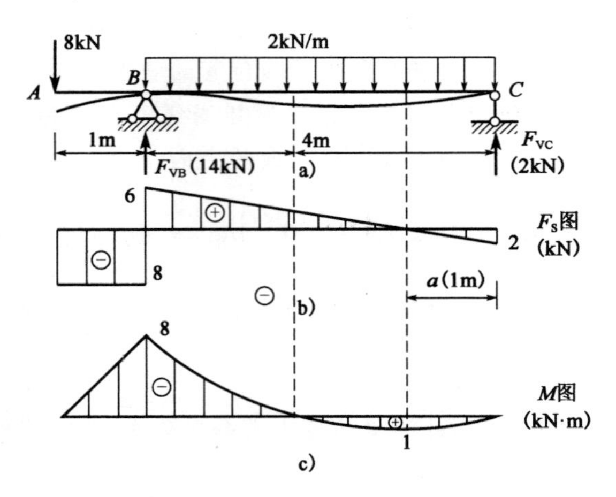


图 4-14　求弯矩极值

**解**:(1)画基线在 $B$ 截面处分段(区段暂不合 $A$、$B$、$C$ 各点)。

(2)逐段绘图线。

$AB$ 段无荷载,弯矩图线为斜直线:梁端无力偶,弯矩为零;$M_{BA}=-8\text{kN}\cdot\text{m}$。

$BC$ 段承受均布荷载,弯矩图线为抛物线:$B$ 点处无力偶,弯矩图线连续;$C$ 端处无力偶,弯矩为零;从剪力图斜直线可见,剪力为零的截面有弯矩极值。可从剪力图右边的三角形计算该截面的位置。

$$a=\frac{F_{S端}}{q}=\frac{2\text{k/N}}{2\text{kN/m}}=1\text{m}$$

$$M_{极}=2\text{kN}\times1\text{m}-2\text{kN/m}\times1\text{m}\times0.5\text{m}=1\text{kN}\cdot\text{m}$$

挠曲线的拐点与弯矩图正负变化处相对应。左段上凸,通过 $B$ 点;右段下凸,通过 $C$ 点。

**试一试**:绘图 4-15 所示外伸梁的剪力图和弯矩图,勾画梁的挠曲线。

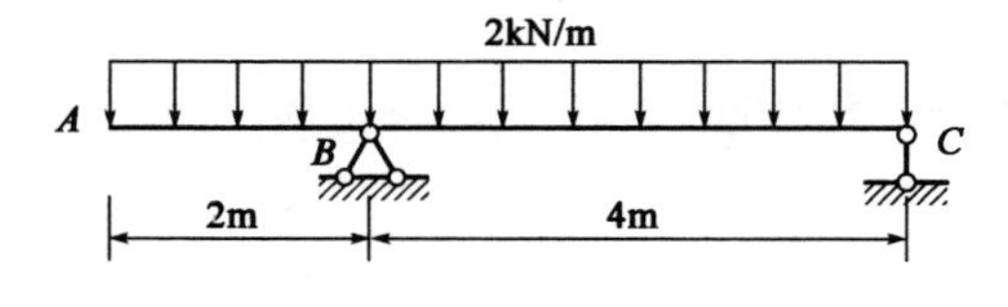


图 4-15　画内力图的全面训练

(1)计算支座反力;

(2)画基线,分区段;

(3)判断各段图线类型、位置;

(4)求 $M_{极}$ 截面位置;

(5)求 $M_{极}$ 值。

## 作图示范

【例 4-9】 图 4-16a)所示为某刚架中梁式杆件 $AB$ 的受力图。杆端剪力,杆端弯曲内力偶当成隔离体的外力,绘成真实指向,标绝对值。试绘该杆的剪力图和弯矩图。

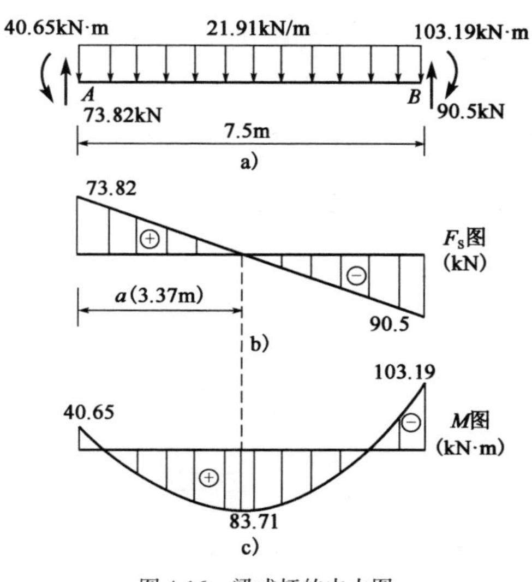


图 4-16 梁式杆的内力图

**解:**剪力图线为斜直线。

$$F_{SAB}=73.82\text{kN},F_{SBA}=-90.5\text{kN}$$

弯矩图线为抛物线。剪力为零的截面有弯矩的极值。

$$a=\frac{F_{S端}}{q}=\frac{73.82\text{kN}}{21.91\text{kN/m}}=3.37\text{m}$$

$$M_{极}=-40.65\text{kN}\cdot\text{m}+73.82\text{kN}\times3.37\text{m}-21.91\text{kN/m}\times3.37\text{m}\times3.37\text{m}\times\frac{3.37\text{m}}{2}$$

$$=83.71\text{kNm}$$

$$M_{AB}=-40.65\text{kN}\cdot\text{m}\quad M_{BA}=-103.19\text{kN}\cdot\text{m}$$

# 4.4 梁的正应力强度条件

### 4.4.1 梁横截面上的正应力

**观察与推想**

用矩形截面海绵直杆比拟直梁[图 4-17a)],并将梁看成由无数纵向纤维黏结而成。在海绵杆的表面画两圈垂直于轴线的横线,代表两个横截面。在横线中间画几条纵线,代表纵向纤维。双手在海绵杆的两端施加力偶,使它作平面弯曲[图4-17b)]。观察横线,仍然垂直于轴线。表明横截面在梁作平面弯曲之后仍为垂直于轴线的平面。观察纵线,各条纵线的变形由伸长量大到伸长量小,再由缩短量小到缩短量大。由于梁的轴线在纵向对称平面内弯成平面曲线,横截面仍然垂直于轴线,可以推断同一高度的纵向纤维层的伸缩量相同。在纵向纤维层由伸长到缩短的连续变化中,必有一层既不伸长也不缩短。这一纵向纤维层称为中性层[图4-17c)]。中性层与横截面相交的直线称为横截面的中性轴。可见,中性层一侧的纵向纤维受拉,另一侧的纵向纤维则受压;中性轴将横截面分成了受拉和受压两个区域。

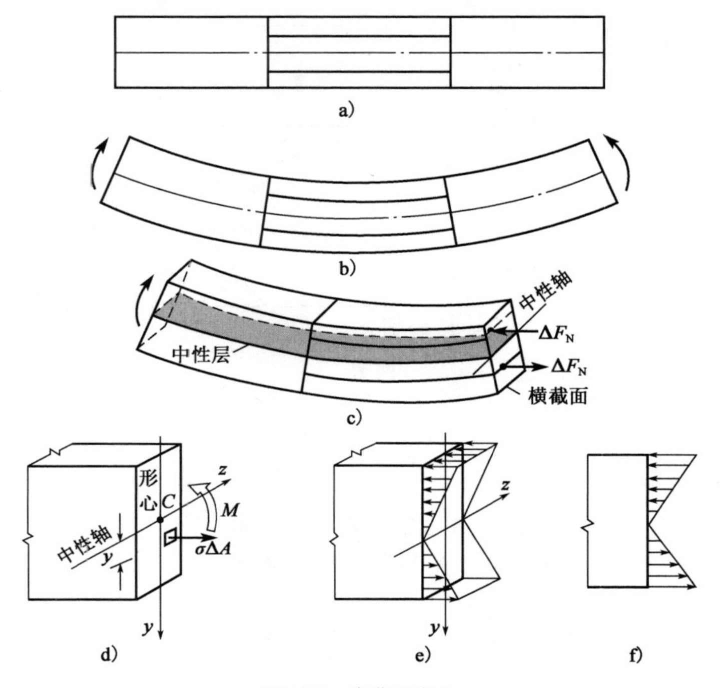


图4-17　弯曲正应力

海绵直梁变形之前,两横截面之间的纵向纤维的长度相同。纤维的伸缩量与纤维原长之比为线应变,表示纤维的伸缩程度。在弹性范围内,纵向纤维的伸缩程度与纵向分布内力的密集程度成正比——线应变与正应力成正比。

中性层的纵向纤维既不伸长,也不缩短——横截面上中性轴处的正应力为零。

两横截面间的纵向纤维段的变形量沿梁的高度成直线变化[图4-17b)],而这些纵向纤维段的原长是相同的。因此,纵向纤维的变形程度沿梁的高度成直线变化——横截面上正应力沿高度呈直线分布;同一高度的纵向纤维的变形程度相同,对应正应力沿横截面的宽度均匀分布。图4-17e)表现了梁的正应力在横截面上的分布规律,称为弯曲正应力分布图。图4-17f)为它的平面表达形式。

梁的横截面上,任一点处的弯曲正应力公式为:

$$\sigma = \frac{My}{I_z} \tag{4-1}$$

式中：$M$——该截面的弯矩，它由截面上各纵向分布内力对中性轴的力矩组成[图4-17c)、d)]；

$y$——该点到中性轴的距离，中性轴通过截面的形心；

$I_z$——对中性轴的截面二次矩。

### 4.4.2 截面二次矩

1. 平面图形的形心

图形的几何中心称为**形心**。土木工程中常见的具有对称轴的杆件截面，形心在对称轴上。截面如果有两条对称轴，这两条对称轴的交点就是截面图形的形心(图4-18)。

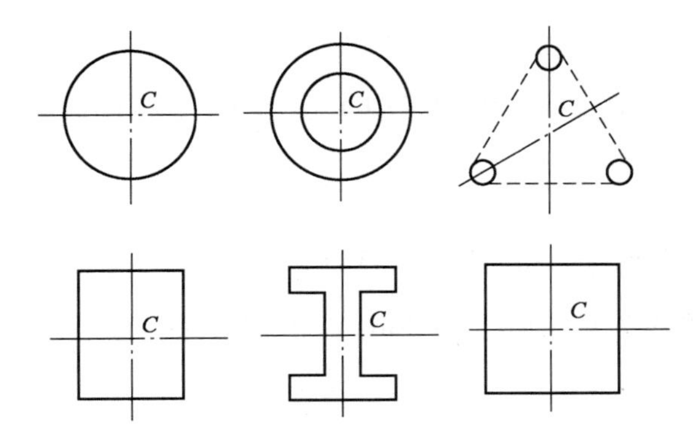


图4-18 两对称轴的交点为截面的形心

图4-19所示T形截面，形心 $C$ 在对称轴 $y$ 上。$C$ 点在 $y$ 轴的什么位置，需由形心公式计算确定。

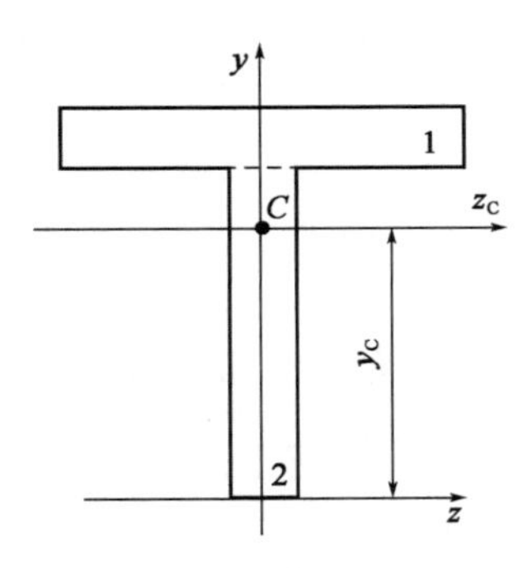


图4-19 形心在对称轴上计算 $y_c$

2. 对中性轴的截面二次矩

如图4-20所示，截面内微面积 $dA$ 与它到某轴的距离 $y$ 的二次方的乘积 $y^2dA$，称为微面积对该轴的二次矩。截面内所有的微面积对中性轴 $z$ 的二次矩的总和，称为对中性轴的截面二次矩：

$$I_z = \Sigma \int_A y^2 dA \tag{4-2}$$

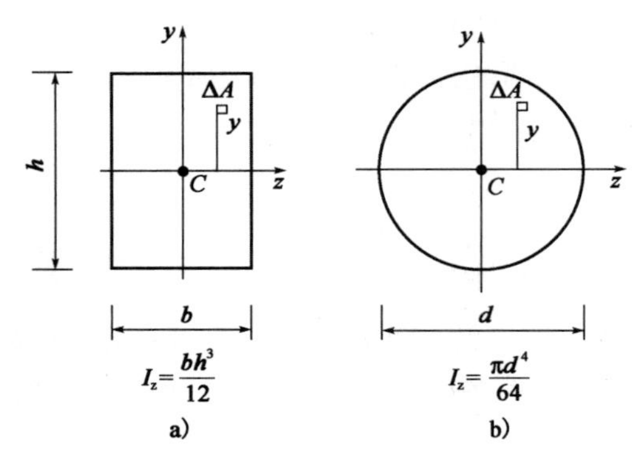


图 4-20 对中性轴的截面二次矩

(1)矩形截面。中性轴为对称轴[图 4-20a)],对中性轴 $z$ 的截面二次矩为:

$$I_z = \frac{bh^3}{12} \tag{4-3}$$

如果梁作水平方向的弯曲,则 $y$ 轴为中性轴,$I_y = \frac{hb^3}{12}$。

(2)圆截面。中性轴为直径轴[图 4-20b)]。中性轴的截面二次矩为:

$$I_z = \frac{\pi d^4}{64} \tag{4-4}$$

(3)型钢截面。型钢的截面二次矩(惯性矩)在型钢规格表(附录Ⅱ)中给定。

(4)组合截面。较为复杂的截面图形,可以看成由一些简单图形组合而成。此时,称这样的截面为组合截面。

由式(4-2)知,对中性轴的截面二次矩是所有的微面积对该轴的二次矩的总和。因此,组合截面对中性轴的截面二次矩,等于各分图形对该轴的截面二次矩的总和。

## 分析示范

**【例 4-10】** 将图 4-21a)所示矩形等分为 30 个小正方形,再按图 4-21b)重新布置成工字形,分别求矩形、工字形对其 $y$ 轴、$z$ 轴的截面二次矩。

**解:**(1)矩形截面的截面二次矩。

$$I_z = \frac{5\text{cm} \times (6\text{cm})^3}{12} = 90\text{cm}^4 I_y$$

$$= \frac{6\text{cm} \times (5\text{cm})^3}{12} = 62.5\text{cm}^4$$

(2)工字形截面对 $y$ 轴的截面二次矩。

将图形分解为 3 个小矩形[图 4-21c)],$y$ 轴是它们共同的对称轴。上、下小矩形对 $y$ 轴的截面二次矩相等。

$$I_y = \frac{1\text{cm} \times (7\text{cm})^3}{12} \times 2 + \frac{16\text{cm} \times (1\text{cm})^3}{12} = 58.5\text{cm}^4$$

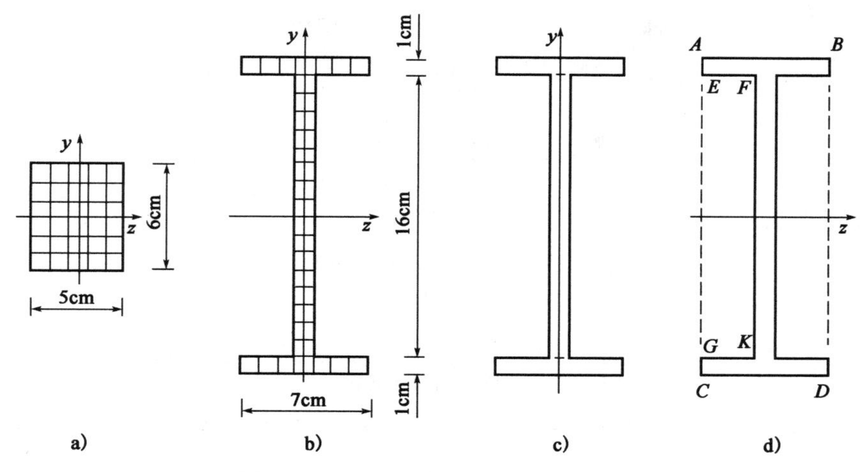


图 4-21　将截面面积布置在远离中性轴的地方，提高截面二次矩

(3)工字形截面对 $z$ 轴的截面二次矩。

由于 $z$ 轴不是上、下矩形自身的对称轴，不能直接用式(4-3)计算。可以将工字形看成大矩形 $ABDC$[图 4-21d)]，减去两个小矩形 $EFKG$。这样，$z$ 轴便成为 3 个矩形共同的对称轴。

$$I_z = \frac{7\text{cm} \times (18\text{cm})^3}{12} - \frac{3\text{cm} \times (16\text{cm})^3}{12} \times 2 = 1354\text{cm}^4$$

**讨论**：等截面直杆的长度一定，横截面面积的大小则反映使用材料的多少。本题将矩形变成工字形，面积不变，而后者对中性轴 $z$ 的截面二次矩却是前者的 15 倍。从式(4-1)可见，截面二次矩反映了梁截面抵抗弯曲的能力。将材料布置到远离中性轴的地方，可以成倍地提高杆件的抗弯能力。

**【例 4-11】**　图 4-22 所示简支梁的弯矩图已经画出。若横截面分别为矩形和工字形，尺寸如图 4-21a)、b)所示。试求梁的最大拉应力 $\sigma_{max}^+$ 和最大压应力 $\sigma_{max}^-$。

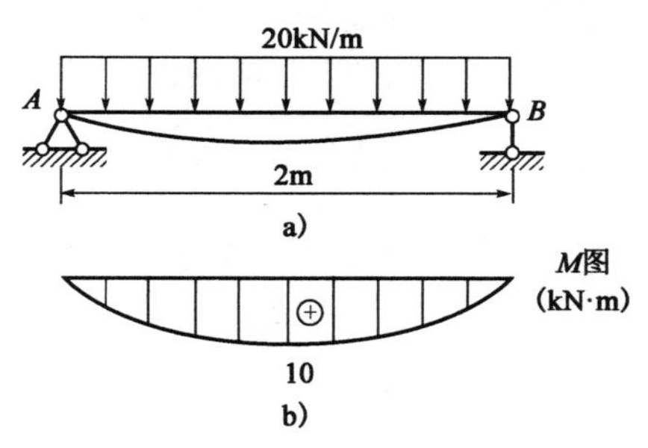


图 4-22　求最大弯曲正应力

**解**：由弯曲正应力公式 $\sigma = \frac{My}{I_z}$ 可见，等截面梁各截面对其中性轴的截面二次矩相等，因此弯矩 $M$ 最大的跨中截面为危险截面；该截面内距中性轴最远的点 $y$ 最大，弯曲正应力最大，为全梁的危险点。中性轴的下侧受拉，在下缘处有 $y_{max}^+$；中性轴的上侧受压，在上缘处有 $y_{max}^+$。约定拉、压用右上标“+”“-”表示，则式中的各量皆取绝对值。

(1)矩形截面。

$$\sigma_{max}^{+}=\frac{My_{max}^{+}}{I_z}=\frac{10\times10^6\text{N}\cdot\text{mm}\times30\text{mm}}{90\times10^4\text{mm}^4}=333\text{MPa}$$

$$\sigma_{max}^{-}=\frac{My_{max}^{-}}{I_z}=\frac{10\times10^6\text{N}\cdot\text{mm}\times30\text{mm}}{90\times10^4\text{mm}^4}=333\text{MPa}$$

(2)工字形截面。

$$\sigma_{max}^{+}=\frac{My_{max}^{+}}{I_z}=\frac{10\times10^6\text{N}\cdot\text{mm}\times90\text{mm}}{1354\times10^4\text{mm}^4}=66.5\text{MPa}$$

$$\sigma_{max}^{-}=\frac{My_{max}^{-}}{I_z}=\frac{10\times10^6\text{N}\cdot\text{mm}\times90\text{mm}}{1354\times10^4\text{mm}^4}=66.5\text{MPa}$$

比较计算结果,矩形截面改变为工字形截面之后,危险点处的弯曲正应力(分布内力的密集程度)缩小了5倍。

### 4.4.3 梁的正应力强度条件

梁内最大弯曲正应力应当控制在强度允许的范围内,即最大工作应力不超过许用应力。

(1)对于许用压应力远大于许用拉应力的脆性材料,强度条件为:

$$\begin{cases}\sigma_{max}^{+}=\dfrac{My_{max}^{+}}{I_z}\leqslant[\sigma]^{+}\\[2ex]\sigma_{max}^{-}=\dfrac{My_{max}^{-}}{I_z}\leqslant[\sigma]^{-}\end{cases}\tag{4-5}$$

式中,$\sigma_{max}^{+}$为梁内最大拉应力;$M$为危险截面的弯矩;$y_{max}^{+}$为危险点到中性轴的距离;$I_z$为对中性轴的截面二次矩;$[\sigma]^{+}$为许用拉应力。梁内的最大压应力与梁内的最大拉应力不一定发生在同一截面,须注意确定各自危险截面的弯矩。

(2)对于许用压应力等于许用拉应力的塑性材料,强度条件为:

$$\sigma_{max}=\frac{My_{max}}{I_z}\leqslant[\sigma]\tag{4-6}$$

简化:将式(4-6)中的$I_z$、$y_{max}$两个几何量合并成弯曲截面系数$W_z$:

$$W_z=\frac{I_z}{y_{max}}\tag{4-7}$$

则强度条件式(4-6)转换为:

$$\sigma_{max}=\frac{M}{W_z}\leqslant[\sigma]\tag{4-8}$$

矩形截面的弯曲截面系数$W_z=\dfrac{bh^2}{6}$,圆截面的弯曲截面系数$W_z=\dfrac{\pi d^3}{32}$(图4-20)。型钢的弯曲截面系数查型钢规格表(附录Ⅱ)。

## 分析示范

【例4-12】 图4-23a)所示悬臂梁用18号工字钢制成,$[\sigma]=170\text{MPa}$,试按弯曲正应力强度条件校核梁的强度。

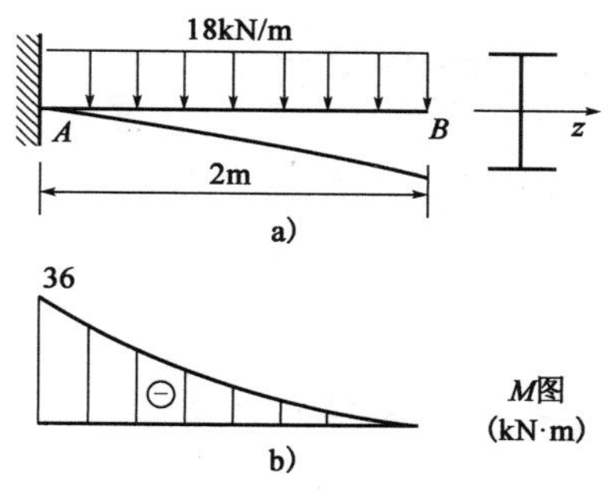


图4-23 梁的强度计算

**解**:(1)画弯矩图[图4-23b)]。

危险截面在固定端处。

(2)应力、强度条件。

查型钢表,18号工字钢的弯曲截面系数为 $W_z=185\text{cm}^3$。

$$\sigma_{\max}=\frac{M}{W_z}=\frac{36\times10^6\text{N}\cdot\text{mm}}{185\times10^3\text{mm}^3}=195\text{MPa}>[\sigma]=170\text{MPa}$$

梁的弯曲正应力强度不够。

【例4-13】 例4-12所示悬臂梁的强度不够,试重新设计截面。

**解**:对于危险截面的危险点,列强度条件解出弯曲截面系数,查型钢规格表确定工字钢的型号。

$$\sigma_{\max}=\frac{M}{W_z}\leqslant[\sigma]$$

$$W_z\geqslant\frac{M}{[\sigma]}=\frac{36\times10^6\text{N}\cdot\text{mm}}{170\text{MPa}}=212000\text{mm}^3=212\text{cm}^3$$

选№20a工字钢($W_z=237\text{cm}^3$)。

【例4-14】 例4-1重新设计截面,选用了№20a工字钢,截面有所富余。试计算此时梁的许可荷载。

**解**:用未知的均布荷载集度 $q$ 表示危险截面的弯矩:$M=\frac{ql^2}{2}$。代入强度条件,解不等式得荷载的许可范围。

$$\sigma_{\max}=\frac{M}{W_z}=\frac{ql^2}{2W_z}\leqslant[\sigma]$$

$$q\leqslant\frac{2W_z[\sigma]}{l^2}=\frac{2\times237\times10^3\text{mm}^3\times170\text{MPa}}{(2000\text{mm})^2}=20.1\text{kN/m}$$

取许可荷载$[q]=20.1\text{kN/m}$。

**【例4-15】** 图4-24所示脆性材料T形截面梁,已知截面中性轴$z$的位置及对中性轴的截面二次矩。梁的许用拉应力$[\sigma]^{+}=35\text{MPa}$,许用压应力$[\sigma]^{-}=70\text{MPa}$,试按弯曲正应力强度条件校核梁的强度。

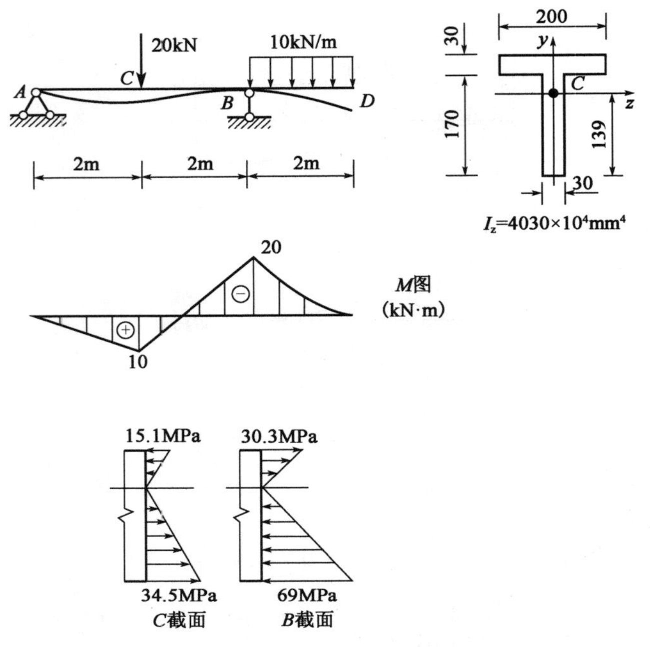


图4-24 脆性材料T形截面梁的强度校核

**解:**(1)画弯矩图,勾画挠曲线。

$C$截面上有全梁的最大正弯矩,$B$截面上有全梁的最大负弯矩,这两个截面是可能的危险截面,都要进行强度校核。

(2)应力、强度条件。

①$C$截面:正弯矩。**中性轴以下为受拉区,最大拉应力发生在下缘各点;中性轴以上为受压区,最大压应力发生在上缘各点。**

$$\sigma_{\max}^{+}=\frac{My_{\max}^{+}}{I_z}=\frac{10\times10^{6}\text{N}\cdot\text{m}\times139\text{mm}}{4030\times10^{4}\text{mm}^{4}}=34.5\text{MPa}$$

$$\sigma_{\max}^{-}=\frac{My_{\max}^{-}}{I_z}=\frac{10\times10^{6}\text{N}\cdot\text{m}\times61\text{mm}}{4030\times10^{4}\text{mm}^{4}}=15.1\text{MPa}$$

②$B$截面:负弯矩。**中性轴以上为受拉区,最大拉应力发生在上缘各点;中性轴以下为受压区,最大压应力发生在下缘各点。**

$$\sigma_{\max}^{+}=\frac{My_{\max}^{+}}{I_z}=\frac{20\times10^{6}\text{N}\cdot\text{m}\times61\text{mm}}{4030\times10^{4}\text{mm}^{4}}=30.3\text{MPa}$$

$$\sigma_{\max}^{-}=\frac{My_{\max}^{-}}{I_z}=\frac{20\times10^{6}\text{N}\cdot\text{m}\times139\text{mm}}{4030\times10^{4}\text{mm}^{4}}=69\text{MPa}$$

全梁的最大压应力发生在$B$截面的下缘,$\sigma_{\max}^{-}=69\text{MPa}<[\sigma]^{-}=70\text{MPa}$;全梁的最大

拉应力发生在 $C$ 截面的下缘，$\sigma_{max}^{+}=34.5\text{MPa}<[\sigma]^{+}=35\text{MPa}$。所以梁的弯曲正应力强度足够。

# 4.5 梁的位移

## 4.5.1 梁的挠度和转角

**实验与图示** 用手将海绵直杆的一端固定在桌边，比拟悬臂梁。找一张白纸演示梁的纵向对称平面，如图 4-25a）所示。在杆的自由端面的形心 $B$ 处挂一重物，梁作平面弯曲。

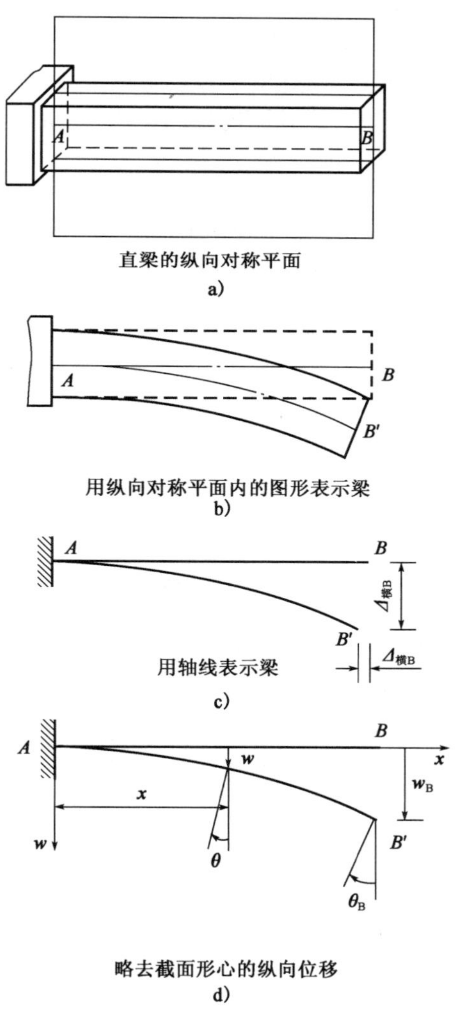


图 4-25 梁的位移

为了突出梁的变形特征，用纵向对称平面内的图形表示梁，如图 4-25b）所示。可以看到，自由端面的形心由原来的 $B$ 位置移到了 $B'$ 位置，端面由竖直方位顺时针转动了一个角度。杆的轴线是所有横截面形心的集合,原来水平的轴线变成了挠曲线,即所有横截面的形心都有了位移。梁弯曲后,所有的横截面都垂直于挠曲线,可见所有的横截面都由原来的竖直方位转了大小不等的角度。

用轴线表示梁,能够突出地反映梁的位移。在图 4-25c)中,自由端面形心的位移可以分解为横向位移 $\Delta_{横B}$ 和轴向位移 $\Delta_{轴B}$。由于土木工程中构件的变形为小变形,梁弯曲时横截面形心的轴向位移 $\Delta_{轴B}$ 不足梁长的十万分之一,故此略去不计。因此,图示悬臂梁的挠曲线端点 $B'$ 应当画至过原端点 $B$ 的竖线处[图 4-25d)],认为梁横截面形心的位移仅为横向线位移(用线段表示点的位移)。梁截面形心的线位移称为梁的挠度,用 $w$ 表示。梁的挠度向下为正。

作挠曲线的垂线表示该处截面的方位[图 4-25d)]。杆件弯曲时横截面方位的转变量用角量,度称为角位移。梁横截面的角位移称为转角,用 $\theta$ 表示。在图 4-25d)所示的坐标系中,转角以顺时针转向为正。转角用弧度(rad)作单位。

在工程设计手册中,列有各类梁在不同荷载作用下的挠度方程和特殊截面的挠度、转角公式,见表 4-2。

**梁的挠度与转角公式** 表 4-2

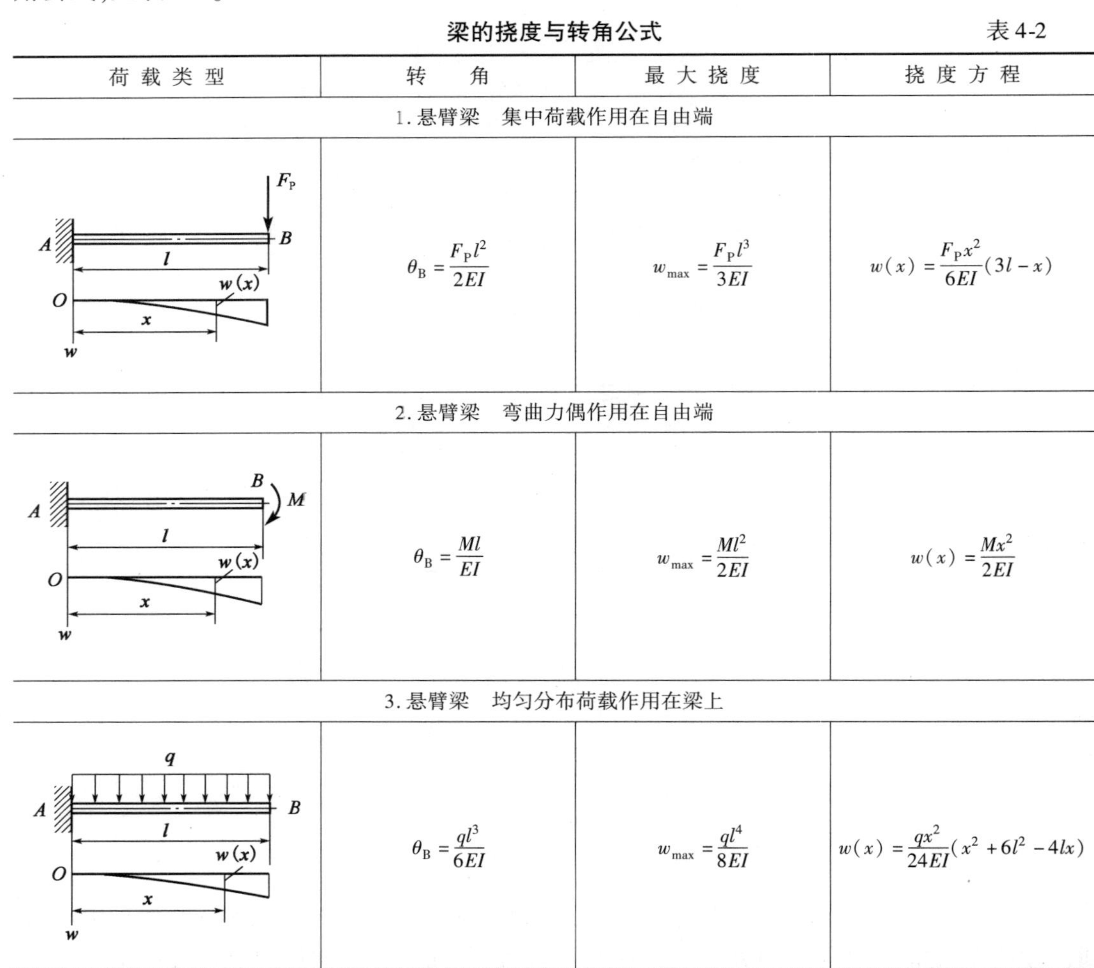

| 荷载类型 | 转角 | 最大挠度 | 挠度方程 |
|---|---|---|---|
| 1. 悬臂梁 集中荷载作用在自由端 | | | |
| $F_P$, A, B, $l$, O, $w(x)$, $x$, $w$ | $\theta_B=\dfrac{F_Pl^2}{2EI}$ | $w_{max}=\dfrac{F_Pl^3}{3EI}$ | $w(x)=\dfrac{F_Px^2}{6EI}(3l-x)$ |
| 2. 悬臂梁 弯曲力偶作用在自由端 | | | |
| A, B, M, $l$, O, $w(x)$, $x$, $w$ | $\theta_B=\dfrac{Ml}{EI}$ | $w_{max}=\dfrac{Ml^2}{2EI}$ | $w(x)=\dfrac{Mx^2}{2EI}$ |
| 3. 悬臂梁 均匀分布荷载作用在梁上 | | | |
| $q$, A, B, $l$, O, $w(x)$, $x$, $w$ | $\theta_B=\dfrac{ql^3}{6EI}$ | $w_{max}=\dfrac{ql^4}{8EI}$ | $w(x)=\dfrac{qx^2}{24EI}(x^2+6l^2-4lx)$ |

续上表

| 荷载类型 | 转角 | 最大挠度 | 挠度方程 |
|---|---|---|---|
| 4. 简支梁　集中荷载作用任意位置上 | | | |
| $F_P$ $a$ $b$ $A$ $B$ $l$ $\theta_A$ $O$ $\theta_B$ $x$ $w(x)$ $w$ | $\theta_A=\dfrac{F_Pab(l+b)}{6lEI}$<br>$\theta_B=\dfrac{-F_Pab(l+a)}{6lEI}$<br>$a=b$ 时，<br>$\theta_A=-\theta_B=\dfrac{F_Pl^2}{16EI}$ | $w_{max}=\dfrac{F_Pb(l^2-b^2)^{3/2}}{9\sqrt{3}lEI}$<br>$\left(在\ x=\sqrt{\dfrac{l^2-b^2}{3}}处\right)$<br>$a=b$ 时，<br>$w_{max}=\dfrac{F_Pl^3}{48EI}$ | $w_1(x)=\dfrac{F_Pbx}{6lEI}(l^2-x^2-b^2)$<br>$(0\leqslant x\leqslant a)$<br>$w_2(x)=\dfrac{F_Pb}{6lEI}\left[\dfrac{l}{b}(x-a)^3+(l^2-b^2)x-x^3\right]$<br>$(a\leqslant x\leqslant l)$ |
| 5. 简支梁　均匀分布荷载作用在梁上 | | | |
| $q$ $A$ $B$ $l$ $\theta_A$ $O$ $\theta_B$ $x$ $w(x)$ $w$ | $\theta_A=-\theta_B=\dfrac{ql^3}{24EI}$ | $w_{max}=\dfrac{5ql^4}{384EI}$ | $w(x)=\dfrac{qx}{24EI}(l^3-2lx^2+x^3)$ |
| 6. 简支梁　弯曲力偶作用在梁的一端 | | | |
| $M$ $A$ $B$ $l$ $O$ $\theta_A$ $x$ $w(x)$ $\theta_B$ $w$ | $\theta_A=\dfrac{Ml}{6EI}$<br>$\theta_B=-\dfrac{Ml}{3EI}$ | $w_{max}=\dfrac{Ml^2}{9\sqrt{3}EI}$<br>$\left(在\ x=\dfrac{l}{\sqrt{3}}处\right)$ | $w(x)=\dfrac{Mx}{6lEI}(l^2-x^2)$ |

## 分析示范

(1)图4-26a)所示简支梁由№20a工字钢制成，跨度 $l=4\text{m}$，集中荷载 $F_P=24\text{kN}$。试查表计算梁的最大挠度。

因为结构对称、荷载对称，梁的最大挠度发生在 $C$ 截面。

$$w_C=\frac{F_Pl^3}{48EI}=\frac{24\times10^3\text{N}\times(4000\text{mm})^3}{48\times2\times10^5\text{MPa}\times2370\times10^4\text{mm}^4}=6.75\text{mm}$$

(2)若将上述荷载均匀分布在梁上[图4-26b)]，荷载集度为：

$$q=\frac{F_P}{l}=\frac{24\text{kN}}{4\text{m}}=6\text{kN/m}$$

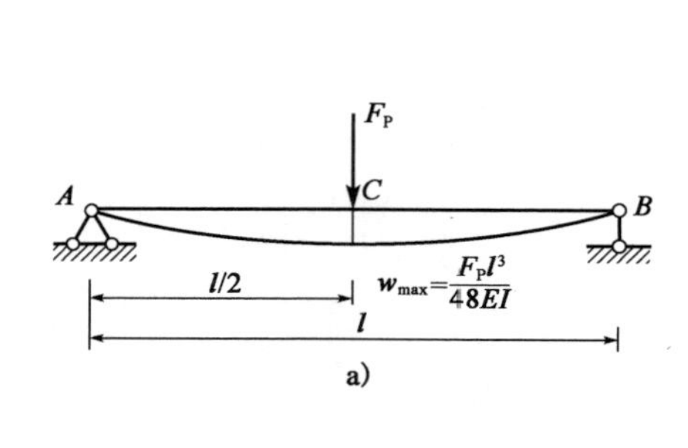


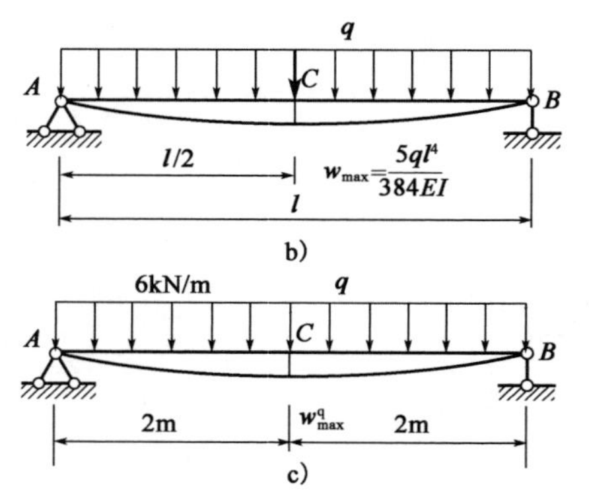


图 4-26 简支梁的最大挠度

此时,梁的最大挠度:

$$w_C = \frac{5ql^4}{384EI} = \frac{5 \times 6\text{kN/m} \times (4000\text{mm})^4}{384 \times 2 \times 10^5\text{MPa} \times 2370 \times 10^4\text{mm}^4} = 4.2\text{mm}$$

**体验与讨论**:(1)查型钢规格表(附表Ⅱ),看№20a 工字钢的横截面有多高、多宽、多厚,想想 4m 有多长。这样的简支梁承受总荷载 24kN(相当于 48 袋水泥的重量),最大挠度不到 7mm。最大挠度与跨度之比为:

$$\frac{w_{max}}{l} = \frac{6.75\text{mm}}{4000\text{mm}} = \frac{1}{593}$$

用你的眼睛能看得出这么小的变形吗?工程中的变形为小变形,就小到这个程度。

(2)将集中荷载[图 4-26a)]变为均布荷载[图 4-26b)],$C$ 截面的位移分别用 $w^F_{max}$、$w^q_{max}$ 表示,二者简支梁的最大挠度之比为:

$$\frac{w^F_{max}}{w^q_{max}} = \frac{6.75\text{mm}}{4.2\text{mm}} = 1.6 \text{ 倍}$$

计算结果与图 1-3 所示的小实验相符。此处的定量分析再一次表明,在工程中必须有分布荷载这种力的模型。

## 4.5.2 梁的刚度条件

梁的位移过大,则不能正常工作。必须将位移控制在工程允许的范围之内。由表 4-2 知,梁的挠度与跨长的三次方或者四次方成正比。因梁的跨长各不相同,工程中对于挠度的限制,常用许可挠度与跨长之比 $\left[\frac{w}{l}\right]$ 作为标准。土木工程对于不同类别梁的限制,$\left[\frac{w}{l}\right]$ 值在 $\frac{1}{1000} \sim \frac{1}{250}$ 之间。例如楼盖梁,$\left[\frac{w}{l}\right] = \frac{1}{250}$;铁路钢桁梁,$\left[\frac{w}{l}\right] = \frac{1}{900}$。限制挠度的刚度条件为:

$$\frac{w_{max}}{l} \leqslant \left[\frac{\omega}{l}\right] \tag{4-9}$$

**试一试**:(1)某楼盖大梁的计算跨度为 8m,它的许可挠度为多少?

$$\left[\frac{w}{l}\right]=\frac{1}{250}[w]=\left[\frac{w}{l}\right]\times l=\frac{l}{250}=\frac{8000\mathrm{mm}}{250}=32\mathrm{mm}$$

(2)武汉长江大桥的跨度为128m,它的许可挠度为多少?

$$\left[\frac{w}{l}\right]=\frac{1}{900}[w]=\left[\frac{w}{l}\right]\times l=\frac{l}{900}=\frac{128\times10^3\mathrm{mm}}{900}=142\mathrm{mm}$$

**【例4-16】** 继续采用图4-27a)。如果简支梁由№20a工字钢制成,$l=4\mathrm{m}$,$F_{\mathrm{P}}=24\mathrm{kN}$,$q=6\mathrm{kN/m}$。许可挠度与跨长之比$\left[\frac{w}{l}\right]=\frac{1}{300}$,校核梁的刚度。

**解:**因为结构对称、荷载对称,梁的最大挠度发生在$C$截面。表4-2中只有简支梁在单一荷载下的挠度公式,需要将图4-27a)所示梁上的荷载分解为单独受集中荷载作用[图4-27b)]和单独受均布荷载作用[图4-27c)],分别求集中荷载作用下的$\omega_{\mathrm{C}}^{\mathrm{F}}$和均布荷载作用下的$\omega_{\mathrm{C}}^{\mathrm{q}}$,然后叠加。

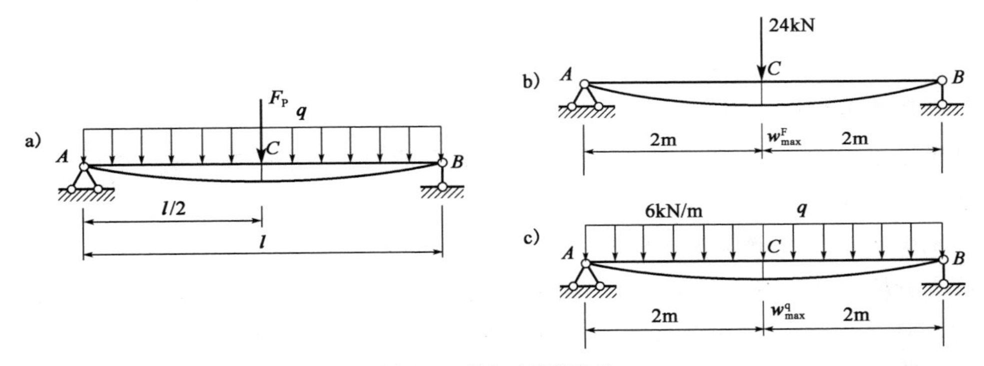


图4-27 叠加法计算位移

$$[w]=\left[\frac{w}{l}\right]\times l=\frac{l}{300}=\frac{4000\mathrm{mm}}{300}=13.3\mathrm{mm}$$

$$w_{\max}=w_{\mathrm{C}}=w_{\mathrm{C}}^{\mathrm{F}}+w_{\mathrm{C}}^{\mathrm{q}}=\frac{F_{\mathrm{P}}l^3}{48EI}+\frac{5ql^4}{384EI}$$

$$=\frac{24\times10^3\mathrm{N}\times(4000\mathrm{mm})^3}{48\times2\times10^5\mathrm{MPa}\times2370\times10^4\mathrm{mm}^4}+\frac{5\times6\mathrm{kN/m}\times(4000\mathrm{mm})^4}{384\times2\times10^5\mathrm{MPa}\times2370\times10^4\mathrm{mm}^4}$$

$$=6.75\mathrm{mm}+4.2\mathrm{mm}=10.97\mathrm{mm}<[\omega]$$

梁的刚度足够。

### 4.5.3 减小梁弯曲变形的工程措施

梁的变形过大,则不能正常工作。比如,桥梁的挠度过大,在车辆通过的过程中会发生较大的振动。观察简支梁的两个最大挠度公式:

$$w_{\max}=\frac{F_{\mathrm{P}}l^3}{48EI}\quad w_{\max}=\frac{5ql^4}{384EI}$$

可见影响梁的变形的因素有材料的弹性模量$E$、对中性轴的截面二次矩$I$、跨度$l$、荷载$F_{\mathrm{P}}$或$q$。工程中常从这几方面采取措施,减小梁的变形。

### 1. 采用合理的截面形状

梁的挠度与截面二次矩 $I$ 成反比。钢梁采用工字钢、槽钢或用钢板组合成工字形，钢筋混凝土梁做成箱形，都尽可能地将材料布置在远离中性轴的地方，从而增大截面二次矩，减小梁的变形。

**小实验** 用图 4-28a）所示的硬纸条作简支梁，一根粉笔就能使梁明显弯曲。将纸条折成槽钢形状，承受 10 根粉笔梁的变形却不明显[图 4-28b）]。

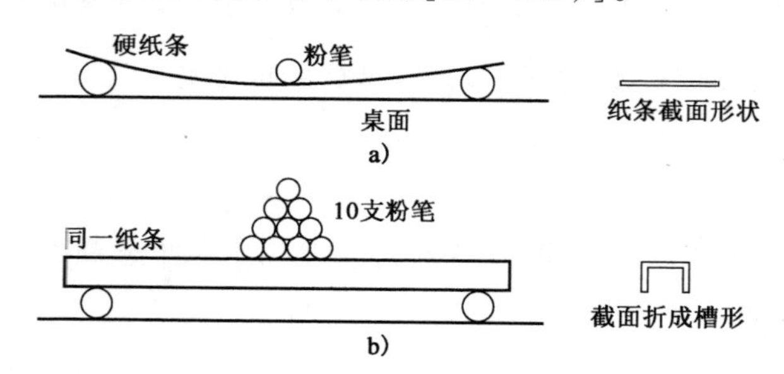


图 4-28 小实验改变截面形状提高抗弯能力

### 2. 合理选用材料

在弹性范围内，梁的挠度与材料的弹性模量 $E$ 成反比。选弹性模量大的材料作梁，可以减小梁的变形。

### 3. 减小梁的跨度，造成反向弯曲

简支梁的挠度与跨度 $l$ 的三次方或四次方成正比。工程中采用外伸梁、静定多跨梁、组合结构，都是利用减小梁的跨度，造成反向弯曲，达到减小梁的变形的目的。

**小实验** 如图 4-29 所示，用硬纸条作梁，笔杆当支座，用链条作均布荷载。将图 4-29a）所示简支梁的支座对称地往里移，移至梁的位移最小为止[图 4-29b）]。比较外伸梁与简支梁的变形[图 4-29c）、d）]。

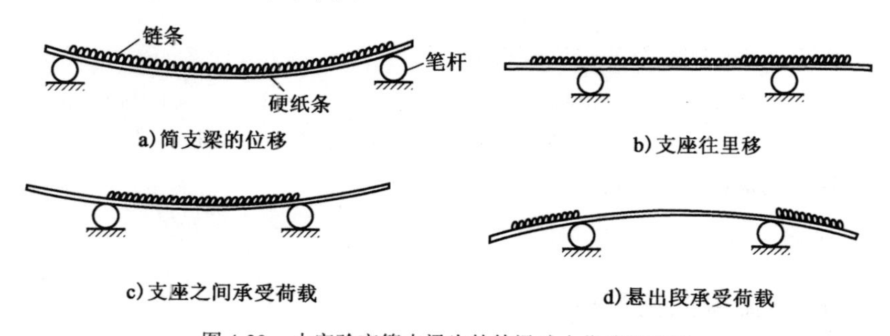


图 4-29 小实验变简支梁为外伸梁减小位移的峰值

### 4. 用刚度条件确定梁的许可荷载

梁的挠度与荷载成正比。工程中用刚度条件将梁的变形控制在工程许可的范围内。在梁的容许挠度、梁的形式、截面、材料、荷载的形式已经确定的条件下，用刚度条件可以确定梁的许可荷载。

## 4.6 直梁弯曲知识应用

### 4.6.1 实例分析

抬头看教室里的一根楼盖梁,它可能是砖混结构中的外伸梁[图4-1c)]。如果不是,去寻找这样的外伸梁。你能用学过的力学知识对它进行定性分析吗?

(1)画梁的计算简图。

观察梁承受楼盖哪一区域的荷载?集中荷载用 $F_P$标大小,均布荷载用 $q$ 标大小。

(2)用实验模型比拟梁的受力与变形。

(3)勾画梁的剪力图和弯矩图。

(4)勾画梁的挠曲线。

(5)判断梁的危险截面。

①假设为塑性材料、矩形截面;

②假设为脆性材料、T形截面。

(6)勾画危险截面的弯曲正应力分布图。

(7)估计最大挠度的截面位置。

**试一试:**(1)参考图1-9a),自选材料制作厂房排架柱的实验模型,准备分别用直吊、斜吊的方法做起吊柱的实验。

(2)参照图1-19所示的两种方法绑扎,缓慢起吊到位。叙述施工过程中直吊、斜吊的特点。

(3)确定柱在起吊的过程中关于弯曲强度的最不利状态,画此时柱的受力图,勾画弯矩图,勾画挠曲线。

(4)分析最不利状态下柱可能的危险截面,勾画这些截面的弯曲正应力分布图。

(5)分析为什么斜吊可能弯曲强度不够。

### 4.6.2 动荷载对直梁弯曲的影响

1. 冲击荷载

**小实验** 将锯条的两端分别搁置在两本书上,比拟简支桥梁[图4-30a)]。用左手食指压住锯条的一端,不让锯条纵向移动。右手捏住笔杆从锯条的左端滑到右端,比拟车轮从桥上经过。观察梁的变形。

将牙签剪成4根10mm长的小段,间断地横在锯条上,用透明胶固定,比拟桥面不平整[图4-30b)]。重复上述实验,观察桥梁的变形和振动。

从竖向探讨车轮的运动状态。桥面绝对水平时,车轮在竖向处于平衡状态,桥面只承受车轮传来的压重。如果桥面不平,车轮的位置突然向上抬升,桥面除了给车轮用以平衡重力的竖向约束力外,还要增添改变车体运动状态的力。然而,在很短的时间内完成运动状态的改变,需要的力很大。由作用—反作用关系,桥面承受的压力也就突然增大,桥梁受到冲击。因此,梁的变形、位移也就突然增大;若车轮的位置突然下降,然后抬升,也会对桥面产生冲击。冲击会造成桥梁振动。

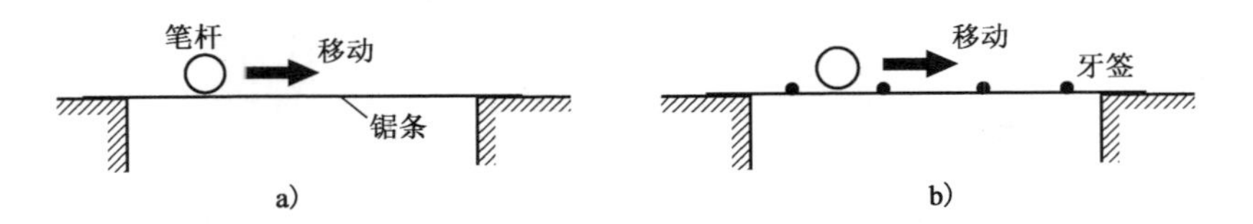


图 4-30　冲击实验

伴随运动状态改变而改变的荷载称为**动荷载**。在很短时间内完成这种改变的动荷载称为**冲击荷载**。

在图 4-31a)中可见老式铁轨连接处的缝隙,车轮每过一次,都有一次冲击。一趟火车通过,会产生多次冲击。火车的速度越快,冲击的过程便越短,冲击力就越大。为迎接铁路提速,短轨换成了长轨以减少冲击。在高速铁路中,更是采用无缝线路、无砟轨道等[图 4-31b)],使列车行驶平稳。

a)老式铁轨连接处的缝隙

b)高速铁路采用无缝线路、无砟轨道

图 4-31　铁轨

2. 制动力

**小实验**　如图 4-32a)所示,锯条放在桌面上,笔杆穿进透明胶胶圈中。手握笔杆导向,使胶圈在锯条上滚动。突然下压笔杆,胶圈不再滚动。由于手、笔、圈向前运动的惯性,胶圈与锯条间的摩擦力会带动锯条向前滑动[图 4-32b)]。用手指压住锯条,不让锯条滑动。再做制动实验,胶圈就可以停住了[图 4-32c)]。

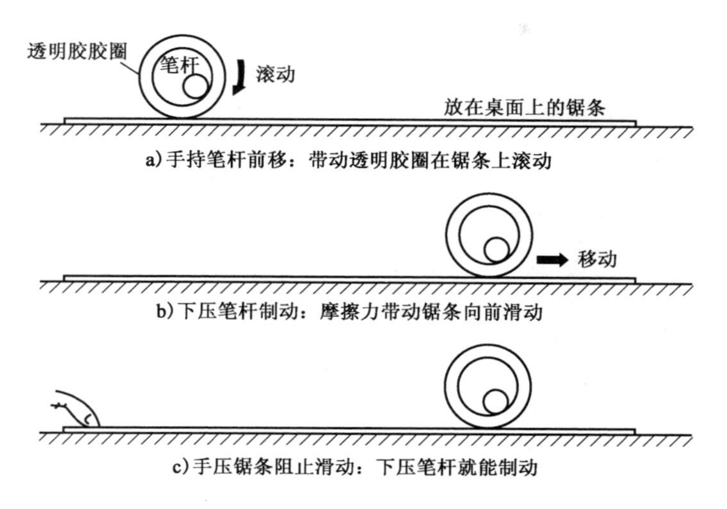


图 4-32　制动实验

汽车、火车在桥上紧急制动时，依靠桥面或轨面对车轮的滑动摩擦力使汽车、火车的速度降下来。摩擦力在这里称为制动力。它的反作用力作用于桥面或轨面，传到梁上，由梁的固定铰支座的纵向约束力来平衡；制动力通过支座传到桥墩上，使墩身弯曲。在厂房中，行车紧急制动形成的制动力也会使支承吊车梁的立柱弯曲。

3. 交变应力

**小实验**　用笔在一段铁丝的中部点一小点，如图 4-33a) 中的 $A$ 点。在通过 $A$ 点的纵向对称平面内用双手反复对铁丝施加反向力偶。当铁丝上凸弯曲时，$A$ 点处的弯曲正应力为拉应力；当铁丝平直时，$A$ 点处的弯曲正应力为零；当铁丝下凸弯曲时，$A$ 点处的弯曲正应力为压应力。而且，应力的大小会作如下连续变化：

$\sigma=0\nearrow\sigma_{max}\searrow\sigma=0\searrow$(代数值)$\sigma_{min}\nearrow\sigma=0\nearrow\sigma_{max}\searrow\sigma=0\searrow$……这类随时间作周期性变化的应力称为**交变应力**。

在有机玻璃上用钩刀拉一深痕，手掰有机玻璃[图 4-33b)]，它就会沿着深痕断裂。这里应用了应力集中的力学原理，即杆件截面骤然变化会引起局部应力的骤然增加。有机玻璃首先在最大正应力处开裂，迅速扩展开去，在瞬间断裂。

继续做反复弯曲铁丝的实验。反复弯曲多次之后，铁丝就会断裂。这个实验用较短的时间反映了金属疲劳破坏的过程：构件承受交变应力。当应力的大小达到一定数值，并经过多次交替变化之后，构件在最大应力处，或者在材料有缺陷处，会出现微小的裂纹。裂纹尖端处的应力状况使裂纹继续扩展。在实际的金属构件中，随着交变应力数十万甚至上百万次的循环，裂纹一次次地扩展，逐渐削弱构件的截面。当裂纹扩展到一定程度时，构件就会骤然断裂(图 4-34)。

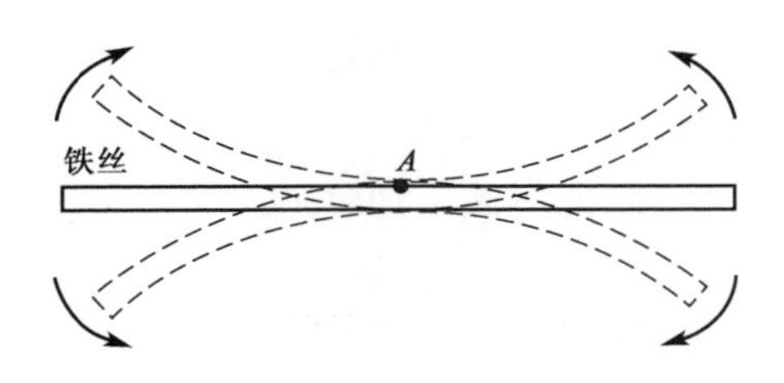


a)交变应力与疲劳破坏实验

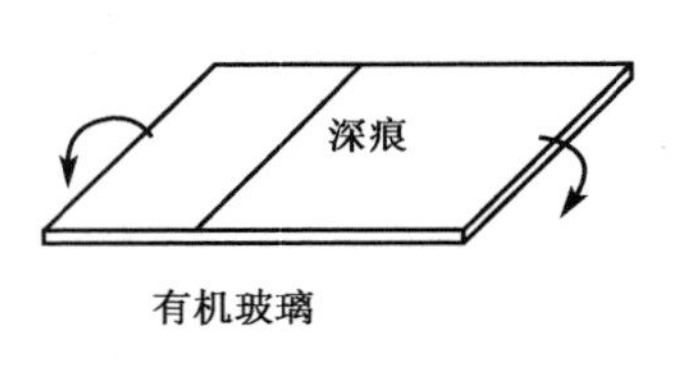


b)应力集中实验

图 4-33　疲劳破坏实验

a)轴的单源疲劳断口

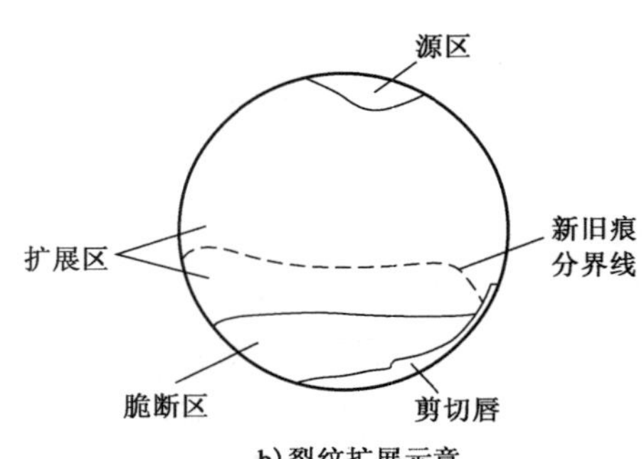


b)裂纹扩展示意

c)2003年4月13日京广线一处铁轨断裂

图 4-34　工程中的疲劳破坏

# 本章小结

## 知识体系

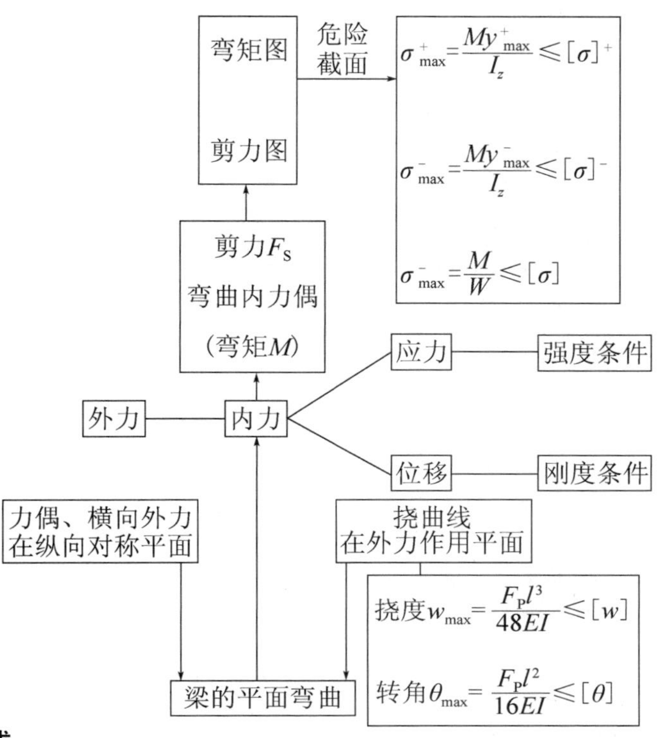


## 能力养成

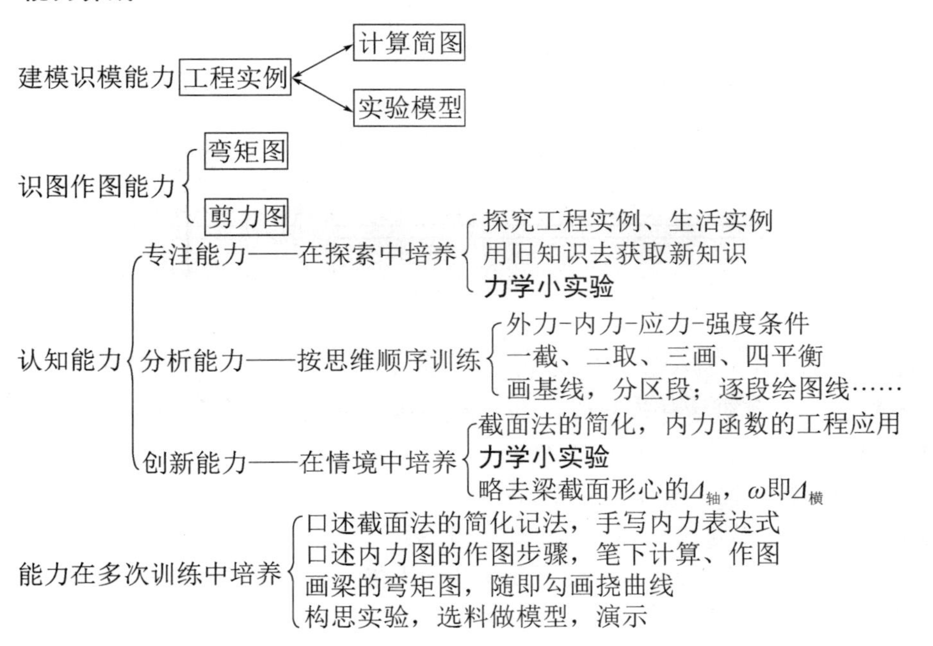

## 实验与讨论

4-2-1 用海绵直杆演示图4-2所示直梁的平面弯曲，并按几何方面、受力方面、变形方面的顺序讲述它的特征。

4-2-2 用手夹住辞典做图4-35所示的错动方向实验。辞典发生顺时针错动的是________（图号）；发生逆时针错动的是________（图号）。

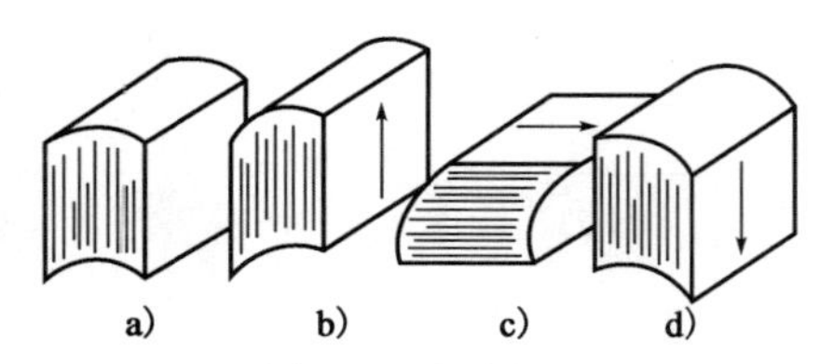

图4-35 错动方向

4-2-3 为了练习截面法的简化方法，试按图4-36a）所示大小用纸片制作“剪切变形”模型。截面附近的梁段可以横向错动；其余梁段做成细长条，为的是不遮盖隔离体上的荷载。将模型的“横截面”对准题图欲求内力的截面，细长条盖住隔离体的轴线，即得隔离体的受力图。用这个模型来协助判断剪力表达式中各项剪力的正负。

按图示大小，用水笔笔芯、硬纸片制作“弯曲变形”模型，如图4-36b）所示。为了在取截面以左截面以右梁段为隔离体时模型所示的弯矩皆设为正向，须在纸面的正反面均画下侧受拉的弯曲内力偶。两面使用模型，能够协助判断弯矩表达式中各项弯矩的正负。

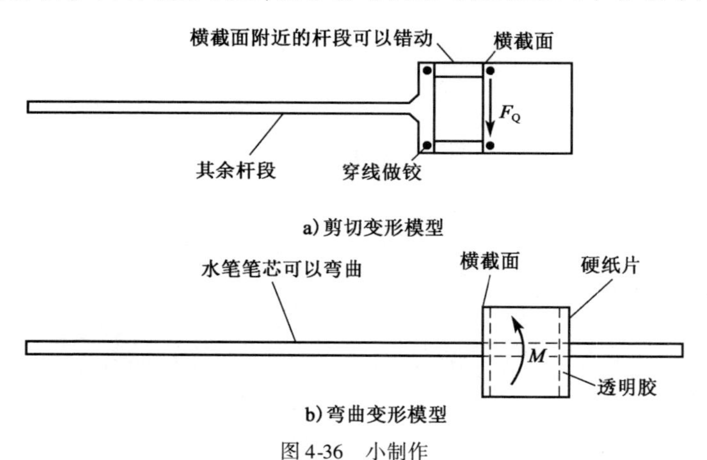

图4-36 小制作

4-4-1 用海绵直杆做图4-17（P98）所示梁的受力和变形实验。观察变形前后两横截面的位置变化，观察各纵向纤维段的长短变化，想象中性层的位置。观察弯曲正应力分布模型，想象横截面上中性轴的位置，想象弯曲正应力沿矩形截面宽度、高度的变化规律。

4-4-2 **小实验** 找一根竹筷用双手的中指、食指如图4-37a）所示分别施力，比较哪种情况筷子容易折断。试在弯矩图上标出弯矩值，然后说明道理。

4-5-1 设计小实验，演示改变截面形状可以成倍提高对中性轴的截面二次矩，从而提高梁的抗弯能力[图4-37b）]。

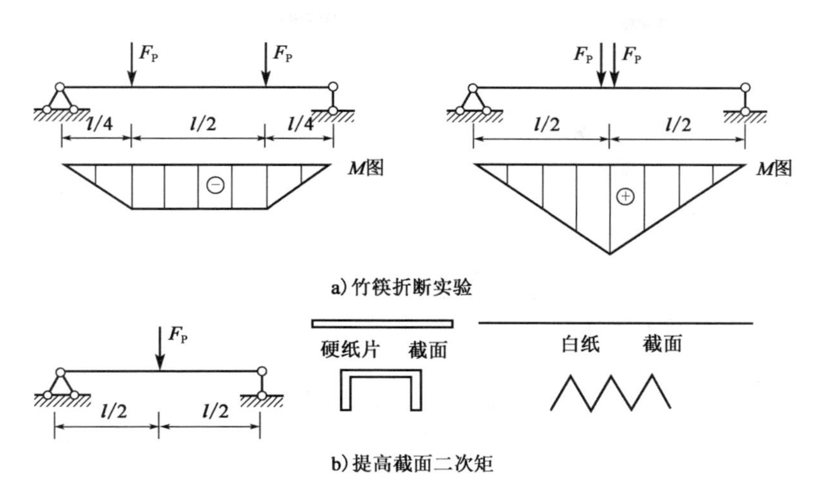


图 4-37 小实验梁的荷载与截面

4-5-2 **小实验** 手握海绵直杆的左端，在右端面的形心 $B$ 处吊一重物，观察端面形心的位移及端面的转动[图 4-38a)]。

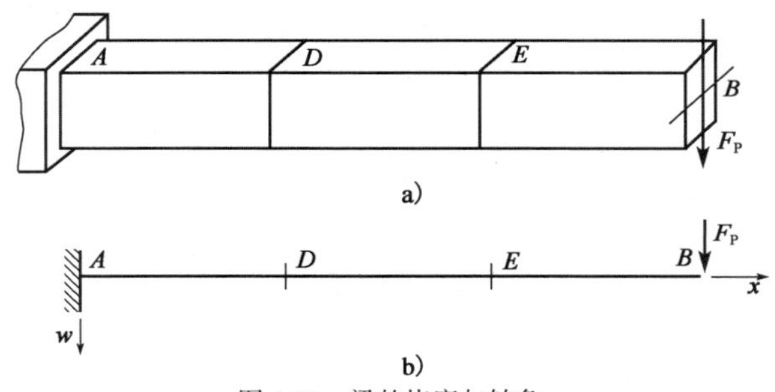


图 4-38 梁的挠度与转角

用轴线代替杆，左端简化为固定端支座，得悬臂梁的计算简图[图 4-38b)]。试画挠曲线，标出 $B$ 截面、$E$ 截面和 $D$ 截面的挠度与转角。

4-5-3 用硬纸片、链条做图 4-29 所示实验。注意"减小梁的跨度，造成反弯"，它是获得合理结构形式的一种方法。

4-6-1 用锯条、牙签、笔杆做图 4-30 所示梁的冲击实验。用力的运动效应解释高速铁路为什么要做成无缝线路、无砟轨道。

4-6-2 用透明胶胶圈、笔杆、锯条做图 4-32 所示的制动实验。思考对于行进中的车辆，制动力起什么作用；对于桥梁，制动力有什么影响。

4-6-3 用铁丝做图 4-33 所示的疲劳破坏实验。

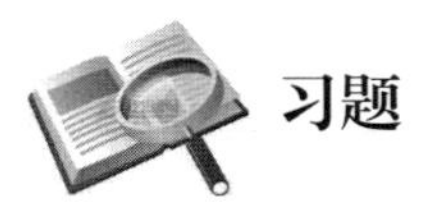

## 习题

4-1-1 观察图 4-1a)，理解为什么称作"简支梁"？观察图 4-1b)、c)，哪一段梁是悬臂梁？想象外伸梁的另一端是如何支承在纵墙上的。

4-2-1　如图4-39所示，工程中常见梁的平面弯曲，其几何特点是______________；受力特点是______________；变形特点是______________。

4-2-2　如图4-40所示，欲用截面法求$K$截面的内力，试画隔离体的受力图。要求取$AK$段为隔离体并分别用长方体用轴线线段表示未知内力一律设为正向。

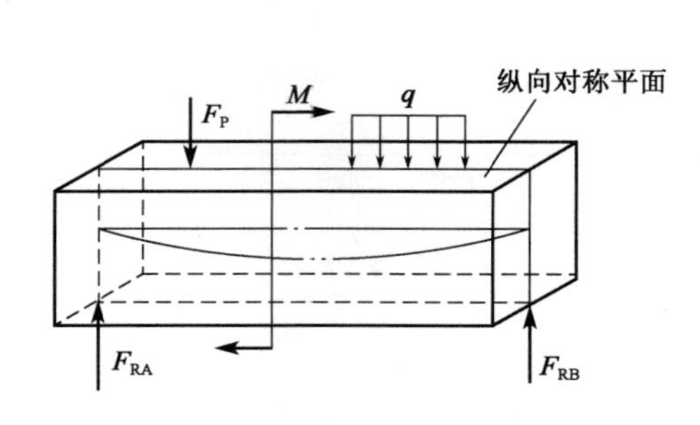


图4-39　平面弯曲的特点

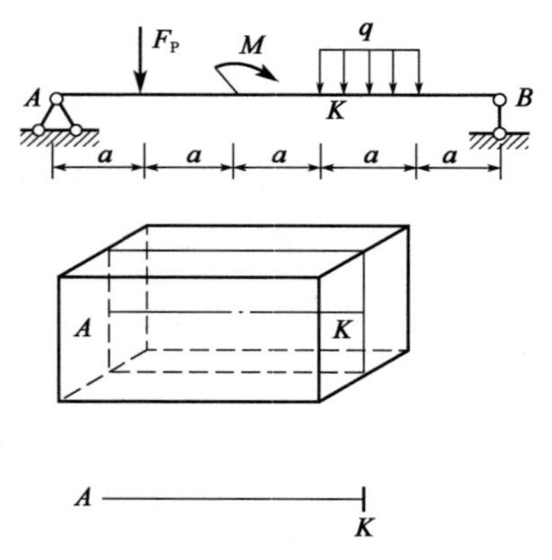


图4-40　画隔离体的受力图

4-2-3　用截面法的简化方法计算图4-41指定截面的剪力和弯矩。要求边口述方法，边书写表达式。

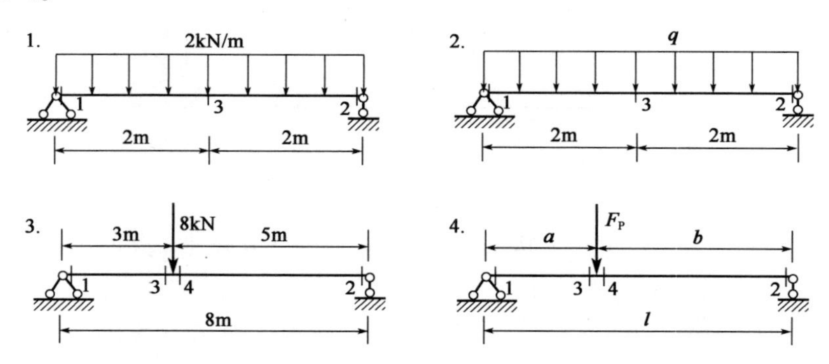


图4-41　用截面法的简化方法求内力

4-3-1　绘内力图的简捷方法，是按几何作图步骤作内力图的方法。第一步为_______。区段的划分以_______为标志，约定区段暂_______(选填“含”“不含”)力偶、集中力的作用点。

4-3-2　根据区段内荷载的类型，判断内力函数图线的类型。

| 区　　段 | 无 荷 区 段 | 均布荷载区段 |
| --- | --- | --- |
| 剪力函数图线 | | |
| 弯矩函数图线 | | |

4-3-3　内力函数图线的位置由控制点确定。

| 图线的类型 | 控制点个数 | 控制点的位置 |
| --- | --- | --- |
| 水平线 | | |
| 斜直线 | | |
| 抛物线 | | |

4-3-4　利用内力函数的连续性可以减少描控制点的个数：剪力函数只在不连续，弯矩函数只在不连续。

4-3-5　勾画梁的挠曲线侧重画准两个方面（选填"一致"或"相符"）：

（1）支座处梁的位移与支座的约束特性________。

（2）挠曲线的凸向与（画在梁段受拉一侧的）弯矩图的侧向________。

4-3-6　画出图 4-42 所示悬臂梁的剪力图和弯矩图，并勾画挠曲线（要求在用截面法的简化方法计算内力时，边口述方法，边计算）。

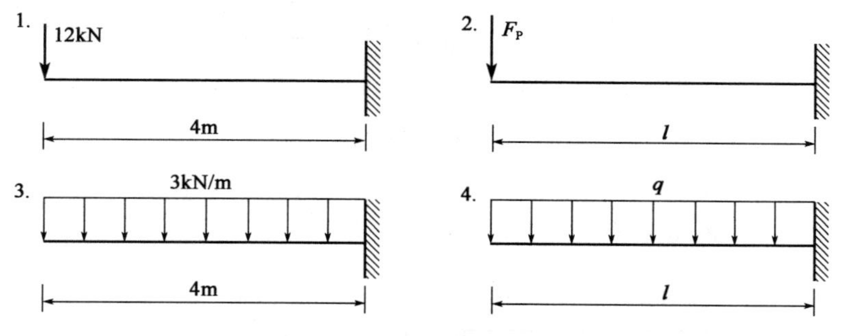


图 4-42　画悬臂梁的内力图

4-3-7　画出图 4-43 所示简支梁的剪力图和弯矩图，并勾画挠曲线（要求在用截面法的简化方法计算内力时，边口述方法，边计算）。

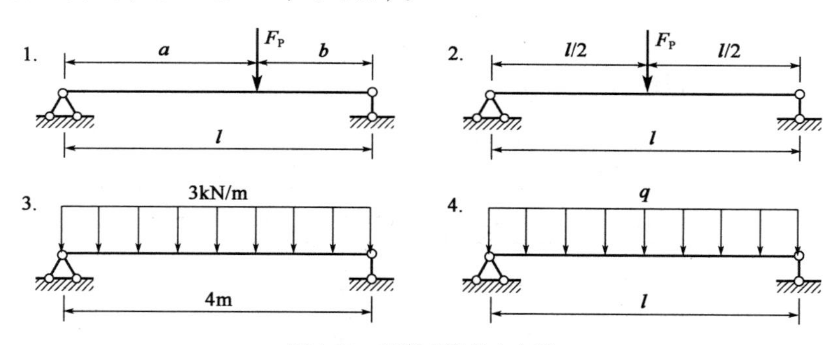


图 4-43　画简支梁的内力图

4-3-8　画出图 4-44 所示外伸梁的剪力图和弯矩图，并勾画挠曲线（要求在用截面法的简化方法计算内力时，边口述方法，边计算）。

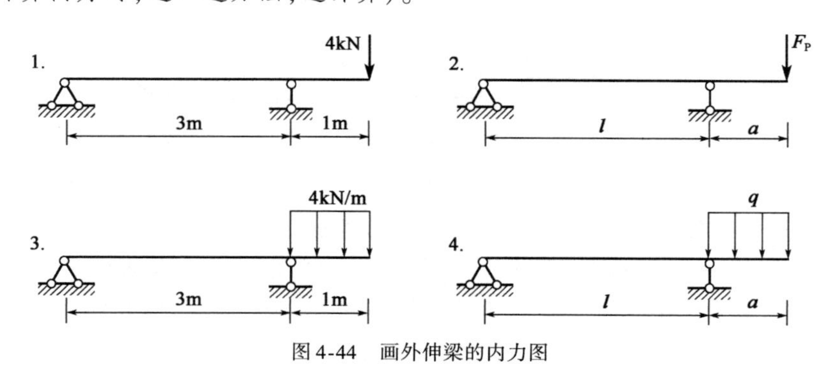


图 4-44　画外伸梁的内力图

4-3-9　画出图4-45所示悬臂梁的剪力图和弯矩图，并勾画挠曲线（要求在用截面法的简化方法计算内力时，边口述方法，边计算）。

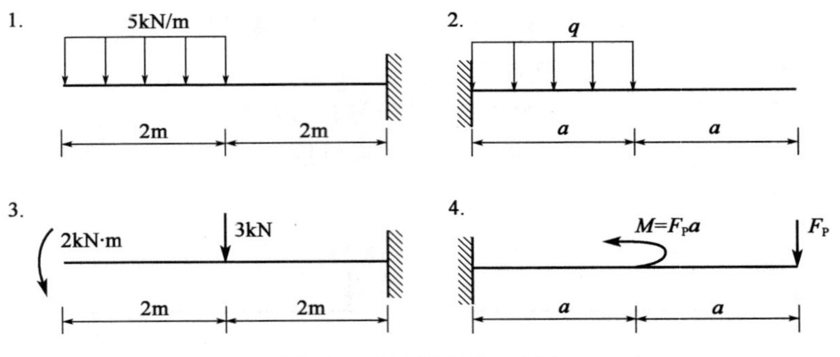


图4-45　画悬臂梁的内力图

4-3-10　画出图4-46所示简支梁的剪力图和弯矩图，并勾画挠曲线（要求在用截面法的简化方法计算内力时，边口述方法，边计算）。

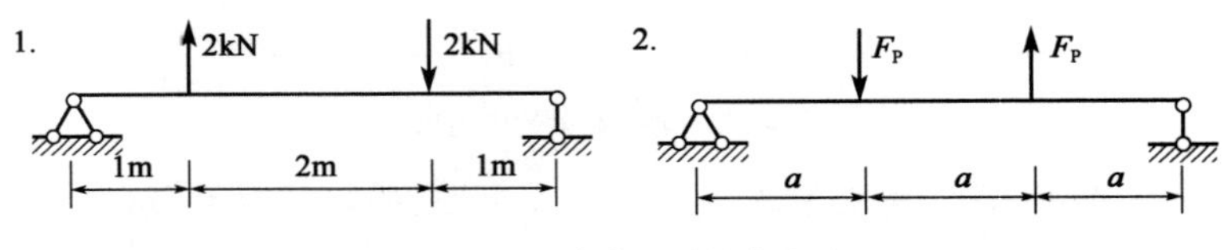


图4-46　力偶作用下的内力图

4-3-11　画出图4-47所示外伸梁的剪力图和弯矩图，并勾画挠曲线（要求在用截面法的简化方法计算内力时，边口述方法，边计算）。

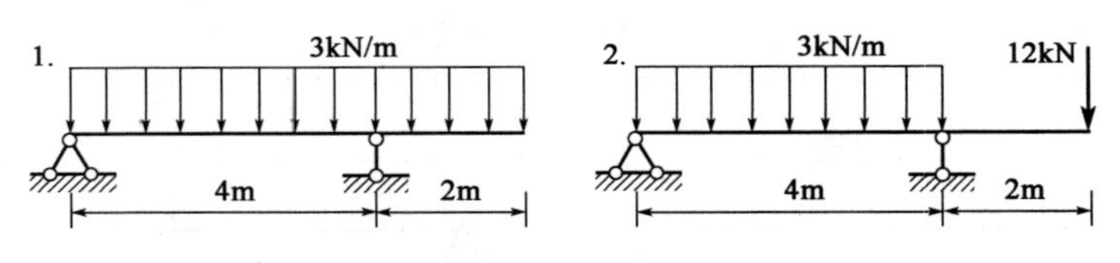


图4-47　梁的内力图的综合训练

4-4-1　梁平面弯曲时，横截面的中性轴 $z$ 通过截面的____心，且垂直于荷载。试凭直觉描出图4-48所列图形的形心，并标字符 $C$。

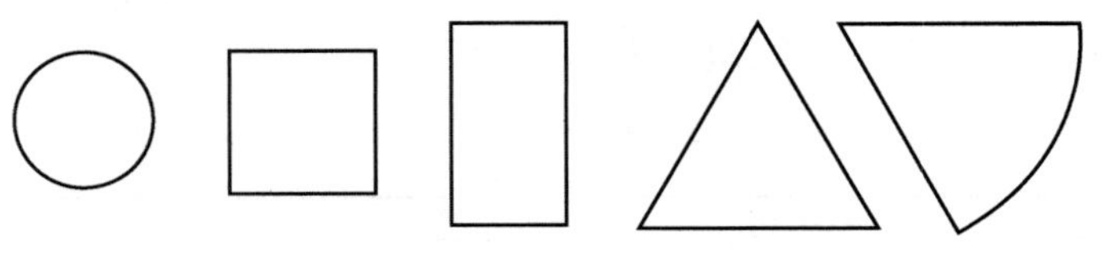

图4-48　凭直觉定形心

4-4-2　图4-49所示为面积差不多大的截面，通过计算或者查表，将截面面积、对中性轴的截面二次矩 $I_z$ 标在图中。试比较标出的数据，口述其原因。

4-4-3　图4-50所示外伸梁的弯矩图已经画出。试完成：(1) 勾画梁的挠曲线；(2) 分别计算 $C$、$D$ 截面的最大弯曲正应力；(3) 仿照图4-17e) 画这两个横截面的弯曲正应力分布图。

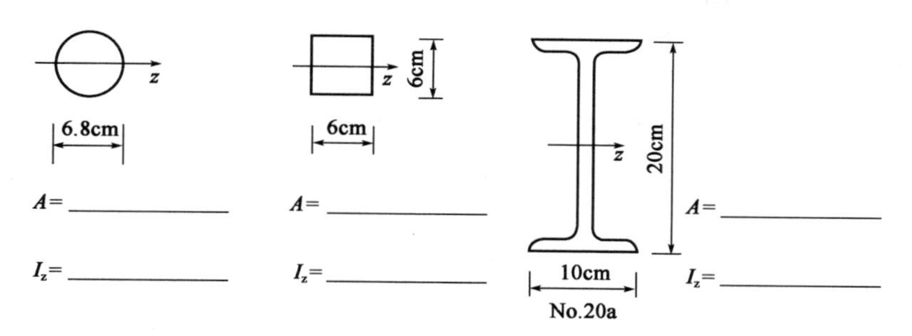


图 4-49　梁截面的合理形状

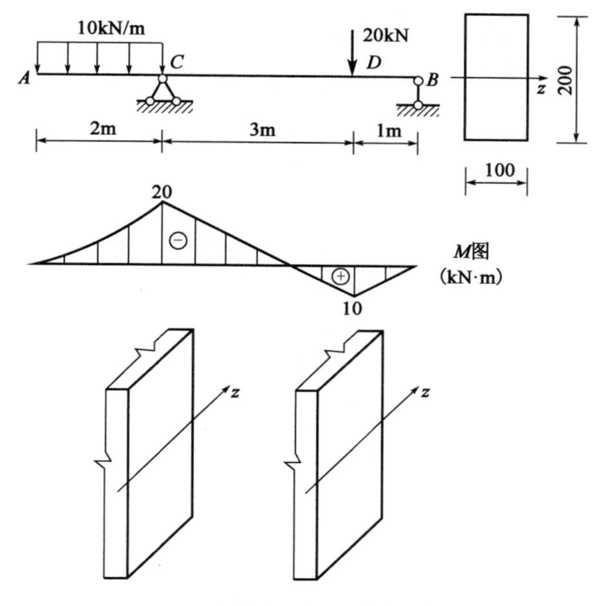


图 4-50　画弯曲正应力分布图

4-4-4　梁的弯曲正应力强度条件为两种形式：拉压许用应力不同、拉压许用应力相同。

4-4-5　图 4-51 所示由№22a 工字钢制成的简支梁，$[\sigma]=170\text{MPa}$。试完成：(1) 若 $F_P=20\text{kN}$，校核梁的弯曲正应力强度；(2) 确定梁的许可荷载 $[F_P]$。

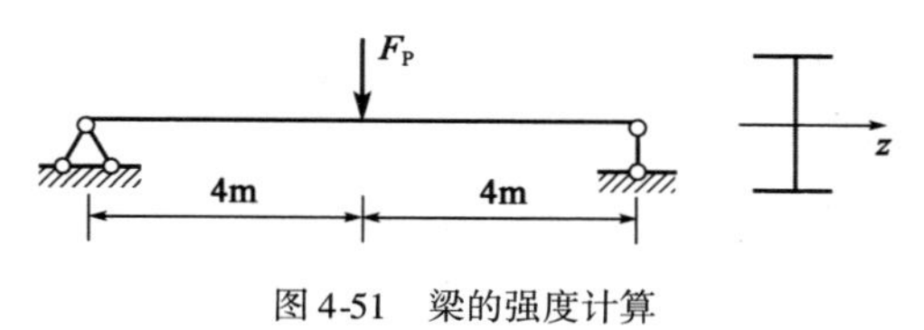


图 4-51　梁的强度计算

4-4-6　图 4-52 所示为简支木梁，$[\sigma]=10\text{MPa}$，试设计圆截面的尺寸。

4-4-7　图 4-53 所示为简支工字钢梁，许用弯曲正应力 $[\sigma]=170\text{MPa}$，试选择工字钢的型号。

4-5-1　图 4-54 所示各简支梁的弯曲刚度 $EI$ 相同，跨度用 $l_1$ 或 $2l_1$、$3l_1$ 表示。勾画梁的挠曲线,标最大挠度,计算各梁的最大挠度并比较它们的大小。

$$w_{\max}^{(1)}:w_{\max}^{(2)}:w_{\max}^{(3)} = 1:\_\_\_\_:\_\_\_\_$$

经验:简支梁在满布的均布荷载作用下,最大挠度与跨度的________次方成正比。

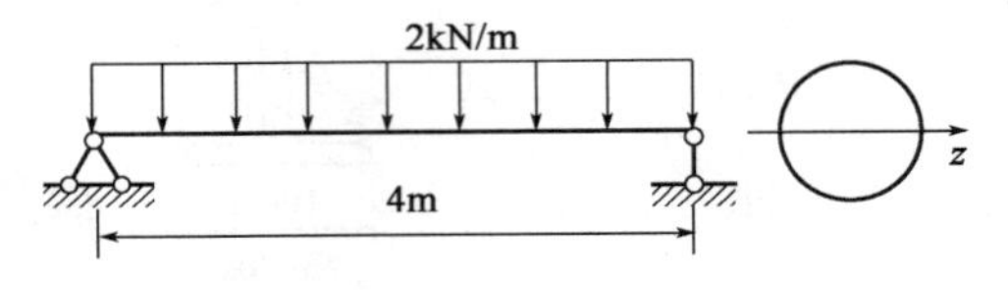


图 4-52　设计梁的截面

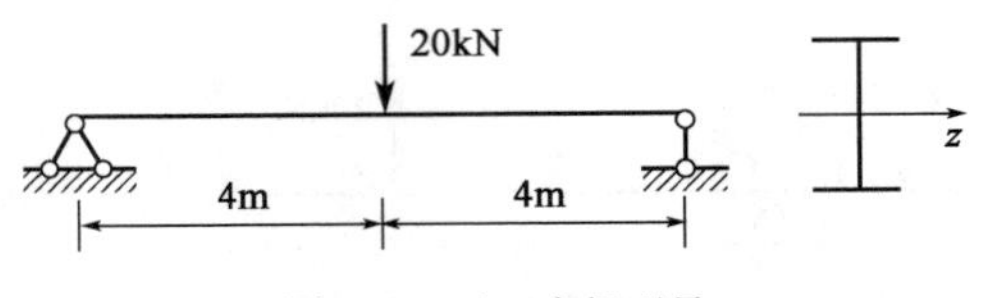


图 4-53　选工字钢型号

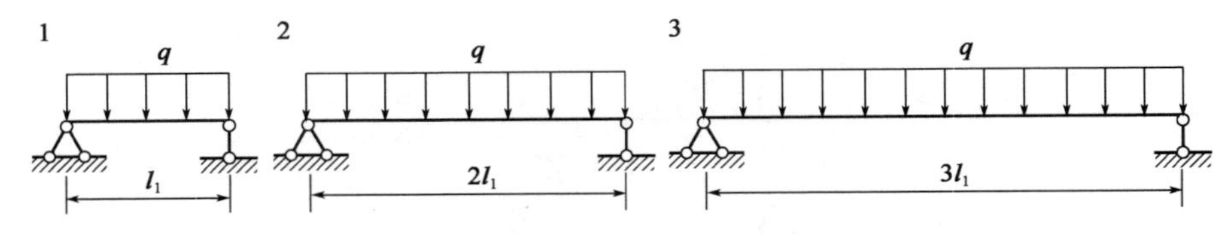


图 4-54　简支梁的挠度与跨度

4-5-2　图 4-55 所示简支梁用 20b 号工字钢制成,$F_P = 10kN$,$q = 4kN/m$,$l = 6m$,钢的弹性模量 $E = 2 \times 10^5 MPa$,计算梁的最大挠度。

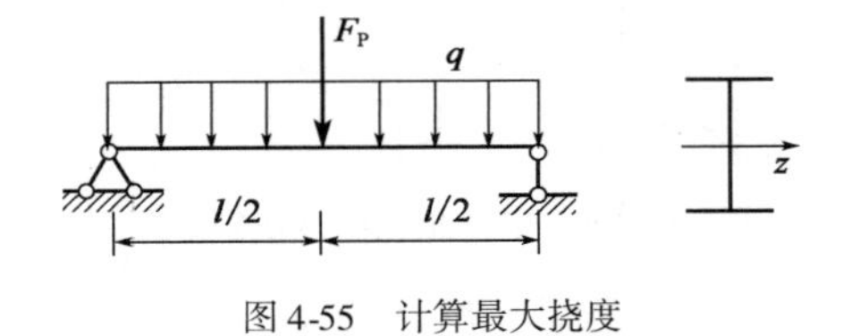


图 4-55　计算最大挠度

4-6-1　完成 4.6.1 节实例分析中对楼盖大梁的力学分析。

4-6-2　完成 4.6.1 节实例分析中对排架柱起吊的力学分析。

4-6-3　在工地上,有时要用双手从地面抬起重物。这时候你应当采取什么样的姿势?试用所学力学知识予以分析。

# 第5章 受压构件的稳定性

**算一算**:图5-1a)为图5-1b)所示钢锯条受压时的计算简图。锯条宽11mm,厚0.6mm,许用应力$[\sigma]=200\mathrm{MPa}$。试用强度条件计算锯条的许可荷载。

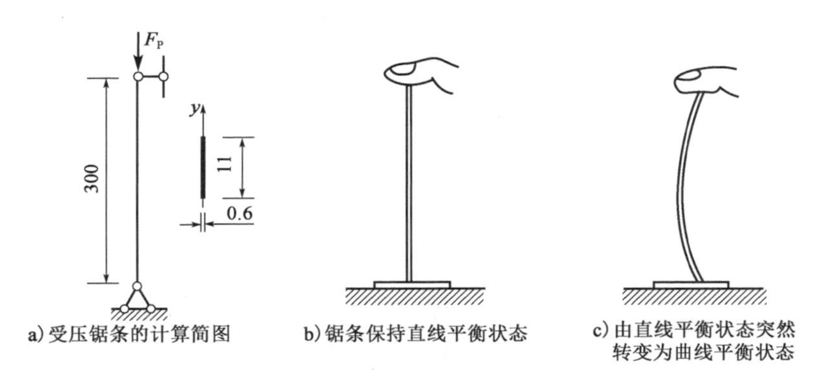


图5-1 锯条受压

**解**:
$$\sigma=\frac{F_N}{A}=\frac{F_P}{A}\leqslant[\sigma]$$

$$F_P\leqslant A\cdot[\sigma]=11\mathrm{mm}\times0.6\mathrm{mm}\times200\mathrm{MPa}=1320\mathrm{N}$$

取许可荷载:
$$[F_P]=1320\mathrm{N}$$

**试一试**:用食指逐渐对锯条施加压力[图5-1b)],当压力增加到一定大小时,锯条会突然弯曲。弯曲的锯条尽管也可以处于平衡状态,却已经丧失了承载能力[图5-1c)]。

前面,由强度条件计算出锯条能够承受1320N的压力,相当于两个男同学的重量。然而,食指在此处施加的压力却小得不能与人的重量相比。可见,轴向受压直杆(简称压杆)的承载能力除了强度方面之外,还有另一方面的问题。

## 5.1 压杆平衡状态的稳定性

按图5-1b)、c)所示重做一次实验。当压力小于某一量值时,压杆处于直线平衡形态。一次微小的横向扰动会使压杆振动,最终压杆能够回复到初始的平衡形态。这样,称压杆初始的平衡状态是稳定的;当压力逐渐增加到某一量值时,压杆突然弯曲。压杆由直线平衡形态突然转变为曲线平衡形态,则称此时直线形态的平衡丧失了稳定性,简称失稳。压杆失稳时的压力值称为临界压力,用 $F_{cr}$表示。

## 知识拓展

除了压杆可能失稳之外,工程中还有一些构件也可能失稳,都表现为平衡形态的突然转变。在如图 5-2 所示的小实验中,模拟了薄梁、薄壁圆筒的失稳。

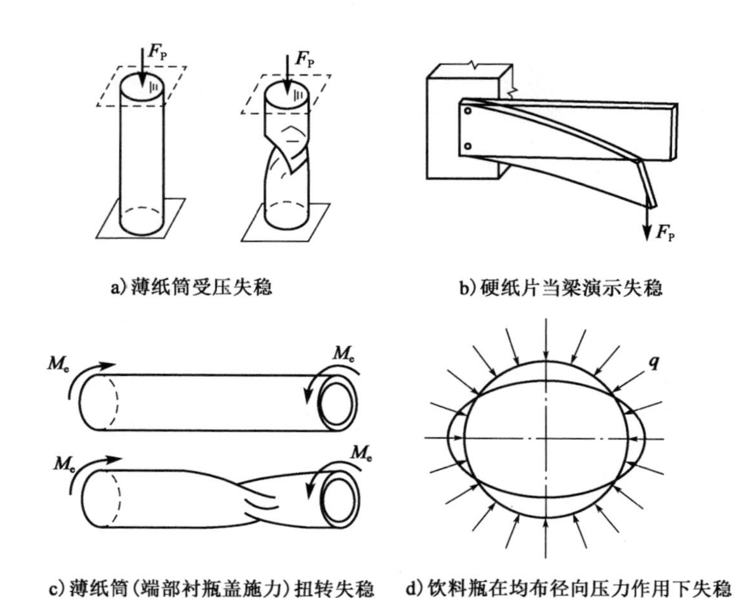


图 5-2 其他构件失稳的实验

# 5.2 影响压杆稳定性的因素

如果把稳定性理解为保持原有平衡状态的能力,那么临界压力 $F_{cr}$便是压杆稳定性的标志:$F_{cr}$大,保持原有平衡状态的能力强,不易失稳;$F_{cr}$小,这种能力弱,则容易失稳。因此,需要确定压杆的临界压力。

## 5.2.1 细长压杆临界压力的欧拉公式

在表 5-1 压杆稳定性的理论分析模型中,将一些实际的受压构件抽象成由均质材料制成、轴线为直线(表中图形的点画线)、外加的压力与杆轴线重合的“中心受压直杆”。由于要表示受压直杆失稳弯曲之后,杆的一端会有明显的纵向移动,这一端的约束采用了图示的滑块形式。从这些理论分析模型出发，在弹性变形的条件下，导出了临界压力的欧拉公式。

**各种支承约束条件下等截面细长压杆临界压力的欧拉公式**　　表 5-1

| 支端情况 | 两端铰支 | 一端固定，另一端铰支 | 两端固定 | 一端固定，另一端自由 |
|---|---|---|---|---|
| 失稳弯曲的形状 | $F_{cr}$, $B$, $A$, $l$ | $F_{cr}$, $B$, $C$, $A$, $l$, $0.7l$<br>$C$-挠风线拐点 | $F_{cr}$, $B$, $D$, $C$, $A$, $l$, $0.5l$<br>$C$、$D$-挠曲线拐点 | $F_{cr}$, $l$, $2l$ |
| 临界压力欧拉公式 | $F_{cr}=\frac{\pi^2 EI}{l^2}$ | $F_{cr}\approx\frac{\pi^2 EI}{(0.7l)^2}$ | $F_{cr}=\frac{\pi^2 EI}{(0.5l)^2}$ | $F_{cr}=\frac{\pi^2 EI}{(2l)^2}$ |
| 长度因数 | $\mu=1$ | $\mu\approx0.7$ | $\mu=0.5$ | $\mu=2$ |

引入由支承约束决定的长度因数$\mu$，则各种支承约束条件下的欧拉公式便统一为：

$$F_{cr}=\frac{\pi^2 EI}{(\mu l)^2} \tag{5-1}$$

### 5.2.2 影响压杆稳定性的因素

在欧拉公式中，$E$ 为压杆材料的弹性模量，$I$ 为压杆失稳弯曲时截面对中性轴的截面二次矩，$l$ 为压杆的长度，$\mu$ 为长度因数。可见，影响压杆稳定性的因素有材料、杆的截面、杆长和支承约束。

薄壁圆筒在径向均布荷载下失稳

欧拉公式分子中的 $EI$ 为弯曲刚度，综合体现材料、截面抵抗弯曲变形的能力。受压构件抵抗弯曲变形的能力强，就不容易由直线平衡状态转变为曲线平衡形态。

1. 材料对压杆稳定性的影响

在欧拉公式中，临界压力 $F_{cr}$与受压构件材料的弹性模量 $E$ 成正比。如钢的弹性模量 $E=(2\sim2.1)\times10^5$MPa、铝合金（LY12）的弹性模量 $E=7.1\times10^4$MPa，在其他条件相同的前提下，钢质压杆比铝质压杆不易失稳。

**试一试**：选长短、截面相近的一段钢锯条和一段塑料条做实验。用手指施加压力，体验二者临界压力的大小。

不同钢材品种的弹性模量是接近的。因此，选用优质钢材做压杆，对于提高稳定性而言没有意义。

2. 截面对压杆稳定性的影响

在欧拉公式中，**临界压力 $F_{cr}$ 与受压构件横截面的截面二次矩 $I$ 成正比。**

**试一试**：裁一段纸条做实验（图 5-3）：试将纸条竖着立在桌面上。纸条太薄，抗弯能力太弱。由于纸条不可能做到绝对平展竖直，自重便使纸条的初始弯曲迅速扩大［图 5-3a)］；若将纸条折成"角钢"形状，它就能够承受自重，立在桌面上了［图 5-3b)］。分别在两种截面的图形上大致画出失稳弯曲时的中性轴，不难比较二者对中性轴的截面二次矩的大小［图 5-3c)］。可见，改变截面的形状，增大截面二次矩，是提高压杆稳定性的措施之一。

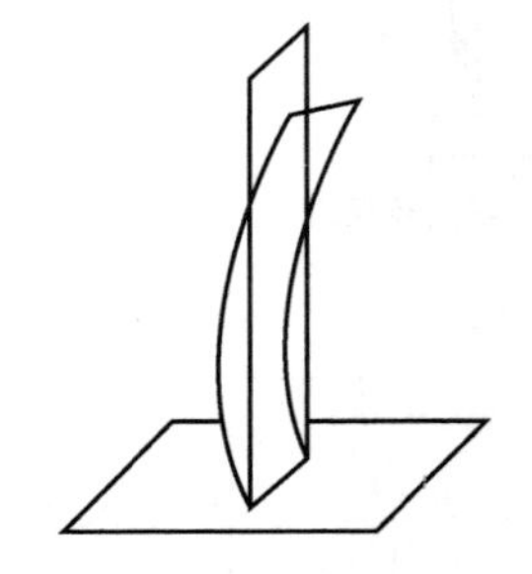
a) 自重使初始弯曲迅速扩大

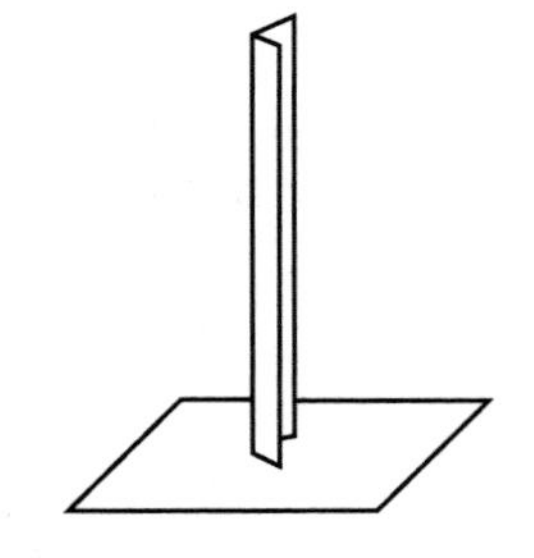
b) 折成"角钢"形状就能立住

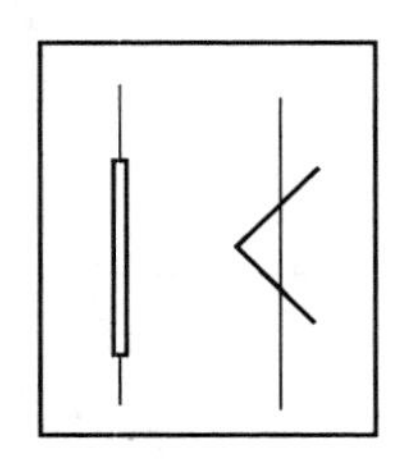
c) 二者对中性轴的截面二次矩相关甚远

图 5-3　用纸条做稳定实验

图 5-4a) 列出了型钢表中的 4 种截面，在每个截面上都画出一根形心轴（通过形心的轴线）。截面有无数根形心轴，唯独对这根形心轴的截面二次矩最小，在这个方向截面抵抗弯曲的能力最弱。当支承约束各向相同时，受压构件会绕这根轴失稳——失稳弯曲时，截面绕这根轴转动。可见，单独用这类杆件承压，还未做到充分地利用材料。

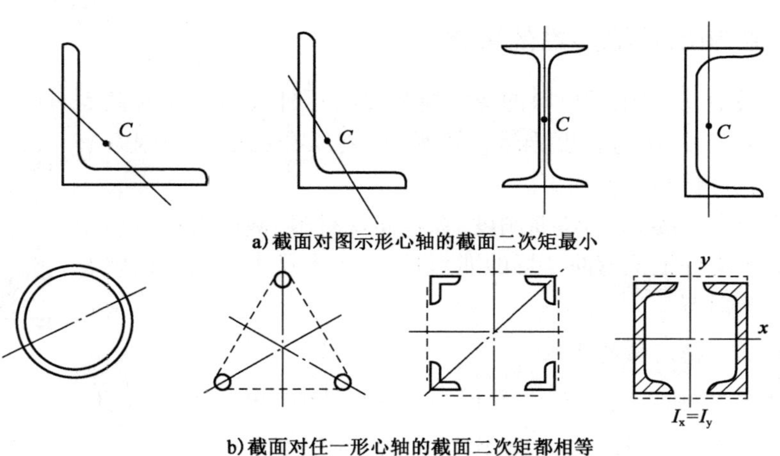

a) 截面对图示形心轴的截面二次矩最小

b) 截面对任一形心轴的截面二次矩都相等

图 5-4　受压构件的合理截面

图 5-4b)中的截面多为组合截面,材料布置在远离中性轴的地方,截面二次矩已经得到了很大的提高。而且,轮廓为圆形、正方形、正三角形的截面对任何一根形心轴的截面二次矩都相等;调整两根槽钢的间距使 $I_x = I_y$,也能使截面对任何一根形心轴的截面二次矩都相等。选用这类截面的杆件承压,最能充分地利用材料,因此在工程中应用最广。

3. 支承约束对压杆稳定性的影响

在欧拉公式中,**临界压力 $F_{cr}$ 与反映支承约束的长度因数 $\mu$ 的二次方成反比。**

**试一试:**图 5-5 所示的模型,用来演示支承约束对压杆稳定性的影响。钢锯条模拟压杆,形槽模拟固定铰支座,锯缝模拟固定端支座,块状元件可在滑槽内移动;悬臂杆用垫圈加载,其余用手指施力。逐一对锯条施加轴向压力,观察锯条失稳弯曲后的变形曲线,比较支承约束对锯条约束的松紧,体验"约束越紧,临界压力越大"学生们(做该实验时可让块状元件靠着直尺滑动)。

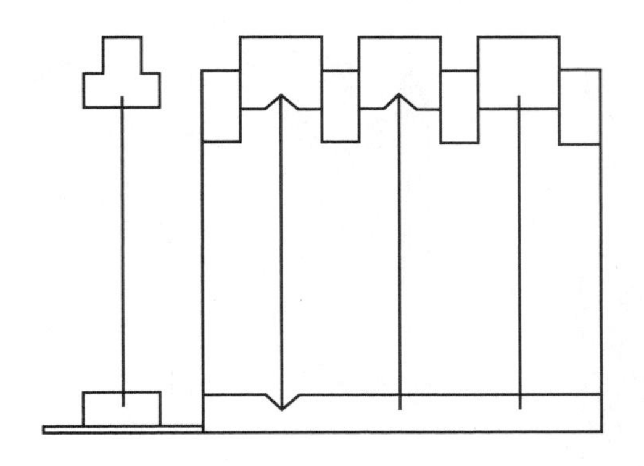

图 5-5　支承约束影响压杆稳定性的实验模型

失稳及提高临界压力实验

工程中常采用一些措施加强支承约束,来提高受压构件的稳定性(图 5-6)。

图 5-6　某工字钢立柱的柱脚

4. 杆长对压杆稳定性的影响

在欧拉公式中，**临界压力 $F_{cr}$ 与压杆的长度 $l$ 的二次方成反比。**

**试一试**：分别用整根锯条、半根锯条做相同约束下的失稳实验，体验整根锯条的临界压力大约只有半根锯条的1/4。压杆越长越容易失稳。

图5-7a）中的塔式起重机在高190m的天兴洲大桥索塔旁工作。它的塔身由若干塔节[图5-7b）]拼成。在塔节中，承受压力的4根角钢被缀条撑开，形成塔身最合理的截面形式。对单根角钢而言，缀条在节点处对它都是约束，从而成倍地缩短了单根角钢的自由长度，提高了单根角钢的稳定性；对于整个塔身，中间有几处用横撑与建筑物连接[图5-7a）]，也成倍地缩短了塔身的自由长度，提高了塔身整体的稳定性。

a）塔式起重机在高190m的天兴洲大桥索塔旁工作

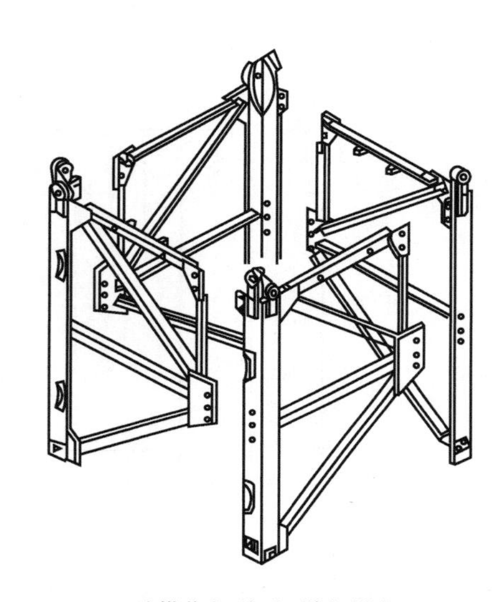

b）塔节由4片平面桁架拼成

图5-7　缩短受压构件的自由长度

## 5.3 压杆的稳定性问题

### 5.3.1 稳定性是区别于强度的另一类问题

**算一算**：图5-1所示钢锯条的弹性模量 $E = 2.1 \times 105\text{MPa}$，试用欧拉公式计算锯条的临界压力。

**解**：锯条失稳弯曲时，截面绕 $y$ 轴转动[图5-1a）]。

截面二次矩：
$$I_y = \frac{11\text{mm} \times (0.6\text{mm})^3}{12} = 0.198\text{mm}^4$$

锯条的支承约束抽象为两端铰支，长度因数 $\mu = 1$。

$$F_{cr} = \frac{\pi^2 EI_y}{(\mu l)^2} = \frac{\pi^2 \times 2.1 \times 10^5 \text{MPa} \times 0.198\text{mm}^4}{(1 \times 300\text{mm})^2} = 4.56\text{N}$$

可见,在图 5-1 中,食指使锯条失稳弯曲的压力不到 5N,小于一袋食盐的重量,不及强度计算许可荷载的 1/250。

工程中不会采用像锯条这样细长比例的杆件承受压力。然而,这个典型的算例却能明确地告诉我们:受压构件的稳定性问题区别于强度问题,是关于承载能力的另一大类问题。在土木工程中,定量处理压杆这两类问题的许用应力法为:

$$\begin{cases} \text{强度条件} \quad \sigma = \dfrac{F_N}{A} \leqslant [\sigma] \\ \text{稳定条件} \quad \sigma = \dfrac{F}{A} \leqslant \varphi[\sigma] \end{cases} \tag{5-2}$$

$\varphi[\sigma]$可以理解为受压构件的稳定许用应力,它将强度许用应力乘以一个小于 1 的因数 $\varphi$ 来取值。$\varphi$ 根据受压构件的材料、截面、支承约束、杆长查表确定。过去称 $\varphi$ 为折减系数,意即将强度许用应力打了一个折扣。

### 5.3.2 工程中受压构件失稳的案例

在近代土木工程发展的进程中,认识受压构件的稳定性问题是付出了血的代价的。尽管解决受压构件的稳定问题早已列入相应的设计规范,也早已进入工程力学课程,但是时至今日,因受压构件失稳造成建筑垮塌的事故仍在发生。这不能不引起每一位土木工程工作者的高度重视。

**读一读:**工程中受压构件失稳的几个案例。

1907 年 8 月 9 日,距加拿大离魁北克城 14.4km、横跨圣劳伦斯河的大铁桥在施工中倒塌。灾难发生在收工前 15min,工程进展如图 5-8 所示,桥上的 74 人坠河遇难。在事发 23 天前发现悬臂桁架西侧的下弦杆有两节变弯,被解释为加工中的问题。事发 9 天前又发现东侧下弦杆有三节变弯,还是没有引起警觉。事发两天前的早晨发展到侧跨的西侧也有一节弯了,之后还发现多处。技术监督虽然向上级主管作了报告,上级却很平静,认为最大工作应力小于许用应力(前者不超过后者的 89%),应该是安全的。事故发生的当天早晨,设计顾问电话通知说,桥上不能再增加荷载了,要立即修复已经弯曲的杆件。虽然他体察到事态有些严重,但还不清楚下弦杆已经失稳。要想逆转事态的发展已经不可能了。

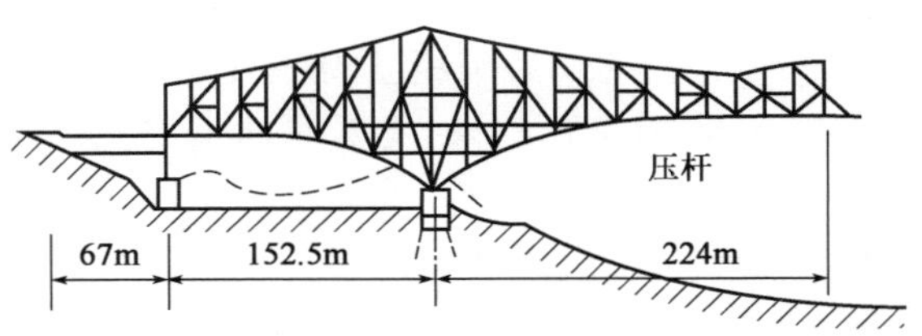


图 5-8 魁北克桥失稳倒塌前的工程进度

1983 年 10 月 4 日，北京某科研楼工地的钢管脚手架在距地面五六米处突然弯弓。刹那间，这座高达 52.4m、长 17.25m、总重 565.4kN 的大型脚手架轰然坍塌。事故造成 5 人死亡，7 人受伤；脚手架所用建筑材料大部分报废，工期推迟一个月。现场调查结果表明，该钢管脚手架存在严重缺陷，致使结构失稳坍塌。脚手架由里、外层竖杆和横杆绑结而成。调查中发现支搭技术上存在以下问题：①钢管脚手架是在未经清理和夯实的地面上搭起来的。这样，在自重和外荷载作用下必然使某些竖杆受力大，另一些受力小。②脚手架未设"扫地横杆"，各大横杆之间的距离太大，最大达 2.2m，比规定值大0.5m。两层横杆之间的竖杆相当于两端铰支的受压构件。横杆之间的距离越大，竖杆的自由长度便越大，临界压力就越小。③高层脚手架在每一层均应设有与建筑物墙体相连的牢固联节点，而这座脚手架竟有 8 层没有与墙体的联节点。④这类脚手架的稳定安全因数规定为 3.0，而这座脚手架的稳定安全因数里层仅为 1.75，外层为 1.11。这些便是导致脚手架失稳坍塌的必然因素。

2008 年元月 10 日至 29 日，我国南方湖南、江西、浙江、安徽、湖北、河南等省的一些地区遭受了百年一遇的低温、雨雪、冰冻灾害。大雪、冻雨形成的覆冰厚厚地裹在高压输电线和铁塔上面，大大超出了设防的覆冰厚度[图 5-9a)]。覆冰造成铁塔的竖直荷载加大，不均匀覆冰造成电线纵向的不平衡张力，断线造成冲击，致使格构式铁塔中许多构件的受力大大超过设计值。一些受压构件首先失稳弯曲，是引起铁塔倒塌，甚至形成一连串倒塌事故的重要原因[图 5-9b)]。南方电网受灾给电网公司造成了严重的经济损失。长期停电，更给交通运输、居民生活、工农业生产造成了巨大损失。

a) 电线上的覆冰

b) 倒塌的电塔

图 5-9　电网铁塔在冰灾中倒塌

在一本基层施工技术人员岗位培训教材《建筑工程倒塌实例分析》中，列举了 10 例倒塌事故，其中多起是因受压构件失稳造成的倒塌。例如，1973 年 8 月 28 日，基本建成的宁夏银川园林场礼堂（兼库房）因漏雨揭瓦翻修，屋盖突然倒塌，当即造成 3 人死亡，1 人重伤，2 人轻伤。

该工程原下达计划为砖木结构库房，在施工时任意改变使用性质，扩大施工面积，木屋架改成三铰式轻型钢屋架。施工图没有经过有关部门审查。在施工放样时，擅自将屋架的腹杆减少，增加了受压构件的自由长度[图 5-10a)、b)]。经事故调查核算，屋架的一部分上弦杆和腹杆的稳定性不够,是导致屋架倒塌的直接原因[图5-10c)]。

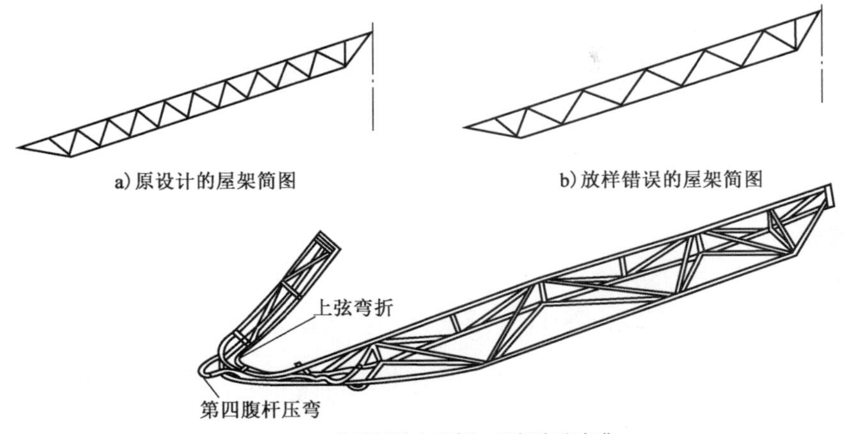


a)原设计的屋架简图

b)放样错误的屋架简图

c)受压的上弦杆、腹杆失稳弯曲

图5-10　礼堂的屋架倒塌

在《建筑工程倒塌实例分析》中对各例建筑倒塌原因所作的评价发人深省。

(1)不遵守基建程序,设计未经审查,施工中又擅自修改;

(2)不讲科学,盲目蛮干;

(3)放样错误,未引起建设、设计、施工单位的重视;

(4)无照设计,无照施工;

(5)施工人员缺乏建筑结构知识,乱套乱改图样;

(6)随意增加屋盖荷载,严重超越屋架的承载能力;

(7)部分建筑材料不符合设计要求;

(8)施工不按规范,操作不按规程,质量低劣;

(9)倒塌前已有预兆,没有及时采取措施;

(10)施工管理松弛,工程质量失控。

## 本章小结

### 知识体系

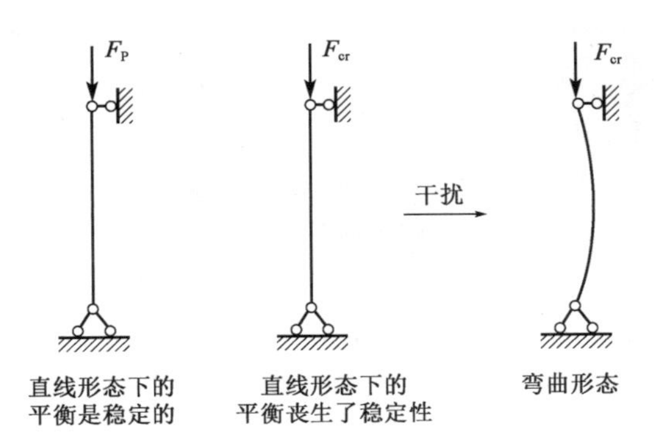

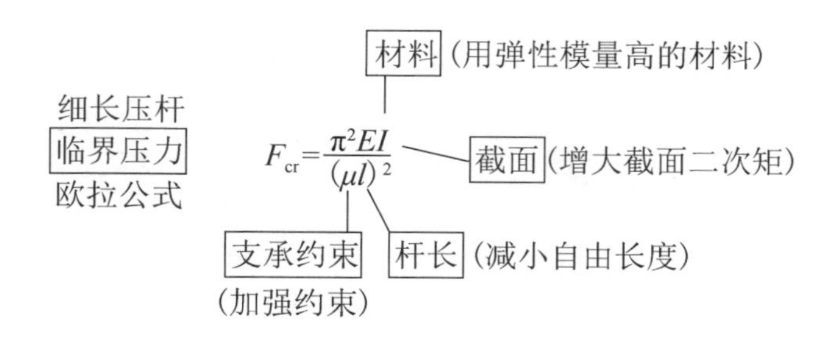


**能力养成**

认知能力：在认知的过程中形成。

敬业精神：在勤奋的实践中养成。

## 实验与讨论

5-1-1 **小实验** 将锯条或塑料薄杆竖立于桌面，用食指加压，体会它的平衡形态突然转变，思考它为什么朝确定的方位失稳。压杆由直线平衡形态向弯曲形态转变时的压力称为________。

5-1-2 **小实验** 如图 5-2 所示，用硬纸片做薄梁失稳的实验；两端衬瓶盖或粉笔头，用薄纸片粘成圆筒形，做薄壁圆筒受压失稳、扭转失稳的实验；用矿泉水饮料瓶做实验，你能很容易地造成均布径向受压的荷载吗？观察因这种荷载造成的失稳变形的特点。

5-2-1 用纸条做图 5-3 所示的压杆稳定实验。分别在矩形截面、角钢截面上画出中性轴，体会截面二次矩对压杆稳定性的影响。

5-2-2 用锯条、木块做图 5-5 所示的压杆稳定实验。体会支座约束对压杆稳定的影响。

5-2-3 **小实验** 用力学小实验元件“角钢”、“缀条”、“盖板”、螺钉拼装图 5-7b）所示的格构式塔柱段。同一小组的同学将拼装好的塔柱段组装成“工地吊车的塔柱”，推举一位同学向全班报告其中运用了哪些提高受压构件稳定性的措施。

5-3-1 **小实验** 参考图 5-11 中脚手架安全事故隐患的图片，找材料拼“脚手架”模拟教材中的案例，表现脚手架失稳倒塌的因素。

a）模板立杆少扫地杆

b）脚手架立杆悬空

c）脚手架立杆间距过大

图 5-11

d)脚手架立杆下土未硬化

e)高层脚手架连墙方式不可靠

f)脚手架堆放砖块超标

图5-11　脚手架安全事故隐患

## 习题

5-2-1　细长压杆临界力的欧拉公式的统一形式为________。式中，压杆的临界压力 $F_{cr}$ 与材料的________($E$)成正比，与截面对中性轴的________($I$)成正比，与________($l$)的二次方成反比，与由支承约束决定的________($\mu$)的二次方成反比。

5-2-2　在支座约束各向相同，材料、杆长相同的前提下，受压构件绕获得最小截面二次矩的形心轴失稳(失稳弯曲时，横截面绕该轴转动)。试在图5-12所示各压杆的截面上，标出受压构件失稳弯曲时截面绕哪根轴转动。

图5-12　判断压杆失稳的方向

5-2-3　$\mu$ 反映________对压杆稳定性的影响。试在图5-5中勾画压杆失稳弯曲时的变形曲线写出各受压构件的 $\mu$ 值。

5-2-4　工程中从以下4个方面采取措施来提高受压构件的稳定性：

①选用适当的材料；

②选择合理的截面；

③加强支承约束；

④减小自由长度。

试在图5-13中各分图号后的空白处选填所采取措施的编号。

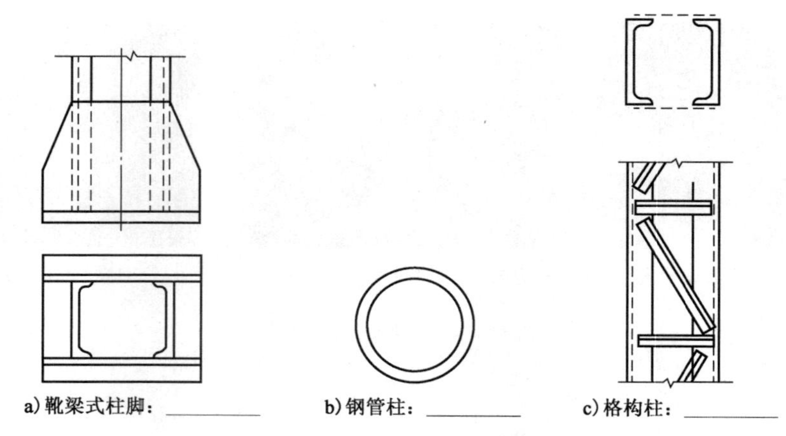


图 5-13　提高压杆稳定性的措施

# 下　篇

# 第6章 直杆的强度、刚度、稳定性

在上篇中，讨论了直杆在轴向拉伸、压缩时，以及在弯曲时的强度、刚度和稳定性的部分问题：

| 受力变形形式 | | 应力强度条件 | 变形刚度条件 | 稳　定　性 |
| --- | --- | --- | --- | --- |
| 基本变形 | 轴向拉伸压缩 | $\sigma_{max}=\frac{F_N}{A}\leqslant[\sigma]$ | $\Delta l=\frac{F_N l}{EA}$ | 细长压杆<br>$F_{cr}=\left(\frac{\pi^2 EI}{\mu l}\right)^2$ |
| | 剪切 | | | |
| | 扭转 | | | |
| | 弯曲 | 脆性材料<br>$\begin{cases}\sigma_{max}^{+}=\frac{My_{max}^{+}}{I_z}\leqslant[\sigma]^{+}\\ \sigma_{max}^{-}=\frac{My_{max}^{-}}{I_z}\leqslant[\sigma]^{-}\end{cases}$<br>塑性材料<br>$\sigma_{max}=\frac{M}{W_z}\leqslant[\sigma]$ | $\frac{w_{max}}{l}\leqslant\left[\frac{w}{l}\right]$<br>简支梁均布荷载<br>$\frac{w_{max}}{l}=\frac{5ql^4}{384EI}$ | |
| 组合变形 | 斜弯曲偏心压缩 | | | |

直杆在剪切、扭转、组合变形时的强度、刚度问题尚未涉及，弯曲切应力强度也未涉及，还未学习压杆的稳定性计算。

塑性材料、脆性材料如何区分？许用应力$[\sigma]$、$[\sigma]^{+}$、$[\sigma]^{-}$依据什么确定？弹性模量$E$如何测定？这些问题涉及材料的力学性能，需要通过材料的力学试验来确定。

# 6.1 材料在拉伸压缩时的力学性能

材料的力学性能是指材料从开始受力直到最后破坏的整个过程中，在强度和变形方面表现出来的性能。这些性能由试验测定，具有代表性的是常温、静载下低碳钢和铸铁的拉伸试验和压缩试验。

## 6.1.1 材料在拉伸时的力学性能

1. 标准试样和试验设备

按照国家相关标准制成标准试样（图 6-1），其几何形状和受力条件都符合轴向拉伸的要求。试件的两端加粗，便于装夹且避免在装夹部位破坏。在试样上画有相距 $l$ 的两道横线，横线之间的部分为工作段，$l$ 称为标距。圆截面拉伸试样的标距 $l$ 与横截面直径 $d$ 的比例为 $l=5d$，或 $l=10d$。

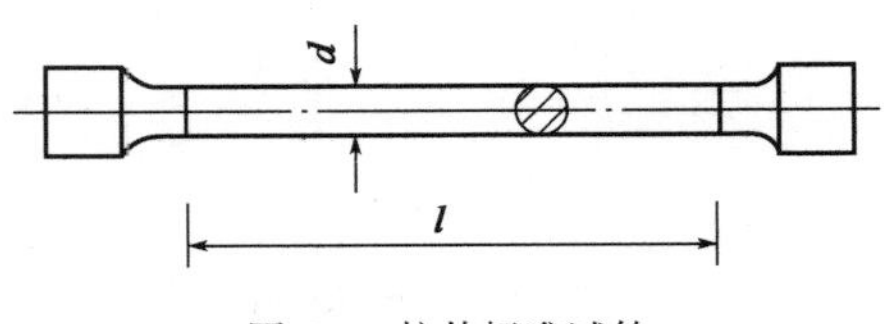


图 6-1　拉伸标准试件

拉伸试验在万能试验机或多功能材料力学试验机（图 6-2）上进行，可以对试样加载，可以测力，也可以自动绘出力与变形的关系曲线。

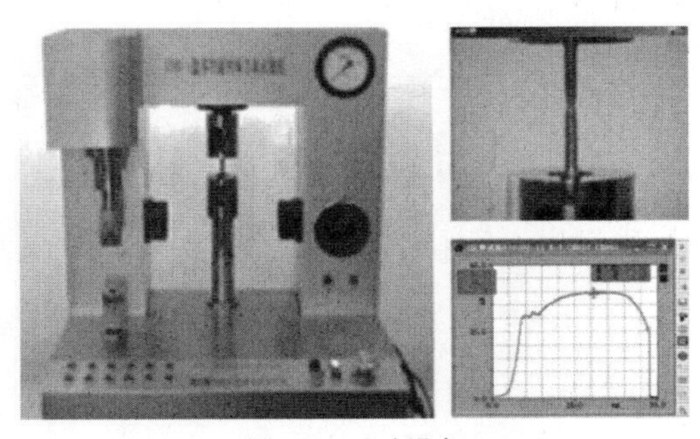

图 6-2　试验设备

2. 低碳钢的拉伸试验

**低碳钢是含碳量不大于 0.25%的碳素钢。**将低碳钢试样装夹在试验机上，缓慢加载，测力装置随时显示试样所受的拉力，自动记录装置绘出试样所受拉力 $F$ 与伸长量 $\Delta l$ 的关系的曲线（图 6-2）。

试验开始时，试件夹紧有一个过程。修正此过程对记录曲线的影响，如图 6-3 所示。此 $F$-$\Delta l$ 曲线称为拉伸图。将力 $F$ 除以工作段的原始横截面面积代表正应力 $\sigma$，将 $\Delta l$ 除以工作段的原长代表线应变 $\varepsilon$,这样,便将 $F$-$\Delta l$ 曲线转换成应力-应变曲线(图 6-4 的 $\sigma$-$\varepsilon$ 曲线)。该曲线名义上消除了试件尺寸的影响,用来反映材料的力学性能。

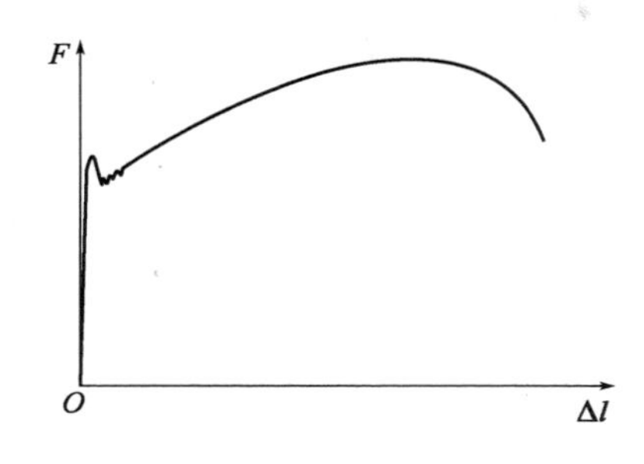


图 6-3　拉伸图

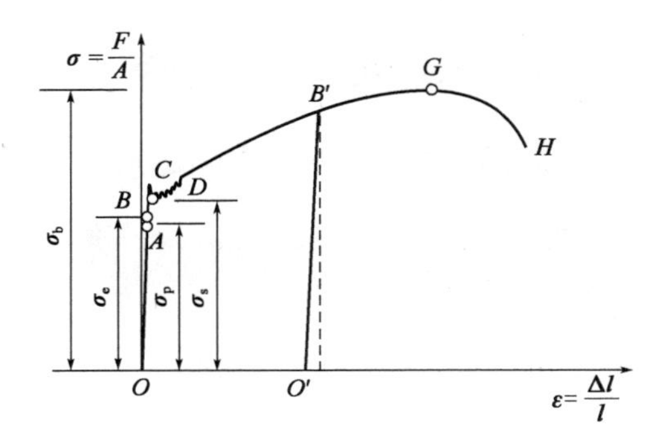


图 6-4　应力-应变图

观察 $\sigma$-$\varepsilon$ 曲线可以发现,在低碳钢拉伸试验的不同阶段,应力-应变关系的规律不同。下面分析各个阶段的范围、特点和应力的极限值。

(1)弹性阶段:指 $\sigma$-$\varepsilon$ 曲线上 $OB$ 表示的阶段,即 $\sigma \leqslant \sigma_e$的阶段。此阶段试样的变形是弹性的。若卸去荷载,变形将完全消失。$\sigma_e$称为弹性极限。

在弹性阶段内,$\sigma$-$\varepsilon$ 曲线上的 $OA$ 部分为直线段,反映应力与应变成正比。$A$ 点对应的应力值称为比例极限,记作 $\sigma_p$。当 $\sigma \leqslant \sigma_p$时,

$$\sigma = E\varepsilon$$

此阶段若用应变仪测出线应变 $\varepsilon$,将 $F$ 除以 $A$ 计算 $\sigma$,则可测出材料的弹性模量:

$$E = \frac{\sigma}{\varepsilon} \tag{6-1}$$

不同类型钢的弹性模量相差不大,$E = (2 \sim 2.1) \times 10^5$ MPa。土木工程常用的低碳钢 Q235 的 $\sigma_p \approx 20$MPa。尽管弹性极限 $\sigma_e$和比例极限 $\sigma_p$的含义相同,由于二者的数值接近,试验难以精确区分。当强调力与变形成正比时,用“比例极限”。

(2)屈服阶段:指应力超过弹性极限后,$\sigma$-$\varepsilon$ 曲线呈锯齿形的 $BD$ 阶段。此阶段虽然应力变化不大,应变却大幅度增加,材料暂时丧失抵抗变形的能力,这种现象称为材料屈服。假若试验之前用金相砂纸将试样表面打光,在此时可见沿 45°方向陆续出现明暗相间的条纹,这是由于 45°方向存在最大切应力,使金属原子大量位错所致。这样的条纹称为滑移带。

$\sigma$-$\varepsilon$ 曲线上 $C$ 点的应力值为屈服阶段应力的最小值,记作 $\sigma_s$,称为屈服极限。对于 Q235 钢,$\sigma_s \approx 235$MPa。

(3)强化阶段:指 $\sigma$-$\varepsilon$ 曲线上的 $DG$ 阶段。此阶段应力增加较快,应变大量增加,主要是塑性变形。曲线最高点 $G$ 的应力最大,该应力称为强度极限,记为 $\sigma_b$。Q235 钢的 $\sigma_b \approx 40$MPa。

进入强化阶段后,假若从某一状态(比如 $\sigma$-$\varepsilon$ 曲线上点 $B'$对应的状态)卸载,再重新加载。此时试样在弹性范围内的应力极限值会明显提高,同时材料的塑性降低(应力-应变关系会沿着图 6-4 中的图线 $O'B'GH$ 变化),这种现象称为冷作硬化。工程中常将钢筋在常温下预拉到强化阶段再卸载,从而提高钢筋在弹性范围内的抗拉能力。

(4)颈缩阶段:指 $\sigma$-$\varepsilon$ 曲线上的 $GH$ 阶段。应力达到 $\sigma_b$后,试样某一局部区段的截面显著缩小,出现"颈缩"现象[图 6-5a)]。由于缩颈部分横截面急剧减小,试样继续变形所需的拉力也迅速下降,直至试样被拉断[图 6-5b)]。

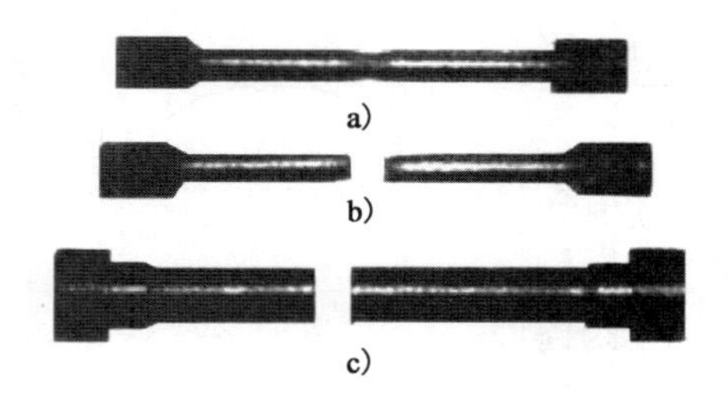


图 6-5 颈缩与断裂后的试样

3. 材料的力学性能指标

材料的力学性能指标分 3 个方面。

(1)弹性指标

①弹性模量 $E$。反映材料抵抗拉伸压缩弹性变形的能力。

②切变模量 $G$。反映材料抵抗剪切弹性变形的能力。

③泊松比 $\nu$。反映材料单向拉伸压缩弹性变形时横向线应变与纵向线应变的比值。

表 6-1、表 6-2 分别为《铁路桥梁钢结构设计规范》(TB 10091—2017)、《铁路桥涵钢筋混凝土和预应力混凝土结构设计规范》(TB 10002.3—2005)中对弹性指标的取值规定。其中, $1\text{GPa} = 10^9\text{Pa} = 10^3\text{MPa}$。

钢材弹性系数 表 6-1

| 弹性模量 $E$(MPa) | 剪切模量 $G$(MPa) | 泊松比 $\nu$ |
|---|---|---|
| $2.1 \times 10^5$ | $8.1 \times 10^4$ | 0.3 |

混凝土弹性模量 $E_c$ 表 6-2

| 混凝土强度等级 | C20 | C25 | C30 | C35 | C40 | C45 | C50 | C5 | C60 |
|---|---|---|---|---|---|---|---|---|---|
| 弹性模量 $E_c$(MPa) | $2.80 \times 10^4$ | $2.95 \times 10^4$ | $3.10 \times 10^4$ | $3.25 \times 10^4$ | $3.35 \times 10^4$ | $3.45 \times 10^4$ | $3.5 \times 10^4$ | $3.65 \times 10^4$ | $3.75 \times 10^4$ |

混凝土泊松比 $\nu_c$ 可采用0.2。

(2)塑性指标

①伸长率 $\delta$。图6-6a)表示试样的原始形状尺寸,图6-6b)表示试样拉断之后拼合在一起的形状尺寸。标距范围内的塑性变形量与标距的百分比称为**伸长率**,即:

$$\delta = \frac{l_1 - l}{l} \times 10\% \tag{6-2}$$

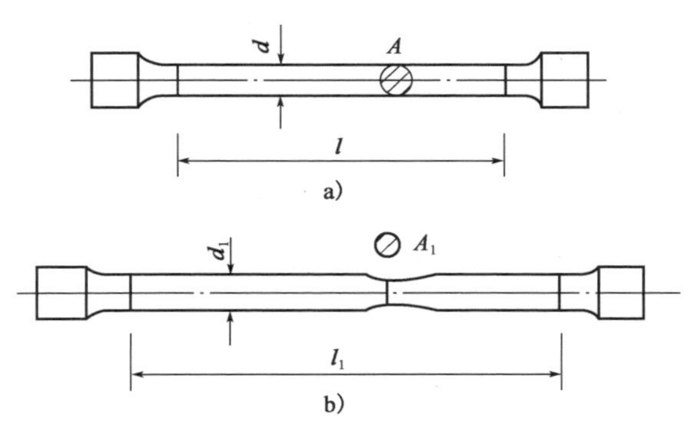


图6-6　伸长率和断面收缩率

②断面收缩率 $\psi$。断口处截面面积的收缩量与原截面面积的百分比称为**断面收缩率**,即:

$$\psi = \frac{A - A_1}{A} \times 10\% \tag{6-3}$$

Q235钢的伸长率 $\delta = 25\% \sim 27\%$,断面收缩率 $\psi = 60\% \sim 70\%$。

工程中常将 $\delta \geq 5\%$ 的材料称为塑性材料,如碳钢、黄铜、铝合金;而将 $\delta < 5\%$ 的材料称为脆性材料,如铸铁、混凝土、陶瓷、玻璃。

(3)强度指标

①屈服极限 $\sigma_s$。塑性材料在屈服时产生显著的塑性变形,一般以 $\sigma_s$ 为失效的指标。

②强度极限 $\sigma_b$。脆性材料具有较强的抵抗分子滑移的能力,在达到使分子滑移的应力之前,材料首先断裂,以 $\sigma_b$ 为失效的指标。几种常用金属材料的力学性能见表6-3。

**几种常用金属材料的力学性能**　　表6-3

| 材料名称 | 牌号 | $\sigma_s$(MPa) | $\sigma_s$(MPa) | $\sigma$(%) |
|---|---|---|---|---|
| 碳素结构钢(GB/T 700—2006) | Q215<br>Q235<br>Q275 | 215 ~ 165<br>235 ~ 185<br>275 ~ 215 | 450 ~ 35<br>500 ~ 370<br>540 ~ 410 | 31 ~ 26<br>26 ~ 21<br>22 ~ 17 |
| 优质碳素结构钢(GB/T 699—2015) | 40<br>45 | 335<br>355 | 570<br>600 | 19<br>16 |
| 低合金高强度结构钢(GB/T 1591—2008) | Q345<br>Q390 | 345 ~ 265<br>390 ~ 310 | 630 ~ 450<br>650 ~ 470 | 21 ~ 17<br>20 ~ 18 |

续上表

| 材 料 名 称 | 牌　　号 | $\sigma_s$(MPa) | $\sigma_s$(MPa) | $\sigma$(%) |
|---|---|---|---|---|
| 合金结构钢<br>(GB/T 3077—2015) | 20Mn2<br>40Mn2 | 590<br>735 | 785<br>885 | 10<br>12 |
| 球墨铸铁件<br>(GB/T 1348—2009) | QT450—10<br>QT600—3 | 310<br>370 | 450<br>600 | 10<br>3 |
| 灰铸铁件<br>(GB/T 9439—2010) | HT150<br>HT250 | | 150 ~ 90<br>250 ~ 160 | |
| 铝及铝合金挤压棒材<br>(GB/T 3191—2010) | 2A02<br>2A11 | 275<br>215 | 430<br>370 | 10<br>12 |

注:表中只给出不同厚度(直径)材料的数值范围,详见国家标准。

4. 铸铁的拉伸试验

图 6-7 所示灰铸铁试样在拉伸时的应力-应变曲线,没有直线部分。在拉伸过程中无屈服和颈缩现象,直到拉断,试样的变形都非常小[图 6-5c)]。拉断时的应力为强度极限 $\sigma_b$,它是灰铸铁唯一的强度指标。

**做一做:**到力学实验室做低碳钢、铸铁的压缩试验。

### 6.1.2　材料在压缩时的力学性能

金属材料压缩试验用圆柱形试样,试样的高为直径的 1 ~ 3 倍。混凝土压缩试样一般为立方块(图 6-8)。

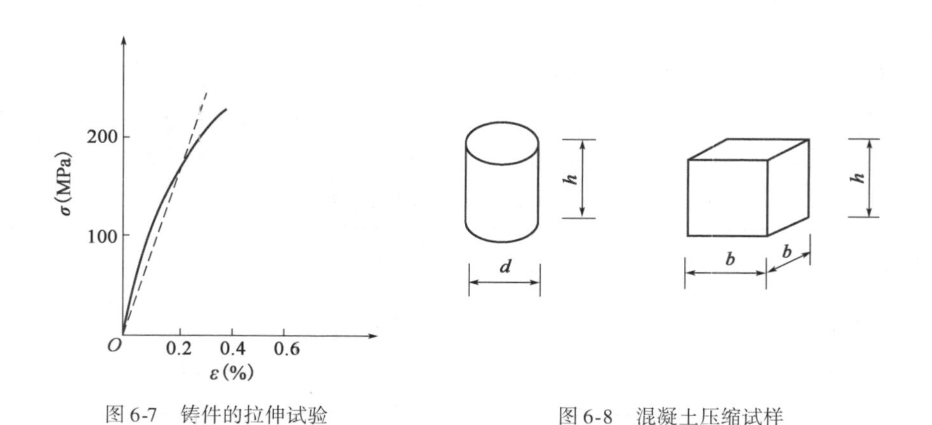


图 6-7　铸件的拉伸试验

图 6-8　混凝土压缩试样

1. 低碳钢的压缩试验

低碳钢压缩试验的 $\sigma$-$\varepsilon$ 曲线(图 6-9 中的实线),与低碳钢拉伸试验的 $\sigma$-$\varepsilon$ 曲线(图 6-9 中的虚线)相比,在屈服阶段之前两条图线基本重合,表明低碳钢压缩时的比例极限 $\sigma_p$、屈

服极限 $\sigma_s$ 和弹性模量 $E$ 与拉伸时基本相同。在屈服阶段之后,试样出现显著的塑性变形。低碳钢试件为塑性材料,越压越扁,不被压裂,得不到强度极限。

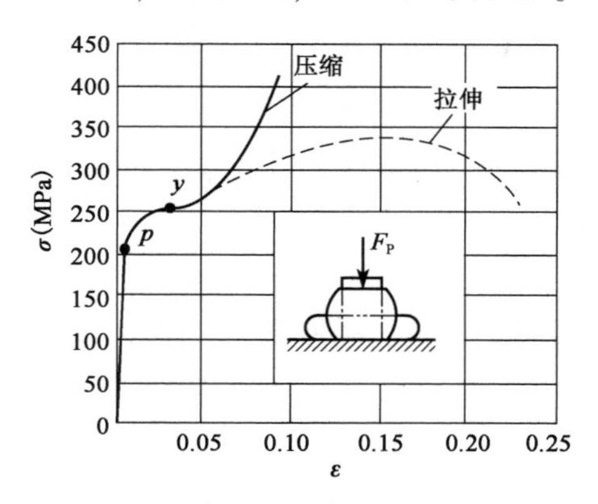


图 6-9　低碳钢压缩时的应力-应变曲线

2. 铸铁的压缩试验

铸铁试样破裂时呈鼓状,断口与轴线约成 35°(图 6-10)。压缩时的 $\sigma$-$\varepsilon$ 曲线与拉伸时的 $\sigma$-$\varepsilon$ 曲线(图 6-11 中的虚线)相比,曲线相似,但压缩时的强度极限 $\sigma_b$ 比拉伸时大数倍。可见,铸铁之类的脆性材料宜作受压构件。

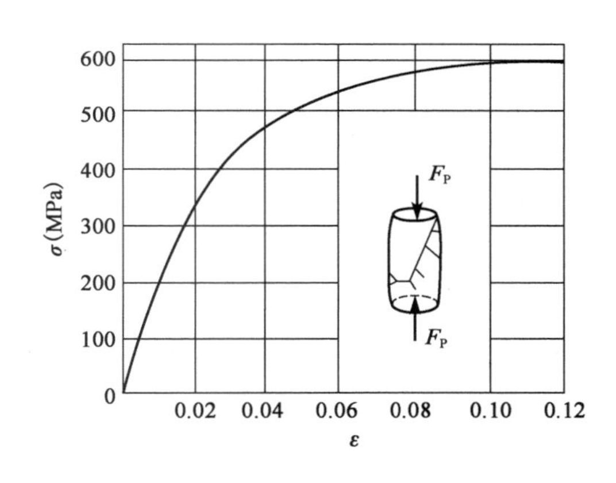


图 6-10　灰铸铁压缩时的应力-应变曲线

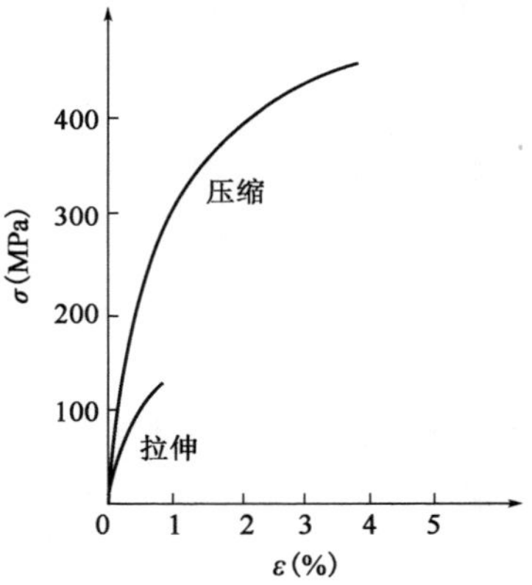

图 6-11　铸铁拉压强度极限比较

**做一做**:到力学实验室做低碳钢、铸铁的压缩试验。

## 6.1.3　强度条件

材料发生屈服或断裂,都会使之丧失正常的功能,这种现象称为材料失效。

对于脆性材料,在单向拉伸压缩状态下,失效形式为断裂,故失效的判别准则为:

$$\sigma = \sigma_b$$

对于塑性材料,在单向拉伸压缩状态下,一般视屈服为失效,故失效的判别准则为:

$$\sigma = \sigma_s$$

材料失效时的应力($\sigma_b$ 或 $\sigma_s$)称为极限应力,用 $\sigma_u$ 表示。**实际工作的构件,若因材料的**

**屈服或断裂而丧失正常功能,称构件强度失效**。为了保证构件的安全,必须具有一定的强度储备。将材料的极限应力 $\sigma_u$ 除以安全因数 $n(n>1)$ 作为构件工作应力的容许值,称为**许用应力**,用$[\sigma]$表示。

$$[\sigma]=\frac{\sigma_u}{n} \tag{6-4}$$

将构件的最大工作应力限制在允许范围内,来保证强度足够的条件称为强度条件。单向应力状态下的强度条件为:

$$\sigma_{max}\leqslant[\sigma] \tag{6-5}$$

对于拉压强度不同的材料(如铸铁),强度条件包括拉、压两个方面,即最大拉应力$\sigma_{max}^{+}$不大于许用拉应力$[\sigma]^{+}$,最大压应力$\sigma_{max}^{-}$不大于许用压应力$[\sigma]^{-}$。

$$\left.\begin{aligned}\sigma_{max}^{+}\leqslant[\sigma]^{+}\\ \sigma_{max}^{-}\leqslant[\sigma]^{-}\end{aligned}\right\} \tag{6-6}$$

式中,$[\sigma]^{-}$、$\sigma_{max}^{-}$均为绝对值。在工程规范中,对相应材料的基本许用应力作了规定(表3-1),所取的安全因数一般在这样的范围内:塑性材料 $n_s=1.4\sim1.7$,脆性材料 $n_b=2.5\sim5.0$。

# 6.2 压杆的稳定计算

## 6.2.1 压杆的柔度

在第5章中,曾用细长压杆临界力的欧拉公式

$$F_{cr}=\frac{\pi^2EI}{(\mu l)^2}$$

来表达材料、截面、支承约束和杆长对压杆稳定性的影响。公式的两边同除以横截面面积 $A$,得临界应力

$$\sigma_{cr}=\frac{F_{cr}}{A}=\frac{\pi^2EI}{(\mu l)^2A}$$

将截面对中性轴的惯性矩(二次矩)$I$ 与横截面面积 $A$ 合为一个几何量

$$\begin{aligned}i^2&=\frac{I}{A}\\ i&=\sqrt{\frac{I}{A}}\end{aligned} \tag{6-7}$$

$i$ 称为截面对该轴的惯性半径。则得:

$$\sigma_{cr}=\frac{\pi^2Ei^2}{(\mu l)^2}=\frac{\pi^2E}{(\mu l)^2/i^2}=\frac{\pi^2E}{(\mu l/i)^2}$$

这样,影响压杆稳定性的杆长、支承约束和截面的几何性质3个方面的因素可以用一个量来表示:

$$\lambda = \frac{\mu l}{i} \tag{6-8}$$

$\lambda$ 是一个比例数，称为压杆的柔度，又称长细比。杆愈长，$\lambda$ 值愈大，压杆愈柔，愈易失稳；压杆的支承约束不紧，$\mu$ 值愈大，则 $\lambda$ 值愈大，压杆愈柔，愈易失稳；惯性半径 $i$ 值愈大，代表单位面积提供的二次矩（惯性矩）愈大，截面的抗弯能力强，则 $\lambda$ 值愈小，压杆愈不易失稳。

对于圆截面 $$i = \sqrt{\frac{I}{A}} = \sqrt{\frac{\pi d^4/64}{\pi d^2/4}} = \frac{d}{4}$$

对于矩形截面 $$i_z = \sqrt{\frac{I_z}{A}} = \sqrt{\frac{bh^3/12}{bh}}, i_y = \frac{b}{\sqrt{12}}$$

对于型钢，$i$ 值查型钢表。

### 6.2.2 压杆的稳定条件

工程中用稳定条件来计算压杆的稳定性。土木工程用许用应力的形式来表示的稳定条件：

$$\sigma = \frac{F}{A} \leqslant [\sigma]_{st}$$

而且稳定许用应力 $[\sigma]_{st}$ 又表达为强度许用应力 $[\sigma]$ 乘以一个小于 1 的稳定因数 $\varphi$，则压杆的稳定条件为：

$$\sigma = \frac{F}{A} \leqslant \varphi[\sigma] \tag{6-9}$$

压杆的稳定性取决于整个压杆抵抗弯曲变形的能力，因此，不计局部截面面积的削弱。式中的 $A$ 为横截面的毛面积；稳定因数 $\varphi$ 以前称为折减因数，意即对强度许用应力给的折扣；$\varphi$ 可依据《钢结构设计规范》(GB 50017—2003)从表中查出（表 6-4、表 6-5），或由公式算出。

**Q235 钢 a 类截面中心受压直杆的折减因数 $\varphi$** 表 6-4

| λ | 0 | 1 | 2 | 3 | 4 | 5 | 6 | 7 | 8 | 9 |
|---|---|---|---|---|---|---|---|---|---|---|
| 0 | 1.000 | 1.000 | 1.000 | 1.000 | 0.999 | 0.999 | 0.998 | 0.998 | 0.997 | 0.996 |
| 10 | 0.995 | 0.994 | 0.993 | 0.992 | 0.991 | 0.989 | 0.988 | 0.986 | 0.985 | 0.983 |
| 20 | 0.981 | 0.979 | 0.977 | 0.976 | 0.974 | 0.972 | 0.970 | 0.968 | 0.966 | 0.964 |
| 30 | 0.963 | 0.961 | 0.959 | 0.957 | 0.955 | 0.952 | 0.950 | 0.948 | 0.946 | 0.944 |
| 40 | 0.941 | 0.939 | 0.937 | 0.934 | 0.932 | 0.929 | 0.927 | 0.924 | 0.921 | 0.919 |
| 50 | 0.916 | 0.913 | 0.910 | 0.907 | 0.904 | 0.900 | 0.897 | 0.894 | 0.890 | 0.886 |
| 60 | 0.883 | 0.879 | 0.875 | 0.871 | 0.867 | 0.863 | 0.858 | 0.854 | 0.849 | 0.844 |
| 70 | 0.839 | 0.834 | 0.829 | 0.824 | 0.818 | 0.813 | 0.807 | 0.801 | 0.795 | 0.789 |
| 80 | 0.783 | 0.776 | 0.770 | 0.763 | 0.757 | 0.750 | 0.743 | 0.736 | 0.728 | 0.721 |
| 90 | 0.714 | 0.706 | 0.699 | 0.691 | 0.684 | 0.676 | 0.668 | 0.661 | 0.653 | 0.645 |
| 100 | 0.638 | 0.630 | 0.622 | 0.615 | 0.607 | 0.600 | 0.592 | 0.585 | 0.577 | 0.570 |
| 110 | 0.563 | 0.555 | 0.548 | 0.541 | 0.534 | 0.527 | 0.520 | 0.514 | 0.507 | 0.500 |
| 120 | 0.494 | 0.488 | 0.481 | 0.475 | 0.469 | 0.463 | 0.457 | 0.451 | 0.445 | 0.400 |

续上表

| λ | 0 | 1 | 2 | 3 | 4 | 5 | 6 | 7 | 8 | 9 |
|---|---|---|---|---|---|---|---|---|---|---|
| 130 | 0.434 | 0.429 | 0.423 | 0.418 | 0.412 | 0.407 | 0.402 | 0.397 | 0.392 | 0.387 |
| 140 | 0.383 | 0.378 | 0.373 | 0.369 | 0.364 | 0.360 | 0.356 | 0.351 | 0.347 | 0.343 |
| 150 | 0.339 | 0.335 | 0.331 | 0.327 | 0.323 | 0.320 | 0.316 | 0.312 | 0.309 | 0.305 |
| 160 | 0.302 | 0.298 | 0.295 | 0.292 | 0.289 | 0.285 | 0.282 | 0.279 | 0.276 | 0.273 |
| 170 | 0.270 | 0.267 | 0.264 | 0.262 | 0.259 | 0.256 | 0.253 | 0.251 | 0.248 | 0.246 |
| 180 | 0.243 | 0.241 | 0.238 | 0.236 | 0.233 | 0.231 | 0.229 | 0.226 | 0.224 | 0.222 |
| 190 | 0.220 | 0.218 | 0.215 | 0.213 | 0.211 | 0.209 | 0.207 | 0.205 | 0.203 | 0.201 |
| 200 | 0.199 | 0.198 | 0.196 | 0.194 | 0.192 | 0.190 | 0.189 | 0.187 | 0.185 | 0.183 |
| 210 | 0.182 | 0.180 | 0.179 | 0.177 | 0.175 | 0.174 | 0.172 | 0.171 | 0.169 | 0.168 |
| 220 | 0.166 | 0.165 | 0.164 | 0.162 | 0.161 | 0.159 | 0.158 | 0.157 | 0.155 | 0.154 |
| 230 | 0.153 | 0.152 | 0.150 | 0.149 | 0.148 | 0.147 | 0.146 | 0.144 | 0.143 | 0.142 |
| 240 | 0.141 | 0.140 | 0.139 | 0.138 | 0.136 | 0.135 | 0.134 | 0.133 | 0.132 | 0.131 |
| 250 | 0.130 | — | — | — | — | — | — | — | — | — |

**Q235 钢 b 类截面中心受压直杆的折减因数 $\varphi$** 表 6-5

| λ | 0 | 1 | 2 | 3 | 4 | 5 | 6 | 7 | 8 | 9 |
|---|---|---|---|---|---|---|---|---|---|---|
| 0 | 1.00 | 1.00 | 1.00 | 0.999 | 0.999 | 0.998 | 0.997 | 0.996 | 0.995 | 0.994 |
| 10 | 0.992 | 0.991 | 0.989 | 0.987 | 0.985 | 0.983 | 0.981 | 0.978 | 0.976 | 0.973 |
| 20 | 0.970 | 0.967 | 0.963 | 0.960 | 0.957 | 0.953 | 0.950 | 0.946 | 0.943 | 0.939 |
| 30 | 0.936 | 0.932 | 0.929 | 0.925 | 0.922 | 0.918 | 0.914 | 0.910 | 0.906 | 0.903 |
| 40 | 0.899 | 0.895 | 0.891 | 0.887 | 0.882 | 0.878 | 0.874 | 0.870 | 0.865 | 0.861 |
| 50 | 0.856 | 0.852 | 0.847 | 0.842 | 0.838 | 0.833 | 0.828 | 0.823 | 0.818 | 0.813 |
| 60 | 0.807 | 0.802 | 0.797 | 0.791 | 0.786 | 0.780 | 0.774 | 0.769 | 0.763 | 0.757 |
| 70 | 0.751 | 0.745 | 0.739 | 0.732 | 0.726 | 0.720 | 0.714 | 0.707 | 0.701 | 0.694 |
| 80 | 0.68 | 0.681 | 0.675 | 0.68 | 0.61 | 0.65 | 0.648 | 0.641 | 0.635 | 0.628 |
| 90 | 0.621 | 0.614 | 0.608 | 0.601 | 0.594 | 0.58 | 0.581 | 0.575 | 0.568 | 0.561 |
| 100 | 0.555 | 0.549 | 0.542 | 0.536 | 0.529 | 0.523 | 0.517 | 0.511 | 0.505 | 0.499 |
| 110 | 0.493 | 0.487 | 0.481 | 0.475 | 0.470 | 0.464 | 0.458 | 0.453 | 0.447 | 0.442 |
| 120 | 0.437 | 0.432 | 0.426 | 0.421 | 0.416 | 0.411 | 0.406 | 0.402 | 0.397 | 0.392 |
| 130 | 0.387 | 0.383 | 0.378 | 0.374 | 0.370 | 0.365 | 0.361 | 0.357 | 0.353 | 0.349 |
| 140 | 0.345 | 0.341 | 0.337 | 0.333 | 0.329 | 0.326 | 0.322 | 0.318 | 0.315 | 0.311 |
| 150 | 0.308 | 0.304 | 0.301 | 0.298 | 0.295 | 0.291 | 0.288 | 0.285 | 0.282 | 0.279 |
| 160 | 0.276 | 0.273 | 0.270 | 0.267 | 0.265 | 0.262 | 0.259 | 0.256 | 0.254 | 0.251 |
| 170 | 0.249 | 0.246 | 0.244 | 0.241 | 0.239 | 0.236 | 0.234 | 0.232 | 0.229 | 0.227 |
| 180 | 0.225 | 0.223 | 0.220 | 0.218 | 0.216 | 0.214 | 0.212 | 0.210 | 0.208 | 0.206 |
| 190 | 0.204 | 0.202 | 0.200 | 0.198 | 0.197 | 0.195 | 0.193 | 0.191 | 0.190 | 0.188 |
| 200 | 0.186 | 0.184 | 0.183 | 0.181 | 0.180 | 0.178 | 0.176 | 0.175 | 0.173 | 0.172 |

续上表

| λ | 0 | 1 | 2 | 3 | 4 | 5 | 6 | 7 | 8 | 9 |
|---|---|---|---|---|---|---|---|---|---|---|
| 210 | 0.170 | 0.169 | 0.167 | 0.166 | 0.165 | 0.163 | 0.162 | 0.160 | 0.159 | 0.158 |
| 220 | 0.156 | 0.155 | 0.154 | 0.153 | 0.151 | 0.150 | 0.149 | 0.148 | 0.146 | 0.145 |
| 230 | 0.144 | 0.143 | 0.142 | 0.141 | 0.140 | 0.138 | 0.137 | 0.136 | 0.135 | 0.134 |
| 240 | 0.133 | 0.132 | 0.131 | 0.130 | 0.129 | 0.128 | 0.127 | 0.126 | 0.125 | 0.124 |
| 250 | 0.123 | — | — | — | — | — | — | — | — | — |

在《钢结构设计规范》(GB 50017—2003)中,根据工程中常用压杆的截面形状、尺寸和加工条件等因素,将截面分为a、b、c、d四类。例如,轧制圆形截面属于a类,$b:h \leqslant 0.8$的工字钢截面属于b类。

查《木结构设计规范》(GB 50005—2003)中,给出了两组计算公式:

当树种强度等级为TC17、TC15及TB20时,

$$\lambda \leqslant 75 \quad \varphi = \frac{1}{1 + \left(\frac{\lambda}{80}\right)^2} \tag{6-10}$$

$$\lambda > 75 \quad \varphi = \frac{3000}{\lambda^2} \tag{6-11}$$

当树种强度等级为TC13、TC11、TB17、TB15、TB13及TB11时,

$$\lambda \leqslant 91 \quad \varphi = \frac{1}{1 + \left(\frac{\lambda}{65}\right)^2} \tag{6-12}$$

$$\lambda > 91 \quad \varphi = \frac{2800}{\lambda^2} \tag{6-13}$$

## 分析示范

**【例6-1】** 图6-12所示为两端固定的25a号工字钢钢柱,承受压力$F = 240\text{kN}$。材料为Q235钢,工字钢截面$b:h < 0.8$,柱失稳弯曲时截面绕$y$轴转动,属于$b$类截面。强度许用应力$[\sigma] = 160\text{MPa}$,试校核柱的稳定性。

**解:**(1)稳定许用应力柱的两端固定,查表5-1:长度因数$\mu = 0.5$。杆长$l = 6\text{m}$。从型钢表中查得截面面积$A = 48.5\text{cm}^2$,对于$y$轴的惯性半径$i = 2.403\text{cm}$。则压杆的柔度为:

$$\lambda = \frac{\mu l}{i} = \frac{0.5 \times 600\text{cm}}{2.403\text{cm}} = 124.8$$

查表6-5,用直线内插法求稳定因数:

$$\varphi = 0.411 + \frac{0.416 - 0.411}{125 - 124} \times (125 - 124.8) = 0.412$$

稳定许用应力 $\varphi[\sigma] = 0.412 \times 160\text{MPa} = 65.9\text{MPa}$

(2)校核柱的稳定性。

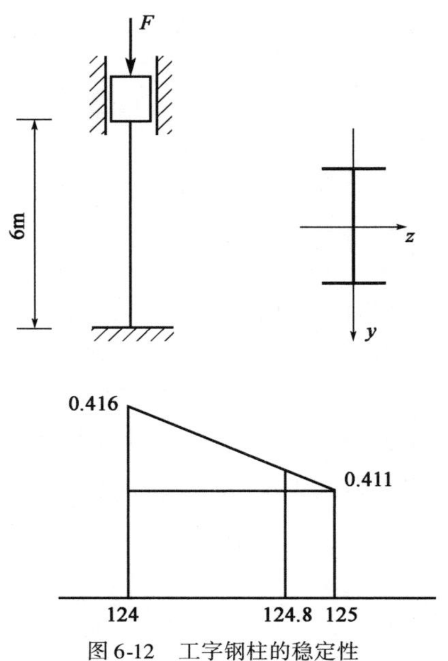

图 6-12　工字钢柱的稳定性

$$\sigma = \frac{F}{A} = \frac{240 \times 10^3 \mathrm{N}}{4850 \mathrm{mm}^2} = 49.5 \mathrm{MPa} < \varphi[\sigma]$$

柱的稳定性足够。

**【例 6-2】**　图 6-13 所示的压杆一端固定，一端铰支，由两根 25a 槽钢用缀条组合成的钢柱，属于 b 类截面。经合理布置，$I_z = I_y$。材料为 Q235 钢，强度许用应力 $[\sigma] = 160\mathrm{MPa}$。试确定柱的许可荷载。

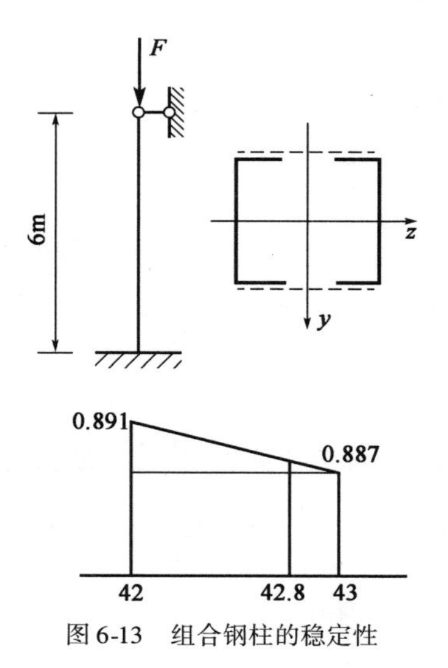

图 6-13　组合钢柱的稳定性

**解：**(1)稳定许用应力。

因为组合截面的 $I_z = I_y$，对于杆端各向约束相同的压杆，失稳时可能绕任一形心轴转动。为方便计算，假设绕 $z$ 轴转动。从型钢表中查得单根槽钢的横截面面积 $A' =$

34.91cm², 对于 $z$ 轴的惯性半径 $i'_z = 9.823\text{cm}$。则组合截面对 $z$ 轴的惯性半径为:

$$i_z = \sqrt{\frac{I_z}{A}} = \sqrt{\frac{2I'_z}{2A'}} = \sqrt{\frac{I'_z}{A'_z}} = i'_z = 9.823\text{cm}$$

柱的一端固定,一端铰支,查表 5-1,长度因数 $\mu = 0.7$。杆长 $l = 6\text{m}$。压杆的柔度为:

$$\lambda = \frac{\mu l}{i_z} = \frac{0.7 \times 600\text{cm}}{9.823\text{cm}} = 42.8$$

查表 6-5,用直线内插法求稳定因数:

$$\varphi = 0.887 + \frac{0.891 - 0.887}{43 - 42} \times (43 - 42.8) = 0.888$$

稳定许用应力 $\varphi[\sigma] = 0.88 \times 160\text{MPa} = 142.1\text{MPa}$

(2) 确定许可荷载。

$$\sigma = \frac{F}{A} \leqslant \varphi[\sigma]$$

得:

$$F \leqslant A \cdot \varphi[\sigma] = 2A' \cdot \varphi[\sigma] = 2 \times 3491\text{mm}^2 \times 142.1\text{MPa} = 992.1 \times 10^3\text{N}$$

取 $[F] = 92\text{kN}$

**【例 6-3】** 图 6-14 所示屋架中,木杆 $AB$ 正方形横截面的边长 $a = 110\text{mm}$,杆长 $l = 3.6\text{m}$,承受轴向压力 $F = 25\text{kN}$。木材的强度等级为 TC13,许用应力 $[\sigma] = 10\text{MPa}$。试校核 $AB$ 杆的稳定性只考虑在桁架平面内的失稳。

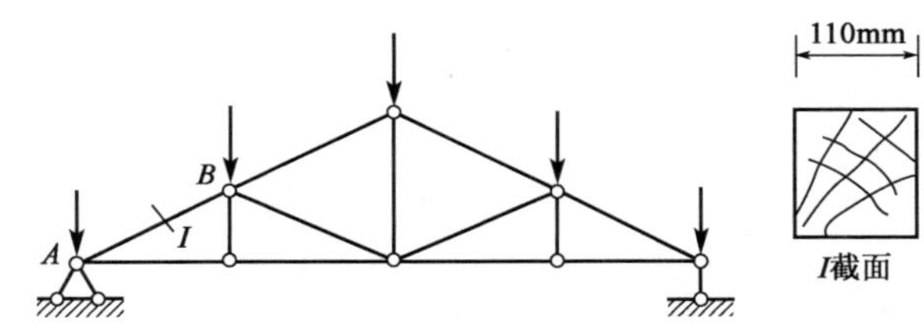


图 6-14 屋架木压杆的稳定性

**解:**(1) 稳定许用应力。

正方形截面的惯性半径为:

$$i = \frac{a}{\sqrt{12}} = \frac{110\text{mm}}{\sqrt{12}} = 31.75\text{mm}$$

在桁架平面内 $AB$ 杆的两端为铰支,$\mu = 1$。$AB$ 杆的柔度为:

$$\lambda = \frac{\mu l}{i} = \frac{1 \times 3.6 \times 10^3\text{mm}}{31.75\text{mm}} = 113.4$$

用式(6-13)计算稳定因数:

$$\varphi = \frac{2800}{\lambda^2} = \frac{2800}{113.4^2} = 0.218$$

$AB$ 杆的稳定许用应力 $\varphi[\sigma] = 0.218 \times 10\text{MPa} = 2.18\text{MPa}$

(2) 校核压杆的稳定性。

$$\sigma = \frac{F}{A} = \frac{25 \times 10^3\text{N}}{110\text{mm}^2} = 2.066\text{MPa} < \varphi[\sigma]$$

$AB$ 杆的稳定性足够。

## 6.3 连接件的剪切强度与挤压强度

图 6-15a)所示为用螺栓连接钢板传递拉力。上、下钢板给螺栓的力,分布在相邻的半圆柱面上[图 6-15b)、e)]。两分布荷载的界面接近,两合力的大小相等,方向相反。螺栓在接触面处承受挤压,需进行挤压强度计算;螺栓在横向反向力的作用下会发生剪切变形,需进行剪切强度计算;被连接的钢板还需进行拉伸强度计算。

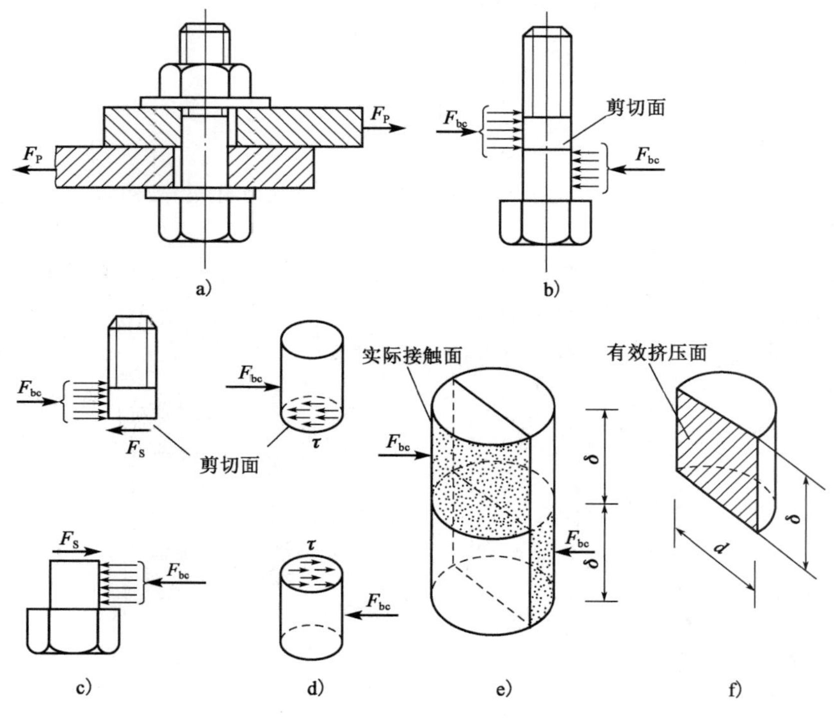


图 6-15　连接件的剪切与挤压

工程中还用铆钉、销轴等连接件或用焊接、榫齿连接等方式连接杆件。连接件大多为粗短杆,受力变形时应力分布复杂,因此采用简化的方法进行实用计算。

### 6.3.1 剪切的实用计算

如图 6-15b)所示,螺栓在两分布荷载相邻界面之间的区域剪切变形最大,可能沿区域内的横截面剪切破坏。连接件剪切强度的危险截面称为剪切面,面积用 $A_S$ 表示。用截面法显示、计算剪切面的内力[图 6-15c)],该内力为剪力 $F_S$。**分布剪力在一点处的面集度 $\tau$ 称为切应力**。在连接件强度的实用计算中,假定剪切面上的切应力均匀分布[图 6-15d)]。许用剪切应力[$\tau$]依据剪切试验确定。对于钢材,许用切应力与许用拉应力之间有如下关系:

$$[\tau] = (0.6 \sim 0.8)[\sigma]$$

相关的设计规范对$[\tau]$作了规定(表6-6)。这样,连接件的剪切强度条件为:

$$\tau = \frac{F_S}{A_S} \leqslant [\tau] \tag{6-14}$$

**铆钉用螺栓容许应力**(MPa) 表6-6

| 类　别 | 受力种类 | 容许应力 |
|---|---|---|
| 工厂铆钉 | 剪切<br>承压 | 110<br>280 |
| 工地铆钉 | 剪切<br>承压 | 100<br>250 |
| 精制螺栓 | 剪切<br>承压 | 90<br>220 |

注:本表引自《铁路桥梁钢结构设计规范》(TB 10091—2017)。

### 6.3.2 挤压的实用计算

如图6-15a)、b)、e)所示,螺栓与钢板的接触面为半圆柱面,钢板对螺栓的挤压力不均匀地分布在接触面上,合力用$F_{bs}$表示。**分布挤压力在一点处的面集度$\sigma_{bs}$称为挤压应力。**由理论分析,圆柱形连接件的最大挤压应力,在数值上约等于挤压力$F_{bs}$除以作用范围直径面的面积$A_{bs}$,该直径面称为**计算挤压面**。对于键连接、榫齿连接,实际接触面为平面,则假定挤压应力在实际接触面上均匀分布。对于钢材,许用挤压应力$[\sigma_{bs}]$与许用拉应力之间有如下关系:

$$[\sigma_{bs}] = (1.7 \sim 2.0)[\sigma]$$

连接件的挤压强度条件为:

$$\sigma_{bs} = \frac{F_{bs}}{A_{bs}} \leqslant \sigma_{bs} \tag{6-15}$$

**分析示范**

**【例6-4】** 图6-16所示的铆钉连接,传递拉力$F_P = 10\text{kN}$,钢板厚$\delta = 8\text{mm}$,宽$b = 100\text{mm}$,铆钉直径$d = 16\text{mm}$,许用切应力$[\tau] = 140\text{MPa}$,许用挤压应力$[\sigma_{bs}] = 340\text{MPa}$,钢板的许用拉应力$[\sigma] = 170\text{MPa}$。试校核铆连接的强度。

**解:**(1)外力一块钢板设铆钉群均匀受力。

$$\sum F_x = 0 \quad 4F_1 - F_P = 0 \quad F_1 = F_P/4 = 25\text{kN}$$

(2)内力半个铆钉。

$$\sum F_x = 0 \quad F_S - F_1 = 0 \quad F_S = F_1 = 25\text{kN}$$

画钢板的轴力图。

(3)应力强度条件。

铆钉的剪切强度 $\tau = \frac{F_S}{A_S} = \frac{25 \times 10^3\text{N}}{\pi \times (16\text{mm})^2/4} = 124\text{MPa} < [\tau] = 140\text{MPa}$

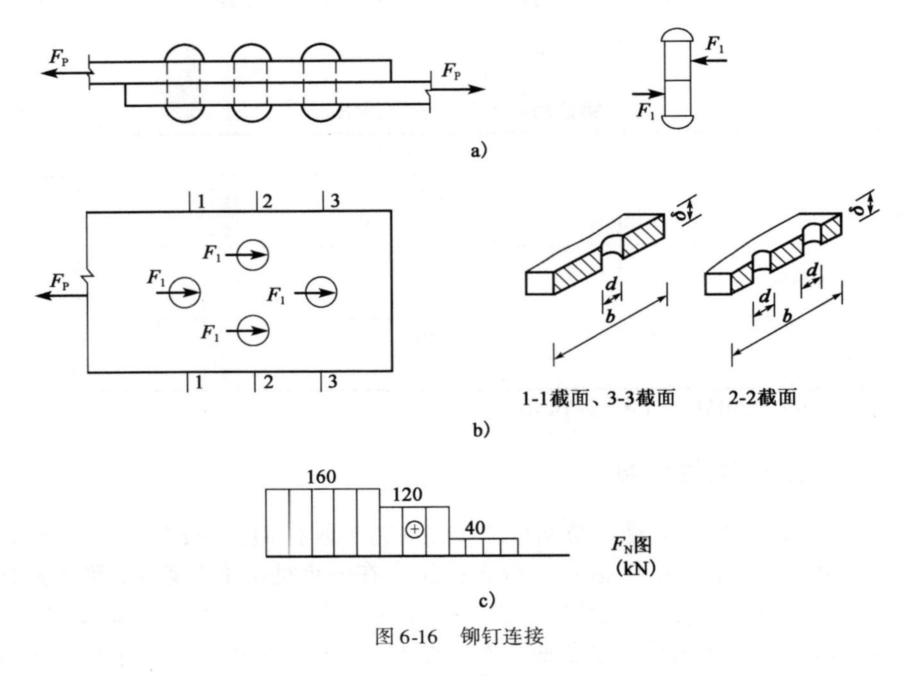


图6-16 铆钉连接

铆钉的挤压强度 $\sigma_{bs}=\dfrac{F_{bs}}{A_{bs}}=\dfrac{F_1}{d\delta}=\dfrac{25\times10^3\text{N}}{16\text{mm}\times8\text{mm}}=195.3\text{MPa}<[\sigma_{bs}]=340\text{MPa}$

钢板的拉伸强度在等轴力的杆段内,横截面削弱最大的1、2、3截面危险;1截面与3截面的面积相同,1截面处的轴力大,1截面危险;1截面处轴力大,横截面面积大,2截面处的轴力小,面积小,须计算1、2截面的正应力,确定钢板的危险截面。

1截面: $\sigma=\dfrac{F_{N1}}{A_1}=\dfrac{F_{N1}}{(b-d)\delta}=\dfrac{100\times10^3\text{N}}{(100-16)\text{mm}\times8\text{mm}}=148.8\text{MPa}$

2截面: $\sigma=\dfrac{F_{N2}}{A_2}=\dfrac{F_{bs}}{(b-2d)\delta}=\dfrac{75\times10^3\text{N}}{(10-2\times16)\text{mm}\times8\text{mm}}=137.9\text{MPa}$

$$\sigma_{max}=148.8\text{MPa}<[\sigma]=170\text{MPa}$$

所以,该铆钉连接的强度足够。

**【例6-5】** 图6-17所示两根矩形截面杆件用榫齿连接,传递拉力$F=120\text{kN}$。尺寸$a=30\text{mm}$,$b=80\text{mm}$,$c=10\text{mm}$,许用切应力$[\tau]=80\text{MPa}$,许用挤压应力$[\sigma_{bs}]=180\text{MPa}$。试校核接头的剪切强度和挤压强度。

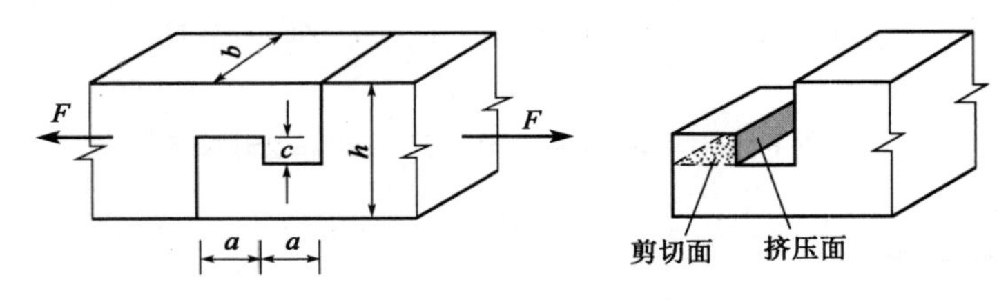


图6-17 榫齿连接

**解**:分析右杆。剪切面、挤压面如图 6-17 所示。

(1)剪切强度计算。

$$\tau = \frac{F_S}{A_S} = \frac{F_S}{ab} = \frac{120 \times 10^3 \text{N}}{30\text{mm} \times 80\text{mm}} = 50\text{MPa} < [\tau]$$

(2)挤压强度计算。

$$\sigma_{bs} = \frac{F_{bs}}{A_{bs}} = \frac{F_{bs}}{cb} = \frac{120 \times 10^3 \text{N}}{10\text{mm} \times 80\text{mm}} = 150\text{MPa} \leqslant [\sigma_{bs}]$$

接头的剪切强度、挤压强度足够。

# 6.4 圆轴扭转时的应力和位移

## 6.4.1 扭转切应力

**做一做**:如图 6-18a)所示,圆截面等直杆用海绵做成。在两端面上画水平半径 $O_1A$、$O_2B$,做母线 $AB$。画两条圆周线表示两个横截面。在圆周线之间,沿母线 $AB$ 画一排小正方形。在海绵杆的两端施加一对垂直于轴线的反向力偶[图 6-18b)],可见两端面绕杆轴线相对转动,母线 $AB$ 变成螺旋线。观察两圆周线与母线 $AB$ 交点的位移,推断各横截面绕杆轴线转动。

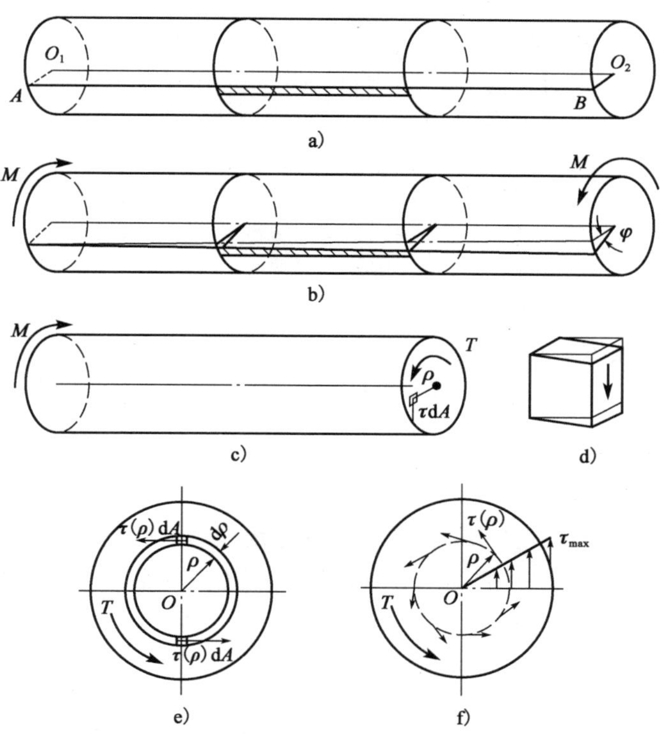


图 6-18 圆轴扭转

**理一理**:截取横截面以左杆段研究[图6-18c)],横截面上必有一个力偶与外力偶平衡。此力偶称为**扭转内力偶**,力偶矩称为**扭矩**,用字符 $T$ 表示。扭转内力偶由截面内各点处的切向分布内力所形成的微小力偶集合而成[图6-18e)]。切向分布内力在一点处的面集度称为扭转切应力,用矢量 $\tau$ 表示:

$$\text{一点处的}\ \tau\begin{cases}\text{方位:垂直于该点与圆心的连接}\\ \text{指向:与扭转内力偶一致}\\ \text{大小:}\tau=\dfrac{\rho}{I_{\mathrm{p}}}\end{cases}$$

图6-18f)为扭转切应力分布图。各点处的扭转切应力矢量 $\tau$ 垂直于该点与圆心的连线,指向与扭转内力偶一致;大小与该点到圆心的距离 $\rho$ 成正比:等 $\rho$ 的各点(同圆上各点)处切应力大小相等,沿半径呈直线分布。$I_{\mathrm{p}}=\int_{A}P^{2}\mathrm{d}A$ 为横截面对形心的**极惯性矩**。

### 6.4.2 切应力互等定理

对受力杆件进行应力分析,常在一点处取出一个微小的正六面体——单元体[图6-18c)、d)],放大如图6-19a)所示。位于横截面上的微面标字符 $cc'd'd$。该微面处有切应力 $\tau$,有切向分布力 $\tau\mathrm{d}y\mathrm{d}z$。

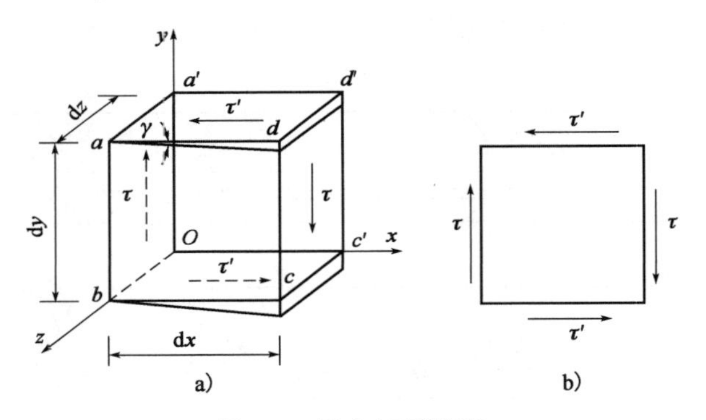


图6-19 切应力互等定理

杆件平衡,则单元体平衡。由 $\sum M_z(F)=0$ 知,微面 $dd'a'a$ 上必有切向分布力 $\tau'\mathrm{d}x\mathrm{d}z$,

$$\tau'\mathrm{d}x\mathrm{d}z\cdot\mathrm{d}y=\tau\mathrm{d}y\mathrm{d}z\cdot\mathrm{d}x$$

得:

$$\tau'=\tau$$

在单元体两个相互垂直的平面上,垂直于公共棱边的切应力同时存在,同指向或同背离公共棱边,大小相等。这种关系称为**切应力互等定理**。由此,可确定 $aa'ob$、$oc'cb$ 微面上切应力的方向和大小。由于微面 $abcd$、$a'oc'd'$ 上的应力为零,可用平面图形表示单元体[图6-19b)]。

### 6.4.3 切应变剪切虎克定律

如图6-19a)所示,与切应力相应,单元体发生了剪切变形。剪切变形的程度用单元体直角的改变量 $\gamma$ 表示(单位 rad),称为**切应变**。

材料在弹性范围工作时,切应力与切应变成正比:

$$\tau = G\gamma \tag{6-16}$$

此关系称为剪切虎克定律。其中的比例因数 $G$ 称为材料的切变模量。

### 6.4.4 扭转切应力强度条件

圆截面等直杆的最大扭转切应力发生在最大扭矩截面的圆周处($\rho_{max}$处):

$$\tau_{max} = \frac{T\rho_{max}}{I_p} \tag{6-17}$$

用几何量 $W_p$替换两个几何量:$W_p = \frac{I_p}{\rho_{max}}$。则扭转切应力强度条件为:

$$\tau_{max} = \frac{T}{W_p} \leqslant [\tau] \tag{6-18}$$

$W_p$称为扭转截面系数。圆截面的 $W_p = \frac{\pi d^3}{16}$,圆环截面的 $W_p = \frac{\pi D^3(1-\alpha^4)}{16}$,$\alpha = \frac{d}{D}$。

**分析示范**

【例 6-6】 图 6-20a)所示传动轴 $AB$ 的扭矩图已经给出[图 6-20b)],轴的直径 $d$ = 78mm,许用切应力[$\tau$] =10MPa,试校核轴的扭转切应力强度。

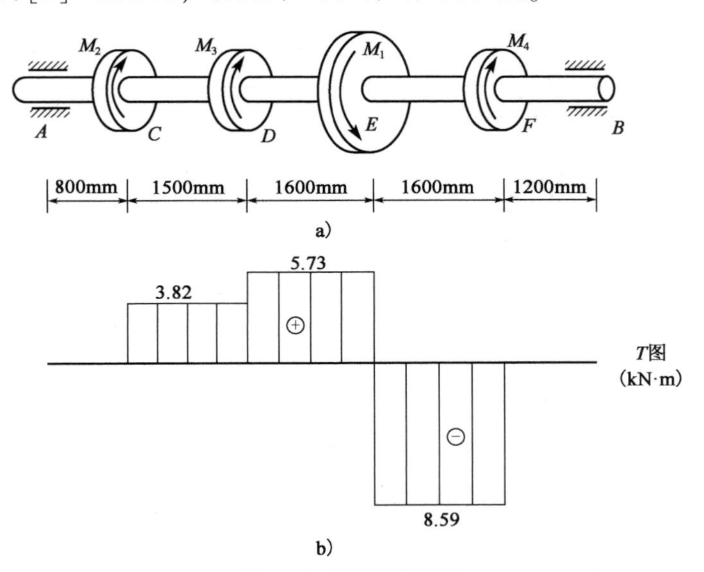


图 6-20 传动轴的强度

**解:**由图 6-20b)可知,危险截面在轴的 $EF$ 段。

$$\tau_{max} = \frac{T_{EF}}{W_p} = \frac{T_{EF}}{\pi d^3/16} = \frac{8.59 \times 10^6 \text{N} \cdot \text{mm}}{\pi \times (78\text{mm})^3/16} = 92.19\text{MPa} < [\tau] = 100\text{MPa}$$

轴的扭转切应力强度足够。

### 6.4.5 圆轴扭转时的变形

圆轴扭转时的变形用两横截面的相对角位移 $\varphi$ 表示[图6-18a)]，$\varphi$ 称为**扭转角**。扭转角的大小与杆段的扭矩 $T$ 成正比，与段长 $l$ 成正比，与材料的切变模量 $G$ 成反比，与圆截面对形心的极惯性矩 $I_p$ 成反比：

$$\varphi = \frac{Tl}{GI_p} \tag{6-19}$$

扭转角 $\varphi$ 的单位为 rad。圆截面对形心的极惯性矩 $I_p = \frac{\pi d^4}{32}$，圆环截面对形心的极惯性矩 $I_p = \frac{\pi D^4}{32}(1-\alpha^4)$。$GI_p$ 称为**扭转刚度**，综合反映材料、截面的抗扭能力。

## 6.5 梁的切应力

### 6.5.1 静矩

**做一做**：将T形硬纸块腹板的下缘用胶纸贴在细铁丝上[图6-21a)]，左手捏住铁丝，右手托住翼板，让硬纸块水平。松开右手，观察纸块绕铁丝转动，思考让纸块转动的原因是什么。

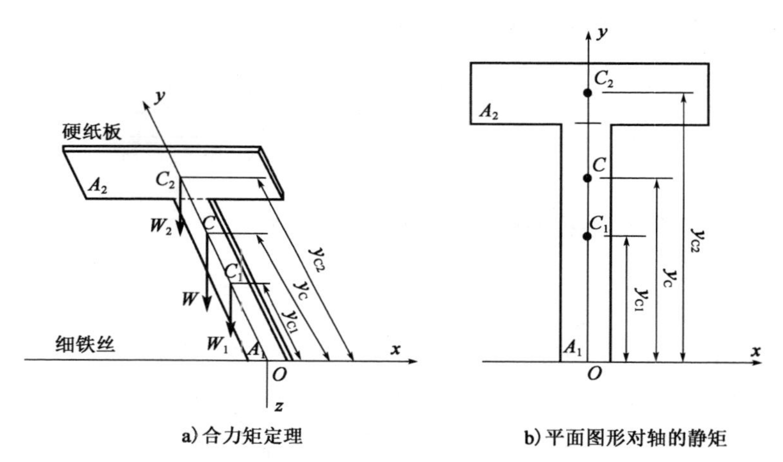


图6-21 小实验均质等厚板绕轴转动

**理一理**：你可能回答，是重力 $W$ 对细铁丝的力矩使纸块转动，力矩的大小为 $Wy_C$。其实，纸块的任何部分都存在重力，它们的合力通过纸块的重心 $C$，大小为 $W$。合力对某轴之矩等于分力对该轴之矩的总和。在工程计算中，常把图示T形板分解为腹板、翼板两块。则：

$$Wy_C = W_1 yC_1 + W_2 yC_2$$

对于均质等厚板，板的面积 $A$ 乘以厚度 $\delta$ 为板的体积，乘以密度 $\rho$ 为板的质量，再乘以重力加速度 $g$，即为板的重力 $W$。则：

$$A\delta\rho g y_C = A_1\delta\rho g y_{C1} + A_2\delta\rho g y_{C2}$$

$$A y_C = A_1 y_{C1} + A_2 y_{C2}$$

均质等厚板的重心与平面图形的形心位置重合。平面图形的面积 $A$ 与形心坐标 $y_C$ 的乘积，称为面积对 $x$ 轴的**静矩**，或称一次矩，用字符 $S_x$ 表示。对于组合截面：

$$S_x = \sum S_{xi} \tag{6-20}$$

**即组合图形面积对某轴的静矩等于各分面积对该轴静矩的代数和。**

利用组合图形的静矩与分图形静矩的关系，可得组合图形形心的坐标：

$$y_C = \frac{\sum A_i y_{Ci}}{A}$$

$$x_C = \frac{\sum A_i x_{Ci}}{A} \tag{6-21}$$

**【例 6-7】** 试确定图 6-22a)所示截面的形心。

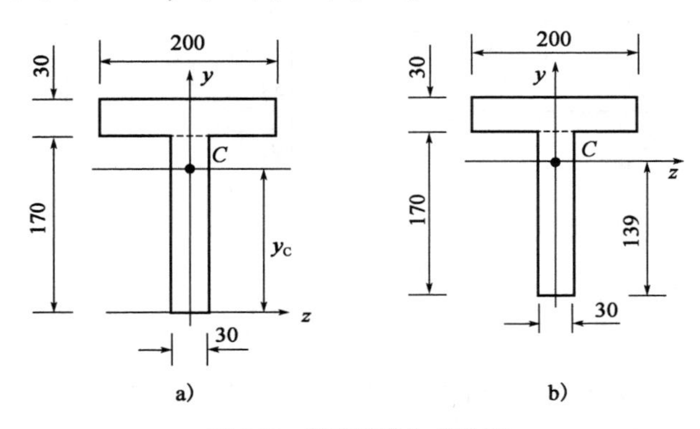


图 6-22　截面的形心、惯性矩

**解**：图形的形心 $C$ 在对称轴 $y$ 上：

$$z_C = 0$$

$$y_C = \frac{\sum A_i y_{Ci}}{A} = \frac{200 \times 30 \times 185 + 30 \times 170 \times 85}{200 \times 30 + 30 \times 170}\text{mm} = 139.1\text{mm}$$

## 6.5.2　惯性矩的平行移轴公式

在上篇中，我们已学过矩形截面对中性轴的惯性矩（截面二次矩）的计算，记为"十二分之一宽乘以高的三次方（中性轴方位的尺寸为'宽'）"。学过圆形截面对中性轴的惯性矩，记为"六十四分之一'π'乘以直径的四次方"。性轴通过截面的形心。

图 6-22b)所示 T 形截面的中性轴 $z$ 也通过截面的形心 $C$，欲求截面对中性轴的惯性矩。组合图形对某轴的惯性矩等于各分图形对该轴的惯性矩的总和。由于 $z$ 轴不通过腹板的形心，也不通过翼板的形心，需要用惯性矩的平行移轴公式进行计算：

$$I_z = I_{zC} + a^2 A \tag{6-22}$$

截面对某轴的惯性矩，等于截面对平行于该轴的形心轴的惯性矩，加上两轴距离的二次方与截面面积的乘积。

【例 6-8】 试求图 6-22b)所示截面对中性轴 $z$ 的惯性矩。

**解：** $I_z=\left(\dfrac{200\times30^3}{12}+46^2\times200\times30\right)\text{mm}^4+\left(\dfrac{30\times170^3}{12}+54^2\times30\times170\right)\text{mm}^4$

$=4.03\times10^7\text{mm}^4$

### 6.5.3 梁的切应力

由图 6-23 中的内力图可见，$AC$ 梁段的各个截面存在剪力和弯矩，梁段的变形除弯曲外，还有剪切变形。这样的弯曲称为剪切弯曲或横力弯曲。

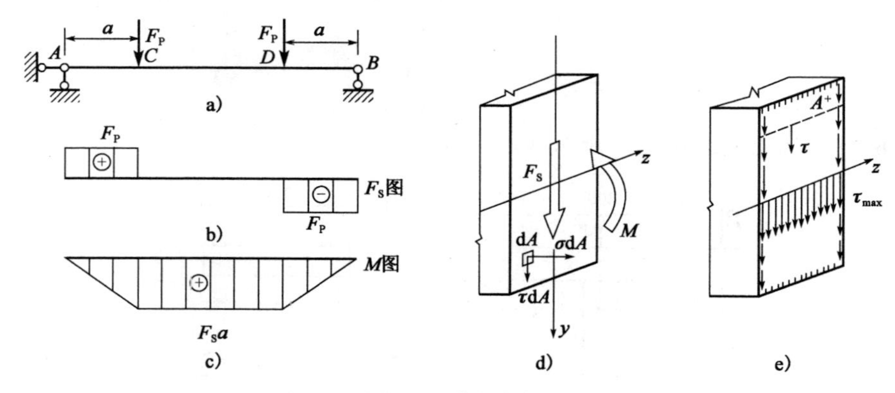


图 6-23 剪切弯曲

1. 弯曲切应力

截面上法向分布内力对中性轴之矩的集合为弯矩，切向分布内力的集合为剪力[图 6-23d)]。切向分布内力在一点处的面集度，为该点处的切应力。切应力矢量的方向与剪力矢量的方向一致，大小为：

$$\tau=\frac{F_S S_z^*}{I_z b} \tag{6-23}$$

式中：$F_S$——横截面上的剪力；

$I_z$——横截面对中性轴的惯性矩；

$S_z^*$——横截面需求切应力点以外部分面积 $A^*$ 对中性轴的静矩[图 6-23e)]；

$b$——需求切应力点处截面的宽度。

## 分析示范

【例 6-9】 图 6-24a)所示简支梁承受均布荷载，求 $D$ 截面上指定点处的正应力、切应力，并用矢量标在 $D$ 截面上。

**解：**(1)切应力。

$D$ 截面对中性轴的惯性矩 $I_z=\dfrac{bh^3}{12}=\dfrac{500\times800^3}{12}\text{mm}^4=2.133\times10^{10}\text{mm}^4$

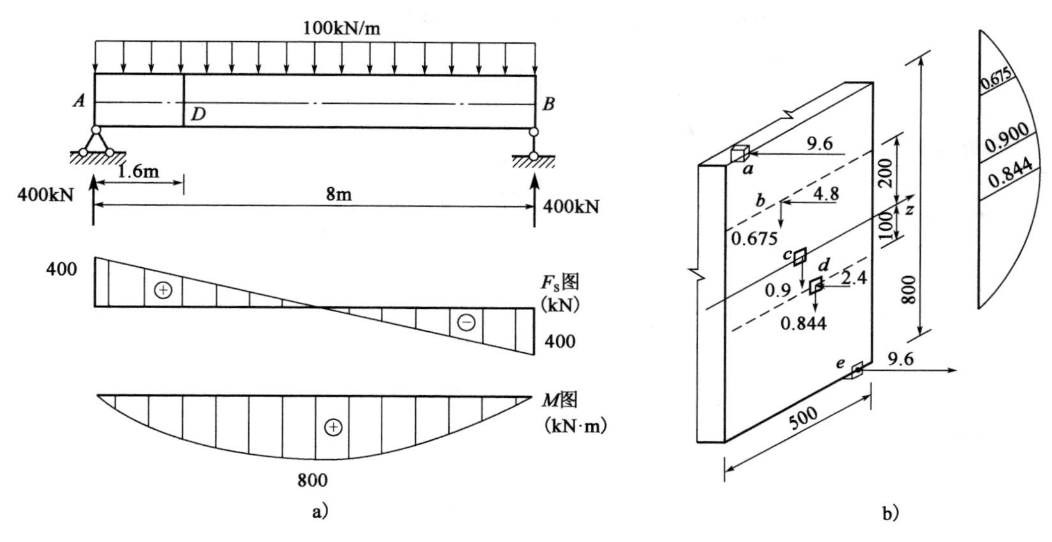


图 6-24　剪切弯曲梁指定点的正应力、切应力

*D* 截面的剪力　$F_{SD} = 400\text{kN} - 100\text{kN/m} \times 1.6\text{m} = 240\text{kN}$

*D* 截面任一点处的切应力

$$\tau = \frac{F_S S_z^*}{I_z b} = \frac{240 \times 10^3 \text{N}}{2.133 \times 10^{10}\text{mm}^4 \times 500\text{mm}} S_z^* = 2.250 \times 10^{-8} \text{N/mm}^5 \times S_z^*$$

*a* 点处、*e* 点处　$S_z^* = 0, \tau = 0$

*b* 点处　$S_z^* = 500\text{mm} \times 200\text{mm} \times 300\text{mm} = 3 \times 10^7 \text{mm}^3$　$\tau = 0.675\text{MPa}$

*c* 点处　$S_z^* = 500\text{mm} \times 400\text{mm} \times 200\text{mm} = 4 \times 10^7 \text{mm}^3$　$\tau = 0.900\text{MPa}$

*d* 点处　$S_z^* = 500\text{mm} \times 300\text{mm} \times 250\text{mm} = 3.75 \times 10^7 \text{mm}^3$　$\tau = 0.844\text{MPa}$

(2)正应力。

*D* 截面的弯矩　$M_D = 400\text{kN} \times 1.6\text{m} - 100\text{kN/m} \times (1.6\text{m})^2 / 2 = 512\text{kN} \cdot \text{m}$

*D* 截面任一点处的正应力

$$\sigma = \frac{M_{Dy}}{I_z} = \frac{512 \times 10^6 \text{N} \cdot \text{mm}^4}{2.133 \times 10^{10}\text{mm}^4} \times y = 2.40 \times 10^{-2} \text{N/mm}^3 \times y$$

*a* 点处、*e* 点处　$y = 400, \sigma = 9.6\text{MPa}$

*b* 点处　$y = 200, \sigma = 4.8\text{MPa}$

*c* 点处　$y = 0, \sigma = 0$

*d* 点处　$y = 100, \sigma = 2.4\text{MPa}$

将指定点处的应力矢量标在 *D* 截面上[图 6-24b)]。

在剪切、弯曲狭长矩形截面梁的横截面上,切应力矢量的方向与剪力的方向一致,大小沿截面宽度均匀分布,沿高度呈抛物线变化[图 6-24b)]。

2. 最大切应力

依据$S_z^*$的概念可知,截面上、下缘处的切应力为零[图 6-23e)],最大切应力发生在中性轴处。

$$\tau_{max} = \frac{F_S S_{zmax}^*}{I_z b} \tag{6-24}$$

矩形截面

$$I_z = \frac{bh^3}{12}, S_{zmax}^* = \frac{bh}{2} \times \frac{h}{4}, A = bh$$

则：

$$\tau_{max} = 1.5\frac{F_S}{A} \tag{6-25}$$

圆截面

$$\tau_{max} = \frac{4}{3}\frac{F_S}{A} \tag{6-26}$$

3. 梁的切应力强度条件

$$\tau_{max} \leqslant [\tau] \tag{6-27}$$

## 6.6 剪切弯曲梁的主拉应力迹线

### 6.6.1 主拉应力

如图6-25a)所示，双手对粉笔的两端施加力偶使其扭转。观察粉笔扭断之后，断口轮廓线的主要部分与轴线成45°角。

在粉笔表面处取一微小立方体——单元体进行分析[图6-25b)]，位于横截面的微面上有最大扭转切应力 $\tau$。依据切应力互等定理画单元体4个微面上的切应力。由切应力的指向可以看出，单元体在标 $\sigma_1$ 的方位上受拉，在与之垂直的 $\sigma_3$ 方位上受压。

受力构件内一点处所有方位面上应力的集合称为一点处的应力状态。从应力状态的深入分析知，在受力构件的每一点处，总存在3个相互垂直的方位面，其上的切应力为零，这样的方位面称为主平面。主平面上的正应力称为主应力（包括等于零的主应力）。3个主应力按代数值的大小排列为 $\sigma_1$、$\sigma_2$、$\sigma_3$。其中的拉应力称为主拉应力，压应力称为主压应力。粉笔由脆性材料做成，扭转破坏时在主拉应力 $\sigma_1$ 的方位首先断裂[图6-25b)、d)]。

### 6.6.2 梁的主拉应力迹线

图6-25c)所示的简支梁只有跨中截面的剪力为零，为剪切弯曲梁。$K$ 点处的单元体用平面图形表示[图6-25d)]。依据一点处横截面的应力 $\sigma$、$\tau$，可以确定剪切弯曲梁在该点处主应力的大小和方位：

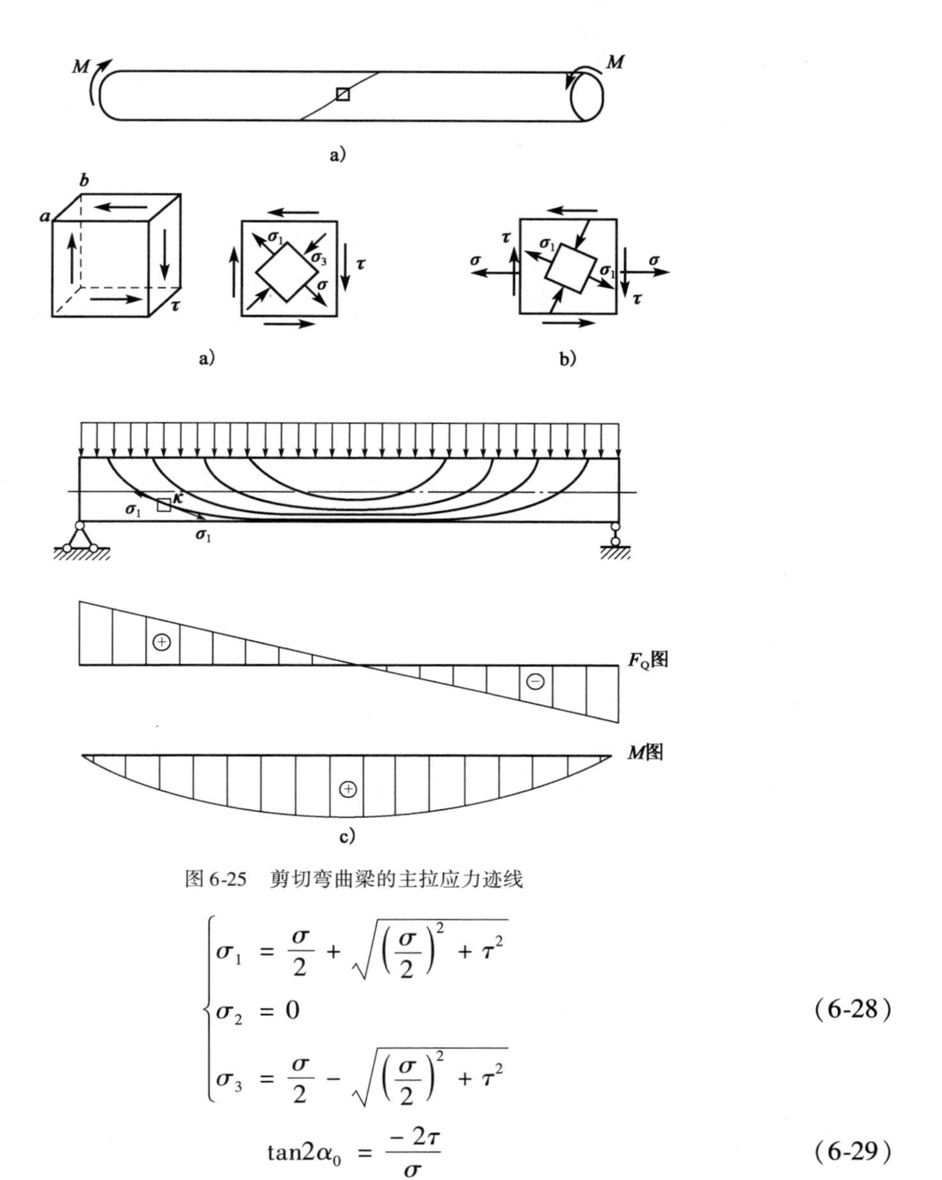


图 6-25　剪切弯曲梁的主拉应力迹线

$$\begin{cases} \sigma_1 = \dfrac{\sigma}{2} + \sqrt{\left(\dfrac{\sigma}{2}\right)^2 + \tau^2} \\ \sigma_2 = 0 \\ \sigma_3 = \dfrac{\sigma}{2} - \sqrt{\left(\dfrac{\sigma}{2}\right)^2 + \tau^2} \end{cases} \tag{6-28}$$

$$\tan 2\alpha_0 = \frac{-2\tau}{\sigma} \tag{6-29}$$

$\alpha_0$($|\alpha_0| \leqslant 90°$)为主拉应力 $\sigma_1$ 的方位角,从横截面的法线 $x$ 量起,逆时针转向为正。$\sigma$ 以拉应力为正,$\tau$ 以顺时针转动为正。式(6-28)等号右边的"$-$"置于分子,代入 $\sigma$、$\tau$ 的代数值,由分子、分母的符号确定角 $2\alpha_0$ 在直角坐标系中的象限,由比值的绝对值计算相应的锐角。

## 分析示范

**【例 6-10】**　在例 6-9(图 6-24)中,简支梁 $D$ 截面 $a$、$b$、$c$、$d$、$e$ 点处的正应力、切应力已经求出。试画各点处的单元体,求主拉应力的大小和方位。

**解:**取单元体,标应力。

$a$ 点处　$\sigma_1=\dfrac{\sigma}{2}+\sqrt{\left(\dfrac{\sigma}{2}\right)^2+\tau^2}=\dfrac{-9.6}{2}\text{MPa}+\sqrt{\left(\dfrac{-9.6}{2}\right)^2+0}\ \text{MPa}=-4.8\text{MPa}+4.8\text{MPa}=0$

$\tan2\alpha_0=\dfrac{-2\tau}{\sigma}=\dfrac{0}{-9.6}$　　$2\alpha_0=180°$　$\alpha_0=90°$

$b$ 点处　$\sigma_1=\dfrac{\sigma}{2}+\sqrt{\left(\dfrac{\sigma}{2}\right)^2+\tau^2}=\dfrac{-4.8}{2}\text{MPa}+\sqrt{\left(\dfrac{-4.8}{2}\right)^2+0.675^2}\ \text{MPa}=0.0931\text{MPa}$

$\tan2\alpha_0=\dfrac{-2\tau}{\sigma}=\dfrac{-2\times0.675}{-4.8}$　　$2\alpha_0$在第三象限　$\alpha_0=-82.1°$

$c$ 点处　$\sigma_1=\dfrac{\sigma}{2}+\sqrt{\left(\dfrac{\sigma}{2}\right)^2+\tau^2}=\dfrac{0}{2}\text{MPa}+\sqrt{\left(\dfrac{0}{2}\right)^2+0.9^2}\ \text{MPa}=0.9\text{MPa}$

$\tan2\alpha_0=\dfrac{-2\tau}{\sigma}=\dfrac{-2\times0.9}{0}$(无意义)　$2\alpha_0=-90°$　$\alpha_0=-45°$

$d$ 点处　$\sigma_1=\dfrac{\sigma}{2}+\sqrt{\left(\dfrac{\sigma}{2}\right)^2+\tau^2}=\dfrac{2.4}{2}\text{MPa}+\sqrt{\left(\dfrac{2.4}{2}\right)^2+0.844^2}\ \text{MPa}=2.67\text{MPa}$

$\tan2\alpha_0=\dfrac{-2\tau}{\sigma}=\dfrac{-2\times0.844}{2.4}$　　$2\alpha_0$在第四象限　$\alpha_0=-17.6°$

$e$ 点处　$\sigma_1=\dfrac{\sigma}{2}+\sqrt{\left(\dfrac{\sigma}{2}\right)^2+\tau^2}=\dfrac{9.6}{2}\text{MPa}+\sqrt{\left(\dfrac{9.6}{2}\right)^2+0}\ \text{MPa}=4.8\text{MPa}+4.8\text{MPa}=9.6\text{MPa}$

$\tan2\alpha_0=\dfrac{-2\tau}{\sigma}=\dfrac{0}{9.6}$　　$2\alpha_0=0°$　$\alpha_0=0°$

将各主应力及方位标在单元体上(图6-26)。

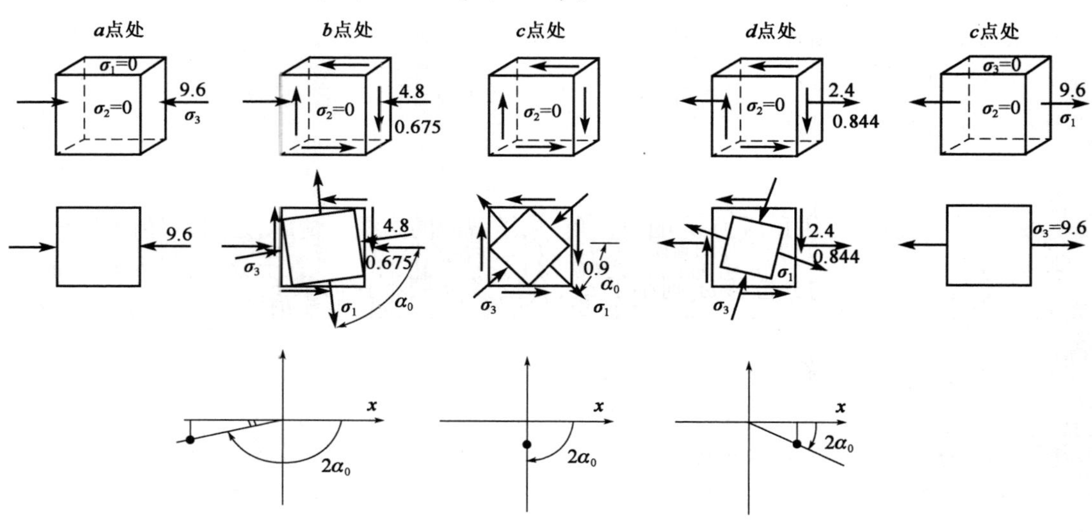


图6-26　单元体主应力

如图 6-27a)所示,按比例画剪切弯曲梁,等距离画若干横截面。计算任一点 $a$ 处主拉应力 $\sigma_1$ 的方位,作方位线交邻截面于 $b$ 点。再计算 $b$ 点处主拉应力 $\sigma_1$ 的方位,作方位线交邻截面于 $c$ 点,最终得一条折线。作此切线的外接曲线[图 6-25c)],曲线上任一点处的切线方位即为主拉应力 $\sigma_1$ 的方位,该曲线为梁的主拉应力迹线。

工程中依据主拉应力迹线来布置钢筋混凝土梁的主筋[图 6-27b)]。

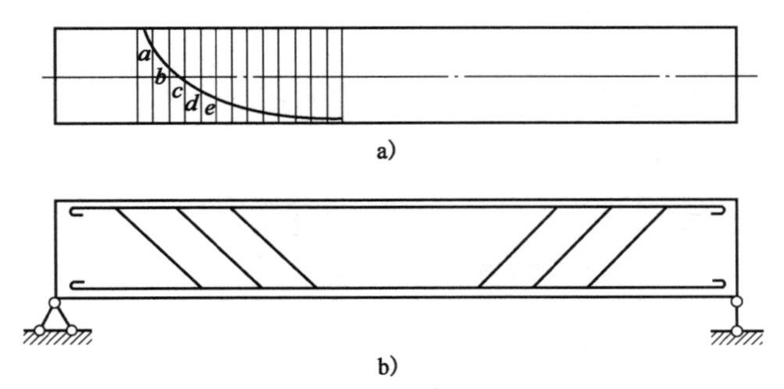


图 6-27　剪切弯曲梁的主应力迹线与主筋布置

## 6.7　组合变形杆的应力

**轴向拉伸、压缩、剪切、扭转、平面弯曲为杆件的基本受力变形形式。**工程中杆件的一些复杂的受力变形形式,可以看成是一些基本变形的组合,称为组合变形。对组合变形杆进行应力分析时,总是先将外力分解分组,使每组外力只产生一种基本变形,然后在截面的一点处将各基本变形下的应力进行叠加。

### 6.7.1　斜弯曲

手握矩形截面海绵杆的一端"固定于"桌面,比拟悬臂梁[图 6-28a)]。在自由端面的形心处插进铁钉,用线拴住垫圈当荷载,梁做平面弯曲。手转动 90°[图 6-28b)],梁仍做平面弯曲,只是截面横置后的抗弯能力小,梁的变形较大。手若只转一个锐角,梁的弯曲就有些偏斜了[图 6-28c)]。

梁平面弯曲时,挠曲线与荷载在同一平面内。而图 6-28c)所示的弯曲,挠曲线与荷载则不共面。设图 6-28d)所示自由端面在 45°方位,荷载 $F_P$ 沿 $y$、$z$ 方位分解,分力的大小相等。由于 $I_z > I_y$,$C$ 点的分位移 $\omega_y$ 则小于 $\omega_z$,合位移 $\omega$ 则不在荷载 $F_P$ 作用的竖向平面内。可见,对于横截面 $I_z \neq I_y$ 的梁,当荷载不在梁的纵向对称平面内时,挠曲线与荷载不在同一平面,这样的弯曲称为斜弯曲。

分析图 6-29a)所示悬臂梁的应力。

(1)分解。将荷载 $F_P$ 沿对称轴 $y$、$z$ 方位分解,则将梁的斜弯曲分解为两个平面弯曲。在任意横截面处,分力 $F_{Py}$ 产生的弯矩为 $M_z$,$F_{Pz}$ 产生的弯矩为 $M_y$。横截面任一点 $K(y,z)$ 处有:

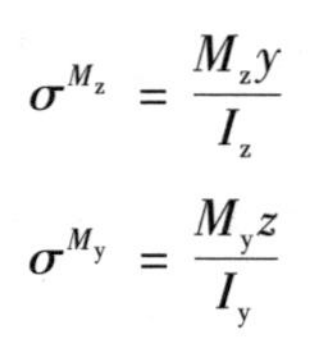

$$\sigma^{M_z} = \frac{M_z y}{I_z}$$

$$\sigma^{M_y} = \frac{M_y z}{I_y}$$

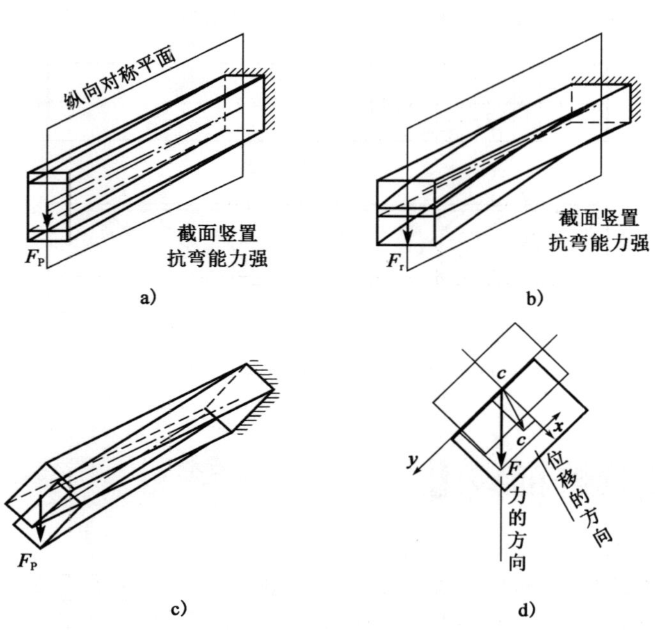


图 6-28　平面弯曲与斜弯曲

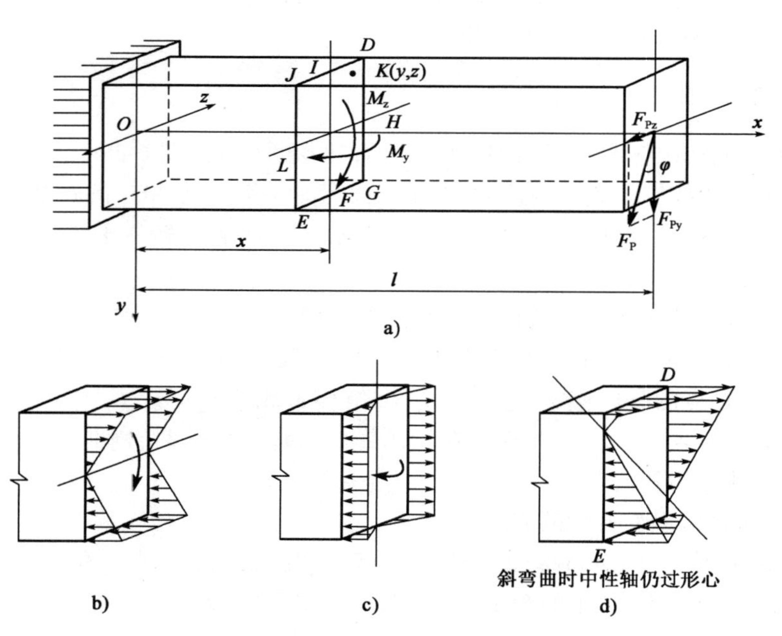


图 6-29　外力分解应力叠加

应力分布图如图 6-31b)、c)所示。

(2)叠加。$K$ 点处的弯曲正应力为:

$$\sigma = \sigma^{M_z} + \sigma^{M_y} = \frac{M_z y}{I_z} + \frac{M_y z}{I_y}$$

用截面边缘各点的应力表示截面的应力图,只需叠加角点、对称线上点的应力。比如,依序叠加图 6-31a)中 $G$、$F$、$E$、$L$、$J$、$I$、$D$、$H$ 点的应力[图 6-29d)]。

在截面的上、下缘有 $M_z$ 对应的最大应力,$\sigma_{\max}^{M_z} = \frac{M_z}{W_z}$

左、右缘有 $M_y$ 对应的最大应力,$\sigma_{\max}^{M_y} = \frac{M_y}{W_y}$

截面的最大弯曲正应力发生在角点 $D$、$E$ 处:

$$\sigma_{\max} = \frac{M_z}{W_z} + \frac{M_y}{W_y} \tag{6-30}$$

**【例 6-11】** 某屋面构造如图 6-30 所示,矩形截面的木檩条简支在屋架上,屋面倾角 $\varphi = 26°34'$。檩条的跨度 $l = 4\text{m}$,承受屋面荷载 $q = 1\text{kN/m}$,$b = 10\text{mm}$,$h = 140\text{mm}$,许用应力 $[\sigma] = 10\text{MPa}$。试校核檩条的强度。

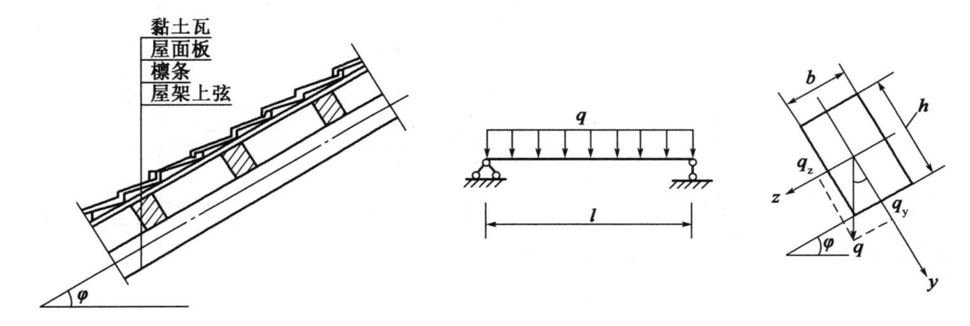


图 6-30 木檩条的强度计算

**解:**(1)荷载分解。

$$q_y = q\cos\varphi$$
$$q_z = q\sin\varphi$$

(2)危险截面的弯矩中间截面有最大弯矩。

$$M_{z\max} = \frac{q_y l^2}{2} = \frac{q\cos\varphi l^2}{8} = \frac{ql^2}{8}\cos\varphi$$

$$M_{y\max} = \frac{q_z l^2}{8} = \frac{q\sin\varphi l^2}{8} = \frac{ql^2}{8}\sin\varphi$$

(3)檩条的弯曲正应力强度校核。

$$\sigma_{\max} = \frac{M_{z\max}}{W_z} + \frac{M_{y\max}}{W_y} = \frac{ql^2}{8}\frac{\cos\varphi}{\frac{bh^2}{6}} + \frac{ql^2}{8}\frac{\sin\varphi}{\frac{hb^2}{6}} = \frac{3ql^2}{4bh}\left(\frac{\cos\varphi}{h} + \frac{\sin\varphi}{b}\right)$$

$$= \frac{3 \times 1\text{N/mm} \times (4000\text{mm})^2}{4 \times 100\text{mm} \times 140\text{mm}} \times \left(\frac{\cos 26°34'}{140\text{mm}} + \frac{\sin 26°34'}{100\text{mm}}\right)$$

$$= 9.31\text{MPa} < [\sigma] = 10\text{MPa}$$

檩条的强度足够。

## 6.7.2 偏心压缩

在土木工程中,常有外力作用线平行于杆件轴线,但不与轴线重合的情形,这种受力变形形式称为**偏心拉伸**或**偏心压缩**,为拉伸(压缩)与弯曲的组合。

图6-31a)所示矩形截面柱,$y$ 轴、$z$ 轴为横截面的对称轴。偏心压力 $FP$ 作用在 $y$ 轴上的 $E$ 点,$E$ 点至形心 $C$ 的距离 $e_y$ 称为**偏心距**。

(1)分解。将力 $FP$ 向截面形心 $C$ 平移,得位于轴线的力 $F'_P$ 和位于 $xC_y$ 平面的力偶 $M$[图6-31b)]。力 $F'_P$ 使柱轴向压缩,轴力的绝对值 $F_N = F'_P = F_P$;力偶矩 $M = F_P \cdot e_y$ 使柱平面弯曲,弯矩的绝对值 $M_z = M = F_P \cdot e_y$。

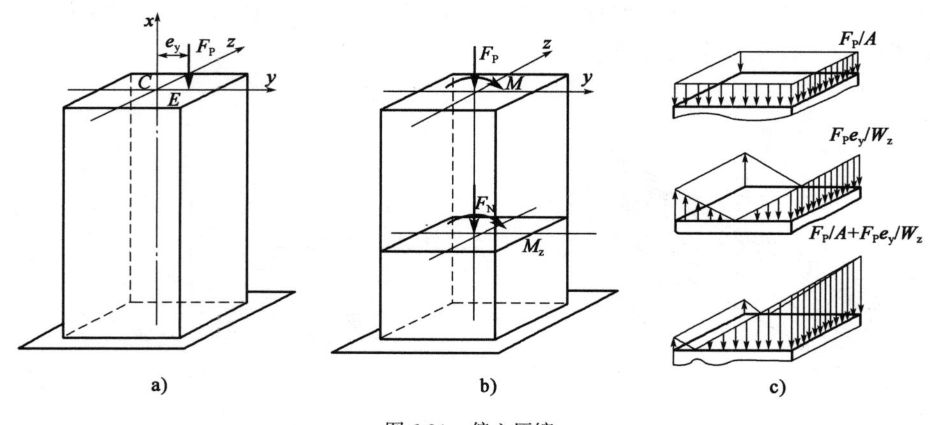


图6-31 偏心压缩

(2)叠加。在横截面上同一点处,轴力对应的正应力和弯矩对应的正应力叠加,形成应力分布图[图6-31c)]。最大压应力的绝对值为:

$$\sigma^-_{max} = \frac{F_N}{A} + \frac{M_z}{W_z}$$

强度条件为:

$$\sigma^-_{max} = \frac{F_N}{A} + \frac{M_Z}{W_Z} \leqslant [\sigma]^- \tag{6-31}$$

**【例6-12】** 两根木柱,形状、尺寸及荷载如图6-32所示。试比较两柱的最大压应力。

**解:**(1)a柱。轴向压缩等直杆,各横截面、各点处的正应力相等。

$$\sigma = \frac{F_N}{A} = \frac{360 \times 10^3\text{N}}{200\text{mm} \times 200\text{mm}} = 9\text{MPa}$$

(2)b柱。上段为轴向压缩等直杆,内力及截面与a柱相同,各点处的正应力亦相同;下段为偏心压缩等直杆,横截面宽200mm,高300mm。将荷载 $F_P$ 向下段轴线平移,$M_z =$

$F_P \cdot e_y$，偏心距 $e_y = 300\text{mm}/2 - 200\text{mm}/2 = 50\text{mm}$。最大压应力：

$$\sigma_{\max}^{-} = \frac{F_N}{A} + \frac{M_z}{W_z} = \frac{360 \times 10^3\text{N}}{300\text{mm} \times 200\text{mm}} + \frac{360 \times 10^3\text{N} \times 50\text{mm}}{200\text{mm} \times (300\text{mm})^2/6}$$

$$= 6\text{MPa} + 6\text{MPa} = 12\text{MPa}$$

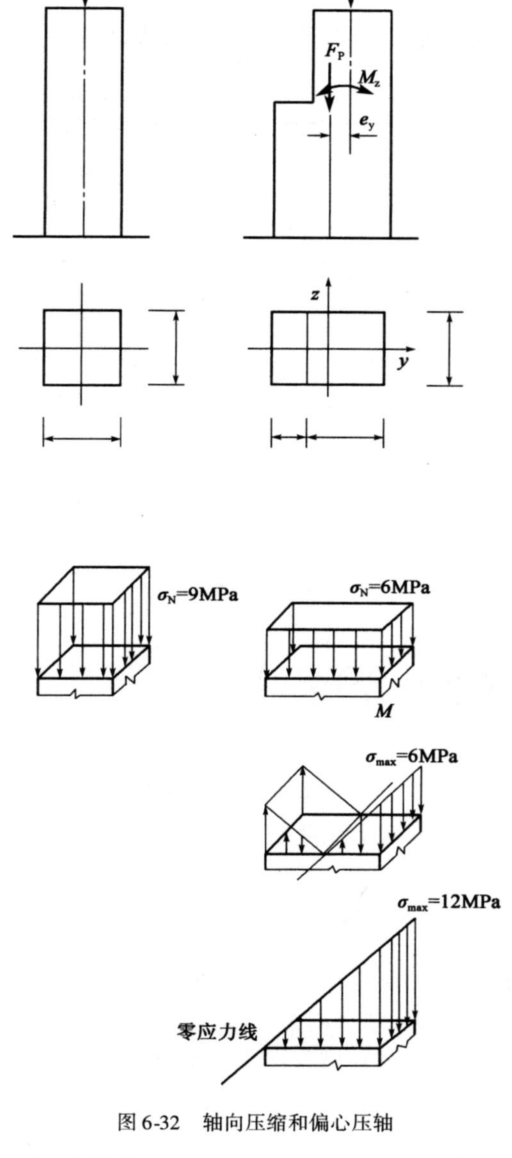


图 6-32　轴向压缩和偏心压轴

**讨论**：b 柱的下段比 a 柱的横截面大，轴向压缩的应力减少了 1/3，但由于偏心压缩出现了弯曲压应力，在最大弯曲压应力处（柱下段的右侧）与轴向压缩应力叠加，使得 b 柱的最大压应力超过 a 柱，为 a 柱压应力的 1.3 倍。

### 6.7.3　截面核心

偏心压缩柱的横截面上除了压应力外，一般还存在拉应力[图 6-31c)]。而图 6-32 所示 b 柱的下段正好不存在拉应力。如果纵向偏心的荷载距离下段的轴线再近一点(偏心距减小，弯矩减小，弯曲拉应力减小)，横截面上便全是压应力了。进一步分析表明，截面形心附近存在一个区域，当纵向偏心力作用在这一区域时，截面上只出现压应力，或者只出现拉应力。这个区域称为**截面核心**。

图 6-33 给出了几种常见截面的截面核心。式中的几何量 $i_y$、$i_z$ 为惯性半径。

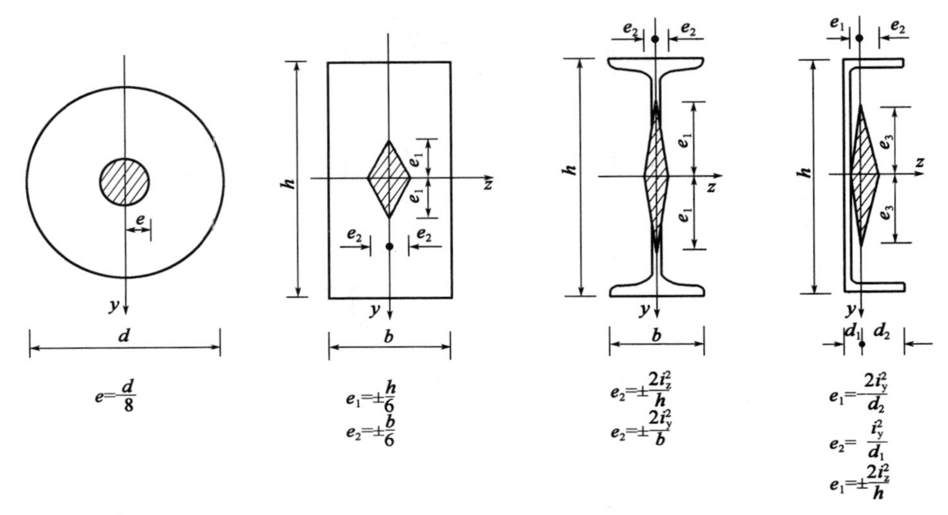


图 6-33　截面核心

## 6.8　提高构件强度的途径

提高构件的强度是指在不增加或少增加材料的前提下，使构件承受更大的荷载而不发生强度失效。本节主要分析提高直梁强度的途径。

由弯曲正应力强度条件，有：

$$\sigma_{\max}=\frac{M_{\max}}{W}\leqslant[\sigma]$$

可见，降低危险截面处的弯矩，提高危险截面的弯曲截面系数，可以提高梁的强度。

1)调整荷载位置及支承位置，减小内力的峰值

(1)将荷载靠近支座，或用分散荷载替代集中荷载(图 6-34)。

(2)调整支座位置或者增加支座数目，以减小跨度形成反向弯曲(图 6-35)。

2)采用合理截面

(1)将材料尽量布置在远离中性轴的高应力区，充分利用材料。由图 6-36 可见，薄壁截面比实心截面合理，截面竖置比截面平放合理。常用弯曲截面系数与横截面面积的比值 $W/A$ 来衡量梁截面的经济性。

改变横截面形状
提高梁的抗弯能力

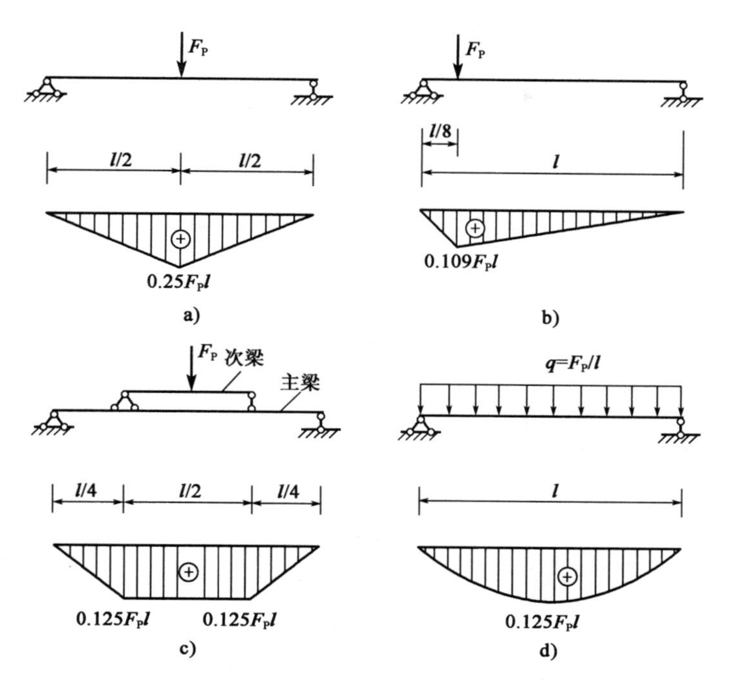


图 6-34　将荷载靠近支座或分散布置

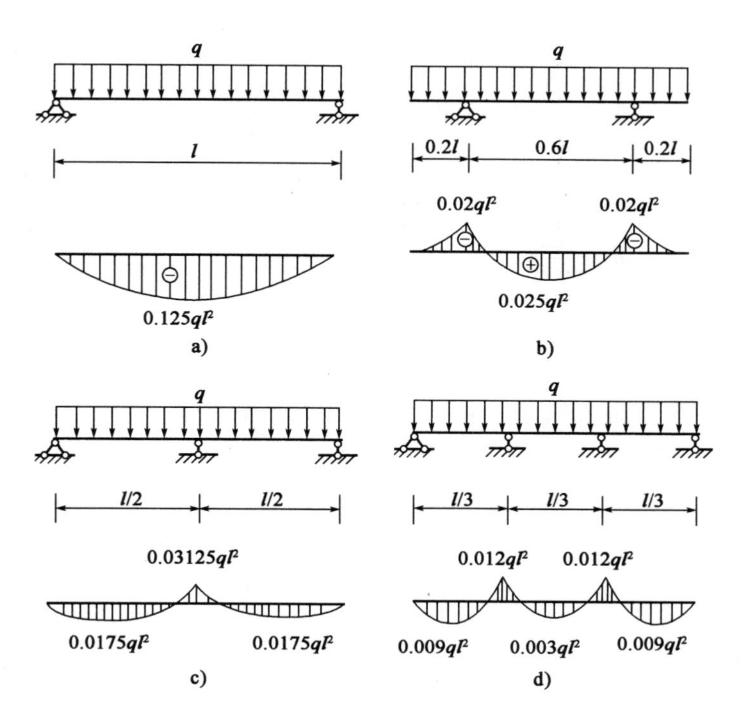


图 6-35　调整支座位置或增加支座数目

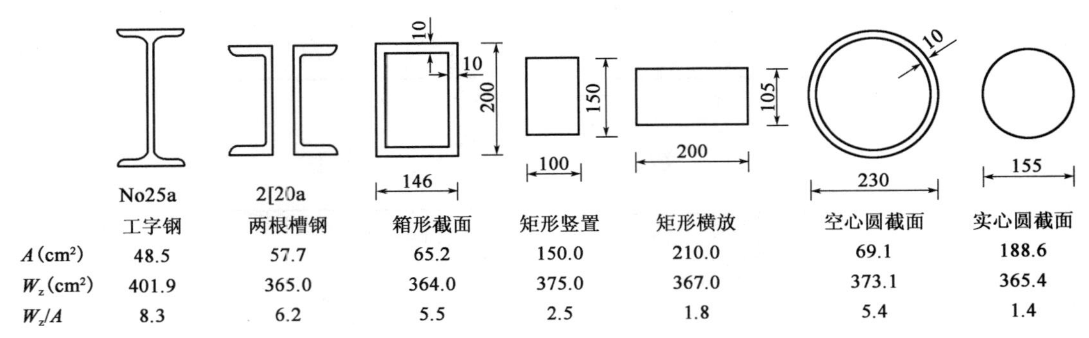


图 6-36　按 $M_{max}=61.6\mathrm{kN\cdot m}$、$[\sigma]=170\mathrm{MPa}$ 设计截面的结果比较

(2)使截面形状与材料的力学性能相应。理想状态为,截面上的最大拉应力、最大压应力同时达到相应的许用应力。

$$\frac{\sigma_{max}^{+}}{\sigma_{max}^{-}}=\frac{\dfrac{My_{max}^{+}}{I_z}}{\dfrac{My_{max}^{-}}{I_z}}=\frac{y_{max}^{+}}{y_{max}^{-}}=\frac{[\sigma]^{+}}{[\sigma]^{-}}$$

对于塑性材料,$[\sigma]^{+}=[\sigma]^{-}=[\sigma]$,则$y_{max}^{+}=y_{max}^{-}$合理,即截面对称于中性轴合理;对于脆性材料,由于$[\sigma]^{+}<[\sigma]^{-}$,按比例

$$\frac{y_{max}^{+}}{y_{max}^{-}}=\frac{[\sigma]^{+}}{[\sigma]^{-}}$$

则$y_{max}^{+}<y_{max}^{-}$,即中性轴偏向最大拉应力合理,设计成上下不对称的截面(图 6-37)。

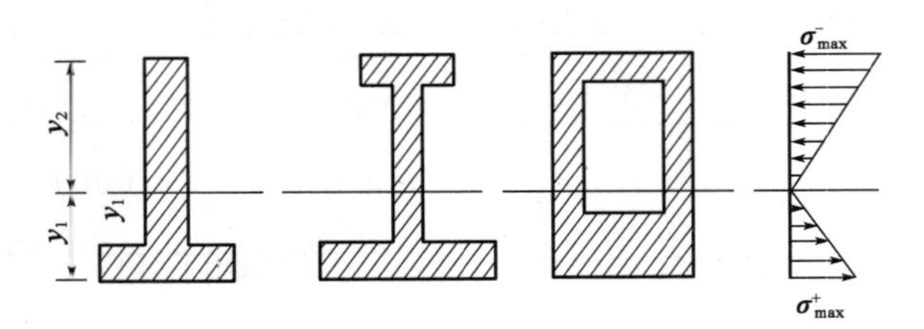


图 6-37　脆性材料的梁截面

3)采用等强度杆

改变截面的高度以适应梁内弯矩的变化,形成等强度梁,从而节约材料,减轻自重(图 6-38)。

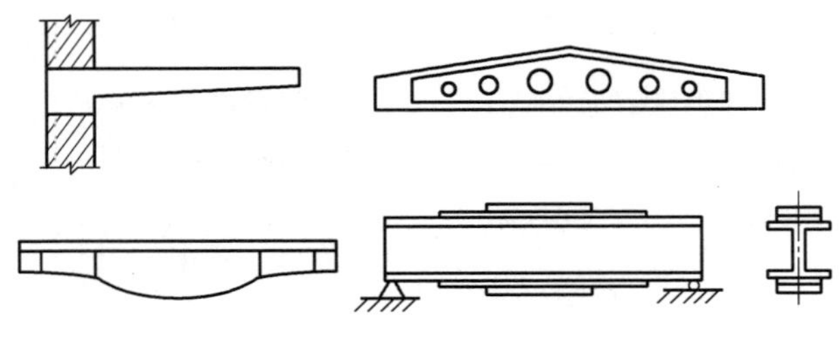

图 6-38　变截面梁

除梁以外,其他类型构件也存在提高强度的问题。比如,图6-39a)所示组合屋架,钢杆承受拉力,木杆承受压力;连接件双剪替代单剪[图6-39b)];扭转外力偶的合理布置[图6-39c)],轴向压缩比偏心压缩合理,偏心压力作用在截面核心以内比在截面核心之外合理[图6-39d)];受扭杆闭口空心截面比开口空心截面合理等。

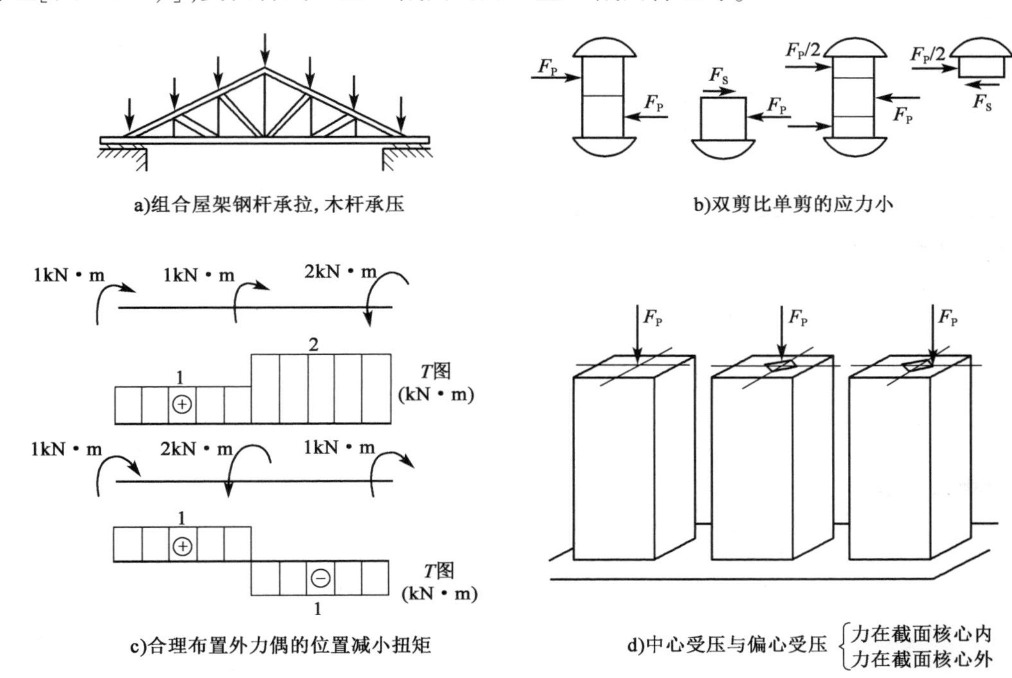


图6-39 提高拉压、剪切、扭转、组合变形杆的强度

# 本章小结

## 知识体系

| 直杆受力变形形式 | | 应力强度条件 | 变形刚度条件 | 稳定性 |
|---|---|---|---|---|
| 基本变形 | 轴向拉伸压缩 | $\sigma_{\max}=\dfrac{F_N}{A}\leqslant[\sigma]$ | $\Delta l=\dfrac{F_N l}{EA}$ | $\sigma=\dfrac{F}{A}\leqslant\varphi[\sigma]$ |
| | 剪切 | 连接件 $\tau=\dfrac{F_S}{A_S}\leqslant[\tau]$<br>$\sigma_{bs}=\dfrac{F_{bs}}{A_{bs}}\leqslant[\sigma_{bs}]$ | — | — |
| | 扭转 | $\tau_{\max}=\dfrac{T}{W_p}\leqslant[\tau]$ | $\varphi=\dfrac{Tl}{GI_p}$ | — |
| | 弯曲 | 脆性材料<br>$\begin{cases}\sigma_{\max}^{+}=\dfrac{My_{\max}^{+}}{I_z}\leqslant[\sigma]^{+}\\ \sigma_{\max}^{-}=\dfrac{My_{\max}^{-}}{I_z}\leqslant[\sigma]^{-}\end{cases}$ | | |

续上表

| 直杆受力变形形式 | | 应力强度条件 | 变形刚度条件 | 稳定性 |
|---|---|---|---|---|
| 基本变形 | 弯曲 | 塑性材料<br>$\sigma_{max}=\frac{M}{W_z}\leqslant[\sigma]$<br>$\tau_{max}=\frac{F_S S_{zmax}^*}{I_z b}\leqslant[\tau]$ | 简支梁均布荷载<br>$W_{max}=\frac{5ql^4}{384EI}$<br>$\frac{W_{max}}{l}\leqslant\left[\frac{w}{l}\right]$ | — |
| 组合变形 | 斜弯曲<br>偏心压缩 | $\sigma_{max}=\frac{M_z}{W_z}+\frac{M_y}{W_y}\leqslant[\sigma]$<br>$\sigma_{max}^-=\frac{F_N}{A}+\frac{M_z}{W_z}\leqslant[\sigma]^- A$ | — | — |

**能力养成**

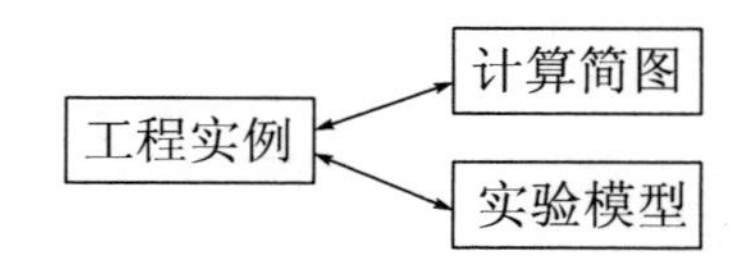


**建模识模能力**

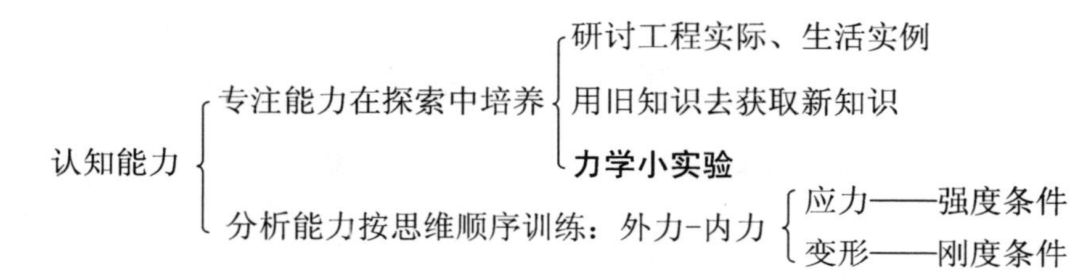


组合变形
- 分解
  - 力沿坐标轴分解
  - 力向杆段轴线平移
- 叠加　同一点处的应力叠加

实验能力
- 材料力学性能试验
- 力学小实验

## 实验与讨论

6-1-1　如何开展材料力学性能实验，预习实验报告，准备做实验。

6-1-2　在图6-40中，图a)名叫________，图b)名叫________。（选填“应力-应变图”“拉伸图”）。

6-1-3　在图6-41b)上标上$\sigma_p$、$\sigma_s$、$\sigma_b$。其中，$\sigma_p$称为________，$\sigma_s$称为________，$\sigma_b$称为________。

6-1-4　图6-42所示为低碳钢拉伸试样在实验前后的形状。$l$称为________。

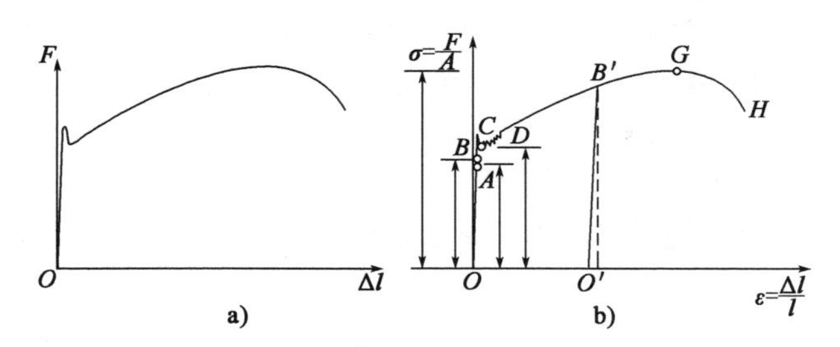


图 6-40　低碳钢的拉伸图和应力-应变曲线

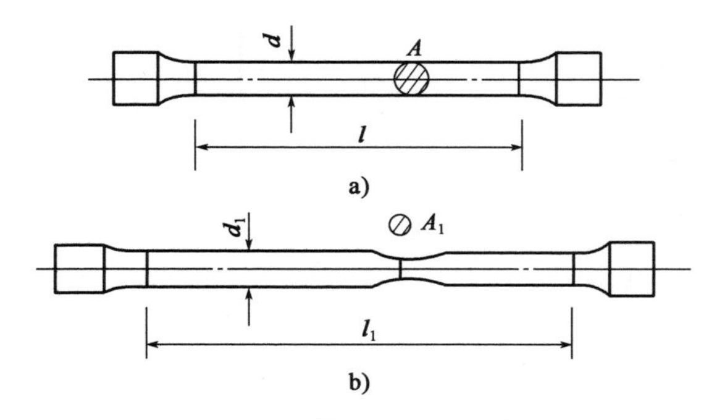


图 6-41　伸长率断面收缩率

$\delta = \dfrac{l_1 - l}{l} \times 100\%$，$\delta$ 称为________。

$\psi = \dfrac{A - A_1}{A} \times 100\%$，$\psi$ 称为________。

6-1-5　$E$ 称为________，$\gamma$ 称为________。有人认为低碳钢应力-应变曲线上斜直线的斜率 $\tan\alpha = \sigma/\varepsilon = E$，只需在图上量得 $\alpha$ 值，就可以算出 $E$ 值，无须通过实验测 $\varepsilon$、测 $\sigma$。这种看法是________的。

6-1-6　在材料的力学性能指标分类中，$E$、$\gamma$ 属于________指标，$\sigma_s$、$\sigma_b$ 属于________指标，$\delta$、$\psi$ 属于________指标(选填“强度”“刚度”“弹性”“塑性”)。

6-1-7　图 6-42 所示为低碳钢、铸铁试样的拉伸、压缩破坏实验之后的形状，试照图填表。

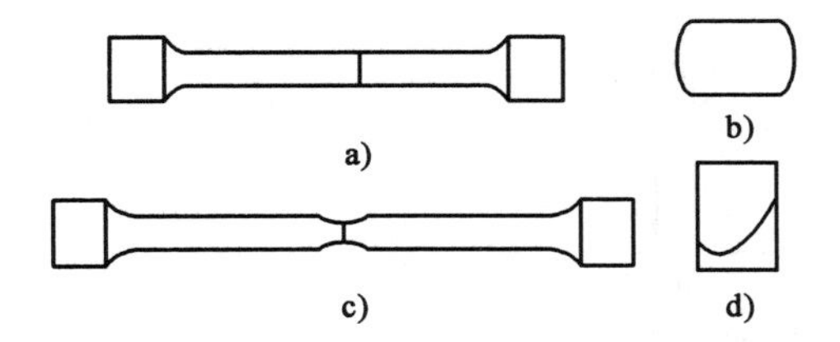


| 图号 | 材料 | 实验 |
|---|---|---|
| a) | | |
| b) | | |
| c) | | |
| d) | | |

图 6-42　低碳钢、铸铁的破坏试验

6-1-8　比较图 6-43 所示不同材料的应力-应变曲线，强度高的材料是________，刚度大的材料是________，塑性好的材料是________。

6-1-9　对工地常用钢的力学性能，宜形成量的经验。Q235 钢的比例极限为________

MPa，屈服极限为________ MPa，取________为强度失效的极限应力。拉压许用应力一般取________ MPa。Q235 钢的 $\delta =$________，$\psi =$________，$\gamma =$________，$E =$________。

6-2-1　在用折减因数法计算压杆的稳定性时稳定条件表现为许用应力的形式：________。$\varphi[\sigma]$为稳定许用应力，将强度许用应力$[\sigma]$乘以小于 1 的 $\varphi$ 给予折减。$\varphi$ 值由压杆的 $\lambda$ 值查表确定。若不能直接从表中查出 $\varphi$ 值，则用直线内插法计算。试根据图 6-44，计算 $\lambda = 44.6$ 对应的 $\varphi$ 值。

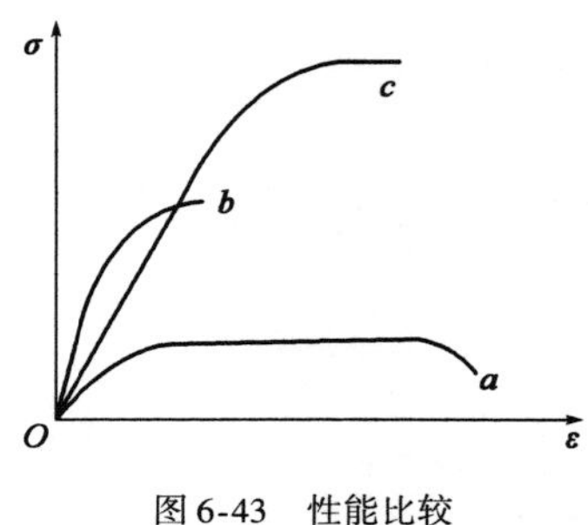

图 6-43　性能比较

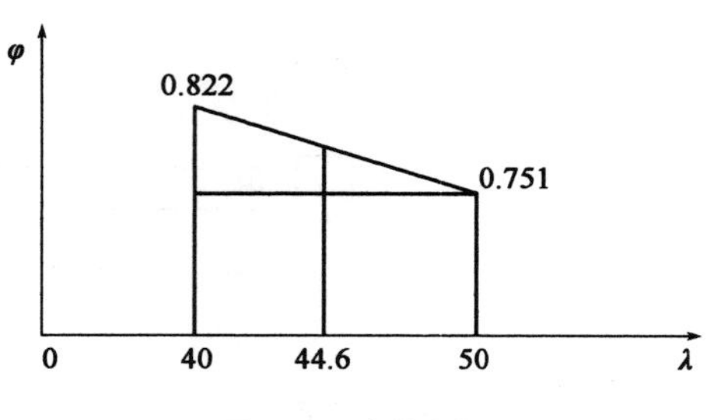

图 6-44　直线内插

6-2-2　$i_z = \sqrt{I_z/A}$称为________。

矩形截面　$i_z = \sqrt{\dfrac{I_z}{A}} = i_y = \sqrt{\dfrac{I_y}{A}} =$

圆截面　$i_z = \sqrt{\dfrac{I_z}{A}} =$

型钢的$i_z$、$i_y$查型钢规格表。图 6-45 所示组合截面　$i_{z0} = \sqrt{\dfrac{2I_z}{2A}} = \sqrt{\dfrac{I_z}{A}} = i_z =$

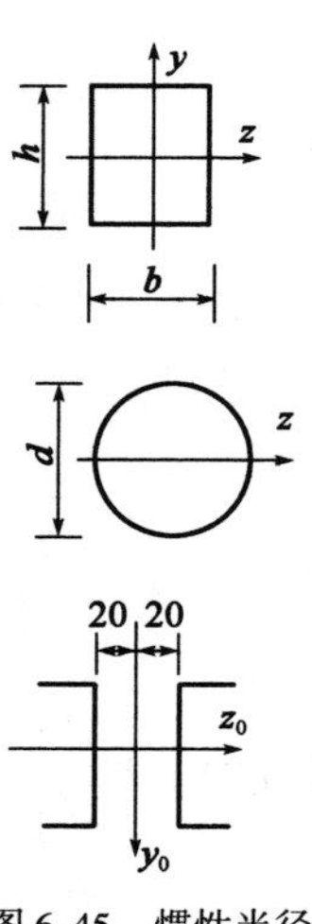

图 6-45　惯性半径

6-2-3　压杆的________ $\lambda = \dfrac{\mu l}{i}$，综合反映压杆的长度、支承、截面抵抗失稳的能力。$l$ 越长，压杆越________；$\mu$ 越大，压杆越________。$i = \sqrt{\dfrac{I}{A}}$，反映截面抵抗压杆失稳的能力。

$i$ 愈大，压杆愈________（选填："刚度""柔度"；杆长、惯性半径、惯性矩、面积；刚、柔；长度因数、折减因数）。

6-3-1 图 6-46 所示为工程中常见的连接，试在各图旁标注连接的名称（选填："螺栓连接""铆接""销轴连接""键连接""焊接""榫齿连接"）：

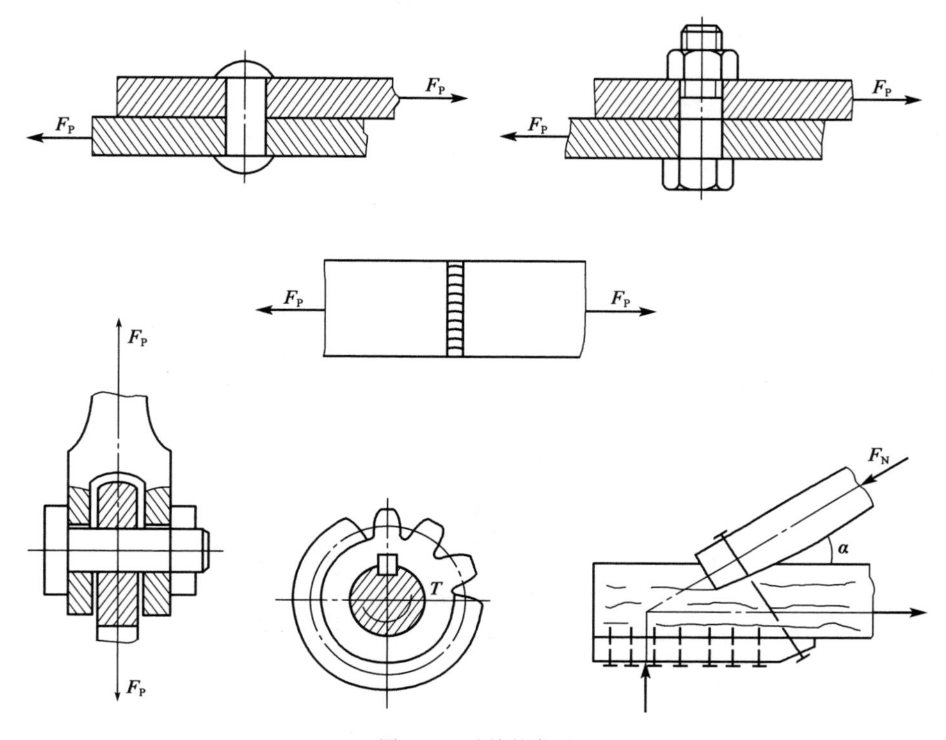


图 6-46 连接的类型

6-4-1 如图 6-47 所示，圆轴扭转时，横截面上的切应力矢量描述为：

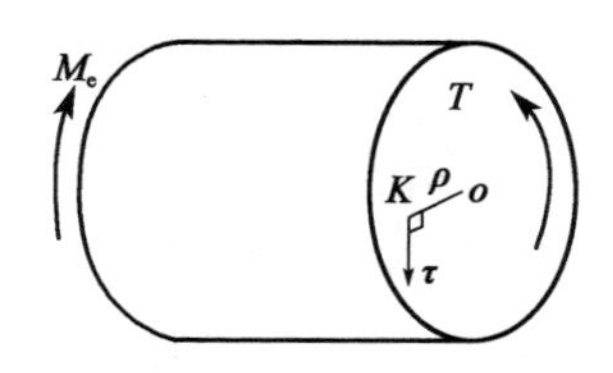


图 6-47 扭转切应力

一点处
- 方向
  - 方位：截面内，________于半径
  - 指向：与________一致
- 大小 $\tau_\rho$ = ________

6-4-2 图 6-48 所示截面的扭矩已知，所画的切应力分布是否正确？请改错。

6-4-3 如图 6-49 所示，在单元体两个相互________的平面上，________于公共棱边的切应力成对存在，且同时________棱边或同时________棱边，大小________（选填"平行""垂直""指向"背离；相等、相反）。

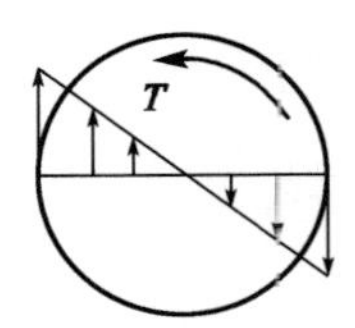

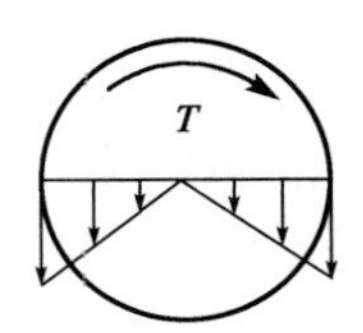

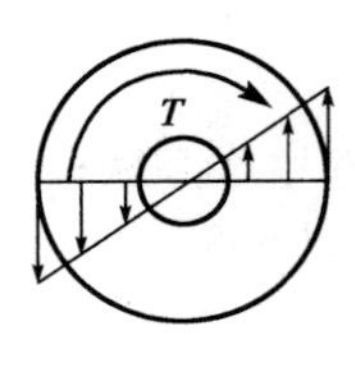

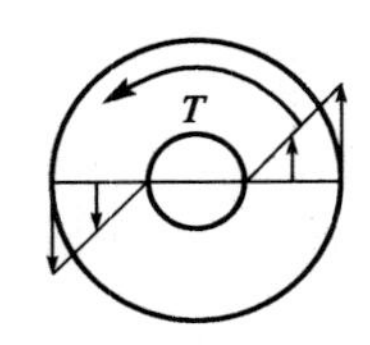


图 6-48　扭转切应力分布

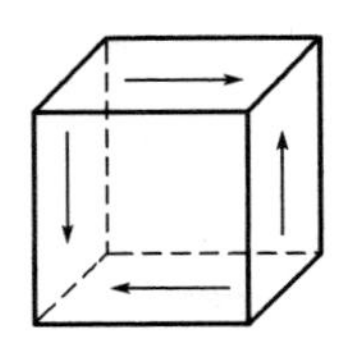

图 6-49　切应力互等定理

6-4-4　试在图 6-50 的各指定点处，画横截面上、纵截面上的切应力矢量，显示切应力沿棱边 $af$ 的分布规律，并在 $d$ 点处的单元体上画切应力。

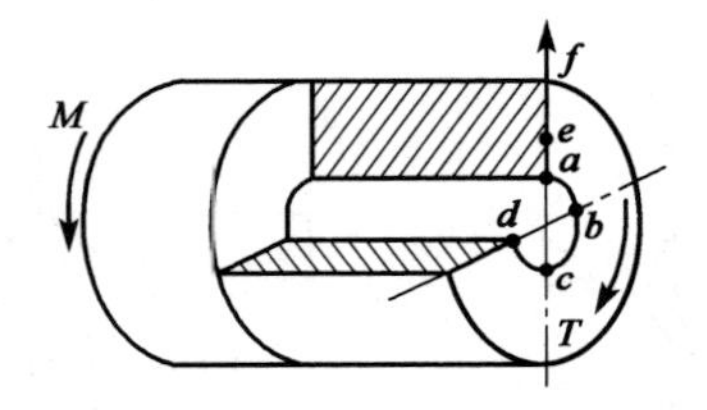

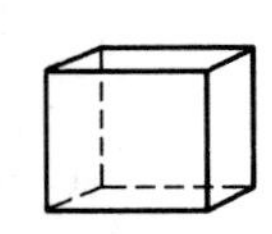

图 6-50　一点处指定面上的应力

6-4-5　见图 6-51，剪切虎克定律为 $\tau =$ ________ $\gamma$。式中，$\gamma$ 称为 ________；$G$ 称为 ________。而 $\sigma = E\varepsilon$ 中的 $E$ 称为 ________。钢的 $E =$ ________ MPa，钢的 $G =$ ________ MPa。

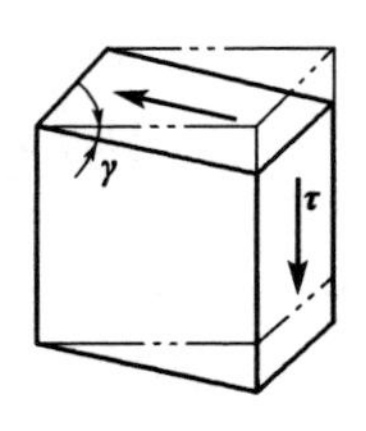


图 6-51　剪切虎克定律

6-4-6　根据图 6-52 所示单元体(平面图)的剪切变形，标出各面上相应的切应力。若 3 个单元体的材料相同，所示角 $\alpha$ 的大小相同，试将 $\tau_a$、$\tau_b$、$\tau_c$ 按切应力绝对值的大小排列：__ > __ > __。

(1) $I_p = \dfrac{\pi D}{32} - \dfrac{\pi d^4}{32} = \dfrac{\pi D^4}{32}(1 - \alpha^4)$

(2) $W_{\mathrm{p}}=\frac{\pi D^{3}}{16}-\frac{\pi d^{3}}{16}=\frac{\pi D^{3}}{16}(1-\alpha^{3})$

(3) $W_{\mathrm{p}}=\frac{I_{\mathrm{p}}}{\rho_{\max}}=\frac{I_{\mathrm{p}}}{D/2}=\frac{\pi D^{3}}{16}(1-\alpha^{3})$

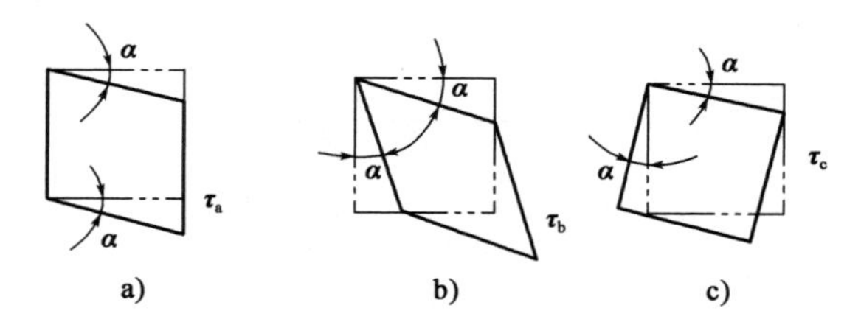


图 6-52　切应变与切应力

6-4-7　如图 6-53 所示，对于空心圆截面，$\alpha=d/D$。下列公式推导正确的是________。

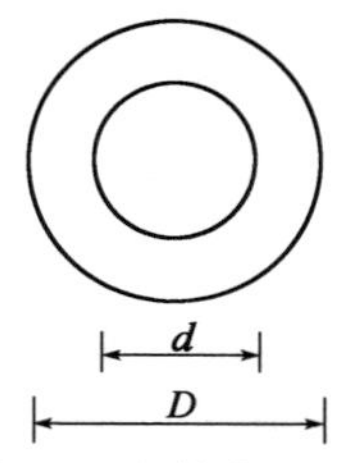


图 6-53　扭转截面系数

6-4-8　圆轴扭转时的强度条件为________。图 6-54 所示传动轴上主动轮承受的外力偶矩为 5kN · m，从动轮受到的阻力偶矩分别为 2kN · m 和 3kN · m。试画两圆轴的扭矩图，比较哪种主动轮、从动轮的布置对轴的强度更有利。

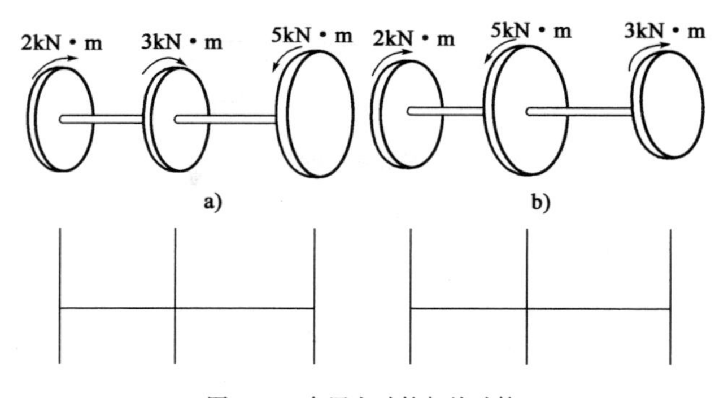


图 6-54　布置主动轮与从动轮

6-4-9　圆轴扭转变形的特点是，各横截面绕轴线________。

6-4-10　杆段的扭转角 $\varphi$ 指杆段端截面的相对角位移，如图 6-55 所示。它由各微段的扭转角积累而成：

$$\varphi=\int_{l}\mathrm{d}\varphi=\int_{l}\frac{T}{GI_{\mathrm{p}}}\mathrm{d}x\xrightarrow[]{\text{—扭转 —截面 —材料}}\frac{T}{GI_{\mathrm{p}}}\int_{l}\mathrm{d}x$$

| 变形形式 | 变形公式 | 内力 | 抵抗变形的能力 | | |
|---|---|---|---|---|---|
| 扭转 | | | 扭转 | 截面 | 两部分合称为 |
| 拉压 | | | | | |

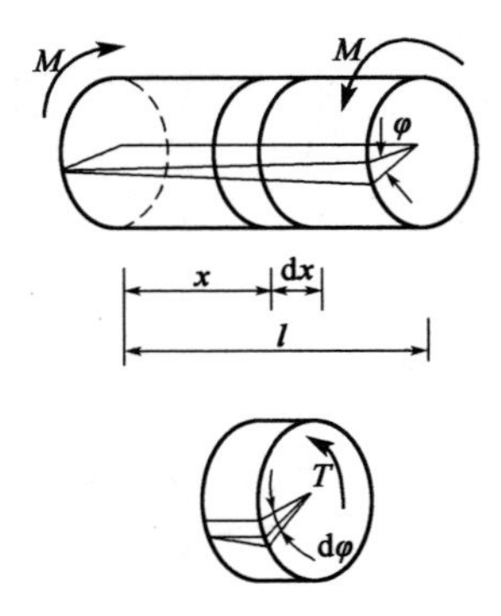


图 6-55　杆段扭转角

6-5-1　图 6-56 所示简支梁受集中荷载作用，试画弯矩图、剪力图，计算最大正应力和最大切应力。梁的最大拉应力 $\sigma^{+}_{max}$ = ________，发生在________截面的________缘；最大切应力 $\tau_{max}$ = ________，发生在________截面的________处。

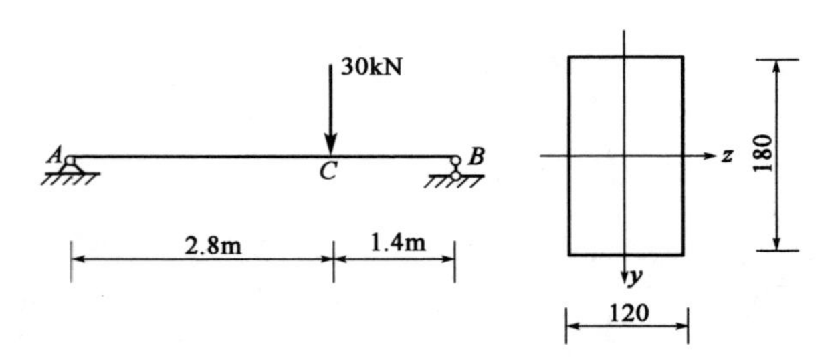


图 6-56　弯曲正应力和弯曲切应力

6-5-2　依据例 6-9 的计算结果，在 $D$ 截面的 $a$、$b$、$c$、$d$、$e$ 各点处的单元体上画上应力矢量，标应力的绝对值(图 6-57)。

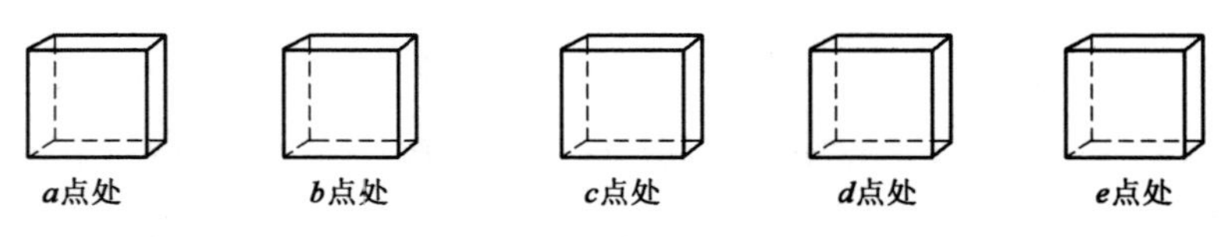


图 6-57　取单元体

6-6-1　图 6-58 所示构件内一点处某方位面上的应力的正负，并填入括弧内。

6-6-2　图 6-59 所示的单元体，$\sigma_x = 60\text{MPa}$，$\tau_{xy} = -40\text{MPa}$，$\sigma_y = -20\text{MPa}$，试在单元体的表面上画出应力，并标应力的绝对值。

6-6-3　**小实验**　粉笔拉伸破坏的断口与扭转破坏的断口一样吗？做一做实验，将断口的形状画在图 6-60 上，并在断口轮廓的一点处画单元体，标主拉应力。

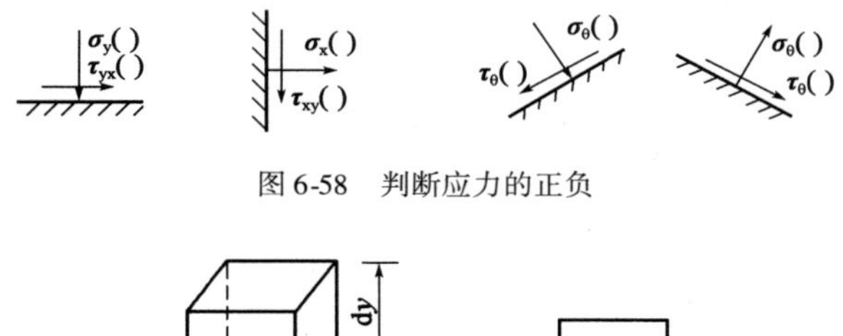


图 6-58　判断应力的正负

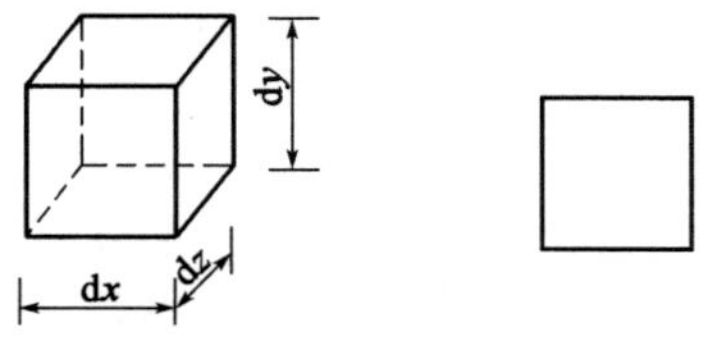


图 6-59　单元体上的应力

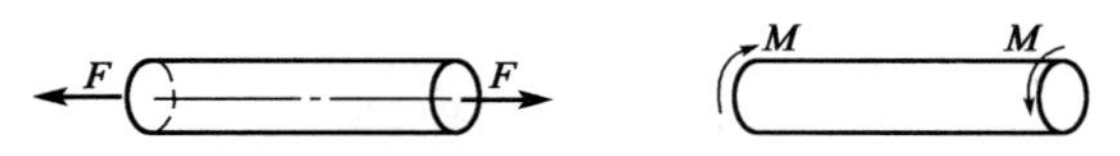


图 6-60　主拉应力

6-6-4　图 6-61 所示矩形截面简支梁受满跨均布荷载作用。试勾画通过指定点 $K$ 的主拉应力迹线，画该点处的主拉应力。

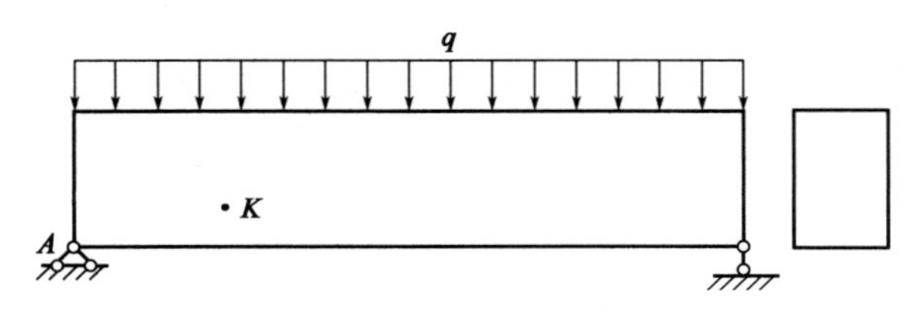


图 6-61　梁的主拉应力迹线

6-7-1　**小实验**　用矩形截面海绵直杆做图 6-62 所示平面弯曲、斜弯曲的实验。观察梁的变形，想象挠曲线平面在什么方位。

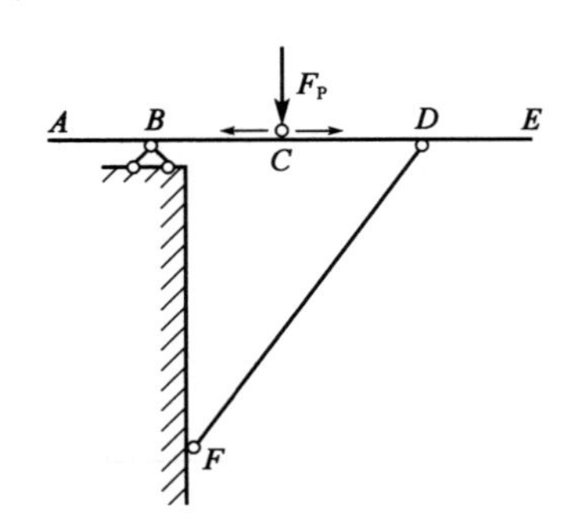


| 杆段 / 位置 | *AB* | *BD* | *DE* | *DF* |
|---|---|---|---|---|
| *A* | | | | |
| *B* | | | | |
| *C* | | | | |
| *D* | | | | |
| *E* | | | | |

图 6-62　变形形式判断

6-7-2　杆件的基本受力变形形式有________、________、________、________。杆件受力变形复杂时，可以________为基本受力变形形式。再将同一点处的应力________，进行强度计算；或将同一截面的位移________，进行刚度计算。（选填："分解""叠加""合成"等）

6-7-3　图6-62所示结构的*AE*梁上作用一个移动荷载$F_P$。当荷载移到指定位置时，判断指定杆段的变形形式。

6-7-4　图6-63所示悬臂梁在自由端受集中荷载作用。设截面形状及力*F*在自由端截面的方向如图6-63b)、c)、d)所示，图6-63b)、c)中的$\varphi$角为任意角。试判断：受力变形属于斜弯曲的是________。

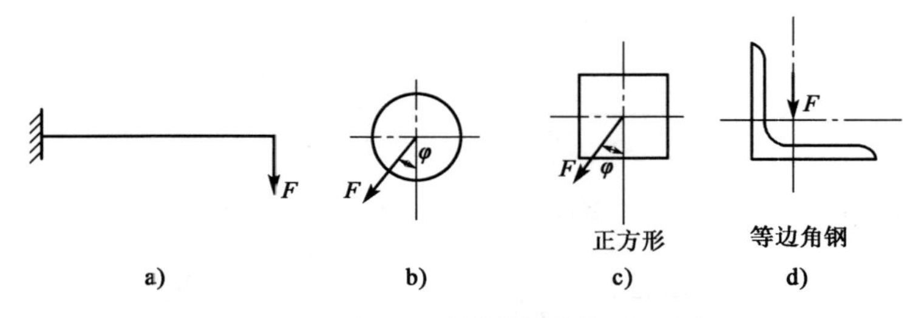


图6-63　斜弯曲的判断

6-8-1　**小实验**　参考图6-34设计小实验，演示荷载靠近支座，分散布置荷载对梁的变形的影响，并比较图中的弯矩图，体会"力与变形一致"。

6-8-2　**小实验**　参考图6-35设计小实验，演示调整支座位置、增加支座数目对梁的变形的影响，并比较图中的弯矩图，体会"力与变形一致"。

6-8-3　**小实验**　设计小实验，演示改变截面形状提高梁的抗弯能力。

6-8-4　试列举等强度梁的生活实例、工程实例。

## 习题

6-2-1　图6-64所示矩形截面木柱两端铰支，承受轴向压力$F=120\text{kN}$，木材的强度等级为TC13，许用应力$[\sigma]=10\text{MPa}$，试校核柱的稳定性。

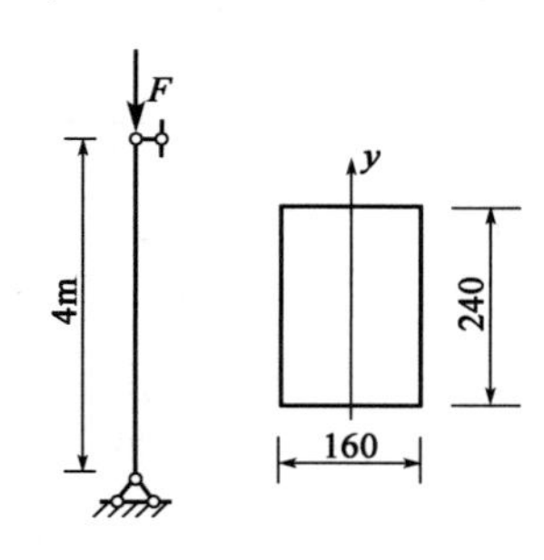


图6-64　木柱的稳定性计算

6-2-2　一根压杆由钢管制成，下端固定，上端铰支，杆长2m，横截面的外径$D=40\text{mm}$，内径$d=32\text{mm}$，承受轴向压力。(1)试画压杆的计算简图；(2)压杆的材料为Q235钢，属a类截面，许用应力$[\sigma]=160\text{MPa}$，试求此压杆的许可荷载。

6-2-3　图6-65所示结构的梁*AC*和柱*BD*均由2b号工字钢制成，材料为Q235钢，属b

类截面，许用应力$[\sigma]=160\text{MPa}$。试校核梁的强度和柱的稳定性。

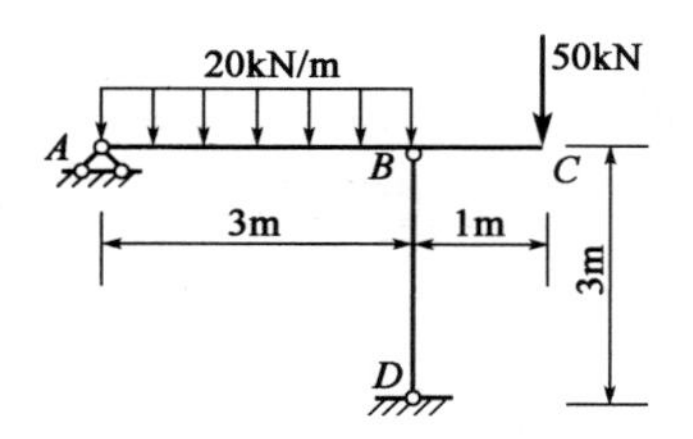


图6-65 工字钢柱的稳定性计算

6-3-1 图6-66所示，在$t=6\text{mm}$的钢板上冲一直径$d=18\text{mm}$的圆孔。若钢板的剪切强度极限$\tau_b=360\text{MPa}$，则作用在冲头上的力$F_p$至少应为多少？

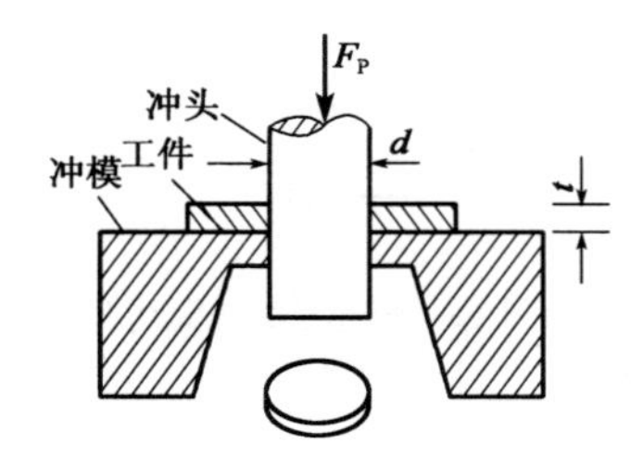


图6-66 冲压下料

6-3-2 图6-67所示两块钢板用一颗铆钉连接，铆钉的直径$d=24\text{mm}$，每块钢板的厚度$t=12\text{mm}$，铆钉的许用应力$[\tau]=10\text{MPa}$，$[\sigma_{bs}]=250\text{MPa}$。钢板传递拉力$F_P=40\text{kN}$，试校核铆钉的强度。

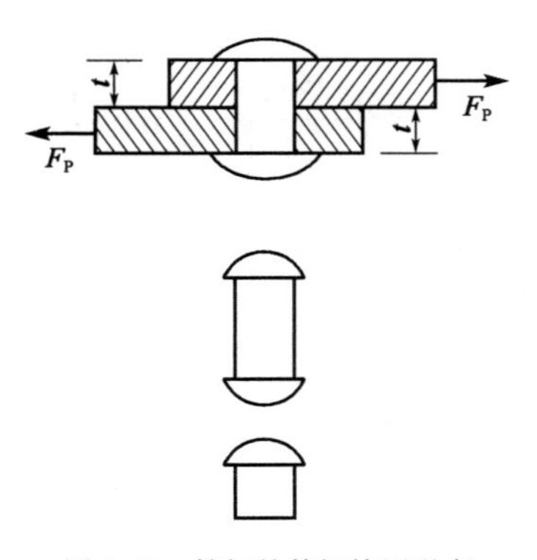


图6-67 铆钉的剪切挤压强度

6-3-3 图6-68所示铆连接中，主板厚$t=19\text{mm}$，盖板厚$t_1=10\text{mm}$，铆钉的直径$d=2\text{mm}$，板宽$b=230\text{mm}$，许用应力$[\tau]=140\text{MPa}$，$[\sigma_{bs}]=30\text{MPa}$，$[\sigma]=160\text{MPa}$，拉力$F_P=50\text{kN}$。试校核铆钉连接的强度。

6-3-4 图6-69所示两根矩形截面木杆，用两块槽形钢板连接。木杆截面宽$b=150\text{mm}$，顺纹许用应力$[\sigma_{bs}]=10\text{MPa}$，$[\tau]=1\text{MPa}$，$[\sigma]=10\text{MPa}$。木杆承受轴向拉力$F_P=60\text{kN}$，试计算接头所需的尺寸$t$、$l$及截面削弱处的高度$h$。

6-4-1 图6-70所示板式桨叶搅拌器的传动轴由不锈钢管做成，外径117mm，内径

105mm。作用在轴上的主动力偶矩 $M_{e1}=2.7\text{kN}\cdot\text{m}$，阻力偶矩 $M_{e2}=1\text{kN}\cdot\text{m}$、$M_{e3}=1.7\text{kN}\cdot\text{m}$。许用应力$[\tau]=30\text{MPa}$，校核轴的强度。

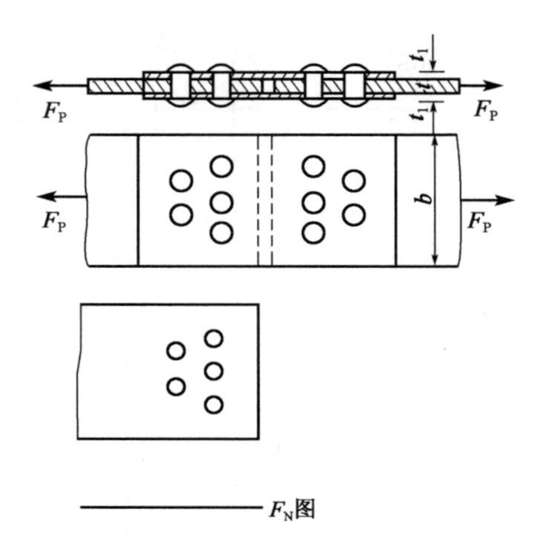


图 6-68　铆连接的强度计算

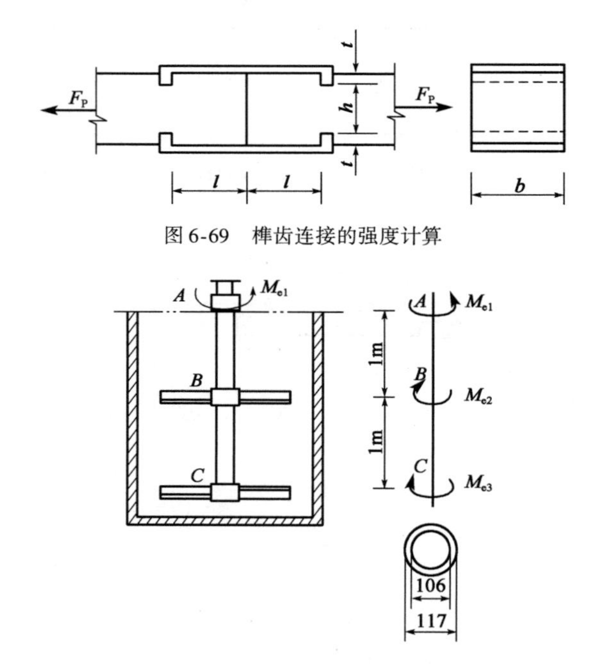


图 6-69　榫齿连接的强度计算

图 6-70　校核轴的强度

6-4-2　图 6-71 所示空心圆轴和实心圆轴用法兰盘连接，传递扭矩 $1432\text{N}\cdot\text{m}$，许用切应力$[\tau]=30\text{MPa}$，试设计实心轴的直径 $d$ 和空心轴的内外径 $d_1$、$d_2$（$d_1:d_2=1:2$）。

6-5-1　图 6-72 所示外伸梁由 16 号工字钢制成，已知许用应力$[\sigma]=160\text{MPa}$，$[\tau]=85\text{MPa}$。(1)工字钢的型号为 14 号，校核梁的强度；(2)若 14 号工字钢的强度不够，试重新选择工字钢的型号；(3)若重选型号之后梁的强度有富余，试计算由此型号确定的梁的许可荷载。

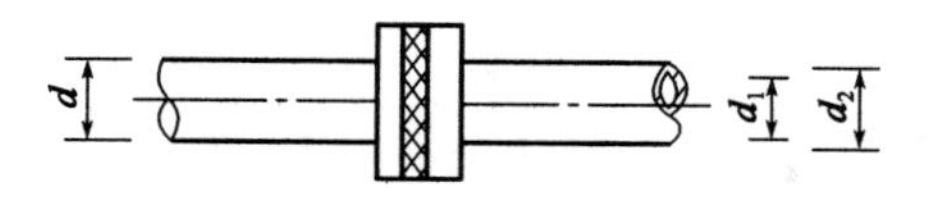

图 6-71　设计轴的截面尺寸

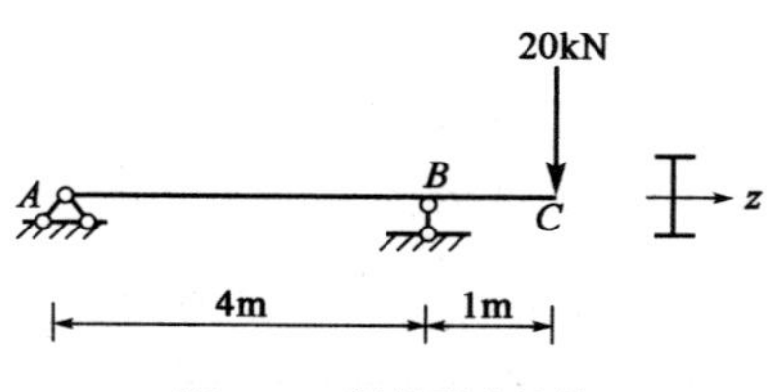

图 6-72　梁的强度计算

6-5-2　试为图 6-73 所示施工用的钢轨枕木选择矩形截面尺寸。已知截面的宽高比 $b:h=3:4$，枕木的许用应力 $[\sigma]=15.6\text{MPa}$，$[\tau]=1.7\text{MPa}$，钢轨传给枕木的压力 $F=49\text{kN}$。

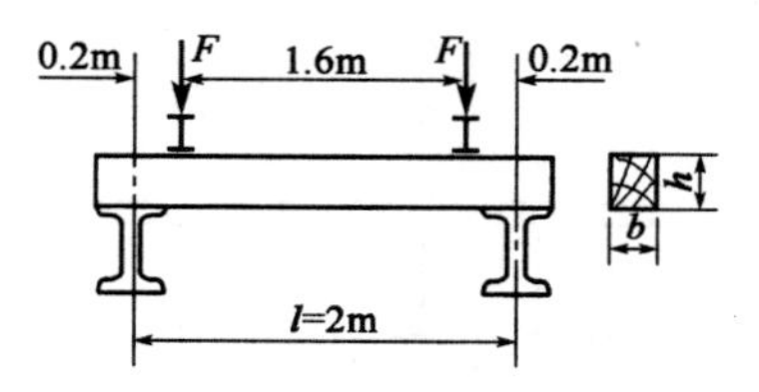

图 6-73　梁的截面设计

6-5-3　图 6-74 所示 T 形截面外伸梁承受均布荷载。

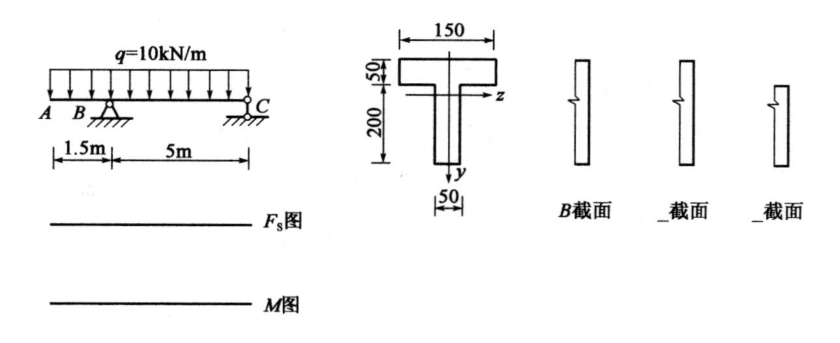

图 6-74　梁的强度计算

(1) 画梁的剪力图和弯矩图。

(2) 计算截面对中性轴的惯性矩。

(3) 画梁的最大拉应力、最大压应力所在截面的正应力分布图，画梁的最大切应力所在截面腹板的切应力分布图（用平面图形表示）。

(4) 梁的许用应力 $[\sigma]^{+}=50\text{MPa}$，$[\sigma]^{-}=140\text{MPa}$，$[\tau]=30\text{MPa}$，校核梁的强度。

6-5-4　图 6-75 所示工字钢梁的许用应力 $[\sigma]=170\text{MPa}$，$[\tau]=100\text{MPa}$，$[\omega/l]=1/400$，弹性模量 $E=2\times10^{5}\text{MPa}$。

(1)画梁的剪力图和弯矩图。

(2)梁用18号工字钢制成,校核梁的强度。

(3)如果强度有较大的富余,试重新选择工字钢型号。(4)~(6)题按重选的截面计算。

(4)画梁的最大正应力所在截面的正应力分布图,画梁最大切应力所在截面腹板的切应力分布图(用平面图形表示)。

(5)计算 $C$ 截面、$D$ 截面的挠度和 $A$、$D$ 端面的转角。画梁的挠曲线。

(6)校核梁的刚度。若刚度不够,试列出可以采取的提高梁刚度的措施。

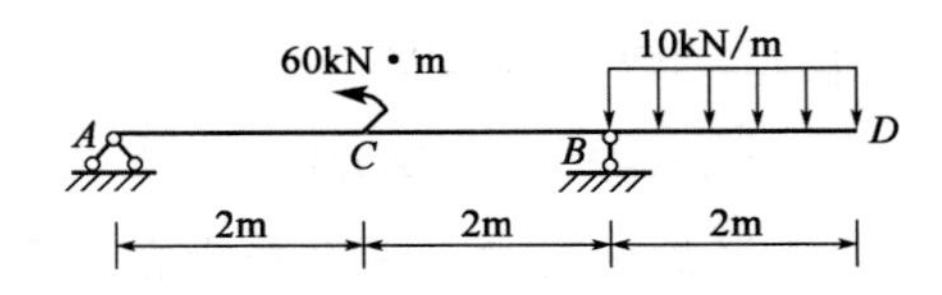


图6-75 梁的强度刚度计算

6-6-1 图6-76所示矩形截面梁某截面上的弯矩 $M=20\text{kN}\cdot\text{m}$,剪力 $F_s=120\text{kN}$,试绘出 $a$、$b$、$c$、$d$ 点处的应力单元体,求各点处的主应力并标在单元体上。

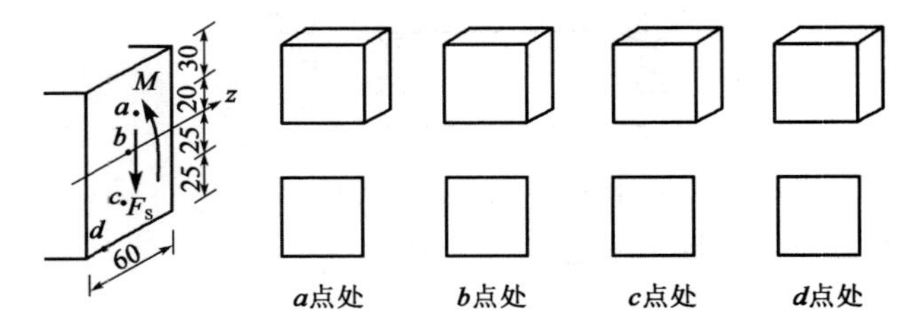


图6-76 梁一点处的单元体、主应力

6-7-1 图6-77所示矩形截面悬臂木梁,在自由端平面内作用一集中荷载 $F$,此力通过截面形心,与对称轴 $y$ 夹角 $\varphi=30°$。木材的弹性模量 $E=10\text{GPa}$,$F=2.4\text{kN}$,$l=2\text{m}$,$h=20\text{mm}$,$b=120\text{mm}$。(1)求固定端截面对应荷载分力 $F_z$、$F_y$ 的最大正应力,画正应力分布图。(2)在固定端截面的轮廓线上依次将同一点处的应力按比例叠加,画该截面的应力分布图,标最大拉应力、最大压应力,并画零应力线。(3)求自由端的挠度。

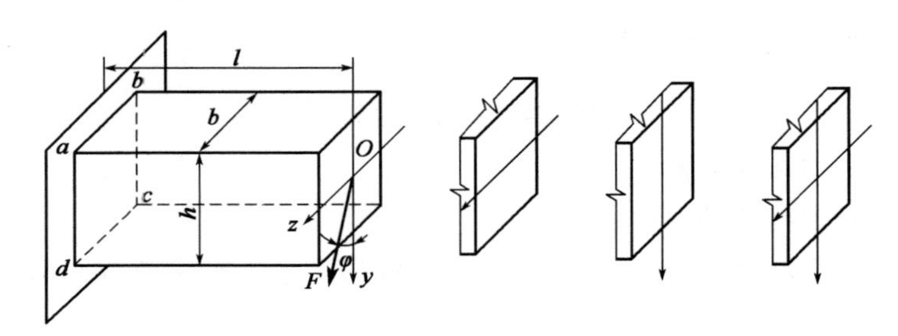


图6-77 斜弯曲的分解与叠加

6-7-2 图6-78所示矩形截面悬臂木梁,$a=1\text{m}$,$b=90\text{mm}$,$h=180\text{mm}$,弹性模量 $E=10\text{GPa}$,$F_{P1}=0.8\text{kN}$,$F_{P2}=1.6\text{kN}$。求梁的最大正应力,按比例画危险截面的正应力分布图,

并求梁的最大挠度。

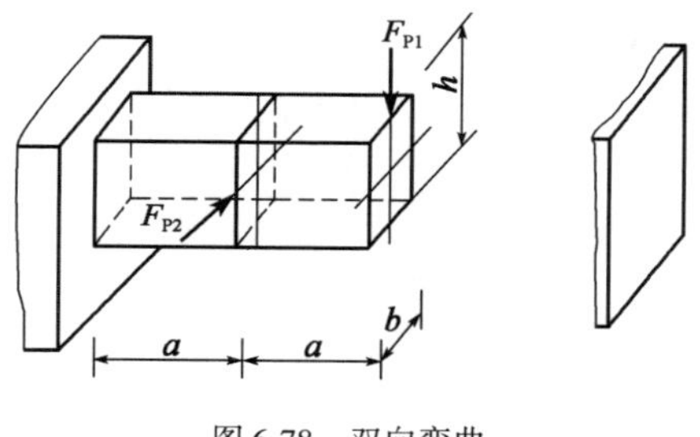


图 6-78　双向弯曲

6-7-3　图 6-79 所示简支梁由 25a 工字钢制成，$l=4\text{m}$，$F=20\text{kN}$，$\varphi=15°$，钢的弹性模量 $E=210\text{GPa}$。试计算梁的最大正应力和最大挠度。

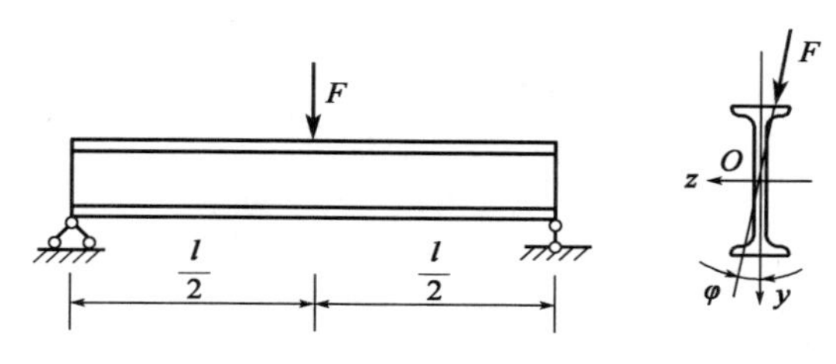


图 6-79　吊索偏摆造成斜弯曲

6-7-4　图 6-80 所示正方形截面柱，边长为 $a$，顶端受轴向压力 $F$ 作用。在右侧中部挖槽，槽深 $a/4$。求：(1)开槽前后的最大压应力值及所在点的位置；(2)若在槽的对称位置再挖一个相同的槽则应力有何变化？

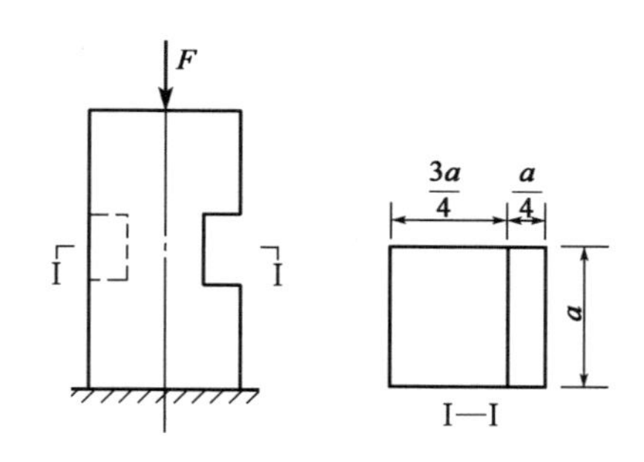


图 6-80　比较偏心压缩和轴向压缩

6-7-5　图 6-81 所示矩形截面厂房立柱，受压力 $F_1=10\text{kN}$、$F_2=45\text{kN}$ 作用，$F_2$ 与柱轴线的偏心距 $e=200\text{mm}$，截面宽 $b=180\text{mm}$。如要求柱的截面上不出现拉应力，问截面的高度 $h$ 应为多少，此时柱的最大压力为多少？

6-7-6　截面核心是截面形心周围的一个________。当偏心纵向力作用在此________时，截面上只出现________应力，或只出现________应力。(选填"范围""区域""拉""压")

确定图 6-82 所示 4 个截面的截面核心。要求按比例绘图，标尺寸。

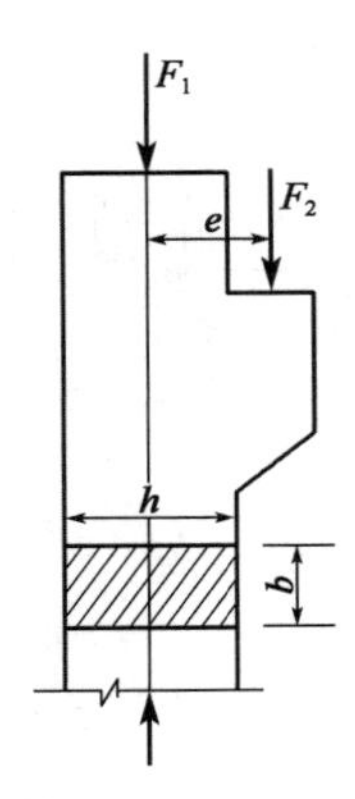


图 6-81　偏心压缩

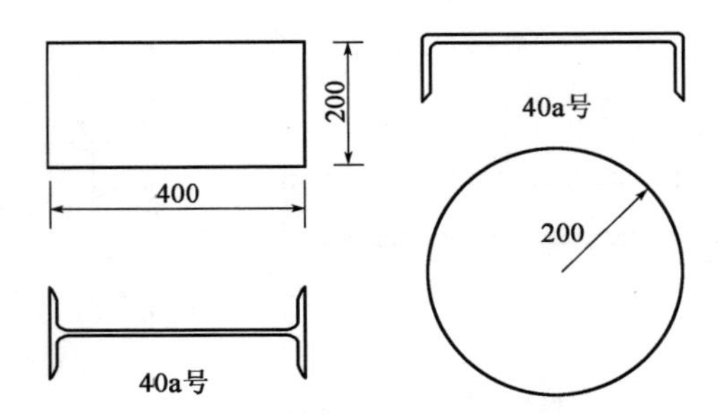


图 6-82　截面核心(尺寸单位:mm)

# 第7章 结构的几何组成分析

## 7.1 几何不变体系

### 7.1.1 几何可变体系与几何不变体系

杆件用节点连接组成体系,或者用节点连接并用支座与基础相连组成体系。位于同一平面的体系称为**平面体系**。对应图7-1所示平面体系的理论分析模型,可用锯条、木条拼装实验模型进行实验。

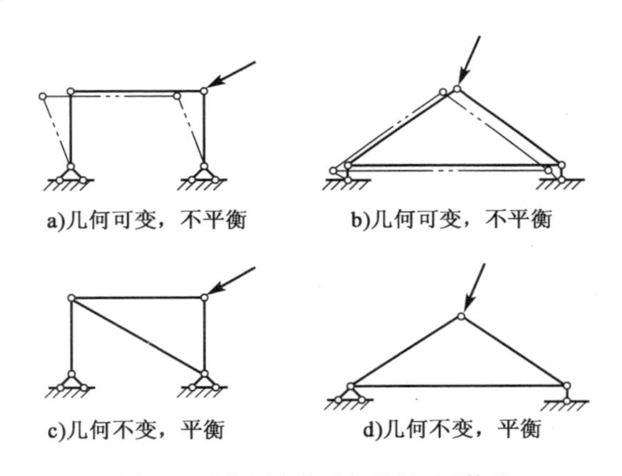


图7-1 几何可变体系与几何不变体系

不考虑杆件的变形,在任意方向的荷载作用下,几何不变的体系称为**几何不变体系**,几何可变的体系称为**几何可变体系**。

不是所有体系都能成为承担荷载的骨架,只有按照一定规律组成的几何不变体系才能成为结构。因此,有必要对体系进行几何组成分析。分析体系的几何组成,还可以判断结构是静定的还是超静定的。

### 7.1.2 平面体系的自由度

分析结构的几何组成,从如何控制体系的运动着手。

如图 7-2a)所示,笔尖 $A$ 可在白纸上自由运动,留下轨迹 $OA$。如图 7-2b)所示,笔尖插入硬纸条的一端,置于 $A$ 处。让纸条平行于 $x$ 轴,另一端用大头针钉在 $y$ 轴上,此时笔尖只能朝 $y$ 方向运动。如图 7-2c)所示,纸条形成 $y$ 方位的链杆,此时笔尖只能朝 $x$ 方向运动。如图 7-2d)所示,纸条形成 $x$ 方位、$y$ 方位的链杆,笔尖就不能运动了。

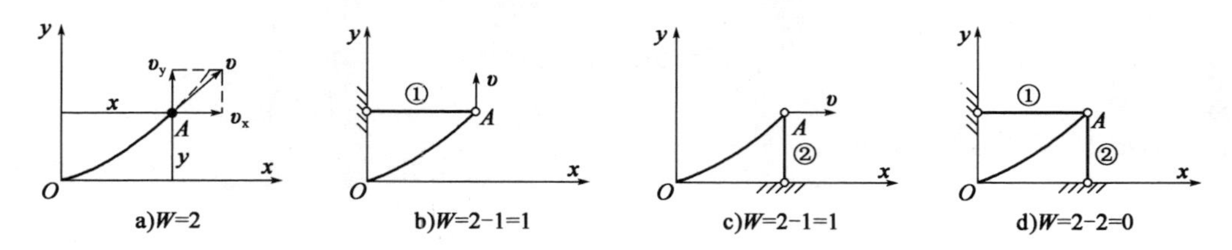


图 7-2　点在平面内的自由度

如图 7-3a)所示,三角形硬纸片可在白纸上自由运动。它的运动可以分解为基点 $A$ 的移动和绕 $A$ 点的转动。如图 7-3b)所示,用纸条形成链杆①、②,限制 $A$ 点的运动,硬纸片仍可绕 $A$ 点转动。如若增加链杆③,硬纸片就不能运动了[图 7-3c)]。如图 7-4d)所示,用硬纸片[A]将三角形硬纸片与坐标轴粘连,三角形硬纸片也不能运动。

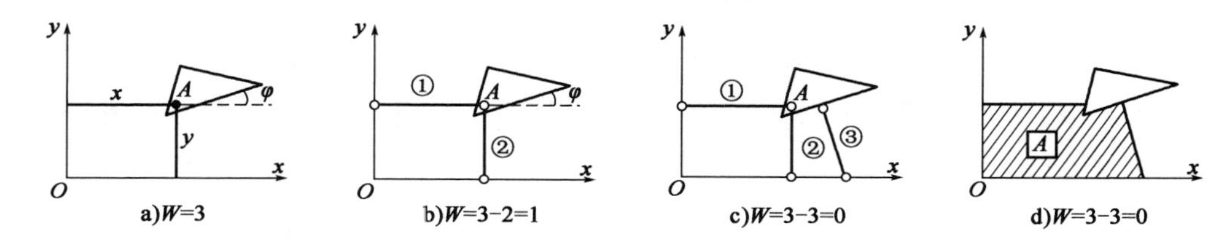


图 7-3　刚片在平面内的自由度

我们来理一理,点 $A$ 在平面内的位置可以用 $x$ 坐标、$y$ 坐标确定。点在平面内的运动可以分解为沿 $x$ 轴、$y$ 轴两个方向的独立运动[图 7-2a)、b)、c)]。

将作平面运动的刚体抽象为平面上的刚体,称为刚片(图 7-3)。刚片在平面内的运动可以分解为基点 $A$ 沿 $x$ 轴、$y$ 轴两个方向的运动和绕 $A$ 点的转动,可以用 $x$ 坐标、$y$ 坐标和 $\varphi$ 坐标确定刚片的位置。

体系具有的独立运动的数目,或确定其位置所需的独立坐标数目 $W$,称为自由度。点在平面内的自由度 $W=2$,刚片在平面内的自由度 $W=3$。

对物体运动预加限制的其他物体,称为约束。增加约束,可以减少物体的自由度。能够减少一个自由度的装置称为一个联系。一根链杆约束为一个联系。连接两个刚片的两根链杆形成一个单铰,单铰位于两链杆的交点[图 7-3b)]。一个单铰约束为两个联系。一个刚性约束为三个联系[图 7-3d)]。

## 7.2　平面体系的几何组成分析

为了便于分析,将体系看成是一些元件用一些连接件(表 7-1)装配而成。

体系的元件和连接件　　表 7-1

| 类　别 | | 实验模型 | 定义与说明 | 字　符 | 自由度、联系数 |
| --- | --- | --- | --- | --- | --- |
| 元件 | 刚片 | 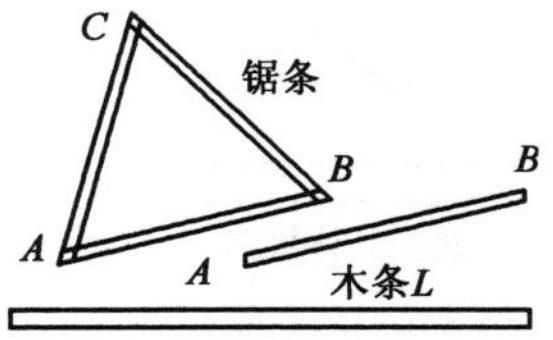 C 锯条 B B A A 木条 L | 平面体系中的几何不变部分视为刚片。不考虑变形的杆件、连成一片的地基均可看成刚片 | ABC<br>AB<br>I | 自由度 3 |
| | 二元体 | 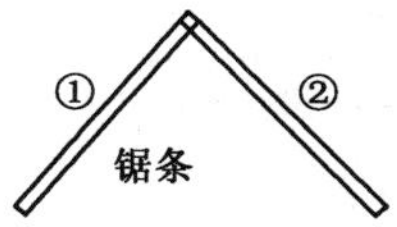 ① ② 锯条 | 两根不共线的链杆在端部连接的装置称为二元体 | ①② | 自由度 4 |
| 连接件 | 连接件的约束能力用联系数表示 | | | | |
| | 链杆 | 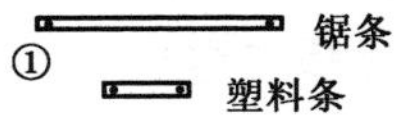 锯条 ① 塑料条 | 链杆的约束能力为 1 个联系 | ① | 联系数 1 |
| | 铰 | 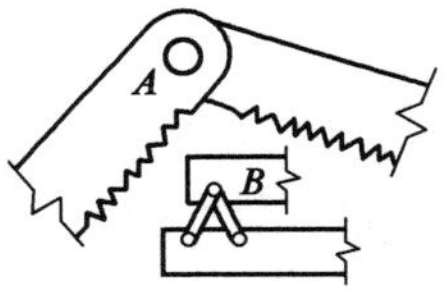 A B | 一个单铰(连接两个刚片的铰)与两根链杆等效。两根链杆的交点为铰的位置 | AB | 联系数 2 |
| | 刚性约束 | 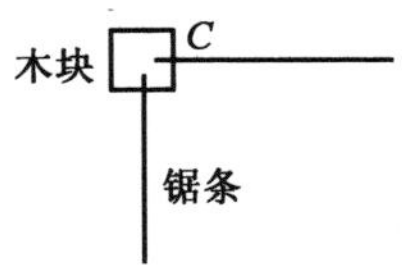 木块 C 锯条 | 一个刚性约束与三根链杆等效 | C | 联系数 3 |
| 其他符号 | | 组合:+　组成:→　可变体系:[ ABCD ] | | | |

### 7.2.1　几何不变体系的基本组成规则

如图 7-4a)所示,由三根链杆拼成的铰接三角形,是几何不变且无多余联系的体系。分别将铰接三角形的一根杆件看作刚片、两根杆件看作刚片、三根杆件看作刚片,则得平面体系几何不变的三个基本组成规则。

(1)**二元体规则**:在一个刚片上增加一个二元体,所组成的体系几何不变,且无多余联系[图 7-4b)]。

(2)**两刚片规则**:两刚片用一个铰和一根不与铰共线的链杆连接,所组成的体系几何不变,且无多余联系[图 7-4c)]。

(3)**三刚片规则**:三刚片用不共直线的三个铰两两相连,所组成的体系几何不变,且无多余联系[图7-4d)]。

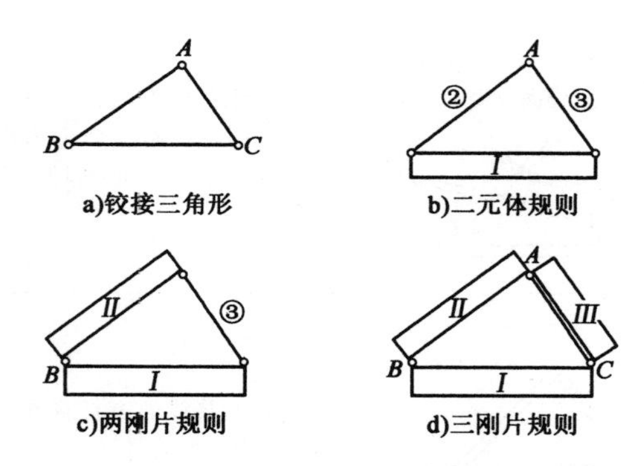


图7-4　几何不变体系的基本组成规则

### 7.2.2　平面体系的几何组成分析方法

对体系进行几何组成分析,目标是组成几何不变体系。方法如下。

(1)将刚片、二元体看作元件,按几何不变体系的基本组成规则装配:从认定的刚片开始,逐步扩大几何不变部分。每一步装配,宜先试用二元体规则,再试用两刚片规则,后试用三刚片规则。全部装配完毕,应下结论"体系几何不变,无多余联系",或"体系几何不变,多个联系"。

(2)在装配的过程中,假若暂时不能形成几何不变体系,须另外认定刚片,重新开始装配,直到形成几何不变体系。如果从多个方面着手装配,仍然不能形成几何不变体系,才可下结论"体系几何可变,少__个联系"。

(3)为了避免漏算联系,初次认作刚片的体系应当是无多余联系的几何不变部分。

## 分析示范

**【例7-1】**　用小实验元件拼装图7-5所示的体系,用式子表示几何组成分析的过程。

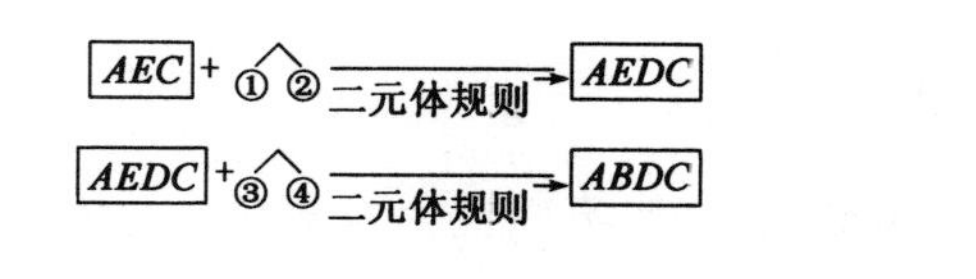


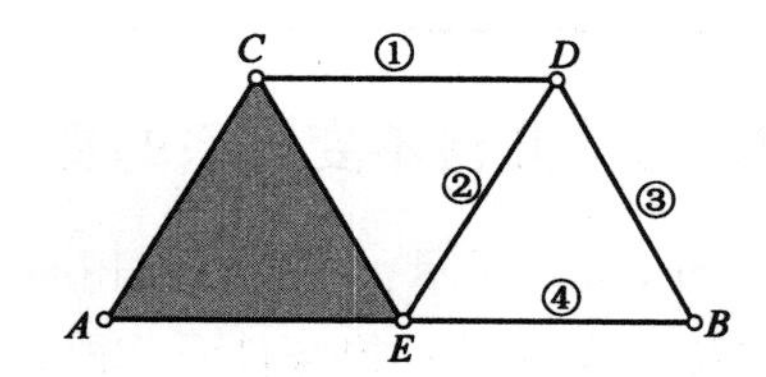


图7-5　桁架的几何组成分析

**解**:在箭头下面标所依据的组成规则。

所以,体系几何不变,无多余联系。

**【例7-2】**　用小实验元件分别拼装图7-6a)、b)、c)所示的体系,用式子表示几何组成分析的过程。

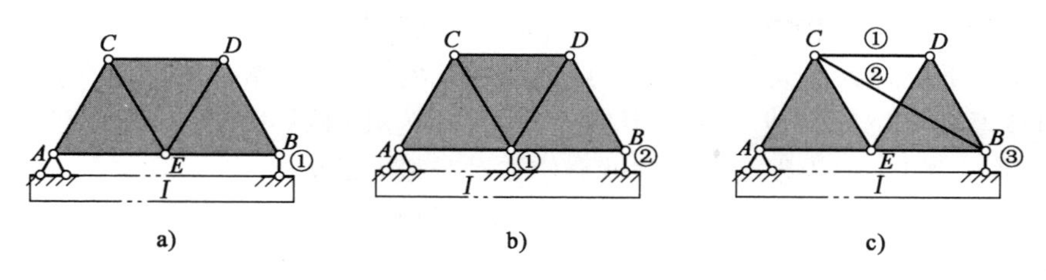


图 7-6　几何组成分析中的刚片认定

**解**:认定几何不变且无多余联系的部分为刚片,地基连成一片视为刚片。箭头的上边标注装配用的连接件的字符,下边标注所依据的规则。

图 a)

**I** + **ABDC** —— A, ①（两钢片规则）——→ **IABDC**

所以,体系几何不变,无多余联系。

图 b)　两刚片规则需要三个联系。用连接件的总联系数与组成规则所需的联系数比较,若有多余联系,则将多余联系数标在所形成的新刚片字符的附近。

**I** + **ABDC** —— A, ①, ②（两钢片规则）——→ **IABDC**(多一联系)

所以,体系几何不变,多一个联系。

图 c)

**AEC** + **EBD** —— E, ①, ②（两钢片规则）——→ **ABDC**(多一个联系)

**I** + **ABDC** —— A, ③（两钢片规则）——→ **IABDC**

所以,体系几何不变,多一个联系。

## 7.2.3　几何瞬变体系

用小实验元件拼装图 7-7a)所示体系,链杆①、②在同一直线上。在 A 点处横向施力,A 点做微小移动后体系才几何不变。

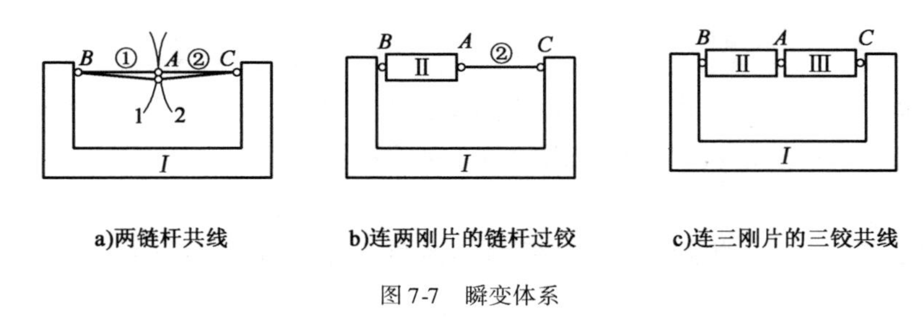


图 7-7　瞬变体系

我们来理一理，当图7-7a)所示链杆①、②共线时，$A$点可以同时绕$B$点、绕$C$点做微小的圆周运动。此时体系是几何可变的。经微小的几何变动后，体系便几何不变了。这种原为几何可变经微小位移后成为几何不变的体系，称为几何瞬变体系。即使已经几何不变了，也不能作为结构，因为很小的荷载就会使体系受很大的力。

在几何不变体系的三个基本组成规则中，都有限制条件：二元体要求两链杆不共线；两刚片规则要求链杆不过铰，链杆过铰便是几何瞬变体系[图7-7b)]；三刚片规则要求三铰不共线，三铰共线便是几何瞬变体系[图7-7c)]。

## 7.3 结构的几何组成与静定性

### 7.3.1 几何组成与静定性

结构是几何不变的体系。图7-8a)所示结构无多余联系。在荷载作用下，平面一般力系三个独立的静力平衡方程就能完全确定三个独立的未知力。无多余联系的结构是静定结构。

图7-8b)所示结构有一个多余联系，图7-8c)所示结构有两个多余联系。在荷载作用下，仅凭静力平衡方程不能确定全部未知力。有多余联系的结构是超静定结构。

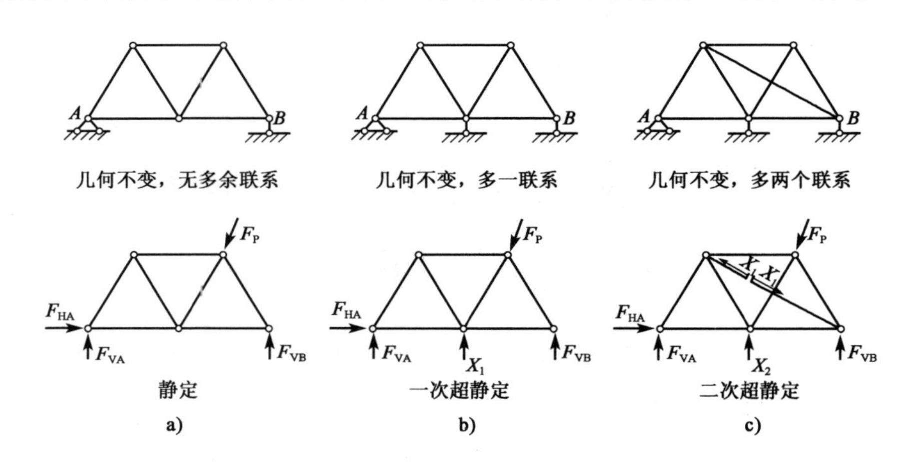


图7-8 几何组成与静定性的关系

### 7.3.2 超静定次数

一个联系对应一个力。多余联系对应的未知力称为多余未知力。超静定结构多余未知力的个数称为超静定次数。超静定次数等于多余联系数。

可以将超静定结构看成在静定结构上，增加若干约束所构成。**因此，确定超静定次数常见的方法是，撤除一些约束，使之变为静定结构。**所撤除约束的联系数即为超静定次数。

**【例 7-3】** 试分别用小实验、算式两种方式对图 7-9a)所示结构进行几何组成分析,并判断结构的静定性。

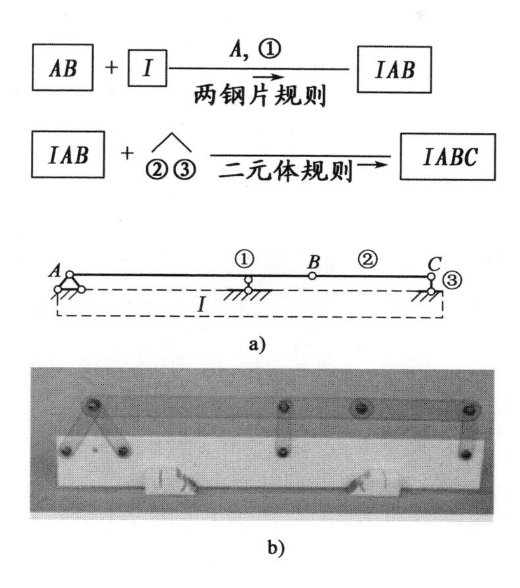


图 7-9 梁的几何组成分析

**解:**用实验元件拼装,逐步扩大几何不变体系[图 7-9b)]。体系几何不变,无多余联系,为静定结构。

体系几何不变,无多余联系,为静定多跨梁。

**【例 7-4】** 试分别用小实验、算式两种形式对图 7-10a)所示结构进行几何组成分析,并判断结构的静定性。

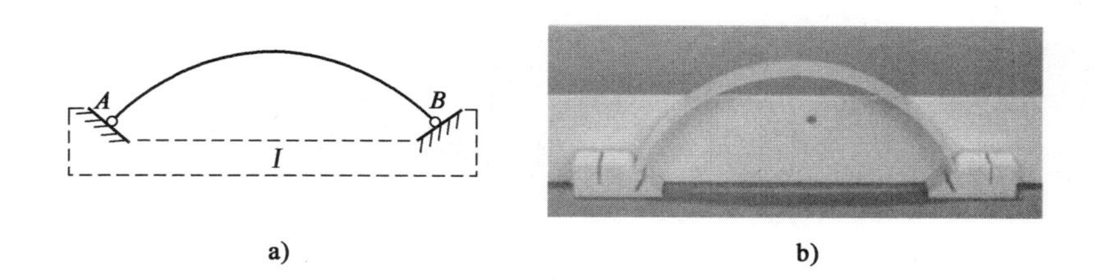


图 7-10 两铰拱的几何组成分析

**解:**用实验元件拼装[图 7-10b)]。体系几何不变,多一联系,为一次超静定。

AB + I —(A, B / 两钢片规则)— IAB(多一联系)

体系几何不变,多一联系,为一次超静定结构。

**【例 7-5】** 试分别用小实验、算式两种形式对图 7-11a)、b)、c)所示体系进行几何组成分析，并判断结构的静定性。

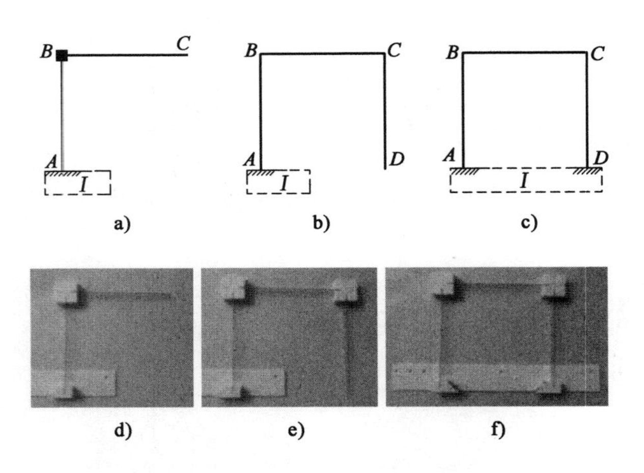


图 7-11　刚架的几何组成分析

**解：**用实验元件拼装，逐步扩大几何不变体系［图 7-11d)、e)、f)］。图 a) 体系几何不变，无多余联系，为静定结构。图 b) 体系几何不变，无多余联系，为静定结构。图 c) 体系几何不变，多三个联系，为三次超静定结构。

① I + AB —A（两钢片规则）→ IAB　　IAB + BC —B（两钢片规则）→ IABC

体系几何不变，无多余联系，为静定结构。

②视几何不变且无多余联系的部分 $ABCD$ 为刚片。

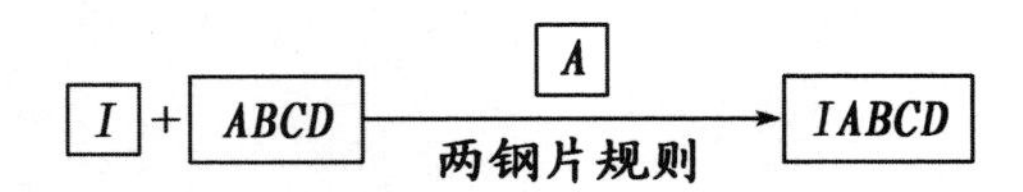


体系几何不变，无多余联系，为静定结构。

③ I + ABCD —A，D（两刚片规则）→ IABCD （多三个联系）

体系几何不变，多三个联系，为三次超静定结构。

**【例 7-6】**　试用力学小实验模拟图 7-12 所示的组合结构，用算式表示几何组成分析，并判断结构的静定性。

**小实验**　用硬纸条作梁，硬纸片作撑杆，细线作拉杆模拟组合结构［图 7-12c)］。

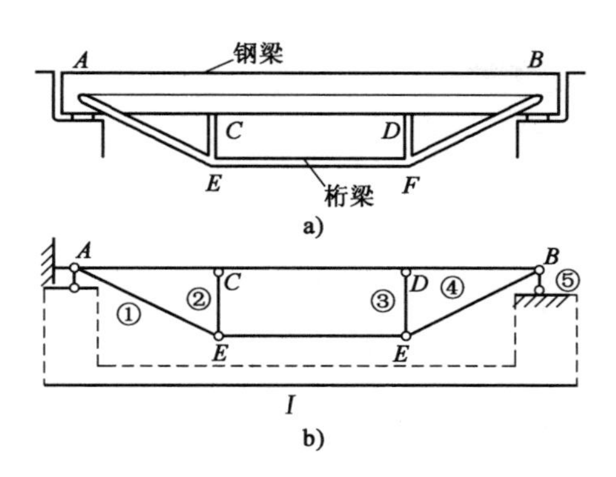


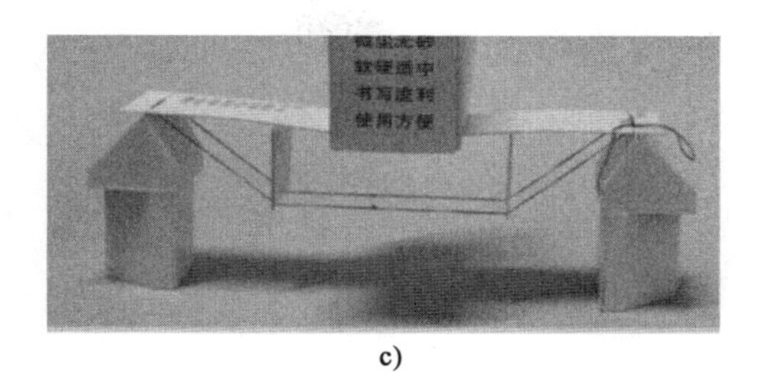


图 7-12　组合结构的几何组成分析

**解**:依据图 7-12b),有:

[AB] + ①②(二元体) + ③④(二元体) —二元体规则→ [AECDFB]

[AECDFB] + [EF] —E, F / 两刚片规则→ [AEFB] (多一联系)

[AEFB] + [I] —A, ⑤ / 两刚片规则→ [IAEFB]

体系几何不变,多一联系,为一次超静定结构。

## 本章小结

**知识体系**

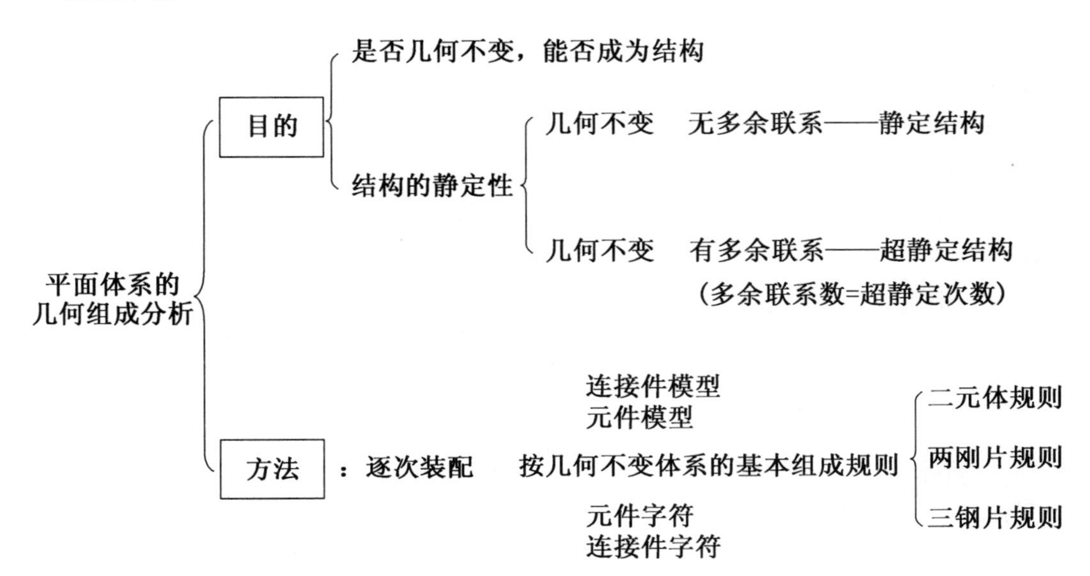

能力养成

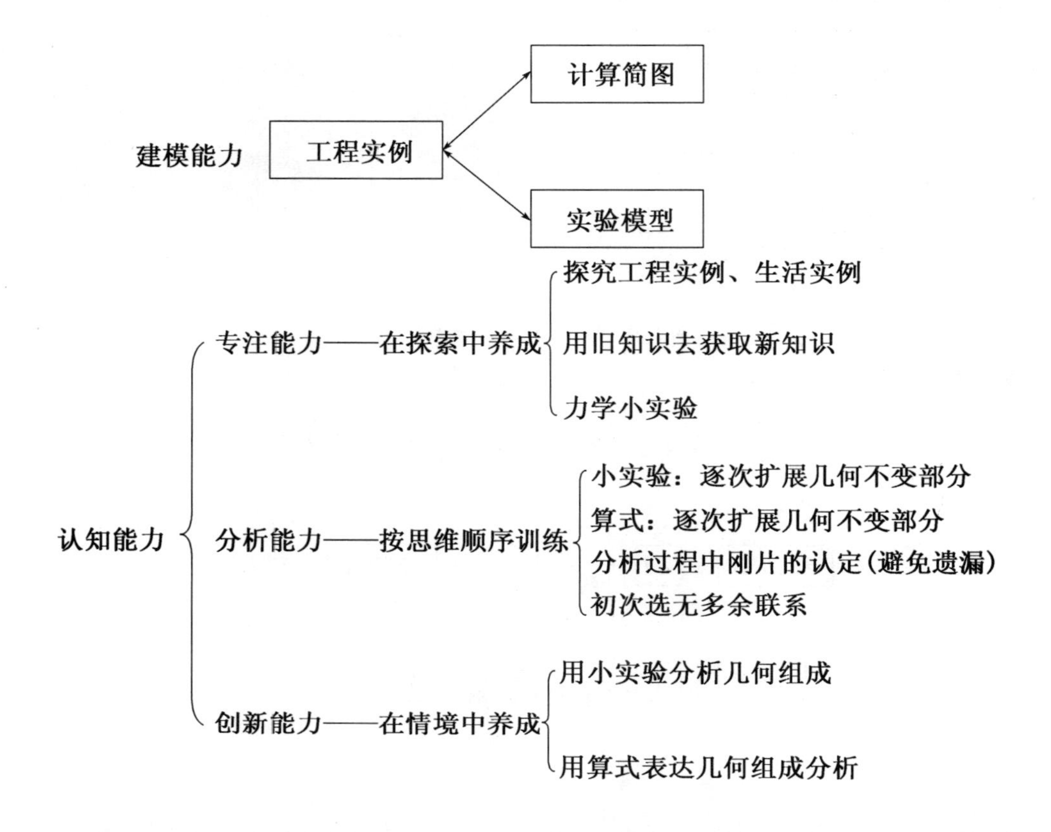


## 实验与讨论

7-1-1　**小实验**　试用小实验元件拼装图 7-1 所示体系，并判断体系是几何可变还是几何不变。

7-1-2　**小实验**　试做图 7-2、图 7-3 所示的小实验。理解点、刚片在平面内的独立运动，理解自由度，理解增加约束以减少体系的自由度，理解“联系”。

7-2-1　**小实验**　试用小实验元件拼装图 7-4 所示体系，口述几何不变体系的三个基本组成规则。

7-3-1　**小实验**　试用小实验元件拼装图 7-7 所示体系，体会“瞬变”，口述几何不变体系基本组成规则的限制条件。

## 习题

7-2-1　试分别用小实验、算式两种方式对图 7-13 所示结构进行几何组成分析。

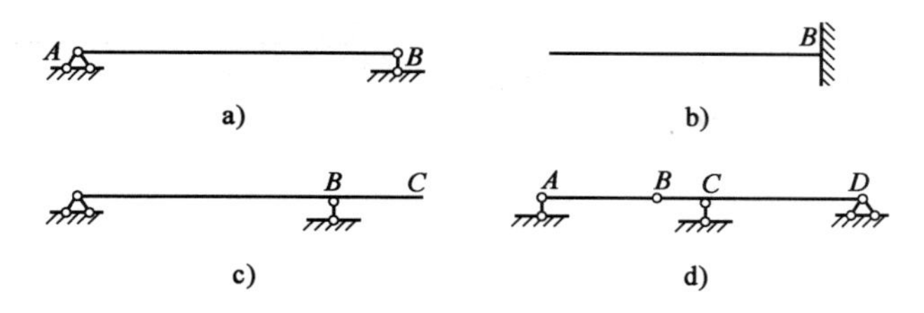

图 7-13　几何组成分析

7-3-1　试对图 7-14 所示体系进行几何组成分析，并用算式表示分析过程。

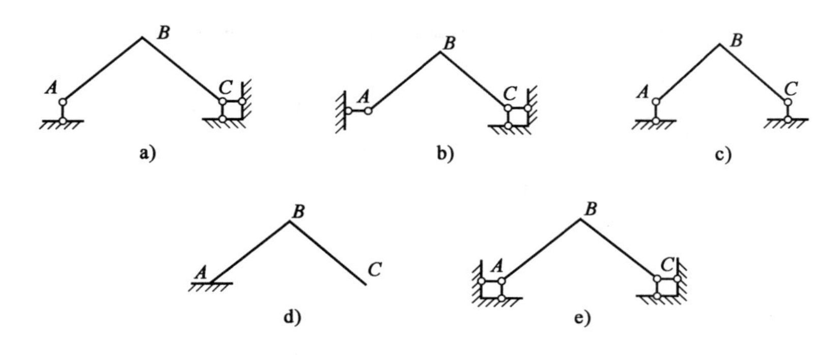

图 7-14　几何组成分析

7-3-2　试分别用小实验、算式两种方式对图 7-15a)、b)、c) 所示体系进行几何组成分析，并判断结构的静定性。

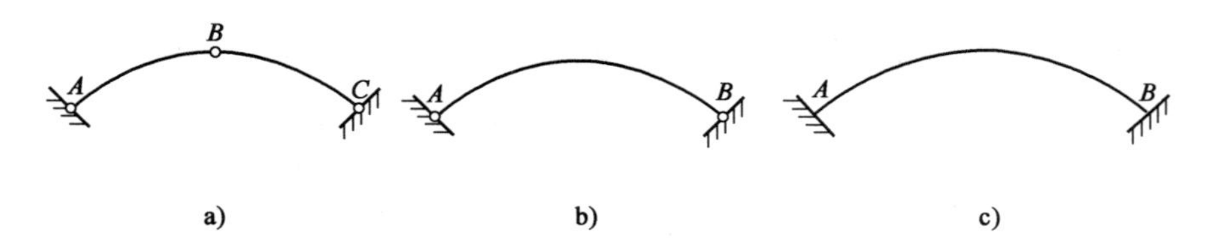

图 7-15　拱的几何组成分析

7-3-3　试分别用小实验、算式两种方式对图 7-16 所示体系进行几何组成分析，并判断结构的静定性。

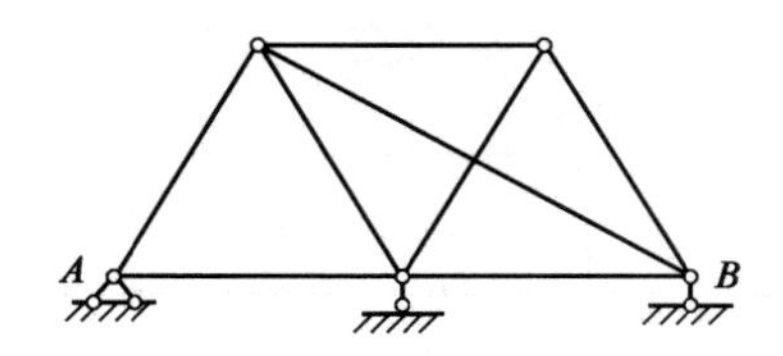

图 7-16　桁架的几何组成分析

7-3-4　试分别用小实验、算式两种方式对图 7-17a)、b) 所示体系进行几何组成分析，并判断结构的静定性。

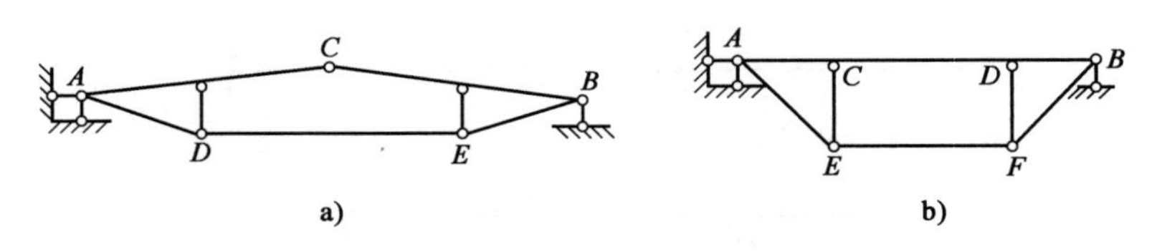


图 7-17　组合结构的几何组成分析

7-3-5　试分别用小实验、算式两种方式对图 7-18a)、b)所示体系进行几何组成分析，并判断结构的静定性。用简捷的方法对图 7-18c)所示刚架进行几何组成分析，并判断结构的静定性。

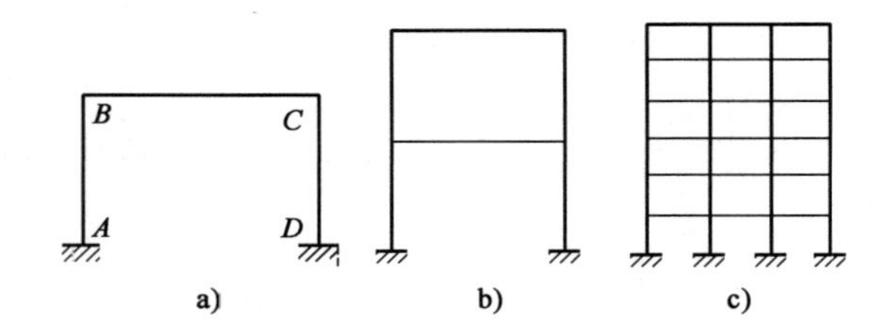


图 7-18　刚架的几何组成分析

7-3-6　试对图 7-19 所示体系进行几何组成分析，并判断结构的静定性。

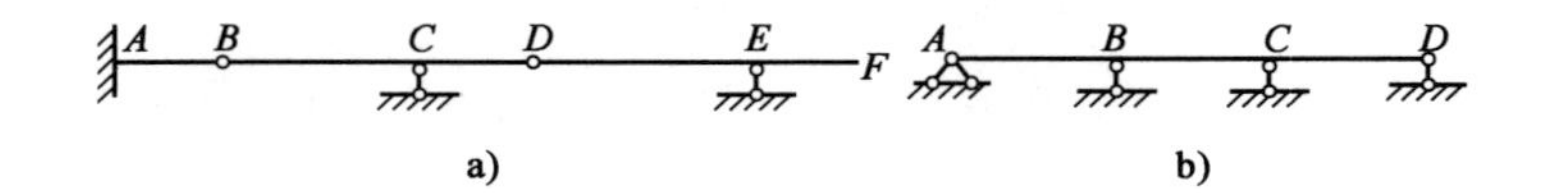


图 7-19　梁的几何组成分析

7-3-7　试对图 7-20 所示体系进行几何组成分析，并判断结构的静定性。

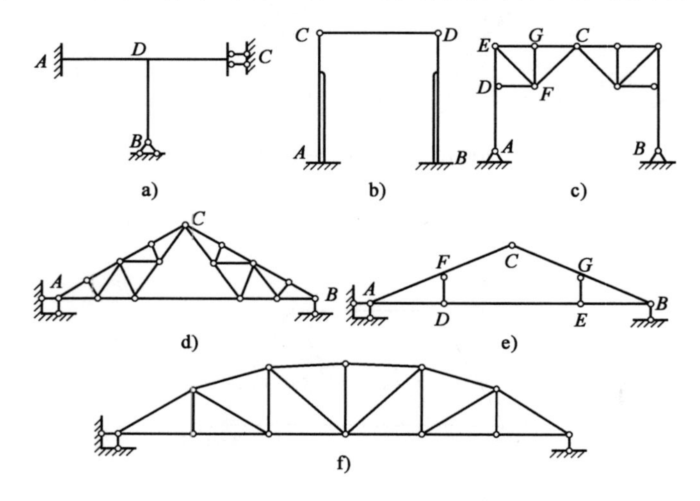


图 7-20　几何组成分析与静定性

# 第8章 静定结构的内力

## 8.1 静定多跨梁的内力

### 8.1.1 梁的一种合理形式

图 8-1a)所示满布均布荷载的简支梁,跨度为 $l$。将两端支座向内移 $0.207l$,则外伸梁的最大弯矩不到简支梁最大弯矩的 1/5[图 8-1b)]。若将外伸梁上的荷载分解为两组[图 8-1c)、d)],由于均布荷载下简支梁的最大挠度与跨度的四次方成正比,图 8-1c)中梁的最大挠度约为图 8-1a)所示简支梁最大挠度的 1/3。而且,外伸段的荷载还使梁形成反向弯曲[图 8-1d)],进一步减小了梁的位移。减小梁的跨度,形成反向弯曲,是外伸梁成为合理结构的原因。

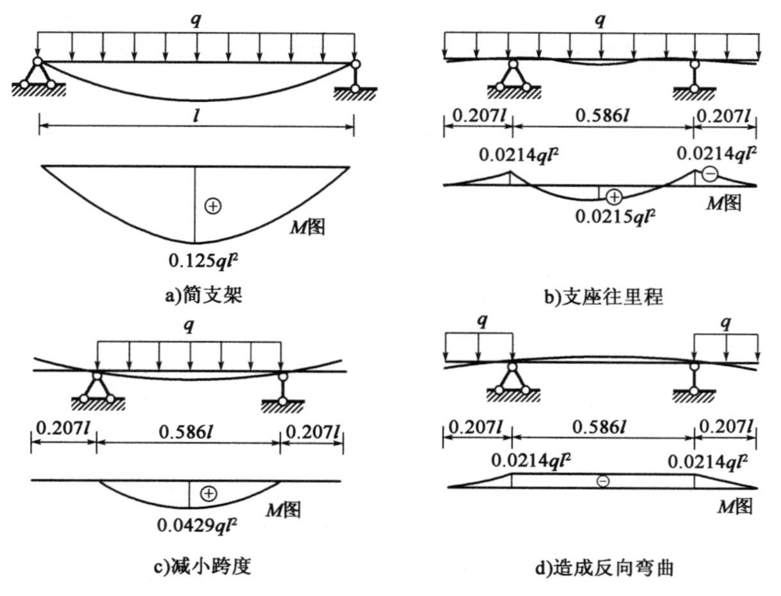


图 8-1

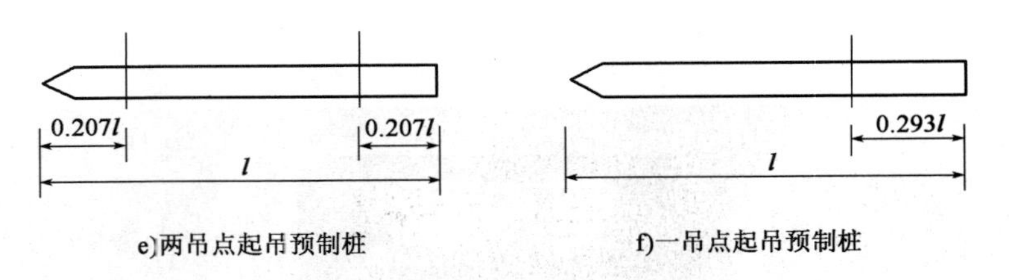


图 8-1　变简支梁为外伸梁减小弯矩峰值

在桩基础的施工中,起吊钢筋混凝土预制桩时确定吊点的最佳位置,也是出于正负弯矩的峰值相等而使峰值最小的理念[图 8-1e)、f)]。

### 8.1.2　静定多跨梁的内力

图 8-2a)所示公路桥梁,外伸梁 $AB$ 支承在两个桥墩上,外伸梁 $CD$ 支承在另外两个桥墩上,简支梁 $BC$ 挂在两个外伸梁上。图 8-2b)为该梁的结构简图。这类由若干静定单跨梁组成,连续跨越几个跨度的静定结构称为静定多跨梁。

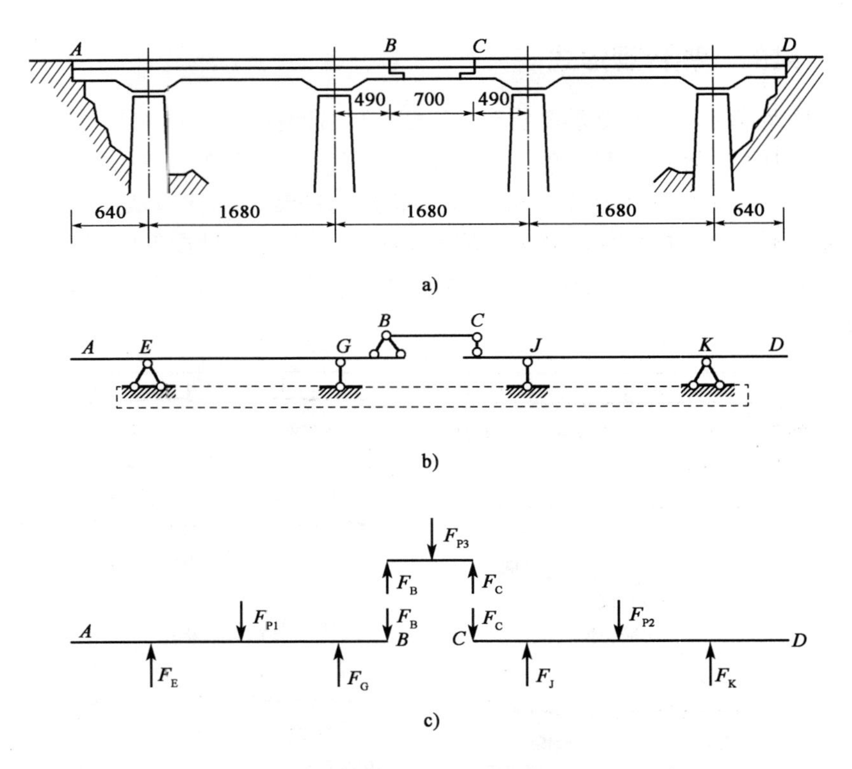


图 8-2　静定多跨梁(尺寸单位:cm)

在几何组成分析中,将桥墩、基础、河谷看作一体,暂称“基础”。与基础相连,维持几何不变的梁 $AB$、梁 $CD$ 为基本部分。依赖基本部分才能维持几何不变的悬挂梁 $BC$ 为附属部分。几何组成分析的顺序是:先基本部分,后附属部分。把基本部分画在下面,附属部分画在上面,反映支承关系的结构简图称为层次图[图 8-2b)]。

基本部分能够独立承受荷载保持平衡，不传力给附属部分；附属部分依靠基本部分的支承才能承受荷载保持平衡，承受荷载时会传力给基本部分[图 8-2c)]。受力分析的顺序与几何组成分析的顺序相反，即先附属部分，后基本部分。基本部分对附属部分的支承力与附属部分传给基本部分的力是作用与反作用关系。

画静定多跨梁内力图的方法之一，是以同一水平线为基线，逐一画静定单跨梁的内力图，拼成整梁的内力图。

## 分析示范

**【例 8-1】** 作图 8-3a)所示静定多跨梁的内力图，勾画挠曲线。

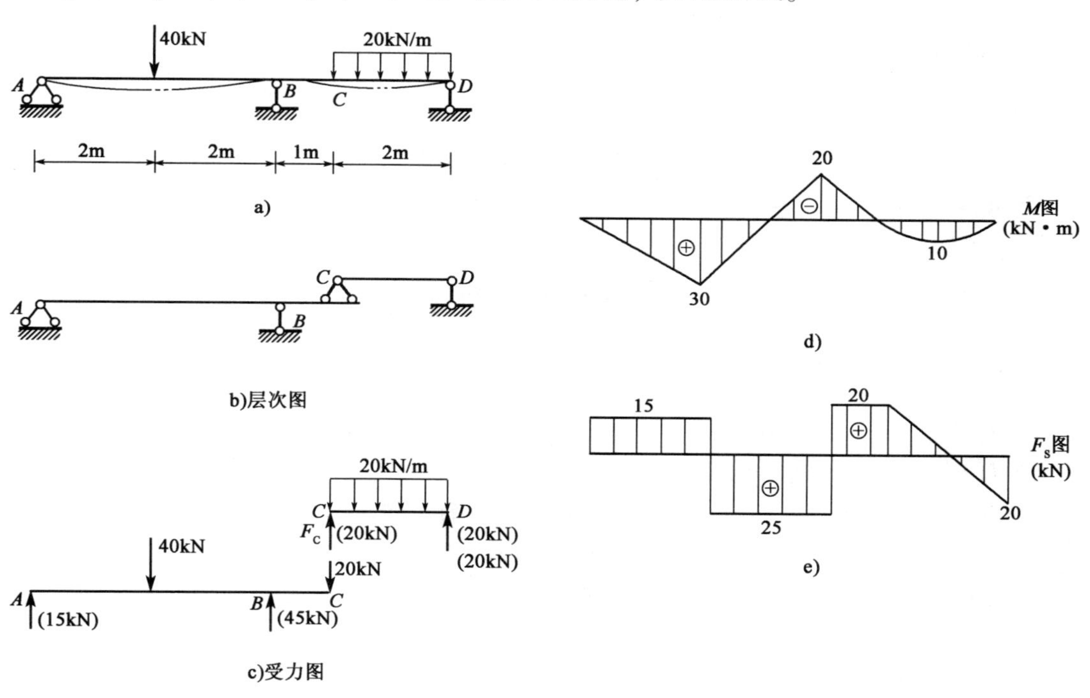


图 8-3　静定多跨梁的内力图

**解：**(1)层次图[图 8-3b)]。

(2)受力图。先分析附属部分 $CD$，后分析基本部分 $AC$[图 8-3c)]：用平衡条件计算梁 $CD$ 的支座反力 $F_C$，其反作用力为基本部分的主动力，将该力的方向、大小标在梁 $AC$ 上。

(3)内力图。画基线，逐次作单跨梁的弯矩图[图 8-3d)]；画基线，逐次作单跨梁的剪力图[图 8-3e)]。

(4)勾画挠曲线。支座处挠度为零，凸向与弯矩图一致，连续平滑。

可以合理设计铰 $C$ 的位置，使静定多跨梁弯矩峰值最小。例如图 8-4a)所示的两跨静定梁，减小挂梁 $AD$ 的跨度可以减小正弯矩的极值。$AD$ 长度过小会使悬臂段 $DB$ 过长，致使 $B$ 截面处的负弯矩过大。因此，用正负弯矩峰值相等的条件确定整梁的最小峰值[图 8-4b)]：

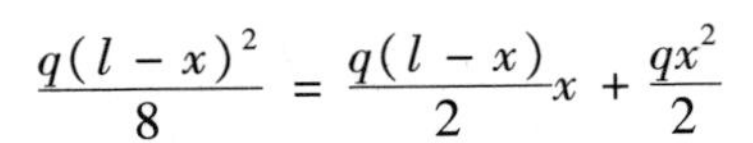

$$\frac{q(l-x)^2}{8}=\frac{q(l-x)}{2}x+\frac{qx^2}{2}$$

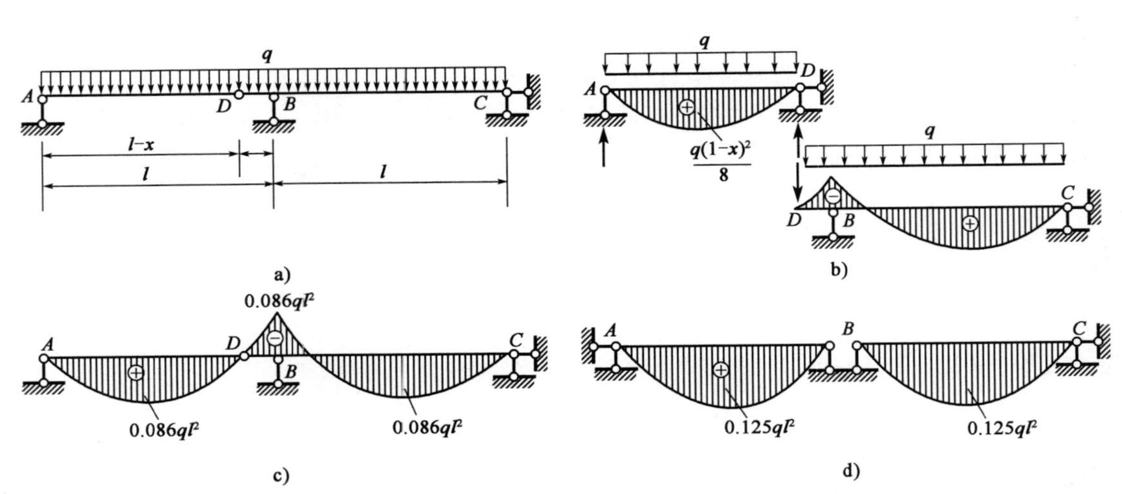


图 8-4　结构的合理性

解得 $x=0.172l$，计算出梁的正负弯矩峰值均为 $0.086ql^2$［图 8-4c)］。与两跨简支梁弯矩的峰值相比［图 8-4d)］：

$$\frac{0.086}{0.125}\times 100\% = 68.8\%$$

约为两跨简支梁弯矩峰值的 $\frac{2}{3}$。

此题将弯矩图画在结构上，可以突出中间铰 $D$ 处的弯矩为零。

因为静定多跨梁的整体为平衡体，内力图的画法除静定单跨梁内力图的拼合之外，还可直接画静定多跨梁的内力图。后者一般需将求出的支座反力标在支座处。有时需画静定多跨梁在单一荷载下的弯矩图，此时可以不算支座反力。

**【例 8-2】**　图 8-5a)、c) 所示静定多跨梁受单一荷载作用，试速画梁的弯矩图，勾画梁的挠曲线。

**解：**(1) 图 8-5 所示梁的弯矩图、挠曲线。

以静定多跨梁的轴线为基线，在支座(反力)处分区段。段内无荷载，弯矩图的图线为斜直线。支座处的弯矩连续，中间铰处的弯矩为零，两点控制斜直线的位置。

$FE$ 段：$M_{FE}=0$，$M_{EF}=-F_{P}a$

$EC$ 段：$M_{EC}=M_{EF}=-F_{P}a$，$M_{D}=0$；两控制点连直线，按比例算 $M_{CE}=\frac{1}{2}F_{P}a$

$CA$ 段：$M_{CA}=M_{CE}=\frac{1}{2}F_{P}a$，$M_{B}=0$；两控制点连直线，按比例算 $|M_{AC}|=\frac{1}{4}F_{P}a$

弯矩图均画在了梁的受拉一侧，可以不标正负［图 8-5b)］。

挠曲线从基本部分的支座画起，在 $A$ 处不能移动，不能转动，$AB$ 段上侧受拉；$BD$ 段挠曲线在 $B$ 处连续，$C$ 处挠度为零，下侧受拉；$DF$ 段挠曲线在 $D$ 处连续，$E$ 处挠度为零，上侧受拉。

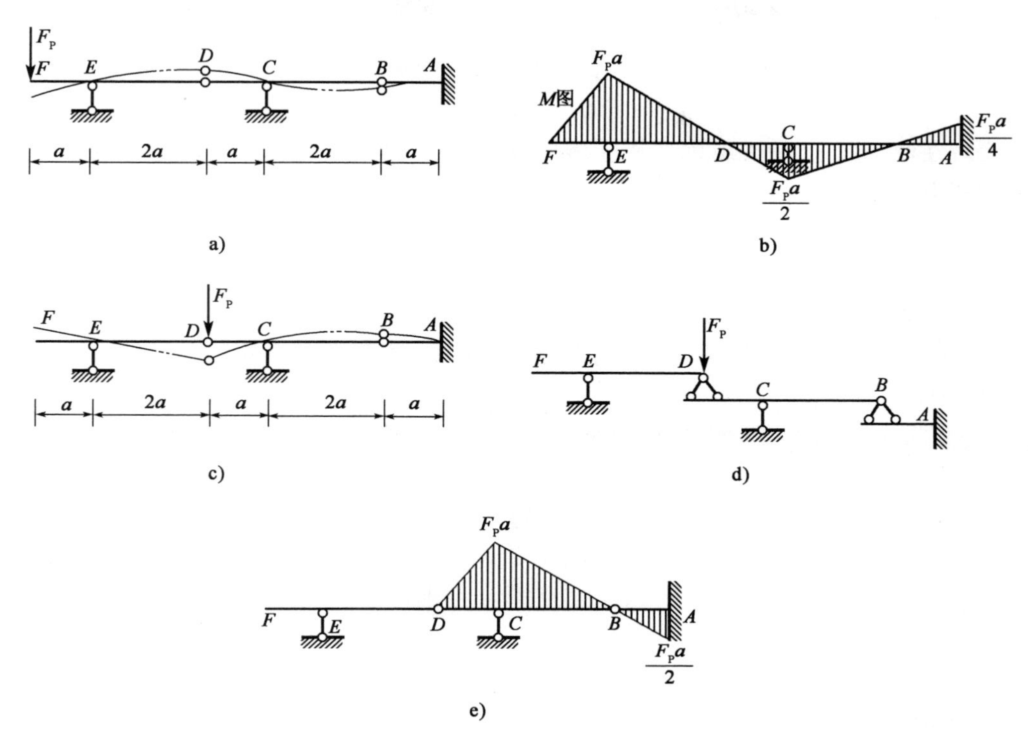


图 8-5 静定多跨梁在单一荷载下的弯矩图

(2)图 8-5c)所示梁的弯矩图、挠曲线。

以静定多跨梁的轴线为基线,在集中荷载作用处、支座(反力)处分区段。段内无荷载,弯矩图的图线为斜直线。两点控制斜直线的位置。

由层次图[图 8-5d)]分析,集中力作用在 $FD$ 梁的支座 $D$ 上,$FD$ 梁不弯曲,处处弯矩为零,弯矩图图线与梁轴线重合。力 $F_P$ 经支座传给梁 $DB$,再传力给梁 $BA$。

$DC$ 段:$M_{DC}=0, M_{CD}=-F_Pa$

$CA$ 段:$M_{CA}=M_{CD}=-F_Pa, M_B=0$;两控制点连直线,按比例算 $M_{AC}=\frac{1}{2}F_Pa$

挠曲线从 $A$ 支座画起,在该处不移动、不转动,$AB$ 段下侧受拉;$BD$ 段挠曲线在 $B$ 处连续,$C$ 处挠度为零,上侧受拉;$DF$ 段的弯矩为零,挠曲线为直线段,在 $D$ 处连续,$E$ 处挠度为零。

## 8.2 静定平面刚架的内力

### 8.2.1 叠加法绘弯矩图

在结构弯矩图的应用中,有时并不强调弯矩的极值,而是强调复杂的图形由哪些基本图形组成。此时,可以用叠加法绘制弯矩图。

图 8-6c)所示的简支梁 $K$ 截面的弯矩 $M_K$，等于两杆端外力偶作用下该截面的弯矩 $M_K^M$[图 8-6d)]与均布荷载单独作用时该截面弯矩 $M_K^q$[图 8-6e)]的代数和。

$$M_K = M_K^M + M_K^q$$

表现在弯矩图上，是 $K$ 截面弯矩纵坐标线的叠加。**所有截面纵坐标线同时叠加，便是弯矩图图形的叠加。**注意到纵坐标线始终垂直于杆的轴线，应将后一个弯矩图做适当的错动[图 8-6f)]，加到前一弯矩图上[图 8-6c)]。

叠加法绘弯矩图的步骤为：

(1)**分解荷载**。作第一荷载下的弯矩图。

(2)**以前一弯矩图的图线(画虚线)为基线，画后一荷载下的弯矩图**。纵坐标线始终垂直于杆的轴线。

(3)**以第一弯矩图的基线为基线，最后叠加上去的弯矩图的图线为图线，形成所求的弯矩图。**

在图 8-6a)所示梁上截取梁段 $CD$，该段除承受均布荷载外，还有 $C$、$D$ 截面的剪力和弯矩[图 8-6b)]。它的受力与图 8-6c)所示简支梁相同——剪力 $F_{SC}$ 与支座反力 $F_C$ 相当，剪力 $F_{SD}$ 与支座反力 $F_D$ 相当。因此梁段 $CD$ 的弯矩图即简支梁 $CD$ 的弯矩图。

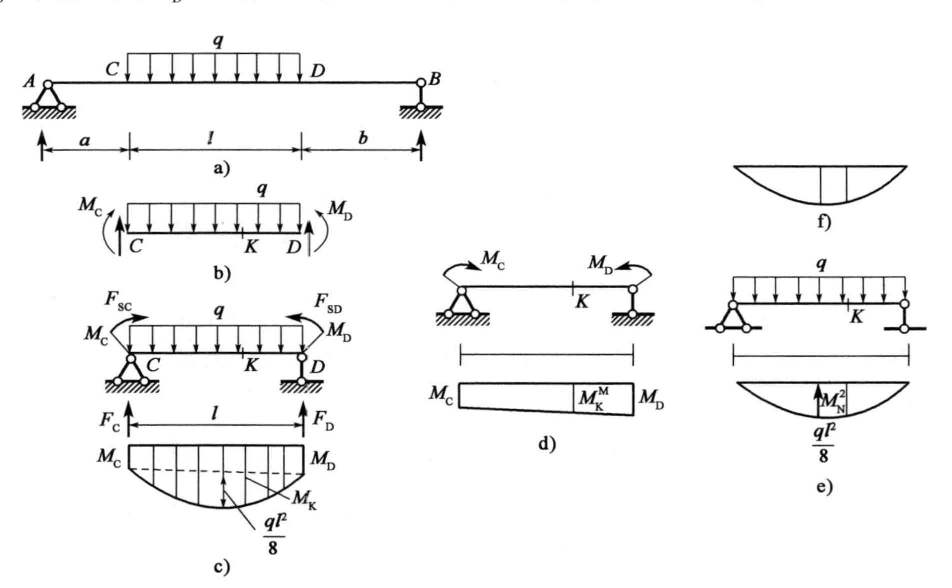


图 8-6　叠加法区段叠加法

任意杆段的弯矩图，等于把杆段看作简支梁在杆端弯矩和荷载共同作用下的弯矩图。按此理论作杆段弯矩图的方法称为区段叠加法。步骤为：

(1)作杆端弯矩作用的弯矩图。

(2)叠加将杆段当作简支梁在荷载作用下的弯矩图。

### 8.2.2　静定平面刚架

由直杆组成的具有刚节点的结构称为刚架。

图 8-7a)为施工中的厂房装配式门式刚架。图 8-7b)为图 1-10 所示钢筋混凝土三铰刚架在竖向均布荷载下的计算简图。当刚架各杆的轴线在同一平面,外力也可以简化到这个平面时,这样的刚架称为平面刚架。分析图 8-7b)所示平面刚架的静定性:

$$\boxed{I}+\boxed{AC}+\boxed{CB}\xrightarrow[\text{三钢片规则}]{A,\ B,\ C}\boxed{IACB}$$

a)施工中的厂房门式刚架

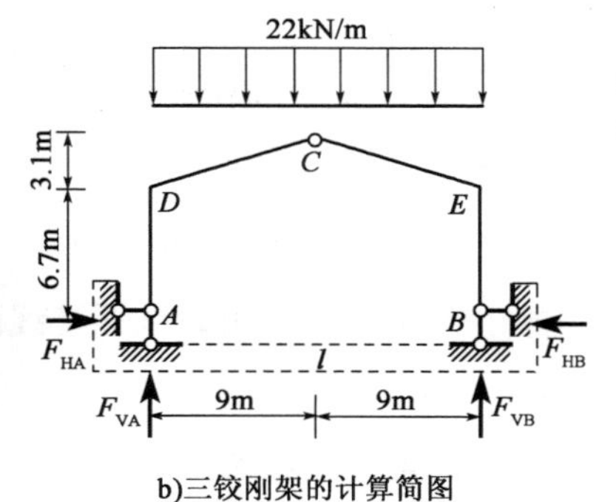

b)三铰刚架的计算简图

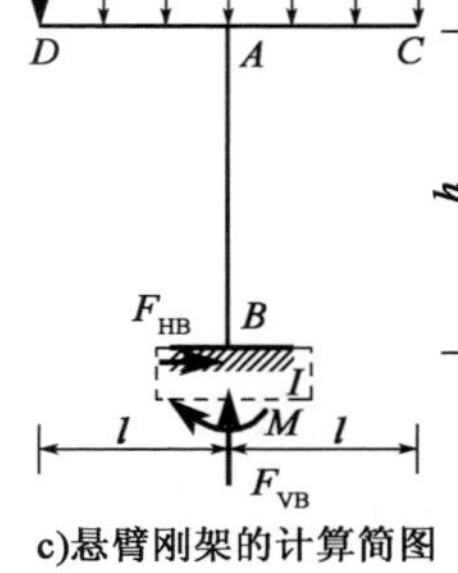

c)悬臂刚架的计算简图

图 8-7　平面刚架

三铰刚架几何不变,无多余联系,为静定平面刚架。

图 8-7c)为钢筋混凝土 T 形刚构在竖向均布荷载下的计算简图。

$$\boxed{I}+\boxed{DCAB}\xrightarrow[\text{两刚片规则}]{B}\boxed{IADC}$$

该悬臂刚架几何不变,无多余联系,为静定平面刚架。

### 8.2.3　静定平面刚架的内力图

1. 内力正负号的规定

通常,**称刚架中的水平杆、斜杆为梁,称竖杆为柱**。刚架中柱的内力一般有弯矩、剪力和轴力。对于梁的内力符号、内力图的画法过去曾经规定:对应梁下凸弯曲的弯矩规定为正,正值弯矩图线画在基线的下侧;对应梁段顺时针错动的剪力为正,对应杆段拉伸的轴力为正,正值剪力图线、正值轴力图线画在基线的上侧。对于刚架中的柱,“上”“下”只能人为拟定(图 8-8)。

观察图 8-8 可以发现,同一根柱因观察者的位置不同,“上”“下”则不同,弯矩的正负也就不同。不过,按梁的相关规定画图,**弯矩图总是画在柱受拉的一侧**。剪力对应梁段顺时针向错动为正,轴力对应梁段伸长为正,不受杆件方位的影响。毕竟,由于拟定的上下不同,同符号的剪力图、轴力图画在了基线的不同侧。因此规定:

(1)结构的弯矩图不标正负,均画在杆段受拉的一侧。对于受力简单的隔离体,可以直接判断截面附近梁段的受拉侧,描控制点;对于受力复杂的隔离体,则需用截面法的简化方法列出控制截面的弯矩表达式。对于竖杆,此时就须“柱当梁看,拟定上下”。按照拟定的上下,决定弯矩表达式各项的正负,决定控制点描在基线的哪一侧。如此绘图,弯矩图也就位于杆段受拉的一侧。

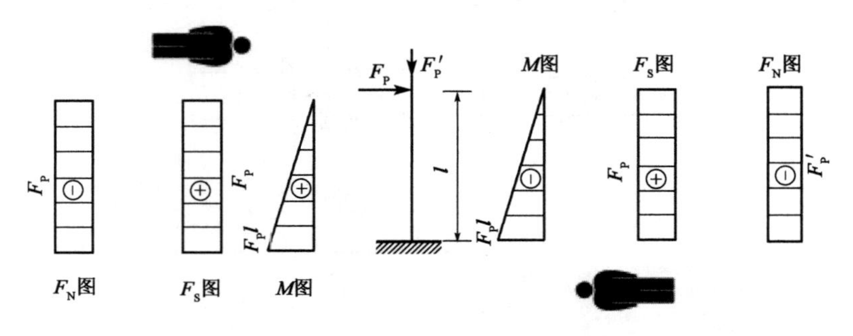


图 8-8　内力符号

(2)结构的剪力图、轴力图需标正负,可以画在基线的任一侧。

2. 刚架内力图的特点

刚架内力图的作图顺序为:先作弯矩图,再作剪力图,后作轴力图。每一内力图的作图步骤为:

(1)画基线,分区段。

刚架的内力图画在结构简图上,各杆的内力图以杆的轴线为基线。

在外力突然变化处分段,刚节点也是分段的标志。

(2)逐段绘图线。

①判断图线类型。

剪力图线、弯矩图线的类型仍按梁段荷载判断。轴力图线的类型判断为:无轴向荷载的区段轴力图线为平行线,轴向均布荷载区段轴力图线为斜直线。

②确定图线的位置。

用截面法的简化方法计算控制截面的内力值(图 8-9),描控制点绘图线。

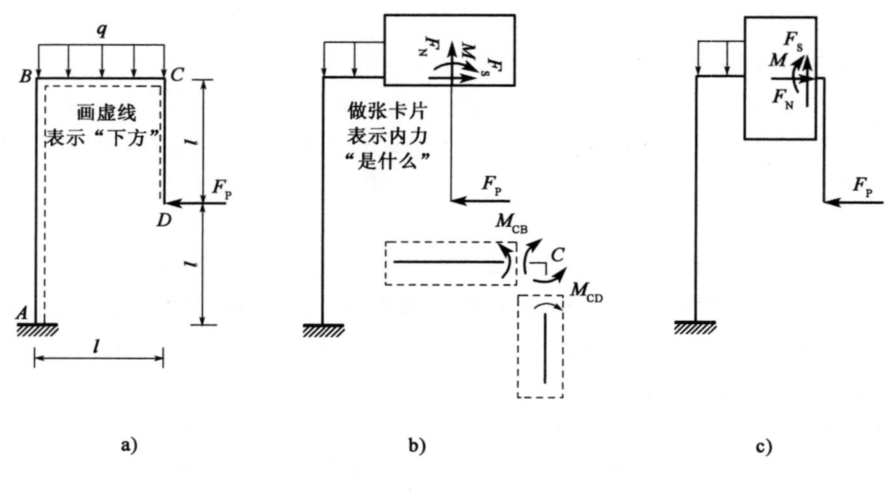


图　8-9

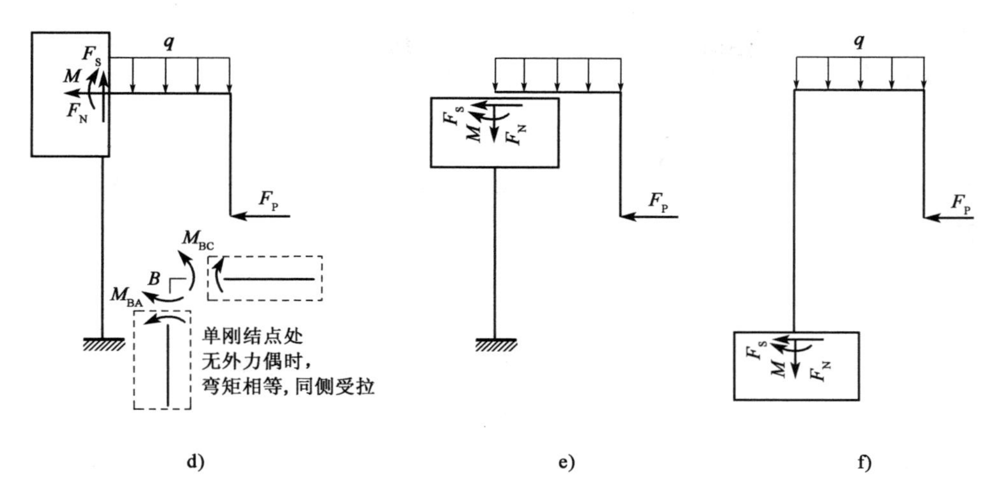


图 8-9 截面法的简化：用纸片盖住截面一侧的部分

连接两根杆件的刚节点称为单刚节点。由图 8-9b)、d) 中的分析知，单刚节点处若无集中外力偶作用，该处两杆端部的弯矩大小相等，且同是外侧受拉，或同是内侧受拉。可以理解为单刚节点处弯矩连续，也可理解为刚节点传递弯矩。

## 分析示范

**【例 8-3】** 已知 $F_P = ql$，试作图 8-10a) 所示刚架的内力图，并勾画刚架的位移曲线。

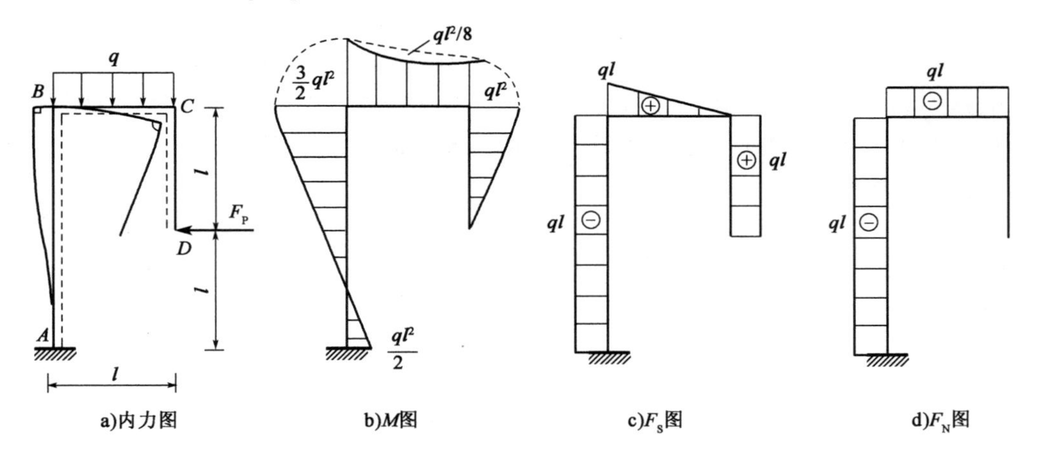


图 8-10 悬臂刚架的内力图

**解：** 对于悬臂刚架，总可以截取含自由端的隔离体计算内力，不用求支座反力。

(1) 作弯矩图。

画结构简图。在刚节点处分区段，区段不含刚节点。

*DC* 段：右侧受拉，斜直线。

$$M_{DC} = 0, |M_{CD}| = F_P l = ql \cdot l = ql^2$$

外侧受拉，描控制点连直线。

*CB* 段：外侧受拉，二次抛物线，用区段叠加法绘弯矩图。

$$|M_{CB}| = |M_{CD}| = ql^2, |M_{BC}| = F_P l + \frac{ql^2}{2} = ql^2 + \frac{ql^2}{2} = \frac{3ql^2}{2}$$

描两个控制点，连直线（虚线）。叠加将 *BC* 杆当作简支梁在荷载作用下的弯矩图。

*BA* 段：斜直线。

*B* 处外侧受拉，$|M_{BA}| = |M_{BC}| = \frac{3ql^2}{2}$

*A* 处不易判断哪侧受拉，拟定内侧为下［图 8-10a）］，$M_{AB} = F_P l - ql \cdot \frac{l}{2} = ql^2 - \frac{ql^2}{2} = \frac{ql^2}{2}$

正值弯矩的控制点描在杆段的下侧（刚架的内侧）。

两控制点间连直线。

（2）作剪力图。

画结构简图。在刚节点处分区段，区段不含刚节点。

*DC* 段：平行线，$F_{Sx} = F_P = ql$

*BC* 段：斜直线，$F_{SCB} = 0, F_{SBC} = ql$

*BA* 段：平行线，$F_{Sx} = -F_P = -ql$

（3）作轴力图。

*DC* 段：$F_{Nx} = 0$，图线与基线重合

*BC* 段：平行线，$F_{Nx} = -F_P = -ql$

*BA* 段：平行线，$F_{Nx} = -ql$

（4）勾画刚架的位移曲线。

位移曲线从支座处画起。固定端支座不允许 *AB* 杆在该处移动和转动。*AB* 杆的下段内侧受拉，上段外侧受拉，反弯点在弯矩为零处。不计杆在 *B* 处的轴向位移。在刚结点 *B* 处两杆仍夹直角，*BC* 杆外侧受拉。不计 *C*、*B* 两端的轴向相对位移。在刚结点 *C* 处两杆仍夹直角，*CD* 杆外侧受拉。

**【例 8-4】** 已知 $l = 6\text{m}, q = 20\text{kN/m}$。试作图 8-11a）所示三铰刚架的内力图，并勾画刚架的位移曲线。

**解：**（1）计算支座反力。

整体：$\sum M_B(F) = 0 \quad F_{VA} l - \frac{ql^2}{2} = 0$

$$F_{VA} = \frac{ql}{2} = \frac{20\text{kN/m} \times 6\text{m}}{2} = 60\text{kN}$$

$$\sum M_A(F) = 0 \quad F_{VB} l - \frac{ql^2}{2} = 0$$

$$F_{VB} = \frac{ql}{2} = \frac{20\text{kN/m} \times 6\text{m}}{2} = 60\text{kN}$$

半刚架 *CEB*：$\sum M_C(F) = 0 \quad F_{HB} l - F_{VB} \frac{l}{2} = 0$

$$F_{HB}=\frac{F_{VB}}{2}=\frac{60kN}{2}=30kN$$

整体：$\sum F_x=0 \quad -F_{HA}+ql-F_{HB}=0$

$$F_{HA}=ql-F_{HB}=20kN/m\times 6m-30kN=90kN$$

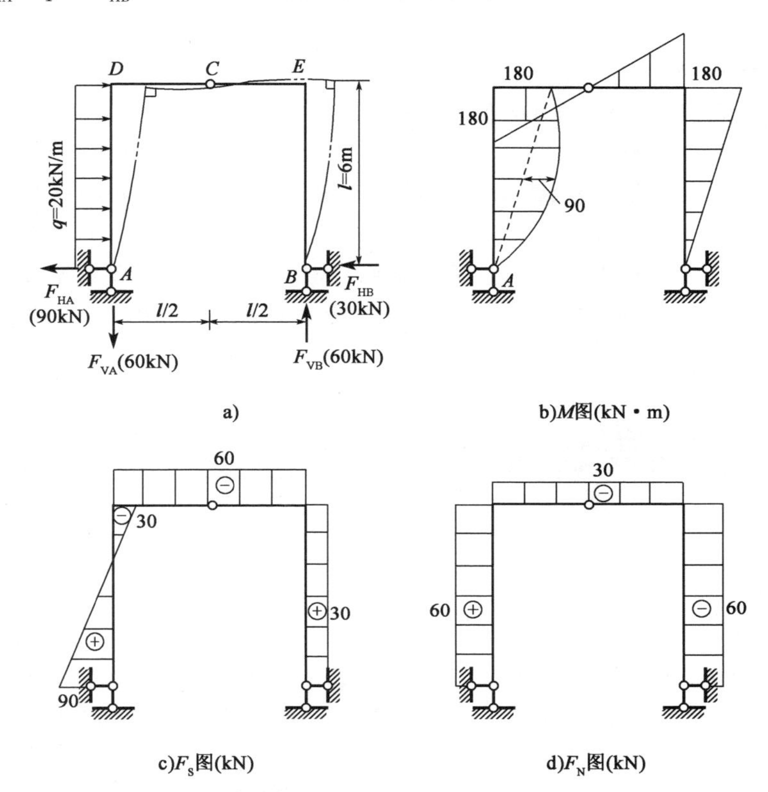


图 8-11　三铰刚架的内力图

(2)作弯矩图。

画结构简图。在刚节点处分段，区段不含刚节点。

$BE$ 段：斜直线，$M_{BE}=0$，$M_{EB}=F_{HB}l=30kN\times 6m=180kN\cdot m$，外侧受拉

$ED$ 段：斜直线，$M_{ED}=M_{EB}=180kN\cdot m$，外侧受拉，描控制点

中间铰处无集中力偶，该处的弯矩为零，可为控制点。

连两控制点定斜直线。由几何关系得 $M_{DE}=M_{ED}=180kN\cdot m$。

$DA$ 段：抛物线，用区段叠加法绘弯矩图，$M_{AD}=0$，$M_{DA}=M_{DE}=180kN$，内侧受拉

描控制点连直线(虚线)，叠加将杆 $AD$ 当作简支梁在荷载作用下的弯矩图。在均布荷载作用下，该简支梁中间截面的弯矩为：

$$\frac{1}{8}ql^2=\frac{1}{8}\times 20kN/m\times(6m)^2=90kN\cdot m(\text{图中用双箭头标出})$$

(3)作剪力图。

画结构简图。在刚节点处分段，区段不含刚节点。

$BE$ 段：平行线，$F_{Sx}=F_{HB}=30kN$

*ED* 段：平行线，$F_{Sx} = -F_{VB} = -60kN$

*DA* 段：斜直线，$F_{SDA} = -F_{HB} = -30kN$，$F_{SAD} = F_{HA} = 90kN$

(4)作轴力图。

画结构简图。在刚节点处分段，区段不含刚节点。

*BE* 段：平行线，$F_{Nx} = -F_{VB} = -60kN$

*ED* 段：平行线，$F_{Nx} = -F_{HB} = -30kN$

*AD* 段：平行线，$F_{Nx} = F_{VA} = 60kN$

(5)勾画刚架的位移曲线。

位移曲线从支座 *A* 处画起，该处不移动，允许转动。由弯矩图的侧向判断，*AD* 段内侧受拉，不计轴向位移，*D* 端落在原 *DE* 线上，向右位移。引曲线 *DA* 在该处的法线作 *DE* 曲线，*DC* 杆内侧受拉，*CE* 杆外侧受拉。不计轴向位移，两段的水平长度各为 $l/2$。从杆 *BE* 看，*E* 端无竖向位移，点 *E* 仍在原 *ED* 水平线上。引曲线 *ED* 在该处的法线作 *EB* 曲线，*B* 支座处的线位移为零。

## 8.3 静定平面桁架的内力

### 8.3.1 静定平面桁架

(1)计算简图

图 8-12 所示铁路桁梁有左右两片主桁架，取一片主桁架分析。各杆轴线位于同一平面，且外力也简化在该平面内的桁架称为平面桁架。桁架计算简图的简化特点是：

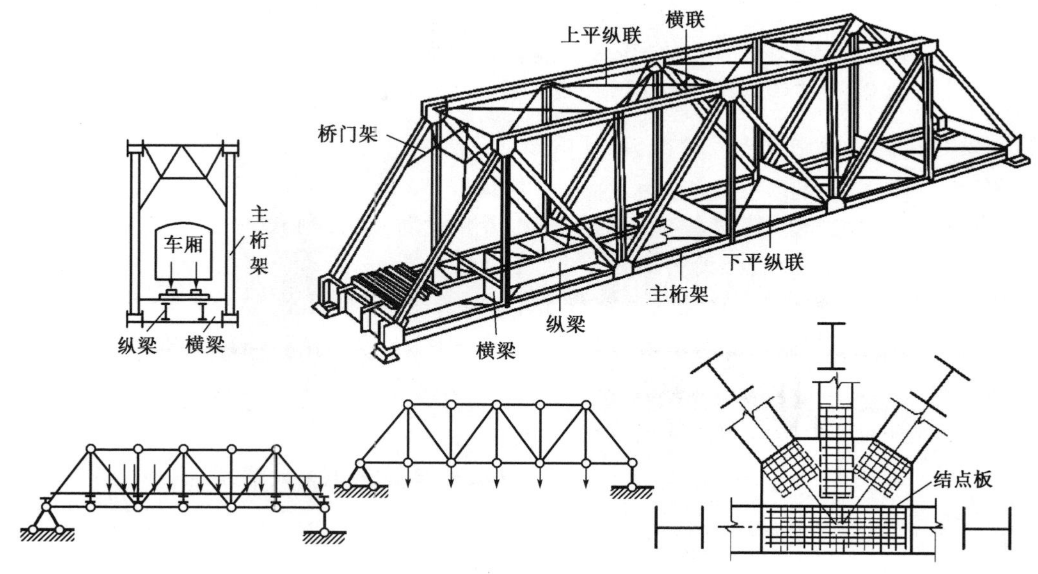


图 8-12 铁路桁架的计算简图

①用轴线代表直杆。

②各杆两端用铰连接。

③荷载、支座反力作用在节点上(自重也分散于节点)。

这样,桁架计算简图中的杆件均为链杆,其受力变形形式为轴向拉伸压缩,材料得到充分利用(图8-13)。

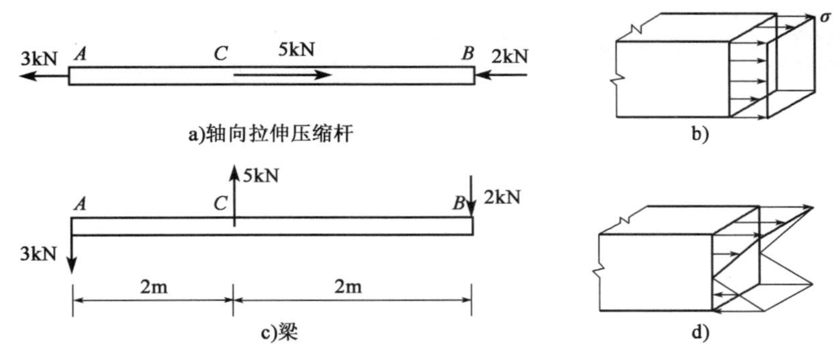


图8-13　合理利用材料

由于冶金技术不断进步,钢材的强度提高,使得桁架的承载能力增大,跨度加大。一些特大型公铁两用桥梁,就采用桁梁的形式。图8-14为中铁大桥局设计修建的公铁两用长江大桥,每座桥梁都是我国桥梁发展史的一座丰碑。

**a)武汉长江大桥**　正桥铁路双线,公路四车道。正桥平行弦连续钢桁梁,三联九孔,每孔跨度128m。材料A3钢,$\sigma_s$=240MPa,[$\sigma$]=140MPa。杆件$N_{max}$=20000kN

**b)南京长江大桥**　正桥铁路双线,公路四车道。一孔跨度128m简支钢桁梁,其余刀孔为三联三等跨160m。连续钢桁梁。160Mnq钢,$\sigma_s$=350MPa,[$\sigma$]=200MPa。杆件$N_{max}$=35000kN

**c)九江长江大桥**　正桥铁路双线,公路四车道。主桥四联11孔,主孔跨度216m,用柔性拱加劲的平行弦连续钢桁梁。15MnVNq钢,$\sigma_s$=450MPa,[$\sigma$]=245MPa

**d)芜湖长江大桥**　铁路双线,公路四车道。正桥为用斜拉索加劲的平行弦连续钢桁梁,主孔312m,材料14MnNbq钢,杆件$N_{max}$=20000kN

图　8-14

e)武汉天兴洲长江大桥　正桥铁路四线，公路六车道。双塔三索面斜拉平行弦连续钢桁梁，主跨504m，材料Q370qE钢

f)南京大胜关长江大桥　桥铁路六线(京沪高速公路、沪汉蓉铁路、南京地铁各两线)连续拱式钢桁梁，主跨336m，材料Q420qE钢

图 8-14　我国桥梁建设史的丰碑

(2)平面桁架的名称

桁架的杆件依其所在的位置可分为弦杆和腹杆两类(图 8-15)。桁架上、下缘的杆件称为**弦杆**,上缘的杆件称为上弦杆,下缘的杆件称为下弦杆;桁架上、下弦杆之间的杆件称为**腹杆**。腹杆又分竖杆和斜杆。上弦或下弦相邻节点之间的区间称为节间。两支座间的水平距离称为跨度。桁架最高点至支座间连线的竖直距离称为桁高。

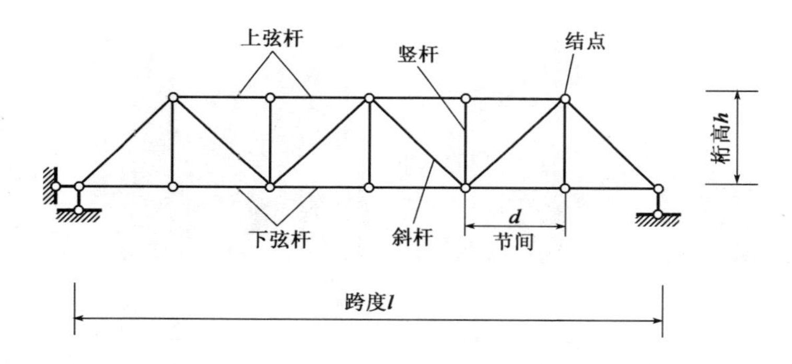


图 8-15　桁架各部分的名称

静定平面桁架按外形分类,可分为平行弦桁架,折弦桁架和三角形桁架。图 8-16 列出了同样节间数、同样节间距、同样桁高、同样荷载的 4 种厂房屋架。其中图 8-16d)所示折弦形桁架,其上弦节点在一条抛物线上,称为抛物线桁架。比较各桁架杆件的轴力(用图中的数值乘以 $F_P$),抛物线桁架腹杆的内力全部为零,各下弦杆的轴力相同,上弦杆的轴力不太大而且比较接近。从受力的角度看,平行弦桁架和抛物线桁架在这 4 种桁架中较为合理。图中所标“ - ”的链杆为压杆。

静定平面桁架按几何组成分类,可分为:

①简单桁架。由一个铰接三角形出发,逐次增加二元体所形成的桁架[图 8-17a)]。

②联合桁架。由两个简单桁架按照两刚片规则组成的桁架[图 8-17b)]。

③复杂桁架。除简单桁架、联合桁架以外的其他桁架[图 8-17c)]。

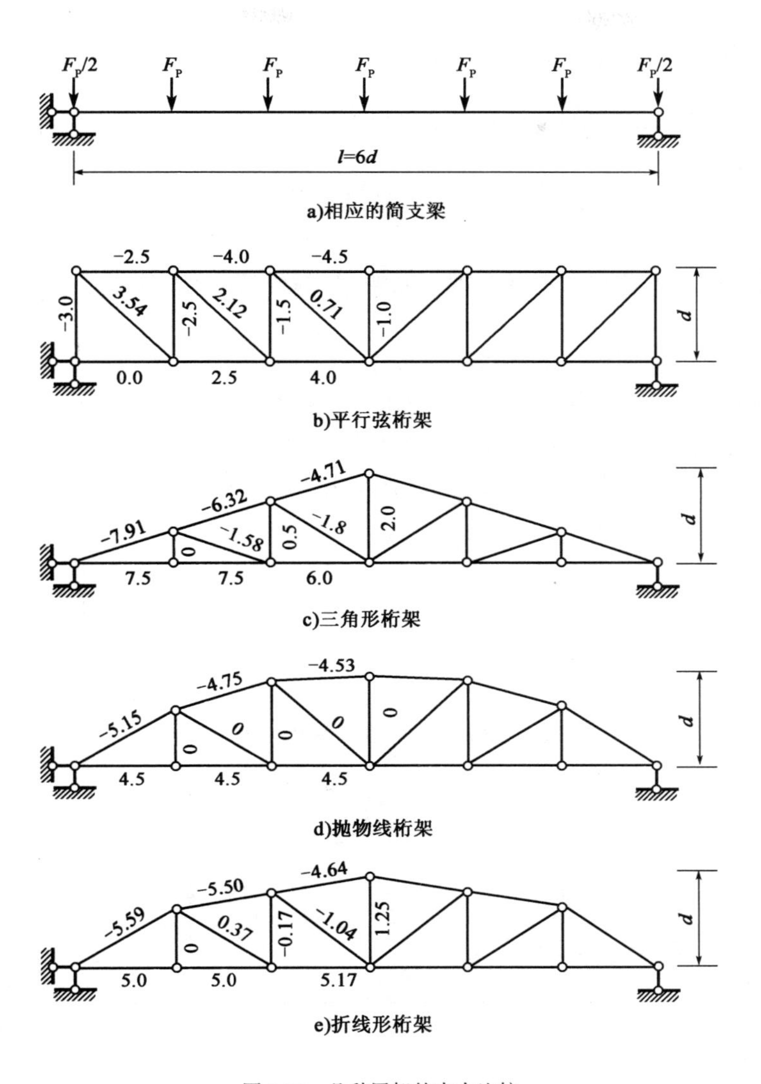


图 8-16　几种屋架的内力比较

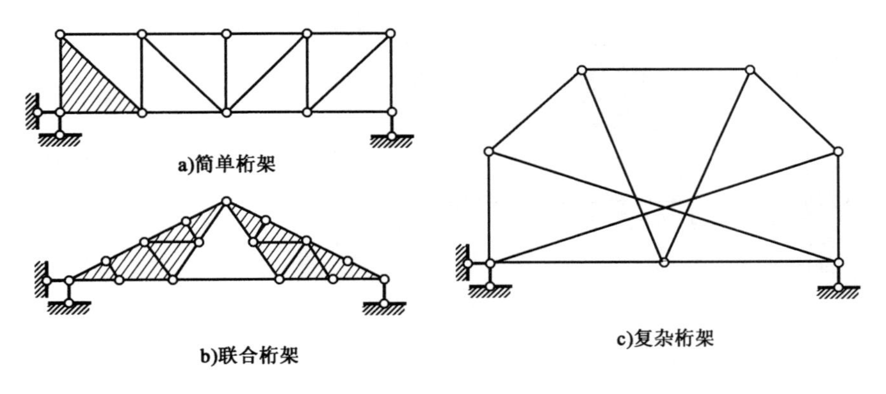


图 8-17　桁架按几何组成分类

### 8.3.2 静定平面桁架的内力计算

计算静定平面桁架内力的方法有节点法和截面法。

(1)节点法

在计算静定平面桁架的内力时,若所截取的隔离体只含一个节点,这种计算方法叫作节点法。步骤为:

①**选** 选取研究的节点。选取原则是能解:要求有已知力(包括 $F=0$),欲求的未知轴力不超过两个。

②**取** 截取节点连同所连的杆端为隔离体。

③**画** 画受力图。未知轴力设为拉力,用代数量表示轴力。

④**平衡** 用平面汇交力系的两个投影方程 $\sum F_x=0$、$\sum F_y=0$ 解两个未知力。

合理安排选取节点的顺序,合理地选设投影轴,可以使问题能解,而且简便(即一个方程解一个求知力)。

**分析示范**

**【例 8-5】** 用节点法计算图 8-18a)所示桁架各杆的轴力。

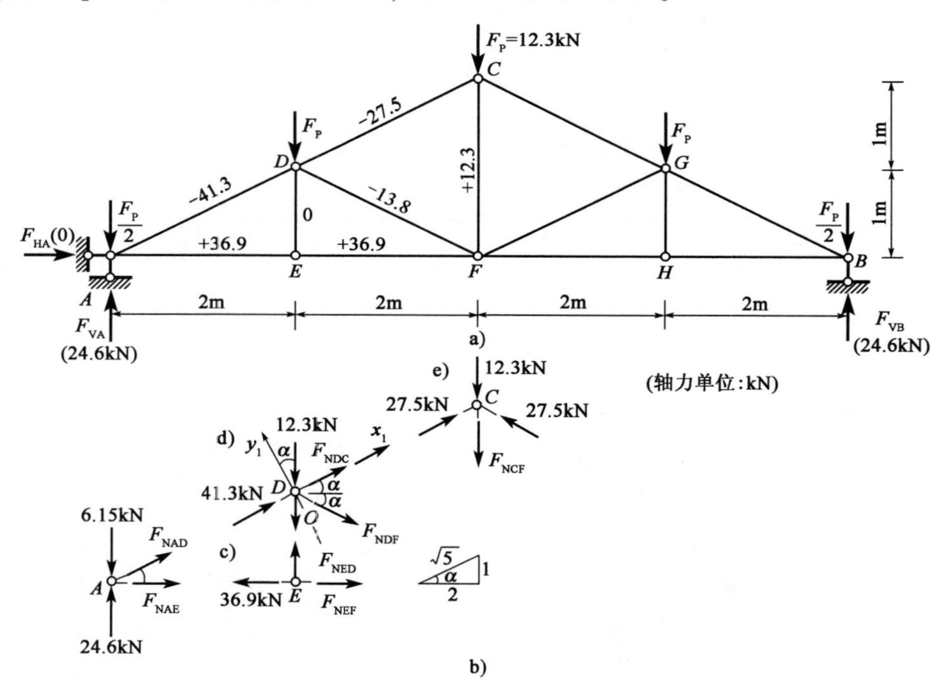


图 8-18 节点法计算桁架的轴力

**解:**(1)计算支反力。

整体:水平方向平衡,$F_{HA}=0$

视为对称结构。对称结构在对称荷载作用下，支座反力、内力对称。由竖向平衡，有

$$F_{VA} = F_{VB} = \frac{1}{2}(12.3\text{kN} \times 4) = 24.6\text{kN}$$

(2)计算各杆轴力。

桁架各杆的轴力对称，只需计算一半杆件。依据“能解”原则，需依次截取 $A$、$E$、$D$、$C$ 各节点画受力图计算未知轴力。轴力一经算出，便成为已知力。按其真实方向、大小画在下一个研究对象的受力图上。

一般约定投影轴 $x$ 轴水平向右为正，$y$ 轴竖直向上为正，图中不用标出。将斜杆倾角 $\alpha$ 的几何关系标于图中。

节点 $A$：$\sum F_y = 0 \quad F_{NAD} \cdot \sin\alpha + 24.6\text{kN} - \dfrac{12.3\text{kN}}{2} = 0$

$$F_{NAD} = \frac{12.3\text{kN}/2 - 24.6\text{kN}}{\dfrac{1}{\sqrt{5}}} = -41.3\text{kN}$$

$$\sum F_x = 0 \quad F_{NAE} + F_{NAD} \cdot \cos\alpha = 0$$

$$F_{NAE} = -F_{NAD} \cdot \cos\alpha = -(-41.3\text{kN}) \times \frac{2}{\sqrt{5}} = 36.9\text{kN}$$

节点 $E$：$\sum F_y = 0 \quad F_{NED} = 0$

$$\sum F_x = 0 \quad F_{NEF} - 36.9\text{kN} = 0 \quad F_{NEF} = 36.9\text{kN}$$

节点 $D$：为了能一个方程解一个未知力，设坐标系如图 8-18d) 所示。相当于将水平、竖直的正交轴绕点 $D$ 逆时针转 $\alpha$ 角。

$$\sum F_{y1} = 0 \quad -F_{NDF} \cdot \sin2\alpha - 12.3\cos\alpha = 0$$

$$F_{NDF} = \frac{-12.3\text{kN} \times \cos\alpha}{\sin2\alpha} = -13.8\text{kN}$$

$$\sum F_{x1} = 0 \quad F_{NDC} - 12.3\text{kN} \cdot \sin\alpha + 41.3\text{kN} + (-13.8\text{kN}) \cdot \cos2\alpha = 0$$

$$F_{NDC} = 12.3\text{kN} \cdot \sin\alpha - 41.3\text{kN} + 13.8\text{kN} \cdot \cos2\alpha = -27.5\text{kN}$$

节点 $C$：轴力对称，$F_{NCG} = F_{NCD} = -27.5\text{kN}$

$$\sum F_y = 0 \quad -F_{NCF} + 27.5\sin\alpha \cdot 2 - 12.3\text{kN} = 0$$

$$F_{NCF} = 27.5\sin\alpha \cdot 2 - 12.3\text{kN} = 12.3\text{kN}$$

将计算的轴力值标于图 8-18a) 的各杆旁。“+”表示拉力，“-”表示压力。

桁架中轴力为零的杆件称为零杆。在用节点法计算杆件的轴力时，利用投影轴垂直于一些轴力的技巧，可以直接判断零杆[图 8-19a)、b)、c)]。

分析桁架在指定外力作用下的内力时，先依次判断零杆。零杆一经确定，权当在指定外力作用下计算过程简化。

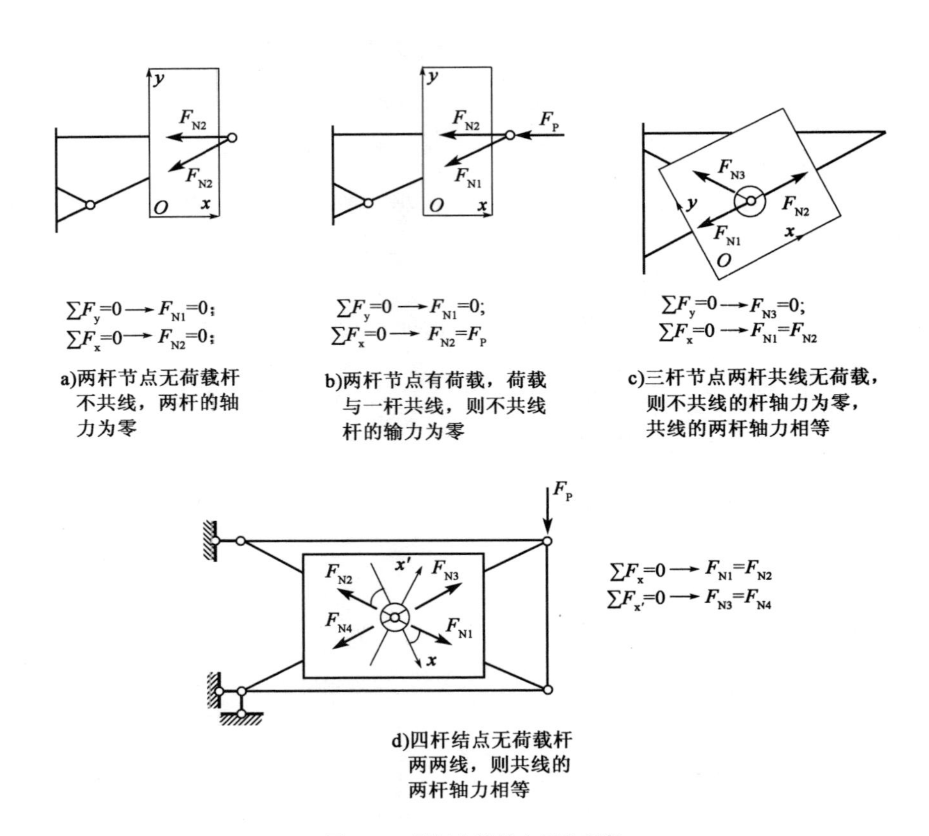


图 8-19　零杆和等轴力杆的判断

【例 8-6】　计算图 8-20a)所示桁架在指定荷载下各杆的轴力。

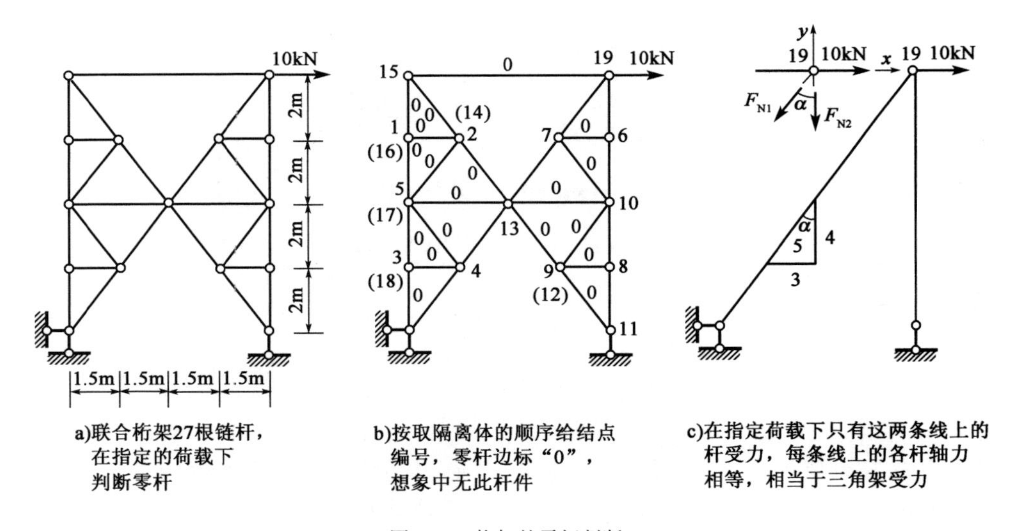


图 8-20　桁架的零杆判断

**解**:约定按照截取隔离体的顺序给节点编序号,在零杆的旁边标“0”。

本题可不求支座反力。计算简图中本无“两杆节点”。零杆一经判定,权当无此杆件,相连的“两杆节点”“三杆节点”便可能出现。

按1、2……11的顺序判断零杆，如图8-20b)所示。再按12、13、14的顺序判断等轴力杆，确定杆件的轴力为零。此时的节点15已成“两杆节点”且无荷载，判断该处水平杆和竖杆的轴力为零。再按16、17、18的顺序判断等轴力杆，确定杆件的轴力为零。剩下斜线和竖线上的杆件，分析每条线上各杆的轴力相等。在图示的荷载作用下，整个桁架只有这两条线上的杆件在受力，相当于一个三脚架受力[图8-20c)]。

节点19：$\sum F_x=0 \quad -F_{N1}\cdot\sin\alpha+10\text{kN}=0$

$$F_{N1}=10\text{kN}/\sin\alpha=16.7\text{kN}$$

$$\sum F_y=0 \quad -F_{N1}\cdot\cos\alpha-F_{N2}=0$$

$$F_{N2}=-F_{N1}\cdot\cos\alpha=-16.7\text{kN}\cdot\cos\alpha=-13.3\text{kN}$$

(2)截面法

用截面法显示、确定静定平面桁架的内力，步骤仍然为“一截，二取，三画，四平衡”。相对于桁架，画隔离体的受力图更为烦琐，更有必要简化：可以用一张较薄的纸片盖住截面的一侧，显出要选的隔离体。再在纸片上画未知轴力（一律设为拉力），即得隔离体的受力图[图8-21c)]。欲用力矩方程$\sum M_F(F)=0$求轴力$F_{NCD}$，由于纸片较薄，可以看见纸片下面力矩中心$F$的位置及相关的尺寸。选择平衡方程的顺序，选择力矩中心或投影轴，可以一个方程解一个未知力。在书面表达中，可给截面编号（比如①-①），则截面、隔离体、平衡方程均易简洁准确表达。

## 分析示范

**【例8-7】** 用截面法求图8-21a)所示桁架中$EF$、$CF$、$CD$杆的内力。

**解：**(1)计算支座反力。

判断$F_{HA}=0$。对称结构在对称荷载作用下支座反力对称。

$$F_{VA}=F_{VB}=20\text{kN}$$

(2)用截面法计算内力。

①-①以左

$$\sum M_F(F)=0 \quad F_{NCD}\times4\text{m}+10\text{kN}\times6\text{m}-20\text{kN}\times9\text{m}=0 \quad F_{NCD}=30\text{kN}$$

$$\sum M_C(F)=0 \quad F_{NEF}\times4\text{m}-10\text{kN}\times3\text{m}+20\text{kN}\times6\text{m}=0 \quad F_{NEF}=-2.5\text{kN}$$

$$\sum F_y=0 \quad F_{NCF}\sin\alpha-10\text{kN}+20\text{kN}=0 \quad F_{NCF}=-12.5\text{kN}$$

在静定平面桁架的内力计算中，若求指定杆的内力，一般用截面法简便；若计算许多杆甚至所有杆的内力，则可联合应用节点法和截面法。具体选用哪种方法，以能解、简便为原则。

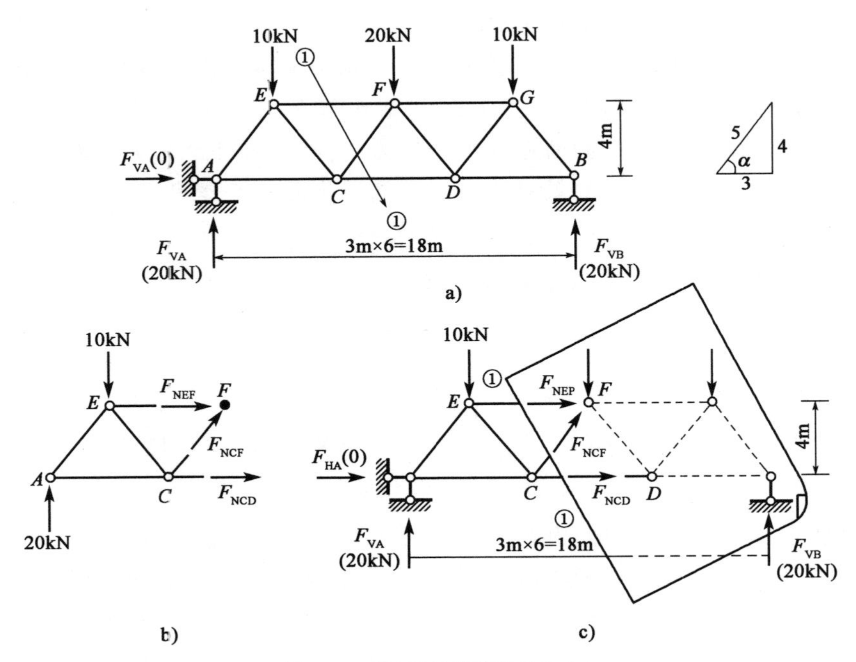


图 8-21　截面法计算桁架的内力

## 8.4　静定组合结构的内力

组合结构

组合结构是由以弯曲为主要变形的梁式杆件和拉伸压缩变形的链杆组成的结构。由于这种结构充分发挥了梁和桁架的优点,使不同受力特征的杆件协调工作,共同承受较大的荷载,因而在工程中得到了广泛的应用。图 8-22a)所示下撑式五角形屋架,上弦为钢筋混凝土杆件,下弦和腹杆由型钢制成。结构简图如图 8-22b)所示。

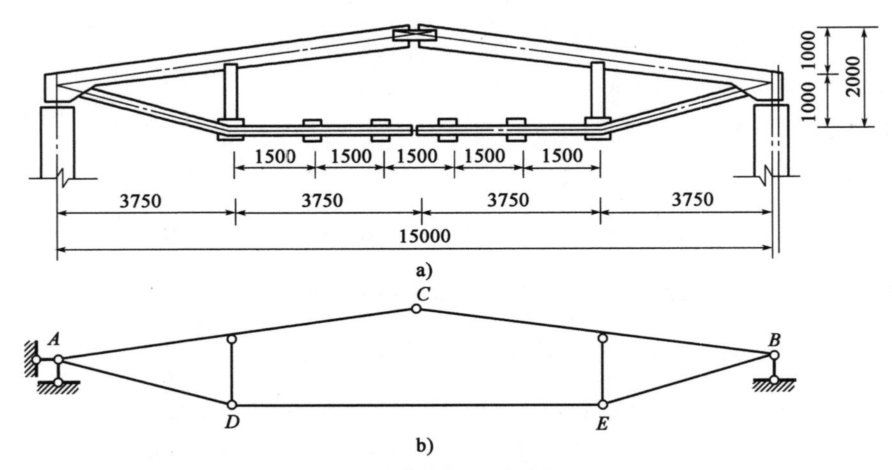


图 8-22　组合结构(尺寸单位:mm)

组合结构的内力常用截面法计算。计算时,应当注意被截的杆件是链杆还是梁式杆。对于链杆,截面上只有轴力;对于梁式杆,截面上一般有弯矩、剪力和轴力 3 种内力。组合结构受力分析的顺序仍然与几何组成分析的顺序相反:一般是先计算各链杆的轴力,再计算梁式杆的内力。

## 分析示范

**【例 8-8】** 试计算图 8-23a)所示静定组合结构各链杆的轴力,绘制梁式杆的内力图。

**解:**(1)计算支座反力。

整体:$\sum M_B(F)=0 \quad F_{VA}\times16m-12kN\times12m-8kN/m\times8m\times4m=0 \quad F_{VA}=25kN$

$\sum M_A(F)=0 \quad F_B\times16m-12kN\times4m-8kN/m\times8m\times12m=0 \quad F_B=51kN$

$\sum F_x=0 \quad F_{HA}=0$

(2)计算链杆的轴力。

①-①以左:

$\sum M_C(F)=0 \quad F_{NEG}\times3m+12kN\times4m-25kN\times8m=0 \quad F_{NEG}=50.67kN$

节点 $E$:

$\sum F_x=0 \quad -F_{NEA}\cos\alpha+50.67kN=0 \quad F_{NEA}=50.67kN\times5/4=63.34kN$

$\sum F_y=0 \quad F_{NED}+F_{NEA}\sin\alpha=0 \quad F_{NED}=-63.34kN\times3/5=-38kN$

节点 $G$:

$\sum F_x=0 \quad F_{NGB}=63.34kN$

$\sum F_y=0 \quad F_{NGF}=-38kN$

(3)画梁式杆的内力图。

①弯矩图。

在图 8-23b)中,视 $AC$ 梁为简支梁,$D$ 处承受向上的集中荷载 38kN − 12kN = 26kN。

$$M_D=26kN\times8m/4=52kN\cdot m$$

视 $CB$ 梁为简支梁,$F$ 处的弯矩由集中荷载、均布荷载共同产生:

$$M_F=8kN/m\times(8m)2/8-38kN\times8m/4=-12kN\cdot m$$

$CF$ 段、$FB$ 段分别用区段叠加法绘弯矩图[图 8-23c)]

$$ql^2/8=8kN/m\times(4m)^2/8=16kN\cdot m$$

②剪力图。

$AD$ 段:平行线,$F_{Sx}=25kN-63.34kN\cdot\sin\alpha=-13kN$

$DC$ 段:平行线,$F_{Sx}=25kN-63.34kN\cdot\sin\alpha+38kN-12kN=13kN$

$CF$ 段:斜直线,因铰 $C$ 处无集中外力,铰左邻截面、右邻截面的剪力相等。

$$F_{SCF}=F_{SCD}=13kN$$

$$F_{SFC}=-51kN+63.34kN\cdot\sin\alpha+8kN/m\times4m-38kN=-19kN$$

$FB$ 段:斜直线,$F_{SFB}=-51kN+63.64kN\cdot\sin\alpha+8kN/m\times4m=19kN$

$$F_{SBF}=-51kN+63.34kN\cdot\cos\alpha=-13kN$$

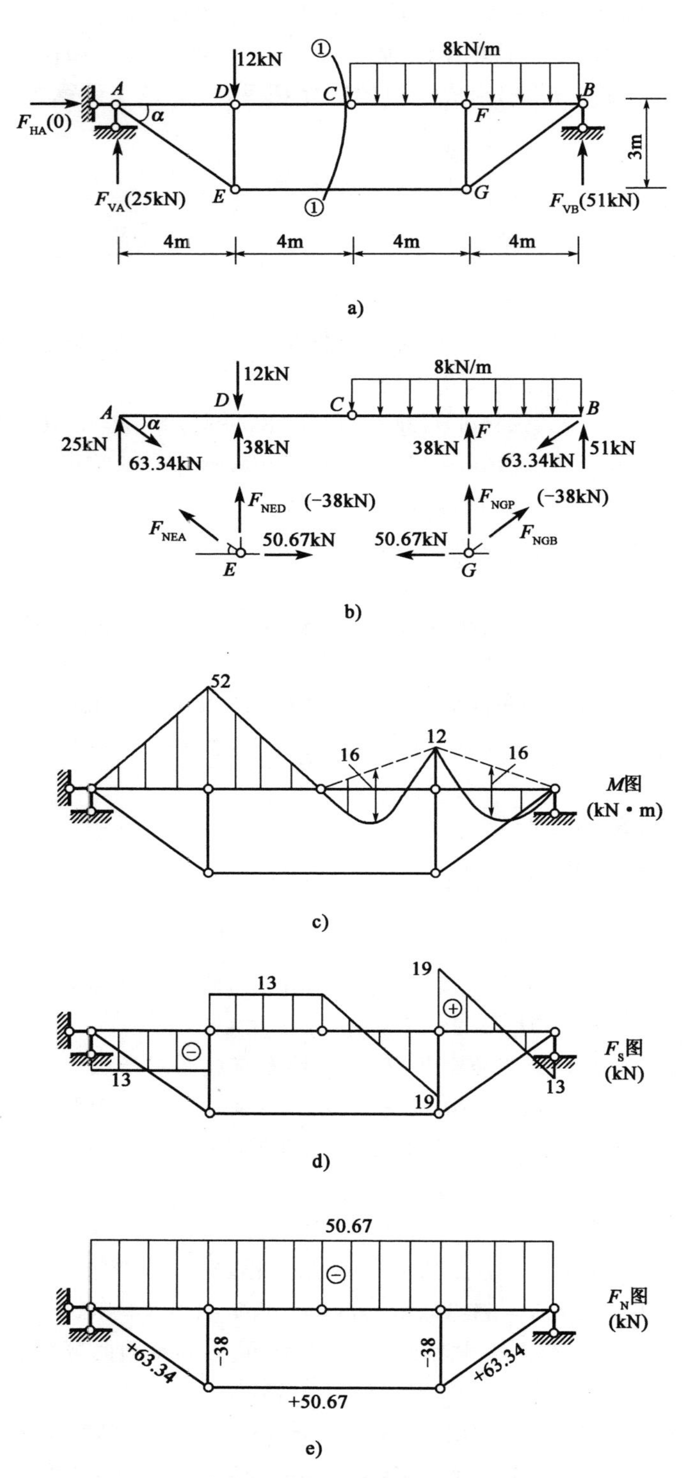


图 8-23　组合结构的内力

绘梁的剪力图于结构简图上[图 8-23d)]。

③轴力图。梁式杆因斜杆拉力作用而产生轴力[图 8-23b)]。由于 *AB* 杆(不含点 *A*、点 *B*)内无轴向外力,轴力图线为平行线。

$$F_{Nx} = -63.34\text{kN} \cdot \cos\alpha = -50.67\text{kN}$$

绘梁的轴力图、链杆的轴力于结构简图上[图 8-23e)]。

# 8.5 三铰拱

## 8.5.1 拱的特点及分类

**试一试:**图 8-24a)所示的海绵曲杆,在中间一段画纵向线,表示纵向纤维段。将曲杆置于桌面,左手捏住曲杆的左端,右手指对杆竖直向下施力,曲杆会向下弯曲(下侧纤维拉长),杆的右端会向外滑出[图 8-24b)]。略去摩擦,则视水平支座反力为零。此时曲杆的变形仍以弯曲为主,仍然是梁。因变形前杆的轴线为曲线,称之为曲梁。如果用物体顶住右端不让向外滑动,水平约束对杆端则产生水平支座反力,杆的弯曲明显减小[图 8-24c)]。竖向荷载作用下产生水平支座反力的曲杆称为拱。

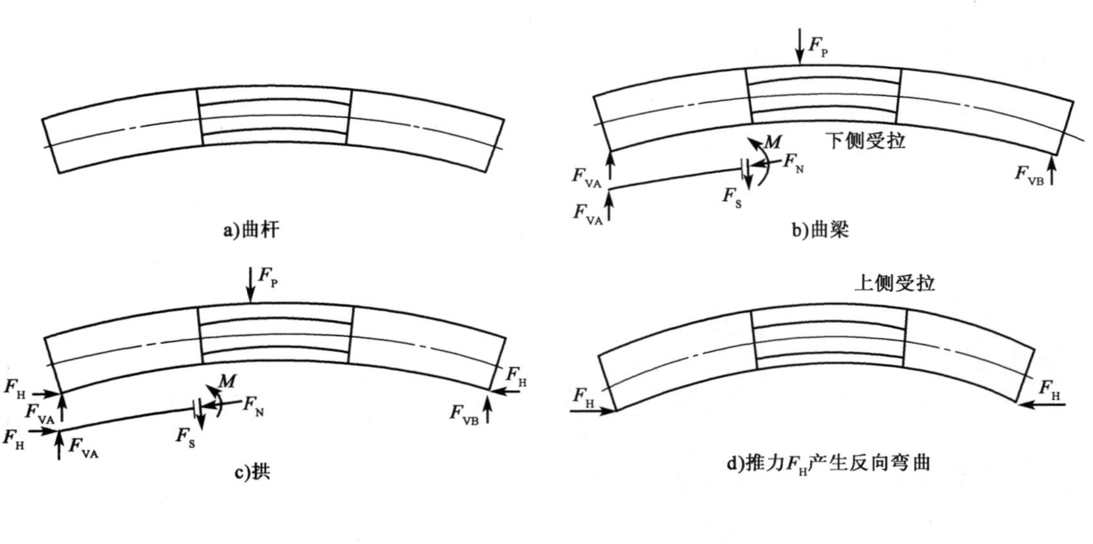


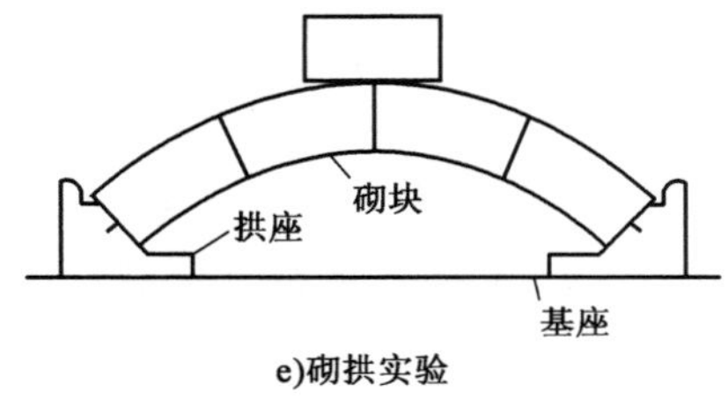


图 8-24 曲梁与拱

将拱的外力分解为竖向、水平方向两组：

竖向外力使杆向下弯曲[图 8-24b)，下侧纤维拉长]；水平推力 $F_H$ 使杆向上弯曲[图 8-24d)，上侧纤维拉长]。这组水平推力产生反向弯曲，削弱了竖向外力产生的弯曲；而且水平推力还增大了拱的轴力[图 8-24c)]。这样，拱的变形转换成以轴向压缩为主。图 8-24e)所示的砌拱实验表明，砌块之间不存在拉力。

拱主要承受压力，截面上的正应力分布比较均匀，材料得到了较为充分的利用，而且可以用砖、石、混凝土等抗拉性能弱、抗压性能较强的材料制造。拱是一种合理的结构形式。图 8-25a)所示为重庆市丰都县九溪沟石拱桥，跨度 116m，为 20 世纪 70 年代同类桥梁的世界之最。就地取材，技术简易，耐久美观，为石拱桥的优点。图 8-25b)所示涪陵乌江大桥，主跨 200m，为钢筋混凝土箱形拱桥。此类桥轻巧美观，大量应用在现代公路的建设中。图 8-25c)所示为神农架风景区的"燕天飞渡"人行天桥，单跨 58m，为钢箱拱桥。图 8-25d)所示为重庆朝天门长江大桥，上层公路，下层双线轻轨，为钢桁拱桥，主跨 552m。

a)石拱桥

b)钢混凝土桥

c)钢箱拱桥

d)钢桁拱桥

图 8-25　拱桥

图 8-26a)所示为三铰拱屋架。拱结构的计算简图常见 3 种类型：三铰拱[图 8-26b)]、两铰拱[图 8-26d)]和无铰拱[图 8-26e)]。有的三铰拱在两个支座间设置系杆来承受水平推力，称为三铰系杆拱[图 8-26c)]。三铰拱为静定拱，无铰拱和两铰拱为超静定拱[图 8-26d)、e)]。

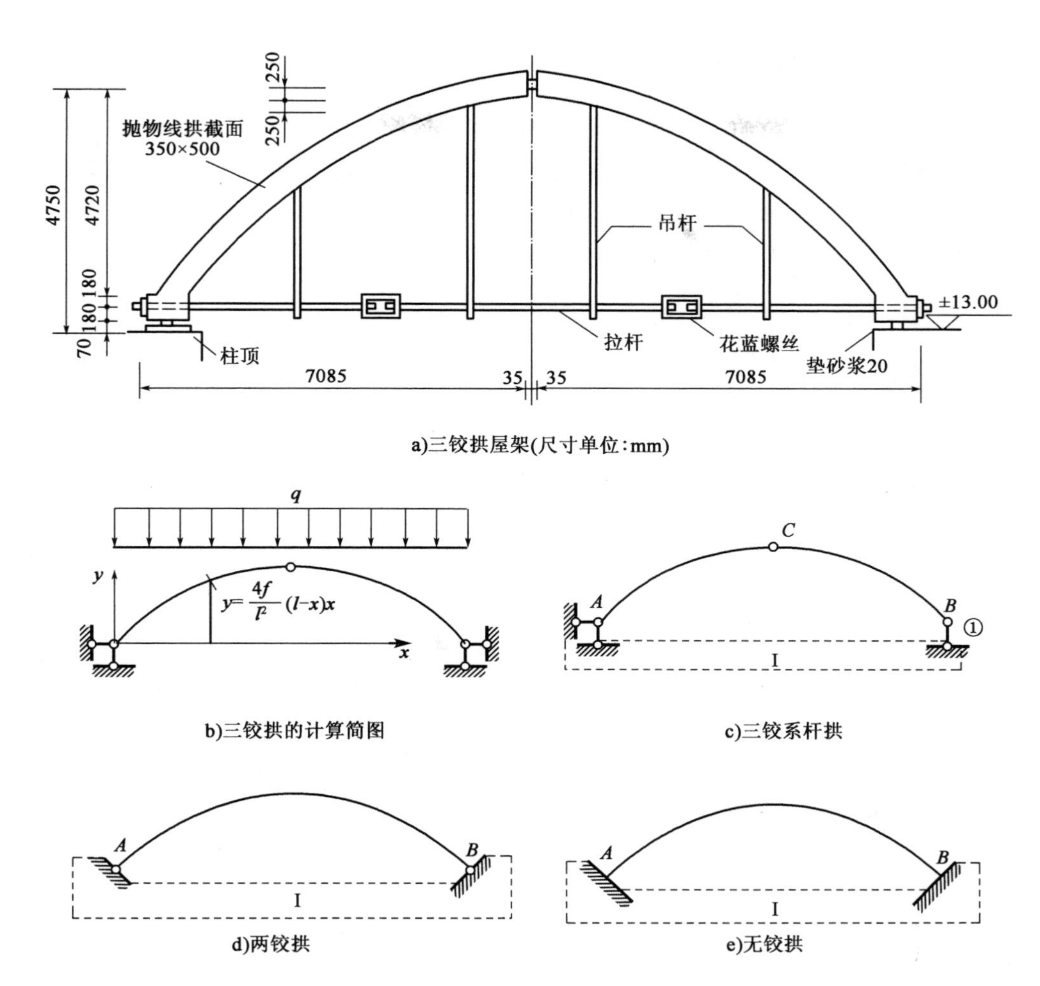


a)三铰拱屋架(尺寸单位:mm)

b)三铰拱的计算简图

c)三铰系杆拱

d)两铰拱

e)无铰拱

图 8-26　拱的计算简图

构成拱的曲杆称为**拱肋**。拱肋的轴线称为**拱轴线**。拱的两端与支座的连接处称为拱趾。两个拱趾的连线称为起拱线(图 8-27)。起拱线方位水平的拱为平拱,起拱线倾斜的拱为斜拱。拱轴线上距起拱线最远的点称为拱顶,三铰拱的拱顶通常是安置中间铰的地方。两个拱趾间的水平距离 $l$ 称为跨度。拱顶到起拱线的竖向距离 $f$ 称为拱高,拱高与跨度之比 $f/l$ 称为高跨比。

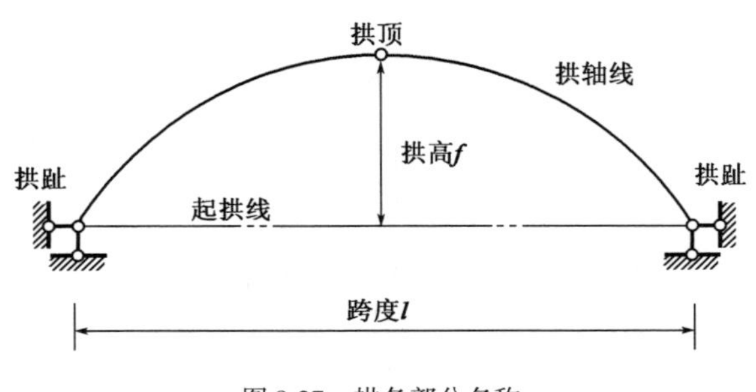


图 8-27　拱各部分名称

## 8.5.2 三铰拱的内力

显示、计算三铰拱内力的方法仍为截面法。特点在于：

（1）拱的轴线为曲线，各横截面的方位不同。须根据拱轴线的函数式——拱轴线方程确定截面的方位[图 8-26b)]。

（2）拱的内力以轴向压力为主。规定拱的轴力以压力为正。

### 分析示范

**【例 8-9】** 图 8-28a）所示三铰平拱的轴线为抛物线，拱轴线方程为 $y = \frac{4f}{l^2}(l - x)x$。试计算集中荷载作用点 $D$ 的左邻截面、右邻截面的内力。

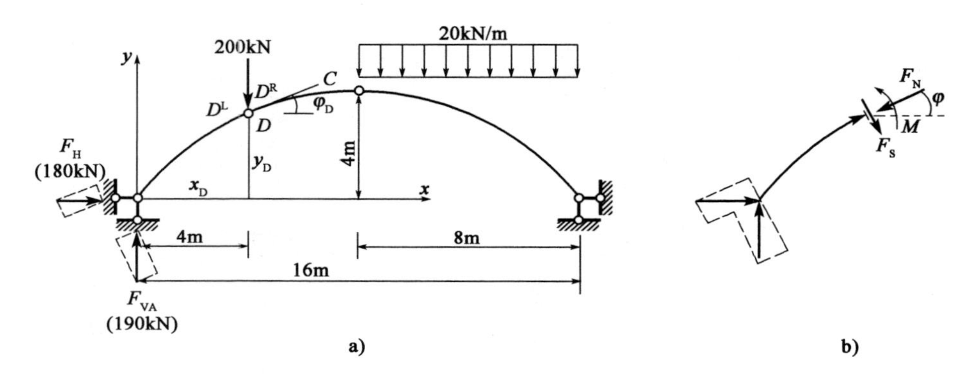


图 8-28 三铰拱的内力

**解：**（1）计算支座反力。

整拱：$\sum M_B(F) = 0 \quad F_{VA} = \frac{1}{16\text{m}}(20\text{kN} \times 12\text{m} + 20\text{kN/m} \times 8\text{m} \times 4\text{m}) = 190\text{kN}$

左半拱：$\sum M_C(F) = 0 \quad F_H = \frac{1}{4\text{m}}(190\text{kN} \times 8\text{m} - 200\text{kN} \times 4\text{m}) = 180\text{kN}$

（2）几何参数。

拱轴线方程：$y = \frac{4f}{l^2}(l - x)x = \frac{4 \times 4}{16^2}(16 - x)x = x - \frac{x^2}{16}$

拱轴线的切线斜率：$\tan\varphi = \frac{\mathrm{d}y}{\mathrm{d}x} = 1 - \frac{x}{8}$

点 $D$ 的纵坐标：$y_D = x_D - \frac{x_D^2}{16} = 4\text{m} - \frac{4^2}{16}\text{m} = 3\text{m}$

$D$ 截面方位角：$\tan\varphi_D = 1 - \frac{x_D}{8} = 1 - \frac{4}{8} = 0.5 \varphi_D = 26.57°$

(3)$D^{\mathrm{L}}$ 截面的内力[图 8-28a)、b)]。

$$M_{\mathrm{D}}^{\mathrm{L}}=190\mathrm{kN}\times4\mathrm{m}-180\times3\mathrm{m}=220\mathrm{kN}\cdot\mathrm{m}$$

$$F_{\mathrm{SD}}^{\mathrm{L}}=190\mathrm{kN}\times\cos\varphi_{\mathrm{D}}-180\mathrm{kN}\times\sin\varphi_{\mathrm{D}}=89.4\mathrm{kN}$$

$$F_{\mathrm{ND}}^{\mathrm{L}}=190\mathrm{kN}\times\sin\varphi_{\mathrm{D}}+180\mathrm{kN}\times\cos\varphi_{\mathrm{D}}=246\mathrm{kN}$$

(4)$D^{\mathrm{R}}$ 截面的内力[图 8-28a)、b)]。

$$M_{\mathrm{D}}^{\mathrm{R}}=M_{\mathrm{D}}^{\mathrm{L}}=220\mathrm{kN}\cdot\mathrm{m}$$

$$F_{\mathrm{SD}}^{\mathrm{R}}=190\mathrm{kN}\times\cos\varphi_{\mathrm{D}}-180\mathrm{kN}\times\sin\varphi_{\mathrm{D}}-200\mathrm{kN}\times\cos\varphi_{\mathrm{D}}=-89.4\mathrm{kN}$$

$$F_{\mathrm{ND}}^{\mathrm{R}}=190\mathrm{kN}\times\sin\varphi_{\mathrm{D}}+180\mathrm{kN}\times\cos\varphi_{\mathrm{D}}-200\mathrm{kN}\times\sin\varphi_{\mathrm{D}}=156.5\mathrm{kN}$$

比较计算结果可知,在集中荷载作用处拱的剪力不连续,轴力也不连续。

**【例 8-10】** 图 8-29a)所示三铰平拱的轴线为抛物线,拱轴线方程为 $y=\frac{4f}{l^2}(l-x)x$。拱承受满跨均布荷载,试计算任意截面的内力。

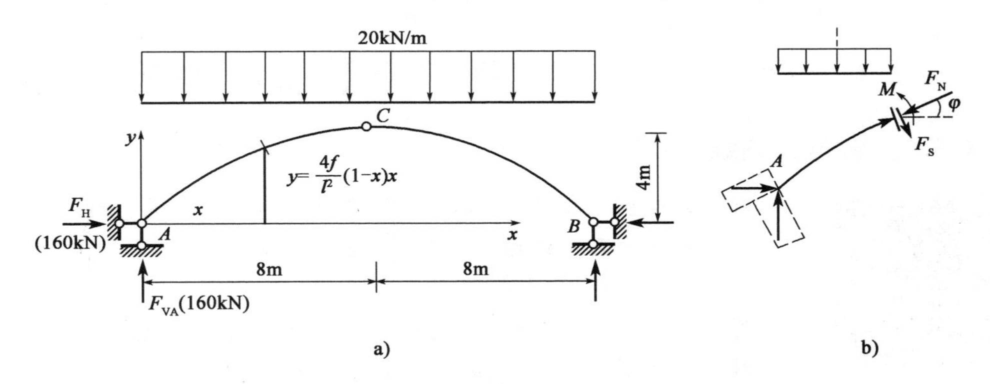


图 8-29 合理拱轴线

**解:**(1)计算支座反力。

整拱:对称,$F_{\mathrm{VA}}=\frac{1}{2}(20\mathrm{kN/m}\times16\mathrm{m})=160\mathrm{kN}$

左半拱:$\sum M_{\mathrm{C}}(F)=0$ $F_{\mathrm{H}}=\frac{1}{4\mathrm{m}}(160\mathrm{kN}\times8\mathrm{m}-20\mathrm{kN/m}\times8\mathrm{m}\times4\mathrm{m})=160\mathrm{kN}$

(2)几何参数。

拱轴线方程:$y=\frac{4f}{l^2}(l-x)x=\frac{4\times4}{16^2}(16-x)x=x-\frac{x^2}{16}$

拱轴线的切线斜率:$\tan\varphi=\frac{\mathrm{d}y}{\mathrm{d}x}=1-\frac{x}{8}$

(3)任意截面的内力[图 8-29a)、b)]。

$$M=160x-20\cdot x\cdot\frac{x}{2}-160\left(x-\frac{x^2}{16}\right)=160x-10x^2-160x+10x^2=0$$

$$F_S = 160\cos\varphi - 20x\cos\varphi - 160\sin\varphi = (160 - 20x - 160\tan\varphi)\cos\varphi$$
$$= \left[160 - 20x - 160\left(1 - \frac{x}{8}\right)\right]\cos\varphi = (160 - 20x - 160 + 20x)\cos\varphi = 0$$

此拱任意截面的弯矩为零,剪力为零。

$$F_N = 160\sin\varphi - 20x\sin\varphi + 160\cos\varphi$$
$$= \sin\varphi\left(160 - 20x + 160\frac{\cos\varphi}{\sin\varphi}\right) = \frac{1}{\sin\varphi}\left(160 - 20x + \frac{160}{\tan\varphi}\right)$$
$$= \sin\varphi\left(160 - 20x + \frac{160}{1 - \frac{x}{8}}\right) = \sin\varphi\left[20 \times (8 - x) + \frac{160 \times 8}{8 - x}\right]$$

代入指定截面形心的 $x$ 坐标,即可计算出该截面的轴力值。比如,

$$x = 4\text{m} \cdot \tan\varphi = 1 - \frac{x}{8} = \frac{8 - x}{8} = \frac{8 - 4}{8} = 0.5\varphi = 26.57°$$
$$F_N = \sin26.57° \times \left[20 \times (8 - 4) + \frac{160 \times 8}{8 - 4}\right] = 178.9\text{kN}$$
$$x = 10\text{m} \cdot \tan\varphi = 1 - \frac{x}{8} = \frac{8 - x}{8} = \frac{8 - 10}{8} = -0.25\varphi = -14.04°$$
$$F_N = \sin(-14.04°) \times \left[20 \times (8 - 10) + \frac{160 \times 8}{8 - 10}\right] = 165.0\text{kN}$$

### 8.5.3 合理拱轴线

合理的结构形式

在一定荷载作用下,如果拱所有截面上的弯矩和剪力都为零,这种拱的轴线称为**合理拱轴线**。由于所有截面只有轴力,分布内力沿截面均匀分布,材料可以得到充分利用。

经理论分析,三铰拱在沿水平线均匀分布的竖向荷载作用下,合理拱轴线为一抛物线[图 8-29a)]。因此,房屋建筑中拱的轴线常用抛物线。

拱在均匀水压力、土压力作用下,合理拱轴线为圆弧[图 8-30a)]。因此,水管、高压隧洞和拱坝常采用圆形截面。

在填土重量作用下,三铰拱的合理轴线是一悬链线[图 8-30b)]。

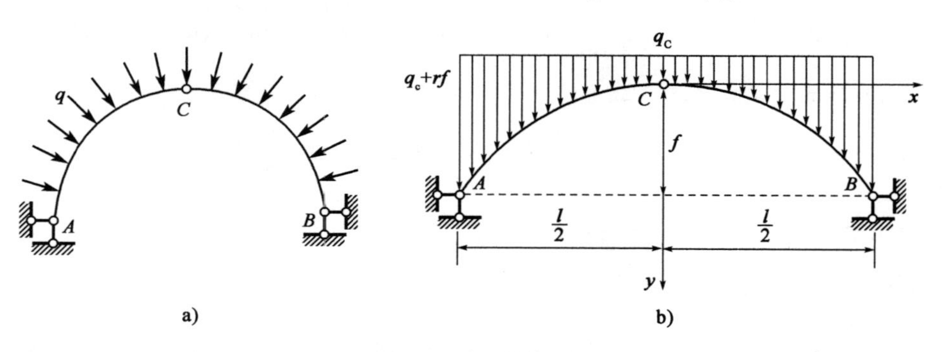


图 8-30　合理拱轴线

# 本章小结

## 知识体系

| 结构类型 | 结构特点 | 内力 | 计算特点 |
| --- | --- | --- | --- |
| 静定多跨梁 | 静定单跨梁拼装<br>基本部分<br>附属部分 | $M$、$F_S$ | 静定单跨梁内力图拼合基线共线;求出支座反力,画静定多跨梁内力图 |
| 三铰拱 | 曲杆<br>竖向荷载下有水平推力 | $F_N$、$M$、$F_S$ | 截面法显示、计算内力。轴力压力为正。各横截面的方位不同,由拱轴线方程求导确定 |
| 静定平面刚架 | 直杆<br>有刚节点 | $M$、$F_S$、$F_N$ | 单刚节点处弯矩相等,同侧受拉。<br>弯矩图画在杆段受拉侧,不标正负;剪力图、轴力图画在任一侧,标正负。<br>计算复杂时"柱当梁看,拟定上下" |
| 静定平面桁架 | 链杆系 | $F_N$ | 可解:选取节点未知力不超过两个;用截面法未知力一般不超过三个。<br>简便:选投影轴、力矩中心、方程顺序,使一个方程解一未知力 |
| 静定组合结构 | 梁式杆 + 链杆 | $M$、$F_S$、$F_N$ + $F_N$ | 受力分析顺序与几何组成分析顺序相反。画梁式杆的 $M$、$F_S$、$F_N$ 图,标 $F_N$ 于链杆旁 |

## 能力养成

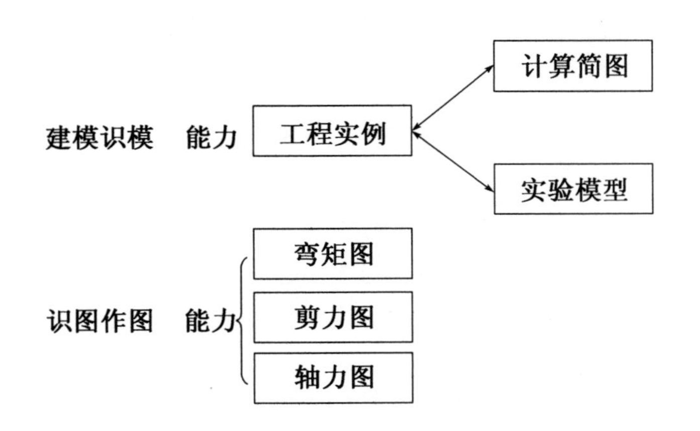

认知能力
- 专注能力——在探索中养成
  - 探究工程实例、生活实例
  - 用旧知识去获取新知识
  - 力学小实验
- 分析能力——按思维顺序训练
  - 受力分析顺序与几何组成分析相反
  - 一截、二取、三画、四平衡
  - 画基线，分区段；逐段绘图线……
  - 先判断零杆、等轴力杆，后算其他杆
- 创新能力——在情境中养成
  - 截面法的简化
  - 柱当梁看，拟定上下
  - 按“能解、简便”原则选取
  - 研究对象、计算顺序

## 实验与讨论

8-1-1 **小实验** 用硬纸条、链条做图8-1所示的小实验。

8-1-2 在起吊钢筋混凝土桩或等截面管、柱时，合理吊点的位置大致为：起吊一点，悬出段约为杆长的________；起吊两点，悬出段约为杆长的________。

8-1-3 静定多跨梁几何组成分析的顺序是，先________部分，后________部分；受力分析的顺序是，先________部分，后________部分。

8-2-1 **小实验** 如图8-31a)所示，两根锯条插入开缝的木块中，模拟杆件用刚节点连接。杆件变形前，两杆相互垂直。无论杆件怎样弯曲，两杆在刚节点处的夹角始终不变。而且，同是外侧受拉，或者同是内侧受拉。试在图8-31b)上画曲线表示杆段弯曲的方向，在图8-31c)上添画相应的力偶。

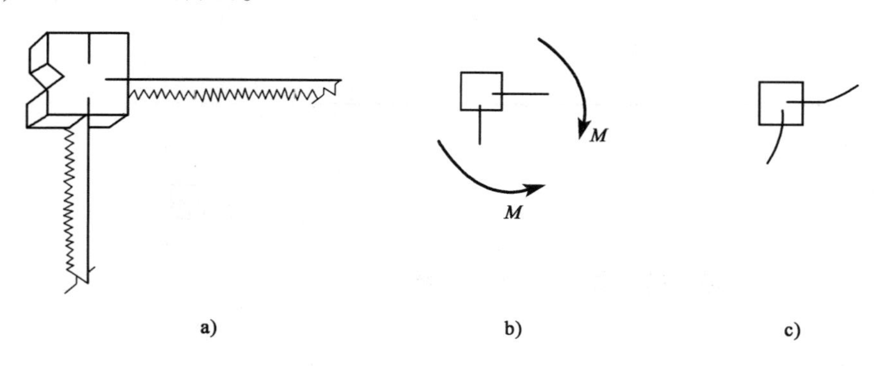


图8-31 刚节点处的变形

8-2-2 试改正图8-32所示静定平面刚架弯矩图中的错误。

8-3-1 **小实验** 用元件拼装P196图7-8a)所示静定桁架。试设计实验，在自设的节点荷载下，区分出压杆。

8-4-1 **小实验** 用元件拼装图8-23a)所示的组合结构，分析结构的静定性、合理性。

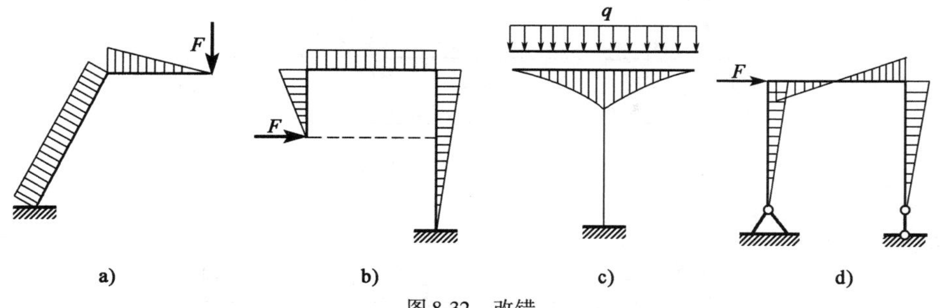

图 8-32　改错

8-5-1　**小实验**　用小实验元件做图 8-24 所示实验。由曲杆形成的在竖向荷载作用下无水平支座反力的结构为________[图 8-24b)];由曲杆形成的在竖向荷载下产生水平支座反力的结构为________[图 8-24c)];曲梁下侧受拉的弯曲被这对水平推力所对应的反向弯曲削弱[图 8-24d)],致使________成为拱的主要变形。(选填:“曲梁”“拱”“轴向拉伸”“轴向压缩”)

8-5-2　拱可按计算简图中铰的数目分类。试在图 8-33 中选填:“无”“两”“三”。只有________铰拱是静定结构。

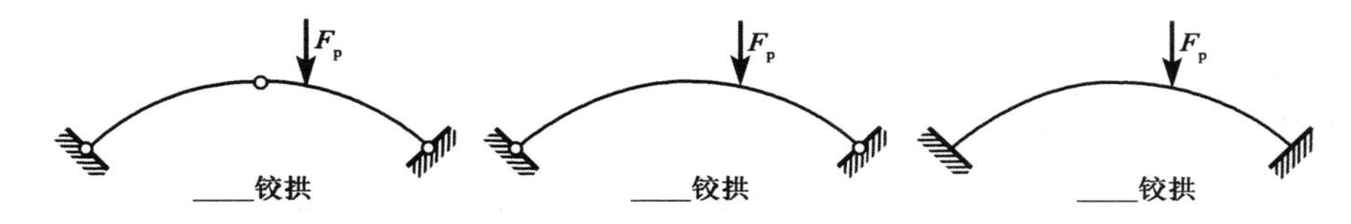

图 8-33　拱按铰数分类

8-5-3　试在图 8-34 上标注拱的各部分名称:拱址、拱顶、拱高、跨度。

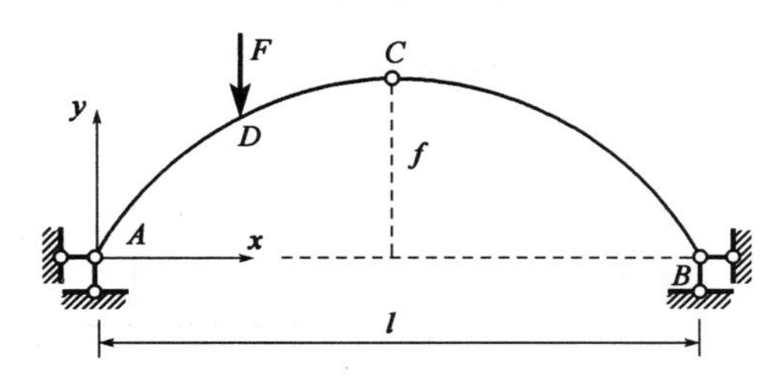

图 8-34　拱各部分的名称

8-5-4　在满跨________竖向荷载作用下,三铰拱的合理拱轴线为 $y = \frac{4f}{l^2}x(l-x)$。在这种条件下,拱内所有截面的内力只有________,没有________和________。(选填:“集中”“均布”;“轴力”“剪力”“弯矩”)

## 习题

8-1-1　试画图 8-35 所示多跨静定梁的内力图。

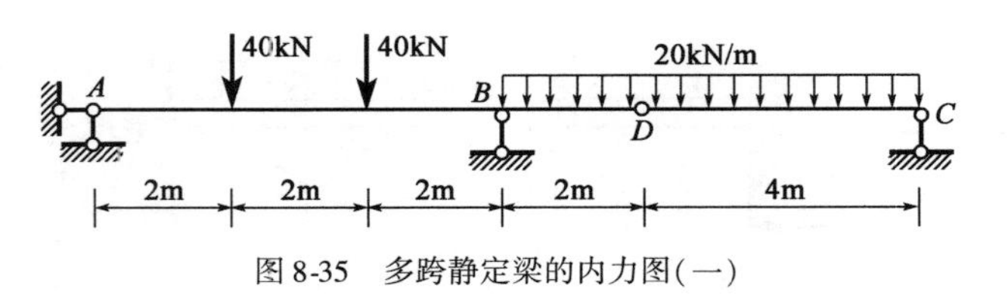


图 8-35　多跨静定梁的内力图(一)

8-1-2　试画图 8-36 所示多跨静定梁的内力图。

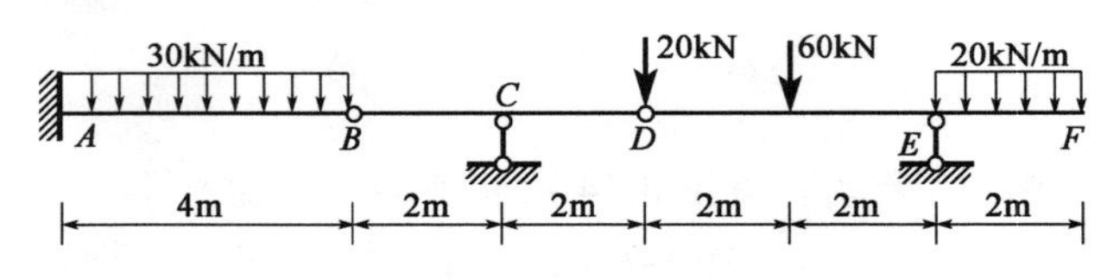


图 8-36　多跨静定梁的内力图(二)

8-1-3　绘梁的内力图,按外力________为标志分区段,外力包括支座反力。在梁的无荷区段,弯矩图图线的类型为________线,________个控制点就能确定斜直线的位置。中间铰处若无外力偶,该处的弯矩为________,且相邻梁段弯矩图的图线在此应当________。多跨静定梁的几何组成分析应由________开始,受力分析应由________开始。(选填:“连续”“突变”“平行”“斜直”“抛物”“零”“一”“两”“三”“基本部分”“附属部分”)

基于以上几点,试不算支座反力,在图 8-37 上以梁的轴线为基线,迅速画出多跨静定梁在单一荷载作用下的弯矩图。

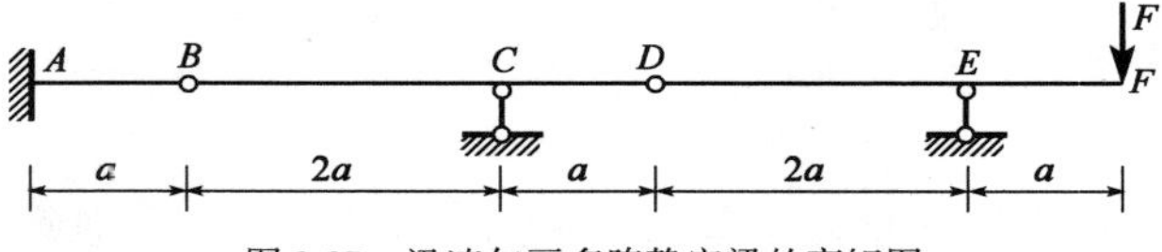


图 8-37　迅速勾画多跨静定梁的弯矩图

8-2-1　绘制图 8-38 所示悬臂刚架的内力图。

8-2-2　绘制图 8-39 所示简支刚架的内力图。

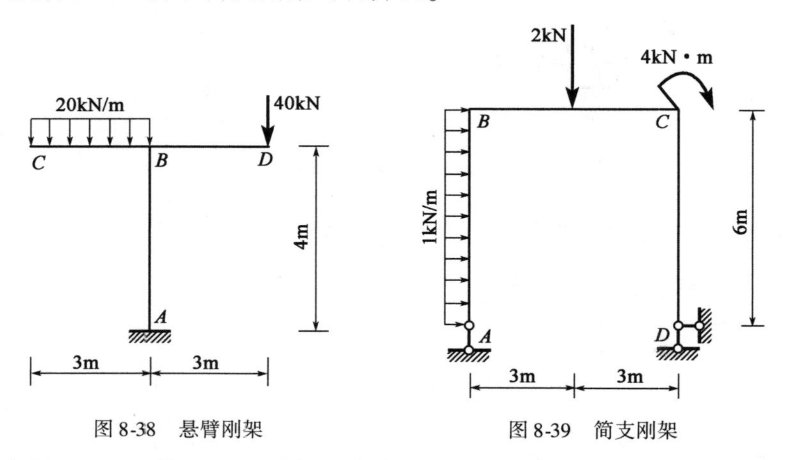


图 8-38　悬臂刚架　　图 8-39　简支刚架

8-2-3　绘制图 8-40 所示组合刚架的内力图。(提示:受力分析从附属部分入手)

8-3-1　分析图 8-41 所示静定平面桁架的内力:

(1)按几何组成分类,该桁架属于________桁架;按外形分类,该桁架属于________

桁架。

(2)判断零杆,在杆旁标“0”。按取节点分析的顺序,在节点处标注 1、2、3……

(3)用节点法计算其余各杆的轴力,将计算结果标在杆旁。

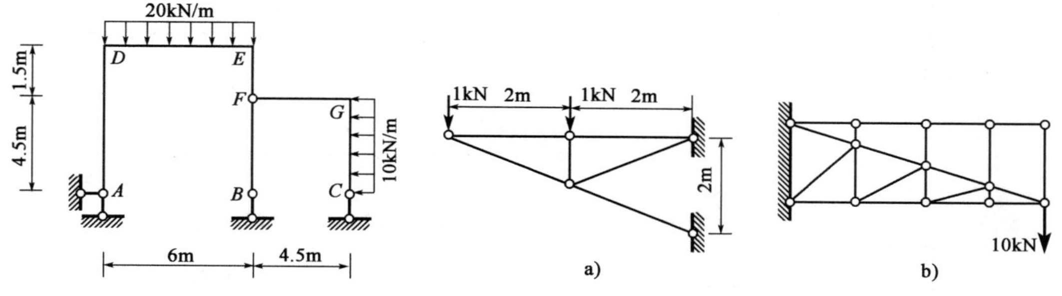


图 8-40　组合刚架

图 8-41　求桁架的内力

8-3-2　分析图 8-42 所示静定平面桁架的内力:

(1)按几何组成分类,该桁架属于________桁架;按外形分类,该桁架属于________桁架。

(2)判断零杆,在杆旁标“0”。

(3)用节点法计算其余各杆的轴力,将计算结果标在杆旁。依据结构的对称性,如何迅速确定支座反力?应当依序取哪些节点计算?如何标注计算结果?

8-3-3　灵活运用节点法、截面法和结构的对称性,求图 8-43 所示桁架各杆的轴力,将计算结果标在杆旁。

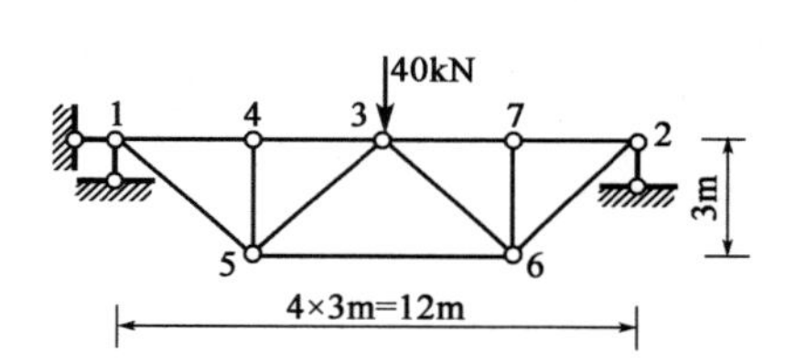


图 8-42　静定平面桁架的内力分析

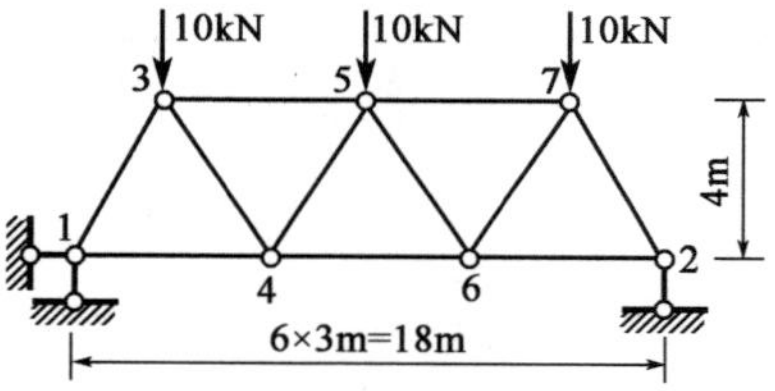

图 8-43　用简便的方法求各杆的轴力(一)

8-3-4　灵活运用节点法、截面法,求图 8-44 所示桁架各杆的轴力,将计算结果标在杆旁。

8-3-5　灵活运用节点法、截面法和结构的对称性,求图 8-45 所示桁架各杆的轴力,将计算结果标在杆旁。

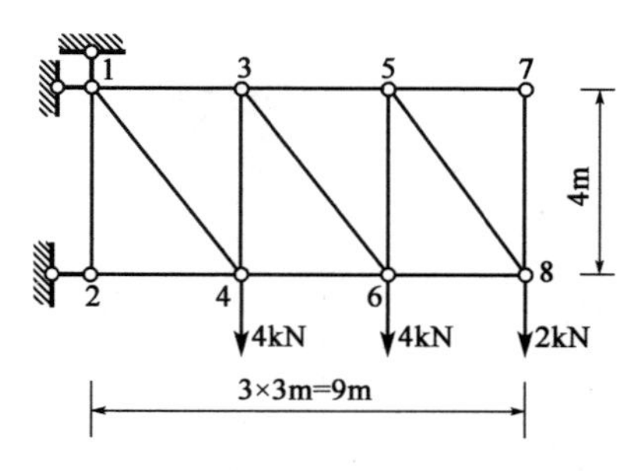


图 8-44　用简便的方法求各杆的轴力(二)

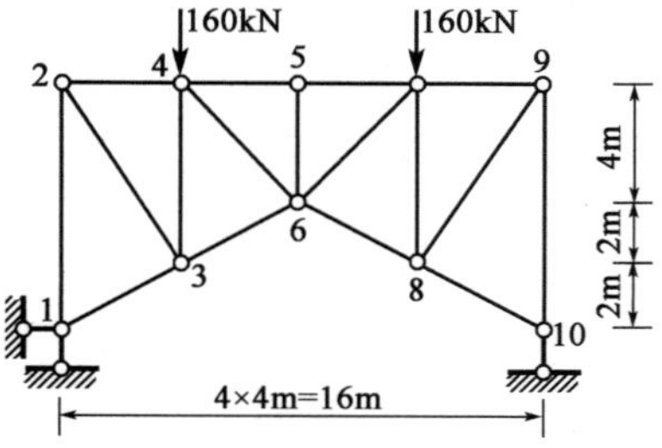

图 8-45　用简便的方法求各杆的轴力(三)

8-4-1　求图 8-46 所示静定组合结构的内力,并将链杆的轴力标在杆旁,绘制梁式杆件 *AE* 的内力图。

8-4-2　求图8-47所示静定组合结构的内力，并将链杆的轴力标在杆旁，绘制梁式杆件的内力图。

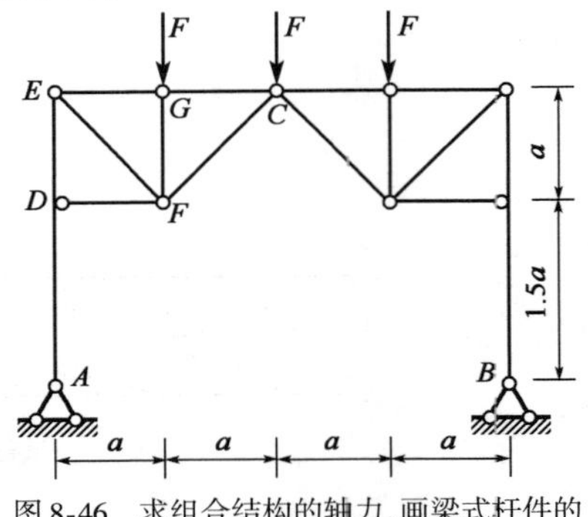


图8-46　求组合结构的轴力、画梁式杆件的内力图(一)

图8-47　求组合结构的轴力、画梁式杆件的内力图(二)

8-5-1　已知图8-48所示三铰拱的拱轴线方程为 $y=\frac{4f}{l^2}x(l-x)$。(1)求图a)所示三铰拱 $D^{\mathrm{L}}$ 截面、$D^{\mathrm{R}}$ 截面、$E$ 截面上的内力；(2)求图b)所示三铰拱 $D$ 截面、$E$ 截面上的内力。

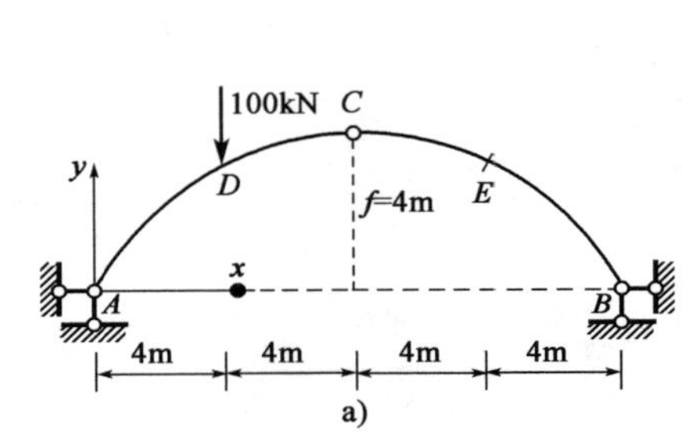


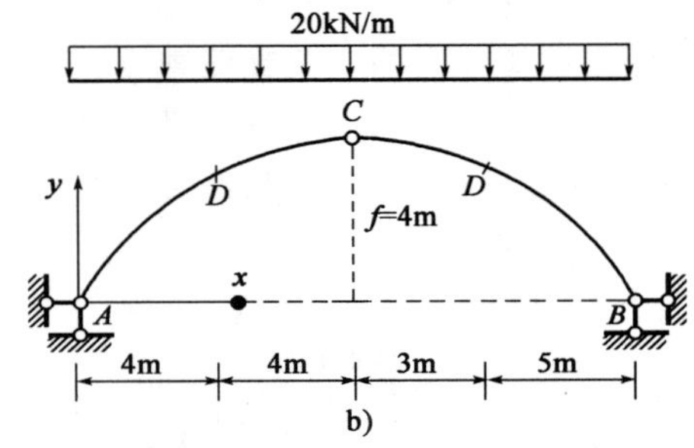


图8-48　求三铰拱指定截面的内力

## 综合习题

8-1　不计算支座反力，试画图8-49所示组合刚架的弯矩图。

8-2　绘制图8-50所示简支刚架的内力图。

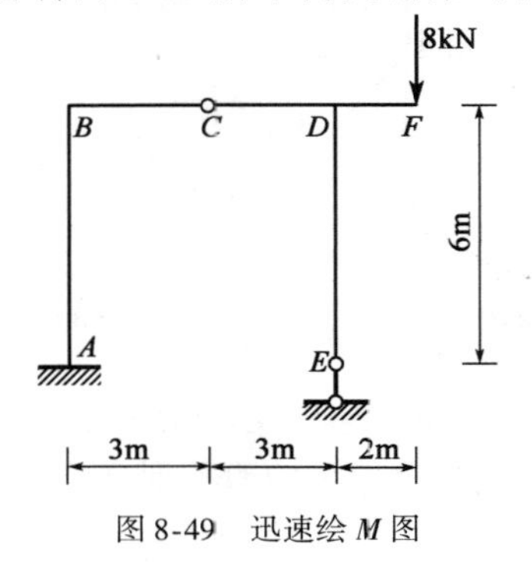


图8-49　迅速绘 $M$ 图

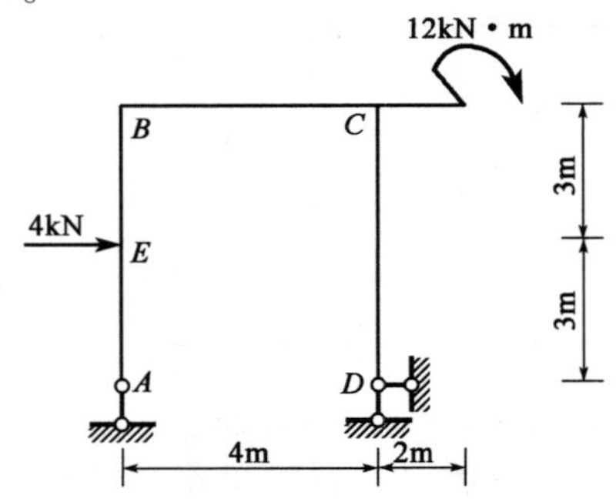


图8-50　绘简支刚架的内力图

8-3　绘制图8-51所示三铰刚架的内力图。

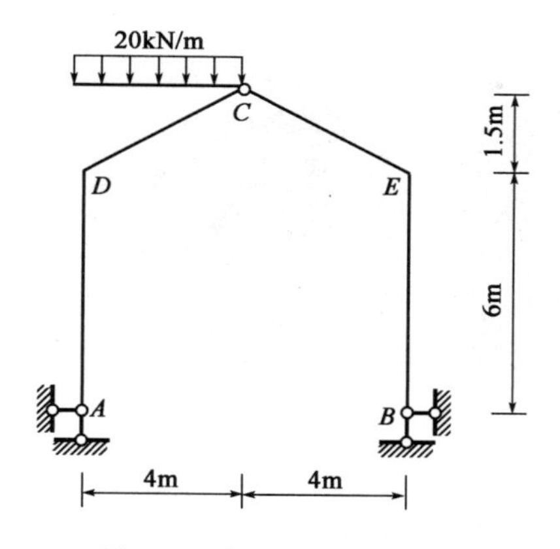


图8-51　绘三铰刚架的内力图

8-4　灵活运用节点法、截面法，求图8-52a)、b)所示桁架指定杆件的内力。要求按计算顺序，用1、2、3给所用截面、所取节点编号。

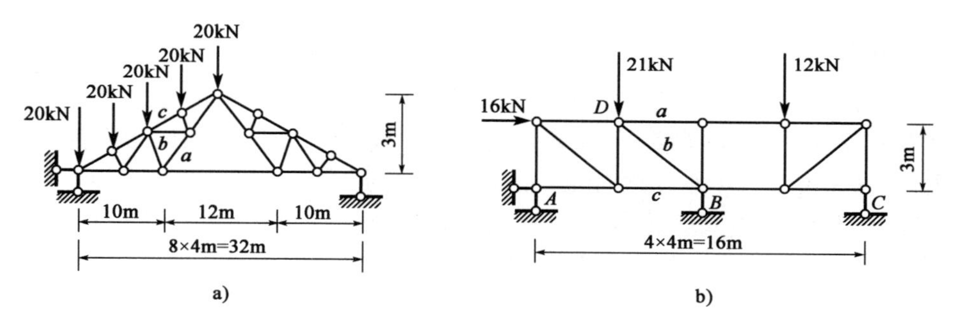


图8-52　求指定杆件的内力

8-5　试计算图8-53所示平面组合结构的内力，将链杆的轴力标在杆件旁边，绘梁式杆件的弯矩图。

8-6　求图8-54所示圆弧三铰拱$K$截面上的内力。

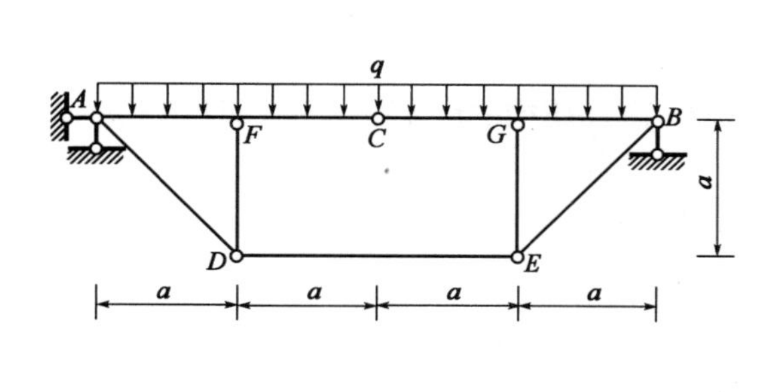


图8-53　计算组合结构的内力

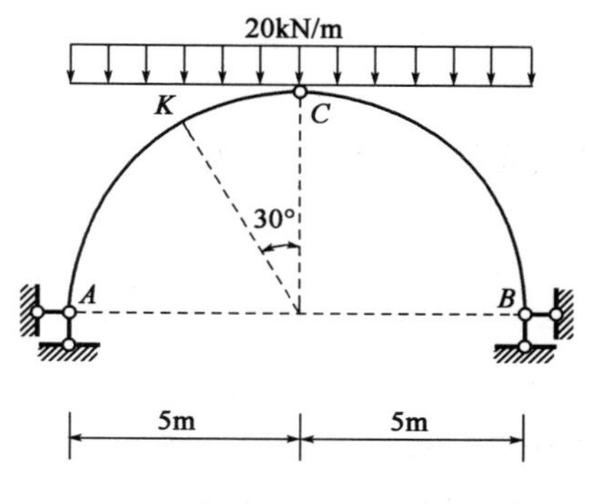


图8-54　求三铰拱指定截面的内力

# 第9章 静定结构的位移

## 9.1 结构的位移和位移计算的目的

### 9.1.1 结构的位移

用实验元件拼装如图9-1a)所示的刚架,平卧在桌面上。左手固定 $A$ 端,右手食指在 $D$ 处施力。可见杆段 $AD$ 发生弯曲变形,除邻近固定端的截面外,所有截面的形心都发生移动,所有截面都发生转动。比如 $D$ 截面的形心由 $D$ 点移到了 $D'$ 点,同时截面还转动了一个角 $\theta_D$。$DBC$ 部分未受力,不变形,但由于 $D$ 截面的位置变动,带动了 $DBC$ 部分所有截面的形心发生位移,截面发生转动。刚节点 $B$ 也发生转动了,$B$ 点发生移动。

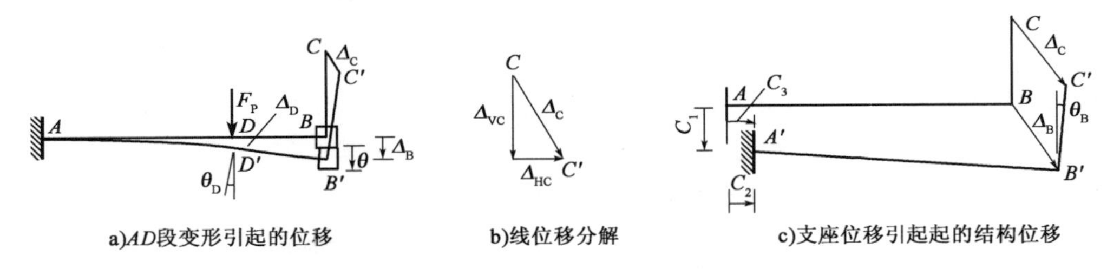


a)$AD$段变形引起的位移　b)线位移分解　c)支座位移引起起的结构位移

图9-1　结构的位移

**构件横截面的位置变动量,节点的位置变动量,称为结构的位移**。点的位移用线段表示,称为**线位移**,记为 $\Delta$;截面或刚节点的转动用角表示,称为**角位移**,记为 $\theta$。

构件的变形会引起结构位移。荷载、温度改变、材料收缩、装配误差等因素能使构件变形。

支座位移也引起结构位移。对于静定结构,支座位移引起结构刚性位移[图9-1b)]。

结构的位移常以地基或支承物为参考,有时也会用结构内部点与点之间的相对线位移、面与面之间的相对角位移表示。如图9-2所示的刚架,$C$、$D$ 两截面形心的水平线位移各为 $\Delta_C$、$\Delta_D$,两形心的水平相对线位移 $\Delta_{CD}=\Delta_C+\Delta_D$。刚节点 $A$ 的角位移为 $\theta_A$,刚节点 $B$ 的角位移为 $\theta_B$,两刚节点的相对角位移 $\theta_{AB}=\theta_A+\theta_B$。

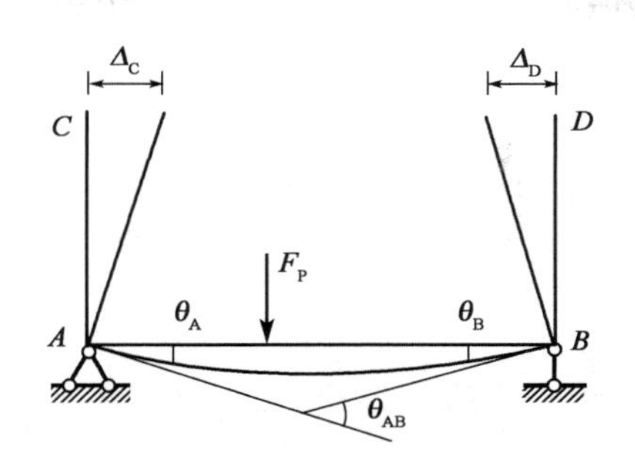


图 9-2　相对位移

### 9.1.2　位移计算的目的

(1)验算结构的刚度

结构或构件因过量的位移而不能正常使用,称为**刚度失效**。因此,须将变形和位移限制在工程允许的范围内。例如在房屋结构中,规定梁的最大挠度不应超过跨度的 1/400 ~ 1/200。公路钢板梁的主梁、钢筋混凝土桥梁的挠度,不应超过跨度的 1/600,拱、桁架的竖向位移不应超过跨度的 1/800。

(2)施工设计中的位移计算

如图 9-3 所示的三孔连续钢桁梁,在进行悬臂拼装时,梁的自重、临时轨道、吊机等荷载使悬臂部分发生较大位移。需预先计算自由端的最大竖向线位移,设计 $C$ 支座处的起顶量,使梁端能够顺利落到 $D$ 支座上;在拼装的过程中,经常将位移的测量值与计算值比较,能够及时发现拼装中的错误;轨道的坡度过大,吊机行走和定位都会遇到麻烦,需预先计算位移值并予以控制。

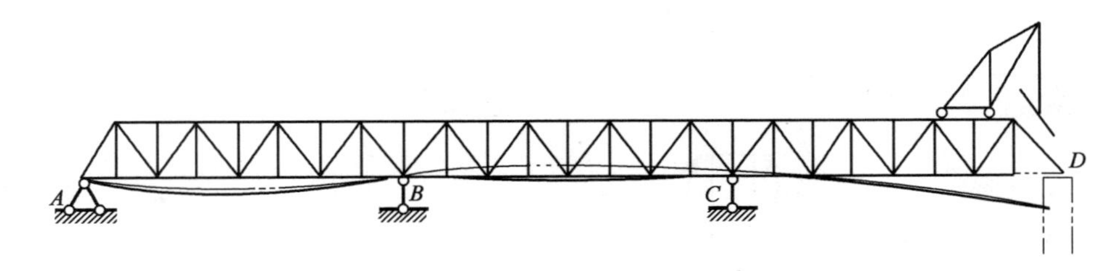


图 9-3　悬臂拼装钢桁梁

如图 9-4a)所示铁路桁架,在自重和列车荷载作用下产生位移,下弦杆形成坡度,不利列车行驶[图 9-4b)]。因此,桁架的设计、拼装须设置上拱度[图 9-4c)],以保证桁架在使用时下弦杆大致处于图 9-4a)所示位置。图 9-4d)为九江长江大桥三孔一联的桁架设置上拱度之后放大的形状。在房屋建筑中,钢屋架也需设置上拱度。

(3)为分析超静定结构打基础

在超静定结构的分析中,仅凭静力平衡条件不能确定全部支座反力或内力,还必须考虑位移条件。因此,位移计算是分析超静定结构的基础。计算结构位移的方法很多,本章主要研讨以虚功原理为基础的单位荷载法。

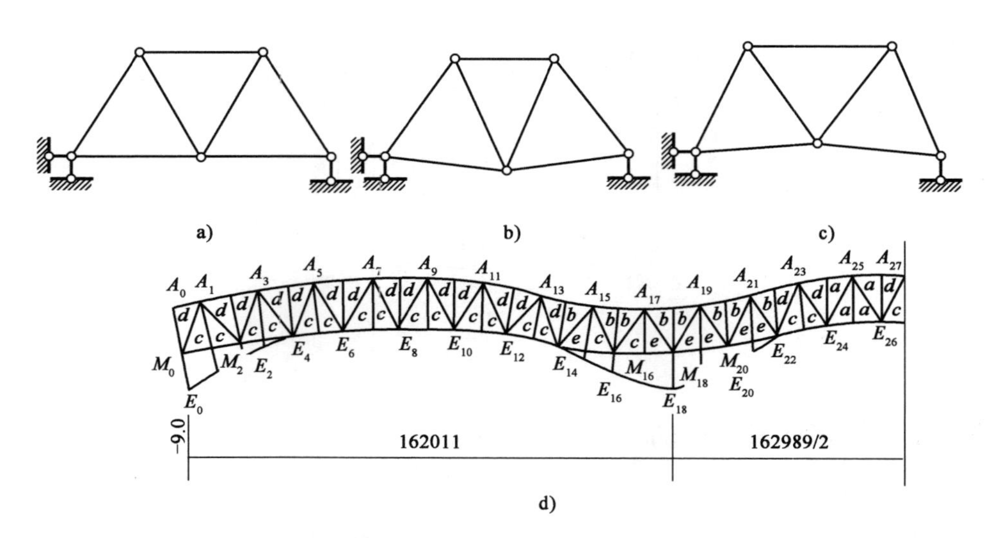


图 9-4　组拼桁架设置上拱度

## 9.2　单位荷载法计算结构的位移

### 9.2.1　虚功原理

功是力对物体在一段路程上累积效应的量度,也是传递和转换能量的量度。

用小实验元件做图 9-5a)、b)所示实验。在简支梁的点 1 处缓慢加载,观察梁的位移在逐渐增加。再在点 2 处缓慢加载,注意点 1 处的荷载有没有变化。

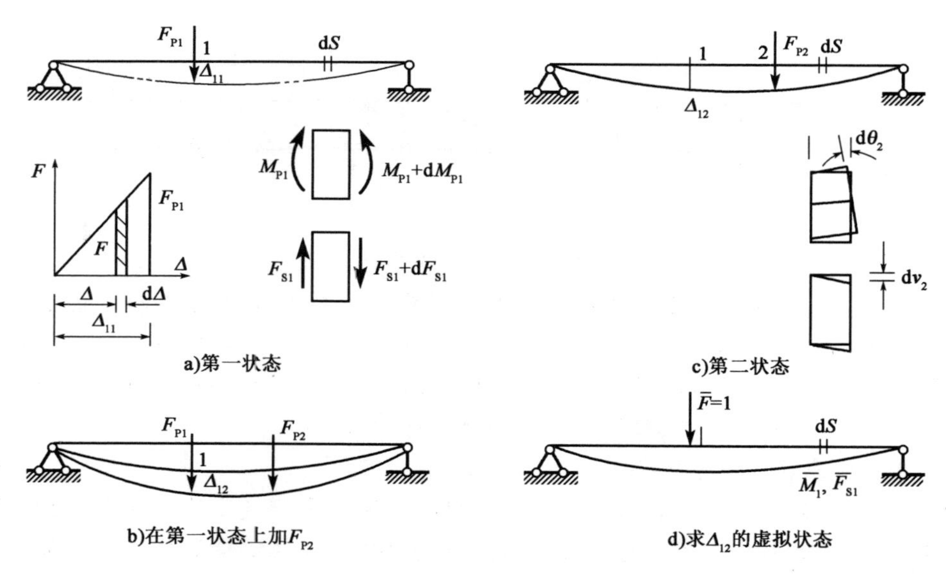


图 9-5　虚功原理

我们来理一理，集中荷载 $F_{P1}$ 的作用点 1 沿力方向的线位移用 $\Delta_{11}$ 表示［图 9-5a）］。$\Delta_{11}$ 的第一下标表示位移的性质（点 1 沿力 $F_1$ 方向的位移），第二下标表示产生该位移的原因（由力 $F_1$ 引起）。

点 1 处的荷载由零逐渐增加至 $F_{P1}$，同时位移也由零逐渐增加至 $\Delta_{11}$。力在自身引起的位移上所做的功称为**实功**。在线性弹性变形的条件下，荷载变化与位移变化的关系如图 9-5a）所示。

力 $F_{P1}$ 在位移 $\Delta_{11}$ 上做的实功 $W_{11}$ 大小等于图中三角形的面积：

$$W_{11} = \frac{1}{2}F_{P1}\Delta_{11}$$

梁弯曲后，再在点 2 处加静荷载 $F_{P2}$，梁产生新的弯曲［图 9-5b）］。力 $F_{P2}$ 引起的点 1 沿 $F_{P1}$ 方向的位移为 $\Delta_{12}$。力 $F_{P1}$ 在位移 $\Delta_{12}$ 上做了功，只是此过程中 $F_{P1}$ 的大小未变，功的大小为：

$$W_{12} = F_{P1}\Delta_{12}$$

力在其他因素引起的位移上做的功称为**虚功**。由于是其他因素产生的位移，可能顺着力 $F_{P1}$ 的指向，也可能与力 $F_{P1}$ 的指向相反，因此虚功可能为正功，也可能为负功。

在小变形的条件下，$\Delta_{12}$ 由图 9-5c）所示的状态计算，暂称此状态为第二状态。与之相应，$F_{P1}$ 单独作用的状态［图 9-5a）］为第一状态。

第一状态的外力在第二状态的位移上做外力虚功的同时，第一状态的内力也在第二状态各微段的变形上做内力虚功［图 9-5a）、c）］。

**变形体的虚功原理**：任何一个处于平衡状态的变形体，当发生任意一个虚位移时，变形体所受外力在虚位移上所作虚功的总和，等于变形体的内力在虚位移的相应变形上所做虚功的总和。在图 9-5a）、c）中，有：

$$F_{P1}\Delta_{12} = \int M_{P1}\mathrm{d}\theta_2 + \int F_{S1}\mathrm{d}v_2$$

### 9.2.2 单位荷载法

假设图 9-5a）中点 1 处的荷载不是 $F_{P1}$，而是单位荷载 $F=1$［图 9-5d）］，则上式等号的左边即为 $\Delta_{12}$，右边积分中的第一因子为单位荷载 $\overline{F}=1$ 作用下的内力 $\overline{M}$、$\overline{F}_S$。再将 $\mathrm{d}\theta_2$、$\mathrm{d}v_2$ 用内力关系式替代［图 9-5c）］，就可以计算 $\Delta_{12}$。图 9-5d）为求 $\Delta_{12}$ 的虚拟状态。

### 9.2.3 荷载作用下的位移计算公式

$$\Delta = \underbrace{\Sigma\int\frac{\overline{M}M_P}{EI}\mathrm{d}s}_{\text{弯曲的影响}} + \underbrace{\Sigma\int\frac{\overline{F}_N F_{NP}}{EA}\mathrm{d}s}_{\text{拉压的影响}} + \underbrace{\Sigma\int\frac{k\overline{F}_S F_{SP}}{GA}\mathrm{d}s}_{\text{剪切的影响}} + \underbrace{\Sigma\int\frac{\overline{F}_N M_P}{EA_r}\mathrm{d}s + \Sigma\int\frac{\overline{M}F_{NP}}{EA_r}\mathrm{d}s}_{\text{曲率的影响}} \tag{9-1}$$

式中,$\Delta$ 为欲求的结构位移;$\overline{M}$、$\overline{F}_{\mathrm{N}}$、$\overline{F}_{\mathrm{S}}$ 为虚拟状态的内力;$M_{\mathrm{P}}$、$F_{\mathrm{NP}}$、$F_{\mathrm{SP}}$为结构在荷载作用下的内力;积分表示一根杆件虚功的总和;$\Sigma$表示结构所有杆件虚功的总和。

图 9-6a)所示矩形截面圆弧形钢杆,$B$ 截面形心的竖向位移由 4 部分组成:

$$\Delta_{\mathrm{EP}} = \Delta^{\mathrm{M}} + \Delta^{\mathrm{N}} + \Delta^{\mathrm{S}} + \Delta^{\mathrm{r}}$$

设该曲杆轴线的半径与矩形截面高度之比 $r/h = 10$,弹性模量与切变模量之比 $E/G = 2.5$,$k = 1.2$。设虚拟状态[图 9-6b)],计算相关内力,代入式(9-1)算得:

$$\Delta_{\mathrm{BP}} = \frac{\pi F_{\mathrm{P}} r}{4EA} \times (1200 + 1 + 3 + 2)$$

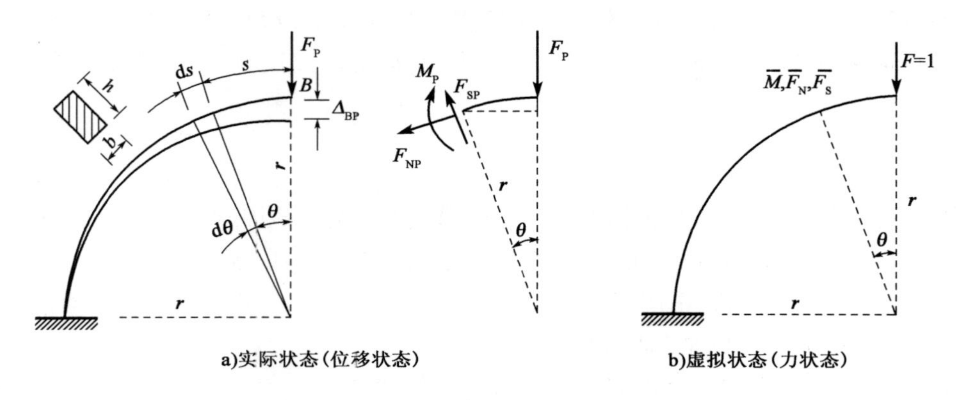


a)实际状态(位移状态)　　b)虚拟状态(力状态)

图 9-6　荷载作用下曲杆的位移

在本例中,弯曲、拉压、剪切、曲率对 $\Delta_{\mathrm{BP}}$影响的比例为:

$$\Delta^{\mathrm{M}} : \Delta^{\mathrm{N}} : \Delta^{\mathrm{S}} : \Delta^{\mathrm{r}} = 1200 : 1 : 3 : 2$$

(1)梁和刚架。梁和刚架的位移计算公式只选式(9-1)中的第一项便具有足够的工程精度。

$$\Delta = \Sigma \int \frac{\overline{M} M_{\mathrm{P}}}{EI} \mathrm{d}s \tag{9-2}$$

(2)桁架。各杆为链杆,而且是同材料的等截面杆。杆内只有轴力,且处处相等。因而只取式(9-1)中的第二项并简化为实用公式。

$$\Delta = \Sigma \int \frac{\overline{F}_{\mathrm{N}} F_{\mathrm{NP}}}{EA} \mathrm{d}s = \Sigma \frac{\overline{F}_{\mathrm{N}} F_{\mathrm{NP}}}{EA} \int \mathrm{d}s$$

$$\Delta = \Sigma \frac{\overline{F}_{\mathrm{N}} F_{\mathrm{NP}} l}{EA} \tag{9-3}$$

式中,$l$ 为杆长。

(3)组合结构。既有梁式杆,又有链杆,取用式(9-1)中的前两项。

$$\Delta = \sum \int \frac{\overline{M} M_{\mathrm{P}}}{EI} \mathrm{d}s + \sum \frac{\overline{F}_{\mathrm{N}} F_{\mathrm{NP}} l}{EA} \tag{9-4}$$

### 9.2.4 虚拟状态的选取

欲求结构在荷载作用下的指定位移,须取相应的虚拟状态(图 9-7)。即取同一结构,在欲求位移的地方,沿着要求位移的方位虚加单位荷载:

(1)欲求一点的线位移,加一个单位集中力[图 9-7b)]。

(2)欲求一处的角位移,加一个单位集中力偶[图 9-7c)]。

(3)欲求两点的相对线位移,在两点的连线上加一对指向相反的单位集中力[图 9-7d)]。

(4)欲求两处的相对角位移,加一对指向相反的单位集中力偶[图 9-7e)]。

(5)欲求桁架某杆的角位移,在杆的两端加一对平行、反向的集中力,两力形成单位力偶。力垂直于杆,力偶臂为 $d$,每一力的大小为 $1/d$[图 9-7g)]。

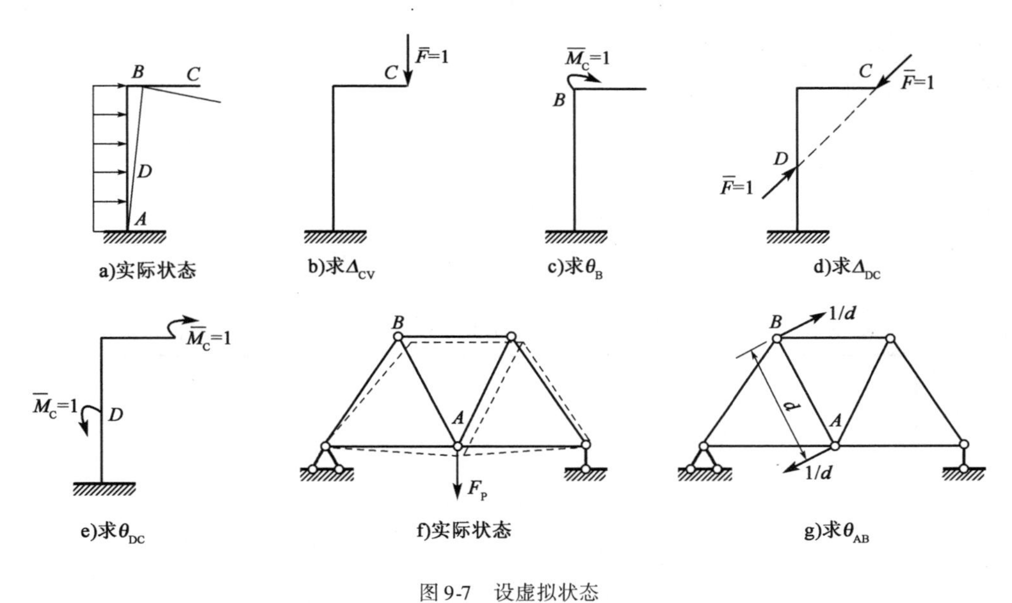


图 9-7 设虚拟状态

## 9.3 静定桁架在荷载作用下的位移计算

计算步骤为:

(1)设虚拟状态。

(2)计算 $\overline{F}_{\mathrm{N}}$、$F_{\mathrm{NP}}$。

(3)用$\Delta=\sum\frac{\overline{F}_{N}F_{NP}l}{EA}$计算位移。

**【例9-1】** 图9-8a)所示钢桁架,括号内的数值为杆件横截面面积(单位$cm^2$)。许可挠度与跨长的比值$\left[\frac{\omega}{l}\right]=\frac{1}{800}$,试校核桁架的刚度。

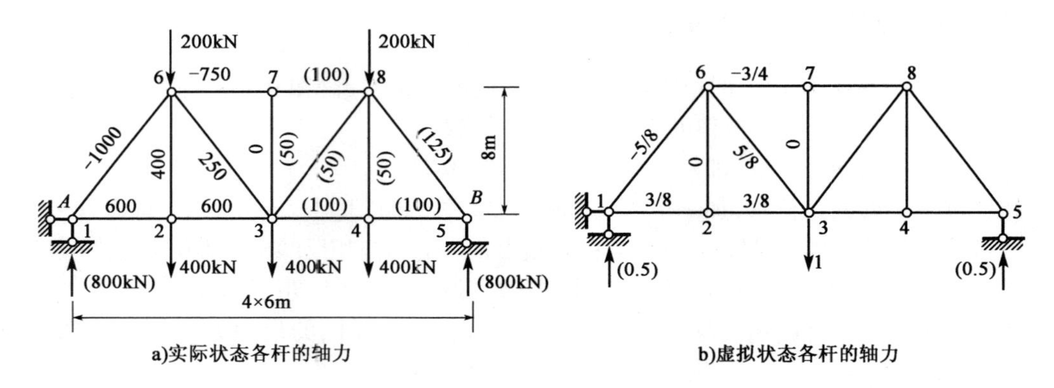


a)实际状态各杆的轴力　　b)虚拟状态各杆的轴力

图9-8　桁架的刚度计算

**解**:对称简支桁架在对称荷载作用下,最大挠度发生在桁梁的对称轴处,计算节点3的竖向位移,然后进行刚度校核。

(1)建立虚拟状态[图9-8b)]。

(2)计算$\overline{F}_N$和$F_{NP}$,分别标于图9-8b)、a)上。

(3)求节点3的竖向位移,进行刚度校核。

列表计算半个桁架的$\sum\overline{F}_N F_{NP}\frac{l}{A}$。横截面面积相同的等轴力共线弦杆1-2、2-3可视为一根杆件。对称轴上的3-7杆为零杆,表中可不列该杆。2-6杆的$\overline{F}_N=0$,可以不列入该杆。

| 杆　件 | 编　号 | $l$ (mm) | $A$ ($mm^2$) | $\frac{l}{A}$ (1/mm) | $F_{NP}$ (N) | $\overline{F}_N$ (N) | $\frac{F_{NP}\overline{F}_N l}{A}$ ($N^2$/mm) |
|---|---|---|---|---|---|---|---|
| 上弦 | 6-7 | 6000 | 10000 | 0.6 | −750000 | −0.75 | 337500 |
| 下弦 | 1-3 | 12000 | 10000 | 1.2 | +600000 | +0.375 | 270000 |
| 斜杆 | 1-6 | 10000 | 12500 | 0.8 | −1000000 | −0.625 | 500000 |
| 斜杆 | 3-6 | 10000 | 5000 | 2 | 250000 | +0.675 | 312500 |
| 竖杆 | 2-6 | | | | | 0 | 0 |
| Σ | | | | | | | 1420000 |

$$[\omega]=\left[\frac{\omega}{l}\right]\cdot l=\frac{l}{800}=\frac{24000\text{mm}}{800}=30\text{mm}$$

$$\omega_{max}=\Delta_{3P}=\frac{1}{E}\sum\overline{F}_N F_{NP}\frac{l}{A}=\frac{1420000\times2}{210000}\text{mm}=13.5\text{mm}<[\omega]$$

所以，桁架满足刚度条件。

**【例 9-2】** 试求例 9-1 中图 9-8a)所示桁架下弦杆 2-3 的角位移。

**解**：(1)建立虚拟状态[图 9-9b)]。链杆 2-3 长 6m，两端加力 1/6m。

(2)计算 $\overline{F}_N$，标于图 9-9b)上。

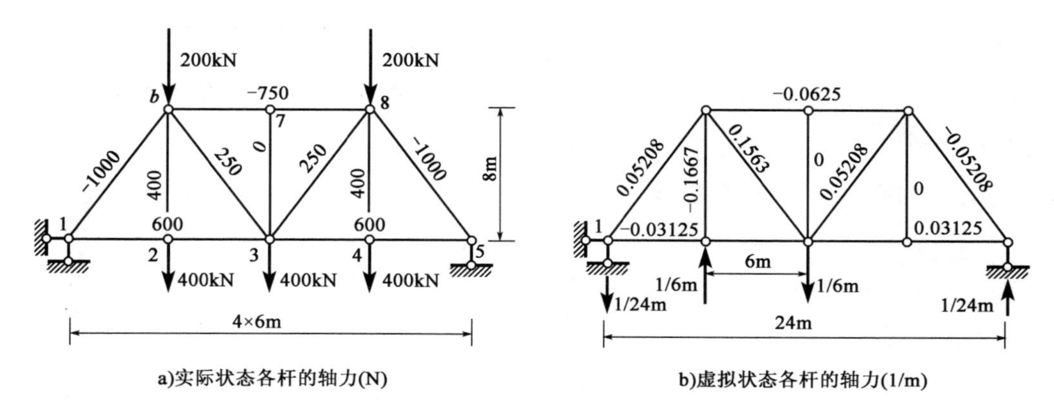


图 9-9 桁架下弦杆的角位移

(3)求节点 3 的竖向位移，进行刚度校核：

$$\theta_{23}=\sum\frac{\overline{F}_N F_{NP} l}{EA}=\frac{1}{E}\sum\overline{F}_N\ F_{NP}\frac{l}{A}$$

列表计算 $\sum\overline{F}_N F_{NP}\frac{l}{A}$。横截面面积相同的等轴力共线弦杆可视为一根杆件。竖杆 3-7、4-8 有零杆，不列表中。

| 杆　件 | 编　号 | $l$ (mm) | $A$ (mm$^2$) | $l/A$ (1/mm) | $F_{NP}$ (N) | $\overline{F}_N$ (N) | $\frac{F_{NP}\overline{F}_N l}{A}$ (N$^2$/mm) |
|---|---|---|---|---|---|---|---|
| 上弦 | 6-8 | 12000 | 10000 | 1.2 | −750000 | $-0.0625\times10^{-3}$ | $56250\times10^{-3}$ |
| 下弦 | 1-3 | 12000 | 10000 | 1.2 | +600000 | $-0.03125\times10^{-3}$ | 0 |
| 下弦 | 3-5 | 12000 | 10000 | 1.2 | +600000 | $+0.03125\times10^{-3}$ | |
| 斜杆 | 1-6 | 10000 | 12500 | 0.8 | −1000000 | $+0.05208\times10^{-3}$ | 0 |
| 斜杆 | 5-8 | 10000 | 12500 | 0.8 | −1000000 | $-0.05208\times10^{-3}$ | |
| 斜杆 | 3-6 | 10000 | 5000 | 2 | 250000 | $0.1563\times10^{-3}$ | $78150\times10^{-3}$ |
| 斜杆 | 3-8 | 10000 | 5000 | 2 | 250000 | $0.05208\times10^{-3}$ | $26040\times10^{-3}$ |
| 竖杆 | 2-6 | 8000 | 5000 | 1.6 | 400000 | −0.1667 | $-106688\times10^{-3}$ |
| Σ | | | | | | | $53752\times10^{-3}$ |

$$\theta_{23}=\frac{1}{E}\sum\overline{F}_N F_{NP}\frac{l}{A}=\frac{53752\times10^{-3}}{210000}\text{rad}=2.56\times10^{-4}\text{rad}$$

## 9.4 静定直梁和刚架位移计算的图乘法

如果用荷载作用下的公式 $\Delta = \sum\int \frac{\overline{M}M_{\mathrm{P}}}{EI}\mathrm{d}s$ 计算梁和刚架的位移，须列弯矩函数式 $M_{\mathrm{P}}(x)$ 和 $\overline{M}(x)$，代入公式进行积分运算，计算量较大。可用一种简便实用的方法——图乘法，以之替代积分运算。

### 9.4.1 图乘法的适用条件

(1)杆段的轴线为直线。

(2)杆段的弯曲刚度 $EI$ 为常数。

直梁和刚架的位移公式则为：

$$\Delta = \sum\int_0^l \frac{\overline{M}M_{\mathrm{P}}}{EI}\mathrm{d}s = \sum \frac{1}{EI}\int_0^l \overline{M}M_{\mathrm{P}}\mathrm{d}x \tag{9-5a}$$

(3)$M_{\mathrm{P}}$ 图和 $\overline{M}$ 图中至少有一个直线图形。在图 9-10 中，$\overline{M}$ 图的图线为直线，$M_{\mathrm{P}}$ 图的图线为曲线。在 $\overline{M}$ 图上 $x$ 处的纵坐标线：

$$\overline{M} = \tan\alpha \cdot x$$

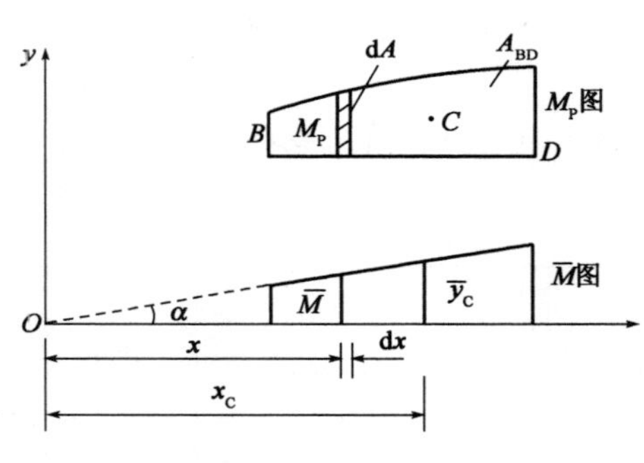


图 9-10 将 $\int\overline{M}M_{\mathrm{P}}\mathrm{d}x$ 变换为图形相乘

### 9.4.2 图乘法原理

对式[9-5a)]中的积分作变换：

$$\int_l \overline{M}M_{\mathrm{P}}\mathrm{d}x = \int_b^d x \cdot \tan\alpha \cdot M_{\mathrm{P}}\mathrm{d}x = \tan\alpha\int_b^a x \cdot M_{\mathrm{P}}\mathrm{d}x = \tan\alpha\int_A x \cdot \mathrm{d}A \tag{9-5b}$$

式[9-5b)]中 $M_{\mathrm{P}}\mathrm{d}x$ 与 $x$ 处 $M_{\mathrm{P}}$ 图的微面积 $\mathrm{d}A$ 的数值相等。最后的积分为 $M_{\mathrm{P}}$ 图对 $y$ 轴的静矩，它等于 $BD$ 段 $M_{\mathrm{P}}$ 图的面积 $A$ 乘以图形形心 $C$ 的坐标 $x_{\mathrm{C}}$。即：

$$\int_l \overline{M}M_{\mathrm{P}}\mathrm{d}x = \tan\alpha \cdot x_{\mathrm{C}} \cdot A_{\mathrm{AB}} = \overline{y}_{\mathrm{C}} \cdot A_{\mathrm{AB}}$$

这样，图乘法求位移的一般表达式为：

$$\Delta = \sum \frac{1}{EI} A y_C \tag{9-6}$$

式中,$A$ 为杆段的 $M_P$图或 $\overline{M}$ 图的面积;$y_C$ 为面积形心对应的另一直线形弯矩图的纵坐标。

图乘法的步骤为:

(1)设虚拟状态。

(2)画 $M_P$ 图、$\overline{M}$ 图。

(3)图乘求位移。

①**分区段**。按 $EI$ 为常量、$M_P$ 图线、$\overline{M}$ 图线有直线形分段。

②**图形分解**。拟取 $A$、$y_C$ 当图形的面积或形心位置不易确定时,需分解为图 9-11 所示的规则图形;直线形提供纵标 $y_C$,另一图形提供面积 $A$。

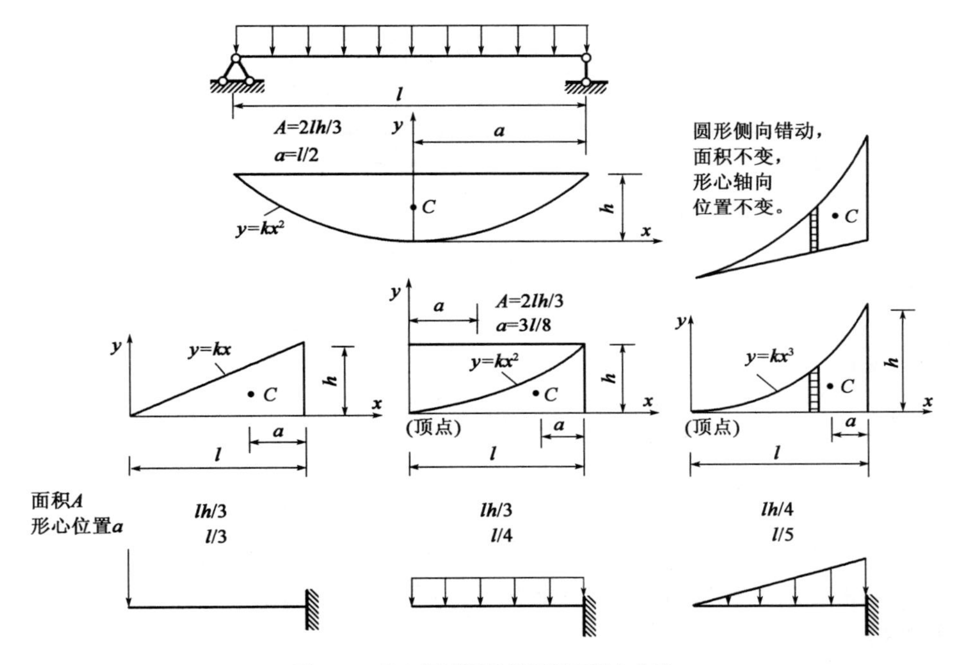


图 9-11　几个规则图形的面积和形心位置

③**图乘**。对于每项图乘,图形面积 $A$ 与纵标 $y_C$ 在弯矩图基线的同侧时乘积为正,各在基线一侧则取负号。

## 分析示范

**【例 9-3】**　图 9-12a)所示外伸梁,$EI = 5 \times 10^6 \text{N} \cdot \text{m}^2$,试求 $D$ 截面的竖向位移,并勾画梁的挠曲线。

**解**:(1)设虚拟状态[图 9-12c)]。

(2)画 $M_P$图、$\overline{M}$ 图:用叠加法画 $M_P$图[图 9-12b)]。

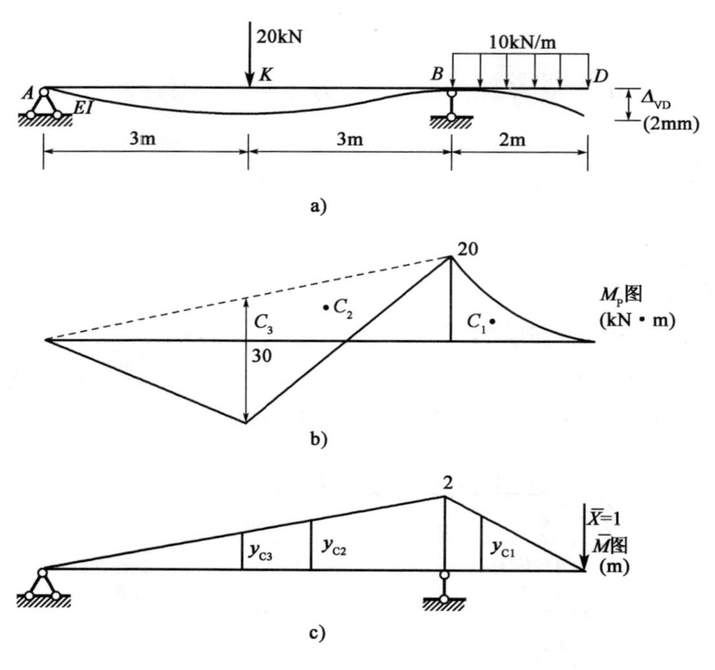


图 9-12　图乘法计算梁的位移

(3)图乘法求位移:

$$\Delta_{VD} = \frac{1}{EI}(A_1y_1 + A_2y_2 - A_3y_3)$$

$$= \frac{1}{5\times10^6\text{N}\cdot\text{m}^3}\left(\frac{1}{6}\times2\text{m}\times20000\text{N}\cdot\text{m}\times\frac{3}{4}\times2\text{m}+\frac{1}{2}\times6\text{m}\times20000\text{N}\cdot\text{m}\times\frac{2}{3}\times2\text{m}-\frac{1}{2}\times6\text{m}\times30000\text{N}\cdot\text{m}\times\frac{1}{2}\times2\text{m}\right)$$

$$= 0.002\text{m} = 2\text{mm}(\downarrow)$$

将计算结果标在图 9-12a)上,并依据 $M_P$ 图勾画梁的挠曲线。

**【例 9-4】**　图 9-13a)所示刚架的 $EI$ 为常数,求 $C$、$D$ 两点的相对位移,并勾画刚架的变形曲线。

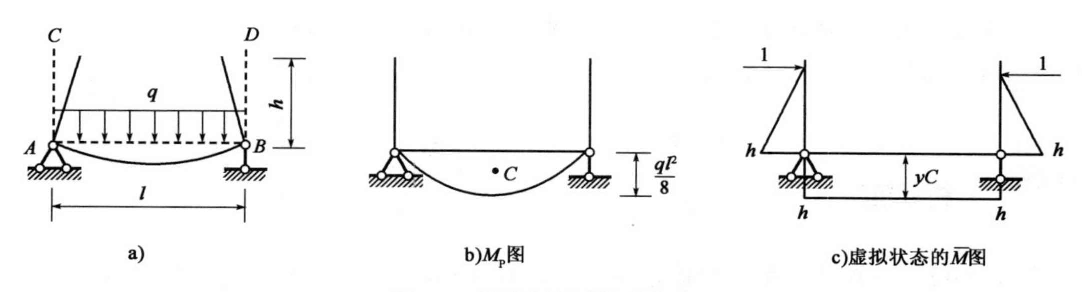


图 9-13　图乘法计算刚架的位移

**解:**(1)设虚拟状态:在 $C$、$D$ 处沿两点连线上加一对指向相反的单位集中力[图 9-13c)]。

(2)画 $M_P$ 图、$\bar{M}$ 图[图 9-13a)、b)]。

(3)图乘法求位移：

$$\Delta_{CD} = \sum \frac{1}{EI} A y_C = \frac{1}{EI} \times \frac{2}{3} \times l \times \frac{ql^2}{8} \times h = \frac{qhl^3}{12EI}$$

(4)勾画刚架的变形曲线。

**【例 9-5】** 求图 9-14a)所示刚架刚节点 $B$ 的角位移 $\theta_B$。

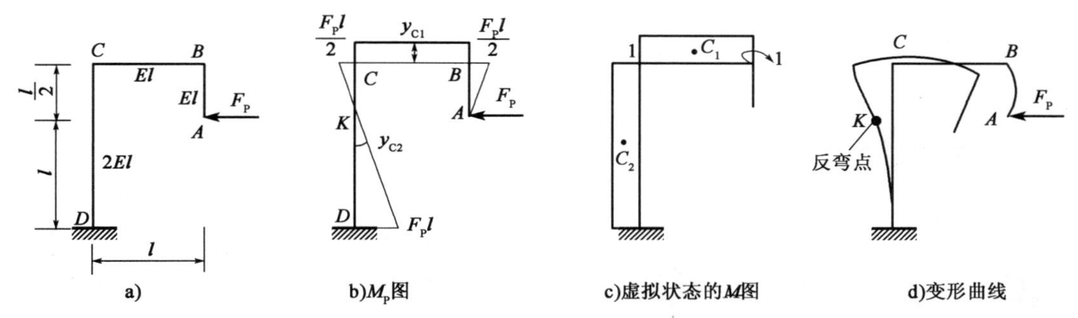


图 9-14　图乘法计算刚架的位移

**解：**(1)设虚拟状态：在刚节点 $B$ 处加一单位力偶[图 9-14c)]。

(2)画 $M_P$ 图、$\overline{M}$ 图[图 9-14b)、c)]。

(3)图乘求位移：$M_P$ 图、$\overline{M}$ 图各段均为直线形，可任拟一图形提供面积。现拟提供面积的图形为 $\overline{M}$ 图。注意 $CD$ 杆段的弯曲刚度为 $2EI$。

$$\theta_B = \frac{1}{EI} \times l \cdot 1 \times \frac{F_P l}{2} - \frac{1}{2EI} \times \frac{3l}{2} \cdot 1 \times \frac{1}{2}\left(F_P l - \frac{F_P l}{2}\right) = \frac{5F_P l^2}{16EI}$$

计算结果为正值，刚节点的转向与所设单位力偶转向一致。依据 $M_P$ 图勾画刚架的位移曲线，$M_P$ 连续变化为零处位移曲线有反弯点。

## 9.5 支座移动引起的静定结构位移

由支座移动引起的静定结构的位移，因无多余约束的限制，为刚性位移[图 9-15a)]。各杆无变形，内力为零。用单位荷载法求位移的计算公式为：

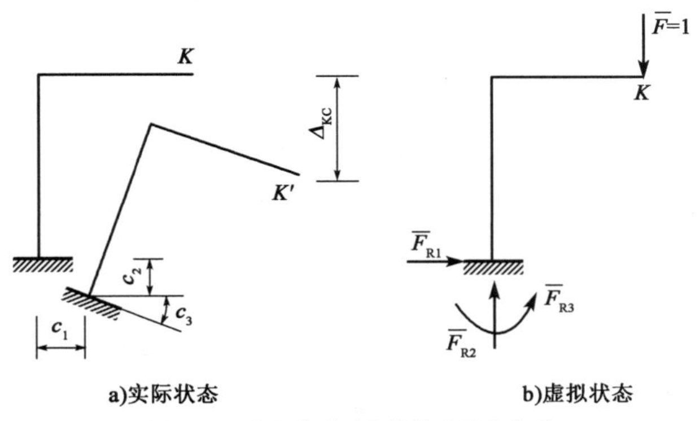


图 9-15　支座位移引起的静定结构位移

$$\Delta = -\sum \overline{F}_{Ri} \cdot c_i \tag{9-7}$$

式中，$c_i$ 为实际状态的支座位移；$\overline{F}_{Ri}$ 为虚拟状态相应的支座反力；$\overline{F}_{Ri} \cdot c_i$ 为反力虚功。当 $\overline{F}_{Ri}$ 的方向与对应的 $c_i$ 方向一致时做正功，该项乘积取正号，方向相反时取负号。应当注意，$\sum$ 之前有一负号，应用时勿遗漏。

**【例 9-6】** 图 9-16a）所示三铰刚架，支座 $B$ 发生如图所示的位移，其中 $c_1 = 6\text{cm}$，$c_2 = 4\text{cm}$。试求铰 $C$ 的位移。

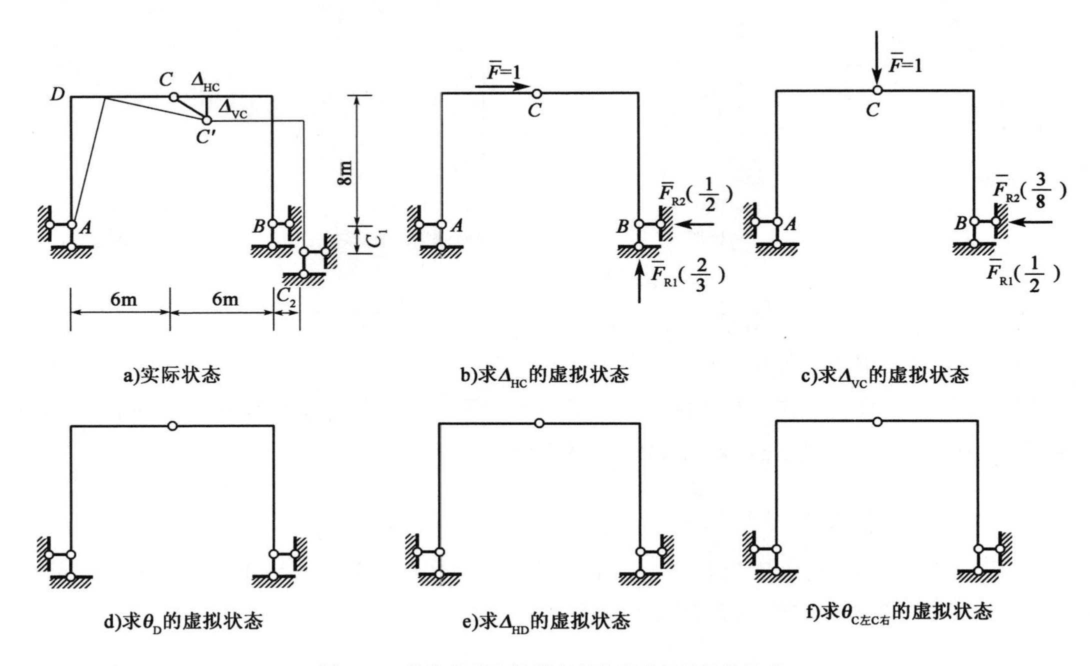


图 9-16　单位荷载法计算支座位移引起的结构位移

**解：**铰 $C$ 的位移为线位移。因方位未知，须分别求水平位移、竖向位移，然后合成总位移。在用式（9-7）求位移时，由于只是 $B$ 支座有位移，所以只需求虚拟状态 $B$ 处的支座反力。

（1）点 $C$ 的水平位移 $\Delta_{HC}$。

①设虚拟状态［图 9-16b）］。

②求虚拟状态的支座反力。

三铰刚架：$\sum M_A(F) = 0 \rightarrow \overline{F}_{R1} = \frac{2}{3}$

右半刚架：$\sum M_C(F) = 0 \rightarrow \overline{F}_{R2} = \frac{1}{2}$

③计算位移。

$$\Delta_{HC} = -\sum \overline{F}_{Ri} \cdot c_i = -\left(-\frac{2}{3} \times 6\text{m} - \frac{1}{2} \times 4\text{m}\right) = 6\text{cm}$$

（2）点 $C$ 的竖向位移 $\Delta_{VC}$。

①设虚拟状态[图9-16c)]。

②求虚拟状态的支座反力。

三铰刚架 $\sum M_A(F)=0 \rightarrow \overline{F}_{R1}=\frac{1}{2}$

右半刚架 $\sum M_C(F)=0 \rightarrow \overline{F}_{R2}=\frac{3}{8}$

③计算位移。

$$\Delta_{VC}=-\sum \overline{F}_{Ri}\cdot c_i=-\left(-\frac{1}{2}\times 6\text{m}-\frac{3}{8}\times 4\text{m}\right)=4.5\text{cm}$$

(3)点 $C$ 的总位移。

$$\Delta_c=\sqrt{\Delta_{HC}^2+\Delta_{VC}^2}=\sqrt{(6\text{m})^2+(4.5\text{m})^2}=7.5\text{cm}$$

**讨论** 若求如下指定位移,试设虚拟状态[分别画单位荷载于图9-16d)、e)、f)中],求虚拟状态的支座反力计算位移:

(1)刚节点 $D$ 的角位移。

(2)刚节点 $D$ 的水平位移。

(3)铰 $C$ 左邻、右邻截面的相对角位移。

## 本章小结

**知识体系**

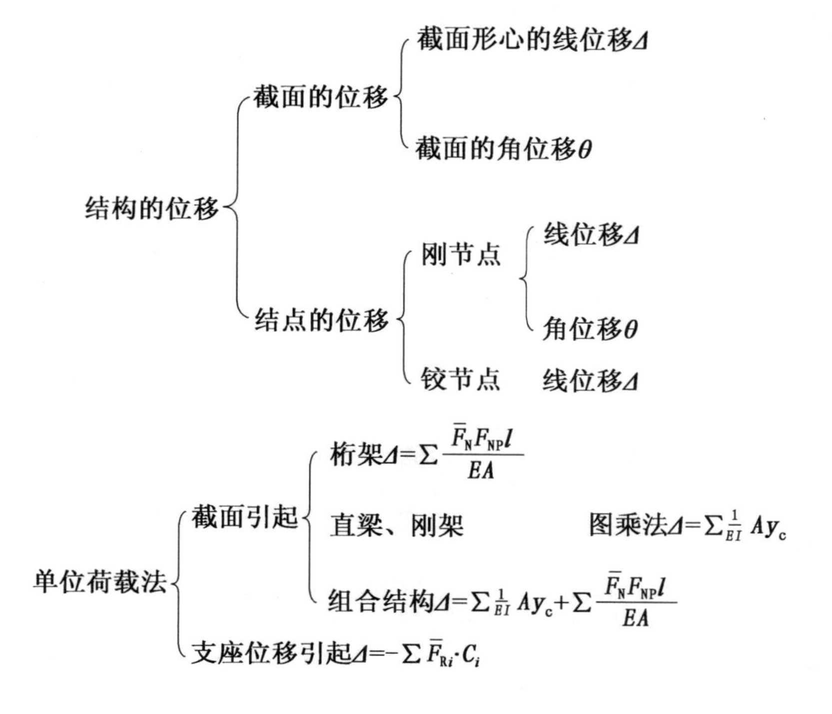

**能力养成**

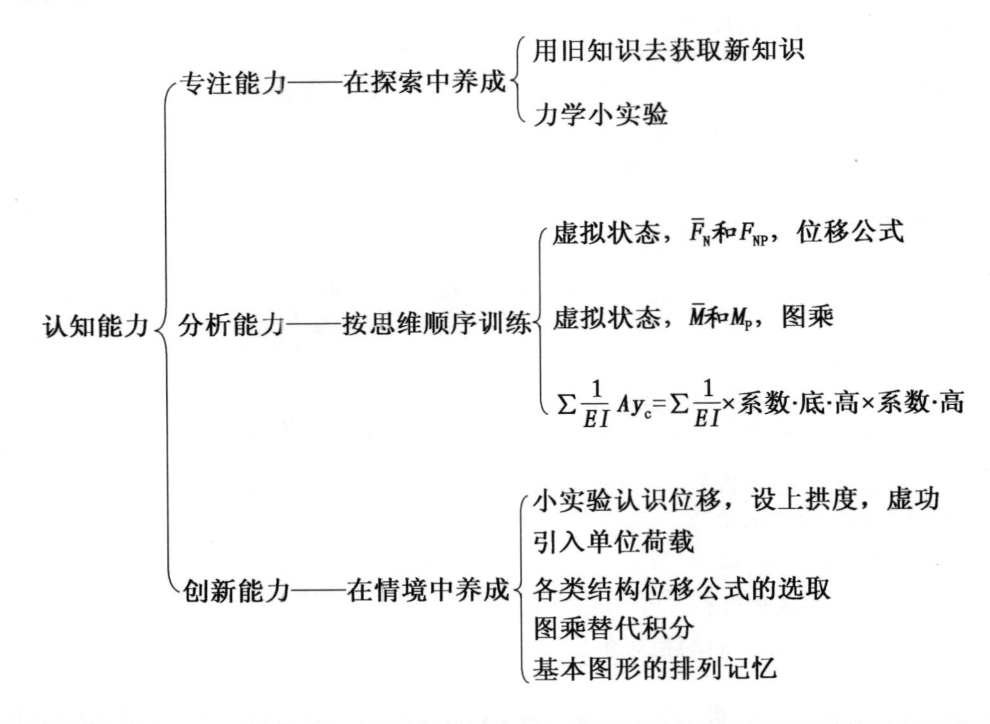


## 实验与讨论

9-1-1　按指定位移的字符在图9-17上找出相应的位移，将字符标注在旁边，并填空表示位移的全称。

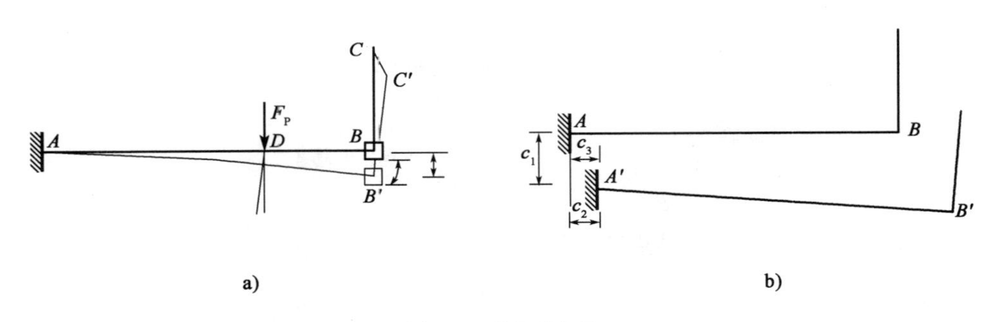


图9-17　结构的位移

(1)截面的位移(选填："A""B""C""D"；截面、形心；线、角；水平、竖直)

$\Delta_D$是________截面________的________位移；$\Delta_C$是________截面________的________位移；

$\Delta_{CV}$是\_\_\_\_\_\_\_\_截面\_\_\_\_\_\_\_\_的\_\_\_\_\_\_\_\_线位移；$\theta_D$是________截面的________位移。

(2)节点的位移(选填："A""B""C""D"；线、角；刚、柔)

$\Delta_B$是节点________的________位移；$\theta_B$是刚节点________的________位移。铰节点只

有________位移。

(3)产生位移的原因(选填:“$A$”“$B$”;水平、竖直;线、角;刚、柔)

在图9-17b)中,$c_1$是支座________的________线位移;$c_2$是支座________的________线位移;$c_3$是固定端支座________的________位移。

支座位移会引起结构位移。静定结构的支座位移仅仅引起整个结构________性位移。

杆件变形会引起结构位移[图9-17a)]。*AD*杆段有弯曲变形,段内所有截面都有________位移和________位移。将*AD*杆段的*D*截面看作*DBC*部分的固定端支座,则*AD*杆段*D*截面的线位移、角位移会引起*DBC*部分的________性位移。

9-2-1　欲用单位荷载法求结构的指定位移,试设虚拟状态(图9-18～图9-22)。

(1)求$\Delta_{CV}$。

(2)求*C*铰左右截面的相对转角。

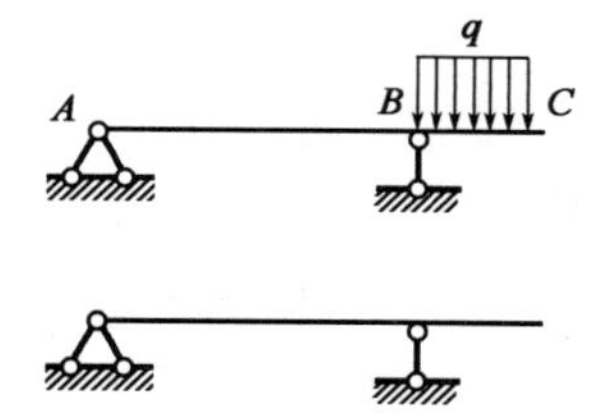


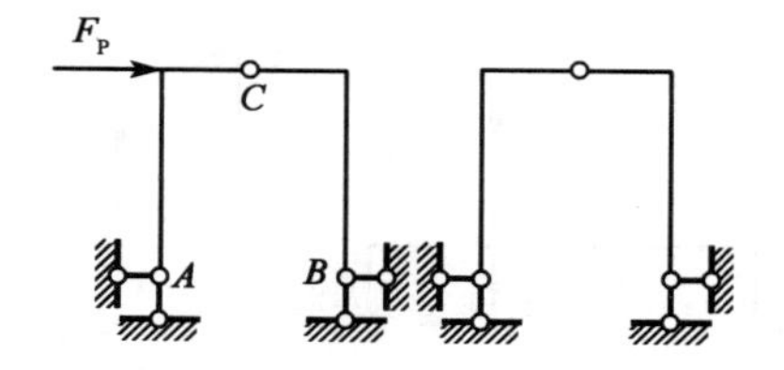


图　9-18

(3)求$\varphi_B$。

(4)求*C*、*D*的相对线位移。

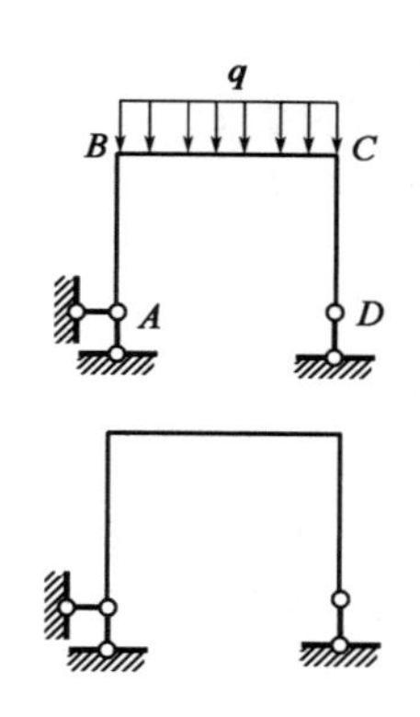


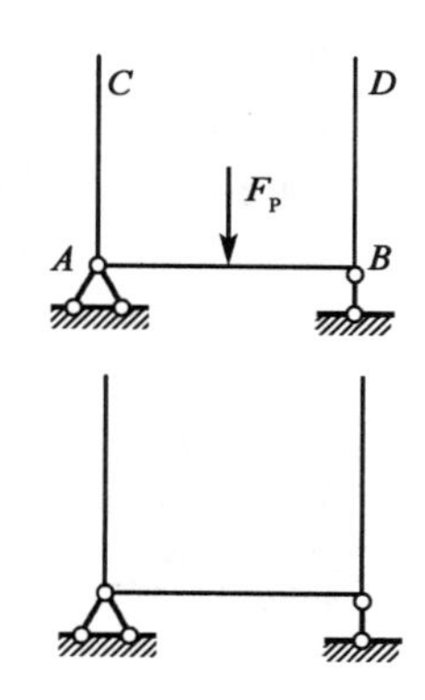


图　9-19

(5)求桁架*CD*杆的角位移。*CD*杆长*l*。

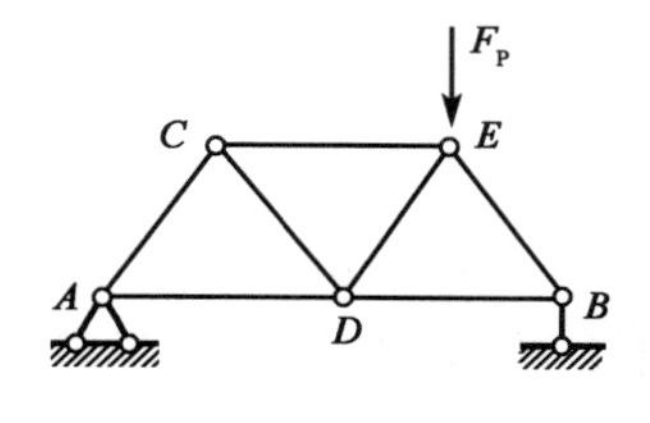


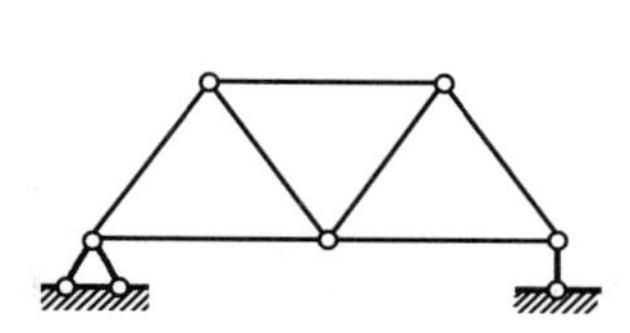

图　9-20

(6)求 $\varphi_D$。　　　　(7)求 $\Delta_{CH}$。

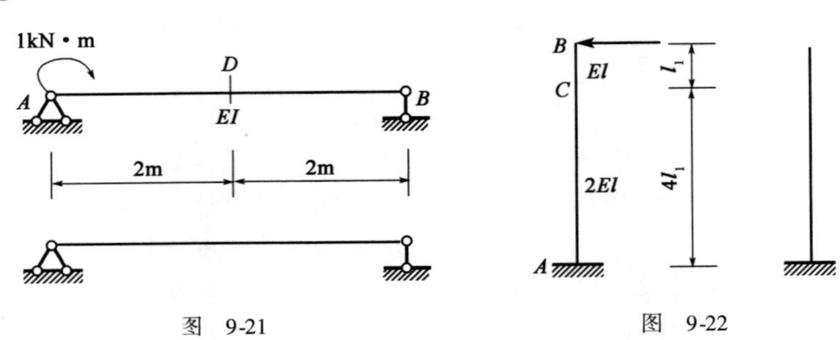


图 9-21　　　　图 9-22

9-4-1　在图 9-23 中,选做面积的图形或形心对应的纵坐标**有错**,试指出错误原因,并在图上改正。

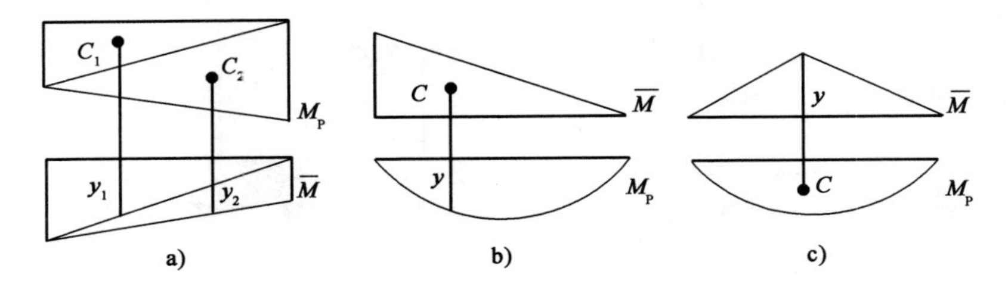


图 9-23　改错

9-5-1　**小实验**　图 9-24a)所示铁路桁梁,在荷载作用下结构产生位移[图 9-24b)],不利于列车行驶。加长桁架上弦杆则可设置上拱度[图 9-24c)]。这样,荷载作用时产生位移会使下弦杆趋于水平[图 9-24a)]。试用锯条装配图示桁架的模型,流畅地演示这一力学现象。

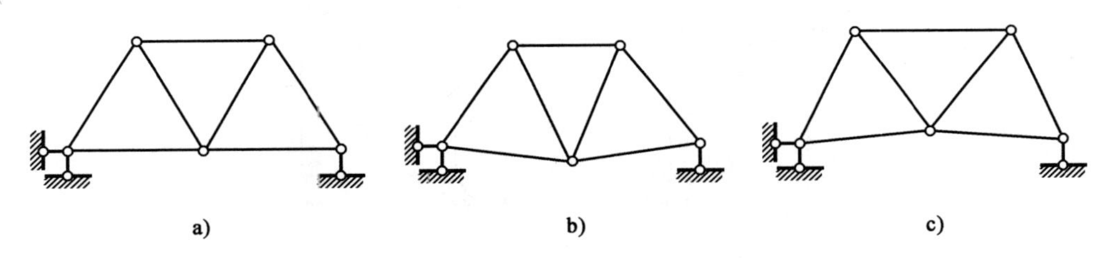


图 9-24　设置上拱度的小实验

## 习题

9-3-1　用单位荷载法计算静定桁架位移的公式是________。试计算图 9-25 所示桁架的指定位移。(只需计算 $\overline{F}_N$ 不为零的杆件的 $F_{NP}$)

9-3-2　图 9-26 所示桁架,$E=2.1\times10^5$MPa,$A=1200\text{mm}^2$,求节点 $C$ 的竖向位移。

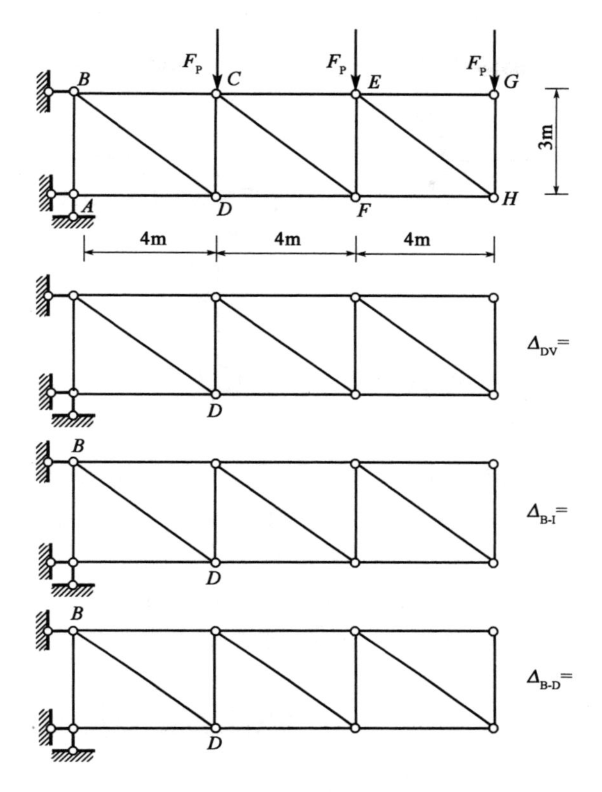


图 9-25 求桁架的指定位移

9-4-1 图 9-27 所示梁的弯曲刚度为 $EI$,试用图乘法求 $\varphi_B$。

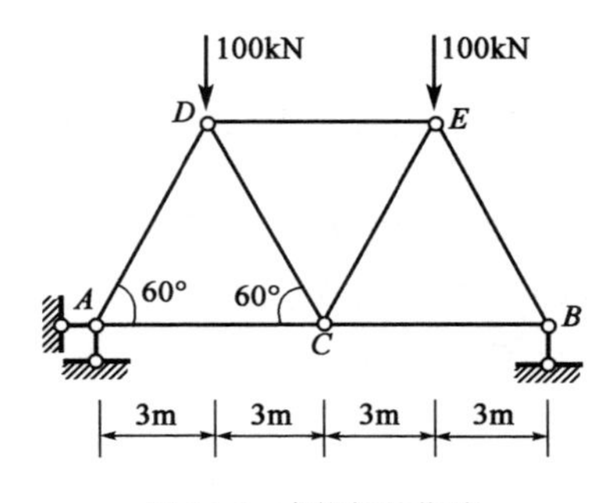


图 9-26 求桁架的位移

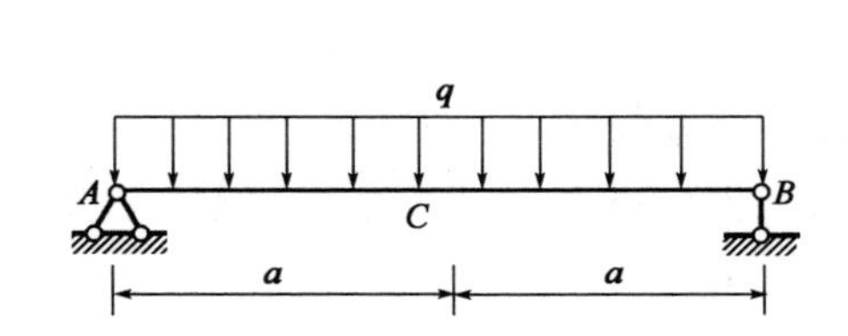


图 9-27 用图乘法求简支梁的指定位移

9-4-2 图 9-28 所示梁的弯曲刚度为 $EI$,试用图乘法求 $\Delta_{CV}$。

9-4-3 图 9-29 所示梁的弯曲刚度为 $EI$,试用图乘法求 $\Delta_{CV}$。

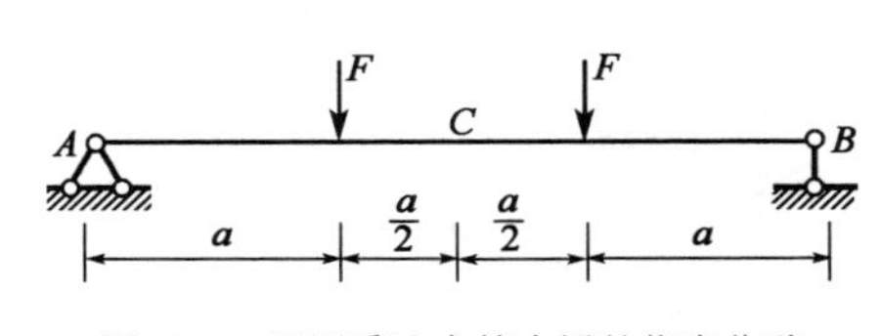


图 9-28 用图乘法求简支梁的指定位移

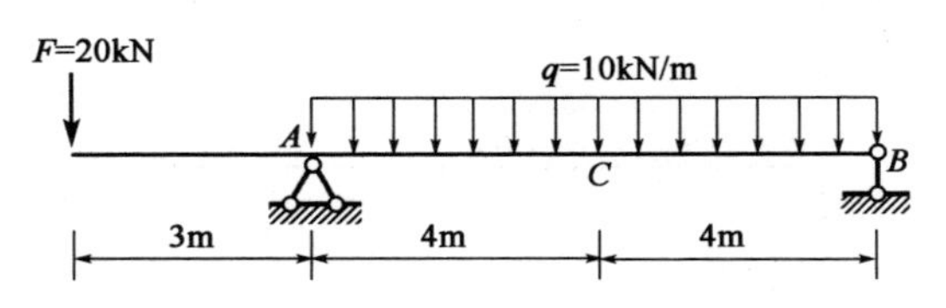


图 9-29 用图乘法求外伸梁的位移

9-4-4　图 9-30 所示刚架各杆的弯曲刚度为 $EI$,试用图乘法求 $\Delta_{BV}$、$\varphi_B$。

9-4-5　图 9-31 所示刚架各杆的弯曲刚度为 $EI$,试用图乘法求 $\Delta_{BH}$、$\varphi_B$。

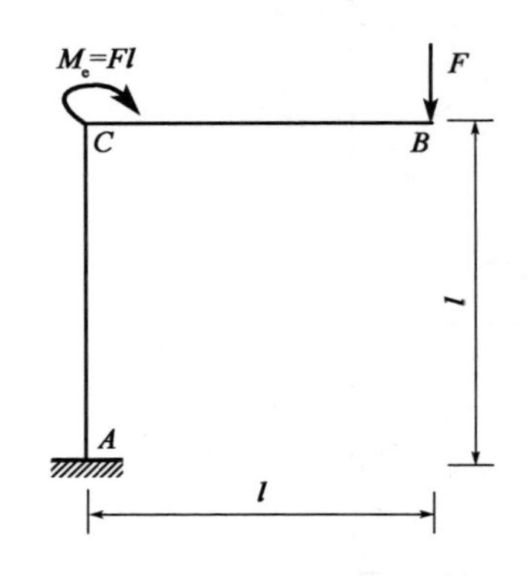


图 9-30　用图乘法求刚架的位移

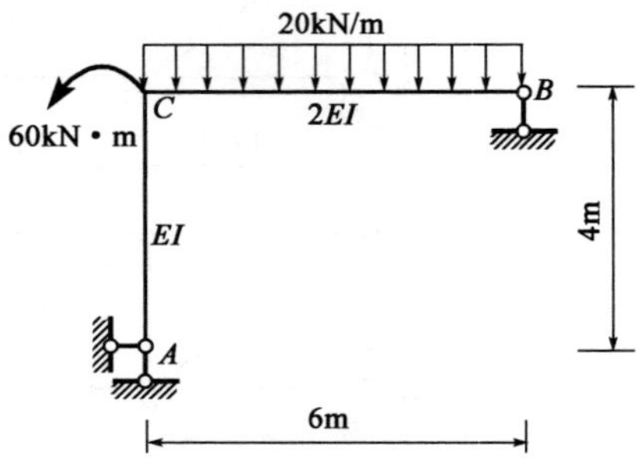

图 9-31　用图乘法求刚架的位移

9-4-6　图 9-32 所示的悬臂刚架,$E=2.1\times10^5\text{MPa}$,$I=2.4\times10^8\text{mm}^4$,求端面 $C$ 的角位移 $\varphi_C$ 和竖向线位移 $\Delta_{CV}$。

9-4-7　图 9-33 所示组合结构中,梁 $BD$ 的弯曲刚度 $EI$ 为常数,杆 $FB$ 的横截面面积为 $A$,杆 $F_C$ 的横截面面积为 $2A$,在数值上 $A=5I$。求组合结构 $K$ 截面的角位移 $\varphi_K$。

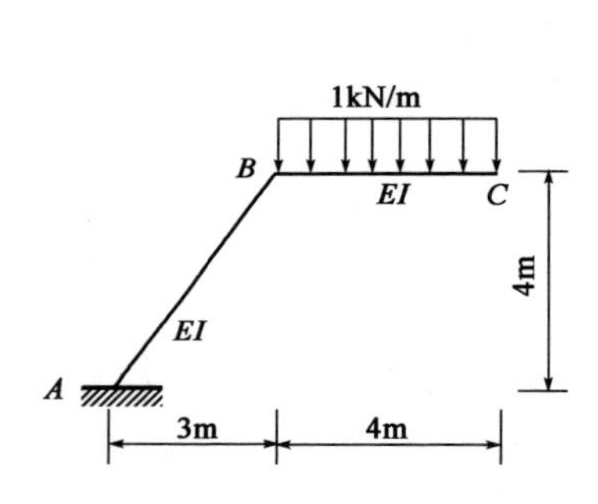


图 9-32　用图乘法求刚架的位移

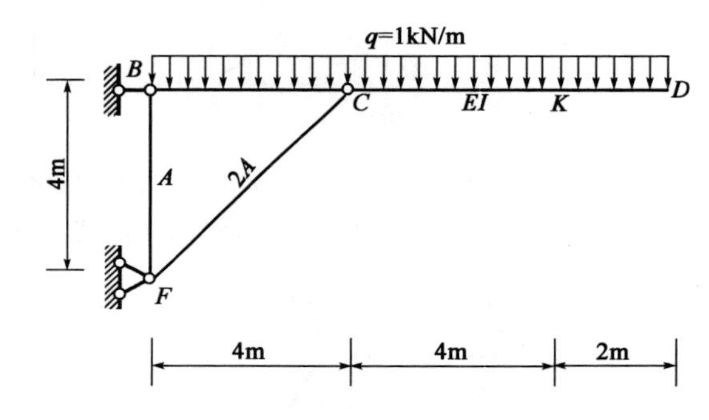


图 9-33　求组合结构的指定位移

9-4-8　图 9-34 所示梁的 $B$ 支座下沉 $\Delta_1$,求 $E$ 端的竖向位移 $\Delta_{EV}$。

9-4-9　图 9-35 所示悬臂刚架的 $A$ 支座发生了移动和转动,求 $B$ 端的水平线位移 $\Delta_{BH}$ 和竖直线位移 $\Delta_{BV}$。

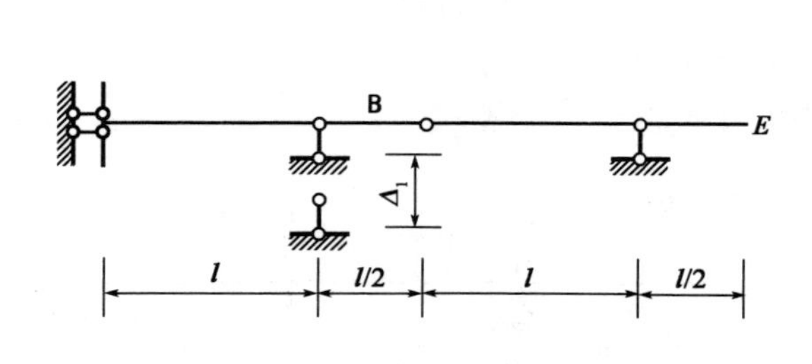


图 9-34　求支座位移引起的结构位移

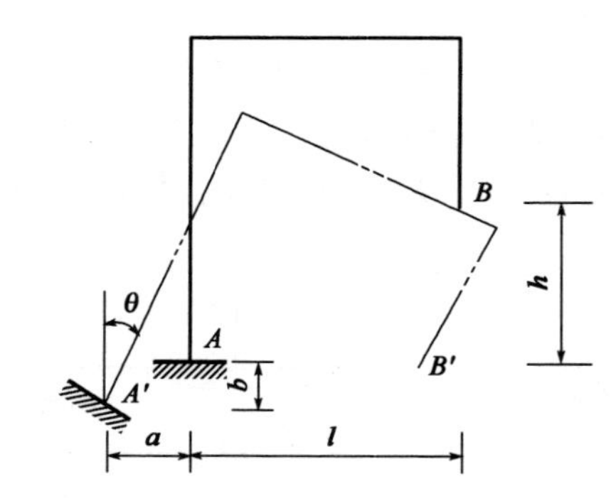


图 9-35　求支座位移引起的结构位移

## 综合习题

9-1　图9-36所示桁架，$EA=2.1\times10^5$kN。(1)求节点$B$的竖向位移；(2)求$AD$杆的转角；(3)求$C$、$D$两点的相对位移。

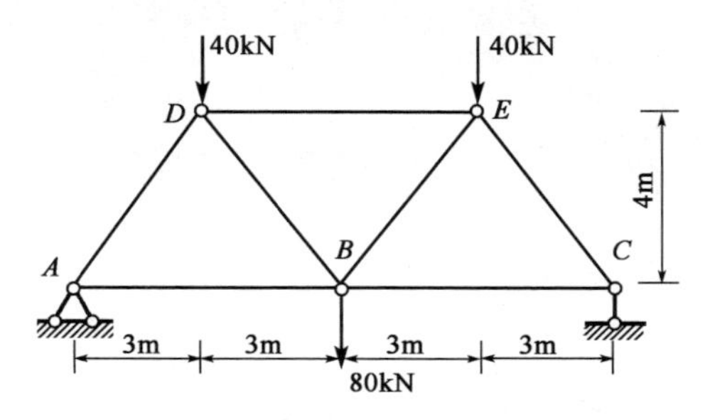


图9-36　求桁架的位移

9-2　求图9-37所示静定多跨梁$K$截面的线位移。

9-3　求图9-38所示刚架$C$节点左右截面的相对角位移。$EI$为常数。

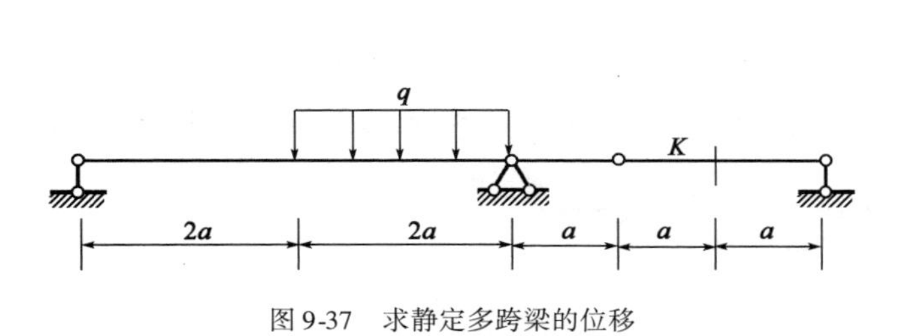


图9-37　求静定多跨梁的位移

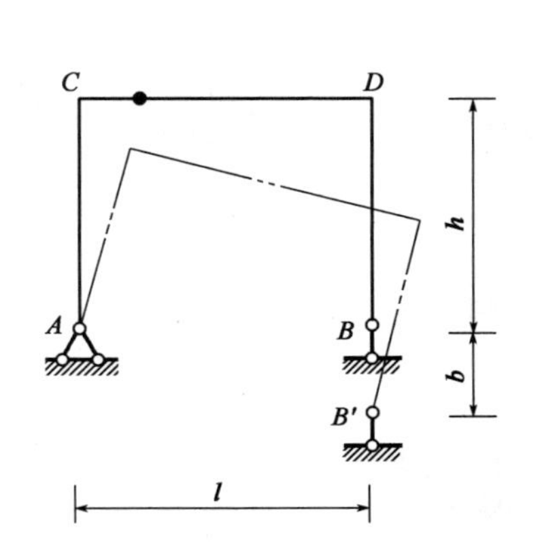


图9-38　求刚架的相对位移

9-4　图9-39所示组合结构，梁式杆件的$EI=3.2\times10^4\text{kN}\cdot\text{m}^2$，链杆的$EA=7.14\times10^4$kN，求$K$端的竖向位移。

9-5　用单位荷载法计算因支座位移引起的结构位移，公式为________。试计算图9-40所示刚架由于支座位移引起的刚节点$D$的水平位移。

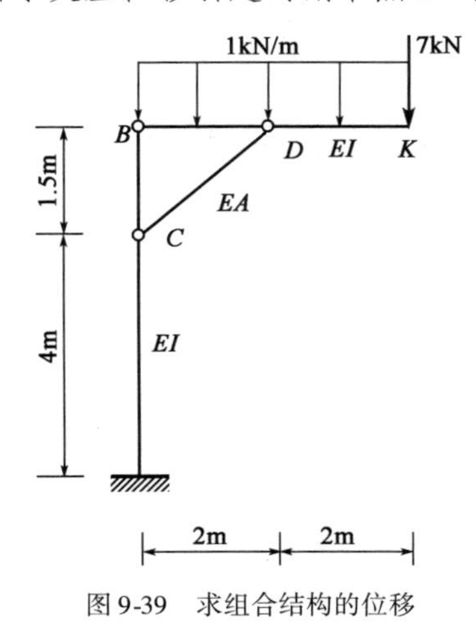


图9-39　求组合结构的位移

图9-40　求支座位移引起的结构位移

# 第10章 超静定结构分析

## 10.1 力法

### 10.1.1 力法原理

欲画图 10-1a)所示结构的弯矩图,求 $B$ 截面的角位移。由于是超静定结构,仅凭静力平衡方程无法解出未知支座反力。需补充方程,解出未知力之后,才能计算结构的内力和位移。

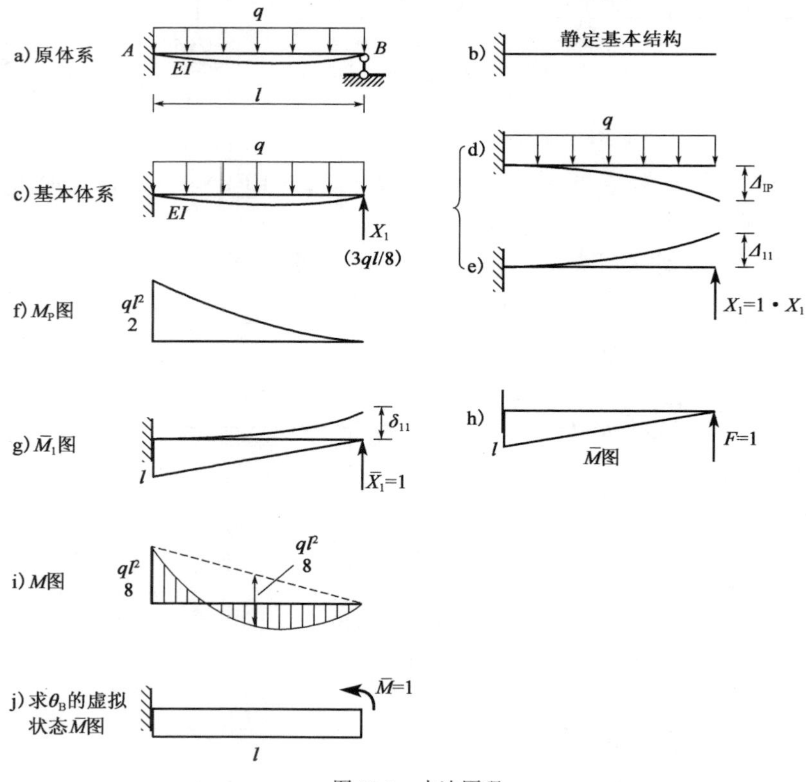


图 10-1 力法原理

将$B$支座的链杆视为多余联系。撤去多余联系之后的结构称为静定基本结构[图10-1b)]。**在静定基本结构上,作用原结构的荷载,并将撤去的多余联系用多余未知力$X_1$代替,这样形成的体系称为力法的基本体系**[图10-1c)]。作为原超静定体系的替代物,基本体系把不熟悉的超静定问题与熟悉的静定问题联系起来[图10-1a)、c)、d)、e)]。一旦解出多余未知力$X_1$,由基本体系求出的内力、位移,便是原超静定体系的内力和位移。

用$\Delta_{11}$表示静定基本结构在多余未知力$X_1$处沿力的方向由力引起的位移[图10-1e)];用$\Delta_{1F}$表示静定基本结构在$X_1$处沿$X_1$方位由荷载引起的位移[图10-1d)]。位移$\Delta_{1F}$为代数量,与多余未知力$X_1$的方向一致时为正。$\Delta_{11}$、$\Delta_{1F}$的总和与原超静定结构$B$端的位移相同,此类条件称为位移协调条件:

$$\Delta_{11}+\Delta_{1F}=0$$

需显示多余未知力$X_1$。设一单位力,方向与多余未知力相同,大小$X_1=1$。这样,就可以把多余未知力表达为单位力的$X_1$倍。多余未知力$X_1$引起的$\Delta_1$,便可看成单位力$\overline{X}_1=1$所引起位移$\delta_{11}$的$X_1$倍[图10-1g)、e)]。因此,上述位移协调条件便可表示为方程

$$\delta_{11}X_1+\Delta_{1F}=0$$

方程以多余未知力为未知量,称为力法方程。方程中的$\delta_{11}$称为位移系数(简称系数),$\Delta_{1F}$称为荷载位移(也称自由项),均可用单位荷载法算出。

直梁、刚架的位移系数、荷载位移用图乘法计算。求$\delta_{11}$[图10-1g)],需设虚拟状态[图10-1h)],并让单位荷载$\overline{F}=1$的指向与$X_1=1$的指向相同。这样,虚拟状态的弯矩图[图10-1h)]与实际状态的弯矩图[图10-1g)]完全相同。本应是两个弯矩图图乘,便可看成是一个弯矩图$\overline{M}_1$图自己乘以自己,简称"自乘":

$$\delta_{11}=\frac{1}{EI}\times\frac{1}{2}\cdot l\cdot l\times\frac{2}{3}l=\frac{l^3}{3EI}$$

求$\Delta_{1P}$[图10-1d)],需画静定基本结构在荷载作用下的弯矩图[图10-1f)],仍以$M_1$图为虚拟状态的弯矩图[图10-1g)],两弯矩图图乘:

$$\Delta_{1F}=-\frac{1}{EI}\times\frac{1}{3}\cdot l\cdot\frac{ql^2}{2}\times\frac{3}{4}l=-\frac{ql^4}{8EI}$$

代入力法方程求解:

$$X_1=-\frac{\Delta_{1F}}{\delta_{11}}=-\left(-\frac{q\,l^4}{8EI}\Big/\frac{l^3}{3EI}\right)=\frac{3}{8}ql$$

将求出的$X_1$值标在基本体系上[图10-1c)],余下的问题则为熟悉的静力计算问题。比如,画基本体系的弯矩图[图10-1i)],即为原超静定体系的弯矩图。欲求超静定体系的指定位移,只需计算基本体系的该位移,虚拟状态的单位荷载只需加在静定基本结构上[图10-1j)]。

$$\theta_k=\frac{1}{EI}\times\frac{2}{3}\cdot l\cdot\frac{ql^2}{8}\times1-\frac{1}{EI}\times\frac{1}{2}\cdot l\cdot\frac{ql^2}{8}\times1=\frac{ql^3}{48EI}$$

### 10.1.2 力法步骤

力法是将超静定结构转换为静定结构,以多余未知力为基本未知量,根据位移协调条

件建立力法方程解超静定问题的方法。力法步骤为：

（1）选静定基本结构，建立基本体系。

（2）列力法方程求解。

（3）基本体系的静力计算。

## 分析示范

**【例 10-1】** 试画图 10-2a）所示刚架的内力图。

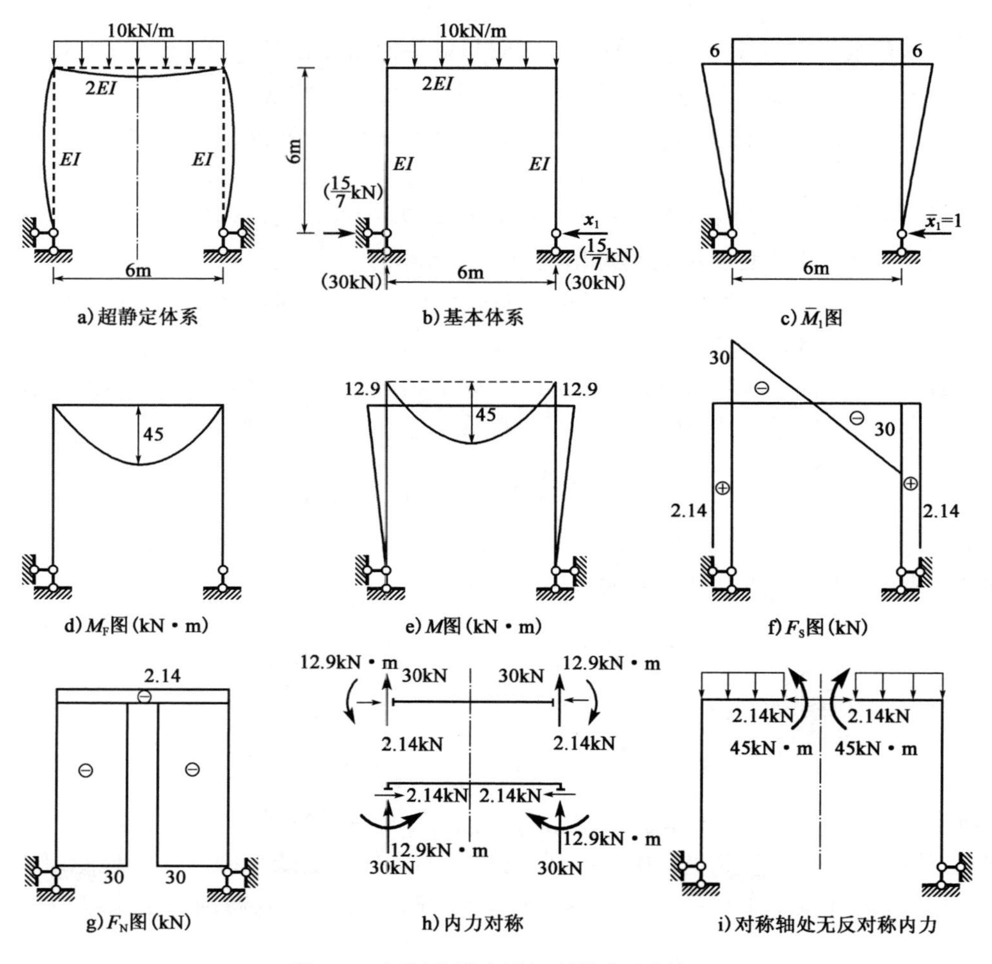


图 10-2　力法解超静定刚架（结构的对称性）

**解**：（1）选静定基本结构，建立基本体系［图 10-2b）］。

（2）列力法方程求解。

$$\delta_{11}X_1+\Delta_{1F}=0$$

设求 $\delta_{11}$ 的实际状态和虚拟状态［图 10-2c）］，画 $\overline{M}_1$ 图。

$$\delta_{11}=\left(\frac{1}{EI}\times\frac{1}{2}\times 6\times 6\times\frac{2}{3}\times 6\right)\times 2+\frac{1}{2EI}\times 6\times 6\times 6=\frac{252}{EI}$$

画静定基本结构在荷载作用下的 $M_{\mathrm{F}}$ 图[图 10-2d)],图乘求 $\Delta_{1\mathrm{F}}$。

$$\Delta_{1\mathrm{F}}=-\frac{1}{2EI}\times\frac{2}{3}\times 6\times 45\times 6=-\frac{540}{EI}$$

解方程,得:

$$X_1=-\frac{\Delta_{1\mathrm{F}}}{\delta_{11}}=-\left(-\frac{540}{EI}\Big/\frac{252}{EI}\right)=\frac{15}{7}\mathrm{kN}$$

(3)基本体系的静力计算画内力图[图 10-2e)、f)、g)]。

**【例 10-2】** 试画图 10-3a)所示刚架的内力图。

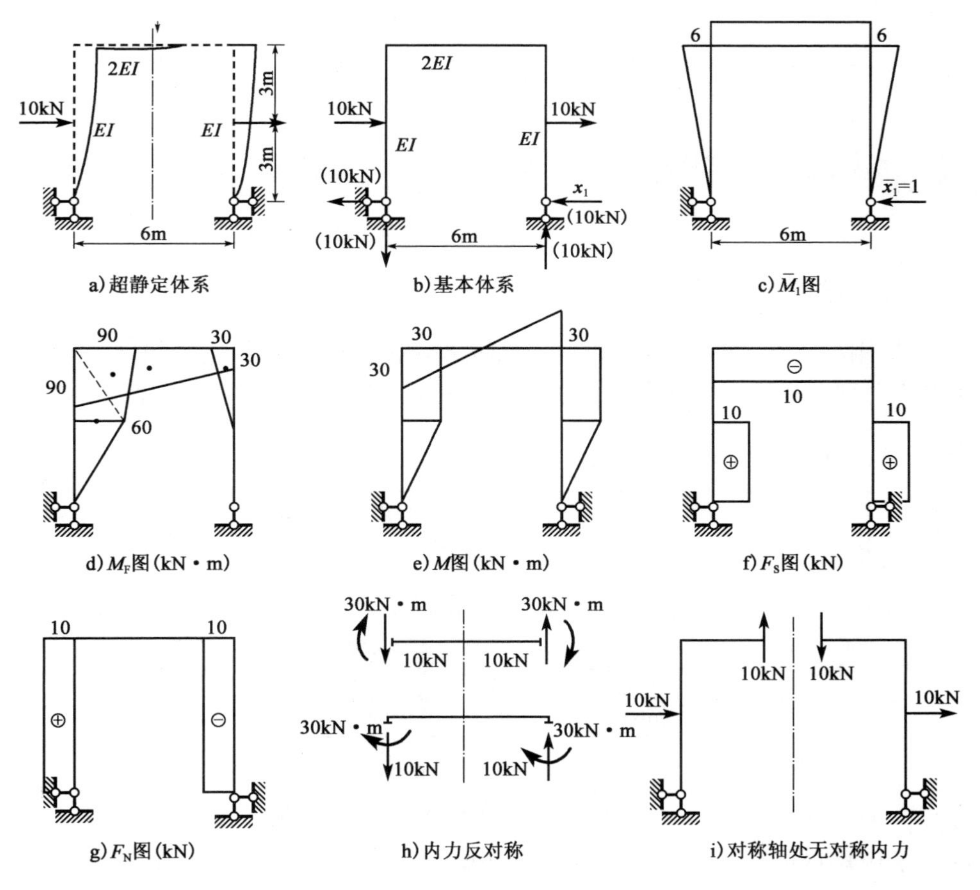


图 10-3 力法解超静定刚架(反对称)

**解:**(1)选静定基本结构,建立基本体系[图 10-3b)]。

(2)列力法方程求解。

$$\delta_{11}X_1+\Delta_{1F}=0$$

设求 $\delta_{11}$ 的实际状态和虚拟状态[图 10-3c)],画 $\overline{M}_1$ 图。

$$\delta_{11}=\left(\frac{1}{EI}\times\frac{1}{2}\times 6\times 6\times\frac{2}{3}\times 6\right)\times 2+\frac{1}{2EI}\times 6\times 6\times 6=\frac{252}{EI}$$

画静定基本结构在荷载作用下的 $M_{\mathrm{F}}$ 图[图 10-3d)],图乘求 $\Delta_{1\mathrm{F}}$。

$$\Delta_{1\mathrm{F}}=-\frac{1}{EI}\times\frac{1}{2}\times 3\times 30\times\frac{5}{6}\times 6-\frac{1}{2EI}\times\frac{1}{2}\times(30+90)\times 6\times 6-$$

$$\frac{1}{EI}\times\frac{1}{2}\times 3\times 90\times\frac{5}{6}\times 6-\frac{1}{EI}\times\frac{1}{2}\times 6\times 60\times\frac{1}{2}\times 6=-\frac{2520}{EI}$$

解方程,得:

$$X_1=-\frac{\Delta_{1\mathrm{F}}}{\delta_{11}}=-\left(-\frac{2520}{EI}\bigg/\frac{252}{EI}\right)=10\mathrm{kN}$$

(3)基本体系的静力计算画内力图[图 10-2e)、f)、g)]。

## 10.2 对称性的利用

### 10.2.1 结构的对称性

**试一试:**用小实验元件拼装图 10-4a)所示的结构模型,按杆件、刚度、节点、支座 4 个方面分析是否对称。对称地加荷载,观察变形位移是否对称,联想内力是否对称。

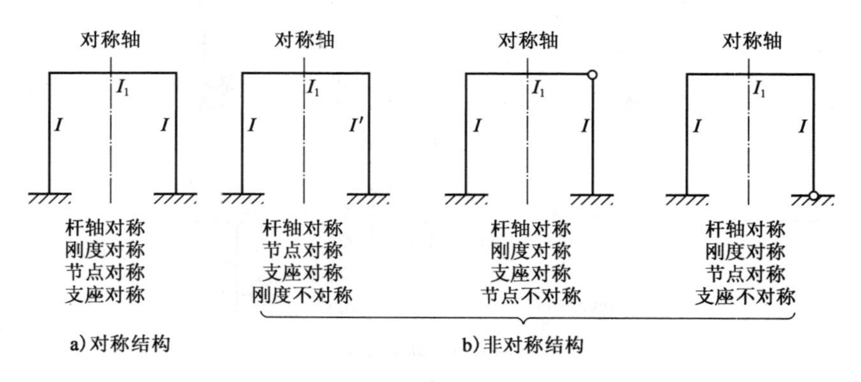


图 10-4 结构的对称性

如果结构杆件的轴线、刚度($EI$ 或 $EA$)、节点、支座均对称于某一直线[图 10-2a)、图 10-3a)、图 10-4a)],则称此直线为对称轴,此结构为对称结构。如果结构的杆件轴线、刚度、节点、支座四者之一不满足对称条件,便不是对称结构[图 10-4b)]。

结构的对称性为:对称结构在对称荷载作用下,支座反力、内力、变形、位移对称[图 10-2a)、h)];对称结构在反对称荷载作用下,支座反力、内力、变形、位移反对称[图 10-3a)、h)]。由于剪力的符号规定对应顺时针方向错动为正,如果对称截面的剪力对称,其正负号必然相反[图 10-2h)、f)];对称截面的剪力如果反对称,其正负号必然相同[图 10-3h)、f)]。

### 10.2.2 取半结构简化计算

图 10-5b)为两跨单层刚架[图 10-5a)]的计算简图,是 6 次超静定对称结构。当荷载对称时,变形位移对称[图 10-5c)]。杆 *BE* 因在对称轴上,无弯曲,无剪切,只有轴力。刚架的位移以弯曲的影响为主,当略去 *BE* 杆的轴向变形时,刚节点 *E* 则无位移。对于 *ED* 杆、*EK* 杆,*E* 处相当于固定端支座。取图 10-5d)所示的半结构计算,利用对称性即可反映半结构 CKE 的力学量。这样,6 次超静定问题便降低为 3 次超静定。取半结构降低超静定次数,从而减少计算量。

a)武汉天兴洲长江大桥支承公路连续梁的刚架

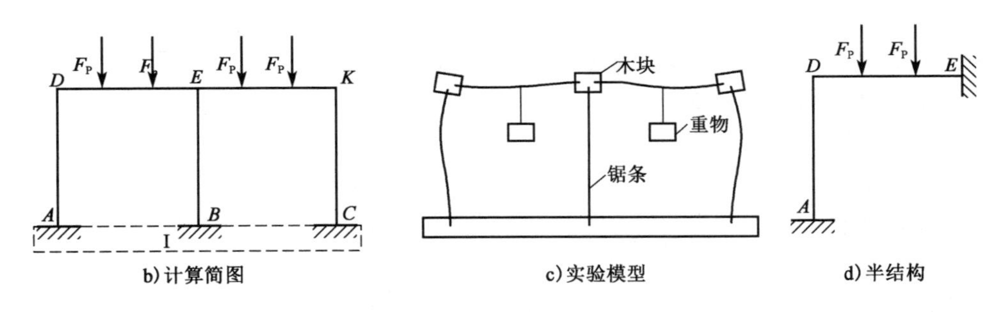


b)计算简图　　c)实验模型　　d)半结构

图 10-5　取半结构

图 10-5d)所示 3 次超静定结构,用力法求解,须列力法方程组解 3 个多余未知力。21 世纪初出版的《结构力学教程》(由清华大学龙驭球、袁驷等教授编著),书后附有光盘《结构力学求解器》,书中有这样一句话:把烦琐交给求解器,我们留下创造力! 依据这一思想,本书的例题、习题均不出现方程组。将图 10-5d)所示超静定结构放在 10.5 节用位移法求解,便只有一个未知量。本书适时选用适当的习题、例题,以统筹力学素养的养成。

**取半结构的关键是确定对称轴处的支座,该支座必须与原结构在该处的位移条件、内力条件一致**[图 10-2a)、i),图 10-3a)、i),图 10-6)]。

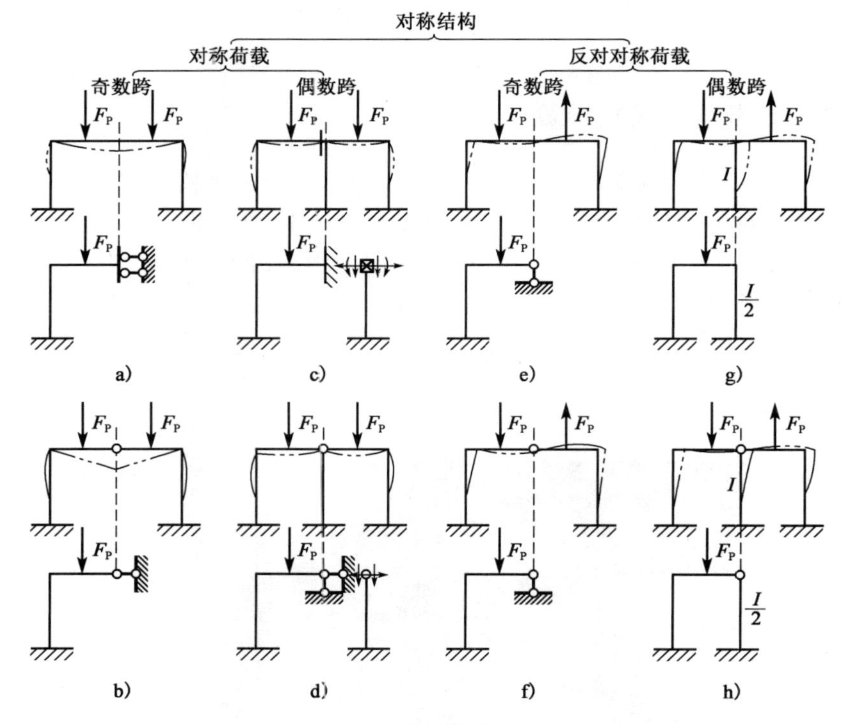


图 10-6　对称超静定结构的半结构

(1)对称荷载下的奇数跨对称结构

如图 10-6a)所示,梁式杆在对称轴处的截面只有竖向线位移,转角为零。截面上只有对称的弯矩和轴力,反对称的剪力为零。因此,半结构在该处的支座为定向支座。

如图 10-6b)所示,结构在对称轴处是一中间铰。无竖向约束,允许该铰竖向位移。由于位移对称,中间铰无水平移动。该处只存在对称的轴力,反对称的剪力为零。因此,半结构在该处的支座为水平链杆支座。

(2)对称荷载下的偶数跨对称结构

如图 10-6c)所示,对称轴上有一刚节点。由于对称,该刚节点不会转动,也不会水平移动。略去中间竖杆的轴向变形,该刚节点无竖向位移。无位移的刚节点对于所连的杆件为固定端支座。

图 10-6d)所示对称轴上的铰节点也无位移,对于所连的杆件为固定铰支座。

至于对称轴上的杆件,由于对称,该杆不弯曲、无剪切,所受轴力由杆和节点的平衡计算。

(3)反对称荷载下的奇数跨对称结构

如图 10-6e)、f)所示,对称轴的截面有角位移和水平线位移,没有竖向的线位移。该处只存在反对称的内力(剪力),对称的内力为零。因此,半结构在该处的支座为竖向链杆支座。

(4)反对称荷载下的偶数跨对称结构

如图 10-6g)、h)所示,位于对称轴上的杆件有弯曲有剪切,该杆的刚度对结构的变形有影响,因而半结构应当包含对称轴上的杆件,其刚度只为原来的一半。

## 分析示范

**【例 10-3】** 试画图 10-7a)所示刚架的内力图。

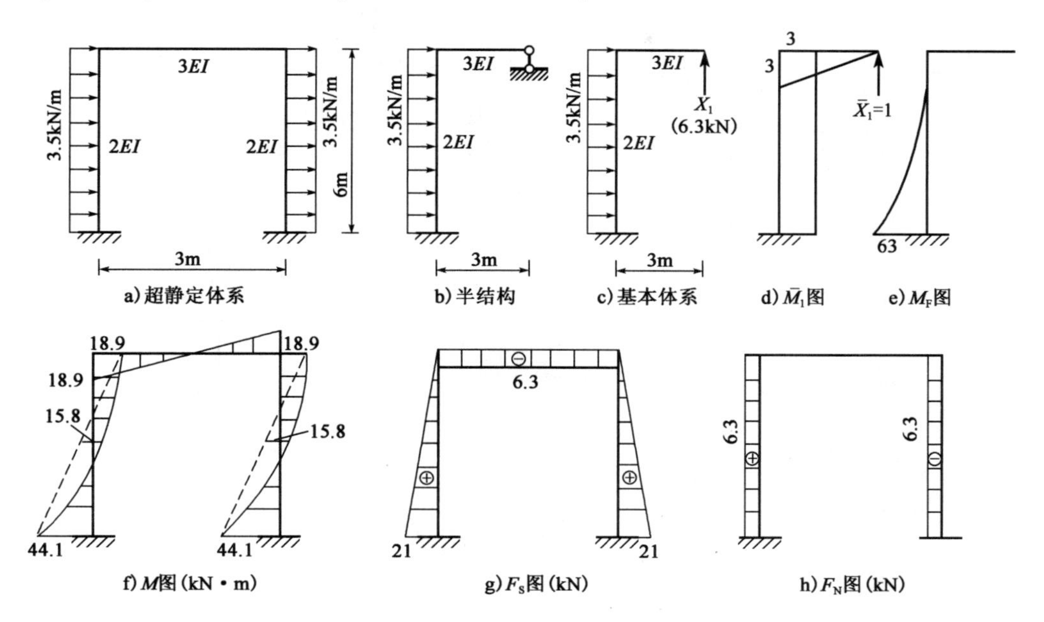


图 10-7 对称刚架在反对称荷载作用下的内力图

**解:**图示三次超静定结构为对称结构,受反对称荷载作用。

(1)取半结构[图 10-7b)一次超静定],建立基本体系[图 10-7c)]。

(2)列力法方程求解。

$$\delta_{11}X_1 + \Delta_{1P} = 0$$

$$\delta_{11} = \frac{1}{3EI} \times \frac{1}{2} \times 3 \times 3 \times \frac{2}{3} \times 3 + \frac{1}{2EI} \times 6 \times 3 \times 3 = \frac{30}{EI}$$

$$\Delta_{1F} = -\frac{1}{2EI} \times \frac{1}{3} \times 6 \times 63 \times 3 = -\frac{189}{EI}$$

$$X_1 = -\frac{\Delta_{1F}}{\delta_{11}} = -\left(-\frac{189}{EI}\bigg/\frac{30}{EI}\right) = 6.3\text{kN}$$

(3)基本体系的静力计算。

将解得的 $X_1$ 值标在基本体系上,据此画半结构的弯矩图,依据对称性作另一半结构的弯矩图(与之反对称);画半结构的剪力图,作另一半结构的剪力图,符号与之相同;画半结构的轴力图,作另一半结构的轴力图与之反对称。

**【例 10-4】** 试画图 10-8a)所示刚架的弯矩图。

**解:**图示三次超静定结构双向对称,荷载亦双向对称,取 1/4 结构计算。位于对称轴的截面只有轴力和弯矩,取 1/4 结构时,用定向支座代替。

(1)取 1/4 结构[图 10-8b)一次超静定],建立基本体系[图 10-8c)]。

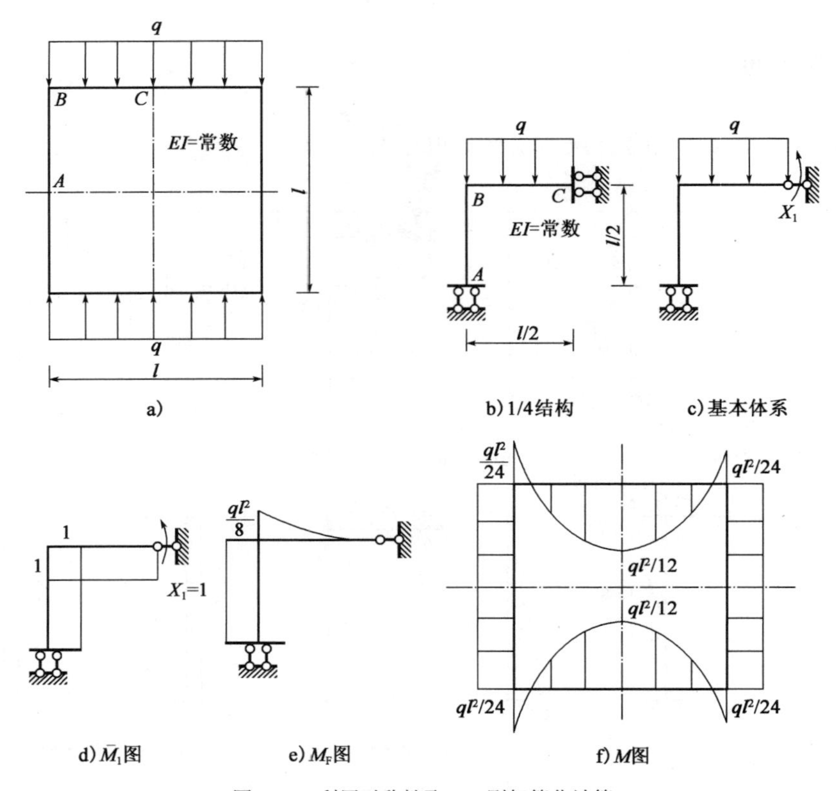


图 10-8 利用对称性取 1/4 刚架简化计算

(2)列力法方程求解。

$$\delta_{11}X_1 + \Delta_{1P} = 0$$

$$\delta_{11} = \left(\frac{1}{EI} \times \frac{l}{2} \times 1 \times 1\right) \times 2 = \frac{l}{EI}$$

$$\Delta_{1F} = -\frac{1}{EI} \times \frac{1}{3} \times \frac{l}{2} \times \frac{ql^2}{8} \times 1 - \frac{1}{EI} \times \frac{l}{2} \times \frac{ql^2}{8} \times 1 = -\frac{ql^3}{12EI}$$

$$X_1 = -\frac{\Delta_{1F}}{\delta_{11}} = -\left(-\frac{ql^3}{12EI} \Big/ \frac{l}{EI}\right) = \frac{ql^2}{12EI}$$

(3)基本体系的静力计算。

将解得的 $X_1$ 值标在基本体系上,据此画 1/4 结构的弯矩图,依据对称性作与之对称的 1/4 结构的弯矩图,依据对称性再作与之对称的 1/2 结构的弯矩图。

## 10.3 力法计算超静定桁架和组合结构

### 10.3.1 超静定桁架

桁架由链杆组成,在用单位荷载法计算位移系数和荷载位移时,只考虑轴力的影响,用公式计算：

$$\Delta = \sum \frac{F_{N}F_{NP}l}{EA}$$

该公式由虚功原理导出，涉及结构内力虚功的总和。因此在选静定基本结构时，若将桁架内部的链杆当成多余联系，只能切断，不可解除该杆[图 10-9b)]。否则会遗漏该杆的内力虚功。这样，多余未知力为该杆的轴力，显示为切口处的一对作用力反作用力，利用切口处横截面的相对位移为零建立力法方程。

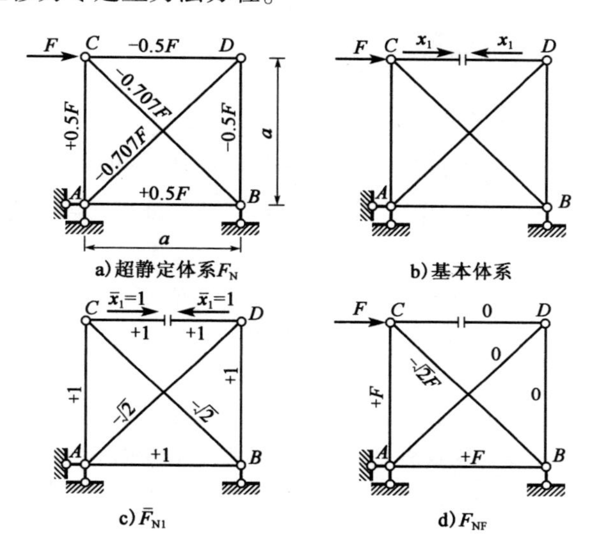


图 10-9 力法计算超静定桁架

## 分析示范

**【例 10-5】** 试计算图 10-9a) 所示桁架的内力。各杆的 $EA$ 相同。

**解：**(1) 选静定基本结构，建立基本体系[图 10-9b)]。

(2) 列力法方程求解。

$$\delta_{11}X_1 + \Delta_{1F} = 0$$

设求 $\delta_{11}$ 的实际状态和虚拟状态[图 10-9c)]，计算 $\overline{F}_{N1}$。

$$\delta_{11} = \sum \frac{\overline{F}_{N1}F_{NP}l}{EA} = \frac{1}{EA}[(1^2 \times a) \times 4 + (-\sqrt{2})^2 \times \sqrt{2}a \times 2] = \frac{4a}{EA}(1+\sqrt{2})$$

计算静定基本结构在荷载作用下的 $F_{NF}$[图 10-9d)]。

$$\Delta_{1F} = \sum \frac{\overline{F}_{N1}F_{NP}l}{EA} = \frac{1}{EA}[1 \times F \times a \times 2 + (-\sqrt{2}) \times (-\sqrt{2}F) \times \sqrt{2}a] = \frac{2Fa}{EA}(1+\sqrt{2})$$

解方程，得：

$$X_1 = -\frac{\Delta_{1F}}{\delta_{11}} = -\frac{\frac{2Fa}{EA}(1+\sqrt{2})}{\frac{4a}{EA}(1+\sqrt{2})} = -\frac{F}{2}$$

负号表示多余未知力 $X_1$ 的指向与图 10-9c)所设指向相反。

(3)基本体系的静力计算。

桁架用叠加原理计算简便:

$$F_N = \overline{F}_{N1} \cdot X_1 + F_{NF}$$

将计算结果标在超静定体系上。

### 10.3.2 超静定组合结构

组合结构中既有链杆,又有梁式杆,计算力法位移系数和荷载位移时,对链杆只考虑轴力,对梁式杆只考虑弯矩的影响。在选静定基本结构时,往往须切断结构内部的链杆。

## 分析示范

**【例 10-6】** 试计算图 10-10a)所示双柱式加劲梁各链杆的轴力,绘梁的弯矩图。梁的弯曲刚度 $EI = 1 \times 10^4 \text{kN} \cdot \text{m}^2$,各链杆的拉压刚度 $EA = 1.5 \times 10^5 \text{kN}$。

**解:**图示加劲梁为一次超静定结构,在竖向荷载作用下水平支座反力为零,视为对称结构承受对称荷载。

(1)选静定基本结构,建立基本体系[图 10-10b)]。

切断对称轴上的链杆,形成对称的静定基本结构。

(2)列力法方程求解。

$$\delta_{11} X_1 + \Delta_{1F} = 0$$

位移系数和荷载位移计算均包含链杆和梁两部分。

$$\begin{aligned}
\delta_{11} &= \frac{1}{EA}\sum \overline{F}_{N1}^2 l + \frac{1}{EI}\sum A y_C \\
&= \frac{1}{EA}[(-1)^2 \times 2 \times 2 + (\sqrt{2})^2 \times 2\sqrt{2} \times 2 + 1^2 \times 4] + \\
&\quad \frac{1}{EI}\left(4 \times 2 \times 2 + \frac{1}{2} \times 2 \times 2 \times \frac{2}{3} \times 2 \times 2\right) \\
&= \frac{19.3}{EA} + \frac{64}{EI} = \frac{19.3}{1.5 \times 10^5}\text{m/kN} + \frac{64}{3 \times 1 \times 10^4}\text{m/kN} = 2.262 \times 10^{-3}\text{m/kN}
\end{aligned}$$

$$\begin{aligned}
\Delta_{1F} &= \frac{1}{EA}\sum \overline{F}_{N1} F_{NF} l + \frac{1}{EI}\sum A y_C \\
&= \frac{1}{EI}\left(-\frac{1}{2} \times 2 \times 120 \times \frac{2}{3} \times 2 \times 2 - \frac{2}{3} \times 2 \times 10 \times \frac{1}{2} \times 2 \times 2 - 4 \times 120 \times 2 - \right. \\
&\quad \left. \frac{2}{3} \times 4 \times 40 \times 2\right)
\end{aligned}$$

$$= -\frac{1520}{EI} = -\frac{1520}{1\times10^4}\text{m} = -152\times10^{-3}\text{m}$$

$$X_1 = -\frac{\Delta_{1F}}{\delta_{11}} = -\frac{152\times10^{-3}\text{m}}{2.622\times10^{-3}\text{m/kN}} = 67.20\text{kN}$$

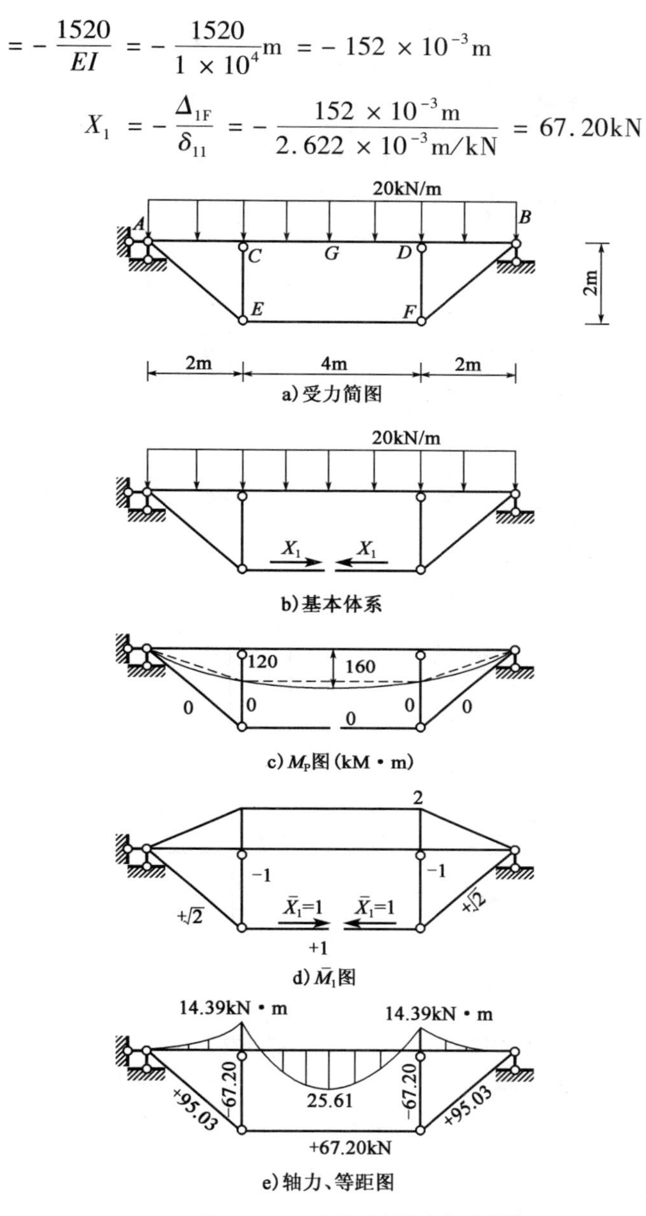


图 10-10 力法计算超静定组合结构

(3)基本体系的静力计算。

按叠加原理计算内力简便:

$$F_N = \overline{F}_{N1}\cdot X_1 + F_{NF}$$

静定基本结构在荷载作用下各链杆的 $F_{NF}=0$[图 10-10c)]。

$$M = \overline{M}_1\cdot X_1 + M_F$$

将弯矩图绘在组合结构的梁上,轴力标在组合结构的链杆上[图 10-10e)]。

**讨论** 比较图 10-10c)、e),该梁如果不设加劲的桁架,梁的最大弯矩为 160kN·m;做成加劲梁,最大弯矩减为25.61kN·m,不到前者的1/6,而增加的杆件为轴向拉压杆,受力均匀,可以充分利用材料。压杆$CE$、$DF$使梁反向弯曲,杆长较短,保证了自身的稳定性。可见,加劲梁是一种合理的结构形式。

**【例 10-7】** 图1-9a)所示单层厂房排架,在分析吊车梁偏心压力所产生的力偶对柱的影响时,计算简图如图10-11a)所示。屋架的联系用链杆表示,且拉压刚度$EA=\infty$。试绘此状态柱的弯矩图

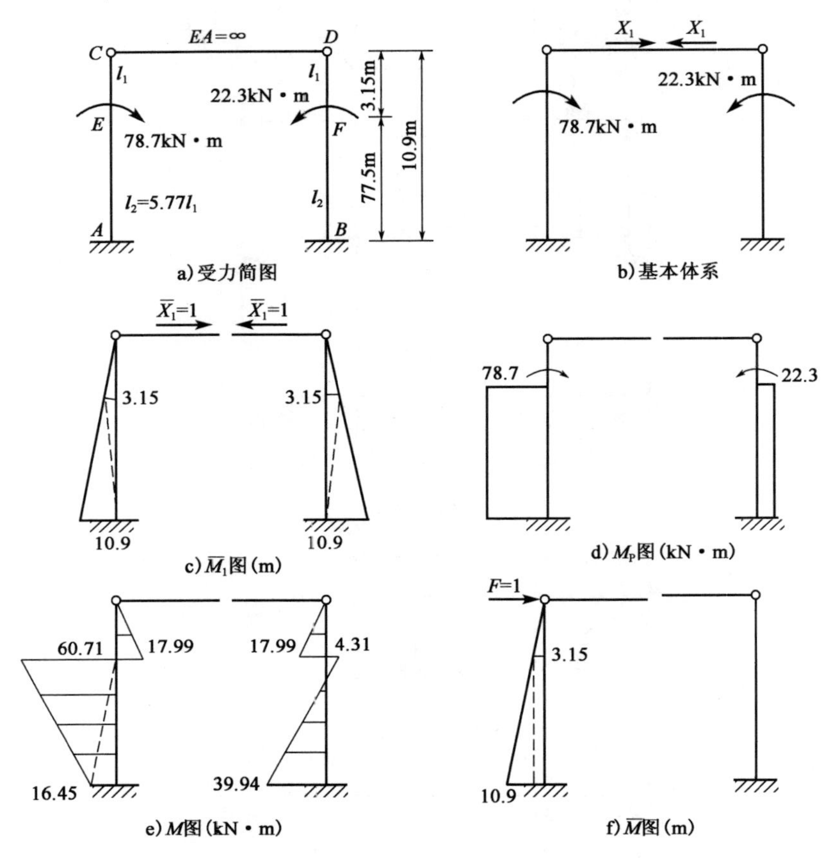


图10-11 排架的力法计算

**解:**(1)选静定基本结构,建立基本体系[图10-11b)]。

图示排架为一次超静定结构,切断链杆静定基本结构。

(2)列力法方程求解。

$$\delta_{11}X_1+\Delta_{1F}=0$$

链杆的拉压刚度抽象为无穷大,即略去链杆的变形。在计算位移系数、荷载位移时只计柱的弯曲所对应的位移。因柱的上、下段弯曲刚度不同,需分段图乘。

$$\delta_{11}=\frac{1}{EI_1}\left(\frac{1}{2}\times3.15\times3.15\times\frac{2}{3}\times3.15\right)\times2+\frac{1}{EI_2}\left[\frac{1}{2}\times7.75\times3.15\times\left(\frac{2}{3}\times3.15+\frac{1}{3}\times10.9\right)+\frac{1}{2}\times7.75\times10.9\times\left(\frac{1}{3}\times3.15+\frac{2}{3}\times10.9\right)\right]\times2$$

$$= \frac{20.84}{EI_1} + \frac{842.5}{EI_2} = \frac{20.84}{EI_2/5.77} + \frac{842.5}{EI_2} = \frac{962.7}{EI_2}$$

$$\Delta_{1F} = \frac{1}{EI_2}\left[7.75 \times 78.7 \times \frac{1}{2} \times (3.15 + 10.9) + 7.75 \times 22.3 \times \frac{1}{2} \times (3.15 + 10.9)\right] = \frac{5499}{EI_2}$$

$$X_1 = -\frac{\Delta_{1F}}{\delta_{11}} = -\frac{5499}{EI_2} \Big/ \frac{962.7}{EI_2} = -5.712\text{kN}$$

(3)基本体系的静力计算。

画弯矩图[图 10-11e)]。

**讨论** 如果再求铰接排架的位移,只需在基本体系上进行。比如计算结点 $C$ 的水平位移,在静定基本结构上加单位荷载形成虚拟状态[图 10-11f)],画 $\overline{M}$ 图与 $M$ 图相乘。若给出弯曲刚度 $EI_1$ 和 $EI_2$ 的数值,即可算出位移的数值。

## 10.4 支座位移时超静定结构的力法计算

前面讨论了超静定结构在荷载作用下(无支座位移)的力法计算,一次超静定的力法方程为:

$$\delta_{11}X_1 + \Delta_{1F} = 0$$

所依据的位移协调条件是,基本体系在多余未知力 $X_1$ 处沿力方位的位移 $\Delta_1$ 为零。现在单独讨论仅有支座位移(无荷载作用)时超静定结构的力法计算。如图 10-12 所示,选悬臂梁为静定基本结构,建立基本体系,在多余未知力 $X_1$ 处沿力方位的位移就不为零[图 10-12a)、b)],而是 $\Delta_1 = a$。支座位移与所设多余未知力 $X_1$ 的指向一致时取正值。力法方程为

$$\delta_{11}X_1 + \Delta_{1C} = a$$

方程中自由项 $\Delta_{1C}$ 的注脚 1C,表示静定基本结构由支座位移引起的 $X_1$ 处的位移(与以前静定基本结构由荷载引起的 $X_1$ 处的位移 $\Delta_{1F}$ 相应)。图 10-12b)所示静定基本结构的支座无位移,因此 $\Delta_{1C} = 0$。

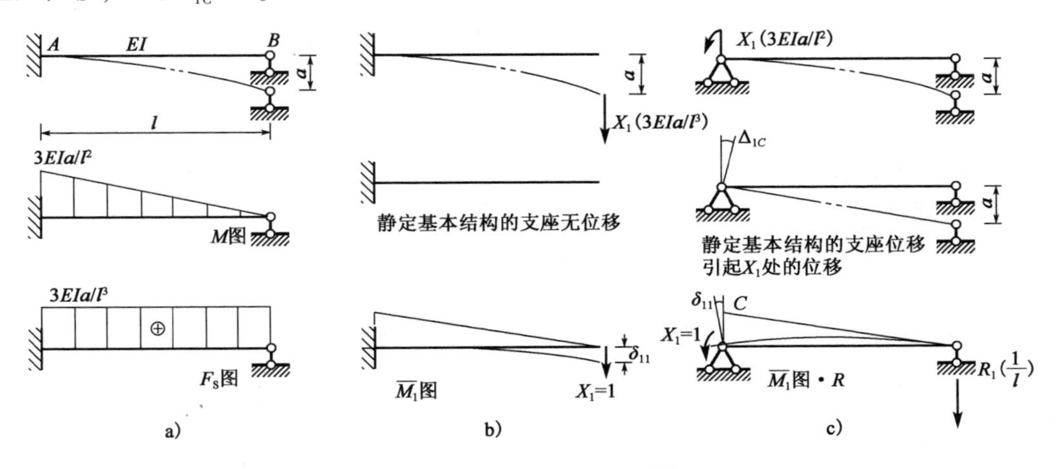


图 10-12 支座位移时的力法计算

若选简支梁为静定基本结构，建立基本体系[图 10-12c)]，则在多余未知力 $X_1$ 处沿力方位的位移为零[图 10-12a)固定端支座处、图 10-12c)]。力法方程为：

$$\delta_{11}X_1+\Delta_{1C}=0$$

静定基本结构的 $B$ 端有竖向位移 $a$，会引起多余未知力偶 $X_1$ 处的角位移 $\Delta_{1C}$。该位移可由公式 $\Delta_{1C}=-\sum\overline{R}_C$ 计算，也可按几何关系算出。

**【例 10-8】** 图 10-12a)所示单跨超静定梁，弯曲刚度 $EI$，$B$ 支座下沉 $a$。试作梁的内力图。

**解法一：**

(1)选悬臂梁为静定基本结构，建立基本体系[图 10-12b)]。

(2)列力法方程求解。

$$\delta_{11}X_1+\Delta_{1C}=\Delta_1$$

$$\delta_{11}=\frac{1}{EI}\times\frac{1}{2}\cdot l\cdot l\times\frac{2}{3}\cdot l=\frac{l^3}{3EI}$$

静定基本结构的固定端支座无位移：$\Delta_{1C}=0$。

基本体系上多余未知力 $X_1$ 处沿力方位的位移 $\Delta_1=a$。位移的方向与 $X_1$ 的指向相同，为正值。

$$X_1=\frac{\Delta_1}{\delta_{11}}=\frac{a}{l^3/3EI}=\frac{3EIa}{l^3}$$

(3)基本体系的静力计算。

作梁的弯矩图、剪力图。

**解法二：**

(1)选简支梁为静定基本结构，建立基本体系[图 10-12c)]。

用固定铰支座替换固定端支座，所解除的多余联系对应的多余未知力 $X_1$ 为力偶。

(2)列力法方程求解。

$$\delta_{11}X_1+\Delta_{1C}=\Delta_1$$

$$\delta_{11}=\frac{1}{EI}\times\frac{1}{2}\cdot l\cdot 1\times\frac{2}{3}\cdot 1=\frac{l}{3EI}$$

可动铰支座的竖向位移引起静定基本结构刚性位移，在 $X_1$ 处沿 $X_1$ 方向的位移为顺时针方向的转角 $\Delta_{1C}$。

$$\Delta_{1C}=-\sum\overline{R}_C=-\left(\frac{1}{l}\cdot a\right)=-\frac{a}{l}$$

基本体系上 $X_1$ 处沿 $X_1$ 方向的位移与原超静定体系相同：$\Delta_1=0$。

$$X_1=-\frac{\Delta_{1F}}{\delta_{11}}=-\left(-\frac{a}{l}\right)\Big/\left(\frac{l}{3EI}\right)=\frac{3EIa}{l^2}$$

(3)基本体系的静力计算。

作梁的弯矩图、剪力图。

## 10.5 位移法

### 10.5.1 等截面单跨超静定梁的弯矩和剪力

类似图 10-11、图 10-12 所示超静定梁的力法计算,算出若干等截面单跨超静定梁在荷载或者支座位移作用下的弯矩和剪力。将计算结果列表,供位移法查用(表 10-1)。表中所列等截面单跨超静定梁按支座形式分为三类[图 10-13a)]。

等截面单跨超静定梁的杆端弯矩和剪力　　表 10-1

| 编号 | 梁的简图 | 弯矩 | | 剪力 | |
|---|---|---|---|---|---|
| | | $M_{AB}$ | $M_{BA}$ | $F_{SAB}$ | $F_{SBA}$ |
| 1 | 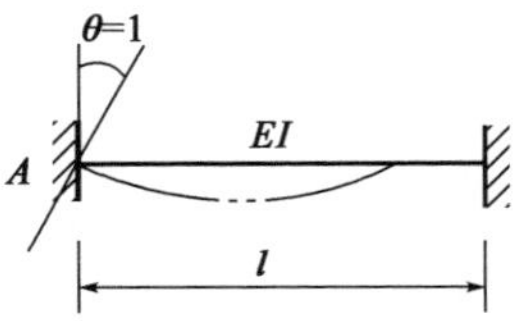 | $4i$ $\left(i=\dfrac{EI}{l},\text{下同}\right)$ | $2i$ | $-\dfrac{6i}{l}$ | $-\dfrac{6i}{l}$ |
| 2 | 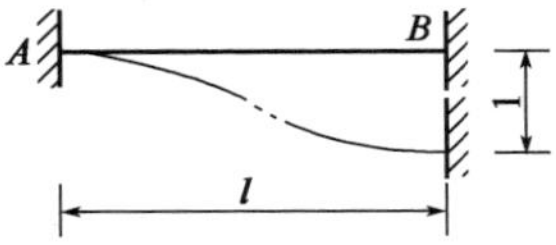 | $-\dfrac{6i}{l}$ | $-\dfrac{6i}{l}$ | $\dfrac{12i}{l^2}$ | $\dfrac{12i}{l^2}$ |
| 3 | 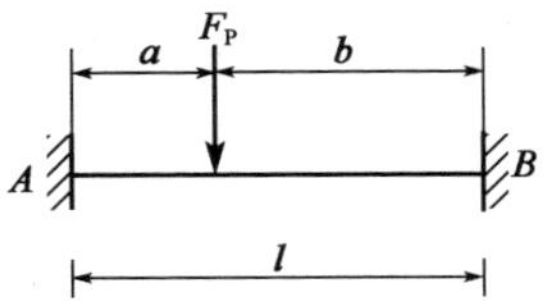 | $-\dfrac{F_P ab^2}{l^2}$ | $\dfrac{F_P a^2 b}{l^2}$ | $\dfrac{F_P b^2(l+2a)}{l^3}$ | $-\dfrac{F_P a^2(l+2b)}{l^3}$ |
| | | $a=b=l/2$ 时, $-\dfrac{F_P l}{8}$ | $\dfrac{F_P l}{8}$ | $\dfrac{F_P}{2}$ | $-\dfrac{F_P}{2}$ |
| 4 | 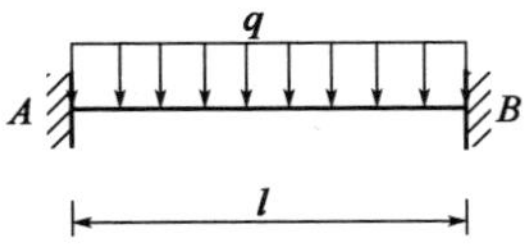 | $-\dfrac{ql^2}{12}$ | $\dfrac{ql^2}{12}$ | $\dfrac{ql}{2}$ | $-\dfrac{ql}{2}$ |
| 5 | 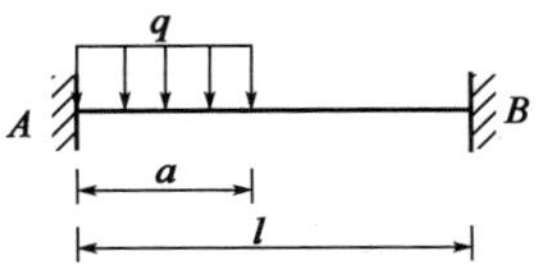 | $-\dfrac{qa^2}{12l^2}\times(6l^2-8la+3a^2)$ | $\dfrac{qa^3}{12l^2}\times(4l-3a)$ | $-\dfrac{qa}{2l^3}\times(2l^3-2la^2+a^3)$ | $-\dfrac{qa^3}{2l^3}\times(2l-a)$ |

续上表

| 编号 | 梁 的 简 图 | 弯　　矩 | | 剪　　力 | |
|---|---|---|---|---|---|
| | | $M_{AB}$ | $M_{BA}$ | $F_{SAB}$ | $F_{SBA}$ |
| 6 | $a$ $b$ $A$ $B$ $M$ $l$ | $M\frac{b(3a-l)}{l^2}$ | $M\frac{a(3a-l)}{l^2}$ | $-M\frac{6ab}{l^3}$ | $-M\frac{6ab}{l^3}$ |
| 7 | $\Delta t=t_2-t_1$ $A$ $t_1$ $t_2$ $B$ | $-\frac{EI\alpha\Delta t}{h}$ | $\frac{EI\alpha\Delta t}{h}$ | 0 | 0 |
| 8 | $\theta=1$ $A$ $B$ $l$ | $3i$ | 0 | $-\frac{3i}{l}$ | $-\frac{3i}{l}$ |
| 9 | $A$ $B$ $l$ | $-\frac{3i}{l}$ | 0 | $\frac{3i}{l^2}$ | $\frac{3i}{l^2}$ |
| 10 | $F_P$ $a$ $b$ $A$ $B$ $l$ | $-\frac{F_Pab(l+b)}{2l^2}$ | 0 | $\frac{F_Pb(3l^2-b^2)}{2l^3}$ | $-\frac{F_Pa^2(2l+b)}{2l^3}$ |
| | | $a=b=l/2$ 时，$-\frac{3F_Pl}{16}$ | 0 | $\frac{11F_P}{16}$ | $-\frac{5F_P}{16}$ |
| 11 | $q$ $A$ $B$ $l$ | $-\frac{ql^2}{8}$ | 0 | $\frac{5ql}{12}$ | $-\frac{3ql}{8}$ |
| 12 | $a$ $b$ $A$ $B$ $M$ $l$ | $M\frac{l^2-3b^2}{2l^2}$ | 0 | $-M\frac{3(l^2-b^2)}{2l^3}$ | $-M\frac{3(l^2-b^2)}{2l^3}$ |
| | | 当 $a=l$ 时，$\frac{M}{2}$ | $M_{B左A}=M$ | $-M\frac{3}{2l}$ | $-M\frac{3}{2l}$ |

续上表

| 编号 | 梁的简图 | 弯矩 $M_{AB}$ | 弯矩 $M_{BA}$ | 剪力 $F_{SAB}$ | 剪力 $F_{SBA}$ |
|---|---|---|---|---|---|
| 13 | 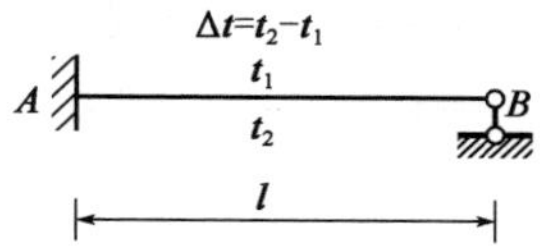  | $-\dfrac{3EI\alpha\Delta t}{2h}$ | 0 | $\dfrac{3EI\alpha\Delta t}{2hl}$ | $\dfrac{3EI\alpha\Delta t}{2hl}$ |
| 14 | 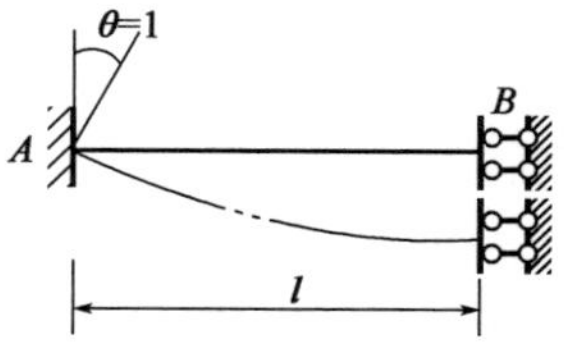  | $i$ | $-i$ | 0 | 0 |
| 15 | 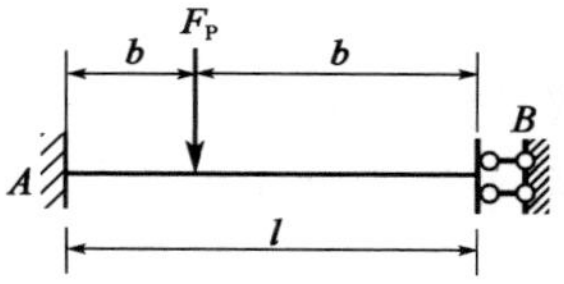  | $-\dfrac{F_Pa}{2l}(2l-a)$ | $-\dfrac{F_Pa^2}{2l}$ | $F_P$ | 0 |
|  |  | $a=b=l/2$ 时，$-\dfrac{3F_Pl}{8}$ | $-\dfrac{F_Pl}{8}$ | $F_P$ | 0 |
| 16 | 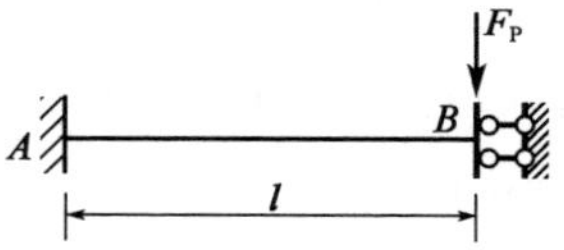  | $-\dfrac{F_Pl}{2}$ | $-\dfrac{F_Pl}{2}$ | $F_P$ | $F_{SB左A}=F_P$ |
| 17 | 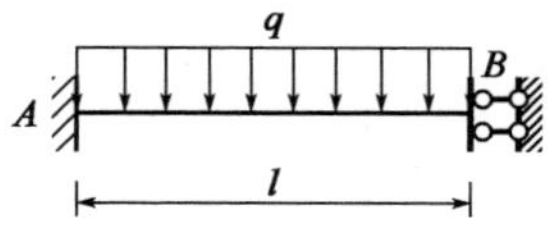  | $-\dfrac{ql^2}{3}$ | $-\dfrac{ql^2}{6}$ | $ql$ | 0 |
| 18 | 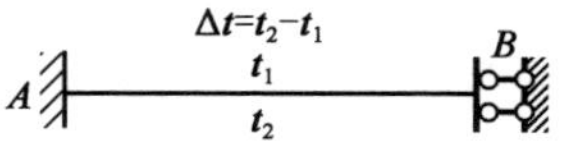  | $-\dfrac{EI\alpha\Delta t}{h}$ | $\dfrac{EI\alpha\Delta t}{h}$ | 0 | 0 |

为了便于应用，位移法对杆端弯矩的正负号作了规定：对于杆端，顺时针转向的弯矩为正，逆时针转向的弯矩为负；相应地，对于支座、节点，逆时针转向的弯矩为正，顺时针转向的杆端弯矩为负[图 10-13b)]。等截面单跨超静定梁因支座位移引起的弯矩、剪力与杆件

的抗弯能力有关,即与材料的弹性模量 $E$、截面的惯性矩 $I$ 和杆件的长度 $l$ 有关。用线刚度 $i$ 替代这 3 个量:

$$i = \frac{EI}{l}$$

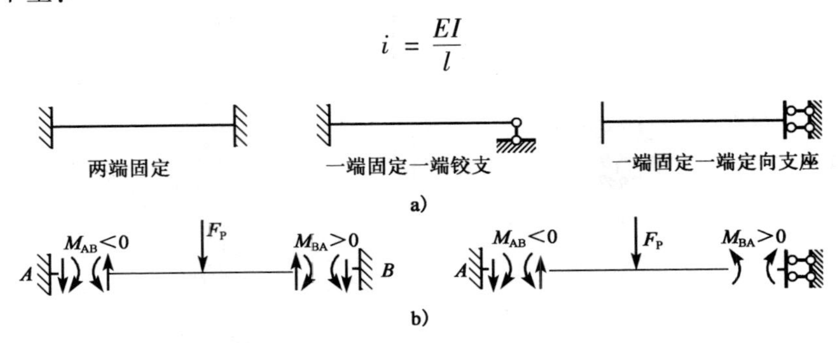


图 10-13 位移法对杆端弯矩正负号的规定

### 10.5.2 位移法原理

**问题** 计算超静定结构在荷载等因素作用下的内力和位移。

**背景** 按力法计算的若干等截面单跨超静定梁的杆端弯矩和剪力,已列表备用(表 10-1)。

**问题** 创新一种方法,利用力法的计算成果进行超静定结构计算。

**办法** 将超静定结构离散为等截面单跨超静定梁,再用平衡条件求解未知量,然后将它们归整。

如图 10-14 所示,在刚节点 $A$ 处将三次超静定刚架离散为两根有表可查的等截面单跨超静定梁[图 10-14a)、b)、c)]。梁 $AB$ 在荷载 $F_P$ 单独作用下的杆端弯矩 $M_{AB}^F$ 有表可查[图 10-14c)],在支座位移 $\theta_A$ 单独作用下的杆端弯矩 $M_{AB}^\theta$ 有表可查;梁 $AC$ 仅在 $A$ 端受支座位移作用,该位移为刚节点的转角 $\theta_A$。应用叠加原理,查表 10-1 得:

$$M_{AB} = M_{AB}^\theta + M_{AB}^F = 4i\,\theta_A + \left(-\frac{F_P l}{8}\right)$$

$$M_{AC} = M_{AC}^\theta = 4i\,\theta_A$$

由刚节点的平衡[图 10-14d)],有:

$$\sum M = 0 \quad M_{AB} + M_{AC} = 0$$

$$8i\theta_A - \frac{F_P l}{8} = 0$$

解得刚节点的转角:

$$\theta_A = \frac{F_P l}{64i}$$

查表列各杆端弯矩、杆端剪力的表达式并代 $\theta_A$ 值计算:

$M_{AB} = 4i\theta_A - \left(-\frac{F_P l}{8}\right) = 4i \cdot \frac{F_P l}{64i} - \frac{F_P l}{8} = -\frac{F_P l}{16}$(负号表示对于杆端逆时针转向)

$M_{BA} = 2i\theta_A + \frac{F_P l}{8} = 2i \cdot \frac{F_P l}{64i} + \frac{F_P l}{8} = \frac{5F_P l}{32}$(对于杆端顺时针转向,杆段外侧受拉)

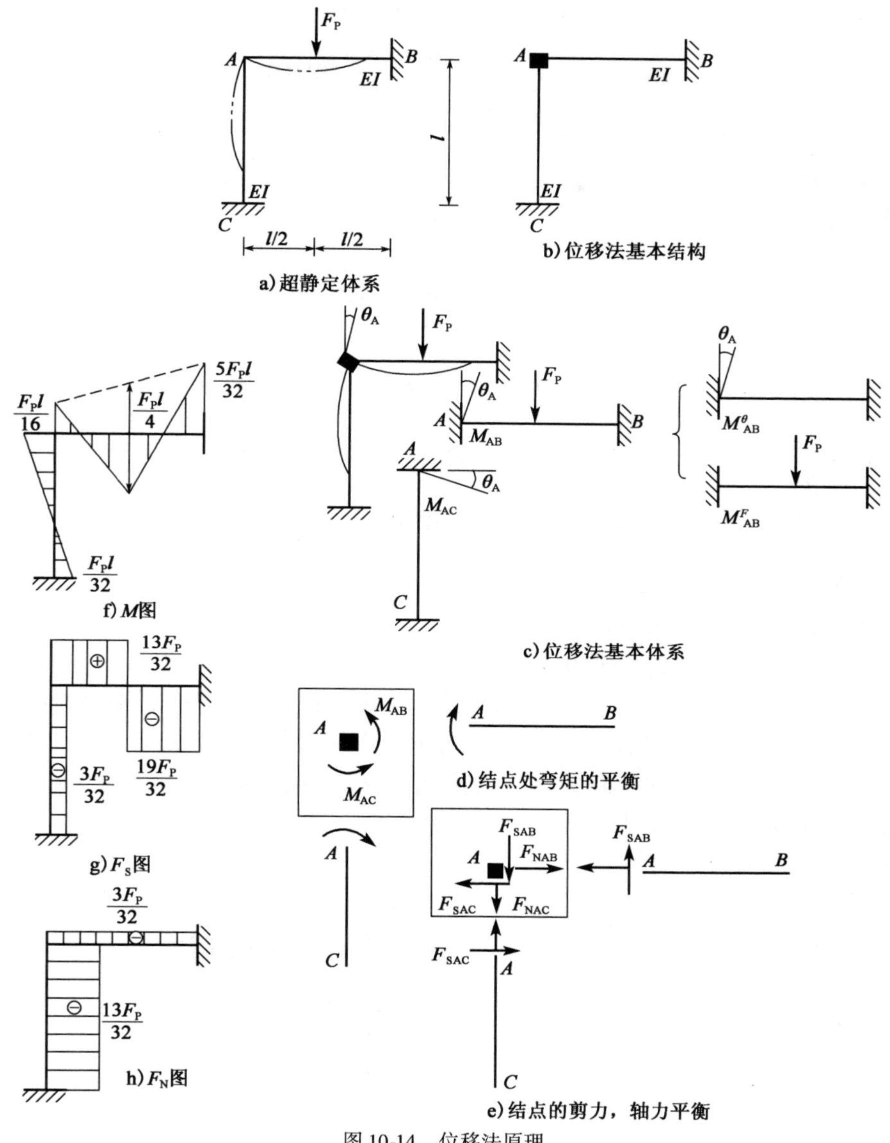


图 10-14　位移法原理

用区段叠加法绘 $AB$ 杆的弯矩图[图 10-14f)]。

$$M_{AC}=4i\theta_A=4i\cdot\frac{F_Pl}{64i}=\frac{F_Pl}{16}\text{(对于杆端顺时针转向,杆段外侧受拉)}$$

$$M_{CA}=2i\theta_A=2i\cdot\frac{F_Pl}{64i}=\frac{F_Pl}{32}\text{(对于杆端顺时针转向,杆段内侧受拉)}$$

绘 $AC$ 杆的弯矩图。

$$F_{SAB}=F^{\theta}_{SAB}+F^{F}_{SAB}=-\frac{6i}{l}\theta_A+\frac{F_P}{2}=-\frac{6i}{l}\cdot\frac{F_Pl}{64i}+\frac{F_P}{2}=\frac{13F_P}{32}$$

$$F_{SBA}=F^{\theta}_{SBA}+F^{F}_{SBA}=-\frac{6i}{l}\theta_A-\frac{F_P}{2}=-\frac{6i}{l}\cdot\frac{F_Pl}{64i}-\frac{F_P}{2}=-\frac{19F_P}{32}$$

$AB$ 杆的剪力图在荷载 $F$ 处分段，分别描点作平行线[图 10-14g)]。

$$F_{SAC}=-\frac{6i}{l}\theta_A=-\frac{6i}{l}\cdot\frac{F_P l}{64i}=-\frac{3F_P}{32}$$

$AC$ 杆内无荷载，剪力图图线为平行线。

依据解得的剪力值，由节点 $A$ 的平衡[图 10-14e)]计算杆端轴力。因用代数值计算，受力图上杆端内力画为正向。

$$\sum F_x=0, F_{NAB}-F_{SAC}=0 \quad F_{NAB}=F_{SAC}=\frac{3F_P}{32}$$

$$\sum F_y=0, -F_{NAC}-F_{SAB}=0 \quad F_{NAC}=-F_{SAB}=-\frac{13F_P}{32}$$

$AB$ 杆、$AC$ 杆上均无轴向外力，轴力图图线为平行线[图 10-14h)]。

### 10.5.3 位移法基本结构和基本未知量

(1)对梁式杆变形的简化

①忽略轴力、剪力对应的变形。

②忽略弯曲变形引起的杆端轴向位移。

如图 10-15a)所示，柱 $AB$ 的 $B$ 端有侧向线位移 $\Delta$。由于忽略 $BA$ 杆轴力对应的变形，忽略弯曲引起的轴向位移，位移后的 $B'$ 端仍在过 $B$ 点的水平线上。梁 $BC$ 虽然弯曲，由于忽略轴力对应的变形，忽略弯曲引起的轴向位移，$C$ 端的水平线位移仍然为 $\Delta$。由于忽略 $DC$ 柱的轴向位移，$C'$ 点仍在过 $C$ 点的水平线上。刚节点 $C$ 有角位移 $\theta_C$。$DC$ 柱上 $C$ 端的侧向线位移为 $\Delta$。

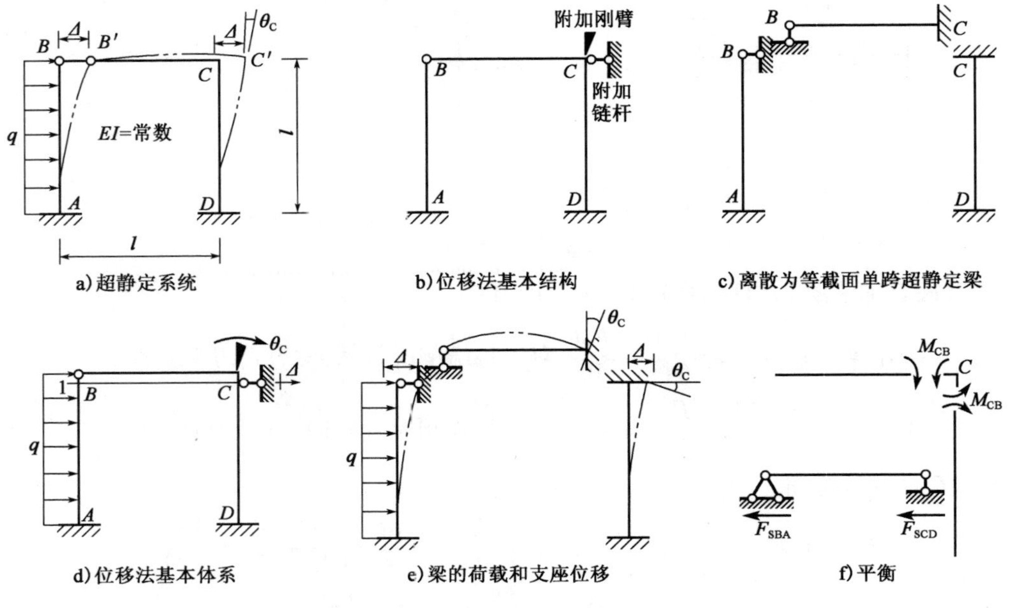

图 10-15 位移法基本结构基本体系

(2)位移法基本结构

位移法基本结构为等截面单跨超静定梁的组合体。建立位移法基本结构的手段——人为地附加约束[图 10-15b)]:

①附加刚臂以限制刚节点的角位移(仅限制角位移,不限制刚节点的线位移)。人为地锁住刚臂,可以不让刚节点转动;人为地控制刚臂,可以主动地让刚节点产生一个角位移。

②附加链杆以限制节点(刚节点、铰节点)的线位移。人为地锁住链杆,可以不让节点移动;人为地控制链杆,可以主动地让节点沿链杆方位产生一个线位移。

图 10-15a)所示的超静定结构,在刚节点 $C$ 上附加一个刚臂,再附加一根水平链杆,形成位移法基本结构。原超静定结构可以离散为有表可查的等截面单跨超静定梁[图 10-15b)、c)]。

(3)位移法的基本未知量

独立的节点位移为位移法的基本未知量。基本未知量的数目等于独立的刚节点角位移数与独立的节点线位移数之和。图 10-15a)所示刚架的位移法基本未知量的数目为 2。

(4)位移法基本体系

位移法基本结构在荷载、节点位移作用下的系统称为位移法基本体系,如图 10-15d)所示。刚节点的角位移用弯曲的箭头加一短横线表示,节点的线位移用矢量横加短横线表示。

(5)位移法基本方程

位移法基本未知量是独立的节点位移。在确定基本未知量时已经满足了变形的连续条件。位移法基本方程是在把离散开的杆件拼合成整体时,须满足的平衡方程。

一般对应基本未知量中刚节点的角位移,位移法基本方程为该节点平衡的力矩方程[图 10-15f)];对应基本未知量中一个节点的线位移,位移法基本方程则为,用与线位移平行的平面所截取隔离体平衡的投影方程[图 10-15f)]。

对于图 10-15a)所示结构,按离散的等截面单跨超静定梁[图 10-15e)]查表 10-1 计算杆端弯矩、杆端剪力,代入平衡方程:

刚节点 $C$:$\sum M=0 \quad M_{CB}+M_{CD}=0$

1-1 以上[图 10-15d)、f)]:$\sum F_x=0 \quad F_{SBA}+F_{SCD}=0$

解方程组得 $\theta_C$、$\Delta$,即可确定各杆端弯矩、杆端剪力,画结构的内力图。

**【例 10-9】** 试用位移法解图 10-16a)所示连续梁,作梁的弯矩图。$EI$ 为常数。

**解:**(1)建立位移法基本结构和基本体系[图 10-16b)]。

将 $AB$ 梁段、$BC$ 梁段视为在 $B$ 处用刚节点连接。链杆支座 $B$ 不允许梁在该处有竖向位移。在刚节点 $B$ 处附加刚臂,则形成位移法基本结构,它可离散为两端固定的梁 $AB$ 和一端固定、一端铰支的梁 $BC$。刚节点 $B$ 的角位移 $\theta$ 为基本未知量。基本结构在荷载和基本未知量 $\theta$ 的作用下,形成位移法基本体系。

(2)列位移法基本方程求解。

组合节点 $B$[图 10-16c)]:$\sum M=0 \quad M_{BA}+M_{BC}=0$

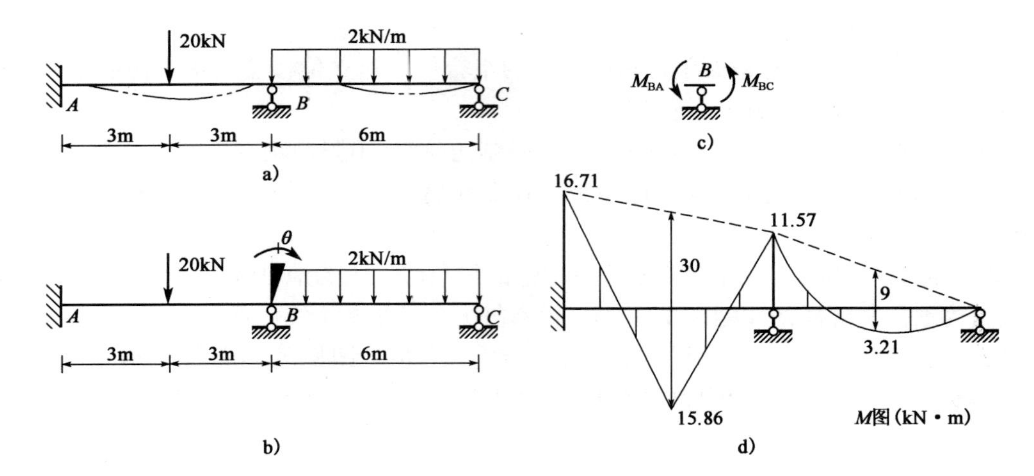


图 10-16　位移法计算梁

$$M_{BA}=4i\theta+\frac{20\text{kN}\times 6\text{m}}{8}=4i\theta+15\text{kN}\cdot\text{m}$$

$$M_{AB}=2i\theta-\frac{20\text{kN}\times 6\text{m}}{8}=2i\theta-15\text{kN}\cdot\text{m}$$

$$M_{BC}=3i\theta-\frac{2\text{kN/m}\times(6\text{m})^2}{8}=3i\theta-9\text{kN}\cdot\text{m}$$

$$M_{CB}=0$$

代入平衡方程得位移法基本方程：

$$7i\theta+6\text{kN}\cdot\text{m}=0$$

解得：

$$\theta=-\frac{6\text{kN}\cdot\text{m}}{7i}$$

(3)计算杆端内力，绘弯矩图。

$$M_{BA}=4i\left(-\frac{6\text{kN}\cdot\text{m}}{7i}\right)+15\text{kN}\cdot\text{m}=11.57\text{kN}\cdot\text{m}$$

$$M_{AB}=2i\left(-\frac{6\text{kN}\cdot\text{m}}{7i}\right)-15\text{kN}\cdot\text{m}=16.71\text{kN}\cdot\text{m}$$

$$M_{BC}=3i\left(-\frac{6\text{kN}\cdot\text{m}}{7i}\right)-9\text{kN}\cdot\text{m}=-11.57\text{kN}\cdot\text{m}$$

$$M_{CB}=0$$

用区段叠加法作 $AB$ 梁段、$BC$ 梁段的弯矩图。正值弯矩对于杆端为顺时针转向，负值弯矩对于杆端为逆时针转向，从而判断杆的受拉侧，描控制点[图 10-16d)]。

**【例 10-10】**　试用位移法计算图 10-17a)所示刚架，作刚架的弯矩图。$EI$ 为常数。

**解：**(1)建立位移法基本结构和基本体系。

图示结构为双向对称的刚架，荷载亦双向对称。取 1/4 结构为位移法基本结构[图 10-17b)]。各杆线刚度的比例为：

$$i_{AB} = \frac{EI}{4} = 3 \times \frac{EI}{12} = 3i$$

$$i_{AB} = \frac{EI}{1.5} = 8 \times \frac{EI}{12} = 8i$$

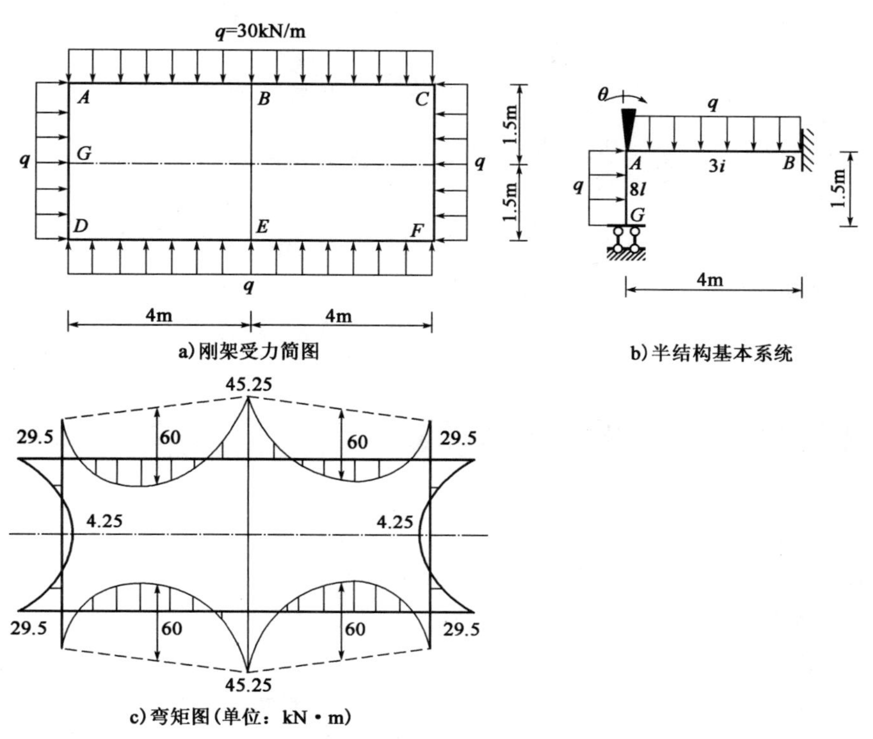

a)刚架受力简图

b)半结构基本系统

c)弯矩图(单位：kN·m)

图 10-17 位移法计算超静定刚架

在基本结构的刚节点 $A$ 上附加刚臂,加基本未知量 $\theta$,形成位移法基本体系。

(2)列位移法基本方程求解。

刚节点 $A$: $\sum M = 0 \quad M_{AG} + M_{AB} = 0$

$$M_{AB} = 4(3i)\theta - \frac{30\text{kN/m} \times (4\text{m})^2}{12} = 12i\theta - 40\text{kN} \cdot \text{m}$$

$$M_{BA} = 2(3i)\theta + \frac{30\text{kN/m} \times (4\text{m})^2}{12} = 6i\theta + 40\text{kN} \cdot \text{m}$$

$$M_{AG} = (8i)\theta + \frac{30\text{kN/m} \times (1.5\text{m})^2}{3} = 8i\theta + 22.5\text{kN} \cdot \text{m}$$

$$M_{GA} = -(8i)\theta + \frac{30\text{kN/m} \times (1.5\text{m})^2}{6} = -8i\theta + 11.25\text{kN} \cdot \text{m}$$

代入位移法基本方程,有

$$20i\theta - 17.5\text{kN} \cdot \text{m} = 0$$

$$\theta = \frac{0.875\mathrm{kN \cdot m}}{i}$$

(3)计算杆端内力,绘弯矩图。

$$M_{AB} = 12i \times \frac{0.875\mathrm{kN \cdot m}}{i} - 40\mathrm{kN \cdot m} = -29.5\mathrm{kN \cdot m}$$

$$M_{BA} = 6i \times \frac{0.875\mathrm{kN \cdot m}}{i} + 40\mathrm{kN \cdot m} = 45.25\mathrm{kN \cdot m}$$

$$M_{AG} = 8i \times \frac{0.875\mathrm{kN \cdot m}}{i} + 22.5\mathrm{kN \cdot m} = 29.5\mathrm{kN \cdot m}$$

$$M_{GA} = -8i \times \frac{0.875\mathrm{kN \cdot m}}{i} + 11.25\mathrm{kN \cdot m} = 4.25\mathrm{kN \cdot m}$$

作1/4结构的弯矩图。依据对称结构在对称荷载作用下弯矩对称,作与之对称部分的弯矩图,再作另一半弯矩图。依据对称性,处于对称轴上的 $BE$ 杆的弯矩为零[图10-17c)]。

## 10.6 超静定结构的工程应用

超静定结构有多余联系,与静定结构相比,有如下优点:

(1)内力、位移分布均匀,峰值小[图10-10c)、e)]。

(2)具备抵御战争、地震破坏的防护能力。

因此,超静定结构在工程中得到广泛应用。

图10-18a)所示现浇钢筋混凝土楼盖由主梁、次梁和板构成。某主梁的纵向尺寸如图10-18b)所示,图10-18c)所示该主梁的计算简图,为三跨连续梁承受次梁传来的荷载。将该梁看成在简支梁 $AB$ 的中间增加两个可动铰支座,跨度减小,形成反向弯曲,使梁的弯矩和挠度减小,结构的经济性得到保证。

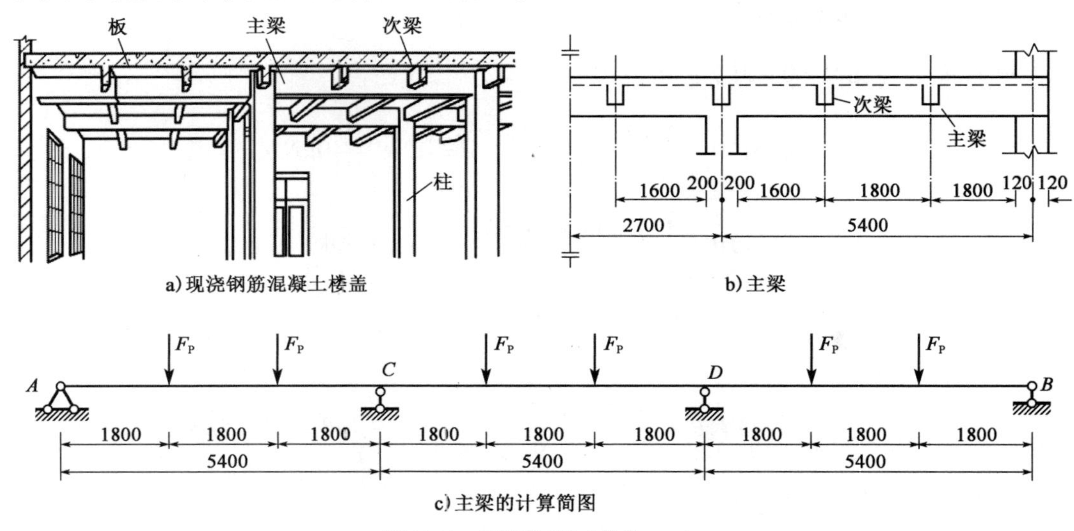


图10-18 连续梁(尺寸单位:mm)

图10-19所示为武汉长江大桥的三跨一联钢桁梁，有两个多余支座链杆，桁架内部有三根多余杆件（图中画虚线的横撑因截面较小，略去不计），为5次超静定结构。在《武汉长江大桥技术总结》中，有这样一段文字："这里，可以指出连续梁，特别是内在超静定的桁架，对于抵御破坏的优越性。在战争中，有些连续梁的大桥，虽经猛烈轰炸，许多主杆折断，仍能保持全部桁架不坠。经采用千斤顶调整墩上反力，辅以临时排架上的千斤顶外力，依次使受损杆件内力为零。在此时，换入正确长度的新杆件，使修好后的钢梁，在结构形式上回复原状。"

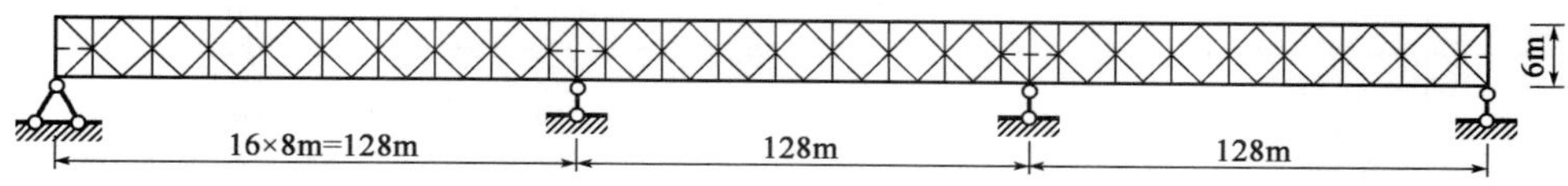


图10-19　武汉长江大桥的三跨一联钢桁梁

图10-20所示为唐山市一所高校内保存的唐山地震遗址。地震时，唐山市的房屋基本上全部倒塌，留下这座超静定结构的图书馆。

图10-20　唐山地震遗址

随着计算技术的发展，现代土木工程中的大量力学计算得以迅速完成。随着材料科学的发展，不断开发出新的高性能材料。随着我国综合国力的增强，各类新型土木工程不断涌现。其中，大量的超静定结构出现在各种各样的摩天大楼、跨海大桥、特大跨度的公共建筑、水下隧道、高速公路、高速铁路之中。

## 本 章 小 结

### 知识体系

超 静 定 结 构

| 几何组成分析 | 主 要 特 点 | 工 程 应 用 |
|---|---|---|
| 有多余联系 | 内力、位移分布均匀，峰值小具备抵御战争、地震破坏的防护能力 | 超静定梁、拱、刚架、桁架、组合结构广泛应用于土木工程 |
| **计算方法创新：寻找替代物，建立一种与不熟悉事物有相似意义的新关系** | | |
| 方法名称 | 力法 | 位移法 |
| 基本结构 | 静定基本结构 | 位移法基本结构——等截面单跨超静定梁的组合体 |
| 基本体系 | 静定基本结构 + 荷载(支座位移) + 多余未知力 | 位移法基本结构 + 荷载 + 独立节点位移 |
| 基本未知量 | 多余未知力 | 独立节点位移 |
| 基本方程 | 力法基本体系在多余未知力处沿力的方位，需满足的位移协调条件 | 把离散的杆件拼合成整体结构时，需满足的平衡条件 |
| 解题步骤 | (1)选静定基本结构，建立基本体系；<br>(2)列力法方程求解 $\delta_{11}X_1+\Delta_{1F}=0$；<br>(3)基本体系的静力计算(内力、位移) | (1)建立位移法基本结构和基本体系；<br>(2)列位移法基本方程求解 $M_{AG}+M_{AB}=0$；<br>(3)计算杆端内力，绘内力图 |
| 方法选择 | 超静定次数少时 | 独立节点位移数少时 |

### 能力养成

- **认知能力**
  - **专注能力——在探索中养成**
    - **研讨工程实际**
    - **用旧知识去获取新知识**
    - **力学小实验**
  - **分析能力——按思维顺序训练**
    - **基本体系，列解力法方程，静力计算**
    - **基本体系，列解位移法方程，杆端内力**
  - **创新能力——在情境中养成**
    - **寻找替代物“力法基本体系”**
    - **寻找替代物“位移法基本体系”**
- **实验能力　力学小实验**

## 实验与讨论

10-1-1　按杆件、节点、支座、荷载的顺序分析图 10-21 ~ 图 10-24 所示结构的简化过程。试填空表示指定结构的超静定次数。

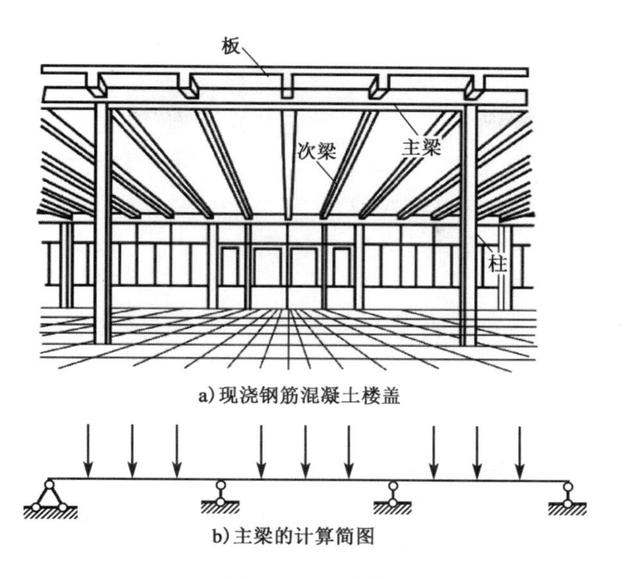


a) 现浇钢筋混凝土楼盖

b) 主梁的计算简图

图 10-21　连续梁

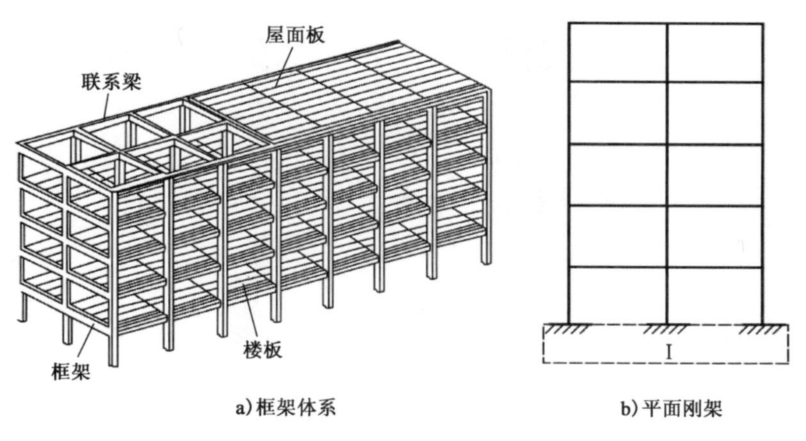


a) 框架体系　　b) 平面刚架

图 10-22　平面刚架

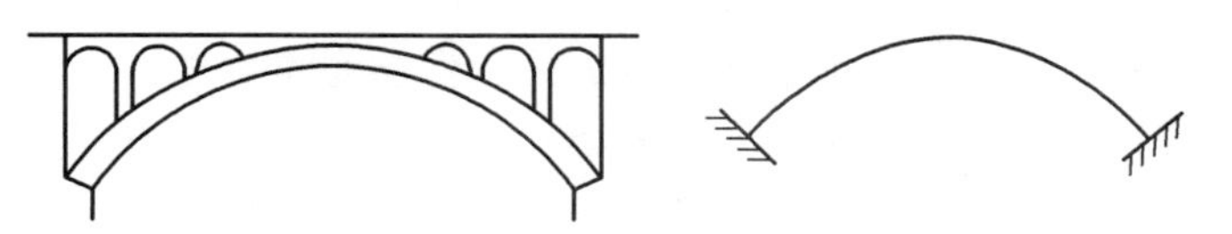

图 10-23　无铰拱

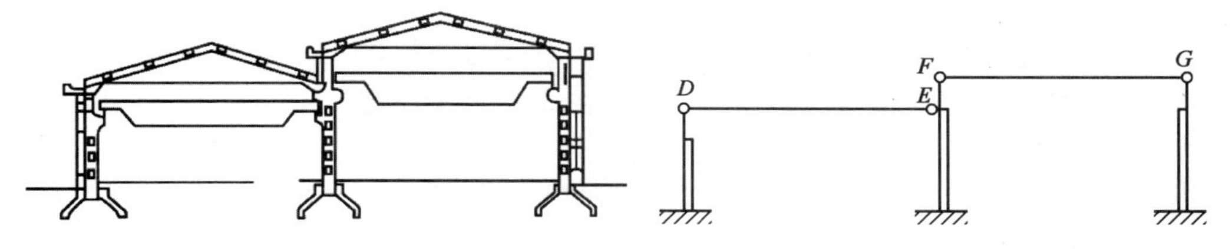


图 10-24　厂房排架

(1)由楼盖主梁的计算简图判断,主梁为________次超静定结构。

(2)如图10-22所示平面刚架为________次超静定结构。

(3)如图10-23所示无铰拱为________次超静定结构。

(4)如图10-24所示两跨单层厂房排架为________次超静定结构。

10-1-2　力法是将超静定结构转换为________结构,以________为基本未知量,根据________协调条件建立力法方程计算超静定问题的方法。(选填:"静定""超静定";多余未知数、多余未知力;变形、受力)

10-1-3　在图10-25所示可选的静定基本结构上,画上荷载、多余未知力,建立力法基本体系。

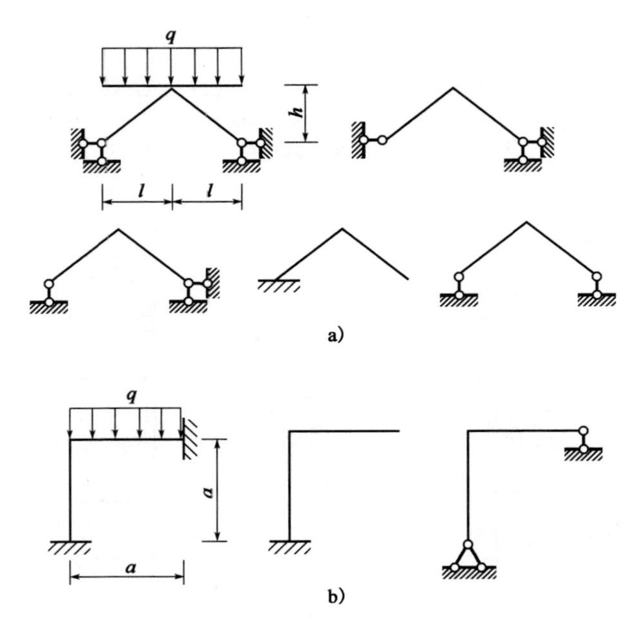


图10-25　建立力法基本体系

10-2-1　利用结构的对称性解超静定结构,可取半结构等效替代原结构进行简化计算。

(1)试在图10-26所示半结构位于对称轴的地方添加相应的支座。

(2)取半结构可以________超静定次数。在依据半结构的内力图画另一半结构的内力图时,由结构的对称性和内力符号的规定得:对称结构在对称荷载作用下,弯矩图对称,正负号________;轴力图的正负号________;剪力图的正负号________。(选填:"增加""减少";标,不标;对称,反对称)

10-4-1　**小实验**　静定结构的支座发生位移,仅引起结构的________性位移,不产生变形和内力;超静定结构的支座发生位移,因存在多余约束,会产生________和________。(选填:"刚""柔""变形""内力")。试设计系列小实验,演示这一力学现象。

10-4-2　力法计算依据基本体系进行,典型方程中的各个位移指静定基本结构的位移。试以一次超静定结构为例,比较在荷载作用下与在支座位移作用下的力法方程:

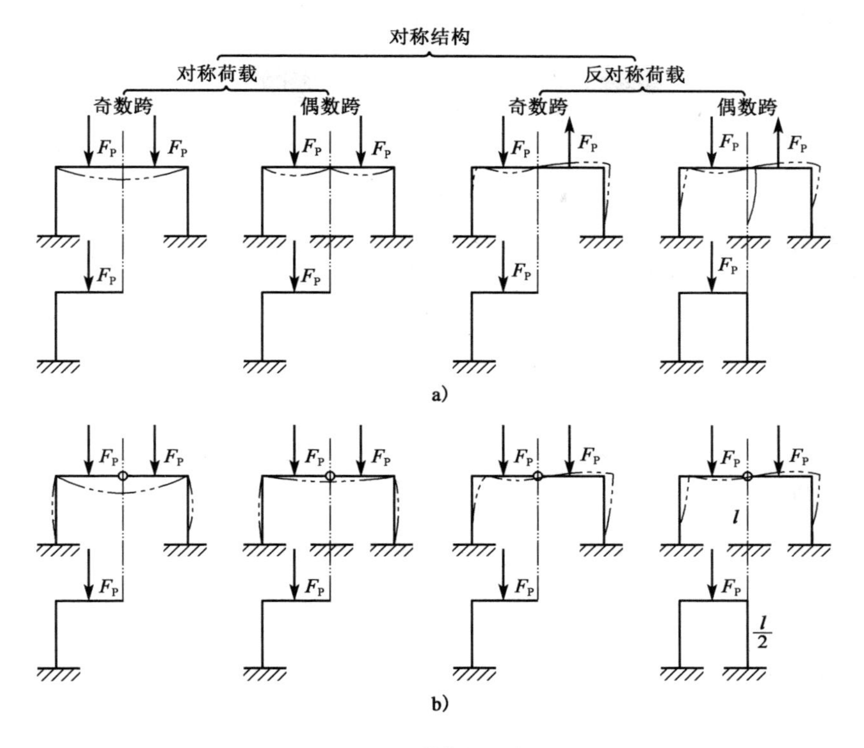


图 10-26　结构的对称性

| 作　　用 | 力 法 方 程 | 不同点的概念及其计算要点 |
| --- | --- | --- |
| 荷载 | | |
| 支座位移 | | |

10-5-1　**小实验**　用小实验元件拼装表 10-1 中的全部等截面单跨超静定梁，分别演示荷载单独作用下或支座位移单独作用下梁的变形位移，判断杆端弯矩的正负。

10-5-2　位移法是将超静定结构离散为杆端内力________的等截面单跨超静定梁，以独立的节点________为基本未知量，根据________条件建立位移法________方程解超静定问题的方法。（选填："自行计算""有表可查"；内力、位移；平衡、协调；基本、典型）

（1）图 10-27 所示刚架的变形曲线已经画出，略去因弯曲引起的以及轴力对应的杆件轴向相对位移，试在图上用 $\theta$ 标出刚节点的角位移，用 $\Delta$ 标出独立的节点线位移。

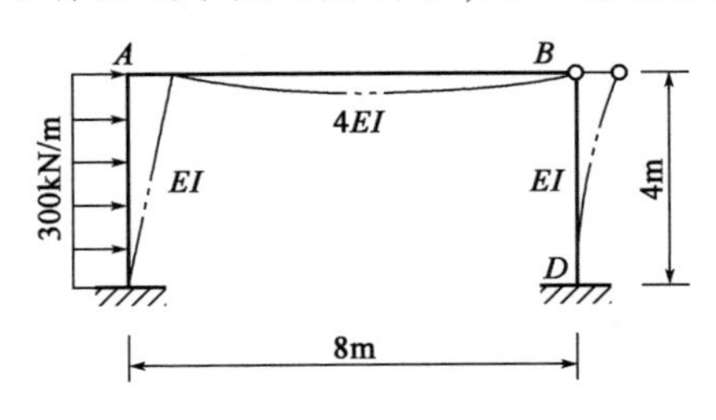


图 10-27　位移法的基本原理

(2)将超静定刚架离散成为等截面单跨超静定梁:在杆端添加支座,画荷载,标支座位移。

(3)查表写杆端内力表达式(对于杆件,杆端弯矩时针为正):

$M_{CA}$ = ________ $\varphi$ = ________ $\Delta$ = ________;$F_{SCD}$ = ________;

$M_{AC}$ = ________________________________;$F_{SDC}$ = ________;

$F_{SCA}$ = ________________________________;$M_{DB}$ = ________;

$F_{SAC}$ = ________________________________;$M_{BD}$ = ________;

$M_{CD}$ = ________________________________;$F_{SDB}$ = ________;

$M_{DC}$ = ________________________________;$F_{SBD}$ = ________。

## 习题

10-1-1 试用力法解图10-28所示连续梁,绘制内力图。

10-1-2 用力法解图10-29所示超静定刚架,绘制内力图。试选悬臂刚架为静定基本结构建立基本体系。

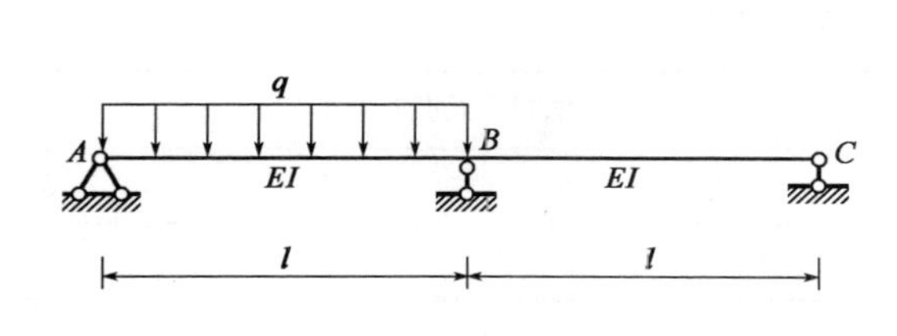


图10-28 用力法解连续梁

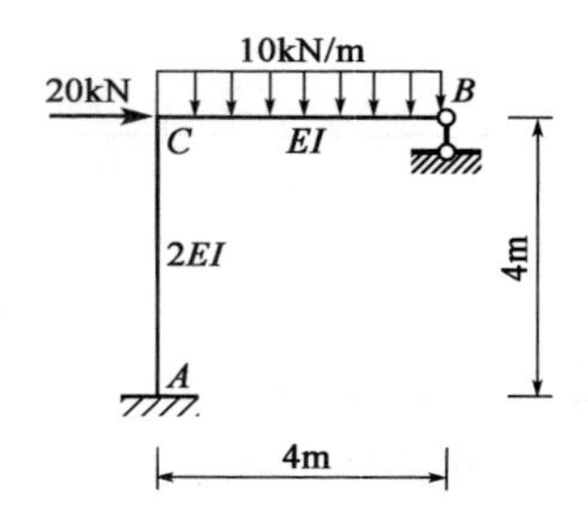


图10-29 用力法解超静定刚架(一)

10-1-3 用力法解图10-30所示超静定刚架,绘制内力图。

10-1-4 用力法解图10-31所示超静定刚架,绘制内力图。

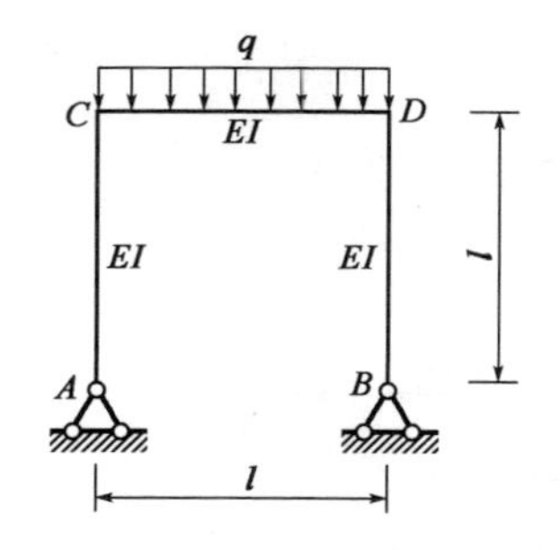


图10-30 用力法解超静定刚架(二)

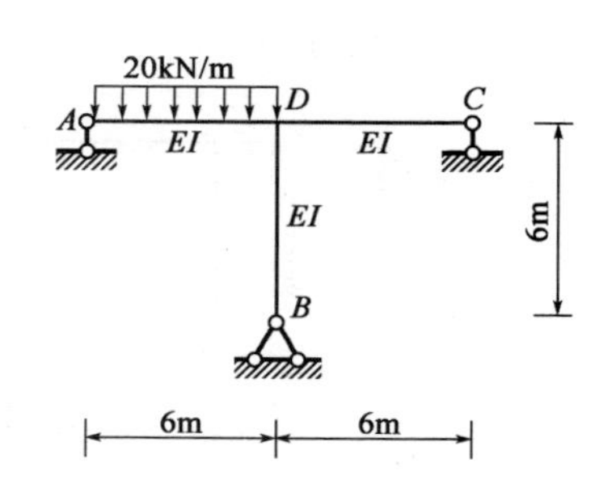


图10-31 用力法解超静定刚架(三)

10-1-5　力法基本体系是超静定体系的等效替代体系。当求出超静定体系的内力之后，在用单位荷载法求超静定体系的位移时，单位荷载只需加在________基本结构之上。（选填："静定""超静定"）

试绘图 10-32 所示超静定刚架的弯矩图，并求刚节点 $C$ 的角位移 $\varphi_C$。

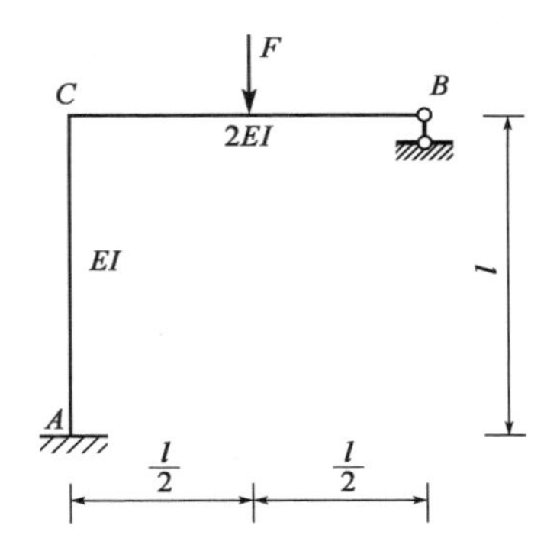


图 10-32　求超静定刚架的位移

10-2-1　利用半结构简化力法计算，画图 10-33 所示各超静定刚架的内力图。

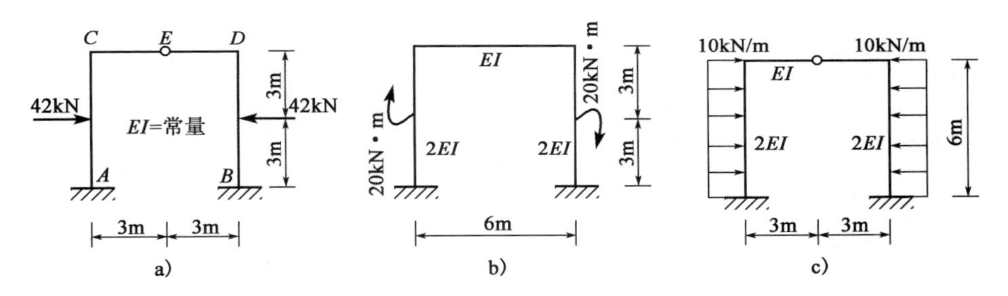


图 10-33　利用对称性取半结构简化计算

10-3-1　用力法解图 10-34 所示铰接排架，绘柱的弯矩图和剪力图。链杆 $EF$ 的拉压刚度 $EA=\infty$。

10-4-1　绘制图 10-35 所示单跨超静定梁因支座位移引起的弯矩图和剪力图。

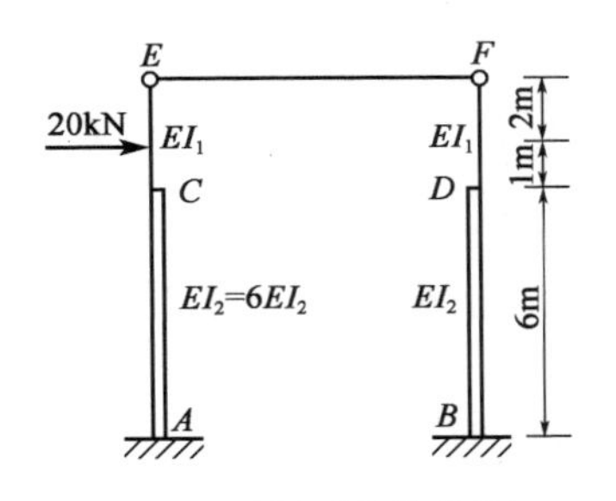


图 10-34　用力法解铰接排架

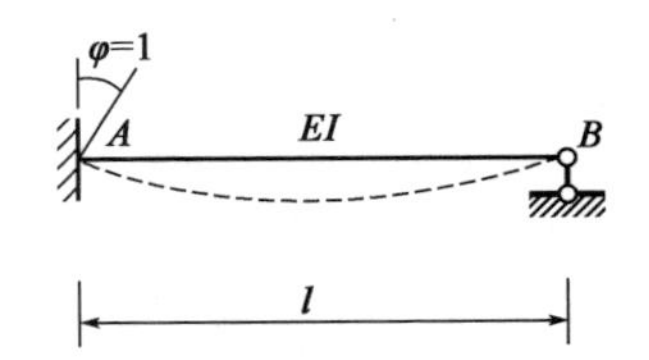


图 10-35　力法解支座位移引起的内力

10-4-2　绘制图 10-36 所示超静定刚架因支座位移引起的弯矩图。

10-4-3　图 10-37 所示梁的弯曲刚度 $EI=1\times10^4\text{kN}\cdot\text{m}^2$，试绘梁的弯矩图，并求 $C$ 截面的线位移 $\Delta_C$。

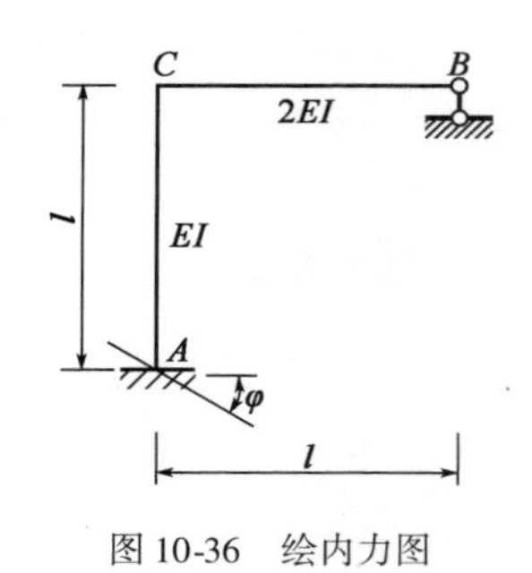


图 10-36　绘内力图

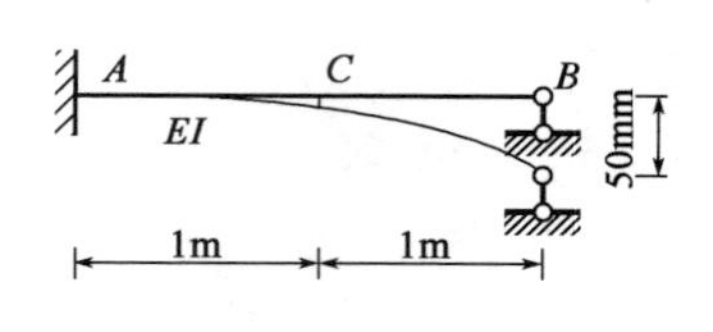


图 10-37　力法解支座位移引起的内力

## 综合习题

10-1　用力法解图 10-38 所示连续梁，画弯矩图。试选外伸梁为静定基本结构建立基本体系。

10-2　求图 10-39 所示超静定桁架各杆的轴力，并求 *BD* 杆的角位移。已知各杆的刚度 *EA* 为常数。

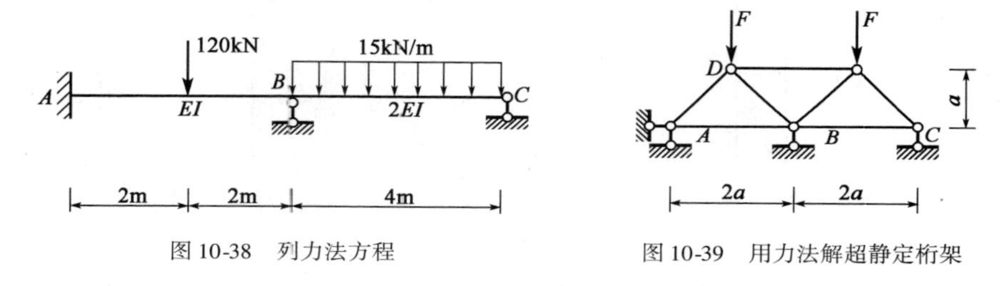


图 10-38　列力法方程　　　　图 10-39　用力法解超静定桁架

10-3　利用结构的对称性简化力法计算，画图 10-40 所示刚架的弯矩图。

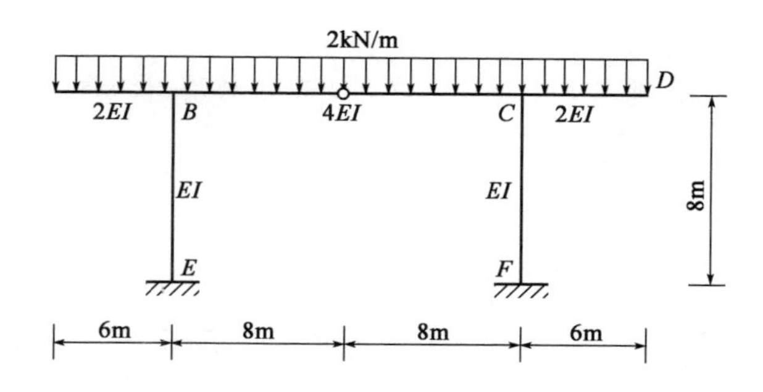


图 10-40　利用对称性简化力法计算

10-4　试作图 10-41a) 所示简支梁的弯矩图。该梁用桁架加劲之后［图 10-4b)］，再画梁的弯矩图，并与简支梁的弯矩图比较。梁的弯曲刚度 $EI = 1.50 \times 10^4 \text{kN} \cdot \text{m}^2$，拉伸压缩刚度 $EA = 2 \times 10^6 \text{kN}$；*AF*、*FB* 链杆的拉伸压缩刚度 $EA = 2.5 \times 10^5 \text{kN}$，链杆 *FE* 的拉伸压缩刚度 $EA = 2 \times 10^5 \text{kN}$。

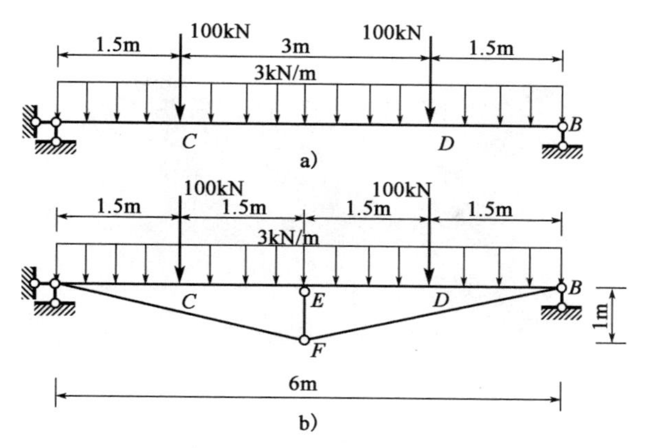

图 10-41 力法计算组合结构

10-5 试用位移法解图 10-42 所示超静定刚架，并绘弯矩图。

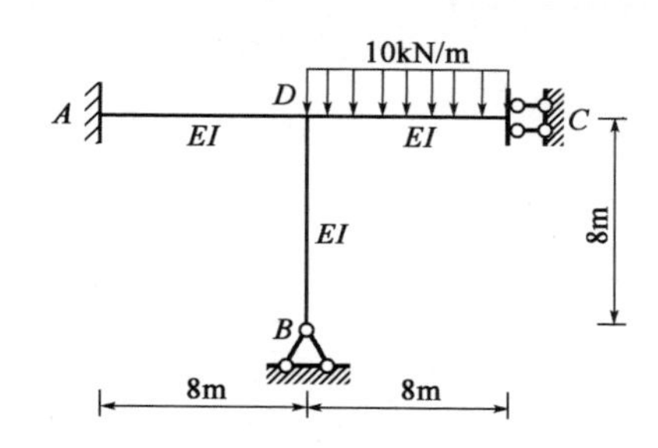

图 10-42 位移法解超静定刚架

**讨论：**图 10-42 所示刚架为________次超静定结构。若用力法求解，有________个基本未知量；而用位移法求解，只有________个基本未知量。对于超静定次数________，节点较________少的超静定结构，用位移法求解简便。

10-6 静定结构的内力与杆件的材料、截面________关；超静定结构的内力与各杆刚 *EI*(*EA*) 的相对值________关。(选填:"有""无")

试画图 10-43 所示静定梁、单跨超静定梁、超静定刚架的弯矩图，比较弯矩峰值的大小。并与题 10-6 所示刚架的弯矩图比较，分析杆件刚度对弯矩分布的影响。

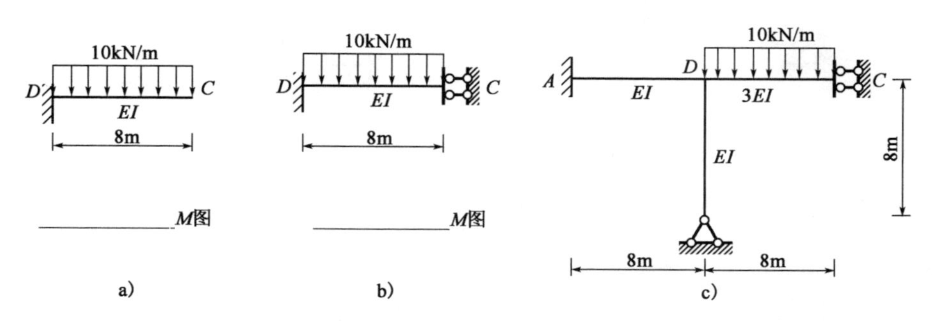

图 10-43 超静定结构内力的影响因素

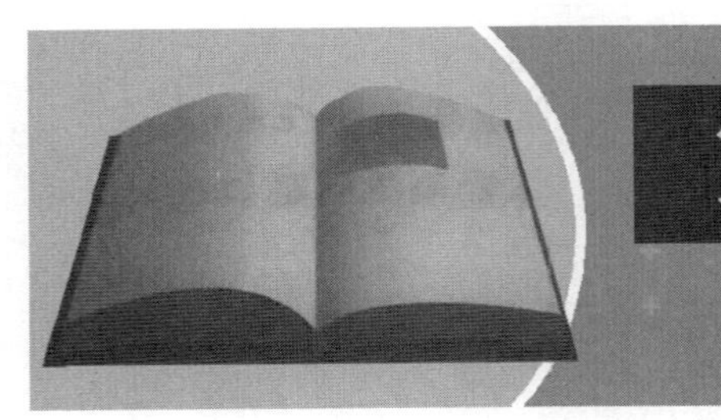

# 第11章 移动荷载下梁的受力分析

## 11.1 移动荷载和影响线的概念

### 11.1.1 移动荷载

如图 11-1 所示,梁的自重不随时间变化,为固定荷载(也称恒载)。汽车对桥的轮压,吊车对梁的轮压,其大小、方向不变,但位置在移动。这类荷载称为**移动荷载**。移动荷载属于活荷载。另一类活荷载是时有时无,可以任意分布的定位荷载,如楼盖上的人群,仓库中的货物,不固定的设备等。本章主要讨论移动荷载下梁的受力分析。

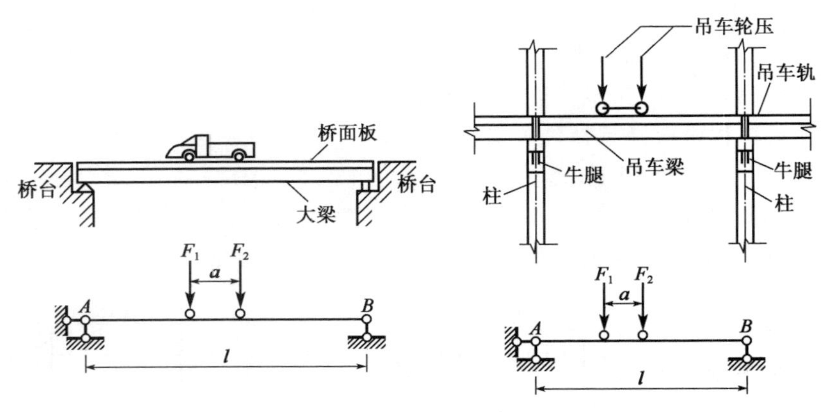


图 11-1 移动荷载

### 11.1.2 铁路和公路的标准荷载

铁路、公路的荷载十分繁杂。有载货汽车、客车,重载、轻载,内燃机车、电力机车,列车,以及或长或短的车队。在工程计算中,用“标准荷载”这种模型来概括那千千万万个具体的荷载。

(1)铁路标准荷载

我国铁路桥涵设计使用中华人民共和国铁路标准活载,简称中-活载。它包括普通活载和特种活载两种(图 11-2)。设计时,哪一种活载产生的内力大,就采用哪一种。特种活载的轴压大,但轴数少,只对短跨度梁(7m 以下)控制设计。

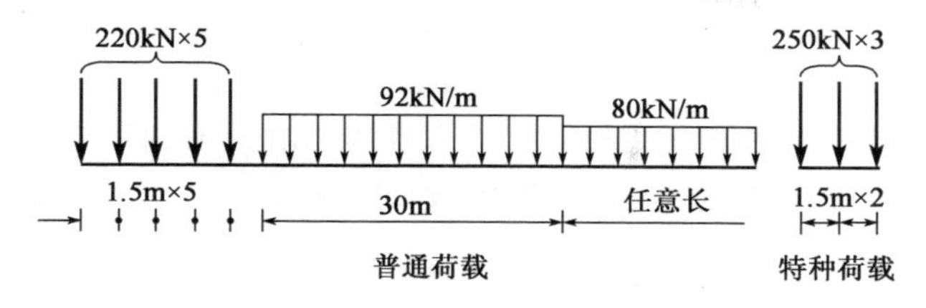


图 11-2　铁路标准荷载

(2)公路标准荷载

我国 2015 年 12 月实施的《公路桥涵设计通用规范》(JTG D60—2015)规定,汽车荷载分为车道荷载和车辆荷载两种(图 11-3)。

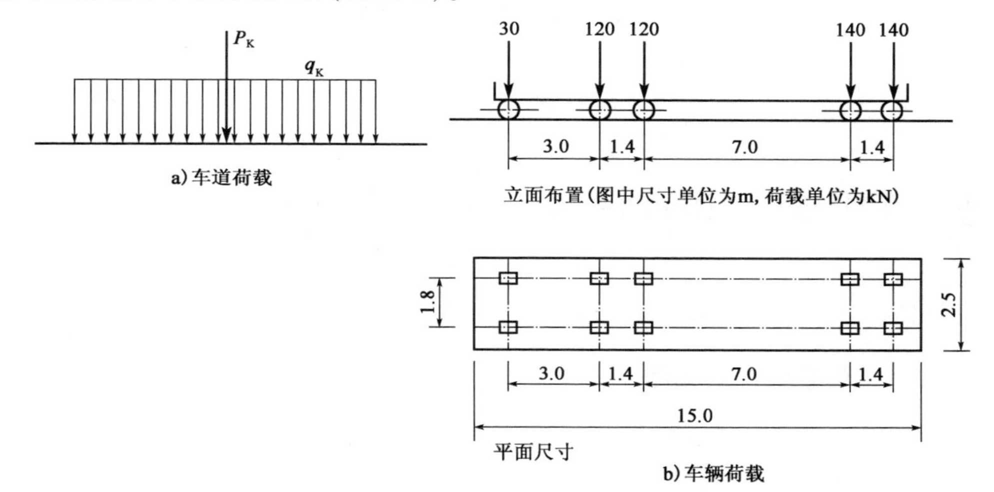


图 11-3　公路标准荷载

公路桥梁结构的整体计算采用车道荷载;桥梁结构的局部加载、涵洞、桥台和挡土墙土压力等的计算采用车辆荷载。车辆荷载与车道荷载的作用不得叠加。

汽车荷载的等级和车道荷载的标准值见表 11-1。

**汽车荷载的等级划分和车道荷载的标准值**　　表 11-1

| 汽车荷载等级 | 公路-Ⅰ级 | 公路-Ⅱ级 |
|---|---|---|
| 公路等级 | 高速公路、一级公路、二级公路 | 三级、四级公路 |
| 车道荷载的标准值 | $q_K = 10.5$kN/m | 公路-Ⅰ级车道荷载的标准值 ×0.75 |
| | $l \leqslant 5$m, $P_K = 270$kN<br>5m $< l <$ 50m, $P_K = 2(l+130)$kN<br>$l \geqslant 50$m, $P_K = 360$kN | |

## 11.1.3　影响线的概念

即使是标准荷载,也是比较复杂的,何况还在移动,所以要确定荷载的最不利位置。必须创造一种方法，能够简便地求出标准荷载移动时某一支座的反力、某一截面的剪力、某一截面的弯矩的最大值。

无论什么样的移动荷载，都有一个最基本的元素——单位移动荷载。单位荷载在结构上移动时对某一力学量的影响值一旦确定，乘以集中力的大小，即为集中力的影响。对于多个集中力作用，将各力的影响总和起来就是力系的影响。**方向不变的单位移动荷载对某一力学量值的影响用函数图线表示，称为影响线**(图 11-4)。

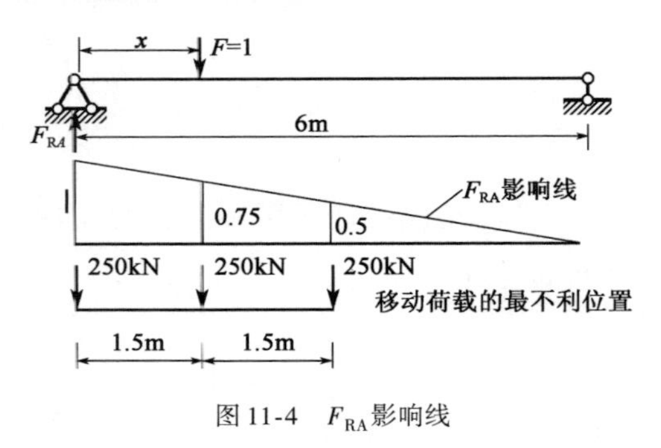


图 11-4　$F_{RA}$影响线

## 11.2　静定梁的影响线绘制

下面以简支梁为例讨论静定梁影响线的绘制方法。

### 11.2.1　支座反力影响线

梁上单位移动荷载的指向朝下，因此规定支座反力向上为正。

如图 11-5a)所示，单位荷载移到任意位置(用坐标 $x$ 表示)。

由静力平衡方程

$$\sum M_{A}(F)=0 \quad F_{RB}\cdot l-1\cdot x=0$$

得：

$$F_{RB}=\frac{x}{l} \quad (0\leqslant x\leqslant l)$$

上式表现为 $B$ 支座的反力关于单位荷载移动位置的函数式，也称 $F_{RB}$的影响线方程。它反映单位荷载移动到图示位置时，$B$ 支座的反力为 $x/l$。该函数式对应的影响线为斜直线，定两个控制点即可确定影响线的位置：

$$x=0,F_{RB}=0$$

$$x=l,F_{RB}=1$$

影响线上任一点的横坐标表示单位移动荷载的位置，纵坐标(纵坐标线)表示此时 $B$ 支座的反力大小。

通过以上的计算，明确了简支梁指定支座的反力影响线为斜直线。依据单位移动荷载的两个特殊位置，即可确定反力影响线的位置：$F=1$ 移动到本支座时，支座反力为 1；移动到另一支座时,支座反力为0。

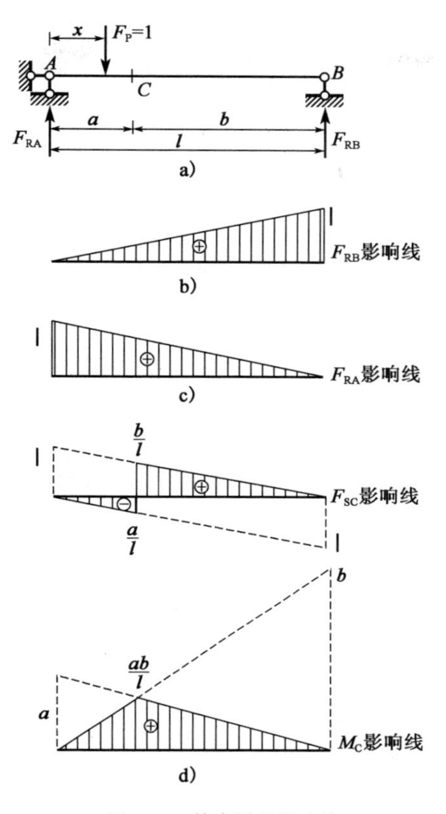


图 11-5　简支梁的影响线

## 11.2.2　剪力影响线

拟绘图 11-5a)所示简支梁 $C$ 截面的剪力影响线,在 $C$ 截面处分区段。

$F=1$ 在 $AC$ 梁段移动($0\leqslant x<a$),绘 $AC$ 段的剪力影响线,取 $CB$ 梁段为隔离体计算简便:

$$\sum F_y=0 \quad F_{SC}=-F_{RB}$$

将 $F_{RB}$影响线方程反号即为 $AC$ 段的 $F_{SC}$影响线方程。可将 $F_{RB}$影响线对称地绘于基线下侧,取用 $AC$ 段[图 11-5b)、d)]。

$F=1$ 在 $CB$ 梁段移动($a<x\leqslant l$),绘 $CB$ 段的剪力影响线,取 $AC$ 梁段为隔离体计算简便:

$$\sum F_y=0 \quad F_{SC}=F_{RA}$$

$CB$ 段的 $F_{SC}$影响线方程与 $F_{RA}$影响线方程相同,可绘 $F_{RA}$影响线取用 $CB$ 段[图 11-5c)、d)]。

可见,简支梁指定截面的剪力影响线为两段平行线。$F=1$ 移动到支座时,$F_{SC}=0$;移动到该截面之左时,$F_{SC}=-\dfrac{a}{l}$;移动到该截面之右时,$F_{SC}=\dfrac{b}{l}$。$a$、$b$ 为该截面至左、右支座的距离。

### 11.2.3 弯矩影响线

拟绘图 11-5a)所示简支梁 $C$ 截面的弯矩影响线,在 $C$ 截面处分区段。

$F=1$ 在 $AC$ 梁段移动($0\leqslant x<a$),绘 $AC$ 段的弯矩影响线,取 $CB$ 梁段为隔离体计算简便:

$$M_{C}=F_{RB}\cdot b$$

影响线为 $F_{RB}$ 图线扩大 $b$ 倍,取用 $AC$ 段[图 11-5b)、d)]。

$F=1$ 在 $CB$ 梁段移动($a<x\leqslant l$),绘 $CB$ 段的弯矩影响线,取 $AC$ 梁段为隔离体计算简便:

$$M_{C}=F_{RA}\cdot a$$

影响线为 $F_{RA}$ 图线扩大 $a$ 倍,取用 $AC$ 段。进一步分析知,$AC$、$CB$ 两段图线在 $C$ 截面处连续。

可见,简支梁指定截面 C 的弯矩影响线为两段斜直线,在该截面处连续,$M_{C}=ab/l$。$F=1$ 移动到支座时,$M_{C}=0$[图 11-5d)]。

规定正值影响线绘于基线的上侧。因为 $F=1$ 的量纲为 1,则支座反力影响线、剪力影响线的量纲为 1,弯矩影响线的量纲为长度量纲 $L$。

## 分析示范

**【例 11-1】** 利用简支梁的影响线绘制外伸梁的影响线。

如图 11-6a)所示,取 $A$ 点为坐标原点,$x$ 轴向右为正。单位荷载移动到外伸梁的任意位置,由

$$\sum M_{A}(F)=0$$

得:

$$F_{RB}=\frac{x}{l}$$

该支座反力影响线方程与简支梁的方程相同,适用于整个外伸梁,所对应的影响线为一条斜直线,将简支梁的影响线外延即得外伸梁的影响线[图 11-6c)]。无论是代入方程计算,还是按图中相似三角形的比例计算,都得如下的纵坐标值:

$$x=0,F_{RB}=0$$

$$x=l,F_{RB}=1$$

$$x=l+l_{2}\quad F_{RB}=1+\frac{l_{2}}{l}$$

$$x=-l_{1}\quad F_{RB}=-\frac{l_{1}}{l}$$

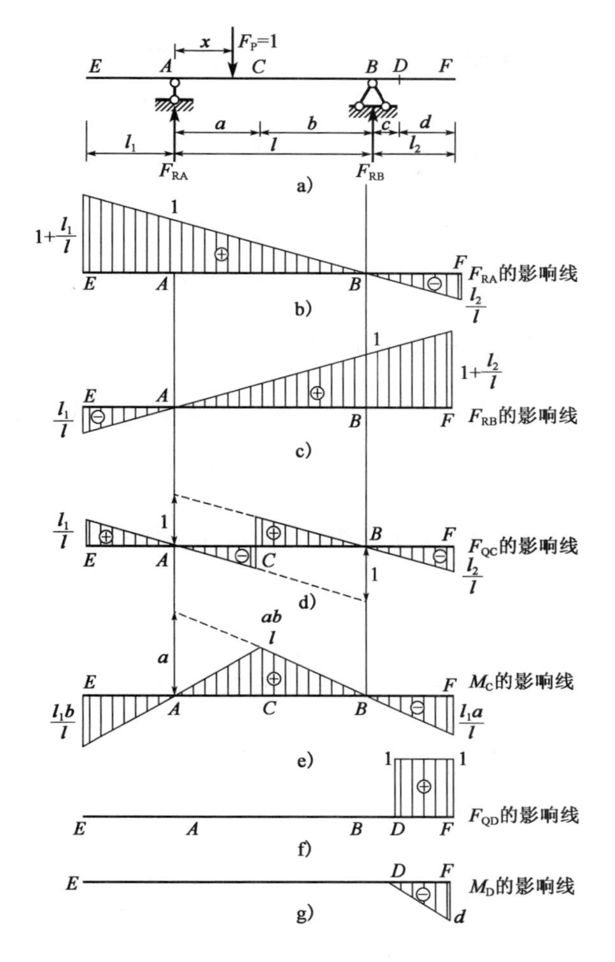


图 11-6　外伸梁的影响线

欲求外伸梁跨内截面的剪力影响线或弯矩影响线，在该截面处分段。求左段影响线，取右段为隔离体简便，左段影响线表达为右支座反力影响线的改造；同样，右段影响线表达为左支座反力影响线的改造。将简支梁的支座反力影响线外延得外伸梁的反力影响线［图 11-6b)、c)］；同样，将简支梁的剪力影响线或弯矩影响线外延，则得外伸梁跨内截面的剪力影响线或弯矩影响线［图 11-6d)、e)］。

**【例 11-2】** 绘外伸梁悬出段截面的影响线，始终由截面至自由端的区段平衡判断剪力、弯矩的大小。

例如，求图 11-6a) 所示外伸梁悬出段 $D$ 截面的剪力影响线、弯矩影响线，在 $D$ 截面分段，始终取以外区段计算。$F_P=1$ 在 $ED$ 段移动，$F_{SD}=0$；$F_P=1$ 在 $DF$ 段移动（$l+c<x\leq l+l_2$），$F_{SD}=1$［图 11-6f)］；求 $D$ 截面的弯矩影响线，在 $D$ 截面分段。$F_P=1$ 在 $ED$ 段移动，$M_D=0$；$F_P=1$ 在 $DF$ 段移动，$M_D$ 影响线为斜直线：$F_P=1$ 移至 $D$ 截面，$M_D=0$；移至 $F$ 处，$M_D=d$［图 11-6g)］。

## 11.3 影响线的应用

作影响线的目的是，利用影响线求实际移动荷载作用下支座反力或内力的最大值。实现这一目的需分两步进行：

(1)确定移动荷载的最不利位置；

(2)将移动荷载置于最不利位置，计算支座反力或内力的量值。

### 11.3.1 利用影响线求荷载作用下的量值

这里先讨论将荷载置于已知位置，利用影响线求支座反力或内力的量值。各种量值用通用字符“Z”表示。

(1)集中荷载作用

图 11-7 所示一组竖向集中荷载 $F_{P1}, F_{P2}, \cdots, F_{Pn}$作用在梁的指定位置，对应的影响线纵坐标为 $y_1, y_2, \cdots, y_n$。

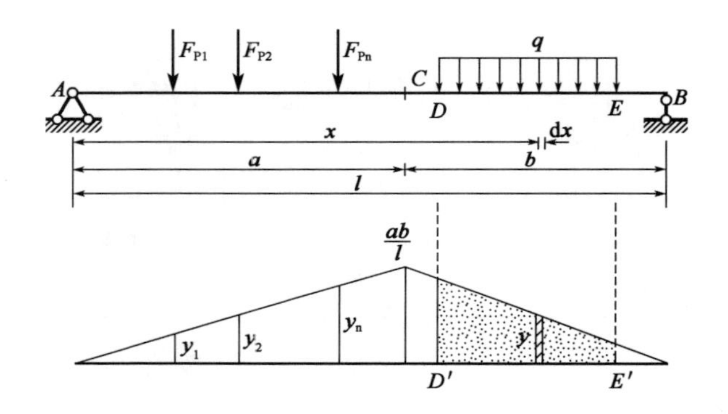


图 11-7 利用影响线求荷载作用下的量值

单独看 $F_{P1}$的作用，由影响线的概念知，它所引起的量值 $Z = F_{P1} \cdot y_1$；若一组集中力 $F_{P1}, F_{P2}, \cdots, F_{Pn}$同时作用，则

$$Z = F_{P1} \cdot y_1 + F_{P2} \cdot y_2 + \cdots + F_{Pn} \cdot y_n = \sum F_{Pi} \cdot y_i \tag{11-1}$$

(2)均布荷载作用

均布荷载作用在梁的 $DE$ 段上图 11-7 其中微段 d$x$ 上的荷载视为集中荷载 $\mathrm{d}F = q\mathrm{d}x$ 这样，均布荷载的作用就是段内全部微小荷载作用的总和：

$$Z = \int_{DE} yq\mathrm{d}x = q\int_{DE} y\mathrm{d}x = qA_0 \tag{11-2}$$

所以，一组集中力引起的量值，等于每一集中力与对应影响线纵坐标乘积的总和；均布荷载引起的量值，等于均布荷载集度 $q$ 与荷载作用区段内影响线面积 $A_0$的乘积。

【例 11-3】 图 11-8a)所示简支梁受集中荷载、均布荷载作用,试利用影响线求 $C$ 截面的弯矩。

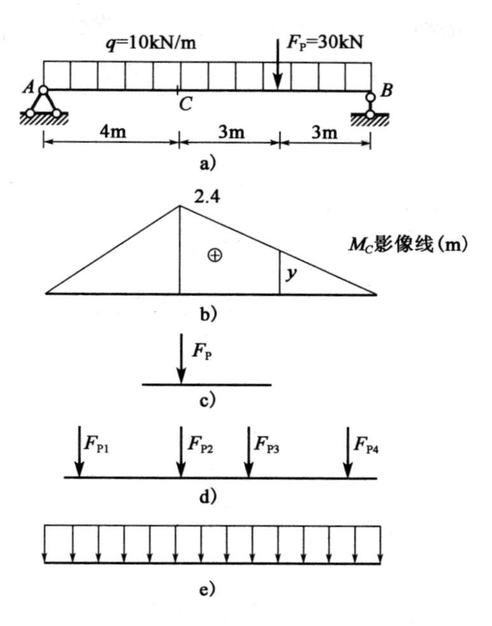


图 11-8 影响线的应用

**解**:(1)作 $M_C$ 影响线[图 11-8b)]。

(2)计算量值。

$$
\begin{aligned}
M_C &= F_P y + qA_0 \\
&= 30\text{kN} \times 1.2\text{m} + 10\text{kN/m} \times \frac{1}{2} \times 10\text{m} \times 2.4\text{m} \\
&= 156\text{kN} \cdot \text{m}
\end{aligned}
$$

## 11.3.2 利用影响线确定荷载的最不利位置

铁路或公路的标准荷载,吊车梁承受的吊车轮压,它们在移动的过程中,各力之间的距离始终保持不变。移动到任何位置,都会产生指定量的一个确定量值。当移动到某一位置时,该量值会达到最大。使某量值获得最大时的移动荷载位置称为荷载的最不利位置。

(1)移动荷载是单个集中荷载

单个集中荷载位于影响线的最大纵坐标处,为荷载的最不利位置[图 11-8c)]。

(2)移动荷载是一组集中荷载

荷载的最不利位置这样判定:①数值大、排列密的荷载位于影响线最大纵坐标的部位;②必有一个集中力位于影响线的顶点[图 11-8d)];③具体是哪个集中力位于顶点,需要试算。

(3)移动荷载是可以任意断续布置的均布荷载

正值影响线上布满荷载,则有最大量值 $Z_{max}$[图 11-8e)];负值影响线上布满荷载,则有最小量值 $Z_{min}$(负值最大)。

公路车道荷载[图 9-3a)]的最不利位置是,集中荷载 $P_K$ 作用于产生最不利效应的影响线的最大峰值处,均布荷载 $q_K$ 满布于产生最不利效应的同号影响线上。

将荷载置于最不利位置,即可用按固定荷载的计算方法求出最大量值。

**【例 11-4】** 图 11-9a)所示简支梁等分 8 段,试用高速公路车道荷载计算截面 2 的最大弯矩 $M_{2\max}$。

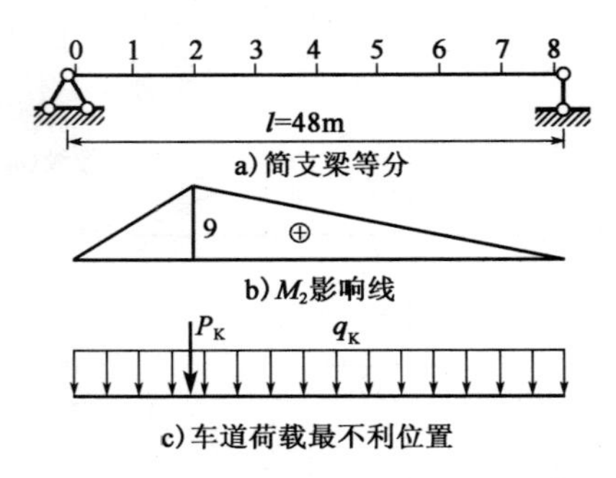


图 11-9 利用影响线计算最大量值

**解:**(1)作 $M_2$ 影响线[图 11-9b)]。

(2)最不利荷载。

集中荷载 $P_K$ 位于影响线 $y_{\max}$ 处,均布荷载 $q_K$ 满布影响线最不利。

查表 11-1: $q_K = 10.5\text{kN/m}$

$P_K = 2(l + 130)\text{kN} = 2 \times (48 + 130)\text{kN} = 356\text{kN}$

(3)计算最大量值。

$$M_{2\max} = P_K y_2 + q_K A_0 = 356\text{kN} \times 9\text{m} + 10.5\text{kN/m} \times \frac{1}{2} \times 48\text{m} \times 9\text{m} = 5472\text{kN} \cdot \text{m}$$

## 11.3.3 铁路标准荷载的换算荷载

利用影响线求铁路标准荷载下的最大量值,主要工作在于确定最不利位置,比较烦琐。这类工作,已由工程技术界的前辈替我们承担了:在用标准荷载算出具体梁具体量的最大值之后,给我们换算出了产生相同最大量值的均布荷载集度 $K$,列于表中(表 11-2)供我们查用。依据加载长度 $l$(换算均布荷载布满影响线同一符号三角形的长度),依据三角形顶点至较近零点的水平距离与加载长度的比值 $\alpha$,即可查出换算均布荷载的集度 $K$。

利用换算荷载计算最大量值的步骤为:

(1)画影响线。

(2)查换算均布荷载集度 $K$。

(3)计算最大量值。

**【例 11-5】** 图 11-10a)所示简支梁的跨度 $l = 48\text{m}$,等分 8 段,试用换算均布荷载计算中-活载作用下各等分点截面的最大弯矩。

**解:**中-活载可以从左端进入桥梁,也可以从右端进入桥梁,因而对称截面的最大弯矩值是相同的。靠近铰支座的段端截面的弯矩为零,只需计算左半梁的截面 1、2、3、4。

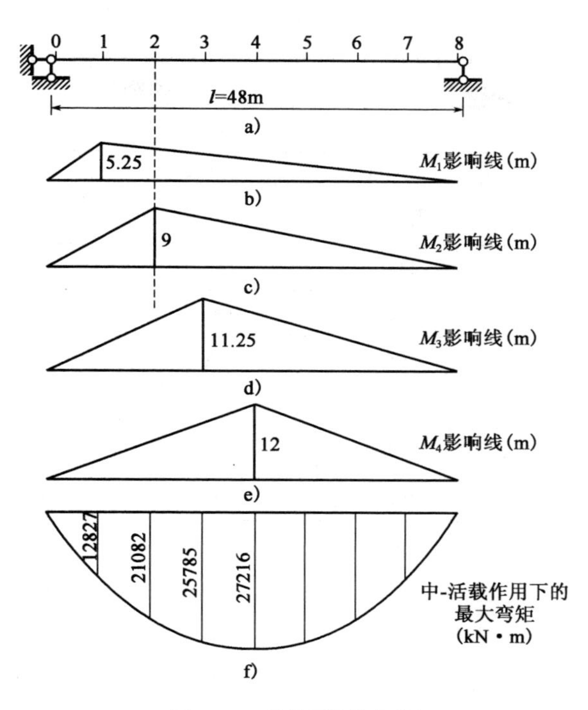


图 11-10　梁截面的最大弯矩

**中-活载的换算荷载**(kN/m)(每线)　　表 11-2

| 加载长度 $l$ (m) | 影响线最大纵距位置 $\alpha$ | | | | |
|---|---|---|---|---|---|
| | 0(端部) | 1/8 | 1/4 | 3/8 | 1/2 |
| 1 | 500.0 | 500.0 | 500.0 | 500.0 | 500.0 |
| 2 | 312.5 | 285.7 | 250.0 | 250.0 | 250.0 |
| 3 | 250.0 | 238.1 | 222.2 | 200.0 | 187.5 |
| 4 | 234.4 | 214.3 | 187.5 | 175.0 | 187.5 |
| 5 | 210.0 | 197.1 | 180.0 | 172.0 | 180.0 |
| 6 | 187.5 | 178.6 | 166.7 | 161.1 | 166.7 |
| 7 | 179.6 | 161.8 | 153.1 | 150.9 | 153.1 |
| 8 | 172.2 | 157.1 | 151.3 | 148.5 | 151.3 |
| 9 | 165.5 | 151.5 | 147.5 | 144.5 | 146.7 |
| 10 | 159.8 | 146.2 | 143.6 | 140.0 | 141.3 |
| 12 | 150.4 | 137.5 | 136.0 | 133.9 | 131.2 |
| 14 | 143.3 | 130.8 | 129.4 | 127.6 | 125.0 |
| 16 | 137.7 | 125.5 | 123.8 | 121.9 | 119.4 |
| 18 | 137.2 | 122.8 | 120.3 | 117.3 | 114.2 |

续上表

| 加载长度 $l$ (m) | 影响线最大纵距位置 $\alpha$ | | | | |
|---|---|---|---|---|---|
| | 0(端部) | 1/8 | 1/4 | 3/8 | 1/2 |
| 20 | 129.4 | 120.3 | 117.4 | 114.2 | 110.2 |
| 24 | 123.7 | 115.7 | 112.2 | 108.3 | 104.0 |
| 25 | 12.5 | 114.7 | 111.0 | 107.0 | 102.5 |
| 30 | 117.8 | 110.3 | 106.6 | 102.4 | 99.2 |
| 32 | 116.2 | 108.9 | 105.3 | 100.8 | 98.4 |
| 35 | 114.3 | 106.9 | 103.3 | 99.1 | 97.3 |
| 40 | 111.6 | 104.8 | 100.8 | 97.4 | 96.1 |
| 45 | 109.2 | 102.9 | 98.8 | 96.2 | 95.1 |
| 48 | 107.9 | 101.8 | 97.6 | 95.5 | 94.5 |
| 50 | 107.1 | 101.1 | 96.8 | 95.0 | 94.1 |
| 60 | 103.6 | 97.8 | 94.2 | 92.8 | 91.9 |
| 64 | 102.4 | 96.8 | 93.4 | 92.0 | 91.1 |
| 70 | 100.8 | 95.4 | 92.2 | 90.9 | 89.9 |
| 80 | 98.6 | 93.3 | 90.6 | 89.3 | 88.2 |
| 90 | 96.9 | 91.6 | 89.2 | 88.0 | 86.8 |
| 100 | 95.4 | 90.2 | 88.1 | 86.9 | 85.5 |
| 110 | 94.1 | 89.0 | 87.2 | 85.9 | 84.6 |
| 120 | 93.1 | 88.1 | 86.4 | 85.1 | 83.6 |
| 140 | 91.4 | 86.7 | 85.1 | 83.8 | 82.8 |
| 160 | 90.0 | 85.7 | 84.2 | 82.9 | 82.2 |
| 180 | 89.0 | 84.9 | 83.4 | 82.3 | 81.7 |
| 200 | 88.1 | 84.2 | 82.8 | 81.8 | 81.4 |

注:引自《铁路桥涵设计基本规范》(TB 1002.1—2005),现变更为《铁路桥涵设计规范》(TB 10002—2017)。

(1)1 截面的最大弯矩。

①画 $M_1$ 影响线[图 11-10b)]。

②查换算均布荷载集度 $K_{1/8}$(表 11-2:$l=48$m,影响线三角形顶点位于至梁左端水平距离 $l/8$ 处)。

$$K_{1/8}=101.8\text{kN/m}$$

③计算最大弯矩。

$$M_{1\max}=K_{1/8}\cdot A_0=101.8\text{kN/m}\times\frac{1}{2}\times 48\text{m}\times 5.25\text{m}=12827\text{kN}\cdot\text{m}$$

(2)其他截面的最大弯矩。

分别作截面 2、3、4 的弯矩影响线，如图 11-10c)、d)、e)所示。分别查表 11-10 中 $l=48\text{m}$ 的 $K_{1/4}$、$K_{3/8}$、$K_{1/2}$，计算 $M_{2\max}$、$M_{3\max}$、$M_{4\max}$。将计算结果统计在图 11-10f)上，正值弯矩标在基线的下侧，过各纵坐标线的端点连光滑曲线。

### 11.3.4 连续梁的最不利荷载分布

图 11-11a)所示某多层工业厂房楼盖结构，主梁的计算简图如图 11-11b)所示。通过次梁传给主梁的荷载当作集中力作用在主梁梁跨的三分点处。为计算方便，主梁的自重也看作集中力，计算在恒载 $F_G$ 内，$F_G=66\text{kN}$。楼盖承受的活载不经常存在且可能在任意跨分布，活载 $F_P=109.8\text{kN}$。

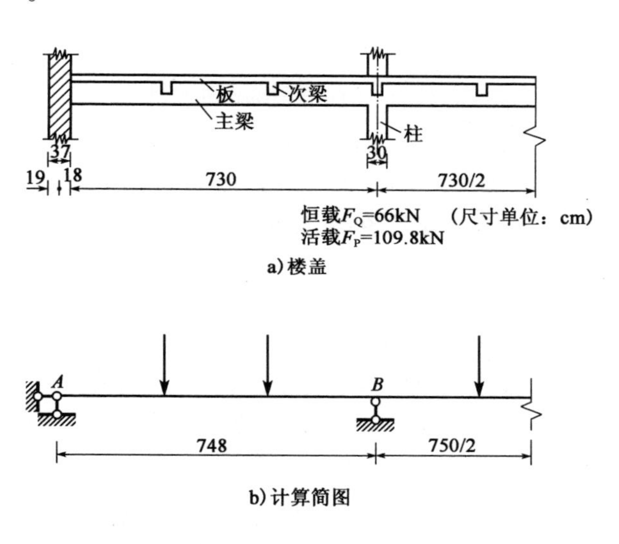


a)楼盖

b)计算简图

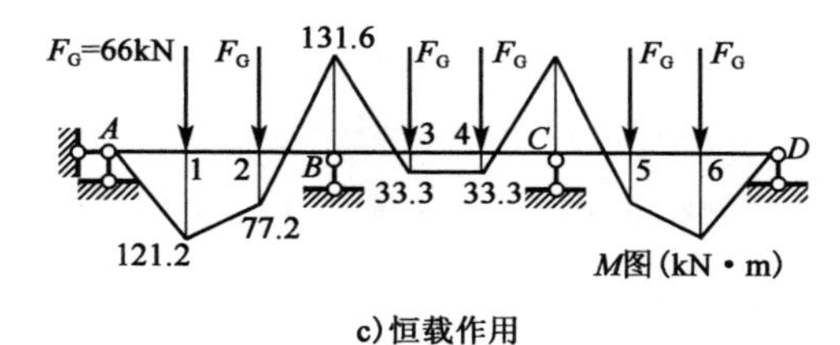


c)恒载作用

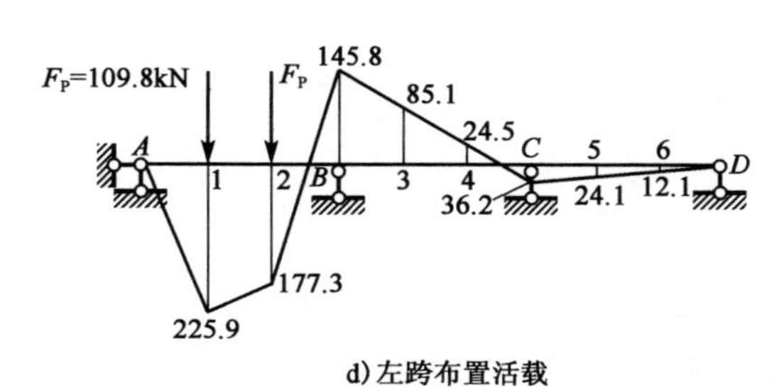


d)左跨布置活载

图 11-11

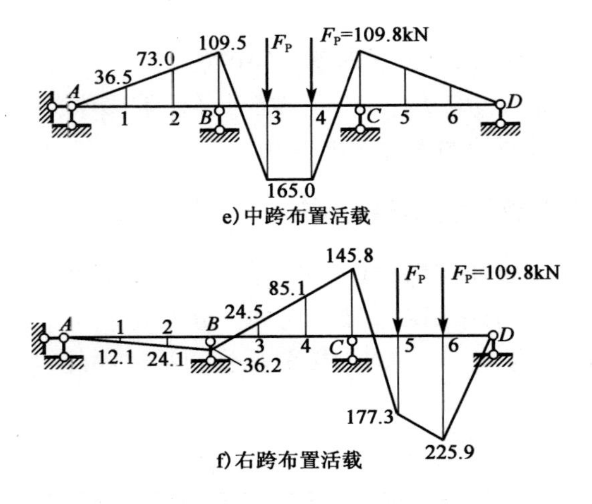


图 11-11　弯矩包络图

图 11-11d)、e)、f)为主梁各跨单独承受活载作用,查表(见《建筑结构静力计算手册》)计算三分点处的弯矩和中间支座处的弯矩,绘弯矩图。可见活载的最不利分布为:

(1)产生跨中三分点截面最大正弯矩:本跨有活载,然后每隔一跨有活载[图 11-11d)、f)叠加]。

(2)产生中间支座处的最大负弯矩:该支座两邻跨有活载,然后每隔一跨有活载[例如图 11-11d)、e)中的 $M_B$ 叠加]。

恒载满布主梁各跨,查表计算三分点处的弯矩和中间支座处的弯矩绘弯矩图[图 11-11c)]。恒载作用下指定截面的弯矩与活载最不利组合下的该截面弯矩相叠加,即为该截面的最大弯矩或最小弯矩。例如:

$$M_{1\max} = 121.2\text{kN}\cdot\text{m} + 225.9\text{kN}\cdot\text{m} + 12.1\text{kN}\cdot\text{m} = 359.2\text{kN}\cdot\text{m}$$

$$M_{1\min} = 121.2\text{kN}\cdot\text{m} - 36.5\text{kN}\cdot\text{m} = 84.7\text{kN}\cdot\text{m}$$

$$M_{B\min} = -131.6\text{kN}\cdot\text{m} - 145.8\text{kN}\cdot\text{m} - 109.5\text{kN}\cdot\text{m} = -386.9\text{kN}\cdot\text{m}$$

$$M_{B\max} = -131.6\text{kN}\cdot\text{m} + 36.2\text{kN}\cdot\text{m} = -95.4\text{kN}\cdot\text{m}$$

将所有三分点截面、中间支座截面的最大弯矩、最小弯矩算出,绘纵坐标线,并用线段连接端点,得折线如图 11-11g)所示。

### 11.3.5　内力包络图

在任意荷载组合下,各截面的最大弯矩都不超出如图 11-11f)所示的下折线的范围,各截面的最小弯矩都不超出如图 11-11f)所示的上折线的范围,这样的图形称为**弯矩包络图**。用类似方法,可以绘制剪力包络图。在结构设计中,包络图为结构承受各种荷载均能安全工作提供依据。

# 本章小结

知识体系

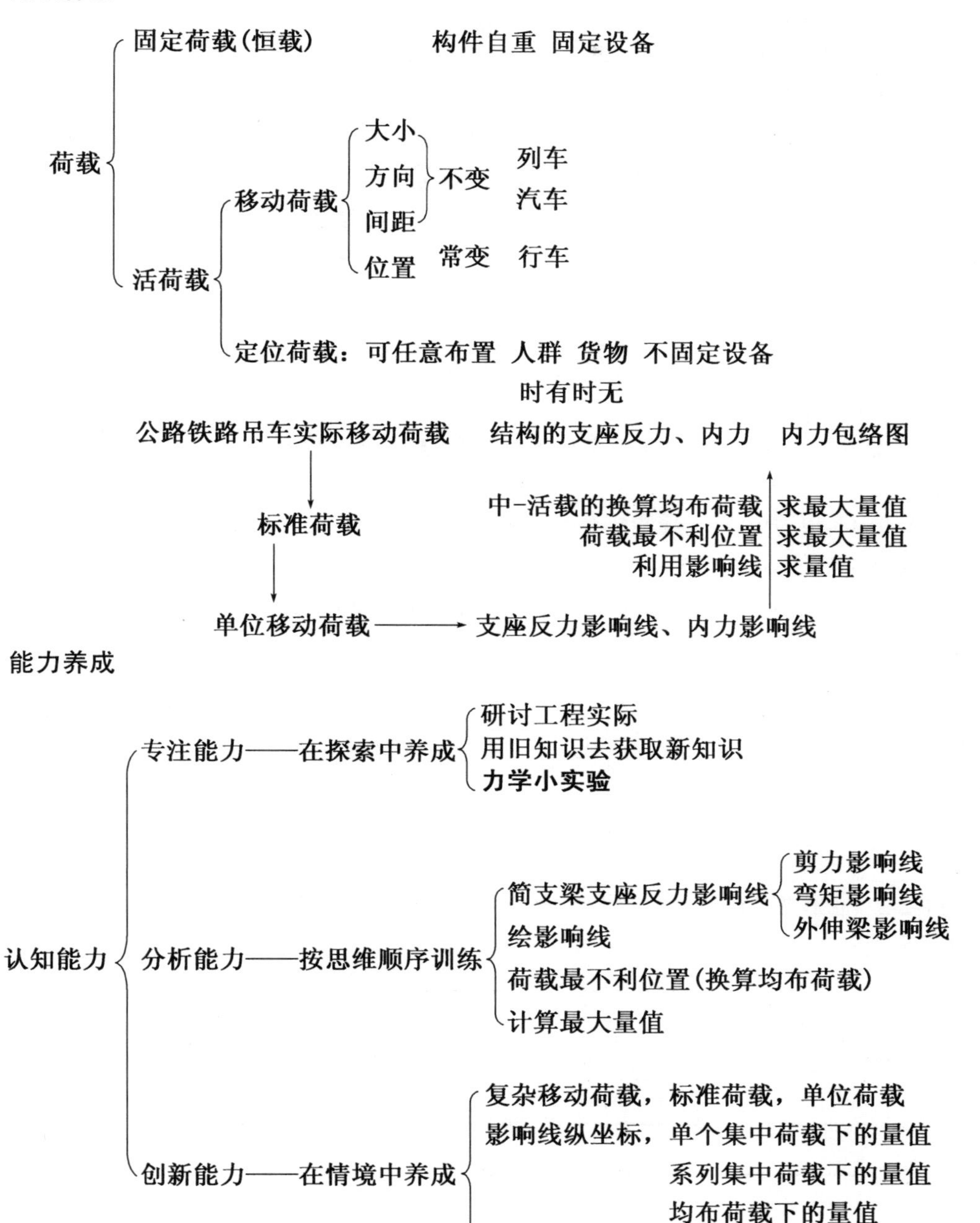

荷载
固定荷载(恒载)
构件自重 固定设备
活荷载
移动荷载
大小
方向
间距
不变
位置
常变
列车
汽车
行车
定位荷载：可任意布置 人群 货物 不固定设备
时有时无
公路铁路吊车实际移动荷载
标准荷载
单位移动荷载
支座反力影响线、内力影响线
结构的支座反力、内力
内力包络图
中-活载的换算均布荷载
荷载最不利位置
利用影响线
求最大量值
求最大量值
求量值
能力养成
认知能力
专注能力——在探索中养成
研讨工程实际
用旧知识去获取新知识
力学小实验
分析能力——按思维顺序训练
简支梁支座反力影响线
剪力影响线
弯矩影响线
外伸梁影响线
绘影响线
荷载最不利位置(换算均布荷载)
计算最大量值
创新能力——在情境中养成
复杂移动荷载，标准荷载，单位荷载
影响线纵坐标，单个集中荷载下的量值
系列集中荷载下的量值
均布荷载下的量值
中-活载，换算均布荷载

## 实验与讨论

11-1-1　梁体自重的三要素都不随时间变化，属于________荷载，也称恒载。汽车、吊车对梁的轮压，其大小、方向和间距不变，但作用点在移动，为________荷载，属于活荷载。另一类活荷载（如人群）是时有时无，可以任意分布的________荷载。（选填："固定""移动""定位"）

11-1-2　工程中用标准荷载做荷载模型，囊括同类型纷繁复杂的移动荷载。即便如此，计算也相当复杂。从标准荷载中找出最基本的元素——大小为________、方向________变的________移动荷载，先求出它对结构指定力学量值的影响，再利用这个影响计算结构的指定量值。单位荷载在结构上移动时对指定力学量值的影响用函数图线表示，称为________线。（选填：$F$、1；可、不；单位、行列；影响、决定）

11-2-1　作影响线的步骤仍然为：

（1）画基线，分区段（在欲求量值的截面处分段，剪力影响线间断）。

（2）逐段绘图线。

①判断图线类型（静定梁的支座反力、内力的影响线为直线）；

②确定图线位置（单位荷载移至支座、移至截面处计算控制值）。

试作图 11-12 所示简支梁指定量值的影响线。分别用 $y_1$、$y_2$、$y_3$ 和 $y_4$ 标注各影响线在 $D$ 截面处的纵坐标线。

$y_1$ = ________，表示 $F=1$ 移至________截面时，________支座的________值为________；

$y_2$ = ________，表示 $F=1$ 移至________截面时，________支座的________值为________；

$y_3$ = ________，表示 $F=1$ 移至________截面时，________截面的________值为________；

$y_4$ = ________，表示 $F=1$ 移至________截面时，________截面的________值为________。

11-2-2　由作图 11-13 所示梁指定量值的影响线。分别用 $y_1$、$y_2$、$y_3$ 和 $y_4$ 标注各影响线在 $D$ 截面处的纵坐标线。

x　$F$=1　A　C　D　B　4m　3m　3m

________ $F_{Ay}$影响线

________ $F_{By}$影响线

________ $F_{SC}$影响线

________ $M_C$影响线

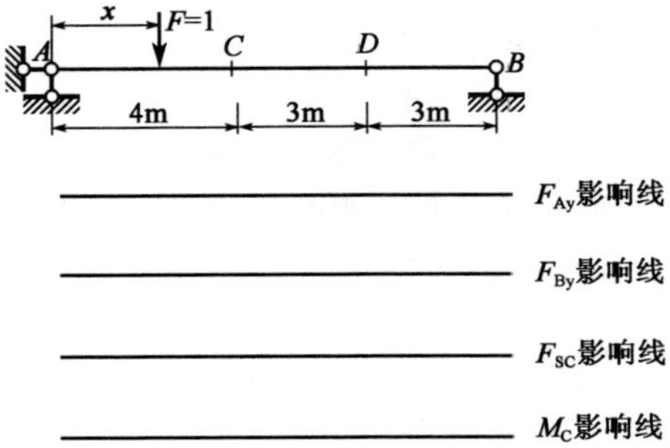

图 11-12　简支梁的影响线

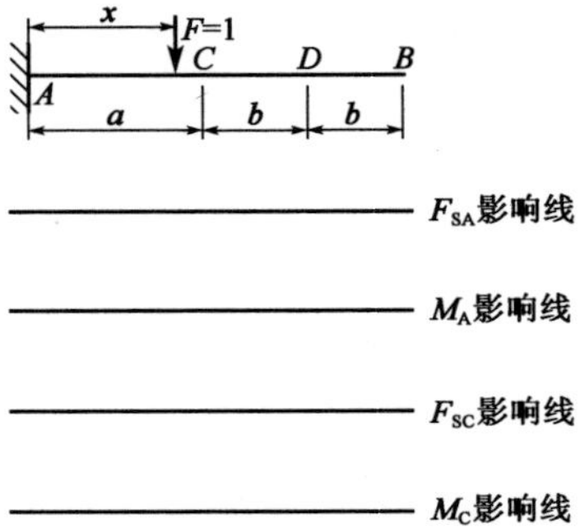

x　$F$=1　A　C　D　B　a　b　b

________ $F_{SA}$影响线

________ $M_A$影响线

________ $F_{SC}$影响线

________ $M_C$影响线

图 11-13　悬臂梁的影响线

$y_1$ = ________，表示 $F=1$ 移至________截面时，________截面的________值为________；

$y_2$ = ________，表示 $F=1$ 移至________截面时，________截面的________值为________；

$y_3$ = ________，表示 $F=1$ 移至________截面时，________截面的________值为________；

$y_4$ = ________，表示 $F=1$ 移至________截面时，________截面的________值为________。

11-2-3　静定梁的支座反力影响线、内力影响线为________线。(选填：直、抛物)

试作图 11-14 所示外伸梁指定量值的影响线。

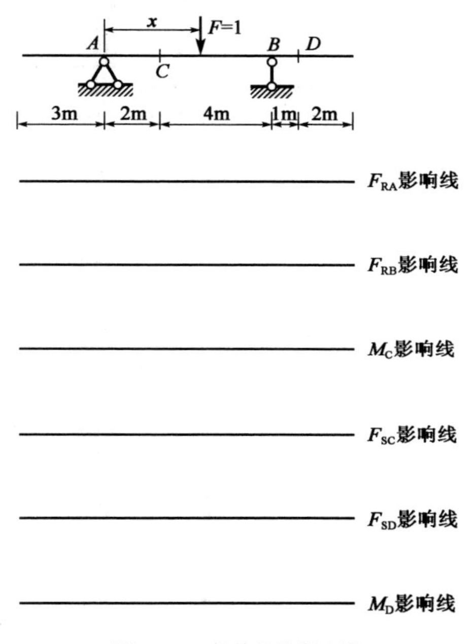


图 11-14　外伸梁的影响线

11-3-1　**小实验**　欲分别求图 11-11 所示连续梁截面 1、3、5 和 $B$、$C$ 截面的 $M_{max}$、$M_{min}$，试用实验元件分别演示最不利活载布置。

## 习题

11-3-1　利用影响线求图 11-15 所示外伸梁在固定荷载作用下的 $M_C$、$F_{SC}$。

11-3-2　图 11-16 所示，由两台吊车组成的荷载在吊车梁上移动，吊车的间距不变。试求吊车梁 $C$ 截面的最大弯矩、最大正剪力和最大负剪力。

11-3-3　铁路用换算均布荷载替代标准活载计算梁指定量的最大值。试将图 11-17 所示简支梁等分 8 段，用中-活载的换算均布荷载计算各等分点截面的最大弯矩，并仿照

图 11-10f)统计梁各截面的最大弯矩。

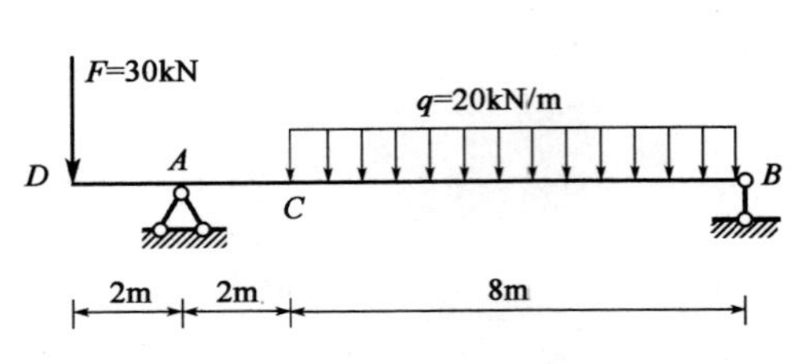


图 11-15　利用影响线求外伸梁的量值

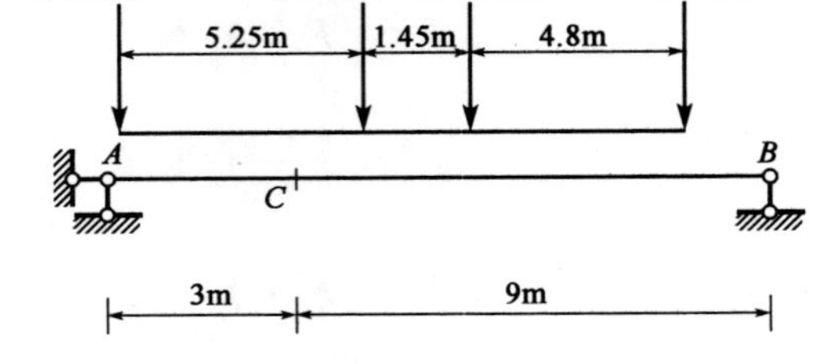


图 11-16　移动荷载下吊车梁的最大量值

11-3-4　试将图 11-18 所示高速公路简支梁等分 8 段,用车道荷载计算各等分点截面的最大弯矩,并仿照图 11-10f)统计梁各截面的最大弯矩。

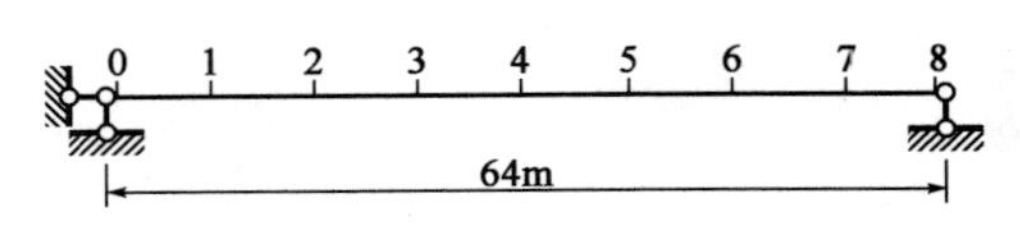


图 11-17　简支梁在铁路标准活载下的弯矩包络图(一)

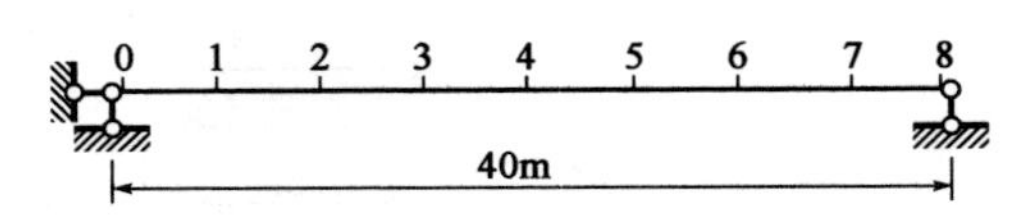


图 11-18　简支梁在公路车道荷载下的弯矩包络图(二)

# 附录　型钢规格表

**工字钢截面尺寸、截面面积、理论重量及截面特性**

附表 1

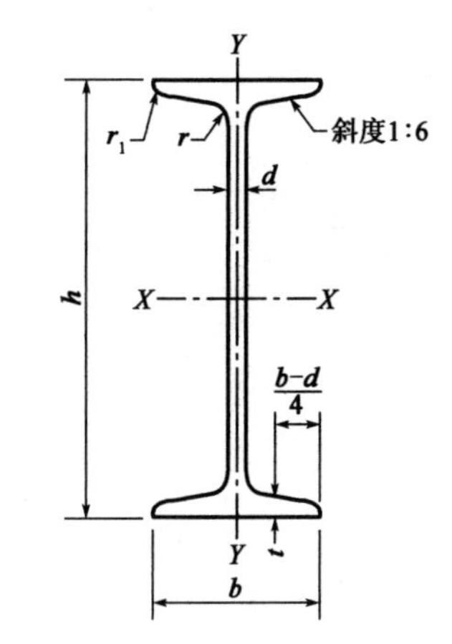


| 型号 | 截面尺寸 (mm) | | | | | | 截面面积 ($cm^2$) | 理论重量 (kg/m) | 惯性矩 ($cm^4$) | | 惯性半径 (cm) | | 截面模数 ($cm^3$) | |
|---|---|---|---|---|---|---|---|---|---|---|---|---|---|---|
| | $h$ | $b$ | $d$ | $t$ | $r$ | $r_1$ | | | $I_x$ | $I_y$ | $i_x$ | $i_y$ | $W_x$ | $W_y$ |
| 10 | 100 | 68 | 4.5 | 7.6 | 6.5 | 3.3 | 14.345 | 11.261 | 245 | 33.0 | 4.14 | 1.52 | 49.0 | 9.72 |
| 12 | 120 | 74 | 5.0 | 8.4 | 7.0 | 3.5 | 17.818 | 13.987 | 436 | 46.9 | 4.95 | 1.62 | 72.7 | 12.7 |
| 12.6 | 126 | 74 | 5.0 | 8.4 | 7.0 | 3.5 | 18.118 | 14.223 | 488 | 46.9 | 5.20 | 1.61 | 77.5 | 12.7 |
| 14 | 140 | 80 | 5.5 | 9.1 | 7.5 | 3.8 | 21.516 | 16.890 | 712 | 64.4 | 5.76 | 1.73 | 102 | 16.1 |
| 16 | 160 | 88 | 6.0 | 9.9 | 8.0 | 4.0 | 26.131 | 20.513 | 1130 | 93.1 | 6.58 | 1.89 | 141 | 21.2 |

续上表

| 型号 | 截面尺寸 (mm) | | | | | | 截面面积 ($cm^2$) | 理论重量 (kg/m) | 惯性矩 ($cm^4$) | | 惯性半径 (cm) | | 截面模数 ($cm^3$) | |
|---|---|---|---|---|---|---|---|---|---|---|---|---|---|---|
| | $h$ | $b$ | $d$ | $t$ | $r$ | $r_1$ | | | $I_x$ | $I_y$ | $i_x$ | $i_y$ | $W_x$ | $W_y$ |
| 18 | 180 | 94 | 6.5 | 10.7 | 8.5 | 4.3 | 30.756 | 24.143 | 1660 | 122 | 7.36 | 2.00 | 185 | 26.0 |
| 20a | 200 | 100 | 7.0 | 11.4 | 9.0 | 4.5 | 35.578 | 27.929 | 2370 | 158 | 8.15 | 2.12 | 237 | 31.5 |
| 20b | | 102 | 9.0 | | | | 39.578 | 31.069 | 2500 | 169 | 7.96 | 2.06 | 250 | 33.1 |
| 22a | 220 | 110 | 7.5 | 12.3 | 9.5 | 4.8 | 42.128 | 33.070 | 3.400 | 225 | 8.99 | 2.31 | 309 | 40.9 |
| 22b | | 112 | 9.5 | | | | 46.528 | 36.524 | 3.570 | 239 | 8.78 | 2.27 | 325 | 42.7 |
| 24a | 240 | 116 | 8.0 | 13.0 | 10.0 | 5.0 | 47.741 | 37.477 | 4570 | 280 | 9.77 | 2.42 | 381 | 48.4 |
| 24b | | 118 | 10.0 | | | | 52.541 | 41.245 | 4800 | 297 | 9.57 | 2.38 | 400 | 50.4 |
| 25a | 250 | 116 | 8.0 | | | | 48.541 | 38.105 | 5020 | 280 | 10.2 | 2.40 | 402 | 48.3 |
| 25b | | 118 | 10.0 | | | | 53.541 | 42.030 | 5280 | 309 | 9.94 | 2.40 | 423 | 52.4 |
| 27a | 270 | 122 | 8.5 | 13.7 | 10.5 | 5.3 | 54.554 | 42.825 | 6550 | 345 | 10.9 | 2.51 | 485 | 56.6 |
| 27b | | 124 | 10.5 | | | | 59.954 | 47.064 | 6870 | 366 | 10.7 | 2.47 | 509 | 58.9 |
| 28a | 280 | 122 | 8.5 | | | | 55.404 | 43.492 | 7110 | 345 | 11.3 | 2.50 | 508 | 56.6 |
| 28b | | 124 | 10.5 | | | | 61.004 | 47.888 | 7480 | 379 | 11.1 | 2.49 | 534 | 61.2 |
| 30a | 300 | 126 | 9.0 | 14.4 | 11.0 | 5.5 | 61.254 | 48.084 | 8950 | 400 | 12.1 | 2.55 | 597 | 63.5 |
| 30b | | 128 | 11.0 | | | | 67.254 | 52.794 | 9400 | 422 | 11.8 | 2.50 | 627 | 65.9 |
| 30c | | 130 | 13.0 | | | | 73.254 | 57.504 | 9850 | 445 | 11.6 | 2.46 | 657 | 68.5 |
| 32a | 320 | 130 | 9.5 | 15.0 | 11.5 | 5.8 | 67.156 | 52.717 | 11100 | 460 | 12.8 | 2.62 | 692 | 70.8 |
| 32b | | 132 | 11.5 | | | | 73.556 | 57.741 | 11600 | 502 | 12.6 | 2.61 | 726 | 76.0 |
| 32c | | 134 | 13.5 | | | | 79.956 | 62.765 | 12200 | 544 | 12.3 | 2.61 | 760 | 81.2 |
| 36a | 360 | 136 | 10.0 | 15.8 | 12.0 | 6.0 | 76.480 | 60.037 | 15800 | 552 | 14.4 | 2.69 | 875 | 81.2 |
| 36b | | 138 | 12.0 | | | | 83.680 | 65.689 | 16500 | 582 | 14.1 | 2.64 | 919 | 84.3 |
| 36c | | 140 | 14.0 | | | | 90.880 | 71.341 | 17300 | 612 | 13.8 | 2.60 | 962 | 87.4 |

续上表

| 型号 | 截面尺寸 (mm) | | | | | | 截面面积 ($cm^2$) | 理论重量 (kg/m) | 惯性矩 ($cm^4$) | | 惯性半径 (cm) | | 截面模数 ($cm^3$) | |
|---|---|---|---|---|---|---|---|---|---|---|---|---|---|---|
| | $h$ | $b$ | $d$ | $t$ | $r$ | $r_1$ | | | $I_x$ | $I_y$ | $i_x$ | $i_y$ | $W_x$ | $W_y$ |
| 40a | 400 | 142 | 10.5 | 16.5 | 12.5 | 6.3 | 86.112 | 67.598 | 21700 | 660 | 15.9 | 2.77 | 1090 | 93.2 |
| 40b | | 144 | 12.5 | | | | 94.112 | 73.878 | 22800 | 692 | 15.6 | 2.71 | 1140 | 96.2 |
| 40c | | 146 | 14.5 | | | | 102.112 | 80.158 | 23900 | 727 | 15.2 | 2.65 | 1190 | 99.6 |
| 45a | 450 | 150 | 11.5 | 18.0 | 13.5 | 6.8 | 102.446 | 80.420 | 32200 | 855 | 17.7 | 2.89 | 1430 | 114 |
| 45b | | 152 | 13.5 | | | | 111.446 | 87.485 | 33800 | 894 | 17.4 | 2.84 | 1500 | 118 |
| 45c | | 154 | 15.5 | | | | 120.446 | 94.550 | 35300 | 938 | 17.1 | 2.79 | 1570 | 122 |
| 50a | 500 | 158 | 12.0 | 20.0 | 14.0 | 7.0 | 119.304 | 93.654 | 46500 | 1120 | 19.7 | 3.07 | 1860 | 142 |
| 50b | | 160 | 14.0 | | | | 129.304 | 101.504 | 48600 | 1170 | 19.4 | 3.01 | 1940 | 146 |
| 50c | | 162 | 16.0 | | | | 139.304 | 109.354 | 50600 | 1220 | 19.0 | 2.96 | 2080 | 151 |
| 55a | 550 | 166 | 12.5 | 21.0 | 14.5 | 7.3 | 134.185 | 105.335 | 62900 | 1370 | 21.6 | 3.19 | 2290 | 164 |
| 55b | | 168 | 14.5 | | | | 145.185 | 113.970 | 65600 | 1420 | 21.2 | 3.14 | 2390 | 170 |
| 55c | | 170 | 16.5 | | | | 156.185 | 122.605 | 68400 | 1480 | 20.9 | 3.08 | 2490 | 175 |
| 56a | 560 | 166 | 12.5 | | | | 135.435 | 106.316 | 65600 | 1370 | 22.0 | 3.18 | 2340 | 165 |
| 56b | | 168 | 14.5 | | | | 146.635 | 115.108 | 68500 | 1490 | 21.6 | 3.16 | 2450 | 174 |
| 56c | | 170 | 16.5 | | | | 157.835 | 123.900 | 71400 | 1560 | 21.3 | 3.16 | 2550 | 183 |
| 63a | 630 | 176 | 13.0 | 22.0 | 15.0 | 7.5 | 154.658 | 121.407 | 93900 | 1700 | 24.5 | 3.31 | 2980 | 193 |
| 63b | | 178 | 15.0 | | | | 167.258 | 131.298 | 98100 | 1810 | 24.2 | 3.29 | 3160 | 204 |
| 63c | | 180 | 17.0 | | | | 179.858 | 141.189 | 102000 | 1920 | 23.8 | 3.27 | 3300 | 214 |

## 槽钢截面尺寸、槽面面积、理论重量及截面特性

附表 2

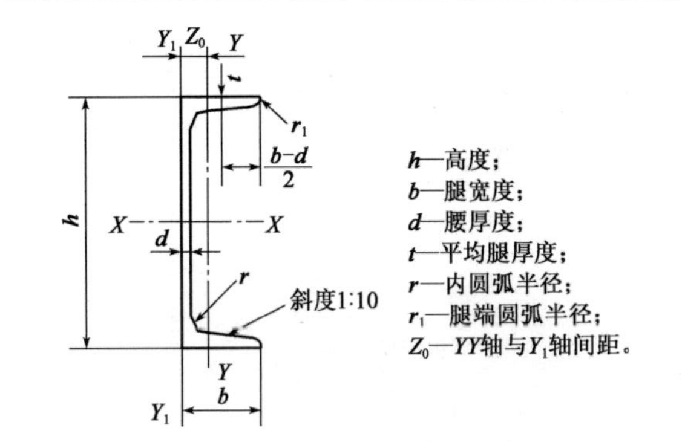


| 型号 | 截面尺寸 (mm) | | | | | | 截面面积 ($cm^2$) | 理论重量 (kg/m) | 惯性矩 ($cm^4$) | | | 惯性半径 (cm) | | 截面模数 ($cm^3$) | | 重点距离 (cm) |
|---|---|---|---|---|---|---|---|---|---|---|---|---|---|---|---|---|
| | $h$ | $b$ | $d$ | $t$ | $r$ | $r_1$ | | | $I_x$ | $I_y$ | $I_{y1}$ | $i_x$ | $i_y$ | $W_x$ | $W_y$ | $Z_0$ |
| 5 | 50 | 37 | 4.5 | 7.0 | 7.0 | 3.5 | 6.928 | 5.438 | 26.0 | 8.30 | 20.9 | 1.94 | 1.10 | 10.4 | 3.55 | 1.35 |
| 6.3 | 63 | 40 | 4.8 | 7.5 | 7.5 | 3.8 | 8.451 | 6.634 | 50.8 | 11.9 | 28.4 | 2.45 | 1.19 | 16.1 | 4.50 | 1.36 |
| 6.5 | 65 | 40 | 4.3 | 7.5 | 7.5 | 3.8 | 8.547 | 6.709 | 55.2 | 12.0 | 28.3 | 2.54 | 1.19 | 17.0 | 4.59 | 1.38 |
| 8 | 80 | 43 | 5.0 | 8.0 | 8.0 | 4.0 | 10.248 | 8.045 | 101 | 16.6 | 37.4 | 3.15 | 1.27 | 25.3 | 5.79 | 1.43 |
| 10 | 100 | 48 | 5.3 | 8.5 | 8.5 | 4.2 | 12.748 | 10.007 | 198 | 25.6 | 54.9 | 3.95 | 1.41 | 39.7 | 7.80 | 1.52 |
| 12 | 120 | 53 | 5.5 | 9.0 | 9.0 | 4.5 | 15.362 | 12.059 | 346 | 37.4 | 77.7 | 4.75 | 1.56 | 57.7 | 10.2 | 1.62 |
| 12.6 | 126 | 53 | 5.5 | 9.0 | 9.0 | 4.5 | 15.692 | 12.318 | 391 | 38.0 | 77.1 | 4.95 | 1.57 | 62.1 | 10.2 | 1.59 |
| 14a | 140 | 58 | 6.0 | 9.5 | 9.5 | 4.8 | 18.516 | 14.535 | 564 | 53.2 | 107 | 5.52 | 1.70 | 80.5 | 13.0 | 1.71 |
| 14b | | 60 | 8.0 | | | | 21.316 | 16.733 | 609 | 61.1 | 121 | 5.35 | 1.69 | 87.1 | 14.1 | 1.67 |
| 16a | 160 | 63 | 6.5 | 10.0 | 10.0 | 5.0 | 21.962 | 17.24 | 866 | 73.3 | 144 | 6.28 | 1.83 | 108 | 16.3 | 1.80 |
| 16b | | 65 | 8.5 | | | | 25.162 | 19.752 | 935 | 83.4 | 161 | 6.10 | 1.82 | 117 | 17.6 | 1.75 |
| 18a | 180 | 68 | 7.0 | 10.5 | 10.5 | 5.2 | 25.699 | 20.174 | 1270 | 98.6 | 190 | 7.04 | 1.96 | 141 | 20.0 | 1.88 |
| 18b | | 70 | 9.0 | | | | 29.299 | 23.000 | 1370 | 111 | 210 | 6.84 | 1.95 | 152 | 21.5 | 1.84 |

续上表

| 型号 | 截面尺寸 (mm) | | | | | | 截面面积 ($cm^2$) | 理论重量 (kg/m) | 惯性矩 ($cm^4$) | | | 惯性半径 (cm) | | 截面模数 ($cm^3$) | | 重点距离 (cm) |
|---|---|---|---|---|---|---|---|---|---|---|---|---|---|---|---|---|
| | $h$ | $b$ | $d$ | $t$ | $r$ | $r_1$ | | | $I_x$ | $I_y$ | $I_{y1}$ | $i_x$ | $i_y$ | $W_x$ | $W_y$ | $Z_0$ |
| 20a | 200 | 73 | 7.0 | 11.0 | 11.0 | 5.5 | 28.837 | 22.637 | 1780 | 128 | 244 | 7.86 | 2.11 | 178 | 24.2 | 2.01 |
| 20b | | 75 | 9.0 | | | | 32.837 | 25.777 | 1910 | 144 | 268 | 7.64 | 2.09 | 191 | 25.9 | 1.95 |
| 22a | 220 | 77 | 7.0 | 11.5 | 11.5 | 5.8 | 31.846 | 24.999 | 2390 | 158 | 298 | 8.67 | 2.23 | 218 | 28.2 | 2.10 |
| 22b | | 79 | 9.0 | | | | 36.246 | 28.453 | 2570 | 176 | 326 | 8.42 | 2.21 | 234 | 30.1 | 2.03 |
| 24a | 240 | 78 | 7.0 | 12.0 | 12.0 | 6.0 | 34.217 | 26.860 | 3050 | 174 | 325 | 9.45 | 2.25 | 254 | 30.5 | 2.10 |
| 24b | | 80 | 9.0 | | | | 39.017 | 30.628 | 3280 | 194 | 355 | 9.17 | 2.23 | 274 | 32.5 | 2.03 |
| 24c | | 82 | 11.0 | | | | 43.817 | 34.396 | 3510 | 213 | 388 | 8.96 | 2.21 | 293 | 34.4 | 2.00 |
| 25a | 250 | 78 | 7.0 | | | | 34.917 | 27.410 | 3370 | 176 | 322 | 9.82 | 2.24 | 270 | 30.6 | 2.07 |
| 25b | | 80 | 9.0 | | | | 39.917 | 31.335 | 3530 | 196 | 353 | 9.41 | 2.22 | 282 | 32.7 | 1.98 |
| 25c | | 82 | 11.0 | | | | 44.917 | 35.260 | 3690 | 218 | 384 | 9.07 | 2.21 | 295 | 35.9 | 1.92 |
| 27a | 270 | 82 | 7.5 | 12.5 | 12.5 | 6.2 | 39.284 | 30.838 | 4360 | 216 | 393 | 10.5 | 2.34 | 323 | 35.5 | 2.13 |
| 27b | | 84 | 9.5 | | | | 44.684 | 35.077 | 4690 | 239 | 428 | 10.3 | 2.31 | 347 | 37.7 | 2.06 |
| 27c | | 86 | 11.5 | | | | 50.084 | 39.316 | 5020 | 261 | 467 | 10.1 | 2.28 | 372 | 39.8 | 2.03 |
| 28a | 280 | 82 | 7.5 | | | | 40.034 | 31.427 | 4760 | 218 | 388 | 10.9 | 2.33 | 340 | 35.7 | 2.10 |
| 28b | | 84 | 9.5 | | | | 45.634 | 35.823 | 5130 | 242 | 428 | 10.6 | 2.30 | 366 | 37.9 | 2.02 |
| 28c | | 86 | 11.5 | | | | 51.234 | 40.219 | 5500 | 268 | 463 | 10.4 | 2.29 | 393 | 40.3 | 1.95 |
| 30a | 300 | 85 | 7.5 | 13.5 | 13.5 | 6.8 | 43.902 | 34.463 | 6050 | 260 | 467 | 11.7 | 2.43 | 403 | 41.1 | 2.17 |
| 30b | | 87 | 9.5 | | | | 49.902 | 39.173 | 6500 | 289 | 515 | 11.4 | 2.41 | 433 | 44.0 | 2.13 |
| 30c | | 89 | 11.5 | | | | 55.902 | 43.883 | 6950 | 316 | 560 | 11.2 | 2.38 | 463 | 46.4 | 2.09 |
| 32a | 320 | 88 | 8.0 | 14.0 | 14.0 | 7.0 | 48.513 | 38.083 | 7600 | 305 | 552 | 12.5 | 2.50 | 475 | 46.5 | 2.24 |
| 32b | | 90 | 10.0 | | | | 54.913 | 43.107 | 8140 | 336 | 593 | 12.2 | 2.47 | 509 | 49.2 | 2.16 |
| 32c | | 92 | 12.0 | | | | 61.313 | 48.131 | 8690 | 374 | 643 | 11.9 | 2.47 | 543 | 52.6 | 2.09 |

续上表

| 型号 | 截面尺寸(mm) | | | | | | 截面面积($cm^2$) | 理论重量(kg/m) | 惯性矩($cm^4$) | | | 惯性半径(cm) | | 截面模数($cm^3$) | | 重点距离(cm) |
|---|---|---|---|---|---|---|---|---|---|---|---|---|---|---|---|---|
| | $h$ | $b$ | $d$ | $t$ | $r$ | $r_1$ | | | $I_x$ | $I_y$ | $I_{y1}$ | $i_x$ | $i_y$ | $W_x$ | $W_y$ | $Z_0$ |
| 36a | 360 | 96 | 9.0 | 16.0 | 16.0 | 8.0 | 60.910 | 47.814 | 11900 | 455 | 818 | 14.0 | 2.73 | 660 | 63.5 | 2.44 |
| 36b | | 98 | 11.0 | | | | 68.110 | 53.466 | 12700 | 497 | 880 | 13.6 | 2.70 | 703 | 66.9 | 2.37 |
| 36c | | 100 | 13.0 | | | | 75.310 | 59.118 | 13400 | 536 | 948 | 13.4 | 2.67 | 746 | 70.0 | 2.34 |
| 40a | 400 | 100 | 10.5 | 18.0 | 18.0 | 9.0 | 75.068 | 58.928 | 17600 | 592 | 1070 | 15.3 | 2.81 | 879 | 78.8 | 2.49 |
| 40b | | 102 | 12.5 | | | | 83.068 | 65.208 | 18600 | 640 | 114 | 15.0 | 2.78 | 932 | 82.5 | 2.44 |
| 40c | | 104 | 14.5 | | | | 91.068 | 71.488 | 19700 | 688 | 1220 | 14.7 | 2.75 | 986 | 86.2 | 2.42 |

**等边角钢截面尺寸、截面面积、理论重量及截面特性**

附表 3

$b$—边宽度；
$d$—边厚度；
$r$—内圆弧半径；
$r_1$—边端圆弧半径；
$Z_0$—重心距离。

| 型号 | 截面尺寸(mm) | | | 截面面积($cm^2$) | 理论重量(kg/m) | 外表面积($m^2/m$) | 惯性矩($cm^4$) | | | | 惯性半径(cm) | | | 截面模数($cm^3$) | | | 重心距离(cm) |
|---|---|---|---|---|---|---|---|---|---|---|---|---|---|---|---|---|---|
| | $b$ | $d$ | $r$ | | | | $I_x$ | $I_{x1}$ | $I_{x0}$ | $I_{y0}$ | $i_x$ | $i_{x0}$ | $i_{y0}$ | $W_x$ | $W_{x0}$ | $W_{y0}$ | $Z_0$ |
| 2 | 20 | 3 | 3.5 | 1.132 | 0.889 | 0.078 | 0.40 | 0.81 | 0.63 | 0.17 | 0.59 | 0.75 | 0.39 | 0.29 | 0.45 | 0.20 | 0.60 |
| | | 4 | | 1.459 | 1.145 | 0.077 | 0.50 | 1.09 | 0.78 | 0.22 | 0.58 | 0.73 | 0.38 | 0.36 | 0.55 | 0.24 | 0.64 |
| 2.5 | 25 | 3 | | 1.432 | 1.124 | 0.098 | 0.82 | 1.57 | 1.29 | 0.34 | 0.76 | 0.95 | 0.49 | 0.46 | 0.73 | 0.33 | 0.73 |
| | | 4 | | 1.859 | 1.459 | 0.097 | 1.03 | 2.11 | 1.62 | 0.43 | 0.74 | 0.93 | 0.48 | 0.59 | 0.92 | 0.40 | 0.76 |

续上表

| 型号 | 截面尺寸(mm) | | | 截面面积($cm^2$) | 理论重量(kg/m) | 外表面积($m^2/m$) | 惯性矩($cm^4$) | | | | 惯性半径(cm) | | | 截面模数($cm^3$) | | | 重心距离(cm) |
|---|---|---|---|---|---|---|---|---|---|---|---|---|---|---|---|---|---|
| | $b$ | $d$ | $r$ | | | | $I_x$ | $I_{x1}$ | $I_{x0}$ | $I_{y0}$ | $i_x$ | $i_{x0}$ | $i_{y0}$ | $W_x$ | $W_{x0}$ | $W_{y0}$ | $Z_0$ |
| 3.0 | 30 | 3 | 4.5 | 1.749 | 1.373 | 0.117 | 1.46 | 2.71 | 2.31 | 0.61 | 0.91 | 1.15 | 0.59 | 0.68 | 1.09 | 0.51 | 0.85 |
| | | 4 | | 2.276 | 1.786 | 0.117 | 1.84 | 3.63 | 2.92 | 0.77 | 0.90 | 1.13 | 0.58 | 0.87 | 1.37 | 0.62 | 0.89 |
| 3.6 | 36 | 3 | | 2.109 | 1.656 | 0.141 | 2.58 | 4.68 | 4.09 | 1.07 | 1.11 | 1.39 | 0.71 | 0.99 | 1.61 | 0.76 | 1.00 |
| | | 4 | | 2.756 | 2.163 | 0.141 | 3.29 | 6.25 | 5.22 | 1.37 | 1.09 | 1.38 | 0.70 | 1.28 | 2.05 | 0.93 | 1.04 |
| | | 5 | | 3.382 | 2.654 | 0.141 | 3.95 | 7.84 | 6.24 | 1.65 | 1.08 | 1.36 | 0.70 | 1.56 | 2.45 | 1.00 | 1.07 |
| 4 | 40 | 3 | 5 | 2.359 | 1.852 | 0.157 | 3.59 | 6.41 | 5.69 | 1.49 | 1.23 | 1.55 | 0.79 | 1.23 | 2.01 | 0.96 | 1.09 |
| | | 4 | | 3.086 | 2.422 | 0.157 | 4.60 | 8.56 | 7.29 | 1.91 | 1.22 | 1.54 | 0.79 | 1.60 | 2.58 | 1.19 | 1.13 |
| | | 5 | | 3.791 | 2.976 | 0.156 | 5.53 | 10.74 | 8.76 | 2.30 | 1.21 | 1.52 | 0.78 | 1.96 | 3.10 | 1.39 | 1.17 |
| 4.5 | 45 | 3 | | 2.659 | 2.088 | 0.177 | 5.17 | 9.12 | 8.20 | 2.14 | 1.40 | 1.76 | 0.89 | 1.58 | 2.58 | 1.24 | 1.22 |
| | | 4 | | 3.486 | 2.736 | 0.177 | 6.65 | 12.18 | 10.56 | 2.75 | 1.38 | 1.74 | 0.89 | 2.05 | 3.32 | 1.54 | 1.26 |
| | | 5 | | 4.292 | 3.369 | 0.176 | 8.04 | 15.2 | 12.74 | 3.33 | 1.37 | 1.72 | 0.88 | 2.51 | 4.00 | 1.81 | 1.30 |
| | | 6 | | 5.076 | 3.985 | 0.176 | 9.33 | 18.36 | 14.76 | 3.89 | 1.36 | 1.70 | 0.8 | 2.95 | 4.64 | 2.06 | 1.33 |
| 5 | 50 | 3 | 5.5 | 2.971 | 2.332 | 0.197 | 7.18 | 12.5 | 11.37 | 2.98 | 1.55 | 1.96 | 1.00 | 1.96 | 3.22 | 1.57 | 1.34 |
| | | 4 | | 3.897 | 3.059 | 0.197 | 9.26 | 16.69 | 14.70 | 3.82 | 1.54 | 1.94 | 0.99 | 2.56 | 4.16 | 1.96 | 1.38 |
| | | 5 | | 4.803 | 3.770 | 0.196 | 11.21 | 20.90 | 17.79 | 4.64 | 1.53 | 1.92 | 0.98 | 3.13 | 5.03 | 2.31 | 1.42 |
| | | 6 | | 5.688 | 4.465 | 0.196 | 13.05 | 25.14 | 20.68 | 5.42 | 1.52 | 1.91 | 0.98 | 3.68 | 5.85 | 2.63 | 1.46 |
| 5.6 | 56 | 3 | 6 | 3.343 | 2.624 | 0.221 | 10.19 | 17.56 | 16.14 | 4.24 | 1.75 | 2.20 | 1.13 | 2.48 | 4.08 | 2.02 | 1.48 |
| | | 4 | | 4.390 | 3.446 | 0.220 | 13.18 | 23.43 | 20.92 | 5.46 | 1.73 | 2.18 | 1.11 | 3.24 | 5.28 | 2.52 | 1.53 |
| | | 5 | | 5.415 | 4.251 | 0.220 | 16.02 | 29.33 | 25.42 | 6.61 | 1.72 | 2.17 | 1.10 | 3.97 | 6.42 | 2.98 | 1.57 |
| | | 6 | | 6.420 | 5.040 | 0.220 | 18.69 | 35.26 | 29.66 | 7.73 | 1.71 | 2.15 | 1.10 | 4.68 | 7.49 | 3.40 | 1.61 |
| | | 7 | | 7.404 | 5.812 | 0.219 | 21.23 | 41.23 | 33.63 | 8.82 | 1.69 | 2.13 | 1.09 | 5.36 | 8.49 | 3.80 | 1.64 |
| | | 8 | | 8.367 | 6.568 | 0.219 | 23.63 | 47.24 | 37.37 | 9.89 | 1.68 | 2.11 | 1.09 | 6.03 | 9.44 | 4.16 | 1.68 |

续上表

| 型号 | 截面尺寸(mm) | | | 截面面积($cm^2$) | 理论重量(kg/m) | 外表面积($m^2/m$) | 惯性矩($cm^4$) | | | | 惯性半径(cm) | | | 截面模数($cm^3$) | | | 重心距离(cm) |
|---|---|---|---|---|---|---|---|---|---|---|---|---|---|---|---|---|---|
| | $b$ | $d$ | $r$ | | | | $I_x$ | $I_{x1}$ | $I_{x0}$ | $I_{y0}$ | $i_x$ | $i_{x0}$ | $i_{y0}$ | $W_x$ | $W_{x0}$ | $W_{y0}$ | $Z_0$ |
| 6 | 60 | 5 | 6.5 | 5.829 | 4.576 | 0.236 | 19.89 | 36.05 | 31.57 | 8.21 | 1.85 | 2.33 | 1.19 | 4.59 | 7.44 | 3.48 | 1.67 |
| | | 6 | | 6.914 | 5.427 | 0.235 | 23.25 | 43.33 | 36.89 | 9.60 | 1.83 | 2.31 | 1.18 | 5.41 | 8.70 | 3.98 | 1.70 |
| | | 7 | | 7.977 | 6.262 | 0.235 | 26.44 | 50.65 | 41.92 | 10.96 | 1.82 | 2.29 | 1.17 | 6.21 | 9.88 | 4.45 | 1.74 |
| | | 8 | | 9.020 | 7.081 | 0.235 | 29.47 | 58.02 | 46.66 | 12.28 | 1.81 | 2.27 | 1.17 | 6.98 | 11.00 | 4.88 | 1.78 |
| 6.3 | 63 | 4 | 7 | 4.978 | 3.907 | 0.248 | 19.03 | 33.35 | 30.17 | 7.89 | 1.96 | 2.46 | 1.26 | 4.13 | 6.78 | 3.29 | 1.70 |
| | | 5 | | 6.143 | 4.822 | 0.248 | 23.17 | 41.73 | 36.77 | 9.57 | 1.94 | 2.45 | 1.25 | 5.08 | 8.25 | 3.90 | 1.74 |
| | | 6 | | 7.288 | 5.721 | 0.247 | 27.12 | 50.14 | 43.03 | 11.20 | 1.93 | 2.43 | 1.24 | 6.00 | 9.66 | 4.46 | 1.78 |
| | | 7 | | 8.412 | 6.603 | 0.247 | 30.87 | 58.60 | 48.96 | 12.79 | 1.92 | 2.41 | 1.23 | 6.88 | 10.99 | 4.98 | 1.82 |
| | | 8 | | 9.515 | 7.469 | 0.247 | 34.46 | 67.11 | 54.56 | 14.33 | 1.90 | 2.40 | 1.23 | 7.75 | 12.25 | 5.47 | 1.85 |
| | | 10 | | 11.657 | 9.151 | 0.246 | 41.09 | 84.31 | 64.85 | 17.33 | 1.88 | 2.36 | 1.22 | 9.39 | 14.56 | 6.36 | 1.93 |
| 7 | 70 | 4 | 8 | 5.570 | 4.372 | 0.275 | 26.39 | 45.74 | 41.80 | 10.99 | 2.18 | 2.74 | 1.40 | 5.14 | 8.44 | 4.17 | 1.86 |
| | | 5 | | 6.875 | 5.397 | 0.275 | 32.21 | 57.21 | 51.08 | 13.31 | 2.16 | 2.73 | 1.39 | 6.32 | 10.32 | 4.95 | 1.91 |
| | | 6 | | 8.160 | 6.406 | 0.275 | 37.77 | 68.73 | 59.93 | 15.61 | 2.15 | 2.71 | 1.38 | 7.48 | 12.11 | 5.67 | 1.95 |
| | | 7 | | 9.424 | 7.398 | 0.275 | 43.09 | 80.29 | 68.35 | 17.82 | 2.14 | 2.69 | 1.38 | 8.59 | 13.81 | 6.34 | 1.99 |
| | | 8 | | 10.667 | 8.373 | 0.274 | 48.17 | 91.92 | 76.37 | 19.98 | 2.12 | 2.68 | 1.37 | 9.68 | 15.43 | 6.98 | 2.03 |
| 7.5 | 75 | 5 | 9 | 7.412 | 5.818 | 0.295 | 39.97 | 70.56 | 63.30 | 16.63 | 2.33 | 2.92 | 1.50 | 7.32 | 11.94 | 5.77 | 2.04 |
| | | 6 | | 8.797 | 6.905 | 0.294 | 46.95 | 84.55 | 74.38 | 19.51 | 2.31 | 2.90 | 1.49 | 8.64 | 14.02 | 6.67 | 2.07 |
| | | 7 | | 10.160 | 7.976 | 0.294 | 53.57 | 98.71 | 84.96 | 22.18 | 2.30 | 2.89 | 1.48 | 9.93 | 16.02 | 7.44 | 2.11 |
| | | 8 | | 11.503 | 9.030 | 0.294 | 59.96 | 112.97 | 95.07 | 24.86 | 2.28 | 2.88 | 1.47 | 11.20 | 17.93 | 8.19 | 2.15 |
| | | 9 | | 12.825 | 10.068 | 0.294 | 66.10 | 127.30 | 104.71 | 27.48 | 2.27 | 2.86 | 1.46 | 12.43 | 19.75 | 8.89 | 2.18 |
| | | 10 | | 14.126 | 11.089 | 0.293 | 71.98 | 141.71 | 113.92 | 30.05 | 2.26 | 2.84 | 1.46 | 13.64 | 21.48 | 9.55 | 2.22 |

续上表

| 型号 | 截面尺寸(mm) | | | 截面面积($cm^2$) | 理论重量(kg/m) | 外表面积($m^2/m$) | 惯性矩($cm^4$) | | | | 惯性半径(cm) | | | 截面模数($cm^3$) | | | 重心距离(cm) |
|---|---|---|---|---|---|---|---|---|---|---|---|---|---|---|---|---|---|
| | $b$ | $d$ | $r$ | | | | $I_x$ | $I_{x1}$ | $I_{x0}$ | $I_{y0}$ | $i_x$ | $i_{x0}$ | $i_{y0}$ | $W_x$ | $W_{x0}$ | $W_{y0}$ | $Z_0$ |
| 8 | 80 | 5 | 9 | 7.912 | 6.211 | 0.315 | 48.79 | 85.36 | 77.33 | 20.25 | 2.48 | 3.13 | 1.60 | 8.34 | 13.67 | 6.66 | 2.15 |
| | | 6 | | 9.397 | 7.376 | 0.314 | 57.35 | 102.50 | 90.98 | 23.72 | 2.47 | 3.11 | 1.59 | 9.87 | 16.08 | 7.65 | 2.19 |
| | | 7 | | 10.860 | 8.525 | 0.314 | 65.58 | 119.70 | 104.07 | 27.09 | 2.46 | 3.10 | 1.58 | 11.37 | 18.40 | 8.58 | 2.23 |
| | | 8 | | 12.303 | 9.658 | 0.314 | 73.49 | 136.97 | 116.60 | 30.39 | 2.44 | 3.08 | 1.57 | 12.83 | 20.61 | 9.46 | 2.27 |
| | | 9 | | 13.725 | 10.774 | 0.314 | 81.11 | 154.31 | 128.60 | 33.61 | 2.43 | 3.06 | 1.56 | 14.25 | 22.73 | 10.29 | 2.31 |
| | | 10 | | 15.126 | 11.874 | 0.313 | 88.43 | 171.74 | 140.09 | 36.77 | 2.42 | 3.04 | 1.56 | 15.64 | 24.76 | 11.08 | 2.35 |
| 9 | 90 | 6 | 10 | 10.637 | 8.350 | 0.354 | 82.77 | 145.87 | 131.26 | 34.28 | 2.79 | 3.51 | 1.80 | 12.61 | 20.63 | 9.95 | 2.44 |
| | | 7 | | 12.301 | 9.656 | 0.354 | 94.83 | 170.30 | 150.47 | 39.18 | 2.78 | 3.50 | 1.78 | 14.54 | 23.64 | 11.19 | 2.48 |
| | | 8 | | 13.944 | 10.946 | 0.353 | 106.47 | 194.80 | 168.97 | 43.97 | 2.76 | 3.48 | 1.78 | 16.42 | 26.55 | 12.35 | 2.52 |
| | | 9 | | 15.566 | 12.219 | 0.353 | 117.72 | 219.39 | 186.77 | 48.66 | 2.75 | 3.46 | 1.77 | 18.27 | 29.35 | 13.46 | 2.56 |
| | | 10 | | 17.167 | 13.476 | 0.353 | 128.58 | 244.07 | 203.90 | 53.26 | 2.74 | 3.45 | 1.76 | 20.07 | 32.04 | 14.52 | 2.59 |
| | | 12 | | 20.306 | 15.940 | 0.352 | 149.22 | 293.76 | 236.21 | 62.22 | 2.71 | 3.41 | 1.75 | 23.57 | 37.12 | 16.49 | 2.67 |
| 10 | 100 | 6 | 12 | 11.932 | 9.366 | 0.393 | 114.95 | 200.07 | 181.98 | 47.92 | 3.10 | 3.90 | 2.00 | 15.68 | 25.74 | 12.69 | 2.67 |
| | | 7 | | 13.796 | 10.830 | 0.393 | 131.86 | 233.54 | 208.97 | 54.74 | 3.09 | 3.89 | 1.99 | 18.10 | 29.55 | 14.26 | 2.71 |
| | | 8 | | 15.638 | 12.276 | 0.393 | 148.24 | 267.09 | 235.07 | 61.41 | 3.08 | 3.88 | 1.98 | 20.47 | 33.24 | 15.75 | 2.76 |
| | | 9 | | 17.462 | 13.708 | 0.392 | 164.12 | 300.73 | 260.30 | 67.95 | 3.07 | 3.86 | 1.97 | 22.79 | 36.81 | 17.18 | 2.80 |
| | | 10 | | 19.261 | 15.120 | 0.392 | 179.51 | 334.48 | 284.68 | 74.35 | 3.05 | 3.84 | 1.96 | 25.06 | 40.26 | 18.54 | 2.84 |
| | | 12 | | 22.800 | 17.898 | 0.391 | 208.90 | 402.34 | 330.95 | 86.84 | 3.03 | 3.81 | 1.95 | 29.48 | 46.80 | 21.08 | 2.91 |
| | | 14 | | 26.256 | 20.611 | 0.391 | 236.53 | 470.75 | 374.06 | 99.00 | 3.00 | 3.77 | 1.94 | 33.73 | 52.90 | 23.44 | 2.99 |
| | | 16 | | 29.627 | 23.257 | 0.390 | 262.53 | 539.80 | 414.16 | 110.89 | 2.98 | 3.74 | 1.94 | 37.82 | 58.57 | 25.63 | 3.06 |
| 11 | 110 | 7 | 12 | 15.196 | 11.928 | 0.433 | 177.16 | 310.64 | 280.94 | 73.38 | 3.41 | 4.30 | 2.20 | 22.05 | 36.12 | 17.51 | 2.96 |
| | | 8 | | 17.238 | 13.535 | 0.433 | 199.46 | 355.20 | 316.49 | 82.42 | 3.40 | 4.28 | 2.19 | 24.95 | 40.69 | 19.39 | 3.01 |

续上表

| 型号 | 截面尺寸(mm) | | | 截面面积($cm^2$) | 理论重量(kg/m) | 外表面积($m^2/m$) | 惯性矩($cm^4$) | | | | 惯性半径(cm) | | | 截面模数($cm^3$) | | | 重心距离(cm) |
|---|---|---|---|---|---|---|---|---|---|---|---|---|---|---|---|---|---|
| | $b$ | $d$ | $r$ | | | | $I_x$ | $I_{x1}$ | $I_{x0}$ | $I_{y0}$ | $i_x$ | $i_{x0}$ | $i_{y0}$ | $W_x$ | $W_{x0}$ | $W_{y0}$ | $Z_0$ |
| 11 | 110 | 10 | 12 | 21.261 | 16.690 | 0.432 | 242.19 | 444.65 | 384.39 | 99.98 | 3.38 | 4.25 | 2.17 | 30.60 | 49.42 | 22.91 | 3.09 |
| | | 12 | | 25.200 | 19.782 | 0.431 | 282.55 | 534.60 | 448.17 | 116.93 | 3.35 | 4.22 | 2.15 | 36.05 | 57.62 | 26.15 | 3.16 |
| | | 14 | | 29.056 | 22.809 | 0.431 | 320.71 | 625.16 | 508.01 | 133.40 | 3.32 | 4.18 | 2.14 | 41.31 | 65.31 | 29.14 | 3.24 |
| 12.5 | 125 | 8 | 14 | 19.750 | 15.504 | 0.492 | 297.03 | 521.01 | 470.89 | 123.16 | 3.88 | 4.88 | 2.50 | 32.52 | 53.28 | 25.86 | 3.37 |
| | | 10 | | 24.373 | 19.133 | 0.491 | 361.67 | 651.93 | 573.89 | 149.46 | 3.85 | 4.85 | 2.48 | 39.97 | 64.93 | 30.62 | 3.45 |
| | | 12 | | 28.912 | 22.696 | 0.491 | 423.16 | 783.42 | 671.44 | 174.88 | 3.83 | 4.82 | 2.46 | 41.17 | 75.96 | 35.03 | 3.53 |
| | | 14 | | 33.367 | 26.193 | 0.490 | 481.65 | 915.61 | 763.73 | 199.57 | 3.80 | 4.78 | 2.45 | 54.16 | 86.41 | 39.13 | 3.61 |
| | | 16 | | 37.739 | 29.625 | 0.489 | 537.31 | 1048.62 | 850.98 | 223.65 | 3.77 | 4.75 | 2.43 | 60.93 | 96.28 | 42.96 | 3.68 |
| 14 | 140 | 10 | | 27.373 | 21.488 | 0.551 | 514.65 | 915.11 | 817.27 | 212.04 | 4.34 | 5.46 | 2.78 | 50.58 | 82.56 | 39.20 | 3.82 |
| | | 12 | | 32.512 | 25.522 | 0.551 | 603.68 | 1099.28 | 958.79 | 248.57 | 4.31 | 5.43 | 2.76 | 59.80 | 96.85 | 45.02 | 3.90 |
| | | 14 | | 37.567 | 29.490 | 0.550 | 688.81 | 1284.22 | 1093.56 | 284.06 | 4.28 | 5.40 | 2.75 | 68.75 | 110.47 | 50.45 | 3.98 |
| | | 16 | | 42.539 | 33.393 | 0.549 | 770.24 | 1470.07 | 1221.81 | 318.67 | 4.26 | 5.36 | 2.74 | 77.46 | 123.42 | 55.55 | 4.06 |
| 15 | 150 | 8 | | 23.750 | 18.644 | 0.592 | 521.37 | 899.55 | 827.49 | 215.25 | 4.69 | 5.90 | 3.01 | 47.36 | 78.02 | 38.14 | 3.99 |
| | | 10 | | 29.373 | 23.058 | 0.591 | 637.50 | 1125.09 | 1012.79 | 262.21 | 4.66 | 5.87 | 2.99 | 58.35 | 95.49 | 45.51 | 4.08 |
| | | 12 | | 34.912 | 27.406 | 0.591 | 748.85 | 1351.26 | 1189.97 | 307.73 | 4.63 | 5.84 | 2.97 | 69.04 | 112.19 | 52.38 | 4.15 |
| | | 14 | | 40.367 | 31.688 | 0.590 | 855.64 | 1578.25 | 1359.30 | 351.98 | 4.60 | 5.80 | 2.95 | 79.45 | 128.16 | 58.83 | 4.23 |
| | | 15 | | 43.063 | 33.804 | 0.590 | 907.39 | 1692.10 | 1441.09 | 373.69 | 4.59 | 5.78 | 2.95 | 84.56 | 135.87 | 61.90 | 4.27 |
| | | 16 | | 45.739 | 35.905 | 0.589 | 958.08 | 1806.21 | 1521.02 | 395.14 | 4.58 | 5.77 | 2.94 | 89.59 | 143.40 | 64.89 | 4.31 |
| 16 | 160 | 10 | 16 | 31.502 | 24.729 | 0.630 | 779.53 | 1365.33 | 1237.30 | 321.76 | 4.98 | 6.27 | 3.20 | 66.70 | 109.36 | 52.76 | 4.31 |
| | | 12 | | 37.441 | 29.391 | 0.630 | 916.58 | 1639.57 | 1455.68 | 377.49 | 4.95 | 6.24 | 3.18 | 78.98 | 128.67 | 60.74 | 4.39 |
| | | 14 | | 43.296 | 33.987 | 0.629 | 1048.36 | 1914.68 | 1665.02 | 431.70 | 4.92 | 6.20 | 3.16 | 90.95 | 147.17 | 68.24 | 4.47 |
| | | 16 | | 49.067 | 38.518 | 0.629 | 1175.08 | 2190.82 | 1865.57 | 484.59 | 4.89 | 6.17 | 3.14 | 102.63 | 164.89 | 75.31 | 4.55 |

续上表

| 型号 | 截面尺寸(mm) | | | 截面面积($cm^2$) | 理论重量(kg/m) | 外表面积($m^2/m$) | 惯性矩($cm^4$) | | | | 惯性半径(cm) | | | 截面模数($cm^3$) | | | 重心距离(cm) |
|---|---|---|---|---|---|---|---|---|---|---|---|---|---|---|---|---|---|
| | $b$ | $d$ | $r$ | | | | $I_x$ | $I_{x1}$ | $I_{x0}$ | $I_{y0}$ | $i_x$ | $i_{x0}$ | $i_{y0}$ | $W_x$ | $W_{x0}$ | $W_{y0}$ | $Z_0$ |
| 18 | 180 | 12 | 16 | 42.241 | 33.159 | 0.710 | 1321.35 | 2332.80 | 2100.10 | 542.61 | 5.59 | 7.05 | 3.58 | 100.82 | 165.00 | 78.41 | 4.89 |
| | | 14 | | 48.896 | 38.383 | 0.709 | 1514.48 | 2723.48 | 2407.42 | 621.53 | 5.56 | 7.02 | 3.56 | 116.25 | 189.14 | 88.38 | 4.97 |
| | | 16 | | 55.467 | 43.542 | 0.709 | 1700.99 | 3115.29 | 2703.37 | 698.60 | 5.54 | 6.98 | 3.55 | 131.13 | 212.40 | 97.83 | 5.05 |
| | | 18 | | 61.055 | 48.634 | 0.708 | 1875.12 | 3502.43 | 2988.24 | 762.01 | 5.50 | 6.94 | 3.51 | 145.64 | 234.78 | 105.14 | 5.13 |
| 20 | 200 | 14 | 18 | 54.642 | 42.894 | 0.788 | 2103.55 | 3734.10 | 3343.26 | 863.83 | 6.20 | 7.82 | 3.98 | 144.70 | 236.40 | 111.82 | 5.46 |
| | | 16 | | 62.013 | 48.680 | 0.788 | 2366.15 | 4270.39 | 3760.89 | 971.41 | 6.18 | 7.79 | 3.96 | 163.65 | 265.93 | 123.96 | 5.54 |
| | | 18 | | 69.301 | 54.401 | 0.787 | 2620.64 | 4808.13 | 4164.54 | 1076.74 | 6.15 | 7.75 | 3.94 | 182.22 | 294.48 | 136.52 | 5.62 |
| | | 20 | | 76.505 | 60.056 | 0.787 | 2867.30 | 5347.51 | 4554.55 | 1180.04 | 6.12 | 7.72 | 3.93 | 200.42 | 322.06 | 146.55 | 5.69 |
| | | 24 | | 90.661 | 71.168 | 0.785 | 3338.25 | 6457.16 | 5294.97 | 1381.53 | 6.07 | 7.64 | 3.90 | 236.17 | 374.41 | 166.65 | 5.87 |
| 22 | 220 | 16 | 21 | 68.664 | 53.901 | 0.866 | 3187.36 | 5681.62 | 5063.73 | 1310.99 | 6.81 | 8.59 | 4.37 | 199.55 | 325.51 | 153.81 | 6.03 |
| | | 18 | | 76.752 | 60.250 | 0.866 | 3534.30 | 6395.93 | 5615.32 | 1453.27 | 6.79 | 8.55 | 4.35 | 222.37 | 360.97 | 168.29 | 6.11 |
| | | 20 | | 84.756 | 66.533 | 0.865 | 3871.49 | 7112.04 | 6150.08 | 1592.90 | 6.76 | 8.52 | 4.34 | 244.77 | 395.34 | 182.16 | 6.18 |
| | | 22 | | 92.676 | 72.751 | 0.865 | 4199.23 | 7830.19 | 6668.37 | 1730.10 | 6.73 | 8.48 | 4.32 | 266.78 | 428.66 | 195.45 | 6.26 |
| | | 24 | | 100.512 | 78.902 | 0.864 | 4517.83 | 8550.57 | 7170.55 | 1865.11 | 6.70 | 8.45 | 4.31 | 288.39 | 460.94 | 208.21 | 6.33 |
| | | 26 | | 108.264 | 84.987 | 0.864 | 4827.58 | 9273.39 | 7656.98 | 1998.17 | 6.68 | 8.41 | 4.30 | 309.62 | 492.21 | 220.49 | 6.41 |
| 25 | 250 | 18 | 24 | 87.842 | 68.956 | 0.985 | 5268.22 | 9379.11 | 8369.04 | 2167.41 | 7.74 | 9.76 | 4.97 | 290.12 | 473.42 | 224.03 | 6.84 |
| | | 20 | | 97.045 | 76.180 | 0.984 | 5779.34 | 10426.97 | 9181.94 | 2376.74 | 7.72 | 9.73 | 4.95 | 319.66 | 519.41 | 242.85 | 6.92 |
| | | 24 | | 115.201 | 90.433 | 0.983 | 6763.93 | 12529.74 | 10742.67 | 2785.19 | 7.66 | 9.66 | 4.92 | 377.34 | 607.70 | 278.38 | 7.07 |
| | | 26 | | 124.154 | 97.461 | 0.982 | 7238.08 | 13585.18 | 11491.33 | 2984.84 | 7.63 | 9.62 | 4.90 | 405.50 | 650.05 | 295.19 | 7.15 |
| | | 28 | | 133.022 | 104.422 | 0.982 | 7700.60 | 14643.62 | 12219.39 | 3181.81 | 7.61 | 9.58 | 4.89 | 433.22 | 691.23 | 311.42 | 7.22 |
| | | 30 | | 141.807 | 111.318 | 0.981 | 8151.80 | 15706.30 | 12927.26 | 3376.34 | 7.58 | 9.55 | 4.88 | 460.51 | 731.28 | 327.12 | 7.30 |
| | | 32 | | 150.508 | 118.149 | 0.981 | 8592.01 | 16770.41 | 113615.32 | 3568.71 | 7.56 | 9.51 | 4.87 | 487.39 | 770.20 | 342.33 | 7.37 |
| | | 35 | | 163.402 | 128.271 | 0.980 | 9232.44 | 18374.95 | 14611.16 | 3853.72 | 7.52 | 9.46 | 4.86 | 526.97 | 826.53 | 364.30 | 7.48 |

注：截面图中的 $r_1 = 1/3d$ 及表中 $r$ 的数据用于孔型设计，不做交货条件。

## 不等边角钢截面尺寸、截面面积、理论重量及截面特性

附表 4

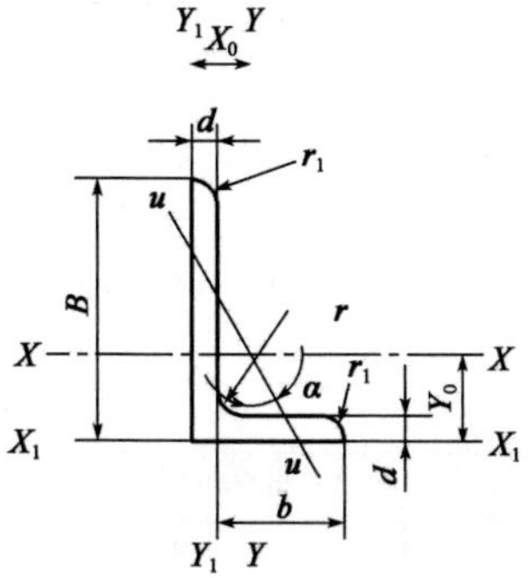

$B$—长边宽度；
$b$—短边宽度；
$d$—边厚度；
$r$—内圆弧半径；
$r_1$—边端圆弧半径；
$X_0$—重心距离；
$Y_0$—重心距离。

| 型号 | 截面尺寸(mm) | | | | 截面面积 ($cm^2$) | 理论重量 (kg/m) | 外表面积 ($m^2/m$) | 惯性矩($cm^4$) | | | | | 惯性半径(cm) | | | 截面模数($cm^3$) | | | tanα | 重心距离(cm) | |
|---|---|---|---|---|---|---|---|---|---|---|---|---|---|---|---|---|---|---|---|---|---|
| | $B$ | $b$ | $d$ | $r$ | | | | $I_x$ | $I_{x1}$ | $I_y$ | $I_{y1}$ | $I_u$ | $i_x$ | $i_y$ | $i_u$ | $W_x$ | $W_y$ | $W_u$ | | $X_0$ | $Y_0$ |
| 2.5/1.6 | 25 | 16 | 3 | 3.5 | 1.162 | 0.912 | 0.080 | 0.70 | 1.56 | 0.22 | 0.43 | 0.14 | 0.78 | 0.44 | 0.34 | 0.43 | 0.19 | 0.16 | 0.392 | 0.42 | 0.86 |
| | | | 4 | | 1.499 | 1.176 | 0.079 | 0.88 | 2.09 | 0.27 | 0.59 | 0.17 | 0.77 | 0.43 | 0.34 | 0.55 | 0.24 | 0.20 | 0.381 | 0.46 | 1.86 |
| 3.2/2 | 32 | 20 | 3 | | 1.492 | 1.171 | 0.102 | 1.53 | 3.27 | 0.46 | 0.82 | 0.28 | 1.01 | 0.55 | 0.43 | 0.72 | 0.30 | 0.25 | 0.382 | 0.49 | 0.90 |
| | | | 4 | | 1.939 | 1.522 | 0.101 | 1.93 | 4.37 | 0.57 | 1.12 | 0.35 | 1.00 | 0.54 | 0.42 | 0.93 | 0.39 | 0.32 | 0.374 | 0.53 | 1.08 |
| 4/2.5 | 40 | 25 | 3 | 4 | 1.890 | 1.484 | 0.127 | 3.08 | 5.39 | 0.93 | 1.59 | 0.56 | 1.28 | 0.70 | 0.54 | 1.15 | 0.49 | 0.40 | 0.385 | 0.59 | 1.12 |
| | | | 4 | | 2.467 | 1.936 | 0.127 | 3.93 | 8.53 | 1.18 | 2.14 | 0.71 | 1.36 | 0.69 | 0.54 | 1.49 | 0.63 | 0.52 | 0.381 | 0.63 | 1.32 |
| 4.5/2.8 | 45 | 28 | 3 | 5 | 2.149 | 1.687 | 0.143 | 445 | 9.10 | 1.34 | 2.23 | 0.80 | 1.44 | 0.79 | 0.61 | 1.47 | 0.62 | 0.51 | 0.383 | 0.64 | 1.37 |
| | | | 4 | | 2.806 | 2.203 | 0.143 | 5.69 | 12.13 | 1.70 | 3.00 | 1.02 | 1.42 | 0.78 | 0.60 | 1.91 | 0.80 | 0.66 | 0.380 | 0.68 | 1.47 |
| 5/3.2 | 50 | 32 | 3 | 5.5 | 2.431 | 1.908 | 0.161 | 6.24 | 12.49 | 2.02 | 3.31 | 1.20 | 1.60 | 0.91 | 0.70 | 1.84 | 0.82 | 0.68 | 0.404 | 0.73 | 1.51 |
| | | | 4 | | 3.177 | 2.494 | 0.160 | 8.02 | 16.65 | 2.58 | 4.45 | 1.53 | 1.59 | 0.90 | 0.69 | 2.39 | 1.06 | 0.87 | 0.402 | 0.77 | 1.60 |
| 5.6/3.6 | 56 | 36 | 3 | 6 | 2.743 | 2.153 | 0.181 | 8.88 | 17.54 | 2.92 | 4.70 | 1.73 | 1.80 | 1.03 | 0.79 | 2.32 | 1.05 | 0.87 | 0.408 | 0.80 | 1.65 |
| | | | 4 | | 3.590 | 2.818 | 0.180 | 11.45 | 23.39 | 3.76 | 6.33 | 2.23 | 1.79 | 1.02 | 0.79 | 3.03 | 1.37 | 1.13 | 0.408 | 0.85 | 1.78 |
| | | | 5 | | 4.415 | 3.466 | 0.180 | 13.86 | 29.25 | 4.49 | 7.94 | 2.67 | 1.77 | 1.01 | 0.78 | 3.71 | 1.65 | 1.36 | 0.404 | 0.88 | 1.82 |

续上表

| 型号 | 截面尺寸(mm) | | | | 截面面积 | 理论重量 | 外表面积 | 惯性矩($cm^4$) | | | | | 惯性半径(cm) | | | 截面模数($cm^3$) | | | $\tan\alpha$ | 重心距离(cm) | |
|---|---|---|---|---|---|---|---|---|---|---|---|---|---|---|---|---|---|---|---|---|---|
| | $B$ | $b$ | $d$ | $r$ | ($cm^2$) | (kg/m) | ($m^2$/m) | $I_x$ | $I_{x1}$ | $I_y$ | $I_{y1}$ | $I_u$ | $i_x$ | $i_y$ | $i_u$ | $W_x$ | $W_y$ | $W_u$ | | $X_0$ | $Y_0$ |
| 6.3/4 | 63 | 40 | 4 | 7 | 4.058 | 3.185 | 0.202 | 16.49 | 33.30 | 5.23 | 8.63 | 3.12 | 2.02 | 1.14 | 0.88 | 3.87 | 1.70 | 1.40 | 0.398 | 0.92 | 1.87 |
| | | | 5 | | 4.993 | 3.920 | 0.202 | 20.02 | 41.63 | 6.31 | 10.86 | 3.76 | 2.00 | 1.12 | 0.87 | 4.74 | 2.07 | 1.71 | 0.396 | 0.95 | 2.04 |
| | | | 6 | | 5.908 | 4.638 | 0.201 | 23.36 | 49.98 | 7.29 | 13.12 | 4.34 | 1.96 | 1.11 | 0.86 | 5.59 | 2.43 | 1.99 | 0.393 | 0.99 | 2.08 |
| | | | 7 | | 6.802 | 5.339 | 0.201 | 26.53 | 58.07 | 8.24 | 15.47 | 4.97 | 1.98 | 1.10 | 0.86 | 6.40 | 2.78 | 2.29 | 0.389 | 1.03 | 2.12 |
| 7/4.5 | 70 | 45 | 4 | 7.5 | 4.547 | 3.570 | 0.226 | 23.17 | 45.92 | 7.55 | 12.26 | 4.40 | 2.26 | 1.29 | 0.98 | 4.86 | 2.17 | 1.77 | 0.410 | 1.02 | 2.15 |
| | | | 5 | | 5.609 | 4.403 | 0.225 | 27.95 | 57.10 | 9.13 | 15.39 | 5.40 | 2.23 | 1.28 | 0.98 | 5.92 | 2.65 | 2.19 | 0.407 | 1.06 | 2.24 |
| | | | 6 | | 6.647 | 5.218 | 0.225 | 32.54 | 68.35 | 10.62 | 18.58 | 6.35 | 2.21 | 1.26 | 0.98 | 6.95 | 3.12 | 2.59 | 0.404 | 1.09 | 2.28 |
| | | | 7 | | 7.657 | 6.011 | 0.225 | 37.22 | 79.99 | 12.01 | 21.84 | 7.16 | 2.20 | 1.25 | 0.97 | 8.03 | 3.57 | 2.94 | 0.402 | 1.13 | 2.32 |
| 7.5/5 | 75 | 50 | 5 | 8 | 6.125 | 4.808 | 0.245 | 34.86 | 70.00 | 12.61 | 21.04 | 7.41 | 2.39 | 1.44 | 1.10 | 6.83 | 3.30 | 2.74 | 0.435 | 1.17 | 2.36 |
| | | | 6 | | 7.260 | 5.699 | 0.245 | 41.12 | 84.30 | 14.70 | 25.37 | 8.54 | 2.38 | 1.42 | 1.08 | 8.12 | 3.88 | 3.19 | 0.435 | 1.21 | 2.40 |
| | | | 8 | | 9.467 | 7.431 | 0.244 | 52.39 | 112.50 | 18.53 | 34.23 | 10.87 | 2.35 | 1.40 | 1.07 | 10.52 | 4.99 | 4.10 | 0.429 | 1.29 | 2.44 |
| | | | 10 | | 11.590 | 9.098 | 0.244 | 62.71 | 140.80 | 21.96 | 43.43 | 13.10 | 2.33 | 1.38 | 1.06 | 12.79 | 6.04 | 4.99 | 0.423 | 1.36 | 2.52 |
| 8/5 | 80 | 50 | 5 | | 6.375 | 5.005 | 0.255 | 41.96 | 85.21 | 12.82 | 21.06 | 7.66 | 2.56 | 1.42 | 1.10 | 7.78 | 3.32 | 2.74 | 0.388 | 1.14 | 2.60 |
| | | | 6 | | 7.560 | 5.935 | 0.255 | 49.49 | 102.53 | 14.95 | 25.41 | 8.85 | 2.56 | 1.41 | 1.08 | 9.25 | 3.91 | 3.20 | 0.387 | 1.18 | 2.65 |
| | | | 7 | | 8.724 | 6.848 | 0.255 | 56.16 | 119.33 | 46.96 | 29.82 | 10.18 | 2.54 | 1.39 | 1.08 | 10.58 | 4.48 | 3.70 | 0.384 | 1.21 | 2.69 |
| | | | 8 | | 9.867 | 7.745 | 0.254 | 62.83 | 136.41 | 18.85 | 34.82 | 11.38 | 2.52 | 1.38 | 1.07 | 11.92 | 5.03 | 4.16 | 0.381 | 1.25 | 2.73 |
| 9/5.6 | 90 | 56 | 5 | 9 | 7.212 | 5.661 | 0.287 | 60.45 | 121.32 | 18.32 | 29.53 | 10.98 | 2.90 | 1.59 | 1.23 | 9.92 | 4.21 | 3.49 | 0.385 | 1.25 | 2.91 |
| | | | 6 | | 8.557 | 6.717 | 0.286 | 71.03 | 145.59 | 21.42 | 35.58 | 12.90 | 2.88 | 1.58 | 1.23 | 11.74 | 4.96 | 4.13 | 0.384 | 1.29 | 2.95 |
| | | | 7 | | 9.880 | 7.756 | 0.286 | 81.01 | 169.60 | 24.36 | 41.71 | 14.67 | 2.86 | 1.57 | 1.22 | 13.49 | 5.70 | 4.72 | 0.382 | 1.33 | 3.00 |
| | | | 8 | | 11.183 | 8.779 | 0.286 | 91.03 | 194.17 | 27.15 | 47.93 | 16.34 | 2.85 | 1.56 | 1.21 | 15.27 | 6.41 | 5.29 | 0.380 | 1.36 | 3.04 |

续上表

| 型号 | 截面尺寸(mm) | | | | 截面面积 | 理论重量 | 外表面积 | 惯性矩($cm^4$) | | | | | 惯性半径(cm) | | | 截面模数($cm^3$) | | | $\tan\alpha$ | 重心距离(cm) | |
|---|---|---|---|---|---|---|---|---|---|---|---|---|---|---|---|---|---|---|---|---|---|
| | $B$ | $b$ | $d$ | $r$ | ($cm^2$) | (kg/m) | ($m^2$/m) | $I_x$ | $I_{x1}$ | $I_y$ | $I_{y1}$ | $I_u$ | $i_x$ | $i_y$ | $i_u$ | $W_x$ | $W_y$ | $W_u$ | | $X_0$ | $Y_0$ |
| 10/6.3 | 100 | 63 | 6 | 10 | 9.617 | 7.550 | 0.320 | 99.06 | 199.71 | 30.94 | 50.50 | 18.42 | 3.21 | 1.79 | 1.38 | 14.64 | 6.35 | 5.25 | 0.394 | 1.43 | 3.24 |
| | | | 7 | | 11.111 | 8.722 | 0.320 | 113.45 | 233.00 | 35.26 | 59.14 | 21.00 | 3.20 | 1.78 | 1.38 | 16.88 | 7.29 | 6.02 | 0.394 | 1.47 | 3.28 |
| | | | 8 | | 12.534 | 9.878 | 0.319 | 127.37 | 266.32 | 39.39 | 67.88 | 23.50 | 3.18 | 1.77 | 1.37 | 19.08 | 8.21 | 6.78 | 0.391 | 1.50 | 3.32 |
| | | | 10 | | 15.467 | 12.142 | 0.319 | 153.81 | 333.06 | 47.12 | 85.73 | 28.33 | 3.15 | 1.74 | 1.35 | 23.32 | 9.98 | 8.24 | 0.387 | 1.58 | 3.40 |
| 10/8 | 100 | 80 | 6 | | 10.637 | 8.350 | 0.354 | 107.04 | 199.83 | 61.24 | 102.68 | 31.65 | 3.17 | 2.40 | 1.72 | 15.19 | 10.16 | 8.37 | 0.627 | 1.97 | 2.95 |
| | | | 7 | | 12.301 | 9.656 | 0.354 | 122.73 | 233.20 | 70.08 | 119.98 | 36.17 | 3.16 | 2.39 | 1.72 | 17.52 | 11.71 | 9.60 | 0.626 | 2.01 | 3.0 |
| | | | 8 | | 13.944 | 10.946 | 0.353 | 137.92 | 266.61 | 78.58 | 137.37 | 40.58 | 3.14 | 2.37 | 1.71 | 19.81 | 13.21 | 10.80 | 0.625 | 2.05 | 3.04 |
| | | | 10 | | 17.167 | 13.476 | 0.353 | 166.87 | 333.63 | 94.65 | 172.48 | 49.10 | 3.12 | 2.35 | 1.69 | 24.24 | 16.12 | 13.12 | 0.622 | 2.13 | 3.12 |
| 11/7 | 110 | 70 | 6 | 10 | 10.637 | 8.350 | 0.354 | 133.37 | 265.78 | 42.92 | 69.08 | 25.36 | 3.54 | 2.01 | 1.54 | 17.85 | 7.90 | 6.53 | 0.403 | 1.57 | 3.53 |
| | | | 7 | | 12.301 | 9.656 | 0.354 | 153.00 | 310.07 | 49.01 | 80.82 | 28.95 | 3.53 | 2.00 | 1.53 | 20.60 | 9.09 | 7.50 | 0.402 | 1.61 | 3.57 |
| | | | 8 | | 13.944 | 10.946 | 0.353 | 172.04 | 354.39 | 54.87 | 92.70 | 32.45 | 3.51 | 1.98 | 1.53 | 23.30 | 10.25 | 8.45 | 0.401 | 1.65 | 3.62 |
| | | | 10 | | 17.167 | 13.476 | 0.353 | 208.39 | 443.13 | 65.88 | 116.83 | 39.20 | 3.48 | 1.96 | 1.51 | 28.54 | 12.48 | 10.29 | 0.397 | 1.72 | 3.70 |
| 12.5/8 | 125 | 80 | 7 | 11 | 14.096 | 11.066 | 0.403 | 227.98 | 454.99 | 74.42 | 120.32 | 43.81 | 4.02 | 2.30 | 1.76 | 26.86 | 12.01 | 9.92 | 0.408 | 1.80 | 4.01 |
| | | | 8 | | 15.989 | 12.551 | 0.403 | 256.77 | 519.99 | 83.49 | 137.85 | 49.15 | 4.01 | 2.28 | 1.75 | 30.41 | 13.56 | 11.18 | 0.407 | 1.84 | 4.06 |
| | | | 10 | | 19.712 | 15.474 | 0.402 | 312.04 | 650.09 | 100.67 | 173.40 | 59.45 | 3.98 | 2.26 | 1.74 | 37.33 | 16.56 | 13.64 | 0.404 | 1.92 | 4.14 |
| | | | 12 | | 23.351 | 18.330 | 0.402 | 364.41 | 780.39 | 116.67 | 209.67 | 69.35 | 3.95 | 2.24 | 1.72 | 44.01 | 19.43 | 16.01 | 0.400 | 2.00 | 4.22 |
| 14/9 | 110 | 90 | 8 | 12 | 18.038 | 14.160 | 0.453 | 365.64 | 730.53 | 120.69 | 195.79 | 70.83 | 4.50 | 2.59 | 1.98 | 38.48 | 17.34 | 14.31 | 0.411 | 2.04 | 4.50 |
| | | | 10 | | 22.261 | 17.475 | 0.452 | 445.50 | 913.20 | 140.03 | 245.92 | 85.82 | 4.47 | 2.56 | 1.96 | 47.31 | 21.22 | 17.48 | 0.409 | 2.12 | 4.58 |
| | | | 12 | | 26.400 | 20.724 | 0.451 | 521.59 | 1096.09 | 169.79 | 296.89 | 100.21 | 4.44 | 2.54 | 1.95 | 55.87 | 24.95 | 20.54 | 0.406 | 2.19 | 4.66 |
| | | | 14 | | 30.456 | 23.908 | 0.451 | 594.10 | 1279.26 | 192.10 | 348.82 | 114.13 | 4.42 | 2.51 | 1.94 | 64.18 | 28.54 | 23.52 | 0.403 | 2.27 | 4.74 |

续上表

| 型号 | 截面尺寸(mm) | | | | 截面面积 | 理论重量 | 外表面积 | 惯性矩($cm^4$) | | | | | 惯性半径(cm) | | | 截面模数($cm^3$) | | | tanα | 重心距离(cm) | |
|---|---|---|---|---|---|---|---|---|---|---|---|---|---|---|---|---|---|---|---|---|---|
| | $B$ | $b$ | $d$ | $r$ | ($cm^2$) | (kg/m) | ($m^2$/m) | $I_x$ | $I_{x1}$ | $I_y$ | $I_{y1}$ | $I_u$ | $i_x$ | $i_y$ | $i_u$ | $W_x$ | $W_y$ | $W_u$ | | $X_0$ | $Y_0$ |
| 15/9 | 150 | 90 | 8 | | 18.839 | 14.788 | 0.473 | 442.05 | 898.35 | 122.80 | 195.96 | 74.14 | 4.84 | 2.55 | 1.98 | 43.86 | 17.47 | 14.48 | 0.364 | 1.97 | 4.92 |
| | | | 10 | | 23.261 | 18.260 | 0.472 | 539.24 | 1122.85 | 148.62 | 246.26 | 89.86 | 4.81 | 2.53 | 1.97 | 53.97 | 21.38 | 17.69 | 0.362 | 2.05 | 5.01 |
| | | | 12 | | 27.600 | 21.666 | 0.471 | 632.08 | 1347.50 | 172.85 | 297.46 | 104.95 | 4.79 | 2.50 | 1.95 | 63.79 | 25.14 | 20.80 | 0.359 | 2.12 | 5.09 |
| | | | 14 | | 31.856 | 25.007 | 0.471 | 720.77 | 1572.38 | 195.62 | 349.74 | 119.53 | 4.76 | 2.48 | 1.94 | 73.33 | 28.77 | 23.84 | 0.356 | 2.20 | 5.17 |
| | | | 15 | | 33.952 | 26.652 | 0.471 | 763.62 | 1684.93 | 206.50 | 376.33 | 126.67 | 4.74 | 2.47 | 1.93 | 77.99 | 30.53 | 25.33 | 0.354 | 2.24 | 5.21 |
| | | | 16 | | 36.027 | 28.281 | 0.470 | 805.51 | 1797.55 | 217.07 | 403.24 | 133.72 | 4.73 | 2.45 | 1.93 | 82.60 | 32.27 | 26.82 | 0.352 | 2.27 | 5.25 |
| 16/10 | 160 | 100 | 10 | 13 | 25.315 | 19.872 | 0.512 | 668.69 | 1362.89 | 205.03 | 336.59 | 121.74 | 5.14 | 2.85 | 2.19 | 62.13 | 26.56 | 21.92 | 0.390 | 2.28 | 5.24 |
| | | | 12 | | 30.054 | 23.592 | 0.511 | 784.91 | 1635.56 | 239.06 | 405.94 | 142.33 | 5.11 | 2.82 | 2.17 | 73.49 | 31.28 | 25.79 | 0.388 | 2.36 | 5.32 |
| | | | 14 | | 34.709 | 27.247 | 0.510 | 896.30 | 1908.50 | 271.20 | 476.42 | 162.23 | 5.08 | 2.80 | 2.16 | 84.56 | 35.83 | 29.56 | 0.385 | 0.43 | 5.40 |
| | | | 16 | | 29.281 | 30.835 | 0.510 | 1003.04 | 2181.79 | 301.60 | 548.22 | 182.57 | 5.05 | 2.77 | 2.16 | 95.33 | 40.24 | 33.44 | 0.382 | 2.51 | 5.48 |
| 18/11 | 180 | 110 | 10 | 14 | 28.373 | 22.273 | 0.571 | 956.25 | 1940.40 | 278.11 | 447.22 | 166.50 | 5.80 | 3.13 | 2.42 | 78.96 | 32.49 | 26.88 | 0.376 | 2.44 | 5.89 |
| | | | 12 | | 33.712 | 26.440 | 0.571 | 1124.72 | 2328.38 | 325.03 | 538.94 | 194.87 | 5.78 | 3.10 | 2.40 | 93.53 | 38.32 | 31.66 | 0.374 | 2.52 | 5.98 |
| | | | 14 | | 38.967 | 30.589 | 0.570 | 1286.91 | 2716.60 | 369.55 | 631.95 | 222.30 | 5.75 | 3.08 | 2.39 | 107.76 | 43.97 | 36.32 | 0.372 | 2.59 | 6.06 |
| | | | 16 | | 44.139 | 34.649 | 0.569 | 1443.06 | 3105.15 | 411.85 | 726.46 | 248.94 | 5.72 | 3.06 | 2.38 | 121.64 | 49.44 | 40.87 | 0.369 | 2.67 | 6.14 |
| 20/12.5 | 200 | 125 | 12 | | 37.912 | 29.761 | 0.641 | 1570.90 | 3193.85 | 483.16 | 787.74 | 285.79 | 6.44 | 3.57 | 2.74 | 116.73 | 49.99 | 41.23 | 0.392 | 2.83 | 6.54 |
| | | | 14 | | 43.687 | 34.436 | 0.640 | 1800.97 | 3726.17 | 550.83 | 922.47 | 326.58 | 6.41 | 3.54 | 2.73 | 134.65 | 57.44 | 47.34 | 0.390 | 2.91 | 6.62 |
| | | | 16 | | 49.739 | 39.045 | 0.639 | 2023.35 | 4258.88 | 615.44 | 1058.86 | 366.21 | 6.38 | 3.52 | 2.71 | 152.18 | 54.89 | 53.32 | 0.388 | 2.99 | 6.70 |
| | | | 18 | | 55.526 | 43.588 | 0.639 | 238.30 | 4792.00 | 677.19 | 1197.13 | 404.83 | 6.35 | 3.49 | 2.70 | 169.33 | 71.74 | 59.18 | 0.385 | 3.06 | 6.78 |

注:截面图中的 $r_1=1/3d$ 及表中 $r$ 的数据用于孔型设计,不做交货条件。

附表 5

## L 型钢截面尺寸、截面面积、理论重量及截面特性

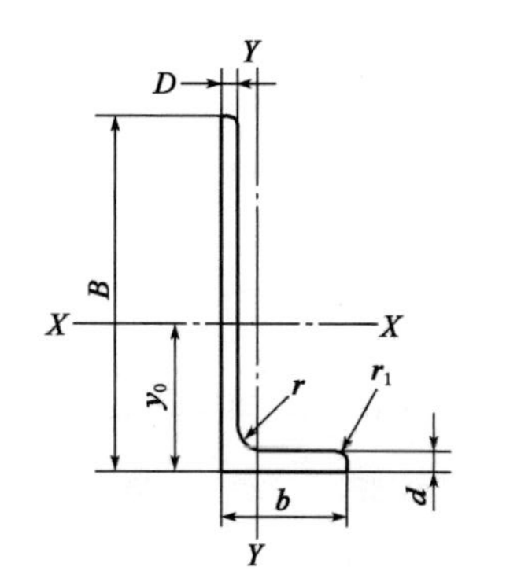


$B$—长边宽度；
$b$—短边宽度；
$D$—长边厚度；
$d$—短边厚度；
$r$—内圆弧半径；
$r_1$—边端圆弧半径；
$Y_0$—重心距离。

| a | 截面尺寸(mm) | | | | | | 截面面积 ($cm^2$) | 理论重量 (kg/m) | 惯性矩 ($cm^4$) | 重心距离 (cm) |
|---|---|---|---|---|---|---|---|---|---|---|
| | B | b | D | d | r | r1 | | | | |
| L250×90×9×13 | 250 | 90 | 9 | 13 | 15 | 7.5 | 33.4 | 26.2 | 2190 | 8.64 |
| L250×90×10.5×15 | | | 10.5 | 15 | | | 38.5 | 30.3 | 2510 | 8.76 |
| L250×90×11.5×16 | | | 11.5 | 16 | | | 41.7 | 32.7 | 2710 | 8.90 |
| L300×100×10.5×15 | 300 | 100 | 10.5 | 15 | | | 45.3 | 35.6 | 4290 | 10.6 |
| L300×100×11.5×16 | | | 11.5 | 16 | | | 49.0 | 38.5 | 4630 | 10.7 |
| L350×120×10.5×16 | 350 | 120 | 10.5 | 16 | 20 | 10 | 54.9 | 43.1 | 7110 | 12.0 |
| L350×120×11.5×18 | | | 11.5 | 18 | | | 60.4 | 47.4 | 7780 | 12.0 |
| L400×120h×11.5×23 | 400 | 120 | 11.5 | 23 | | | 71.6 | 56.2 | 11900 | 13.3 |
| L450×120×11.5×25 | 450 | 120 | 11.5 | 25 | | | 79.5 | 62.4 | 16800 | 15.1 |
| L500×120×12.5×33 | 500 | 120 | 12.5 | 33 | | | 98.6 | 77.4 | 25500 | 16.5 |
| L500×120×13.5×35 | | | 13.5 | 35 | | | 105.0 | 82.8 | 27100 | 16.6 |

# 参 考 文 献

[1] 薛明德.力学与工程技术的进步[M].北京:高等教育出版社,2001.
[2] 孙训方,等.材料力学[M].4版.北京:高等教育出版社,2009.
[3] 龙驭球,包世华.结构力学教程[M].北京:高等教育出版社,2000.
[4] 杨耀乾,唐昌荣.结构力学[M].3版.北京:高等教育出版社,1987.
[5] 李廉锟.结构力学[M].3版.北京:高等教育出版社,1996.
[6] 卢光斌.土木工程力学基础[M].北京:机械工业出版社,2010.
[7] 沈养中,陈年和.建筑力学[M].北京:高等教育出版社,2012.